Thomas Ebermann / Rainer Trampert

Die Offenbarung der Propheten

Über die Sanierung des Kapitalismus,
die Verwandlung linker Theorie in Esoterik,
Bocksgesänge und Zivilgesellschaft

KONKRET LITERATUR VERLAG

Wir danken Wolfgang Schneider für wertvolle Hinweise und Anregungen.

2. Auflage 1996
© 1995 Konkret Literatur Verlag, Hamburg
Lektorat: Wolfgang Schneider
Umschlaggestaltung: Peter Albers
Autorenfoto: Werner Gritzbach
Satz: H & G Herstellung, Hamburg
Druck: Fuldaer Verlagsanstalt, Fulda
ISBN 3-89458-139-5

Inhalt

Vorbemerkungen 7

**I. Die Sanierung der Profitrate und das Elend
des Keynesianismus** 11

Der Zerfall des »Ostblocks« und die deutsche Expansion – Von der Anspruchsgesellschaft zur Risikogemeinschaft – Kapitalentwertung, Kapitalkonzentration und die Mitarbeit der Treuhandanstalt – Korrekturen der organischen Zusammensetzung des Kapitals. »Der Zug der Karawane zieht nach Osten« – Totale Flexibilität und Betriebsfamilie – Die Senkung der Kosten für die menschliche Reproduktion – Die Marktwirtschaft beerdigt Keynes. Die Linkskeynesianer klopfen bei Graf Lambsdorff an

II. Die Verwandlung linker Theorie in Esoterik 51

Kritik der Theorie vom kollabierenden Kapitalismus. Die Möglichkeiten einer nachholenden Industrialisierung – Vom bösen Geldkapital und dem Verhältnis des realen Reichtums zur Macht – Globales Kapital und Nationalstaat – Kritik der Theorie von der Angleichung der Welten – Das gute Deutschland in der Theorie von Robert Kurz – Linksautonome Massenpolitik: Gemeinsam mit den deutschen Proleten gegen die Antideutschen

III. Die klassenlose Klassengesellschaft 109

Lotto statt Revolution. Das in Produktion und Zirkulation gefangene Subjekt – Müßiggang ist aller Laster Anfang. Auch in der Freizeit ist für alle immer etwas vorgesehen – Das sportive Sinnsystem – Exkurs 1: Günther Jacobs Entdeckung des hedonistischen Individuums – Exkurs 2: Der Klassenkampf ist tot. Lang leben Greenpeace und die Verbraucher/innen! – Der Sieger benötigt keine Moral. Wer auf der Strecke bleibt, macht sich verdächtig – Die Bestrafung der Außenseiter/innen und das Ende des Miteids

IV. Die Regression des Bewußtseins 168

1. Streifzug durch die Geschichte einer Stammeskultur

Was ist deutsch? — Martin Luther: »der größte und deutscheste Mann unserer Geschichte« (Heinrich Heine) — Immanuel Kant und die Reduktion der Aufklärung: Denke, was du willst, aber gehorche dem Staat — »Ihr habt von dem befreiten Deutschland mehr zu fürchten als von der ganzen Alliance« (Heinrich Heine) — Das erste deutsche Reich und der erste Führer — »selbstherrlich, gewalttätig und rücksichtslos, mit einem Wort: ein Genie« — Richard Wagner und Friedrich Nietzsche — ein deutsches Paarlaufen — Christliche Kirche und Sozialdemokratie: »Sieg oder Tod! Hoch deutsches Vaterland!«

2. Mit Bocksgesängen gegen die Zivilisation — und warum die Verteidigung des Westens die falsche Antwort darauf ist

Bocksgesänge — Die Relativierung und Rehabilitierung der »Leistungen« des Nationalsozialismus — Die Hoffnung antiwestlicher Intellektueller auf eine Zukunft der Vergangenheit — The West versus the Rest — Das Scheißhaus im Garten oder Zygmunt Bauman und die Postmoderne

V. Elemente der Regression 276

Die Wiedervereinigung — »Wahnsinn, Wahnsinn, Wahnsinn« — Der Haß auf die Frauen oder Neues vom Blödmann — Heinrich L

VI. Die Renaissance des völkischen Prinzips 312

Gegen die Rationalisierung des Nationalen — Die Nation: Schicksals- oder Bekenntnisgemeinschaft? — Natürliche Abstammung, natürliche Grenzen, natürliche Sprache — Das Versprechen der Ewigkeit — Die männliche Nation — Die Sehnsucht nach dem Verlorenen — Die rassistische Regression — Der Ethniendiskurs oder Der Stammtisch als Wissenschaftszentrum

Anmerkungen 355

Vorbemerkungen

Die ganze Welt steht wieder unter kapitalistischem Kommando. Die Befreiungsversuche, deren unterschiedliche Qualität für Linke relevant, für die imperialen Sieger jedoch belanglos waren, sind niedergeworfen. Die letzten Restposten bilden den kleinen Vorrat, aus dem im Nachspiel noch Siegesfeiern gespeist werden sollen (Kuba), denn jeder Triumph hat neben seinen praktischen Vorteilen auch erzieherische Vorzüge: Was unterlag, muß im ganzen falsch gewesen sein. Nichts desavouiert die Befreiungsideen nachhaltiger als die Siege des Imperialismus, seien sie im heißen Krieg errungen oder mit Maßnahmen erreicht worden, die am Ende die Behauptung erlauben, das gegnerische System sei »implodiert«.

Die sozialdarwinistischen Regeln des Marktes und die Prinzipien des nationalen Standortkampfs gegen den Rest der Welt scheinen unangreifbar, während die radikale Kritik der Verhältnisse als gestriges Denken belächelt wird. Durch den allgemeinen Zwang zum Dabeisein setzt sich jede Negation des Bestehenden einem repressiven Verdacht aus. Kein Sozialdemokrat mag mehr »demokratischer Sozialist« genannt werden; der Reformismus mit seinem Stolz auf den sozialen Staat und den gleichnamigen Frieden hat abgedankt; die größte Nähe zur »Wirtschaft« und ihren Forderungen und Erfordernissen gilt als Tugend schlechthin. In dieser Stimmung steht die wachsende Zahl der Ausgespuckten wie gelähmt vor dem, was mit ihnen geschieht, Postmoderne tanzen im organisierten Pflichtvergnügungsreigen auf dem Vulkan und haben das Problem, ob sie sich beim Anblick des Elends ekeln oder es lieber als eine immerhin auch mögliche Lebensform tolerieren sollen. Gleichzeitig nehmen autoritäre Charaktere die Verfolgung der von Staats wegen zur Jagd freigegebenen Menschen auf.

Binnen kurzer Zeit haben Begriffe eine ihrem ehemaligen Gehalt entgegengesetzte Bedeutung erhalten. Die Ankündigung einer Reform ist heute eine Drohung. Wem Frieden gebracht werden soll, der muß sich auf ein Bombardement einstellen. Wer Deutschland nicht im Krieg sehen will, ist Befürworter und Komplize von Menschenrechtsverletzungen. Pazifismus ist zum Synonym für die Bejahung des Massenmordes geworden. Gewerkschaftliche Tarifrunden regeln die Verschlechterung des Lebensstandards. Ökologie ist ein nationales Industrieprojekt im Kampf gegen andere Nationen. Armut und Hunger auf der Welt erzeugen nicht

Mitleid, sondern sind Anlaß für Kampfaufrufe zur Rettung des Abendlandes. Hätte einer die letzten zehn Jahre auf einer einsamen Insel verbracht, bräuchte er wohl einige Zeit, um die neue Bedeutung der alten Begriffe zu erlernen. Daß nun die Linken die »Ewiggestrigen« sind und Solidarität als Ausdruck einer überkommen-romantischen Anwandlung belächelt wird, es sei denn, sie fungiere als Nachbarschaftshilfe und tauge so zur Minimierung staatlicher Ausgaben, stünde auf dem Stundenplan des Rückkehrers ganz oben.

Am Ende dieses Jahrtausends stehen wir in den Trümmern einer Geschichte, die von der Idee und der Praxis der sozialen Befreiung mitgeprägt war — mehr noch: vor einer rasenden Regression, die sich auf den gefallenen Utopien von einer freien Gesellschaft austobt. Als wären nationalsozialistische Ideologen ihre Souffleure, reorganisieren sich im Osten Staaten nach völkischen Prinzipien, bei denen Blutszugehörigkeiten, Nationalhelden, Pfaffen und Gebietsansprüche erneut jene Stimmung erzeugen, der das Pogrom innewohnt. Das Gesicht jener Staaten und Bewegungen, die sich nach verlorenen Befreiungskämpfen noch gegen den »Westen« auflehnen, wird zunehmend häßlicher, was ihre Stigmatisierung als »Barbareien« erleichtert, gegen die sich die Zivilisation verteidigen müsse. Schon die Wortwahl kündet von einer Wiederkehr kolonialistischer Ambitionen in den Zentren.

Das Tempo der politischen Regression in Deutschland seit der Wiedervereinigung ist atemberaubend. Die Welt wird neu aufgeteilt, und Deutschland ist an vielen Schauplätzen an der Front. Der Osten wird ökonomisch und mit Hilfe vielfältiger Militärbündnisse durchdrungen. Historische Partnerschaften werden reaktiviert, Feindschaften auch: Gegen die Serben wird wieder gebombt.

In Deutschland hat die Diffamierung jeglicher Vorstellung von einer befreiten Gesellschaft einen Richtungsstreit zur Folge zwischen den Vertretern eher germanophiler Tendenzen, die — die Wiederkehr eines Faschismus »ohne Auschwitz« durchaus erwägend — spezifisch deutsche Traditionen und Tugenden gegen die westlichen »Raffgesellschaften« ins Feld führen (einige Ahnen dieser deutschen Spezialität stellen wir exemplarisch vor), und denjenigen, die den westlich geprägten Kapitalismus samt seiner »Werte« verteidigen. Zwischen diesen Kontrahenten suchen Esoteriker, Postmoderne und Kruzifixanbeter noch ihre Plätze. Auch wenn die Regermanisierungsbestrebungen sich nicht bis zur letzten Konsequenz durchsetzen werden, fördern die Bocksgesänge der Regressiven doch die im Kapitalismus enthaltene Barbarei: das Recht des Stärkeren, die Ablehnung des Mitleids, den abermaligen Griff nach der Weltmacht, die Aufrichtung einer ethnozentrischen Dominanzkultur usw.

Gemeinsam lösen diese Tendenzen die Reste der Linken auf, sofern ihre verbliebenen Mitglieder, längst stolz auf ihre Diskursfähigkeit und nach allen Seiten offen, dieses Geschäft nicht schon selbst erledigt haben. Ihre Lieblingsformel ist die von den »Chancen und Gefahren«, mit der sie – nicht zu erschüttern, selbst von den miesesten Entwicklungen und Zuständen nicht – immer neue »Anknüpfungspunkte« ans schäbige Reale entdecken und so ihrem größten Horror ausweichen: die eigene Marginalität akzeptieren zu müssen. Das Ergebnis ist Anpassung, häufig getarnt als geduldiges Bohren dicker Bretter.

Dieses Buch ist ein Plädoyer dafür, auch dann nicht blöde zu werden, wenn ein klassenspezifisch bestimmbares revolutionäres Subjekt nicht aufzufinden ist. Schlechte Verhältnisse dürfen nicht gutgeredet werden, und Bewußtlosigkeit darf nicht auf einmal als Bewußtsein erscheinen. Wem der Spaß dadurch verdorben wird, daß wir als trübselig beschreiben, was trübe ist, befindet sich auf dem Wege der Besserung, ist er doch denen ein Stückchen voraus, die sich ihre gute Laune prinzipiell nicht mehr verderben lassen.

Der Wunsch nach Freiheit, den jede/r einzelne hegen muß, liegt in den Einsichten über den gesellschaftlichen Zusammenhang begründet; er wird in der Selbstreflexion und einer Autonomie wirksam, die sich im Nicht-Mitmachen äußert. Unser Buch verfolgt den Zweck, durch eine Kritik der veränderten materiellen Verhältnisse und der mit ihnen synchron sich herstellenden Bewußtlosigkeit, ein Linkssein zu begründen, das keinen Ausweg ins System zuläßt. »Frei wäre erst, wer keinen Alternativen sich beugen müßte, und im Bestehenden ist es eine Spur von Freiheit, ihnen sich zu verweigern« (Th.W. Adorno).

Wir analysieren den gegenwärtigen Kapitalismus im Verhältnis zu vergangenen Epochen, wir beschreiben die neue Stellung Deutschlands in der Welt, die veränderten Klassenverhältnisse und die Mechanismen der Integration des Bewußtseins. Wir kritisieren die Propheten des neuen Zeitgeistes ebenso wie linke Theoretiker – letzteres auch in der Hoffnung, zur Rekonstruktion eines widerstandsfähigen linken Denkens beizutragen. Wann wieder »mehr geht« für Linksradikale, wissen wir nicht. Prognosen dieser Art sind ohnehin bloß Angeberei.

Wir haben uns bei dem Versuch, dem dialektischen Verhältnis von »westlichem« Kapitalismus und spezifisch deutscher Regression auf der Spur zu bleiben, nicht auf eine Methode der Darstellung beschränkt. Die beste Möglichkeit zur Erfassung der Wirklichkeit scheint uns im absichtsvollen Wechsel der Stilmittel zu liegen: Analyse, Erzählung, Satire.

Thomas Ebermann Rainer Trampert   Hamburg, im September 1995

I. Die Sanierung der Profitrate und das Elend des Keynesianismus

Der Zerfall des »Ostblocks« und die deutsche Expansion

Mit dem Sieg der Marktwirtschaft über den konkurrierenden realsozialistischen Block, der Demoralisierung aller sozialen Befreiungsversuche dieses Jahrhunderts, der deutschen Wiedervereinigung und dem vielfachen Ruf aus dem Osten, Deutschland möge doch bitte dort investieren und auch sonst nach dem Rechten sehen, kehrten die deutschen Unternehmer, die sich einige Jahrzehnte lang zurückhaltend gegeben hatten, ihr altes Sendungsbewußtsein wieder nach außen. Der Ex-BMW-Chef von Kuenheim ließ, über die neue Rolle des Unternehmers in einer nunmehr konkurrenzlos marktwirtschaftlichen Welt philosophierend, die Menschheit wissen: »daß uns jetzt, nach dem möglicherweise endgültigen Sieg« – die sprachliche Nähe zum Endsieg war wohl kaum zufällig – »der sozialen Marktwirtschaft über alle anderen Wirtschaftssysteme, eine neue ... Verantwortung zufällt«. Im Bewußtsein, daß eine demoralisierte Welt nichts so anerkennt wie den Sieger, fügte er hinzu, daß nun »das westliche Unternehmertum zum Vorbild« werde und mit ihm der Darwinismus als Funktionsprinzip der menschlichen Gesellschaft: »Joseph Alois Schumpeter sprach von der zugleich innovativen wie zerstörerischen Kraft des Unternehmertums. Es stört uns nicht, wenn ein Wettbewerber oder eine andere Branche ins Hintertreffen geraten. So ist es schließlich in einer freien Marktwirtschaft, die den Wettbewerb bejaht und damit die Auslese der jeweils Erfolgreichen.« Im eigenen Land möchte von Kuenheim die Demoralisierung für die Einrichtung einer totalen Volksgemeinschaft nutzen: »Ein Unternehmen muß sich als ein gemeinschaftliches Wertsystem erkennen können ... Es hängt von seiner eigenen Unternehmenskultur ab, ob und wie sich Firmenangehörige ›ins Zeug legen‹, ob sie eines Sinnes und einem gemeinsamen Ziel verpflichtet sind.« International geht es ihm darum, Japan und die USA zu beerben, was auch sonst: »Europa, das ist meine Vision, wird im 21. Jahrhundert wieder zum wirtschaftlichen und geistigen Zentrum der Welt« (»Frankfurter Rundschau« [»FR«], 14.2.1990).

Ein anderer Unternehmer, der damalige VW-Chef Hahn, verteilte schon öffentlich das Fell des erlegten Bären: »Die Welt ist in Bewegung.

Osteuropa wird jetzt aufgeteilt. Wer nicht dabei ist, der verliert« (»Die Zeit«, 23.2.1990). Die Deutsche Bank formulierte dazu eine Hitliste für die deutsche Außen- und Militärpolitik, die die Brauchbarkeit der damaligen GUS-Staaten nach einem Punktesystem von eins (ohne Perspektive) bis zehn (sehr gute Perspektive) katalogisierte. Im Industrialisierungsgrad und als Abnehmerländer für deutsche Industrieexporte hatten die baltischen Länder, die Ukraine und Zentralrußland die Nase vorn. Als Agrarimporteure stünden die Ukraine, Georgien und Moldawien zur Verfügung. In der Rohstoffausbeute hinterließ Zentralrußland mit mehr als der Hälfte der Welterdöl- und Erdgasreserven, 50 Prozent der Weltkohlereserven und einem Fünftel der Goldreserven einen ausgezeichneten Eindruck. Auch andere GUS-Staaten können sich sehen lassen: Mangan kann aus der Ukraine geholt werden; Blei, Zink, Uran, Kobalt, Baryt machen Aserbaidschan interessant; Kupfer, Zink, Bauxit, Edelmetalle sprechen für Armenien; Buntmetalle, Stickstoff, Magnesium will man aus Turkmenien; Erdöl, Erdgas, Gold, Kohle, Quecksilber aus Kirgisien und Erdöl, Erdgas, Eisen, Nickel, Wolfram, Chrom, Vanadium, Titan, Thallium, Wismut, Gold, Silber sowie die Hälfte der ehemals sowjetischen Zinkvorkommen aus Kasachstan abräumen. Kein Wunder also, daß Volker Rühe anläßlich eines Besuches pathetisch erklärte, daß Deutschland die Entfaltung der kasachischen Ethnie besonders am Herzen liege. In der »marktwirtschaftlichen Mentalität« lagen Balten, Georgier und Armenier vorn. Weitere Kriterien, nach denen die Deutsche Bank den Nutzen der ehemaligen Sowjetrepubliken für die deutsche Wirtschaft berechnete, waren die Nähe zu Europa, die bereits vorhandene Infrastruktur und die Homogenität der Bevölkerung.

Der Aufsichtsratsvorsitzende der Deutschen Bank, Christians, hatte sich bereits früh auf den Weg nach Kaliningrad, dem ehemaligen und zukünftigen Königsberg, gemacht, wo er einen schon bald bedeutenden Umschlagplatz vermutet. Rußland solle dort »günstige Zoll- und Steuerbestimmungen treffen, in denen sich westliche Unternehmer freier etablieren können«, schlug er vor und spekulierte: »Wenn es zudem gelänge, einen Teil der ausreisesuchenden Deutschstämmigen auf freiwilliger Basis in dieser Industrie- und Kulturzone anzusiedeln«, stünden hochmotivierte Leute zur Verfügung, mit denen ein deutsches Wirtschaftszentrum dann den Ostseeraum »in Richtung Polen, ... Westeuropa oder Skandinavien erfaßt«. Ein Betriebsleiter aus Kaliningrad habe ihm geschrieben, daß die Menschen sich dort wieder auf alte Werte besinnen würden: »in Erinnerung behalten, bewahren, wiederherstellen und den Zusammenhang der Zeiten nicht einbüßen«. Schließlich sei »die Hafenstadt Königsberg eine Gründung der Deutschordensritter und

Residenz der preußischen Herzöge« gewesen, und »der große Sohn der Stadt, Immanuel Kant, der neben Georg Friedrich Hegel bis heute unter Russen bekannteste deutsche Philosoph« (»Die Zeit«, 23.2.1990), habe dort seine Heimat gehabt.

Man hatte in den Jahrzehnten des Kalten Krieges und der kaum minder aggressiven »Entspannung« den RGW-Block nicht zum Vergnügen ökonomisch und militärisch niederkonkurriert, sich am Ende über »Helsinki« und »Menschenrechte« in die Herzen seiner Bewohner geschlichen und alle Befreiungsversuche auf der Erde, die einen Stützpunkt für den realen Sozialismus bildeten oder hätten bilden können, blutig niedergeschlagen. Nicht einmal fünfzig Jahre nach dem gescheiterten Versuch Nazi-Deutschlands, Osteuropa und die Sowjetunion zu unterwerfen, liegt Europas Osten im Koma und wartet vornehmlich auf deutsches Geld zu seiner Wiederbelebung. Dort lagern nicht nur gewaltige Rohstoffreserven, da warten auch Arbeitskräfte, die etwa so günstig zu haben sind wie die in Malaysia, beinahe vor der Haustür und betteln um deutsche Investitionen. Preisgünstige lebendige Arbeit ist die erste große Prämie, die Deutschland für den späten Sieg über den Osten einkassiert. Tyll Necker, ehemaliger Chef des Bundesverbandes der Deutschen Industrie (BDI), sprach von einem »Exodus von Firmen aus der Bundesrepublik«. Arbeitgeberpräsident Klaus Murmann zielte mit drohenden Worten aufs nationalistische Ressentiment und meinte dieselbe Sache: »Ich bin ein deutscher Unternehmer und wünsche mir nichts mehr, als daß wir wieder ein Umfeld schaffen, in dem ein deutscher Unternehmer nirgendwo so gerne investiert wie in Deutschland«, aber »Kapital ist ein scheues Reh«, das von gesellschaftlichen Ansprüchen verscheucht wird. »Wir bekommen ... sehr viel mehr Zulieferungen als früher aus dem Ausland. Der importierte Anteil an unseren Produkten wächst ständig. Die, wenn man so will, Wohlstandsgrenze nach Osten wird dazu führen, daß immer mehr Zulieferbetriebe oder -funktionen nach Polen, Ungarn, in die Tschechische Republik und in die Slowakei verlagert werden, ja bis nach Rußland hinein. Das ist eine völlig neue Perspektive unseres industriellen Arbeitsmarktes, und darauf müssen die Tarifparteien und die Politik unbedingt reagieren« (»Süddeutsche Zeitung« [»SZ«], 23.7.1993). Der Präsident des deutschen Außenhandelsverbandes griff zu den Gepflogenheiten des Husumer Viehmarkts der letzten Jahrhundertwende: »Es ist leider so, daß man für die Kosten eines deutschen Arbeitnehmers zehn Ungarn, 17 Tschechen, 18 Polen, 38 Bulgaren oder 70 Russen beschäftigen kann.« So schlich sich das Kalkül des Kapitals als höhere Gewalt ins Bewußtsein und vermischte sich dort mit der wachsenden Angst vor einer Gefährdung des deutschen Standortes.

Die neue Weltlage blieb nicht ohne Auswirkungen auf die deutsche Militärstrategie. Schon zur Rechtfertigung des Golf-Krieges Anfang 1991 hatte der US-Präsident auf neue militärische Konfrontationslinien verwiesen: »Die Welt«, d. h. einige reiche Staaten, »konnte nicht länger warten«, weil »unserer Wirtschaft Schaden zugefügt wurde«. Die US-Truppen »stehen« am Golf »für mehr als nur den Preis einer Gallone Benzin. Was wir tun, ist die Zukunft der Welt für die nächsten hundert Jahre zu gestalten ... Aus den Schrecken des Krieges wird die Erkenntnis wachsen, daß keine Nation«, d. h. die armen Nationen, »gegen eine einige Welt aufstehen kann.«[1] Man hatte die Sowjetunion, die im UN- Sicherheitsrat für eine Handvoll Dollars mittlerweile zu jeder Schandtat bereit war, nicht mehr zu fürchten, also wollte man sich ganz und gar darauf konzentrieren, den Transfer der Rohstoffe, Fertigprodukte und Früchte in die reichen Zentren zu sichern — solche Staaten, die sich nicht freiwillig unterwerfen würden, sollten die Schrecken des Krieges kennenlernen.

So löst ein propagandistisch mit Friedensfloskeln geschönter Militärinterventionismus der reichen Staaten zwecks Domestizierung der unterworfenen, krisengeschüttelten Welt die überkommene Blockkonfrontation ab. Wann immer fortan die Begriffe: friedenbewahrend, friedenerhaltend, friedenschaffend, friedenstiftend oder friedenerzwingend fallen, ist eine militärische Operation geplant oder im Gange. Doch Bushs Anspielung auf den Benzinpreis ist ein deutlicher Hinweis darauf gewesen, daß jeder Krieg auch die Einflußzonen innerhalb des imperialistischen Blocks verschiebt. Deutschland wußte, daß ein nicht kriegsfähiger Imperialismus nur ein unvollständiger bleiben würde. Zu der Pflicht, Rohstoff- und Investitionsgebiete im Osten zu sichern, kam — seit die alliierten Fesseln abgestreift worden waren — die neue Freiheit, im Konzert der Großen auch militärpolitisch mitspielen zu können. Seit November 1992 gelten deshalb neue Bundeswehrrichtlinien. Ihnen zufolge ist Deutschland nicht mehr nur Mitglied eines westlichen Verteidigungsbündnisses, vielmehr steht die Bundeswehr ab sofort für »deutsche Wertvorstellungen und Interessen« in der Pflicht. Da »die nationale Interessenlage ... Ausgangspunkt der Sicherheitspolitik eines souveränen Staates« sei, verfolge Deutschland von nun an »seine legitimen nationalen Interessen«, die eben auch von den Interessen der Bündnispartner abweichen können. Endgültig ist die Bundeswehr von der eine imperiale Großmacht frustrierenden Selbstbeschränkung auf die Landesverteidigung befreit worden, da ein »vitales Sicherheitsinteresse« Deutschlands, wie es in den Richtlinien weiter heißt, in der »Aufrechterhaltung des freien Welthandels und des ungehinderten Zugangs zu Märkten und

Rohstoffen in aller Welt« liege (»Die Zeit«, 30.7.1993). Diese unmißverständliche Formulierung veranlaßte den »Zeit«-Autor zu dem Kommentar: »Was wir hier vor uns haben, hätte man früher rundheraus als ein imperialistisches Programm bezeichnet. Jedenfalls handelt es sich ganz unbestreitbar um eine Definition deutscher Interessen in globaler Perspektive.«

Selbstverständlich steht am Beginn dieser neuen Entwicklung noch kein deutscher Alleingang, sondern zunächst die Kriegsbeteiligung in Bündnissen. Deshalb wünscht die Bundesregierung, die Nato »solle sich nach Ostmitteleuropa öffnen und sich zudem von einem reinen Verteidigungsbündnis zu einem internationalen Sicherheitssystem wandeln ..., das auch Krisen über die Bündnisgrenzen hinaus lösen kann« (»Die Welt«, 28.8.1993), etwa im Rahmen einer Nothilfe im Osten, für die dann Deutschland schon geostrategisch an erster Stelle zuständig wäre. Aus solchen Erwägungen strebte Volker Rühe gemeinsame militärische Übungen mit der polnischen Armee an, die in weiser Voraussicht gleich in Polen abgehalten werden. »Wir wollen die Zusammenarbeit in der Praxis, und zwar ohne Zeitverzug«, erklärte Rühe, und die »Welt« ergänzte: »wegen der unkalkulierbaren Entwicklung in Rußland« (ebd.). Kein Wunder, daß es der russischen Regierung etwas mulmig wurde und auch die Außenminister einiger westlicher Staaten, denen die Verlegung deutscher Truppen gen Osten allzu forsch vorgekommen sein mag, zaghaft zu bedenken gaben, ob nicht etwas mehr Rücksicht auf russische Interessen genommen werden könnte.

Für eine neue militärische Beweglichkeit ebenfalls von großer Bedeutung ist die deutsch-französische Zusammenarbeit. Das Bündnis mit Frankreich, schrieben US-amerikanische Zeitungen, die den Pakt der europäischen Konkurrenten mit Skepsis beobachten, werde Deutschland den Vorteil bringen, seinen weltpolitischen Einfluß ausdehnen zu können, ohne den Verdacht anzuheizen, es strebe nach kontinentaler Vorherrschaft. Frankreich seinerseits wolle an der Eroberung des Ostens mitverdienen und wisse, daß das nur mit deutscher Unterstützung möglich ist. Das vehemente Engagement deutscher Politiker gegen das vergleichsweise unbedeutende Vorhaben, die »britische« Bohrinsel Brent Spar auf hoher See zu versenken, und ihre behutsamen Reaktionen auf die französischen Atombombentests nähren zudem die Befürchtung, daß die mitteleuropäische Achse auf die Etablierung einer gemeinsamen Atommacht zusteuert. Für zukünftige Eventualitäten basteln die Deutschen außerdem an der »Brigade Ost«, die in der ehemaligen DDR stationiert ist und unter alleiniger deutscher Befehlsgewalt steht. Aber was heißt schon »zukünftig« in einer Epoche, in der fast jeder schlimme Verdacht durch die Wirklichkeit bereits übertroffen wird, noch bevor er ausgesprochen werden kann.

Weil jedoch nichts so glatt läuft wie geplant, hat es der Wirtschaftskoloß Westdeutschland mit einer Deindustrialisierung in den neuen Bundesländern zu tun bekommen, die höhere Befriedungskosten verursachte, als die Okkupanten sich das vorgestellt hatten, und die nun den Staatshaushalt zusätzlich belasten, obwohl man Steuern und Verschuldung gerade zugunsten der großen strategischen Kapitalzwecke reduzieren wollte. Zwar hatte sich mit Unterstützung der nach der Deutschen Mark schreienden DDR-Bevölkerung jene Fraktion im Westen durchgesetzt, die den Kollaps der DDR-Ökonomie per Währungsunion bewußt ansteuerte, um konkurrierende Produktionsanlagen auszuschalten und die Wirtschaft der DDR schnell auf international rechenbares Geld umzustellen, doch das Ausmaß der Pleite, das zudem durch eine weltweite Rezession verstärkt wurde, übertraf alle Erwartungen. Der Herausgeber der »Wirtschaftswoche« hat das Desaster in der DDR kommentiert: »Stellen wir uns vor, Österreich träte der Bundesrepublik bei und der Schilling würde zum Kurs von eins zu eins auf Mark umgestellt. Dann gäbe es dort keinen Betrieb mehr, der noch wettbewerbsfähig wäre. Die heute so leistungsfähige österreichische Marktwirtschaft würde innerhalb weniger Wochen kollabieren. Dafür ist weder Markt- noch Planwirtschaft ... verantwortlich« (»Wirtschaftswoche«, 16.8.1991). Doch diese sachliche Stellungnahme hob sich einsam von einer Propaganda ab, die behauptete, der Ruin der DDR sei allein auf ihre marode Wirtschaft zurückzuführen. Der Zweck der Lüge war leicht zu durchschauen. Die Menschen sollten die Wahrheit nicht erkennen, die darin liegt, daß über 90 Prozent der marktwirtschaftlich organisierten Regionen der Erde ein niedrigeres Sozialprodukt und Konsumniveau erwirtschaften als die Ex-DDR. Marktwirtschaft bedeutet weltweit, daß wenige Zentren in Überschüssen schwelgen, während der große Rest als armer Zulieferer nur eine eng begrenzte Chance auf eine eigene Binnenmarktentwicklung hat. Die oft bespöttelten »bröckelnden Dachsimse« oder andere Modernisierungsdefizite in der DDR sind keineswegs eine besondere osteuropäische Spezialität, sondern eben auch marktwirtschaftliche Normalität. Die DDR wurde darin von süd-italienischen, spanischen, griechischen, argentinischen, chilenischen, mexikanischen, nordenglischen, schottischen, belgischen und sogar vielen US-amerikanischen Einrichtungen leicht übertroffen. Verglichen mit den zerfallenen Fabriken und Stadtteilen in Detroit sah das realsozialistische Dresden noch wie eine blühende Stadt aus. Hätten die Ostdeutschen nicht die Kaufhäuser in Westberlin oder die Passagen in Hamburg, sondern realistischerweise Portugal,

Chile oder irgendeine heruntergekommene Stadt in Nordengland mit Marktwirtschaft identifiziert, hätten sie jedenfalls keine ökonomischen Motive für ihre Flucht oder für die Wiedervereinigung haben können.

In Westdeutschland ist in den letzten Jahren aus mehreren Gründen die Zeit herangereift, das Versorgungssystem, wie es sich in staatlichen Sozialtransfers oder in Tarifverträgen spiegelt, zu demontieren. Andere Staaten wie Großbritannien oder die USA, die bereits eher unter dem Sinken des Weltmarktniveaus zu leiden hatten, waren schon vorausgeeilt. Kaum hatte die Krise mit einigen Jahren Verspätung auch Deutschland erreicht, begannen den krisenentwöhnten Deutschen die Knie zu schlottern – immerhin waren sie bereits seit längerer Zeit propagandistisch auf kommende magere Jahre vorbereitet worden: sie hätten über ihre Verhältnisse gelebt; die Staatsschulden, die von vielen gläubigen Staatsbürgern beinahe wie eigene betrachtet werden, seien unangemessen hoch; sie seien zu Sonderopfern für den »Aufbau Ost« verpflichtet (»Solidaritätszuschlag«); ihre Arbeitsplätze würden zuhauf ins Ausland verlagert; der Standort Deutschland sei massiv bedroht und büße möglicherweise seine Vorrangstellung in der Welt ein. Die Bevölkerung, bar jeder antikapitalistischen Utopie und erfüllt vom einzigen Wunsch, es möge der Marktwirtschaft gutgehen, kapitulierte. Willfährig gab sie in repräsentativen Umfragen jene Meinungen wieder, die man ihr beigebracht hatte. Laut einer »Forsa«-Umfrage vom Juni 1993 meinten 81 Prozent der Deutschen, sie hätten in den letzten Jahren über ihre Verhältnisse gelebt, und rund zwei Drittel waren davon überzeugt, daß die Wirtschaftskrise nicht ohne Abstriche beim Urlaub und nur durch eine Verlängerung der Arbeitszeiten zu bewältigen sei. Nur einen Monat später brachte eine »Infas«-Umfrage zutage, daß zwei Drittel der Befragten einen Mangel an Recht und Ordnung beklagen und 63 Prozent die Aussage bejahen, daß Deutschland zur Lösung seiner Probleme »in erster Linie einen starken Mann an der Spitze« benötige. »Emnid« schob nach, daß mehr als die Hälfte der Deutschen auch – der Notwendigkeit gehorchend – wieder am Samstag arbeiten würden.

Von der Anspruchsgesellschaft zur Risikogemeinschaft

»Wir müssen die Krise jetzt nutzen«, drängte BDI-Präsident Tyll Nekker zur Eile, »denn jetzt sind die Menschen reif. ... Wir wollen und müssen erstklassig bleiben«, fügte er hinzu, und zu diesem Zweck »die gesamte Gesellschaft entschlacken« (»FR«, 29.6.1993). Als Ehrengast beim »Grundsatzforum« der CDU-Fraktion wies er Bundestagsabgeordnete schroff zurecht, die noch immer befürchteten, der soziale Friede in Deutschland, der über einige Jahrzehnte die tragende Säule des Geschäfts gewesen war, könne bei allzu brachialem Vorgehen gefährdet sein. Leistungskürzungen dürften nicht dadurch in Frage gestellt werden, daß man »den sozialen Frieden zu einer Monstranz« hochstilisiere. Mit Entschlackung meinte Necker den Abschied vom keynesianischen Zeitalter, in dem die Strategie, die westdeutsche Bevölkerung aus den hohen ökonomischen Überschüssen, die dauerhaft zu sprießen schienen, präventiv zu befrieden, zu dem geführt hatte, was mit »Sozialstaat« umschrieben wird und in den Tarifverträgen verankert ist. Die höhnische Bemerkung über die Monstranz des sozialen Friedens war ein deutlicher Hinweis darauf, daß man auf eine soziale Prämierung des Wohlverhaltens (»Modell Deutschland«) in Zukunft verzichten wollte – und wohl auch verzichten kann.

Die Politik reagierte. Auf einem Symposium anläßlich einer Festveranstaltung zum 30jährigen Bestehen des CDU-Wirschaftsrates hielt Helmut Kohl den versammelten Vertretern des Kapitals ein Ständchen.[2] Dem »lieben Herrn Murmann« sowie seinen »alten Freunden Alfons Horten und Philip von Bismarck« versprach der Kanzler »aus guter Kameradschaft«, daß »ich entschlossen bin«, die »Leistungskraft unserer Volkswirtschaft« einer veränderten Welt anzupassen, durch »eisernes Sparen«. »Ich werde damit keine Freude haben, aber ich werde es durchsetzen. Das sage ich Ihnen ohne Wenn und Aber.« Das künftige Modell Deutschland, so Kohl, habe er kürzlich auf einer Asienreise entdeckt: »Wir sollten uns ein Beispiel daran nehmen.« Hierzulande habe er demgegenüber »ein ungewöhnlich triviales Verständnis des Begriffs Selbstverwirklichung« festgestellt, das »durch Gemeinsinn« ersetzt werden müsse, denn »ohne Tugenden hat das Land keine Zukunft: Treue zu Sachen und Personen, Zuverlässigkeit, Fleiß ... Pflichterfüllung und Dienen-Können ist eine Grundvoraussetzung«, die »sehr viel mit der ökonomischen Lage des Landes zu tun« habe – »Sie (lieber Herr Murmann) können ohne geistig-moralische Grundlagen auf Dauer keine ... Marktwirtschaft gestalten.« Dem Bundestag werde er daher einen Pakt zwischen Parteien, Unternehmensverbänden und Gewerkschaften zur Sicherung des Standorts Deutschland vorschlagen und dabei keineswegs nur mit ökonomischen Daten hantieren, sondern »Fragen der für den wirtschaftlichen Erfolg wichtigen Erziehung in die Betrachtung einbeziehen«. Kohl bekräftigte ein weiteres Mal, daß Ausländer entsprechend ihrer Nützlichkeit für deutsche Zwecke behandelt würden. Nur weil die genannten Tugenden auf den Hund gekommen seien, habe man sie überhaupt importieren müssen: »Wir haben sie geholt, weil wir uns Arbeitszeiten und andere Regelungen erlaubt haben, die ein Bruttosozialprodukt in dieser Höhe gar nicht mehr möglich machen würde, wenn wir diese Ausländer nicht bei uns hätten.«

An jeder Straßenecke vermutet Helmut Kohl Menschen, die von der Seuche »Selbstverwirklichung« befallen sind. Diese Abscheulichkeit vor Augen, geriet er über die Aufbaugeneration der 50er Jahre ins Schwärmen: »Das waren die Menschen, die damals aus den Kellern herauskrochen, die die Häuser entrümpelten und aufgebaut haben, was möglich war ... Das haben wir doch nicht in der Schule gelernt wie ein Kapitel über die Perserkriege. Warum sollten wir dazu heute nicht fähig sein?« Er rief seine Freunde dazu auf, mit ihm den Blick gen Osten zu wenden. Dort müßten nicht nur Kernkraftwerke repariert werden, nein: »Ich könnte fortfahren, wenn ich zum Beispiel an die Versorgung mit Gas oder Öl denke. Mit einem Wort: Es geht mir darum, daß wir fähig sind, über den eigenen Tellerrand hinaus internationale Verantwortung zu übernehmen.« Die versammelten Arbeitgeber wußten, daß »internationale Verantwortung« ein Synonym für militärisches Eingreifen ist, und konnten die Botschaft leicht dechiffrieren: Investitionen im und Rohstoffversorgung aus dem Osten werden durch die militärische Ausdehnung deutscher Zuständigkeit gen Osten abgesichert.

Neben Kohl ist es vor allem Richard von Weizsäcker gewesen, der seine besondere Fähigkeit, die von den Nazis »bloß mißbrauchten« Sekundärtugenden auf ihren weniger verdächtigen preußischen Ursprung zurückzuführen, einsetzte. In einer Ansprache anläßlich der Tausend-Jahr-Feierlichkeiten in Potsdam las er der Nation die Leviten: »Pflicht und Disziplin, Ordnung und Sparsamkeit werden als Eigenschaften angesehen, die Preußen groß gemacht haben. In unserer Zeit besteht keine Gefahr eines Übermaßes an Disziplin, Pflichtgefühl und Gemeinsinn. Eher das Gegenteil ist der Fall.« Die seiner Meinung nach dringend notwendige Restauration des deutschen Wesens »schließt die Bereitschaft ein, sich selbst nicht zu wichtig zu nehmen und das Gemeinwesen nicht zu überfordern«. Je wichtiger ein Mensch sich nimmt, je mehr er an Selbstverwirklichung denkt, desto größer ist sein Abstand zum Soldaten. In einem »Manifest« genannten Pamphlet — »Weil das Land sich ändern muß« — hat u.a. auch Altkanzler Helmut Schmidt Ende 1992 eine Rückbesinnung auf überkommene deutsche Tugenden und Werte gefordert: Es gebe »wichtigeres ... im Leben der Nation«, erklärte er, als eine materielle Bereicherung, etwa »Heimat, Vaterland, Treue« und persönliche Opfer, »die jeder im Falle eines Krieges selbstverständlich auf sich nimmt«.[3] Eine verbale Verneigung vor dem Nazi-Kriegerdenkmal in Schmidts Heimatstadt Hamburg? Das nämlich trägt die Aufschrift: »Deutschland muß leben und wenn wir sterben müssen.«

Dafür, daß die Deutschen ihr angestammtes Wesen eingebüßt hätten, werden immer häufiger zwei Schuldige – ein äußerer und ein innerer Feind – benannt. Offen mit dem Begriff der »Raffgesellschaft«, indirekt mit der Berufung auf preußische Werte, wird das aus dem »Angloamerikanischen« eingedrungene Kommerzdenken angeklagt, das dem deutschen Wesen zutiefst fremd sei, und im Inneren Deutschlands soll die 68er Generation den an sich arglosen Deutschen allerlei fremden Unflat eingeblasen haben, den es nun wieder aus ihnen herauszuoperieren gelte. »Unsere Probleme resultieren nicht in erster Linie in mangelnder Wirtschaftskraft«, erklärte der CSUler Alois Glück im »Focus« (1/1993), sondern aus einer »Raffgesellschaft«, die in »jenen Einstellungen und Verhaltensweisen« wurzele, »wie sie sich im Anschluß an die 68er Revolution ausgeprägt haben«. Seitdem mangele es »an Gemeinsinn und Selbstdisziplin, an Fleiß und Zuverlässigkeit«, und »staunend müssen wir feststellen, daß Japan und die wirtschaftlichen Boom-Zonen Südostasiens ihren Aufstieg und ihren Vorsprung genau diesen Tugenden verdanken, die früher als typisch deutsch bezeichnet und ausgerechnet hierzulande der Lächerlichkeit preisgegeben wurden«. Einmal abgesehen davon, daß es einst Ludwig Erhard war, der »Wohlstand für alle« gepredigt hatte, während die 68er eher durch Kritik am »Konsumterror« ihrer Eltern aufgefallen waren, ist die Zielvorgabe recht präzise: zurück zu den »typisch deutschen«, von den Preußen bis zu den Nazis hochgehaltenen Tugenden, zurück in die 50er Jahre oder vorwärts nach Südkorea.

Die Stimmung in Deutschland ist mysteriös. Unternehmer und Regierungen wollen die Lohnquote auf das Niveau der 50er Jahre drücken und Krankheit wieder zu einem unkalkulierbaren Risiko machen, sie beschimpfen und bepöbeln die unteren Schichten, die ihnen zum Dank dafür ewigen sozialen Frieden schwören. In Frankreich genügten Sparpläne für das Bildungswesen, um Paris tagelang ins Chaos zu stürzen, in Italien brachte eine Rentenkürzung zwei Millionen Menschen auf die Straßen. In Hamburg hält ein Arbeitsloser mit jämmerlichem Blick den Passanten ein einsames Pappschild entgegen: »Nehme jede Arbeit an«, und in den Betrieben des Landes sind »die Gewerkschaften und Betriebsräte an vielen Orten dazu übergegangen, die Arbeitsorganisation im Dienste einer höheren Effizienz umzugestalten, und sie legten dabei gelegentlich mehr Kreativität an den Tag als das Management« (»Die Zeit«, 30.12.1994). Die machtvolle Arbeiter/innen/manifestation im Frühjahr 1995 zugunsten einer Fusion der Firmen Kässbohrer und Mercedes-Benz hat möglicherweise eine neue Etappe im Ausbau der Formierten Gesellschaft eingeläutet. Sie war von den Unternehmensvorständen bestellt, von der Landesregierung unterstützt, von den Betriebsräten organisiert worden, und sie richtete sich gegen das Kartellamt, das Bedenken gegen die Fusion angemeldet hatte.

Doch weil dem Kapitalismus Dankbarkeit und Gnadenakte fremd sind, zeigen sich auch die Befürworter und Nutznießer des neuen Kurses dem devoten »Volk« gegenüber keineswegs erkenntlich. Immer häufiger löst sich ihre Rede von der gepflegten Lüge und bedient sich in der Gosse: »Wir sind alle zu faul und gefräßig«, schimpfte Lothar Späth im »Tango« (44/1995), wir sollten »alle wieder mehr schwitzen« und unsere Kraft mit Freude geben, denn »wir brauchen eine Gesellschaft, die wieder fröhlicher bei ihrer Leistung ist«. Täglich werden neue Schmarotzer an den Pranger gestellt, Arbeitslose und Sozialhilfeempfänger, die längst schon als Betrüger des Gemeinwesens entlarvt sind, bekamen inzwischen Konkurrenz von den Beamten, die den Staat »strangulieren« wollten, und von Arbeitnehmern, denen man zur Strafe für ihre Unpäßlichkeit den Urlaub streichen möchte. Auch Sozialdemokraten wollen den »Sozialbetrügern« an den Kragen, schließlich sei ihre Partei kein nationaler Betriebsrat. Ministerin Heide Simonis schlug vor, kranke Lehrer nicht länger in Frühpension zu schicken, sondern in Gemeinden oder Bibliotheken zwangszuversetzen. Bei der Beamtenentsorgung, forderte Simonis, müsse die SPD Helmut Kohl »auf Trab bringen«. Dessen gescheiterter Herausforderer Scharping betonte, er sei schon immer für eine Zwangsverpflichtung von Arbeitslosen gewesen, und der neue DGB-Chef Schulte will die Einführung von Wochenendarbeit »ernsthaft prüfen« – Anlaß für Arbeitgeberpräsident Murmann, den Gewerkschaften zu raten, doch den Streik gleich ganz aus ihrem Repertoire zu streichen, der sei eh unzeitgemäß. Grüne Politiker loben Familiensinn, Nachbarschaftshilfe und den kostengünstigen Aufbruchsgeist der 50er Jahre, die PDS lehnt das »vereinfachte und reduzierte Denken in den Kategorien des Klassenkampfes« ab und will ihr neues Denken über ein modernes Deutschland in einen Gesellschaftsvertrag schreiben.

Das neue Zauberwort heißt Risikogemeinschaft. Es meint eine Marktwirtschaft, die nicht durch soziale Errungenschaften oder präventive Zahlungen für die Befriedung domestiziert ist, sondern unverfälscht wirken kann – als das in die zivile Gesellschaft übernommene darwinistische Naturgesetz. Wer im Konkurrenzkampf brutal und geschickt genug ist, gewinnt zu Recht. Wer auf der Strecke bleibt, darf als Looser ausgesondert werden, weil er sich als zu schwach erwies. Fast unmerklich haben Begriffe eine neue Bedeutung erhalten. Die Reform, die in der Geschichte der Arbeiterbewegung noch soziale Verbesserungen versprach, um Kämpfe, die auf mehr zielten, ruhigzustellen, bezeichnet heute nur noch die nächste darwinistische Maßnahme: Reform des Asylrechtsparagraphen im Grundgesetz, Reform des Gesundheitswesens, Reform der Sozialhilfe usw.

In diesem mysteriösen Klima gelang noch schneller, was Zweck der Übung war. Die Arbeitsproduktivität der Deutschen verbesserte sich 1994 um 5,4 Prozent (1993 plus 2,2 Prozent) und übertraf die bis dahin höheren Zuwächse ihrer Hauptkonkurrenten. Die Gewinne sollen 1995 nach einer Prognose des Ifo-Instituts um 150 Prozent wachsen. In den ersten beiden Monaten des Jahres 1994 übertraf der deutsche Export den Vorjahreswert um 12,2 Prozent, im selben Jahr zog Deutschland wieder erheblich mehr Direktinvestitionen aus dem Ausland an. Während die Nettokapitalimporte um 33 Prozent zunahmen, investierten deutsche Unternehmen 7 Prozent weniger im Ausland. Diese Entwicklung beweist die hohe Profitabilität des Standortes Deutschland. Sogar die von links bis rechts beschworenen hohen Haushaltsdefizite, die mit der Alimentierung der neuen Bundesländer ins Uferlose gewachsen sein sollen, entpuppten sich als propagandistische Übertreibung. Die deutschen Staatsschulden standen 1994, hält man eine niedrige Verschuldung für ein erstrebenswertes Ziel, gut da. In der EU erfüllt neben Luxemburg nur Deutschland mit 2,9 Prozent eines der Maastrichter Stabilitätskriterien für die Währungsunion: eine Verschuldung unter 3 Prozent des Bruttoinlandprodukts. Die Niederlande stehen bei 3,8, Dänemark erreicht 4,3 Prozent. Bei den anderen Konkurrenten sieht die Lage noch düsterer aus: Belgien 5,5, Frankreich 5,6, Portugal 6,2, Großbritannien 6,3, Italien 9,6 und Griechenland 14,1 Prozent. Weil die Propaganda gern suggeriert, jedem Bürger und jeder Bürgerin müsse eine niedrige Staatsverschuldung ein persönliches Anliegen sein, sei hier gesagt, daß Glück oder Unglück, Wohlsein oder Unwohlsein der Menschen mit der Schuldenquote des Staates wirklich rein gar nichts zu tun haben. Das beweist oft schon ein flüchtiger Blick in die Gesichter. Die niedrige Staatsverschuldung läßt den Cottbusser nicht zufriedener aus der Wäsche gucken als den Griechen oder den Italiener, die schier verzweifeln müßten, hätte die Agitation von Managern und Staatspolitikern einen vernünftigen Sinn. Der Umkehrschluß ist allerdings genauso falsch. Die Fröhlichkeit wächst nicht automatisch mit der Schuldenlast des Staates.

Während die Propaganda dem deutschen Kapital Schwerfälligkeit attestiert, hat es in Wahrheit ausgesprochen schnell und flexibel reagiert. Diverse Strukturveränderungen in der Arbeitsorganisation, Arbeitszeitverkürzung ohne Lohnausgleich bei gleichzeitiger Arbeitsverdichtung, Auslagerung von Arbeitsstufen in mittelständische und dienstleistende

Sektoren, Arbeitsübertragungen auf unversicherte Honorararbeitskräfte, Verlegung eines Teils der arbeitsintensiven Produktion in den neu erschlossenen europäischen Osten und verlängerte Maschinenlaufzeiten haben große Einsparungen gebracht. Zwar sind diese Entwicklungen noch im Fluß, aber bereits Mitte 1995 zeichnet die deutsche Wirtschaft – allen Lohnnebenkosten, DM-Aufwertungen und Standortproblemen zum Trotz – wieder eine hervorragende Wettbewerbsfähigkeit aus. Niemand bestreitet, daß die Konjunktur von der Auslandsnachfrage angekurbelt worden ist. Mit anderen Worten: Die am Standort Deutschland produzierten Waren zählen bei gleichbleibend hoher Qualität zu den preisgünstigsten auf der Welt.

Soweit die Tatsachen. Ob die gute Konjunktur lange anhalten wird, wissen wir so wenig wie jene linken Theoretiker, die es zu wissen behaupten. Insbesondere sind uns jene linken Konjunkturprognosen eine Warnung, die »Konkret« im April 1994 veröffentlichte: Robert Kurz hatte für 1994 eine Wachstumsrate von unter einem Prozent, die Ablösung der konservativ-liberalen Koalition, »die Wahrscheinlichkeit unvorhergesehener Einbrüche im Laufe des Jahres« angekündigt und »die Hoffnung auf das Anspringen einer starken Exportkonjunktur ... als Illusion« bezeichnet.[4] Es gibt riskantere Prognosen – und dennoch traf nichts davon oder das Gegenteil ein. Der vielen Mystifikationen wegen, die den linken Markt dominieren, lohnt sich der Hinweis, daß jede Krise des Kapitalismus – sollte sie nicht seine allerletzte sein, d.h. von einer klösterlichen Subsistenzwirtschaft abgelöst werden, denn auf Sozialismus weist rein gar nichts hin – zugleich seine Sanierung vorantreibt. Gar keinen Sinn macht es, kalkulierte Horrorbilder der Kapitalverbände durch eigene Phantastereien noch zu überbieten, als gäbe es dafür einen Orden.

Kapitalentwertung, Kapitalkonzentration und die Mitarbeit der Treuhandanstalt

Offenkundig war der Kapitalismus nicht in eine Krise neuen Typs geraten, sondern da angekommen, wohin ihn seine Akkumulation immer wieder treibt. Der Zwang zur permanenten Anhäufung von Werten dehnt den Kapitalstock im Verhältnis zur lebendigen Arbeit so lange aus, bis die angeschwollene Kapitalmasse die Grenzprofitabilität sinken läßt. Das fixe Kapital wirft immer mühsamer die angestrebte Profitrate ab, es kann sich nicht mehr ausreichend verzinsen. Solange aber der aus den Arbeitskräften durch Rationalisierungen und technische Verfeinerungen herausgepreßte Mehrwert so hoch gehalten werden kann, daß er die Verzinsung des Gesamtkapitals kompensiert, ist die Produktion gesichert. Erst jenseits dieser Grenze unterbleiben Investitionen oder dienen überwiegend der weiteren Rationalisierung. Statt in Erweiterungsinvestitionen wird eine wachsende Geldsumme in die scheinbar risikolosere Finanzanlage geleitet. Die Produktion gerät ins Stocken, die sinkende Nachfrage nach Produktionsmitteln setzt Arbeitskräfte frei und senkt die Konsumgüternachfrage. Die Märkte bilden sich zurück und erschweren es dem Einzelkapital, Mehrwert zu realisieren – Waren können nicht mehr wie bisher verkauft werden. Die Kapazitäten sind nicht mehr ausgelastet, und die Lager füllen sich. Obwohl Produktionsmittel und Arbeitskräfte dieselben sind wie vor der Krise, können sie nicht mehr eingesetzt werden. Die Krise erscheint als eine Überproduktion von Kapital. Man hat zuviel von dem Zeug: Wenn die Maschinen nur zu 60 Prozent ausgelastet sind, genügen auch 60 Prozent. Regelmäßig führt dieser Zustand zu Massenentlassungen und zur Kapitalentwertung oder -vernichtung. Anlagen werden stillgelegt, pleitegegangene Firmen verschrottet oder der gesamte Kapitalstock in einem Krieg reduziert. Durch die Senkung des Kapitalwerts verbessert sich die organische Zusammensetzung des Kapitals wieder zugunsten der lebendigen Arbeit, und der ganze Prozeß kann unter Umständen von vorne beginnen. Laut Paul Mattick stimmen alle Krisentheorien darin überein, »daß eine ausreichende ... Expansionsrate von der Profitabilität des Kapitals abhängt; daß es immer schwieriger wird, angesichts der bereits erreichten Kapitalgröße eine solche Profitabilität aufrechtzuerhalten; und daß die Stagnation der Wirtschaft nur durch eine Verbesserung der Profitabilität beendet werden kann«.[5]

Auch wenn jede Krisenbewältigung Besonderheiten aufweist, lassen sich einige Zwangsläufigkeiten verallgemeinern: Entwertung oder Vernichtung von Kapital, so daß die Profitrate wieder steigen kann; Kapitalkonzentration, die einen gegebenen Mehrwert an weniger Kapitalisten verteilt; Umlenkung der Produktion in produktive Sektoren, Ruinierung der weniger produktiven Sektoren; Intensivierung der Ausbeutung durch Lohnsenkung und Steigerung der Arbeitsproduktivität; Kürzungen der aus der Mehrwertmasse abgezogenen Mittel für die Versorgung von Menschen, die außerhalb der produktiven Arbeit stehen; Sicherung kostengünstiger Rohstoffbasen und niedriger Rohstoffpreise sowie billigerer Arbeitskräfte durch Kapitalexport.

Seit etwa zwei Jahrzehnten deutete sich in den Metropolen das allmähliche Sinken der Profitrate an – in sinkenden Wachstumsraten, Akkumulationsstockungen, Pleiten und in einer wachsenden Geldanlage.

Eine Zeitlang konnte die Krise durch den Zugriff auf die Mehrwertmasse außerhalb der reichen Länder teilweise kompensiert werden. Die kapitalistischen Mächte zwangen den kapitalarmen Regionen eine dem eigenen Profitbedarf gemäße Produktion auf. Keinem schwach kapitalisierten, gleichwohl in den Weltmarkt integrierten Land konnte es gelingen, seine ökonomische Entwicklung am Profitbedarf der Starken vorbeizuplanen. Der Überkapitalisierung in den Zentren stand so zunehmend eine Unterkapitalisierung in der Peripherie gegenüber. Was dort abgezogen wurde, häufte sich in den Metropolen als Wert an. Schlecht bezahlte Arbeitskräfte holen Mineralien aus den Böden und bestellen Plantagen für den Export in die Zentren. Um die Exportbasis zu sichern, mußten Maschinen, Chemikalien und Saaten zu drastisch erhöhten Preisen aus den reichen Ländern eingekauft werden. Die Terms of Trade schnürten den kapitalarmen Ländern die Kehle zu. Ein übriges erledigten die Zinspolitik gegenüber den verschuldeten Ländern, die Kapitaltransfers der Konzerne oder nationale Ausbeutercliquen und Militärs. In welchem Umfang die Profitrate beispielsweise in der Bundesrepublik über Werte aus kapitalarmen Ländern allein durch die Preisentwicklung aufgebessert wurde, zeigen Berechnungen des Statistischen Bundesamtes. Von 1980 bis 1992 verbesserten sich die Terms of Trade um 49 Prozent. Mit anderen Worten: Für die gleiche Exportmenge, die 1980 in die Dritte Welt ging, gab es 1992 fast 50 Prozent mehr Gegenleistung in Form von Rohstoffen, Früchten oder lebenswichtigen Organen. Dadurch fiel allein im Jahr 1992 in der BRD ein Sondergewinn von 31 Milliarden DM an. Allerdings behinderte diese Form der Ausplünderung die Kapitalentwicklung und damit auch den Aufbau von Märkten in den peripheren Regionen. Der Kapitalismus konnte also eine immanente Krisenlösung hinauszögern, schuf sich damit aber gleichzeitig Barrieren für eine notwendige Marktausdehnung.

In der Rezession hatte der Kapitalismus im wesentlichen so funktioniert, wie er es muß. Die Zerschlagung und Entwertung von Kapital kam gut voran. Dabei war es sehr hilfreich, daß ein großer Teil der osteuropäischen Industrieproduktion bereinigt werden konnte. Die den Ländern des RGW übergestülpten Weltmarktbedingungen wirkten in diesem Stadium für den Kapitalismus durchaus segensreich, weil mit der Deindustrialisierung des Ostens »friedlich« Kapital in einer Dimension vernichtet werden konnte, wie sie sonst nur in Weltkriegen vorstellbar ist. Durch die Integration in den Weltmarkt war die Produktion des RGW konkurrierendes Kapital geworden. Gleichgültig wie zaghaft die Märkte sich in diesem Raum entwickeln, sie sind ein Zugewinn, der vom weltweit reduzierten Kapital bedient werden kann.

Das spezifische Problem der deutschen Wirtschaft war in dieser Zeit des Abschieds vom Keynesianismus der mit Staatsmitteln angetriebene Wiedervereinigungsboom. In der öffentlichen Diskussion wurden die Transfers in die neuen Bundesländer bewußt einseitig unter dem Aspekt der Belastung des Staatshaushalts behandelt, um in der Bevölkerung die Bereitschaft zum deutsch-deutschen Solidaropfer zu steigern. Die Abwicklung der DDR zielte von vornherein auf eine massive Deregulierung. Die Treuhandmilliarden wurden zu einem großen Teil westdeutschen Firmen zum Zweck ihrer Sanierung zugeschanzt und werden, über den Staat als Gesamtschuldner, als Kosten an die Bevölkerung weitergegeben. Wie die Finanzierung des Ostens im Einzelfall aussehen kann, wollen wir am Beispiel von Carl Zeiss Jena zeigen: einem weltweit anerkannten ostdeutschen Produzenten von optischen Geräten aller Art, führendem Lieferanten für die RGW-Staaten und im Besitz von Patentrechten und Markenzeichen. Wie auch die übrigen Bereiche konnte die westdeutsche Optikbranche den Weltmarkt, nach Fernost ausgelagerte Fertigungsstufen eingeschlossen, bedienen. Die Jenaer Werke waren für westdeutsche Hersteller objektiv eine Konkurrenz, die ausgeschaltet werden sollte, bei gleichzeitiger Übernahme ihrer Patente und Markenzeichen. Der Verkauf von Carl Zeiss Jena an einen asiatischen Konzern hätte allerdings den Konkurrenten vor die Haustür geholt, also wurde der Laden (Jenoptik) zu 51 Prozent an die westdeutsche Carl-Zeiss-Stiftung, Oberkochen, und zu 49 Prozent an das Land Thüringen übertragen. Die neuen Eigentümer erhielten 1991 3,6 Milliarden DM (!) von der Treuhand, davon gingen 650 Millionen direkt an Carl Zeiss im Westen. Diesen Batzen erhielt Zeiss als vorweggenommene Verlustabdeckung und für die Zusage, die Beschäftigtenzahl von 3 000 zu halten, »sofern keine wesentliche Verschlechterung der wirtschaftlichen Verhältnisse eintritt«. Die »Frankfurter Allgemeine Zeitung« (»FAZ«) berichtete am 1. März 1993, Zeiss habe nicht nur den Millionenbetrag aus Steuermitteln erhalten, sondern obendrein noch diverse Millionen aus dem Landestopf Thüringen als »Gemeinschaftsaufgabe«. Außerdem habe sich Zeiss Oberkochen »Patentrechte und das Markenzeichen von Zeiss zweifelsfrei gesichert«. Am 26. Oktober 1993 meldete die »FAZ« dann, daß jede Gegenleistung ausgeblieben war: »Bislang habe Zeiss Oberkochen keine Mark in Jena investiert oder Aufgaben dorthin verlagert, heißt es.« Die Beschäftigungszusage hatte man ebensowenig ernst genommen: »Der Aufsichtsrat beschloß ohne Nennung eines Zeitrahmens die Orientierungsgröße von 2 162 Mitarbeitern in Jena. Thüringens Wirtschaftsminister Jürgen Bohn (FDP), der Jenoptik im Aufsichtsrat vertritt, war bei der fraglichen Sitzung nicht anwesend ...« Nicht einmal die leicht zu konstruierende »Verschlechterung der wirtschaftlichen Verhältnisse« war im angenommenen Ausmaß eingetreten, die Verluste waren »offenbar geringer als erwartet«, schrieb die »FAZ«. Fazit: Die gesamte Abwicklung des DDR-Unternehmens dient der Ausschaltung eines ostdeutschen Konkurrenzbetriebes und der Bereicherung des westdeutschen Konzerns. Dessen Sanierung wird im Zuge der Haushaltsüberführung der Treuhandschulden später u. a. von denen bezahlt, die auf Sozialtransfers angewiesen sind. Auf diese Weise enthält die Finanzierung des deutschen Ostens neben krisenverschärfenden Aspekten des Staatskonsums zugleich auch krisensanierende Momente. Die Übernahme von Carl Zeiss Jena ist darüber hinaus ein Beispiel für Kapitalkonzentration.

Jede Krise innerhalb des Kapitalismus hinterläßt Sieger und Besiegte. Kapital sammelt sich in produktiven Sektoren und wird aus weniger produktiven vertrieben. Die Großen schlucken einmal mehr die Kleinen, und auch von den Großen gibt es danach einige weniger. Schon länger begleitet der Konzentrationsprozeß die sinkende Profitrate. Wir wollen ihn am Beispiel der Automobilbranche nachzeichnen, in der, wie man mutmaßt, am Ende des Jahrtausends nur noch drei Konzerne in Europa überleben werden. Das Hickhack zwischen VW und Opel zeigt, mit welchen Bandagen gekämpft wird. Mit einer Jahresproduktion von 2,17 Millionen Autos lag VW, das sich zuvor Audi, Seat und Skoda einverleibt hatte, 1993 an der Spitze in Europa. Nach ihrer sogenannten Abwehrfusion landeten Peugeot und Citroen mit 1,89 Millionen auf Platz zwei. Renault stand noch allein mit 1,51 Millionen Autos auf dem dritten Rang, dicht gefolgt von General Motors (1,48), die schon früher Opel erworben hatten und im Laufe des Konzentrationsprozesses Saab, Vauxhall, Lotus und IBC schluckten. Ford übernahm Jaguar und schaffte 1,33 Millionen Autos. Auf Platz sechs folgte der Fiatkonzern, der seine inneritalienische Konkurrenz Lancia, Alfa Romeo und Ferrari durch Übernahmen ausgeschaltet hatte. An die siebte Stelle schob sich BMW nach der Übernahme von Rover. Der britische Konzern, der sich zuvor die englischen Automarken MG, Triumph und Austin einverleibt hatte, gehörte zu 80 Prozent der British Aerospace und – noch immer – zu 20 Prozent Honda, die ihren Anteil nicht an BMW verkaufen wollten. An achter Stelle folgte Mercedes (0,49). Wie wird so etwas abgewickelt? BMW machte sich als Hecht einen Namen. Konzernchef Pischetsrieder gilt als neuer deutscher Erfolgsmann. »Der Mini wird deutsch«, feierte »Bild« den BMW-Coup als späten Sieg über England. Die Zeitschrift »Capital« schwärmte: »Ein glänzender Schachzug«. Die »Wirtschaftswoche« (6/1994) lobte an der Rover-Übernahme vor allem, daß »die

Münchner Zugang zu einem Produktionsstandort, der derzeit einer der günstigsten in ganz Westeuropa ist«, erhalten würden. BMW selber äußerte sich mit überlegener Süffisanz: »Wir haben unsere Großeltern gekauft.« 1928 hatte BMW den Sprung in den Autobau nur durch eine Lizenz von Austin geschafft. Heute gehört dem bayerischen Konzern mit Rover auch Austin. So verändern sich die Kräfteverhältnisse.

Möglich wurde das Geschäft durch eine prall gefüllte Kriegskasse. BMW erklärte öffentlich: »Wir zahlen Rover aus unseren flüssigen Mitteln.« Der Konzern verfügte über fünf Milliarden DM zum Zwecke seiner Expansion, von denen zwei für den Rover-Kauf eingesetzt wurden. Allerdings legte sich Honda quer. Honda-Präsident Kawamoto deutete im britischen Fernsehen einen Gegenschlag an: »Das Problem ist BMW und nicht unser Kontrakt mit Rover« (»SZ«, 8.2.1994). Wenn Rover aufhöre, ein britisches Unternehmen zu sein, »wird unsere kooperative Beziehung zu Rover nicht lange andauern«. 70 Prozent der Rover-Produktion basieren auf Honda-Konstruktionen, die man den Deutschen nicht zukommen lassen wollte. Honda liefert die Produktionstechnologie, organisiert die »lean production«- Arbeitsabläufe, fertigt Karosserieteile, Einspritzpumpen, Instrumententafeln und Motoren. »Rover befindet sich im Würgegriff von Honda«, schrieb die »Financial Times«. Das Unternehmen mußte sich verpflichten, seine Wagen nicht dorthin zu verkaufen, »wo Honda Märkte für sich behalten wollte«. Auch daran wird sich BMW nicht halten wollen.

Korrekturen der organischen Zusammensetzung des Kapitals — »Der Zug der Karawane zieht nach Osten«

Um die Profitrate zu sanieren, werden nicht nur überschüssige Kapitalien entwertet und die übrigen konzentriert, sondern auch Produktionen nach Osteuropa verlagert und Arbeitsprozesse neu organisiert. In einem andauernden Prozeß entzerren sich durch die sogenannte Vertikalisierung die Kapitalkonzentrationen teilweise wieder und korrigieren damit auch das Tarifsystem nach unten. Fertigungsstufen, Zulieferungen, Transporte und Dienstleistungen werden ausgegliedert und billiger bei mittelständischen Betrieben eingekauft, von denen etliche über die Grenzen wandern – den niedrigen Löhnen hinterher. Nach dem Vorbild USA – Mexiko wird auch die deutsche Produktion – die Okkupation Osteuropas macht sich allmählich bezahlt – durch die Verlegung einiger arbeitsintensiver Sektoren in osteuropäische Länder eine Kombination von High-Tech-Agglomeration und Manchester-Kapitalismus werden. BDI-Chef Tyll Necker beschrieb das akute Geschehen mit einer Metapher: »Der Zug der Karawane zieht nach Osten«, zu fruchtbaren Oasen. In der ersten Phase stünden fünf bis zehn Prozent der industriellen Jobs in der Bundesrepublik zur Disposition (vgl. »Manager Magazin«, 7/1993). Vorzugsweise zieht deutsches Kapital in die Tschechische Republik, nach Polen, Ungarn und – mit einigem Abstand – Slowenien. Beteiligt sind alle arbeitsintensiven Sektoren, die Schwerindustrie, die Konsumgüterindustrie und in deren Schlepptau Banken und andere Dienstleistungen. Auf den Jahrespressekonferenzen der Unternehmen ist der Bericht über die Auslagerung eines oder mehrerer Werke inzwischen ein fester Bestandteil. Werksauslagerungen für Spielzeuge, Billigreifen, Keramikartikel, Textilien, optische Geräte, Gießereierzeugnisse, Autopolster und -sessel, Möbel, Kabel, Autoelektrik, Straßenbahnen für den Export, zählten zu den letzten Meldungen. Was 1989 mit einer Jahresinvestition von vier Milliarden DM in den drei Hauptzielländern begann, steigerte sich bis 1992 auf zehn Milliarden DM. »In der Tschechischen Republik«, berichtete das »Manager-Magazin«, »schuften tschechische Arbeiter dreischichtig rund um die Uhr (in finster-dreckigen Hallen). Nagelneue deutsche Firmenschilder prangen an abgewrackten Gebäuden. Arbeitslose gibt es kaum.« Die (Ab)wanderung des Kapitals wird dabei nicht nur als Druck auf die Tarif- und Sozialsysteme in Westdeutschland verstanden, sondern ebenso als Kampfinstrument gegen Konkurrenten überall auf der Welt. »Die allgemeine Orientierung nach Osteuropa (bietet) auch Vorteile gegenüber der französischen Konkurrenz«, hat etwa der Automobilverbandschef die deutschen Konkurrenzvorteile gegenüber anderen kapitalistischen Nationen konkretisiert.

Wie deutsche Unternehmen dank der Erschließung osteuropäischer Potentiale siegen, zeigt beispielhaft die Möbelindustrie. In wenigen Jahren ist Polen für die deutsche Wohnmöbelproduktion zum Renner geworden. Nach Italien und Dänemark steht das Land mit einer Milliarde DM schon an dritter Stelle ausländischer Möbel-Lieferanten. Importe im Wert von 700 Millionen DM stammen bereits aus deutschen Niederlassungen. Weitere deutsche Möbelbetriebe stehen in der Tschechischen Republik, in der Ukraine, in Ungarn und Rumänien. Beim Möbelhersteller »Schieder«, dem größten in Europa, ging auch 1994 »weiter die Post ab« (»FAZ«, 28.6.1994). Er war mit zwanzig polnischen Werken der Erfolgreichste der Branche. Von seinen insgesamt 8 900 Arbeiterinnen und Arbeitern verdingen sich inzwischen 5 600 in Polen, 700 in Italien und Portugal und 2 600 in Deutschland. Die Möbelbranche kalkulierte 1994 die Lohnkosten pro Stunde in Deutschland mit etwa 38 DM und in

Polen mit 2,70 DM. Die Schieder-Gruppe erwartet für 1996 mehr als zwei Milliarden DM Umsatz, die neueste Übernahme im polnischen Slupsk (Spezialist für Kiefer- und Massivholzmöbel mit vier Werken und 900 Arbeiterinnen und Arbeitern) kostete 2,15 Millionen Mark. Die polnischen Betriebe hätten »überproportional zum Wachstum der Gruppe auf den Auslandsmärkten, besonders in Frankreich und Holland, beigetragen. Langsam beginnt auch der polnische Binnenmarkt an Bedeutung zu gewinnen. Dort sind 1993 bereits 49 Millionen DM umgesetzt worden. Für 1995 wird mit einem Umsatz von 100 Millionen DM gerechnet« (ebd.). Die Schieder-Gruppe gehört zu jenen Unternehmen, die nachweisen können, daß die Produktion in Polen Arbeitsplätze in Deutschland sichern hilft. Die Beschäftigung in den deutschen Zweigwerken ist auf 2720 erhöht worden, außerdem soll in ein neues »Logistikzentrum« investiert werden. Mit der polnischen Billigproduktion konnten anderen westeuropäischen Produzenten Marktanteile abgenommen werden, was sich auch in einer Ausdehnung der deutschen Produktion und Verwaltung niederschlug. Nicht alles lief dabei glatt. Im August 1994 hatte die Firma Pech. Im Zuge einer Großfahndung überfielen mehr als 100 Beamte gleichzeitig Verwaltungshäuser und Privatwohnungen einiger wichtiger Angestellter und beschlagnahmten Massen von Papier. Im Frühjahr 1995 wurde ein Verfahren eröffnet. Verdacht: Gewinnverschiebung. Polen gewährt allen ausländischen Unternehmen für die ersten drei Jahre Steuerfreiheit, und auch danach »greift der Fiskus in Polen sehr viel zaghafter zu als in Deutschland« (»SZ«, 25.3.1995) Eine deutsche Firma, die in Polen für den westeuropäischen Markt arbeiten läßt, muß also nur eines tun, um steuerfrei zu bleiben: Ihre eigenen Waren aus Polen überteuert an sich selber verkaufen. Dann erscheint der Gewinn nicht in Deutschland, sondern in Polen. Mit dem einbehaltenen Geld kann man in Osteuropa dann kaufen, was nicht niet- und nagelfest ist. Einen etwas anderen Weg gen Osten ging der ehemalige Möbelhändler Steinhoff. Nachdem die Mauer gefallen war, übernahm der Niedersachse von der Treuhand acht Produktionsstätten für Polstermöbel in der DDR (insgesamt ein Drittel der alten DDR- Produktion) und expandierte von dort aus weiter Richtung Osten. Inzwischen arbeiten 2000 Leute in den neuen Bundesländern, 1500 in Polen und je 200 in Ungarn und der Ukraine für Steinhoff. Die Umsätze schossen in die Höhe. 1990 erwirtschaftete die Firma 396 Millionen DM, 1993 waren es schon 660, 1994 dann 752, und für 1995 werden 850 Millionen DM erwartet. Als gäbe es eine Absprache unter den Ost-Eroberern, machte auch Steinhoff Bekanntschaft mit der Staatsanwaltschaft. »Im Zusammenhang mit der Übernahme von Immobilien in den neuen Ländern ist der Verdacht auf

Untreue und Steuerhinterziehung erhoben worden. Bruno Steinhoff wehrt sich gegen diese Vorwürfe« (»FAZ«, 10.5.1995).

Totale Flexibilität und Betriebsfamilie

Die Auslagerung eines Teils der Produktion nach Osteuropa und Fernost trägt zur Sanierung der Profitrate bei, indem sie die Kapitalstruktur wieder zugunsten der lebendigen Arbeit verändert. In den Agglomerationszentren werden ähnliche Wirkungen durch die Ausgliederung von einzelnen Fertigungsstufen, die Verlängerung der Maschinenlaufzeiten oder die Vergabe von Heimarbeit erreicht. »Vermehrt sich das Kapital ohne ein entsprechendes Anwachsen seiner organischen Zusammensetzung, d. h. fließt ständig neues Kapital niedriger organischer Zusammensetzung durch die Ausdehnung der kapitalistischen Produktionsweise in die Marktwirtschaft ein und senkt dadurch die durchschnittliche organische Zusammensetzung, so werden Mehrwertmasse und Profitrate steigen. Kapitalsparende Innovationen, die die organische Zusammensetzung des Kapitals vermindern, müßten dieselbe Wirkung haben.«[6] Firmenvertreter sprachen von einer Wiederentdeckung des »Humankapitals«. Mehr Menscheneinsatz pro Investivkapitaleinheit heißt die Devise. VW- Chef Piëch hat diesen Prozeß so beschrieben: »Wir haben ... versucht, die Menschheit mit einer hochmechanisierten Ausstattung zu beglücken, und dabei vergessen, daß in Spanien Lohn- und Lohnnebenkosten preiswerter, in der Tschechischen Republik noch preiswerter und in China am preiswertesten sind. Es ist unsere Aufgabe, mit einer niedrigen Mechanisierung die Menschen einzusetzen, solange sie wenig kosten, und damit ein gutes Geschäft zu machen« (»Handelsblatt«, 19.11.1993). Durch die »lean production« werde zum Beispiel Skoda in der Tschechischen Republik das »einzige Werk in Europa (sein), das es mit japanischen Preisen aufnehmen kann. Diese Stärke werden wir bis zum Exzeß nützen« (»SZ«, 28.12.1993). Schließlich werde man mit dem Shanghai-Volkswagen »die Japaner an jedem Platz dieser Region, auch in Japan selbst, aufrollen«. Hermann Franz, Chef im Aufsichtsrat von Siemens, hat das gleiche Programm: Wir »werden uns von vielen einfachen industriellen Tätigkeiten in Deutschland verabschieden. Anstelle der Bank- und Kaffeeautomaten müssen wieder mehr Menschen aus Fleisch und Blut arbeiten.« Die Dresdner Bank empfahl ihren Industriekunden das »Modell Mexiko«. In der Tschechischen Republik, Ungarn, Polen, der Ukraine, Rumänien und der Slowakei, später vielleicht in den Staaten Ex-Jugoslawiens bieten sich Massen von Menschen für einen

Lohn an, der weit unter dem Lohnniveau von Südkorea liegt. Aber nicht nur seiner Löhne wegen ist Osteuropa ein Segen für den Strukturwandel des Kapitals. Hinzu kommen Steuerbefreiungen, Marktnähe und niedrige Transportkosten. Grund und Boden sind fast umsonst zu kriegen, und Regierungsauflagen erfordern allenfalls ein Handgeld. Die Natur ist eine kostenlose Abfallhalde, und nicht viel weiter weg warten billige Rohstofflager auf ihre Ausbeutung. Angesichts dieser Gesamtperspektive den westlichen Kapitalismus als Verlierer seiner eigenen Eroberungen hinzustellen, wie dies einige linke Theoretiker heute tun, läßt sich nur noch aus dem Vorsatz verstehen, Deutschland unbedingt als Daueropfer der Weltgeschichte begreifen zu wollen.

Die Abwanderung des Kapitals in Regionen mit niedrigen Gesamtkosten wirkt zugleich als permanente Drohung für das Proletariat in den Zentren, das die horrende Arbeitsverdichtung, Flexibilität und Lohnsenkung mitzumachen genötigt wird, um das Kapital und mit ihm Arbeitsplätze im Land zu halten. In jeder Sanierungsphase des Kapitalismus werden die Löhne gedrückt und die Sozialtransfers gekürzt. Und jedesmal organisiert der ideologische Apparat eine Stimmung, die nur noch die Produktiven als lebenswert erscheinen läßt. Bislang bildete vor allem die eigene nationale Arbeitsreserve die Konkurrenz, mit der gewuchert werden konnte. Sieht man vom Nationalsozialismus ab, waren die Bedingungen für das deutsche Kapital aber noch nie so günstig wie nach dem Sieg über den RGW. Jeder vorübergehende Verzicht auf Entlassungen wird heute bereits mit freiwilligem Lohnverzicht, der Bereitschaft, sein Leben ganz auf die Erfordernisse des Betriebs auszurichten (Flexibilisierung), und extremer Arbeitsverdichtung erkauft. Wie etwa im Fall Opel/Rüsselsheim: Anfang 1995 veränderte das Unternehmen die Produktionsbedingungen. Die Veränderungen zeigen, wie die Auslagerung von Fertigungstiefen genutzt wird, um zugleich die verbleibende Belegschaft gefügig zu machen. »Die Fertigungszeit pro Auto beträgt nur noch 20 Stunden gegenüber zuletzt 27 Stunden. Bei der Zahl der Einzelteile gibt es eine Abnahme um 40 Prozent auf 7 800 unter gleichzeitiger Verringerung der Fertigungstiefe. Mit anderen Worten: Die Quote der Zulieferungen ist höher als bei früheren Modellen. Einen wesentlichen Beitrag ... mußte auch die Belegschaft leisten. Sie ließ sich nicht nur eine vierjährige Begrenzung von Lohnsteigerungen und eine Verringerung des Zuschusses zum Kurzarbeitergeld abhandeln, sondern akzeptierte auch neue Arbeitsregeln ... Dazu gehören die Bedienung der Stechuhr schon in Arbeitskleidung, der Verzicht auf Bandabschaltungen beim Schichtwechsel und eine Reduzierung der Erholzeiten ... mit Hilfe eines betriebsinternen Betreuungsprogramms«

sei es außerdem gelungen, »den Krankenstand um mehr als ein Zehntel ... zu drücken« (»FR«, 9.2.1994).

Die Neuorganisation der Arbeitsabläufe stellt inzwischen die bisherige Hierarchie in Frage. »Entschlackung« bedeutet Dezimierung des Vorgesetztenapparats und freier Informationsfluß unter den in Gruppen organisierten Menschen, die daraus freiwillig das Beste machen. Die »Arbeit in der Gruppe ohne Vorgesetzte« dünnt die bisher sich sicher wähnende Mittelschicht aus und steigert die Arbeitsproduktivität, weil die Beteiligten die Illusion gewinnen, nicht mehr für den Chef, sondern für sich selber zu arbeiten. Was die Illusion nicht vermag, leisten die Zielvorgaben und Wettbewerbe, die unter den Arbeitskräften für eine gegenseitige Kontrolle bis – im Krankheitsfalle – ins Wohnzimmer sorgen. Erste Erfahrungen scheinen zu bestätigen, daß die Beschäftigten im System der kollektiven Kontrolle mehr aus sich herauspressen als unter den früheren Vorgesetzten. Das Kollektiv richtet sich selber auf einen Leitgedanken aus, der vor Beginn der Arbeit gesungen oder aufgesagt wird. Bei Mitsubishi lautet der Firmenslogan: »Kniet nieder vor dem Kunden.« Die »Wirtschaftswoche« (3/1994) erläutert: »Die gesamte Belegschaft soll ständig am Puls der Kunden und damit des eigenen Unternehmens sein, um augenblicklich auf Chancen wie Bedrohungen für die Überlebensgemeinschaft ›Kaisha‹ reagieren zu können.« Eine wichtige Funktion bei der gegenwärtigen Umstellung der deutschen Wirtschaft übernehmen die Volkswagenwerke AG mit ihrem Modernisierer Ignacio López. VW räumt unter seinen Zulieferern auf, und López erklärte auf einer Pressekonferenz, der Konzern werde künftig auch anderen Unternehmen helfen, »ihre Produkte, Betriebsabläufe und Kundenbeziehungen zu verbessern, und plant dazu die Gründung einer VW Coaching GmbH. Mit Workshops werde diese Trainingsgesellschaft nicht nur im VW-Konzern sowie bei VW-Lieferanten und -Händlern, sondern auch bei anderen interessierten Unternehmen dazu beitragen, sich veränderten Aufgaben und Anforderungen zu stellen« (»Handelsblatt«, 21.10.1994). Dem Konzern lägen bereits viele Anforderungen vor. Zunächst wolle man sich auf niedersächsische Firmen konzentrieren, »später auf ganz Deutschland«. VW will keinen unmittelbaren Profit daraus ziehen, sondern Deutschlands Wirtschaft zum Selbstkostenpreis »zur besten Industrie- und Dienstleistungsbasis in der Welt« verhelfen, wie López sagte.

Einer der VW-Testbetriebe war der Büromöbel-Hersteller »Flötotto«, der durch das System des »kontinuierlichen Verbesserungsprozesses« seine Krise überwand. Flötotto ließ zunächst vom Frankfurter »Kaizen Institut« prüfen, ob der Betrieb nach der japanischen Philosophie umstellbar sei. Wichtigste Voraussetzung für den Erfolg ist die freiwillige Mitarbeit der Belegschaft. Die Prüfung kam zu einem positiven Ergebnis, »nicht zuletzt weil den Prüfern das Betriebsklima gut genug erschien, um den Belastungen ... gewachsen zu sein« (»FAZ«, 21.11.1994). Trotz ständiger Indoktrination aller Arbeitskräfte (Flötotto: »Was sonst in Maschinen und Anlagen investiert worden ist, muß jetzt in Form von Kursen und Workshops in die Mitarbeiter investiert werden, ohne daß diese Investitionen ... abgeschrieben werden können«) gestaltete sich die Umstellung schwierig, weil die Leute zunächst nicht damit klarkamen, daß die sichtbaren Vorgesetzten verschwunden waren. »Das braucht nach Jahrzehnten der Gewöhnung an eine hierarchische Ordnung Zeit«, sagte der Unternehmer. Es gehe darum, daß jeder einzelne ständig darüber nachdenke, was er zum Unternehmenserfolg beitragen, wie er also Verschwendung vermeiden, effizienter arbeiten und Verbesserungen selber schnell umsetzen könne. Zu diesem Zweck wird er permanent mit den Unternehmenszielen und der Information gefüttert, welche von ihnen schon und welche noch nicht erreicht worden sind. Jede »Autonome Gruppe« erhält bei Nichterreichung ihrer Ziele (das wird die meisten betreffen, weil Ziele hochgeschraubt werden können) Aktionspläne und Tabellen, »die Auskunft über die Qualifikationen der einzelnen Mitarbeiter geben« (»Visuelles Management«) und auf Anschlagtafeln im Werk ausgehängt werden. Ein rumänischer Arbeiter beschrieb seine Erfahrungen mit diesem System sinngemäß mit den Worten, er sei ausgewandert, weil er unzufrieden war, und nun ereile ihn dasselbe System, das er unter Ceaucescu kennengelernt habe. Als habe man von diesem gelernt, hingen jetzt in deutschen Betrieben an Werkstafeln die Köpfe der Helden und der Nieten der Arbeit, während Rumänien längst damit Schluß gemacht habe.

Ziel dieser Umstellungen ist die integrierte Betriebsfamilie, die außerhalb des Betriebes als gesteuerte Konsumfamilie weiterfunktioniert. Der Mensch soll per eingedrillter Identifikation mit dem Firmenetikett rund um die Uhr in das Produktions- und Warensystem integriert werden: Während der Arbeit dient er dem Unternehmen, indem er permanent auf der Suche nach Ideen zur Steigerung seiner Ausbeutung ist, und, sich ständig von Kunden umgeben wähnend, bleibt er auch außerhalb der Arbeit gewissermaßen in der Firmenuniform. Da die Arbeitsorganisation »ohne Vorgesetzte« schon bei gering entwickeltem Klassenbewußtsein riskant wäre, setzt ihre Einführung den willfährigen Beschäftigten bereits voraus. Sie ist deshalb nicht, wie Karl Heinz Roth vermutet,[7] eine Angriffsstrategie des Kapitals auf ein vorhandenes widerständiges Bewußtsein, sondern geht davon aus, daß Arbeiter und Arbeiterinnen

Klassenbewußtsein und Persönlichkeit verloren und sich in einem Ausmaß dem Gesamtzweck unterworfen haben, daß sie, der Produktion vergleichbar, vollautomatisch den Betriebs- und Konsumzweck erfüllen. In der Erfahrung, daß diese Kollektive auf der Basis der Freiwilligkeit funktionieren, liegt sowohl das Geheimnis von Tyll Neckers Bemerkung, die Menschen seien jetzt reif, als auch das Geheimnis von Murmanns Aufforderung, die Gewerkschaften sollten auf Streik als einem unzeitgemäßen Mittel generell verzichten. Einen vorläufigen Höhepunkt erreichten die Versuche des Kapitals, sich die Überreste institutionalisierter Widerstände vom Hals zu schaffen, Mitte des Jahres 1995 mit der Drohung des Gesamtverbandes der metallindustriellen Arbeitgeberverbände, sich selber aufzulösen, weil Tarifverhandlungen nur noch ein »Ritual aus der Steinzeit« seien (»Spiegel«, 31/1995). Das Ausschalten der Gewerkschaften, das sich in dieser Drohung ankündigt, ist in einigen Wirtschaftssektoren bereits durch fundamentale Strukturveränderungen erreicht worden. Die ständig wachsende Zahl der Honorarverträge, mit denen die Sozialversicherungszahlungen umgangen und Arbeitsplatzkosten eingespart werden, privatisiert obendrein die Lohnfestsetzung. Sowohl strukturell als auch im privatisierten Bewußtsein haben sich Gewerkschaften in diesen Sektoren bereits überlebt.

Nach dem Prinzip »Hire and Fire« wird darüber hinaus die totale Flexibilisierung der Arbeitskräfte angestrebt. Sie sollen sich wie abrufbare Wanderarbeiter dem jeweiligen Bedarf der Wirtschaft unterwerfen. Laut »US-Weltzukunftsbericht« wird der »übertragbaren Arbeitskraft« die Zukunft gehören. Gemeint sind Arbeitskräfte, die in einem vertragslosen, ganz und gar unversicherten Zustand gehalten und nur in der zur Erledigung von Aufträgen nötigen Zeit beschäftigt werden. Sie müssen, je nach Bedarf des Einzelkapitals, permanent Arbeit und Arbeitgeber wechseln, sich also völlig dem jeweiligen Kapitalzweck unterwerfen. Die unversicherten Honorarkräfte, die mal hier, mal dort ihr Geld verdienen, sind die Vorboten dieses Beschäftigungstyps. Allerdings verhindert die Verwissenschaftlichung der Arbeit in den komplexen Strukturen großer Konzerne eine ausschließliche Orientierung auf Wanderarbeiterinnen und -arbeiter. Für diesen Kernbereich der Produktion bleibt das japanische Modell interessant, in dem etwa ein Drittel der Beschäftigten zur rechtlich abgesicherten und im Alter versorgten Stammbelegschaft zählt, während die übrigen zwei Drittel relativ rechtlose Anwärter auf diesen Status bleiben. Auch das Fiat-Modell »Cassa integrazione« könnte Zukunft haben. Arbeiter und Arbeiterinnen, die entlassen werden, bleiben in einem »Arbeitskräftepark« des Unternehmens, um »disponibel für den entlassenden Betrieb« zu sein. Sie können so »bei Bedarf wieder eingestellt werden«.[8] Bei Fiat wurde ein Rotationsverfahren geprobt. Die Beschäftigten werden abwechselnd jeweils für einen Monat »ausgestellt«. Wer draußen ist, erhält zur Zeit noch vom Staat etwa den halben Lohn.

Die Senkung der Kosten für die menschliche Reproduktion

Nach mannigfachen Korrekturen boomt der Weltmarkt wieder. Alle Konjunkturindikatoren zeigen nach oben. Das Ifo-Institut behauptet sogar den Beginn einer langen Aufschwungphase. Alle Behauptungen, die dem kapitalistischen Weltbetrieb unterstellten, ihm gingen Mehrwertarbeit und Märkte aus, haben sich als falsch erwiesen. In Ostasien, in Süd- und Mittelamerika steigt die industrielle Beschäftigung außergewöhnlich stark, und die hohen Wachstumsraten dieser Länder helfen, den gesamten Weltmarkt zu stabilisieren. Die USA und Großbritannien haben sich so weit saniert, daß auch sie die Nachfrage beleben und selber wieder eine steigende Beschäftigung in der Mehrwertproduktion ausweisen. Selbst die Hauptmächte Kontinentaleuropas konnten die Rezession inzwischen überwinden, stehen aber noch inmitten einer Produktions- und Verwaltungsrestauration, die die Arbeitslosenzahl steigen läßt, soweit sie von der guten Konjunktur nicht kompensiert werden kann.

Gleichgültig aber, wie gut die Sanierung der Profitrate läuft, die Politik à la Notverordnungen hält an und wird von allen Wirtschafts-, Politik- und Ideologieinstituten unterstützt. Ralf Dahrendorf äußerte in der »Woche« (4.11.1994) »den Verdacht, daß sich bei uns mehr und mehr Leute angezogen fühlen von diesem asiatischen Beispiel. Daß mehr und mehr gedacht wird: Es gibt nur einen Oppositionsabgeordneten in Singapur, der gelegentlich eingelocht wird, warum eigentlich nicht?« Bis hin zur Einführung eines Arbeitsdienstes – im Frühjahr 1995 wurde ein Zwangseinsatz zur Beseitigung von Hochwasserschäden diskutiert – gibt es keine Tabus mehr. In der »Wirtschaftswoche« (12.7.1991) wurden die ökonomischen Vorteile des Nationalsozialismus scheinbar objektiv geschildert, weil man sich den durchaus interessanten ökonomischen Daten aus jener Zeit doch nicht verschließen dürfe, nur weil es einen Hitler gegeben habe. Das Ziel ist die radikale Senkung der Kosten für die Reproduktion der Menschen. Ein dauerhaft niedriges Versorgungsniveau soll beispielsweise das von der FDP ins Gespräch gebrachte »Bürgergeld« bescheren, das die Grundversorgung auf 1000 Mark monatlich pro

Person festlegt. Arbeitslose und Rentner/innen, die sich keine private Versicherung leisten können, sollen auf dieses »Minimum fürs Überleben« gesetzt werden, ohne Ansprüche auf besondere Leistungen für Miete oder lebenswichtige Anschaffungen, die heute noch von der Sozialhilfe bezahlt werden. Gleichzeitig soll das Bürgergeld (plus geringfügigem Aufschlag zur Wahrung des Abstandsgebots) als grobe Lohnorientierung dienen. Die Leute erhalten perspektivisch »so niedrige Löhne ..., daß die Arbeitslosigkeit wesentlich reduziert wird und ersetzt wird durch das, was wir aus Amerika kennen, nämlich Armutslöhne« (Dahrendorf, s.o.).

Ob die Armutslöhne zu einer wesentlichen Reduzierung der Arbeitslosigkeit führen werden, bleibt offen. Noch stimmen alle Gelehrten überein, daß der Kapitalismus in Staaten mit einer hohen Kapitalkonzentration aufgrund seiner technischen und arbeitsorganisatorischen Umwälzungen langfristig auf einem hohen Arbeitslosensockel verharren wird. Die Arbeitslosigkeit aber beruht nicht – mit Ausnahme des deindustrialisierten Ostens – auf einer insgesamt gesunkenen Beschäftigung. Heute sind in den führenden kapitalistischen Staaten mehr Menschen in Lohn und Brot als noch vor zehn Jahren, und gleichzeitig sind Millionen arbeitslos. Dafür gibt es mehrere Gründe: Die Preise – insbesondere für das Wohnen – sind derart über die Lohnzuwächse hinausgetrieben worden, daß viele Familien nur noch über die Runden kommen, wenn zwei Personen pro Haushalt arbeiten. Zudem wollen heute weniger Frauen als zu Zeiten des alten Fritz Walter am Tropf des Mannes hängen. Schließlich wurden traditionelle Arbeitsplätze durch »prekäre« (ohne Sozialversicherungen und mit kürzeren Arbeitszeiten) ersetzt, um das Tarifsystem zu unterlaufen: Studentinnen und Studenten übernehmen Honorararbeiten, die vorher von teureren und heute arbeitslosen Tarifangestellten erledigt wurden.

Die besondere deutsche Hast bei der Senkung der Reproduktionskosten der Menschen hat ihre Ursache darin, daß sich nach dem Ende der Nachkriegsprosperität weltweit die Konkurrenzverhältnisse geändert haben, und das Kapital fürchtet, strategisch ins Hintertreffen zu geraten, wenn es die günstige Gelegenheit versäumt, die ihm die herrschende Stimmung bietet. Die kapitalstarken Nationalstaaten und Wirtschaftsblöcke sind in der langen Phase sinkender Wachstums- und Profitraten in eine intensivere Konkurrenz gegeneinander geraten. Der Kollaps ihres historischen Feindes Sowjetunion lockerte die Bindung untereinander, und der Kampf um die künftige Vormachtstellung wird, wie der Handelskrieg zwischen den USA und Japan zeigt, offener geführt. Dazu müssen die traditionellen imperialistischen Staaten mit der Konkurrenz jener (überwiegend asiatischen) Staaten fertig werden, die sich überraschend schnell zu modernen Industrienationen entwickelt haben oder mit zweistelligen Wachstumsraten auf dem Weg dahin sind – was für die alten Imperien eine Licht- und eine Schattenseite hat: Indem sich die Nachindustrialisierung dort partiell von der Auftragsproduktion befreit und eine eigene konkurrenzfähige Mehrwertproduktion entwickelt hat, erweiterte sich der an seine Grenzen gestoßene Weltmarkt wieder. Andererseits dringen neue konkurrierende Giganten in die alten Zentren vor. Koreanische Konzerne siedeln sich inzwischen im neuen »Billiglohnland« England an, um den Protektionismus der EU-Staaten zu unterlaufen, und während in der »Tagesschau« der Eindruck vermittelt wird, nur Japan befleißige sich einer variantenreichen Importbeschränkung, verteuerte die EU südkoreanische Autoimporte durch einen Strafzoll um 30 Prozent.

Die Kapitalzentren Europa, USA und Japan können mit den neuen Industrien nur konkurrieren, wenn sie die Arbeitsproduktivität ständig erhöhen, um die geringeren Lohnkosten der Konkurrenz zu kompensieren. Je produktiver aber die Beschäftigten werden, desto mehr Menschen werden auf absehbare Zeit nicht mehr für die Mehrwertproduktion benötigt. Das Heer der Arbeitslosen, das in der marxistischen Theorie Druck auf die Löhne der Beschäftigten ausübt und damit eine wichtige Funktion für den Kapitalismus übernimmt, wird mehrheitlich zum Ballast. Für den entsolidarisierenden Druck auf die Beschäftigten reichen nämlich die qualifizierten Potentiale in den kapitalstarken Ländern und jene in Mexiko oder Osteuropa aus. Für den »alten« Kapitalismus ergibt sich dabei das strategische Problem, daß der durch Arbeitsintensivierung und Produktionsverlagerung gestiegene Mehrwert – zumindest theoretisch – irgendwann von den Aufwendungen für die aussortierten Menschenmassen verbraucht werden könnte. »Der Kapitalismus muß sich seinen Opfern widmen, damit sie stillhalten; aber das System wird diese Verluste nur tragen, wenn sie durch die steigende Arbeitsproduktivität kompensiert werden. Wenn der Produktivitätszuwachs selbst zu ausgedehnter und anhaltender Arbeitslosigkeit führt, nützt er nichts mehr: die durch ihn entstehenden Profite würden von den Kosten der Erhaltung der nicht-produktiven Bevölkerung aufgezehrt. Das Kapital hörte auf, als Kapital zu fungieren.«[9]

Zwar ist ein solcher Zustand noch längst nicht erreicht, aber in jedem Stadium der Entwicklung wird die Bewältigung dieses Problems über Siege oder Niederlagen in der zwischenimperialistischen Konkurrenz mitentscheiden. Ein nationales Kapital oder ein Kapitalblock, dem es besser als seinen Konkurrenten gelingt, die konsumierte Wertmasse zu akkumulieren und als Kriegskasse zu verwenden – etwa für die Nachindustrialisierung Chinas, für die technisch verfeinerte Abschöpfung der gewaltigen Rohstoffmengen in der ehemaligen Sowjetunion, für Preisvorteile auf den Märkten, für die Aufkäufe von Konkurrenzbetrieben, für Kriege oder für sonst etwas ihm Gelegenes –, würde sich einen großen Vorsprung verschaffen. Der materielle Ruin der Arbeitslosen und Rentner/innen ist angesichts ihrer hohen Zahl im kapitalistischen Normalbetrieb und der relativen Gewißheit, daß diese auch in noch besseren Konjunkturen nicht mehr deutlich zu reduzieren sein wird, eine elementare Bedingung für den Erfolg eines Kapitalblocks gegenüber seinen Konkurrenten wie auch für den gesamtwirtschaftlichen Erfolg des Kapitalismus. Ein Blick auf das globale Kapitalverhältnis zeigt, daß zur Versorgung der nicht produktiv eingesetzten Menschen selbst die Inanspruchnahme sämtlicher Profite heute schon nicht mehr ausreichen würde. Deshalb ist der von allerlei Gutmenschen immer wieder vorgetragene moralische Appell, die Verwalter der Marktwirtschaft mögen doch bitte eine weltweite Grundversorgung sicherstellen, damit kein Mensch mehr hungern oder Hungers sterben müsse, widersinnig. Würde die Marktwirtschaft dieser Bitte nachkommen, wäre sie am Ende, weil das Kapital ohne Profit nicht mehr als Kapital fungieren könnte. Würden die Appellanten ihren eigenen Gedanken zu Ende denken, müßten sie radikale Antikapitalisten werden. Da ihnen eine solche Perspektive Angst bereitet, bleibt es beim Festessen für Afrika.

Linke Keynesianer/innen, die dem Kapital weismachen wollen, mit der Kaufkraft der Unbeschäftigten sinke infolge des Nachfrageausfalls auch sein Profit, argumentieren abwegig. Der gesamte Kapitalbetrieb wäre am Ende, würde der Kapitalismus, um Kaufkraft zu sichern, Werte an zu viele Menschen verteilen, die selber keinen Wert produzieren. Im Sinne solcher Keynesianer/innen wäre der Kapitalismus gut beraten, seine gesamte Mehrwertmasse nach Afrika zu verschenken – was gäbe das für eine Nachfrage! Zwar gibt es Branchen, die unmittelbar von der Nachfrage profitieren, aus kapitalistischer Sicht bedienen sie sich jedoch nur aus einer anderswo erwirtschafteten Mehrwertmasse, die als Profit einbehalten werden könnte. Sie schaffen keine Werte, sondern verbrauchen in Höhe ihres Konsums den akkumulierbaren Profit des Gesamtsystems. Die Marktwirtschaft kurbelt ihre Nachfrage eben über eine wachsende Mehrwertproduktion an und nicht über Schenkungen. Daß Investition und Konsum wie alles andere im Kapitalismus auch in ein Ungleichgewicht geraten, hebt sein Reproduktionsprinzip nicht auf. »Die Warenproduktion schafft sich ihren eigenen Markt, insoweit sie fähig ist, Mehrwert in neues Kapital zu verwandeln«, schreibt Mattick.[10]

Je kleiner der zur Produktion der notwendigen Lebensmittel erheischte Teil der Arbeiterbevölkerung – das hatte schon Marx analysiert –, desto größer ist der disponible Teil des Kapitals, der etwa für Neuinvestitionen, Modernisierungen, für den Kauf von Rohstoffen, Firmen und Regierungen aufgewandt werden kann.

Nebenbei zersetzt die bloße Versorgung die für den Reproduktionsprozeß notwendige Ideologie, daß nur konsumieren darf, wer selber Werte schafft. Deshalb ist das sogenannte Abstandsgebot (zwischen dem Entgeld für untere Lohngruppen und der Höhe der Sozial- oder Arbeitslosenhilfe soll ein vorgeblich zur Arbeit anreizender Abstand erhalten bleiben) nicht nur eine Spar-, sondern ebenso eine erzieherische Maßnahme. Wenn die gebeutelten Arbeitskräfte im Urlaub auf Mallorca fröhlichen Arbeitslosen begegnen, könnte deren Fröhlichkeit ihre Arbeitswut dämpfen. Solange Geld ein zentraler Anreiz für die Arbeitsdisziplin ist, müssen Erwerbslose sichtbar im Elend hausen und Niederträchtigkeiten über sich ergehen lassen, sonst verliert ihr Beispiel an abschreckender Wirkung. Die Beschäftigten sollen sich immer wieder sagen: Dort möchte ich nie landen, deshalb tue ich, was immer man von mir erwartet, und lasse mich dauernd demütigen. Schon 1884 – bei Einführung der Sozialgesetzgebung – hat der Experte Adler den kalkulierten Abschreckungseffekt beschrieben: »Der Gedanke, daß Müßiggang etwas Schönes sei, soll nicht an Boden gewinnen, und deshalb darf die Unterstützung nur das Existenzminimum gewähren; der Arbeiter, der bei voller Gesundheit untätig ist, soll Entsagung üben.«[11] Dieses Erziehungsmodell ist im globalen Vergleich noch wirkungsvoller, weil der reale Hungertod in den Armutsregionen der Welt abschreckender ist als das geringe Auskommen des arbeitslosen Nachbarn. Jeder Bericht über die vielen Hungertoten erzeugt neben dem vielleicht noch gefühlten Mitleid auch die Gewißheit, doch in einem ganz akzeptablen Nest zu leben.

In der Debatte um eine dauerhafte Integration der Arbeitslosen finden wir häufig die Einschätzung, dem Kapital sei eine dafür ausreichende Mehrwertproduktion ausgegangen. Das ist nur eine Frage des Blickwinkels. Entweder fehlt es an einer ausreichenden Mehrwertproduktion, die alle Menschen auf der von kapitalistischen Gesetzmäßigkeiten – nicht von Kapital – durchdrungenen Erde in Lohn und Brot bringen kann, oder es existieren für die Zwecke des Kapitalismus einfach zu viele Menschen. Die erste Annahme kann man historisch wie analytisch abhaken. Einen Anspruch, alle Menschen zu beschäftigen, kennt der Kapitalismus nicht. Und wenn nicht gerade ein Weltkrieg die Hälfte aller Gebäude, Maschinen und Materialien zerstört und die Zahl der Menschen reduziert hatte, gab es auch keine Vollbeschäftigung. Die großen Menschenmassen, die in den ausgeplünderten und mit Kapital unterversorgten Ländern nicht in den laufenden Kapitalbetrieb integrierbar sind, sowie die Arbeitslosenheere, die durch tiefgreifende Strukturveränderungen in den Zentren auf eine Halde kommen wie vergammelte Waren im Fruchtmarkt, werden als Material identifiziert, das ein für allemal nicht mehr benötigt wird, aber ein kostspieliges Risiko darstellt. Darin liegt das Geheimnis der Verdächtigungen und Beschimpfungen.

Für den kapitalistischen Gesamtbetrieb läge heute die profitabelste Lösung im schnellen Tod der überschüssigen Menschen. Dem Nationalsozialismus, der in vielen Segmenten die kapitalistischen Wertkategorien ihrer Verfälschungen entkleidete, ist die rentabelste Synthese von Produktivität und Tod gelungen, indem er Millionen Zwangsarbeiterinnen und Zwangsarbeiter in seine Produktion trieb, ohne sie zu versorgen. So schufen die aus seiner Sicht nutzlosen Elemente noch Wert, ohne selber Wert zu verbrauchen. Auch den Deutschen, die sich in der Produktion nicht nützlich machen konnten, drohte Fortpflanzungsverbot oder Tod. »Diejenigen am Leben zu halten, die ihren Nutzen für sich und die Gesellschaft verloren hatten, hieß, den Willen zur Arbeit und die Güter der gesunden und produktiven Leute zu verschwenden«, schreibt George L. Mosse.[12] Im Zeitalter der »Menschenrechte« wird mittelbarer gestorben. Der Bestand an überschüssigen Menschen in peripheren Regionen wird durch Unterversorgung und Geburtenkontrolle dezimiert. Durch Waffenexport und Diplomatie angeheizte Kriege helfen mit. Sie beweisen die Wertlosigkeit der dort Lebenden für den Kapitalismus, die auch an der Behandlung von Flüchtlingen in seinen Zentren abgelesen werden kann. In den reichen Staaten, in denen noch Rücksicht zu nehmen ist auf Restansprüche aus dem Klassenkompromiß (»Sozialstaat«) und auf Konsumgewohnheiten aus der langen Prosperitätszeit, muß etwas vorsichtiger agiert werden. Allerdings: Rücksicht ist ein relativer Begriff. Immer offener wird mittlerweile darüber debattiert, ob Menschen ab achtzig Jahren oder früher die Krankenhausversorgung verweigert, ob »unproduktives« Leben überhaupt noch geboren oder das Sterben »hilfreich« beschleunigt werden soll. Der Staat läßt Wohnungslose erfrieren und senkt die Lebenserwartung armer Menschen, indem er sie von medikamentöser und ärztlicher Versorgung abschneidet. Fast lautlos fördert die Arbeitsintensivierung ein Ableben der Arbeitskräfte noch vor Erreichen des Rentenalters – ein Massenphänomen.

Wann immer heute öffentlich über die zur Wertschöpfung nicht benötigten oder unbrauchbaren Menschen spekuliert wird, schwingt ihre Verurteilung mit: eine schmarotzende Last für das Gemeinwesen. Engelen-Kefer (DGB) plauderte: »Diese Gruppen – ältere oder solche, die den gestiegenen Ansprüchen nicht standhalten – dürfen nicht nutzlos dahinvegetieren.« Sie wollte sie deshalb für Arbeiten dienstverpflichten, die »privatwirtschaftlich nicht rentabel sind«. Norbert Blüm verdächtigte diese Menschen, sie scheuten »den Umweg, über Arbeit« zu Geld zu kommen und würden in ihrer langen Freizeit lieber eine »Raffinesse« aushecken, »den Sozialstaat auszunützen«. Würde sich ein Langzeitarbeitsloser in einer Talkshow glücklich preisen, weil er viel Zeit für kreative Beschäftigungen habe und gern ausschlafe, müßte er fürchten, gelyncht zu werden. Spielte er den armen Wicht, bliebe er der nutzlos Vegetierende. Er kann seiner öffentlichen Verdächtigung nicht entkommen, soll obendrein aber noch jenes Gemeinwesen schätzen, welches ihn für ein nutzlos vegetierendes oder raffiniert schmarotzendes Wesen hält. Die Hilflosigkeit der Armen drückt ihre Ahnung aus: Das Sinnvollste, was sie für das Gemeinwesen tun könnten, wäre ihr kollektiver Selbstmord. Diese Ahnung macht sie gefügig für die Zwangsarbeit. Der Keim ihrer Befreiung aber läge im lustvollen Haß auf dieses Gemeinwesen.

Soweit die kapitalistischen Staaten sich überhaupt noch um ihre Opfer kümmern, suchen sie nach den kostengünstigsten Möglichkeiten. In den USA wird um die Elendsviertel ein unsichtbarer Zaun gezogen: Bitte nicht betreten! Raub, Drogen, Prostitution, Bandenzugehörigkeit, kirchliche Suppenküchen oder schlecht bezahlte Gelegenheitsarbeiten sichern eine den Staat wenig belastende Eigenversorgung. In Deutschland wird wieder aggressiver an einen Gemeinsinn appelliert, der uns allen einmal eigen gewesen und in der Phase unserer individuellen Bereicherung abhanden gekommen sein soll. Das Schimpfwort »Raffgesellschaft« soll die Arbeitslosen, die Kranken und die Rentner/innen allmählich in die Fürsorge der Familie oder der Nachbarn abdrängen. Je wärmer die Worte, desto kälter ihr Sinn. Das Gesäusel von Hilfe und Solidarität meint: Ein Arbeitsloser, der von der Familie miternährt wird, kostet das Kapital genausowenig wie sein Tod. Wie eine entblößende Karikatur sprechen die Propagandisten gern von Gemeinsinn und Verzicht, »die jeder im Falle eines Krieges selbstverständlich auf sich nimmt« (Helmut Schmidt). Die Sprache verrät, daß die gegenwärtige Restauration durchaus die Frage entscheiden soll, wer nach dem englischen und dem US-amerikanischen Jahrhundert dem nächsten seinen Stempel aufdrückt. Es wird nicht mehr lange dauern, da werden alle, die noch finanzielle Ansprüche an den Staat stellen, als durch undeutsches Kommerzdenken entartete Wesen gelten.

Die Dreistigkeit, mit der das Kapital und seine Politiker zur Zeit den »Umbau des Sozialstaates« vorantreiben, wäre ohne einen dramatischen

Verfall des Massenbewußtseins nicht möglich. Kapitalismusimmanente Notwendigkeiten treffen dabei auf eine günstige Gelegenheit – offensichtlich ist die Stimmung weitaus depressiver, als sich durch die ökonomische Wirklichkeit allein begründen ließe. Hatte die bloße Existenz des konkurrierenden RGW-Blocks noch zu einer gewissen Zurückhaltung geführt – der Westen mußte zumindest den Schein eines besseren Lebens für alle aufrechterhalten –, so starb mit der Niederlage der nominalsozialistischen Staaten jede sozialistische Perspektive, auch die gedanklich freieste. Ohne eine die Verhältnisse negierende Vorstellung aber sind die Menschen den Strafandrohungen für abweichendes Verhalten – materiell droht der Entzug der Versorgung, ideell die Isolation – schutzlos ausgeliefert. Vor nicht allzu langer Zeit mußten Streiks, Rebellionen und Initiativen noch mit Geld und geldwerten Gesetzen befriedet werden. Die verlorengegangene Konfliktbereitschaft aber erzielt keinen Preis mehr. Wer heute seinen Lohn einbüßt, entlassen, von der staatlichen Versorgung abgeschnitten, verschoben und gedemütigt wird, nimmt dies als schicksalhaft hin, und der herrschende Apparat begreift es als Aufforderung zum forcierten Quälen, wenn Einsparungen, die ein Mehrfaches dessen ausmachen, was vor zwanzig Jahren zu Massendemonstrationen geführt hat, ohne jeden Protest durchgehen. Es sieht ganz so aus, als leiste die steigende Zahl der Kriminellen unfreiwillig mehr Widerstand gegen den drastischen Schnitt als die gesamte Arbeiter- und Bürgerinitiativbewegung zusammen. Deren Lethargie wird nur gestört von einer nationalen Produktionsfront, die sich anschickt, die alte, verstaubte Sozialpartnerschaft zu ersetzen. Sie findet sich in der besagten Kreativität, die Gewerkschaften und Betriebsräte zur Steigerung der Produktivität aufbringen, in der Bereitschaft der Gewerkschaften, sich mit Kapital und Regierung an einen Tisch zu setzen, um »über eine bessere Konkurrenzfähigkeit der deutschen Wirtschaft zu beraten. Dabei gebe es keine Tabus« (»Die Zeit«, 30.12.1994). Sie findet sich ebenso in dem neuen nationalen Bündnis von Proletariern, Mittelständlern und Konzernen. Daimler werde, so klagte die CDU/CSU-Mittelstandsvereinigung, »seiner Verantwortung als deutsches Unternehmen nicht gerecht«. Die Ansiedlung eines neuen Werks im französischen Lothringen sei ein »nationaler Skandal«. Der Betriebsratsvorsitzende insistierte so lange auf einem deutschen Standort, bis der Mercedes-Benz Vorstandsvorsitzende Werner schließlich erklärte: »Mercedes fühlt sich dem Standort Deutschland sehr wohl verpflichtet«, und vorrechnete, welche hohen Investitionen noch in Deutschland geplant seien.

Die Marktwirtschaft beerdigt Keynes.
Die Linkskeynesianer klopfen bei Graf Lambsdorff an

Der relativ hohe staatliche und private Konsum ist ein Produkt der Prosperität nach dem Zweiten Weltkrieg. Lange Aufschwünge haben generell eine konsumsteigernde Wirkung. Die hohen Profite sorgen für wachsende Staatseinnahmen und für verhältnismäßig hohe Löhne, weil Frieden in der Produktion herrschen muß, solange die Kasse stimmt. Die hohe Nachfrage nach Arbeitskräften steigerte sowieso ihren Wert, und nun kam hinzu, daß eine streikbedingte Produktionsunterbrechung teurer werden konnte als eine Lohnsteigerung, die die Belegschaften präventiv befriedete. Die Bundesrepublik wurde das Land mit dem größten Mißverhältnis zwischen der Zahl streikbedingter Ausfalltage und der Höhe der Löhne. Im Bewußtsein der gewerkschaftlich Organisierten setzte sich die Formel fest: Je weniger gekämpft wird, desto höher sind unsere Einkommen. Der Staat konnte sich mit seinem Geld um kranke Wirtschaftssektoren, defizitäre Staatsbetriebe und um den Einkauf von den Gesellschaftsfrieden störenden Abweichlern kümmern. Hier beruhigte eine Lohnfortzahlung im Krankheitsfall die Streikenden, dort eine Bildungsreform rebellische Studierende. Die Kassen waren voll, und die jungen Leute wurden für Wirtschaft und Bildungssystem dringend benötigt. Auch eine respektable Rentenerhöhung kurz vor Wahlen verfehlte selten ihre Wirkung. In kleinen Konjunkturdellen fiel es im Vertrauen auf künftige Einnahmen leicht, kreditfinanzierte Staatsprogramme aufzulegen. Der nächste Aufschwung würde die Kassen wieder füllen, lautete die Devise. Man sprach vom Keynesianischen Zeitalter.

Die zahllosen Linkskeynesianer/innen jener Zeit dachten sich: So funktioniert der Kapitalismus gut. Der zahlte aus seinen enormen Überschüssen, und sie gossen mit ihrer Empfehlung, die Wirtschaft über den Konsum anzukurbeln, noch einmal in Theorie, was der Kapitalismus in dieser Zeit von selber machte. John Maynard Keynes war zwar auch der Meinung gewesen, die Staatsnachfrage sei ein geeignetes Mittel zur Stimulierung der Wirtschaft, er hatte dabei aber mehr an die Investitionsgüterindustrie gedacht, an die Kapitalakkumulation also, die dann im zweiten Schritt auch die Konsumnachfrage steigern würde. Er war ein Anhänger des Kapitalismus (ist also für linke Theorien noch nie brauchbar gewesen) und hatte sich, die Weltwirtschaftskrise der dreißiger Jahre vor Augen, zur Aufgabe gestellt, ihm über seine Krisen hinwegzuhelfen. Der Staat sollte den ökonomischen Fluß, der von Zeit zu Zeit austrocknete, durch Nachfrageanreize laufend mit Wasser versorgen. Auch wenn Keynes das System vor allem über die Nachfrage regulieren wollte, stand er doch sogenannten angebotsorientierten Maßnahmen nicht fern. Unter anderem war für ihn die Lohnsenkung zur Steigerung des Profits ein unverzichtbares Mittel. Er bezog dabei die stärker gewordene Arbeiterbewegung in seine Überlegungen ein und ersann Tricks, wie man sie besser überlisten könne. Beispielsweise ging er davon aus, daß die Gewerkschaften direkten Lohnkürzungen mehr Widerstand entgegensetzen würden als indirekten, die sich über die Geldpolitik hinter ihrem Rücken vollzögen. Er schlug deshalb vor, den Arbeitnehmerhaushalten einen Teil der Löhne durch Preis- und Geldmengensteigerungen wieder abzunehmen: »Unter Berücksichtigung der menschlichen Natur und unserer Einrichtungen kann es nur ein einfältiger Mensch sein, der eine nachgiebige Lohnpolitik einer nachgiebigen Geldpolitik vorziehen würde.«[13] Da er fälschlich davon ausging, daß »die Beschäftigungsgelegenheiten ... notwendigerweise durch die Größe der Gesamtnachfrage begrenzt«[14] seien und nicht durch den Profit, nahm er eine inflationäre Aufblähung der Preise und Staatshaushalte in Kauf. Letztere würden sich durch die von der Staatsnachfrage angeheizte Beschäftigung, die wiederum Einnahmen bringen würde, später wieder ausgleichen. Völlig idealistisch nahm er an, daß eine geringe Investitionsbereitschaft mit einer psychologischen »Vorliebe für Liquidität« und einem »Hang zum sinkenden Verbrauch« zusammenhinge, denen er mit einer staatlichen Nachfrage begegnen wollte. Weder die Vorliebe für das eine noch der Hang zum anderen waren aber die Ursache für eine Unterbeschäftigung, sondern schlicht die ungenügende Profiterwartung.

Keynes beachtete nicht, daß sowohl der Staatskonsum als auch die Investitionsgüternachfrage des Staates langfristig den Gesamtprofit der Wirtschaft schmälern. Der als Profit einbehaltene Mehrwert wird um die Abzüge verringert, die an den Staat abgeführt werden müssen. Alle Einnahmen des Staates, die er für Schuldentilgung, Zinszahlungen, Armenversorgung, den Gesundheitsapparat, die Renten, die Subventionierung von Schwimmbädern, Bibliotheken, Bahn, Post oder Müllabfuhr, zweitem Arbeitsmarkt, Kulturbetrieben benötigt, sind Mittel, die der kapitalistischen Akkumulation nicht zur Verfügung stehen. Selbst Subventionen, die in marode, nicht konkurrenzfähige Sektoren der privaten Wirtschaft fließen, sind dem Kapitalismus ein Dorn im Auge, weil diese Mittel genauso wie der Staatskonsum aus dem Mehrwert der profitablen, zukunftsweisenden Industrien aufgebracht werden müssen. Sie retten zwar vorübergehend einige Arbeitsplätze, unter dem Strich senken sie aber die Wirtschaftskraft eines kapitalistischen Landes.

Der Kapitalismus kann sich nicht über den Konsum aus einer Krise heraushelfen. Es bedarf zwar des Güter- und Dienstleistungskonsums, aber nur in Aufschwungphasen ist der den Markt ausdehnende Konsum willkommen, und das auch nur dann, wenn er sich nicht schneller ausdehnt als die Akkumulation. Steigt der Konsum zu Lasten der Investitionsrate, sinken die angeeigneten Werte, und der Kapitalismus wird sich »naturwüchsig« auf Kosten des Konsums korrigieren. Das Sozialprodukt kann nur akkumuliert oder konsumiert werden. Was konsumiert wird, ist weg. Ein hoher Konsum senkt die akkumulierbare Mehrwertmasse. Das gilt auch für den Staatskonsum. Erst wenn die Kapitalbildung wieder im Lot ist, angetrieben durch eine Profitrate, die zu Lasten des Konsums gehen muß, wachsen unter Umständen Beschäftigung und Konsum wieder nach. »Auch im Kapitalismus muß für den Konsum produziert werden, aber bevor produziert wird, muß das grüne Licht der Gewinnträchtigkeit aufleuchten. Die effektive Nachfrage setzt sich aus einer Nachfrage nach Konsumgütern und einer Nachfrage nach Produktionsgütern zusammen. Die Relation zwischen den beiden ... zeigt an, ob die Profitabilität des Kapitals steigt oder fällt. Die Kapitalakkumulation impliziert ein Sinken des Konsums im Verhältnis zum schneller wachsenden Kapital.«[15] Prinzipiell ist der gesamte Staatsanteil vom Profitsektor erarbeitet worden und kann nur in Ausnahmefällen seinerseits produktiv sein. Höhere Profite aber lassen sich gesamtwirtschaftlich nicht über die Staatsnachfrage herstellen, sondern nur über eine Steigerung des Mehrwerts in der Produktion. Keynes zäumte das Pferd von hinten auf. Seine Empfehlung, der Staat solle sich in Krisenzeiten verschulden, um mit dem Geld die Nachfrage nach Investitionsgütern anzukurbeln, stellt Nachfrage her, aber nicht Profit. Das vom Staat Nachgefragte ist zuvor anderswo erzielter Profit, der nun vom Staat dort abgezogen und noch einmal verteilt wird. Der Überschuß, der in diesem Fall an unterbeschäftigte Sektoren weitergereicht wird und der sie vielleicht glücklich macht, fehlt in anderen, und zwar in den profitablen Wirtschaftszweigen, weil nur diese abschöpfbare Überschüsse haben.

Langfristig schränkt dieser Prozeß die Profitmöglichkeiten der Wirtschaft ein, weil er über den Umweg der Verschuldung Mittel aus den profitablen Sektoren abzieht, um sie als Nachfrage in unterbeschäftigte Sektoren umzuleiten, deren Unterbeschäftigung jedoch gerade anzeigt, daß sie unrentabel und folglich nicht konkurrenzfähig sind. Damit wird eine Entwicklung zu Lasten der rentablen und zugunsten der unrentablen Sektoren eingeleitet: »Je mehr vom gesellschaftlichen Gesamtkapital in nicht- profitabler Produktion beschäftigt ist, desto geringer ist der Gesamtprofit des Gesamtkapitals.«[16] Damit gräbt der Staat auf Dauer selber seiner zur Schuldentilgung dringend benötigten Einnahmequelle das Wasser ab und gerät zusammen mit der privaten Wirtschaft in eine sich selbst verstärkende krisenhafte Entwicklung. Die »sinkende Profitabilität enthüllt sich in der anwachsenden Staatsschuld, die wiederum den Niedergang der privaten Kapitalbildung ... anzeigt«.[17]

Die Wiederherstellung einer für die Investitionsbereitschaft ausreichend hohen Profitrate verlangt in der Krise eine Umkehrung der kapitalismuswidrigen Tendenzen. Solange das Volkseinkommen für Wirtschaft und Staat genug abwirft, werden wachsende Staatsetats und -schulden genauso wie Lohnsteigerungen relativ klaglos hingenommen. Der tendenzielle Fall der Profitrate macht es aber immer schwerer, die angesammelten Staatsdefizite zu finanzieren, zumal dann, wenn der Staatssektor, der keine Profite abwirft, sich insgesamt zu Lasten der Profitproduktion ausgedehnt hat. Wenn das Wachstum aufgrund einer gesunkenen Profitrate stagniert und der privaten Wirtschaft ein Teil der verbleibenden Profitmarge für den laufenden Bedarf des Staates und seine Schuldentilgung weggesteuert wird, muß etwas geschehen. Es kommt zu tiefgreifenden Korrekturen. Kaum ein staatlicher Sektor bleibt dann von der Entrümpelung verschont. In Staatsbesitz befindliche und staatlich subventionierte Betriebe werden privatisiert, Tarife nach oben getrieben (Bahn, Post, Müll, Wasserversorgung, Gas, Autobahnen etc.), Länder kürzen im Bildungswesen, Kommunen sanieren ihre Kassen durch Notverkäufe oder die Stillegung von Sport- und Kultureinrichtungen. Steuerminderungen, die für eine Entlastung des Kapitals sorgen, reduzieren die Einnahmen und machen einen weiteren Leistungsabbau erforderlich. Der Keynesianismus, der Heilung verspricht, kann praktisch wie theoretisch den großen Knall nur hinauszögern, der dann um so heftiger sich entlädt, je stärker die keynesianischen Maßnahmen zwischenzeitlich die für die laufende Sanierung des Kapitalbetriebs notwendigen Korrekturen aufgeschoben haben und je voluminöser der nichtprofitable Staatssektor durch die Regulierungspolitik aufgebläht wurde. Zur Zeit wird die keynesianische Wirtschaftspolitik, die schon seit mehr als zehn Jahren kränkelte, beerdigt. Der Kapitalismus kehrt zu der ihm eigentümlichen Reproduktionsform zurück.

Da der Keynesianismus dem Kapitalismus einen vorteilhafteren Weg verspricht, gerät er mit seiner Politik immer dann in die Krise, wenn das Kapital seine Ratschläge dankend ablehnt, weil es selber bessere hat. Besonders Linkskeynesianer/innen geraten in solchen Phasen in heillose Verwirrung. Wir wollen uns mit zwei Vertretern dieser Gattung beschäftigen, die dem deutschen Kapitalismus mit immanenten Methoden aus der Krise der Unterbeschäftigung in den neuen Bundesländern heraushelfen wollen. Rudolf Hickel und Jan Priewe, die zur Memorandum-Gruppe gehören und Jahr für Jahr zusammen mit anderen das alternative

Wirtschaftsgutachten erstellen, behaupten zunächst, wie es sich für Keynesianer gehört, daß die neuen Bundesländer ein »Nachfrageproblem« hätten, und suchen deshalb nach Wegen, wie die Nachfrage nach Ost-Produkten verbessert werden könnte: »Für die Zukunft der ostdeutschen Wirtschaft ist es entscheidend, daß die Lieferungen nach Westdeutschland gesteigert und/oder die Bezüge aus Westdeutschland vermindert werden. ... Also muß der Nachfragemangel in erster Linie durch Gewinnung größerer Marktanteile in Westdeutschland abgebaut werden, indem entweder bestehende westdeutsche Produktion oder zukünftige zusätzliche westdeutsche Produktion durch ostdeutsche ersetzt wird.«[18] Hickel und Priewe könnten an dieser Stelle ihre Planungen beenden, weil sie – mit dem Anspruch, nach marktwirtschaftlichen Regeln realistische Vorschläge zu formulieren – ein Konstrukt entworfen haben, das nur durch eine Zwangsbewirtschaftung zu realisieren wäre. Wenn wir den Faden aber weiter spinnen, stoßen wir auf das bereits analysierte keynesianische Dilemma. Der Osten wurde deindustrialisiert, weil die Betriebe nicht so produktiv waren wie die im Westen und weil die Differenz nicht mehr über eine eigene Währung ausgeglichen werden konnte. Der Vorschlag von Hickel und Priewe, die weltmarktfähige Produktion im Westen teilweise durch die unrentable im Osten zu ersetzen, würde auf eine Schwächung der gesamten deutschen Wirtschaftskraft auf dem Weltmarkt und damit ebenso auf eine wachsende Unterbeschäftigung hinauslaufen. Das ist den beiden auch nicht verborgen geblieben, weswegen sie konsequenterweise ihren eigenen Vorschlag gleich wieder verwerfen und statt dessen annehmen, daß die Rückeroberung der ostdeutschen Märkte durch ostdeutsche Unternehmen lediglich zur Zurückdrängung westlicher Anbieter führen würde: »Selbst wenn dies gelänge, so hätten die westlichen Anbieter entsprechende Nachfrageprobleme, solange sich das gesamtdeutsche oder weltwirtschaftliche Nachfragepotential nicht vergrößert. Die Verdrängung westlicher Anbieter durch wettbewerbsfähige ostdeutsche wäre also ein Nullsummenspiel, das den Absatzmangel nur von Ost nach West verschiebt.«[19]

Nun sind wir bei einer Steigerung der Weltnachfrage angelangt, die mit keynesianischen Mitteln allerdings nicht zu haben ist und die die beiden Theoretiker selber aus ökologischer Verantwortung ablehnen. Der Abschied von ihrem ersten Vorschlag wird hier nebenbei nationalistisch begründet. Man solle das eine Deutschland nicht durch das andere belasten. Im Gutachten der Memorandum-Gruppe finden sich die nationalistischen Ambitionen noch deutlicher. Dort wird beklagt, ein wesentlicher Fehler der deutschen Wirtschaftspolitik nach 1989 habe darin bestanden, daß die traditionellen osteuropäischen Handelspartner der

DDR von anderen »nicht-deutschen« Unternehmen erobert worden seien, da die westdeutschen Unternehmen sich vollständig auf die Markteroberung in Ostdeutschland konzentriert hätten. Nun seien die Marktanteile bedauerlicherweise anderweitig vergeben.[20] Zurück zu Hickel und Priewe: Ihnen sagt ihr »linker« Keynes, daß eine Niedriglohnpolitik in den neuen Bundesländern keinen Sinn mache, da die »westdeutschen und westeuropäischen regionalpolitischen Erfahrungen verdeutlichen, daß niedrige Löhne kein geeignetes Instrumentarium der Regionalpolitik sind«.[21] Die beiden sehen in niedrigen Löhnen einen »strukturkonservativen« Nachteil, da Unternehmer keine Notwendigkeit verspüren würden, aufgrund lascher Löhne zu modernisieren (»Lohnpeitsche«). Wie die »DDR« aber ausgerechnet mit hohen Löhnen in den Weltmarkt eindringen soll, bleibt geheim. Das Kapital wird sich in großem Stil kaum freiwillig in Cottbus ansiedeln, um sich dort von hohen Löhnen zur Modernisierung zwingen zu lassen, obwohl gleich nebenan osteuropäische Länder gern bereit sind, beides zu bieten: moderne Produktion und extrem niedrige Löhne.

Hickel und Priewe verfallen im weiteren auf die Idee, sich eine Steigerung des Exports der neuen Bundesländer auf 50 Prozent ihrer gesamtwirtschaftlichen Leistung zu wünschen. Da die beiden von einem stagnierenden Weltmarkt ausgehen und außerdem dessen Ausdehnung ökologisch nicht sinnvoll finden, bleibt nur noch die Empfehlung, die neuen Bundesländer mögen doch in den Exporten anderer Länder herumwildern. Die von den Autoren aus Treue zu Keynes vorgetragene These, die neuen Bundesländer hätten ein »Nachfrageproblem«, entpuppt sich derweil als reine Floskel. Erstens haben die beiden mit Keynes schon deshalb nichts mehr zu tun, weil der noch über eine Nachfragesteigerung Investitionen ankurbeln wollte, während sie die Nachfrage als konstante Größe einsetzen. Zweitens läßt sich ihr Ratschlag, Ostdeutschland solle dem Ausland gewaltige Exportanteile wegnehmen, plausibel nur denken, wenn es seine Produktionsbasis rein angebotsorientiert den Weltmarktkonkurrenten angleichen würde. Wie sollten Ostbetriebe sonst japanische, koreanische oder französische High-Tech-Konkurrenten aus dem Rennen werfen? Das ist auch Hickel und Priewe aufgefallen, die darauf hinweisen, daß die oligopol beherrschten Märkte zur Konsequenz hätten, »daß ostdeutsche Produkte nicht allein wettbewerbsfähig werden müssen, sondern preisliche und qualitative Überlegenheit erzielen müssen, um schnell in die existierenden Märkte eindringen zu können«.

Damit überbieten die beiden Keynesianer Graf Lambsdorff, der vielleicht schon mit einer schlichten Wettbewerbsfähigkeit zufrieden wäre.

Und wo sie nun schon bei der FDP-Politik angekommen sind, stört die Hochlohnpolitik, mit der sie an anderer Stelle die Ost-Unternehmen zur Modernisierung zwingen wollten. Die beiden erweisen sich als flexibel genug, nun auch die Löhne wieder senken zu wollen. Als Linkskeynesianer gegen existenzsichernde Löhne zu sein — schließlich ist das Preisniveau im Osten genauso hoch wie im Westen — ist schon mutig. Eine ähnlich starke Rechtswende enthält ihr Hinweis, daß man mit etwas schlauerer Taktik die Gewerkschaften hätte in den Griff bekommen können: »Im Rahmen einer koordinierten Gesamtstrategie, die Gewerkschaften als anerkannte Partner, nicht als Gegner, einbezieht, hätte sich möglicherweise ein langsameres Tempo der Lohnangleichung finden lassen. Damit wären nicht die Absatzprobleme gelöst worden, und auch nur ein Teil der Angebotsprobleme, aber die Betriebe hätten etwas mehr Spielraum für die Sanierung bekommen.« Hier räumen Hickel und Priewe unwiderruflich ein, daß sie zu Angebotstheoretikern geworden sind: niedrigere Löhne für die angebotsseitige Sanierung. Und sie schimpfen weiter, wie dies Renegaten so an sich haben, wie die Rohrspatzen auf die Gewerkschaften: »Das Beharren auf besitzstandswahrender defensiver Abwehr von sozialen Verschlechterungen wäre gerade jetzt untauglich.«

Erst am Ende ihres Buches klären uns Hickel und Priewe über den Sinn des ganzen Hin und Her auf. Wir erfahren, daß sie eigentlich nur Spaß gemacht haben. Ihren eigenen Anspruch, immanente Lösungen aufzuzeigen, bezeichnen sie plötzlich als puren Unsinn: »Wer strukturschwach geworden ist, hat gewissermaßen den letzten Zug verpaßt. Genau dies scheint auch die Entwicklungsrichtung zu sein, die die neuen Bundesländer gehen.« Da hilft also gar nichts mehr. »Insgesamt sind die Standortbedingungen in den neuen Bundesländern deutlich ungünstiger, trotz höherer Subventionen, als an den meisten attraktiven westlichen Standorten. Die Agglomerationstendenzen setzen sich durch.« Das klingt schon fatalistisch. »Verstärkt wird dieser Prozeß durch die günstigen Transportverhältnisse …, so daß es logistisch kaum von Nachteil für die Unternehmen ist, von westlichen Produktionsstandorten aus die ostdeutschen Märkte zu versorgen.« Das ist genauso wahr wie die folgende Bemerkung: »Unternehmen folgen letztlich den unerbittlichen Regeln der Konkurrenz.« Und welchen letzten Willen haben die beiden noch? Richtig, jene unerbittlichen Regeln des Kapitalismus sollten ohne jede Beeinträchtigung ihre Wirkung entfalten können, denn es »kann und darf … nicht um einen Test der Belastbarkeit der Unternehmen gehen«. Die Mutation zum Wirtschaftsliberalen ist abgeschlossen.

II. Die Verwandlung linker Theorie in Esoterik

Kritik der Theorie vom kollabierenden Kapitalismus. Die Möglichkeiten einer nachholenden Industrialisierung

Theoretiker, die zumindest in linken Zirkeln einen Namen haben, vermitteln den Eindruck, apokalyptische Stimmungen und mystische Eingebungen hätten inzwischen auch sie ergriffen. Mit seiner Weissagung des bevorstehenden Untergangs des kapitalistischen Weltsystems, dem die mehrwertschaffende Arbeit ausgehe, kommt Robert Kurz den Zeugen Jehovas schon recht nahe. John Holloway,[1] Joachim Hirsch[2] und Karl Heinz Roth[3] sehen wie er das Ende einer nationalstaatlich organisierten Welt vorher und schließen daraus, daß soziale Kämpfe keinen Staatsbezug mehr hätten. In anderen theoretischen Neuschöpfungen dominiert ein globales Geldkapital, das die Lebensverhältnisse auf der Welt einander angleichen werde, über das schaffende Kapital. Die politischen Revisionen sind bisweilen derart erschütternd, daß ihrem theoretischen Fundament nachgespürt werden muß.

Um die Kritik der übereinstimmenden oder sich ergänzenden Elemente dieser linken Theorien nicht mit Unvereinbarem zu belasten, muß vorweggenommen werden, daß Robert Kurz eine Sonderstellung unter den Genannten einnimmt. Das von ihm schon lange phantasierte apokalyptische Ende des Weltkapitalismus, überhaupt der »negative Auflösungsprozeß der warenförmigen Zivilisation« sowie das Ende jeder Politik, mußte »positive« Vorschläge nach sich ziehen, ohne die erfahrungsgemäß die Prophetie des Untergangs nicht gut zu ertragen ist – zumal dann nicht, wenn keine Bewegung erkennbar ist, die aus dem Ende des Kapitalismus den Anfang einer ausbeutungsfreien Gesellschaft machen könnte. Inzwischen sieht Kurz eine »endlich erreichte gemeinsame Krise von Arbeit und Kapital«, die die ganze Nation erfaßt, den Daimler-Chef wie den Barber, den Deutsche-Bank-Manager wie den Taxifahrer. »Negation«, »Klassenkampf« und »Antikapitalismus« – das sei alles »hilflos« und zu ersetzen durch »eine Anforderung an die Gesamtgesellschaft, die sich in den bisherigen Formzusammenhängen« halt »nicht mehr reproduzieren kann«.[4]

Der Begriff »Volksgemeinschaft« wird zwar noch schamhaft umschrieben, ist aber gemeint, denn Kurz sieht die ganze Nation in einem Boot sitzen, gehorchend dem Wort des Kapitäns, dargestellt vom deutschen Wirtschaftsführer: »Über die Brisanz der Krise wissen bürgerliche Sozialpolitiker, Manager, Banker und Sparkassendirektoren besser Bescheid als sämtliche Restlinken zusammengenommen.« Sie wüßten nicht nur besser Bescheid, sie meinten es auch gut mit uns allen, denn sie seien »längst nicht mehr qua Systemfunktion eisern festgelegt« (der Kreditnehmer ohne Fortune wird's gern hören), weil »die Transformation der gesellschaftlichen Konfliktformulierung durch alle Großinstitutionen des warenproduzierenden Systems hindurchgeht«, durch die Managements genauso wie durch die »Kirchen«. Weil Industrielle und Banker nun nicht mehr allein fürs Kapital tätig seien, sondern für alle an einer neuen Konfliktformulierung arbeiteten, rückt ihre Propaganda für den nötigen Wandel der Anspruchsgesellschaft zur Risikogemeinschaft in den Rang einer absoluten Wahrheit auf.

Vorbildlich weist, meint Kurz, der VW-Chef Piëch den Weg aus der Katastrophe, weil er »in einer dramatischen Kehrtwende von sich aus ... die Initiative für eine drastische Verkürzung der Normalarbeitszeit ohne Lohnausgleich ergriff«,[5] und da Kurz ahnt, daß seine Götterdämmerung hier ganz schnöde bei der Kurzarbeit ankommt, lügt er hinzu, damit habe das VW-Management eine »Reform gegen die Logik der warenproduzierenden Arbeitsgesellschaft« vollbracht. Wie bitte? Schaufelt VW sich sein eigenes Grab? Die vielen Autos entstammen schon keiner Warenproduktion mehr? Aber die Wirklichkeit entlarvt Kurz als Regenmacher. Die Arbeitskräfte werden bei VW als Spielmaterial mal auf Kurzarbeit mit Lohnverlust herab-, mal auf über 40 Stunden hinaufgesetzt, je nach Auftragslage. Sie wurden also dem Zweck der Warenproduktion restlos unterworfen. Das VW-Modell testet unter anderem aus, ob das bisherige Arbeitsvolumen auch in 30 Wochenstunden zu bewältigen ist, bei Einsparung von einem Viertel des variablen Kapitals. Eine Lohnsenkung mit gleichzeitiger Arbeitsverdichtung nur unter dem Freizeitaspekt zu betrachten, wäre ein wissenschaftliches und soziales Verbrechen. Nicht nur deshalb, weil manche Familie nicht mehr weiß, wie sie ihre Miete, die oftmals schon die Hälfte des Lohnes schluckt, noch bezahlen soll. Hinzu kommt eine »zugleich vergrößerte Arbeitsausgabe in derselben Zeit, erhöhte Anspannung der Arbeitskraft, dichtere Ausfüllung der Poren der Arbeitszeit ... Neben das Maß der Arbeitszeit ... tritt jetzt das Maß ihres Verdichtungsgrads.«[6] In Japan heißt das neue gesellschaftliche Angstwort »Karoski«. Es meint den plötzlichen Tod am Arbeitsplatz infolge Überbelastung. Tausende brechen in Japan jährlich am

Arbeitsplatz ohne erkennbare Krankheit tot zusammen, 10 000 Fälle wurden offiziell registriert und 4 000 sogar versicherungstechnisch als Streßtod im Beruf akzeptiert. Kurz aber wirft den alten Gewerkschaftsgedanken, um den Preis der Arbeitskraft zu ringen und einige Sicherheitsstandards tariflich oder gesetzlich zu verankern, zugunsten einer Systemstabilisierung über Bord. An die Stelle einer revolutionären »Aufhebung« (sein neues Lieblingswort) gewerkschaftlicher Kanalarbeit setzt er die Kapitallogik pur. Für seine jesuitischen Clans transformiert er diese schnöde Tatsache sprachlich in einen »Einstieg in eine neuartige Systemveränderung«.[7] Nicht wenige, die einen Abschied von der Linken suchen, fahren auf das Attribut »neuartig« ab.

Daß die Kuh zu melken, statt zu schlachten sei, war jahrzehntelang eine Kampfformel derer, die den Gedanken an eine Enteignung des Kapitals niederhalten wollten. Kurz sagt nun, gemeinsam mit Bundesregierung und Kapitalverbänden, daß das schwache Tier auch nicht mehr gemolken werden dürfe. Die Behauptung »Geld ist genug da« ist für ihn eine linke Entgleisung, deren implizite Anspruchshaltung die »Reformpolitik der grünen Realos auf den ersten Blick geradezu als Ausbund von Reflektiertheit und sozialökonomischer Vernunft«[8] erscheinen lasse. Sie hätten verantwortungsbewußt den Sachzwang wahrgenommen, »daß das Geld wirklich beim besten Willen nicht so einfach da ist, wie naiverweise vermutet wurde«. Da sie »Antikapitalismus« für ebenso »hilflos« wie Kurz und seine Sparkassendirektoren halten, kann man an ihnen eigentlich nur noch den individuellen Lebensstil kritisieren, also die Angewohnheit der »Toskana-Fraktion«, noch immer nicht »die absurde eigene Lebensführung in Frage (zu) stellen« und ihre Einkünfte für »Ferntourismus, Abenteuerreisen, aufwendige Sportarten« zu verschwenden. Ob das VW-Direktorium rund um Wolfsburg wandert und zeltet und so dem Hedonismus praktisch wie symbolisch einen schweren Schlag versetzt, ist unerforscht.

Wie die Wirtschaftsführer Kurz eine neue Vernunft zeigen, hat sich ihm die deutsche Nation als eine ein für allemal gutgemachte offenbart. »Deutsche Barbarei« sei »eine spezifische historische Konstellation, die niemals wiederkehren kann«. Die gute Nation, von jeder barbarischen Perspektive freigesprochen, könne ihre Geschichte »weder ungeschehen machen« noch »ewig wiederholen«, aber »aufheben«, und zwar nicht durch »eine ewig beteuernde Affirmation des Westens«, sondern indem sie »vielmehr eine radikale, emanzipatorische, wirklich aufhebende Kritik des Westens und seiner Kategorien« mobilisiere. »Das allein wäre die Sühne und Aufhebung der deutschen Geschichte, und nicht die polizistische und demokratisch winselnde Prowestlichkeit.« So, als aufrechter nationaler Kämpfer gegen die winselnden Prowestler, sühnt es sich am besten, besonders in Zeiten deutscher Pogrome, die nichts zu bedeuten haben, weil jene Sparkassendirektoren und VW-Spitzenkräfte dort selten zu sehen sind, unter deren Führung der Schutzwall gegen das angloamerikanische Kommerzdenken erbaut werden soll, das die Deutschen so lange verführte, bis sie den schnöden Verlockungen von Ferntourismus und Abenteuerreisen erlagen. Vielleicht kommt aus dem Westen ja auch »das fiktive Kapital des global verzinsten Geldes«, welches »längst über jede kapitalproduktive Basis hinausgewuchert« sei.

Gegen diesen fremden »gierigen Systemprozeß des Geldes«, der von dorther wuchert, wo nach der Legende die Juden über große Macht verfügen, muß Front gemacht werden, gemeinsam mit dem zweifelsfrei der Fraktion des schaffenden Kapitals angehörenden Herrn Piëch, aber auf alle Fälle gegen die Linken, deren Bekämpfung neben der Überwindung winselnder Prowestlichkeit die angenehmste Sühne zwecks Aufhebung der deutschen Geschichte ist. Linkssein, sagt Kurz, dessen Haß auf alles Sozialistische und Gewerkschaftliche sich in dem Maße potenziert, in dem seine Affinität zur kapitalistischen Elite wächst, Linkssein sei »dysfunktional im Sinne weiterer Gesellschaftskritik«, der »alte Klassenkampfbegriff« sei »historisch« ohnehin verfallen, und die Theoriebildung müsse den Marxismus »aufheben«. Zwar sei die Linke »an ihr historisches Ende« gekommen, aber immer noch ein beachtliches Ärgernis, dessen »Kapitulantentum ... unter der dünnen Haut des platten Antifaschismus und Antinationalismus ... zum Vorschein« komme. (Da es eine Absicht unserer Arbeit ist, vor aufgeblasener Prognostik zu warnen, wollen auch wir uns mit Vermutungen zurückhalten: Es steht nicht fest, daß Robert Kurz an die Seite Noltes und der »Jungen Freiheit« finden wird. Aber es ist auch nicht ausgeschlossen.)

Die Befindlichkeit linker Theoretiker scheint stets mit den kapitalistischen Konjunkturen synchron zu verlaufen. »So wie die Heftigkeit und Dauer der Vorkriegskrise zur Annahme verleitete, es mit der letzten Krise zu tun zu haben, so hat die Länge und Macht der Nachkriegskonjunktur die Illusion erweckt, daß es dem Kapital tatsächlich gelungen ist, seiner inneren Schwierigkeiten Herr zu werden.«[9] Schon während der Weltwirtschaftskrise 1929ff. führte »der Streit für oder gegen die Zusammenbruchstendenz der kapitalistischen Wertproduktion ... zu keinem beachtenswerten Ergebnis. Durch eine neue, in den Krieg einmündende Krise gelang es dem Kapital ein weiteres Mal, die zu einer neuen Konjunktur notwendigen Strukturveränderungen im internationalen Rahmen vorzunehmen.«[10] Auch heute werden wieder Spekulationen auf den linken Ideenmarkt geworfen, die um so fanatischer verteidigt werden, je haltloser sie sind – als gelte es, mit ihnen den Kampf um Einschaltquoten zu gewinnen.

Robert Kurz wirft nicht weniger als der »gesamten Menschheit« vor, »Halluzinogene eingenommen« zu haben, weil sie ihm nicht abnehmen wolle, »daß das unheilbar kranke westliche Marktsystem ... lediglich als letzter Teil des globalen Gesamtsystems zusammenbrechen wird«. Dem Kapitalismus gehe weltweit die Arbeit aus, und dies sei ein »irreversibler Zustand«. John Holloway meint erkannt zu haben, daß die »tiefe Rezession ... alle Behauptungen, daß der Kapitalismus sich in eine neue Phase profitabler Produktion hineinentwickelt ... wenig überzeugend erscheinen« läßt.[11] Von solchen Prophetien grenzt sich Karl Heinz Roth ab. Er spricht von Strukturveränderungen, die der kapitalistischen Mehrwertproduktion, die keineswegs am Ende sei, wieder auf die Füße helfe.[12] Uns geht es hier zunächst um jene Propheten, die dem Kapitalismus die Möglichkeit einer bereinigenden Krise absprechen.

Die jüngsten Krisenerscheinungen kündigen sich seit etwa zwanzig Jahren an. Die lange Prosperität nach dem Zweiten Weltkrieg hatte den Kapitalstock offensichtlich in eine Größenordnung getrieben, die die Grenzprofitabilität sinken ließ. Dies drückte sich in abgeflachten Wachstumsraten, in Akkumulationsstockungen und in einer wachsenden Geldanlage aus. Da Prosperitätsphasen zugleich konsumfördernd sind, belastete ein gestiegener privater und staatlicher Konsum zusätzlich die sinkende Profitabilität der Wirtschaft. Die Sanierung der Profitrate erfolgt jedoch nicht erst Mitte der 90er Jahre mit Hilfe der Apologie einer »Risikogemeinschaft«, sondern begleitete diesen Prozeß von Anfang an. Technische Innovationen senkten Kapitalkosten und steigerten die Produktivität. Produktionsbereiche wurden in Länder mit niedrigen Lohnkosten verlagert. Von einer staatlichen »Rotstiftpolitik« wurde in der Bundesrepublik schon vor zwanzig Jahren gesprochen. Damals proklamierte Kanzler Schmidt den Wechsel von den »inneren« zu den »bezahlbaren Reformen«. Im übrigen sinkt schon seit Jahren die Lohnquote zugunsten der Kapitaleinkommen.

Lange vor den Kontinentaleuropäern haben US-Amerikaner und Briten radikale Einschnitte zwecks Steigerung der Konkurrenzfähigkeit ihrer Ökonomien vorgenommen. Über die USA schrieb die »Wirtschaftswoche« (21.1.1994): »Während in den 80er Jahren das schnelle Geld an der Wall Street Börsenzocker ... zu Helden der Nation machte und das mühsame Produzieren von Gütern als überholt galt, besinnen sich die USA wieder auf ihre industrielle Stärke.« Was hier wie ein Heldenepos aus Hollywood dargestellt wird, war kapitalistische Naturwüchsigkeit. Solange Japan billiger produzierte und die USA darüber hinaus über die

Terms of Trade Mehrwert aus vielen Ländern mühelos abschöpfen konnten, nahm die eigene Kapitalbildung ab, und die Überschüsse flossen in Finanzspekulationen. Der gesamte industrielle Komplex wurde in der Folge von einer flächendeckenden Kapitalentwertung und -zerschlagung erschüttert. Kapitalansammlungen, die nicht mehr konkurrenzfähig waren, überließ man ebenso dem Verfall wie die Menschen, die für sie gearbeitet hatten. Als noch keiner zu ahnen schien, was Deutschland bevorstand, ergötzte man sich hierzulande an Bildern zerfallener Stadtteile der einst blühenden Automobil-Weltmetropole Detroit und ruinengesäumter Straßen im britischen Kohle- und Stahlrevier. Die Begriffe »Reaganomics« und »Thatcherismus« halfen dabei, gewöhnliche kapitalistische Sanierungsprozesse wie böswillige Machenschaften ausländischer Regierungen zu behandeln.

Zudem floß etwa aus den USA leicht verschiebbares Kapital in die mexikanische Grenzregion, deren niedriges Lohnniveau den Druck auf die US-amerikanischen Einkommen noch verstärkte. Als es Anfang der 90er Jahre so weit war, daß »80 Prozent der Beschäftigten in den USA heute niedrigere Realeinkommen beziehen als 1973« (Massachusetts Institute of Technology), stiegen die »Unternehmergewinne« im verarbeitenden Gewerbe und die Industrieinvestitionen 1992 wieder um je 14 Prozent. Die »Wirtschaftswoche« (21.1.1994) schrieb: »Heute liegt die Arbeitsproduktivität in Schlüsselbranchen wie der Auto- und Autozulieferindustrie, bei Elektronik und Computern in den USA deutlich über deutschen Vergleichswerten ... Auch bei den Arbeitsplätzen geht es in den USA voran ... allein in diesem Jahr zwei Millionen neue Arbeitsplätze ... Autoindustrie und Stahlerzeugung, Elektronik und sogar der klassische Maschinenbau präsentieren sich wettbewerbsfähig wie schon lange nicht mehr.« Der US-Ökonom Laffer frohlockte: »Japan ist, was Wachstum angeht, mausetot.« Aus der Krise würde Deutschland als »einzige wirtschaftliche Supermacht neben den USA« hervorgehen. Erinnern wir uns an die linken Konjunkturtheorien bzw. Theoriekonjunkturen. Anfang der 80er Jahre gab kein großer Theoretiker mehr einen Pfifferling auf die USA. Von einem sterbenden Riesen, einem Auslaufmodell war die Rede, welches allenfalls noch kriegerisch den Rest der Welt mit in seinen Kollaps hineinziehen würde. An der Haltlosigkeit derartiger Prognosen ändert auch nichts, daß die USA ein gewaltiges Staatsdefizit mit sich herumschleppen, das Bill Clinton in einem Kraftakt reduzieren will. Bis zum Jahr 2005 sollen 1,1 Billionen Dollar eingespart werden. »Das sind große Einschnitte, und sie werden weh tun«, erklärte Clinton Mitte Juni 1995.

Ob nur Deutschland und die USA gestärkt aus der Krise hervorgehen werden, steht nicht fest. Auch in Großbritannien wird seit über 15 Jahren kräftig saniert. Die Kapitalzerschlagung erfaßte dort u. a. den gesamten Bergbau und die Stahlindustrie, die Rechte der Gewerkschaften wurden bis nahe an deren faktische Auflösung beschnitten, der Staatsetat wurde zugunsten der Profitproduktion derart kraß reduziert, daß heute nicht einmal die Rolltreppe in einem U-Bahn-Schacht mehr repariert werden kann und die reduzierte Krankenversorgung die Lebenserwartung wieder sinken läßt. Die Löhne sind auf 75 Prozent ihres alten Niveaus geschrumpft, so daß – alles in allem – 1993 die Industrieproduktion wieder um 4,5 Prozent gestiegen war, die Exporte einen Satz nach vorn machten und die Zahl der Arbeitslosen wieder sank. Inzwischen siedeln sich südkoreanische Firmen im nordöstlichen England an. Der Geschäftsführer von Samsung Electronics UK, Chan Bao, wies darauf hin, daß die Arbeitskosten mit etwa sieben Dollar pro Stunde in England genauso hoch seien wie in Südkorea. Für den Standort England sprächen deshalb die weniger strengen Arbeitsgesetze, die Schwäche der Gewerkschaften, die Möglichkeit, Antidumping-Maßnahmen des europäischen Marktes zu unterlaufen, und schließlich die dynamischen Lohnsteigerungen in Südkorea, die pro Jahr etwa 16 Prozent betrügen. Indonesische, thailändische und malaysische Firmen haben ebenfalls Investitionen in Großbritannien angekündigt.

Die Phase, in der die Imperialisten ausschließlich in der Dritten Welt Rohstoffe und Agrarprodukte ausplünderten, ohne dort neue Märkte zu installieren, geht für einen Teil der Welt ihrem Ende entgegen, während der Teil, der keine Basis für eine Kapitalisierung vorweisen kann, um so tieferer Armut preisgegeben wird. Für 1994 errechnete die OECD folgende Wachstumsschübe: zehn Prozent in China, acht jeweils in Malaysia und Thailand, sieben in Singapur, sechs je in Taiwan und Argentinien, 5,5 in Südkorea usw. Durch die permanente Krisenbereinigung vermehren selbst die Wirtschaftskolosse ihr Sozialprodukt jährlich wieder um drei bis vier Prozent. Die Behauptung, dem Kapitalismus gehe die mehrwertschaffende Arbeit aus, entpuppt sich schon bei einer wenig aufwendigen Analyse als apokalyptische Weissagung zur Gewinnung denkfauler Jünger. Die weltweite Beschäftigung – ohne Jobs in der Schattenwirtschaft – zeigt für die Zeit von 1983 bis 1992 (einige Staaten wurden nur bis 1991 ausgewiesen) folgende Entwicklung:[13] In den kapitalstarken Staaten stagnierte die Beschäftigung nur in Schweden, sonst wuchs sie überall: in den USA um 17, in Japan um zwölf, in Australien sogar um 22 Prozent. In Westeuropa machte die Beschäftigung in den Niederlanden einen Sprung um 30 Prozent (darunter viele Zeitarbeiter/innen), in Dänemark einen um 12 Prozent. In der BRD (West) wuchs sie um elf, in Großbritannien um acht, in der Schweiz um sieben, in Italien, Portugal, Frankreich, Norwegen nur um je drei bis vier Prozent. Viele dieser Jobs sind keine in der Industrie.

Anders sieht die Sache aber außerhalb der Staaten mit einer hohen Kapitalkonzentration aus. Dort resultiert der Zuwachs an Arbeitsplätzen überwiegend aus dem Wechsel von der Agrar- zur Industriearbeit: In China wuchs die Beschäftigung von 1983 bis 1992 um 28 Prozent auf 594 Millionen, das sind absolut 130 Millionen Beschäftigte mehr. In vielen asiatischen Ländern explodierte die Beschäftigung geradezu: In Thailand um 35, in Südkorea um 30, auf den Philippinen um 26, in Singapur und Malaysia um je 23, in Hongkong um 13, in Indien um 26 und in Pakistan um 19 Prozent. Auch in Ländern Mittel- und Südamerikas explodierte die Lohnarbeit. In Chile wuchs die Beschäftigung um 50 Prozent, in Venezuela um 37 und in Brasilien um 29 Prozent. Bis Ende 1992 stand Mexiko mit einem durch US-amerikanischen Kapitaltransfer ermöglichten Plus von 70 Prozent ganz vorn. Die Finanzkrise des Jahres 1995 könnte wegen der Einbindung des Landes in den freien Waren- und Kapitalverkehr der NAFTA einen ähnlichen Prozeß wie in Osteuropa einleiten. Dort war die Beschäftigung infolge der plötzlichen Integration in den Weltmarkt rückläufig. An der Spitze behauptete sich dabei das besonders marktwirtschaftliche Ungarn mit einem Minus von 35 Prozent. In Afrika stagnierte die Beschäftigungsrate oder nahm in einigen Ländern leicht zu.

Daß es sich bei der rapide wachsenden Beschäftigung weder um Luftbuchungen noch bloß um eine Verlängerung der McDonald's-Kette, sondern im wesentlichen um eine Ausweitung der stinkenden und knatternden Mehrwertproduktion handelt, läßt sich einem Reisebericht des lateinamerikanischen Schriftstellers Mario Vargas Llosa über China entnehmen: »Ganz China scheint vom Baufieber gepackt zu sein. Wohin ich auch komme ... wird in geradezu teuflischem Rhythmus abgerissen, ausgeschlachtet, abgesteckt, gebaut, beladen und entladen. Vor allem in Schanghai, wo Gebäude wie Pilze aus dem Boden schießen – Wolkenkratzer, Fabriken, breite Straßen, Fußgängerbrücken, Hafenanlagen –, wo Preßlufthämmer, Kräne und Traktoren allgegenwärtig und erbarmungslos lärmen und Myriaden von Arbeitern rund um die Uhr arbeiten, kommt es mir so vor, als erlebte ich eine dieser kreischenden, maschinengefüllten Utopien der Richter des Futurismus« (»FR«, 2.12.1994). Chinas Exporte aus arbeitsintensiven Sektoren wachsen rapide, gleichzeitig wird der Import von Metallwaren, Maschinen und Fahrzeugen zunehmend durch Eigenprodukte ersetzt. Die Devise lautet: Von der erfolgreichen Nachindustrialisierung Japans lernen – vorwärts mit den Lehren des Altmeisters Konfuzius und dem Raubkopieren westlich-kapitalistischer Blaupausen und Computerprogramme. Die Entwicklung in China trägt die typischen Züge einer nachholenden kapitalistischen Industrialisierung.

Sebastian Heilmann vom Hamburger Institut für Asienkunde spricht von einer entfesselten ökonomischen Initiative in China, die »die Einkommen in den Städten der prosperierenden Ostküste rasch wachsen lassen und dort ein starkes Interesse an der Fortführung der Wirtschaftsreformen begründet (hat). Von Schanghais 13 Millionen Einwohnern sind inzwischen zwei Millionen zu Aktienbesitzern geworden.«[14] Die Gewinner sind die stets einflußreicher werdenden industriellen und agrarischen Unternehmer, die Händler und der städtische Mittelstand. Das wachsende Proletariat arbeitet unter widrigsten frühkapitalistischen Bedingungen, die diktatorisch reglementiert sind. Hauptverlierer ist die bäuerliche Landbevölkerung, die in Scharen dem Geld in den Städten hinterherwandert. Zwischen 70 und 100 Millionen Chinesen »sollen zur Zeit auf der Wanderschaft sein«. »Während sich an den östlichen Küstenregionen Vorgänge abzeichnen, die Analogien zu früheren Stadien der Entwicklung etwa in Taiwan nahelegen, verharren die armen Regionen im Inland und an der Peripherie mehr oder weniger im System der Vergangenheit« (Heilmann). Dieser Prozeß wird wegen der mit ihm einhergehenden Verallgemeinerung der Klassengesellschaft, aber auch aus Gründen regionaler Sonderinteressen nicht reibungslos verlaufen. Doch noch ist offen, ob die Modernisierung unter einer politischen Zentralverwaltung gelingen wird oder ob die Zentrifugalkräfte den Staat auseinanderreißen. »Regionale Machtkartelle von Interessengruppen aus Politik, Verwaltung, Militär und Unternehmen«, schreibt Heilmann, nehmen »die Geschicke der ihnen unterstehenden Gebiete in die Hand«. Sie könnten wie in anderen heute zerfallenden Nationalstaaten ethnische Konflikte züchten, um eigene, von der Zentrale unabhängige, Regime zu installieren, reiche Regionen könnten sich abkoppeln, um die Kapitalakkumulation nicht von den Armutsgebieten behindern zu lassen. Die chinesische Regierung ist bemüht, Verhältnisse, wie sie mittlerweile in der ehemaligen Sowjetunion herrschen, zu verhindern. Für »Eigentumsdelikte« und »Sittenverfall« werden Gefängnisstrafen und Todesurteile ausgesprochen, um das »sozialistische System und den reibungslosen Ablauf des wirtschaftlichen Aufbaus zu bewahren«.

Die Angaben des GATT über die wirtschaftliche Entwicklung der asiatischen Exportnationen haben die EU-Staaten derart alarmiert, daß sie ihren Deregulierungsaktionismus sofort beschleunigten. In der EU und EFTA zusammen war der Außenhandel 1993 um 152 Milliarden

Dollar, das sind zehn Prozent des westeuropäischen Handelsvolumens, zurückgegangen. Außerhalb Westeuropas war dank des asiatischen Aufschwungs eine Steigerung von 7,5 Prozent erreicht worden. Das »Handelsblatt« (6.4.1994) stellte Vergleiche an: »In der Rangliste der 25 größten Export- und Importnationen überholten 1993 Hongkongs Exporteure wertmäßig jene der Niederlande und der belgischluxemburgischen Zollunion. Singapur verbesserte sich um drei Ränge und überholte Österreich, Australien und das Ölland Saudi-Arabien. Auf der Importseite verdrängte Japan die Franzosen vom zweiten auf den dritten Platz. Hongkong und Malaysia verbesserten sich um drei Ränge, China und Singapur um zwei Ränge mit Importwachstumsraten von 29 und 28 Prozent.« Im Weltdienstleistungshandel, der um drei Prozent gestiegen war, blieben die USA erfolgreichster Exporteur mit 162,3 Milliarden Dollar. Dahinter folgten Frankreich mit 102,3, Italien mit 65,2, Deutschland mit 64,4 und Großbritannien mit 55,1 Milliarden Dollar. 1993 konnte zugleich das Auseinanderklaffen von Handels- und Produktionsvolumen korrigiert werden. Die Ausdehnung der Produktion gewann wieder Anschluß an den Handelszuwachs. Das »Handelsblatt« stellte fest, daß »nicht mehr so sehr die Welthandelspolitik der Wegbereiter für das Wirtschaftswachstum ist, sondern regionale Handelspolitik – dies vor allem außerhalb Europas, in Nord- und Südamerika sowie in Asien«.

Es bedarf für Nachindustrialisierungen in den von einigen Imperien beherrschten Weltmarktverhältnissen harter diktatorischer Bedingungen, vor allem deshalb, weil die neuen Staaten sich ohne Sklaverei, weltweiten Zugang zu Rohstoffen und Eroberungskriege entwickeln müssen. Aber auch frühere Aufholjagden kamen ohne ein strenges Regiment nicht aus. In Deutschland organisierte das preußische Regime den schnellen Schub mit Hilfe des lutherischen Arbeitsethos, in Japan verband sich die krasse Ausbeutung mit einer Unterwerfungsreligion (und wer den neuen »Wunderknaben« im fernen Osten ein Loblied singt, will von menschlichen Freiheiten nichts wissen). Südkorea erzielt zweifellos respektable Wachstumsraten, weil dort eine kapitalfreundliche Diktatur die Löhne lange Zeit unten hielt, Streiks verboten sind und ein faschistoider Gleichschritt den Arbeitsalltag bestimmt: morgens Frühgymnastik, dann die Anbetung der Firmenflagge und das Absingen der Firmenhymne, im Tagesverlauf die unablässige Wiederholung immer gleicher Denk- und Bewegungsabläufe, die dem konstanten Kapital die Angst einflößen, es werde bald wieder durch das variable ersetzt. Die deutsche Siegerideologie aber vermag nur in der Ex-DDR noch diktatorische Machenschaften zu erkennen. Sobald sie

Marktwirtschaft und akzeptable Wachstumsraten entdeckt, bewundert sie selbst noch die rabiateste Diktatur.

In der Geschichte des Kapitalismus gibt es sowohl Beispiele für das Gelingen »verspäteter« Industrialisierungsschübe als auch für den Niedergang hoffnungsvoller Entwicklungsansätze. Stellvertretend für solch entgegengesetzte Entwicklungen stehen Argentinien und Japan. Noch in den 20er Jahren dieses Jahrhunderts stand das Pro-Kopf-Einkommen der Argentinier an achter Stelle aller Staaten und hatte beste Aussichten, in die heutige Gruppe der sieben führenden Imperialisten (G7-Staaten) vorzustoßen. Anfang der 90er Jahre war Argentinien auf Platz 84 abgerutscht. Das Land war quasi ein Opfer seiner Reichtümer geworden, die es vor dem Zugriff ausländischen Kapitals nicht zu schützen und für die eigene Entwicklung nicht zu nutzen vermocht hatte, und seiner eigenen Herrscherkliquen, die daran kein Interesse zeigten. Mit seinen Vorräten an Erdgas, Erdöl, Eisenerz, Mangan, Edelmetallen und mit seinen fruchtbaren Böden zog Argentinien ausländisches Kapital an wie das Licht die Motten. Die damals eingeleitete Industrialisierung konnte jedoch die ruinöse Weltwirtschaftskrise nicht verdauen, und fortan interessierte sich das ausländische Kapital nur noch für das Abräumen der Schätze. Die nationale Oligarchie richtete sich darauf ein, vom Handgeld der Abräumer zu leben. Heute ist das Land arm, während die sogenannten Fluchtgelder, die Argentinier auf Auslandskonten deponiert haben, auf rund 50 Milliarden Dollar geschätzt werden. So ist Argentinien ein Beispiel dafür, daß unkontrollierter Kapitalimport verheerende Folgen haben kann, wenn er keine eigene Industrieentwicklung induziert, sondern nur zum Zwecke des Abbaus natürlicher Reichtümer eingesetzt wird. Ein vergleichbares »Schicksal« hatte zuvor schon Mexiko getroffen, das Marx noch als reiches Land einstufte. Für viele ehemalige GUS-Staaten, vielleicht auch für Rußland selbst, könnte sich die argentinische Entwicklung wiederholen.

Japan dagegen konnte aufgrund mehrerer Besonderheiten eine erfolgreiche Aufholjagd durchführen. Um die Jahrhundertwende, als andere imperialistische Staaten sich auf die Ausbeutung von Kolonien konzentrierten, leitete der Inselstaat eine Nachindustrialisierung ein, die von einem starken Staat angeordnet und gesteuert wurde. Ihr rasanter Fortgang war nur denkbar, weil in Japan ein extrem hoher, von einer spezifischen Unterwerfungsreligiosität getragener Ausbeutungsgrad durchgesetzt werden konnte, der Kapitalimport strikt begrenzt war, die gesamte Wirtschaft staatlich kontrolliert wurde und weil gleichzeitig der Weltmarkt florierte, in dem Japan durch seine Lohnsklaverei konkurrenzfähig war.

Die Zukunft kann, sofern die Zentrifugalkräfte nicht ähnlich walten wie in den ehemaligen GUS-Staaten, China gehören, weil sich dort niedrige Löhne und politische Diktatur mit der Entwicklung eines schier unvorstellbaren Marktvolumens paaren. Es geht immerhin um die Integration eines Fünftels der Menschheit in den Weltmarkt. Unterstellt, die Industrialisierung des Landes gelänge, müßten sich Visionäre, die einen Zusammenbruch des Weltmarktes prophezeien, schleunigst wieder auf die Naturkatastrophe umstellen, die bei einer Motorisierung von zwei Milliarden Menschen, dem dazu erforderlichen Verbrauch an Energie, den dabei anfallenden Müllmengen und Meeresverklappungen, den negativen Auswirkungen auf Ozonschicht und Klima näher läge.

Selbstverständlich könnte die Kapitalmenge, die in den Ländern bewegt wird, die auf dem Weg zur Industrialisierung sind, einen drastischen Wachstumseinbruch in den Staaten mit einem höheren Kapitalstock nicht wettmachen. Solange aber die Mehrwertproduktion in den Zentren weiter wächst – nach den bereits vorgenommenen Sanierungen sogar wieder schneller als vor der Rezession – und solange dazu enorme Zuwächse in den neuen Industrienationen erzielt werden, bleibt das Gerede von den kollabierenden Märkten ein Scherz, und von einem Ende der Mehrwertproduktion kann nur ein Scharlatan reden. Das gilt auch für die kapitalstarken Zentren selbst. Zwar sank laut offizieller Statistik in 21 Jahren (1970 bis 1991) der Anteil der Industriearbeit zugunsten der Arbeit in Dienstleistungssektoren: in der BRD von 49 auf 31 Prozent, in Großbritannien von 43 auf 20 Prozent, in Frankreich und Japan gleichermaßen von 27 auf 24 Prozent und in den USA von 26 auf 17 Prozent. Aber dafür gibt es Gründe, die nicht das Ende des Kapitalismus ankündigen. Der erste ist die irreführende Statistik, die zwischen der Art des Jobs und der Art des Unternehmens nicht unterscheidet. Das führt dazu, daß die Auslagerung von Dienstleistungen, die früher von Großunternehmen selbst erbracht wurden, als Verlust von Industriejobs erscheint. Ein Teil der Dienstleistungen ist zudem produktive Arbeit. Computerdienstleistungen waren ehedem kapitalistische Planungs- und Entwicklungsarbeit in der Produktion. Inzwischen ausgelagerte Speditionsbetriebe, Werkstatt- und Reparaturdienste, Werksreinigungsdienste wurden nur statistisch ausgelagert. Der ehemalige BDI-Chef Tyll Necker schätzt: »Im Westen (Deutschlands) sind mehr als die Hälfte aller Dienstleistungen von der Industrie abhängig« (»FAZ«, 17.12.1994).

Im übrigen kann die gestiegene Produktivität in den Zentren, kombiniert mit einer Auslagerung von Fertigungsstufen in solche Länder, in denen die Arbeitskraft bedeutend billiger ist, einen wachsenden Dienstleistungssektor leicht miternähren. Ein Teil der neuen Mehrwertproduktion in der Tschechischen Republik, in Ungarn, Polen, Portugal, Spanien oder sonstwo setzt lediglich die bisher in den kapitalistischen Kernländern ausgewiesenen Arbeiten fort. Aus kapitalistischer Sicht kann es sinnvoll sein, woanders Teile der Produktion anzusiedeln und für die weltweite Vernetzung, Vermarktung, Finanzverschiebung u.ä. dienstleistende Apparate in der eigenen Operationszentrale überproportional auszudehnen. Dem Kapitalismus als ganzem wird nicht die Arbeit ausgehen, wenn einer Senkung der Industriearbeit in Deutschland um rund zwei Millionen Stellen 130 Millionen neue Arbeitsplätze in China gegenüberstehen.

Die hohe Arbeitslosigkeit in den führenden Industrienationen, die bei Kurz und anderen so viel neue Theoriebildung hervorruft, ist in der Geschichte des Kapitalismus alles andere als neu. Außergewöhnlich war die kurze Phase der Vollbeschäftigung in den 60er Jahren, die ohne die größte Kapitalzerschlagung der Geschichte im voraufgegangenen Weltkrieg nicht denkbar gewesen wäre. »Vollbeschäftigung im Sinne der 50er und 60er Jahre war eine historische Ausnahmeerscheinung« (Ralf Dahrendorf). Schon in früheren kapitalistischen Phasen hatte die Unterbeschäftigung völkerwanderungsähnliche Migrationen, etwa nach Nordamerika, ausgelöst. Zwar bietet heute der hohe Automationsgrad in den reichen Industrieregionen eine analytisch faßbare Größe für die Prognose, daß die Menschenmassen zumindest in traditionellen Lohnarbeitsverhältnissen nicht mehr integrierbar seien, gleichwohl weiß niemand, ob die außerhalb eines vergleichbaren Automationsschubs entstandenen Arbeitslosenheere der 30er Jahre ohne den Weltkrieg jemals wieder in Lohn und Brot gekommen wären. Wir stehen also kaum vor einem grundsätzlich neuen oder gar erstmaligen Problem der kapitalistischen Produktionsverhältnisse.

Die Prophezeiung, das fordistische Konsumsystem sei am Ende, trifft ebensowenig die Wahrheit. Sowohl in den 30er als auch in den 50er Jahren war der Fordismus alles andere als ein System der Sozialvorsorge und hoher Löhne, sondern eines der Ausbeutung bis an die Grenze physischer Belastbarkeit. Neben der Ankündigung von Lohnerhöhungen für die Stammbelegschaften »entließ er Zehntausende und erhöhte das Arbeitstempo derart, daß eine offizielle Studie feststellte: Arbeiter, die vier oder fünf Jahre bei Ford gearbeitet haben, sind derart ausgesogen und ausgemergelt, daß kein anderer Arbeitgeber sie einstellen will.«[15] Soweit die beginnende Massenfertigung Warenmassen ausspuckte, die auch Abnehmer finden mußten, um die Kapitalverwertung zu realisieren, basierte die steigende Konsumnachfrage auf einer großen Nachfrage nach Arbeitskräften, die die Löhne klettern ließ. Auch ein Kapitalismus mit anderem Etikett handelt nicht anders als der damalige. Durch die drastisch gesunkene Nachfrage nach Arbeitskräften und durch die sich billig anbietende Konkurrenz in Osteuropa und anderswo sinken die Löhne in den kapitalstarken Zentren. Auf der anderen Seite treibt die beständig hohe Nachfrage nach Arbeitskräften in den neuen Industrieländern dort die Löhne nach oben, soweit nicht der marktwirtschaftliche Effekt durch eine diktatorische Zwangsbewirtschaftung ausgehebelt wird. So wurde in Birma Zwangsarbeit angeordnet, um das Land für den Ferntourismus mobil zu machen, aber in der Industrienation Südkorea stiegen die Löhne in den letzten sieben Jahren durchschnittlich um knapp 18 Prozent jährlich und erreichen heute etwa das Lohnniveau von Schottland.

Die »Wirtschaftswoche« (4.2.1994) sieht beispielsweise folgende Tendenzen: »Ein dauerhaftes Wachstum von fünf bis sechs Prozent erscheint für die Entwicklungsländer daher durchaus plausibel, der Schwerpunkt ökonomischer Aktivität wird sich dorthin verschieben. Dafür wird das Produktivitäts- und Bevölkerungswachstum sorgen, aber auch die Veränderung der relativen Preise, Löhne und Wechselkurse. Mit steigender Industrieproduktivität werden sich die Währungen der Entwicklungsländer real aufwerten, ihre Kaufkraft steigt.« Das führe in eine aus europäischer Sicht unerfreuliche Zukunft: »Im Jahre 2020, so wird erwartet, werden in den heute armen Ländern mehr Autos fahren als in den heute reichen. Im OECD-Raum läuft der Trend umgekehrt: Trotz hoher Produktivität wird der typische Industriearbeitsplatz kein Hochlohnjob mehr sein.« So glatt wird's nicht laufen. Weder werden alle Entwicklungsländer am Wachstumsschub teilhaben, noch steht der Niedergang der alten Zentren fest, zumal die sich mit osteuropäischen Industriestandorten eine profitable Mischung aus Manchester-Kapitalismus und High-Tech-Agglomeration erschließen können. Auch die Rückholung ehemals ausgelagerter Produktionszweige aus Fernost in die Zentren, wie im Fall der Textilindustrie, spricht nicht für eine wachsende Wettbewerbsunfähigkeit der imperialistischen Zentren.

Der Kapitalismus am Ende? Eine Gesellschaft nach dem Kapitalismus setzt vor allem ein sie anstrebendes und erkämpfendes Bewußtsein voraus. »Eine rein ökonomische Betrachtung des Kapitalismus und seiner Bewegungsgesetze ist eine marxistische Unmöglichkeit.«[16] Wenn das Massenbewußtsein keine befreiende Gesellschaft für sich will – und im Augenblick sieht nichts danach aus –, kann es selbst nach einem Zusammenbruch des kapitalistischen Wertsystems nur eines geben: Kapitalismus, und zwar auferstanden aus Ruinen, so wie er nach dem Zweiten Weltkrieg in Westeuropa und insbesondere im Westteil Deutschlands, das ihn in seiner schrecklichsten Form installiert hatte, auferstanden ist.

Das Bewußtsein am »Ende« ist jedenfalls eher auf dem Stand, den Karl Marx am Beginn des Kapitalismus beobachtet hat: »Mit der Entwicklung der kapitalistischen Produktion ... hatte die öffentliche Meinung von Europa den letzten Rest von Schamgefühl und Gewissen eingebüßt.«[17]

Vom bösen Geldkapital und vom Verhältnis des realen Reichtums zur Macht

Viele linke Theoretiker sind sich darin einig, daß der Kapitalismus seit etwa zwei Jahrzehnten nicht mehr der alte ist. Karl Heinz Roth vermutet, daß ein »extrem destruktiver Akkumulationstyp« sich »nunmehr seit 20 Jahren« sogar »völlig konträr zur ... Marxschen Kapitaltheorie« verhalte, weshalb dem Ganzen mit der »marxistischen Kritik der politischen Ökonomie ... nicht mehr beizukommen« sei.[18] Etwas Außergewöhnliches muß geschehen sein, wenn selbst die alten kolonialistischen, imperialistischen und faschistischen Epochen, die Mord, Totschlag und Raub in extenso sowie zwei Weltkriege vorweisen können, vor dieser extremen Destruktivität im Grab erschauern. Aber was?

Bei Robert Kurz begegnet uns ein »fiktives Kapital des global verzinsten Geldes«, welches »über jede kapitalproduktive Basis hinausgewuchert« und »außer Kontrolle« geraten sei. Die »Herstellung des unmittelbaren Weltkapitals« habe »die Zersetzung der alten territorialen Staatlichkeit und der Nation genannten Großgebilde, die vom noch größeren Weltmarkt obsolet gemacht wurden«, zur Folge. Die Nationen hätten sich insgesamt »als gesellschaftlicher Bezugsrahmen entwirklicht«.[19] Auch für Joachim Hirsch hat die »Globalisierung des Kapitals«, die in »wachsendem Tempo« vorangeschritten sei, die »Wertvorstellungen und politischen Orientierungen«, die für Nationalstaaten bestimmend waren, aufgelöst. Das »Prinzip der Einen Nation« gehöre »wohl endgültig der Vergangenheit an«, und infolge der »Einschränkung staatlicher Souveränität laufen demokratische Prozesse mehr und mehr auf«. Für »demokratische Beteiligung und soziale Sicherung« habe der Nationalstaat seine Bedeutung verloren.[20] Wenn also Wolfgang Schäuble den Lauschangriff will oder die CSU Abtreibungen strafverfolgt, liegt das an deren Souveränitätsverlust. Nationale Regierungen können sich nicht mehr wehren, weil »die Gewährleistung räumlicher Standortvorteile für das frei flottierende internationale Kapital« sie am Gängelband hält. Selbst Jürgen Elsässer, der im übrigen zu konträren politischen Schlußfolgerungen kommt, hat eine »epochale Änderung in der politischen

Struktur des Planeten« entdeckt, weil »ein vaterlandsloses Weltkapital ..., welches das in Gebäuden und Maschinen fixierte Investitionskapital ... bei weitem übertrifft« und sekundenschnell über den Globus transferiert werden kann, sich herausgebildet haben soll (»junge Welt«, 25.1.1995).

»Im Kern«, bestätigt John Holloway Roths Annahme, habe der Souveränitätsverfall »während der letzten zwanzig Jahre stattgefunden«. »Das Ende des langen Nachkriegsbooms« sei auch »das Ende der relativen Abschottung des Nationalstaates« gewesen. Die Existenz der Nationalstaaten habe früher »auf der relativen Stabilität des Produktionskapitals beruht«. Seitdem aber der Kapitalismus – als Ausdruck seiner Schwäche – die Finanzanlage der Investition vorgezogen habe, schwärme er mit dem Geld über die weite Welt aus wie »bei den Bienen, wenn es nicht genug Honig im Bienenstock gibt«. Seither sei dem Kapital auch ein für allemal eine direkte Bindung »an das Staatsgebiet« abhanden gekommen. Kapital und Nationalstaat hätten sich auseinandergelebt, weil »Nationalstaaten fest sind«, Kapital aber »wesentlich flüssig« sei und »Geld keine persönlichen und nationalen Gefühle kennt« – nicht einmal Verwandte. Den neuen Zustand sollen wir uns nun »als eine Reihe von Staubecken vorstellen, die darum konkurrieren, ein Maximum an Wasser aus einem mächtigen und weitgehend unkontrollierten Strom anzuziehen und zu halten«.[21] Dieses didaktische Bild hat Karl Heinz Roth so sehr gefallen, daß er uns mitteilt: »Die Staaten sind zu vereinzelten oder ... vernetzten Staubecken geworden, die keinerlei Einfluß mehr darauf haben, wie viele Wasseranteile der zum mitreißenden Strom gewordene Kapitalismus in sie oder aus ihnen ableitet.«[22] Nach Holloway und Roth sind alle Nationalstaaten gleichermaßen nur noch eine »Fragmentierung der Weltgesellschaft« bzw. eine »Teilfunktion des Weltkapitals«.

Kurz und Roth legen besonders viel Wert auf eine Differenzierung zwischen einem Kapital der »aggressivsten Geld-Form«, dem »die Verwalter der territorial weitgehend immobilen politischen Sozialisations- und Integrationsmechanismen ... nichts mehr entgegenzusetzen« hätten (Roth), und einem produktiven Kapital, das Kurz von einem Erstickungsanfall in den nächsten taumeln läßt. Auch bei Roth zerschlagen mal Finanzmärkte »externe Kompensationsmechanismen« (?) und haben mal »Devisenspekulationen die Axt an die Fundamente der harten DM ... zu legen begonnen«. Die wird zwar von Tag zu Tag härter und scheint sich zur neuen Leitwährung zu mausern, aber was soll's. Wenn fast jede Vermutung an der Wirklichkeit vorbeisaust, weshalb sollte dann bei den Währungsrelationen ausnahmsweise das Richtige angenommen werden.

Roth und Holloway lassen schließlich den globalen Strom noch etwas Epochales vollbringen, das einem ein seriöser Blick auf die Verhältnisse nicht sofort erschließt. Im Übergang zum 21. Jahrhundert – also innerhalb der nächsten fünf Jahre – werde, prophezeit Roth, »eine weltweite Nivellierung der Klassenlagen, die die bisherigen Unterschiede zwischen erster, zweiter und dritter Welt genauso aufhebt wie alle bisherigen Strategien zur ›nationalen‹ Fixierung von sozialen Emanzipationsbewegungen«, entstehen. Holloway ergänzt die Nivellierungstheorie: »Die Ausbeutung« sei »keine Ausbeutung« mehr »von armen Ländern durch reiche Länder, sondern von globaler Arbeit durch globales Kapital, und die Bipolarität ist keine von Zentrum und Peripherie, sondern von Klassen«. Die bisher von Linken getroffene »Unterscheidung von abhängigen und nicht abhängigen Staaten« falle damit »in sich zusammen«.

Die neuen Theorien sind derart widersprüchlich, daß wir nur einige ihrer Elemente ausführlicher kritisieren können. Warum nur sprach man in den 30er Jahren, als Kapital definitorisch noch nicht so flüssig, internationales Geld noch nicht allmächtig und schon gar nicht sekundenschnell zu transferieren war, als Nationalstaaten noch in einer relativen Stabilität ihrer Produktion wurzelten, von einer Weltwirtschaftskrise, die das Börsenkapital an nur einem Schwarzen Freitag rund um die Welt zusammenkrachen ließ? Weshalb brach der Kapitalismus in Epochen relativer Produktionsstabilität häufiger und tiefer ein – bis zur kriegerischen Sanierung der organischen Zusammensetzung des Kapitals – als bislang in seiner vermeintlich instabilen Phase? Gut, was nicht ist, kann noch werden. Aber weshalb soll es heute – infolge Souveränitätsverlustes – keine demokratischen oder sozialen Spielräume in einem Nationalstaat mehr geben, wo doch gerade in Zeiten eines höchst souveränen deutschen Staates, der sich auf seinem Sonderweg sogar partiell vom Weltkapital lossagte, schier gar kein Spielraum auszumachen war? Gilt die Volksweisheit »Geld regiert die Welt« tatsächlich erst für die letzten 20 Jahre? Wieso begann das Zeitalter des ausschwärmenden Geldes und der Öffnung der Nationalstaaten erst vor 20 Jahren, obwohl doch jeder Depp weiß, daß die BRD gleich nach dem Zweiten Weltkrieg für US-amerikanisches Kapital offen war wie ein Scheunentor, und dem Wirtschaftshistoriker sogar einfallen kann, daß England in den Jahren von 1870 bis 1913 zwei Fünftel seiner gesamten Ersparnisse in »Übersee« investierte und 1913 sein Auslandskapital nahezu 50 Prozent des inländischen Volumens erreichte? Ist die 1995 getroffene Vereinbarung zwischen den USA und Mexiko, derzufolge Mexiko für kurzfristige Kredite aus den USA nicht mehr zehn, sondern fünfzig Prozent (!) Zinsen berappen muß und die USA bei Zahlungsschwierigkeiten des Schuldners ein Zugriffsrecht auf dessen sämtliche Öleinnahmen vertraglich zugesichert bekamen, tatsächlich ein Beweis dafür, daß sich die Pole »Zentrum und Peripherie« oder »abhängige und nicht abhängige Staaten« aufgelöst haben? Werden sich die Lebensverhältnisse in Hamburg und Kigali (Ruanda) innerhalb der nächsten fünf Jahre angleichen? Welchen Erkenntniswert oder gar politischen Nutzen ziehen englische Bergarbeiter, denen der Staat die Grube schließt, die Polizei auf den Hals hetzt, die Sozialversorgung kürzt, die Gewerkschaften per Gesetz lahmlegt, aus dem Hinweis, ihr Staat habe keinerlei Einfluß mehr auf ihre Lebensumstände, weil er bereits obsolet sei, sie müßten sich schon an die Globalität oder das internationale Geldkapital wenden? Erstaunlich ist, daß ausgerechnet jene Theoriefraktion, die das internationale Geld alles steuern läßt, gleichzeitig behauptet, ein Transfer von Werten aus den armen in die reichen Länder finde nicht mehr statt. Wäre das wahr, würde die internationale Kreditvergabe, an die doch gerade Bedingungen für den Mehrwerttransfer geknüpft werden, keinen Sinn machen. Abstrus ist auch die implizite Annahme, ausgerechnet in der Phase einer von den Autoren selbst behaupteten totalen Krise des Weltkapitalismus würde dieser zum erstenmal in seiner Geschichte im Kampf um das siechende Wirtschaftspotential nicht nationalistisch regredieren, sondern würden im Gegenteil Nationalstaaten sich auflösen bzw. einflußlos werden.

Wir wollen zunächst folgende Annahmen überprüfen: Ist die Geldkapitalanlage über das produktive Kapital hinausgewuchert, übt jene die entscheidende Macht aus, ist sie aggressiver, also böser als das produktive Kapital, bezieht der Kapitalismus sein Geld inzwischen vor allem aus Geld, und handelt es sich dabei um fiktives, also nicht existentes Kapital? Manchmal gewinnt man den Eindruck, zwischen den Gelehrten ist ein Wettbewerb ausgebrochen: Wer am meisten Geld durch die Welt zirkulieren läßt, hat gewonnen. Ernest Mandel und Winfried Wolf leiten u. a. aus dem Börsencrash vom 19. Oktober 1987 eine alarmierende Krisenanfälligkeit des gegenwärtigen Kapitalismus ab: »Wegen der engen Verflechtung der Finanzmärkte, ... schrankenlosen weltweiten Spekulationen und wegen der international vagabundierenden Milliardensummen ... kam es an ein und demselben Tag zu einem Crash, fand binnen weniger Stunden ... eine Entwertung der gehandelten Papiere statt, die sich auf über 1000 Milliarden US-Dollar beziffert.«[23] An anderer Stelle sprechen sie »die relativ lange Dauer der guten Konjunktur« von »1983 bis 1989« an. Die Autoren bestätigen damit, daß sich die Weltwirtschaft von dem Crash, der in diese Zeit fiel, offensichtlich nicht beeindrucken ließ. Im Crash-Jahr belief sich die gesamte Kreditvergabe an die Entwicklungsländer ebenfalls auf etwas mehr als 1000 Milliarden US-Dollar. Man soll zwar nicht Äpfel mit Birnen vergleichen, aber ein Liquiditätsverlust dieser Größenordnung an einem Tag scheint der Weltwirtschaft nicht viel anhaben zu können, wenngleich bei den Gebeutelten vorübergehend die Nerven blank gelegen haben dürften.

Karl Heinz Roth schickt insgesamt 50 Billionen Dollar Geldanlagen über den Globus. Hätte er richtig gewürfelt, wären die Wertpapierpreise am Schwarzen Montag '87 um zwei Prozent dezimiert worden. Darüber kann ein Kaufmann im Winterschlußverkauf nur lachen. Einige Zahlen und eine differenzierte Betrachtung des fiktiven Kapitals lassen es ratsam erscheinen, etwas weniger burschikos mit der »Wucherung« umzugehen. In der volkswirtschaftlichen Gesamtrechnung der BRD von 1988 wurde das gesamte Volkseinkommen mit 1700 Milliarden DM ausgewiesen. Daran hatten Einkommen aus Geldvermögen aller Art (einschließlich Sparbücher, Lebensversicherungen und Dividenden) einen Anteil von 109 Milliarden DM. Rund sechs Prozent des Gesamtverdienstes flossen demnach in einem der reichsten Länder aus Geldanlagen. Wer will wissen, ob das zuviel ist? Dominant scheint diese Einnahmequelle jedenfalls nicht zu sein. Das sogenannte Volksvermögen wurde mit 7000 Milliarden DM veranschlagt, der Bestand an international handelbaren festverzinslichen Wertpapieren und Aktien kam auf insgesamt 473 Milliarden.

Vor allem aber läßt eine Analyse der inneren Gesetzmäßigkeiten des Kapitalismus daran zweifeln, daß fiktives Geld und Zinseszins die Macht übernommen haben. Verfolgen wir zum Beispiel den Weg des englischen Kapitalismus im Zeitraffer. Bereits im letzten Jahrhundert war England als Nationalstaat offen und sein Kapital transnational wie ein reißender Strom. Die Beherrscherin der Meere war »monopolistischer Zwischenhändler auf dem Weltmarkt und bei den Auslandsinvestitionen«. (Wo es einen Zwischenhändler für Auslandsinvestitionen gibt, müssen auch andere Nationalstaaten ziemlich offen gewesen sein.) England vernachlässigte dabei »seine eigene industrielle Entwicklung ... immer mehr zugunsten« der »finanziellen Vorherrschaft innerhalb der Weltwirtschaft – eine Vorherrschaft, die auf den großen, während seines industriellen Aufstiegs angehäuften Geldreserven beruhte.«[24] Nicht erst seit 20 Jahren also, sondern schon Ende des letzten Jahrhunderts übte das Geld eine »Vorherrschaft« aus, was aber selbst damals nicht besonders neu war, wie Karl Marx wußte: »So herrschte nach der Krise von 1847 eine Einschränkung der Umsätze und ein großer Überfluß an Geld.«[25] Der Geldüberhang ist England nicht bekommen. Nachdem Krieg und Krise in unserem Jahrhundert viel Geldkapital vernichtet hatten und Konkurrenten wie die USA immer produktiver geworden waren, taumelte der Weltbankier als Dauerschuldner von einer Zahlungsbilanzkrise in die nächste. Als sich der Geschützqualm der beiden Weltkriege zu verziehen begann, hatte England viel verloren – Ölquellen waren an die USA, Mehrwertproduktion war an die aufwärtsstrebende BRD gegangen – und seine Weltmachtstellung eingebüßt. Erst vor 15 Jahren – mit dem Thatcherismus – hat England eine gewaltige Sanierung seiner produktiven Basis eingeleitet. Offenkundig ging die Ausdehnung des Geldvolumens nicht mit Machtausdehnung und größerem Einfluß einher, sondern mit einem rapiden Machtverfall. Nicht ein globales Finanzkapital entschied über Aufstieg und Fall einer imperialistischen Nationalökonomie, sondern letztendlich die produktive Basis. Unter Umständen ist nichts so schnell weg wie Geldvermögen oder spekulative Anlagen. Manchmal genügt ein einziger Börsencrash, um sichtbar zu machen, wer welche reale Macht hat. Dem widerspricht nicht, daß der Kapitalismus für seine Geldanlagen Zinsen einstreichen will und allerlei anstellt, um dies zu erreichen.

Einige Globaltheoretiker leisten sich die Merkwürdigkeit, den Fetischcharakter des Geldes durch seine Mystifizierung aufheben zu wollen. Schon die undifferenzierte Handhabe von Geldkapital als »Luftbuchung« oder »Fiktion« macht es zu einem Mysterium. Die an den Börsen gehandelten Aktien zum Beispiel sind »in der Tat« auch »Titel auf wirkliches Kapital. Indes geben sie keine Verfügung über dies Kapital. Es kann nicht entzogen werden. Sie geben nur Rechtsansprüche auf einen Teil des von demselben zu erwerbenden Mehrwerts.« »Soweit die Akkumulation dieser Papiere die Akkumulation« von tatsächlichem Kapital »ausdrückt, drückt sie Erweiterung des wirklichen Reproduktionsprozesses aus«. Ein gewaltiger, nicht ausrechenbarer Anteil des voluminösen Geldkapitals ist demnach grundsätzlich keineswegs fiktiv, sondern Ausfluß der realen Kapitalakkumulation. In bestimmten Phasen steigert sich der fiktive Anteil spekulativ. Die »Kursnotierung an der Börse« hat als »Folge des tendenziellen Falls der Profitrate ... notwendig die Tendenz zu steigen, so daß dieser imaginäre Reichtum ... expandiert«. Dieser fiktive Anteil wird »in Krisen enorm vermindert«, nähert sich also regelmäßig wieder seinem realen Wert. Soweit nicht wirklich die Produktion stillstand, »wurde die Nation um keinen Heller ärmer durch das Zerplatzen dieser Seifenblasen von nominellem Geld«.[26] Marx weist hier auf die nach wie vor bestehende Dominanz des mehrwertproduzierenden Sektors hin. In vollem Wert fiktiv ist dagegen die Staatsanleihe. Derjenige, der freudig eine sein eigen nennt, hat ein Papier in der Hand, dessen Gegenwert schon verbraucht ist. Er nennt das Papier Kapital, obwohl es zur Vernutzung von Kapital gezeichnet wurde. Da das Papier einen Anspruch auf künftige Wertschöpfungen darstellt, wird es jedoch seinen Wert behalten, solange der Staat nicht Pleite macht. Wie der Staatskredit beruht der gesamte Kreditmechanismus, »der das Wachstum der Produktion fördert, auf künftigen Profiten, die sich realisieren oder nicht. Diese Pseudo-Prosperität erfordert also ein kontinuierliches und sich beschleunigendes Produktivitätswachstum, das um so notwendiger wird, je länger die Prosperität anhält. Weniger produktive Produktionsmittel müssen ständig durch produktivere ersetzt werden, und ein Teil der realisierten Profite muß zu diesem Zweck als zusätzliches Kapital verwendet werden.«[27] Der Reproduktionsprozeß wird dadurch »bis zur äußersten Grenze forciert«.[28] Aktienkapital und Kredit schaffen also schneller Reichtum und haben insofern einen Anteil an den nach wie vor immanenten kapitalistischen Krisen, indem sie jene vergrößern. Wo mehr Kapital ist, kann mehr entwertet werden. Einen wichtigen Beitrag für die beschleunigte Investiv- und Geldkapitalbildung leistet auch das Sparvolumen des »Proletariats«, welches vom Bankensystem kreditschöpfend umgelenkt wird.

Dieser Prozeß begründet aber kein Auseinanderfallen des Kapitalismus in eine aggressivere, wuchertreibende, unkontrollierbare, böse raffende und in eine – zwingend aus solchen Attributen ableitbare – frommere und rechtschaffenere Fraktion. »Diese Unterscheidung zwischen ›Industrie‹ und ›Finanzwelt‹, zwischen ›produktivem‹ und ›parasitärem‹ Kapital ist so alt wie der Kapitalismus selbst; sie ließ einen Scheinkampf gegen ›Zinssklaverei‹ und unverantwortliche Spekulanten entstehen.«[29] Ihre verheerendste Auswirkung hatte sie in der Zeit des Nationalsozialismus, als sie dem Zweck diente, ein »Volk« darauf abzurichten, sich »seinen« nationalen Wirtschaftsführern bedingungslos zu unterwerfen und Juden als (tatsächlich fiktive) Feinde zu hassen. Zwischen verschiedenen Kapitalformen moralisch unterscheiden zu wollen, war schon immer falsch. Eine solche Unterscheidung hat zudem keine materielle Basis, weil »die gegenseitige Durchdringung von Industrie und Finanzwelt ... perfekt geworden« ist. Der »schaffende« Kapitalist ist auch immer Geldbesitzer – er kann es parken oder damit Waren und Menschen für seine Mehrwertproduktion kaufen –, und die Banken sind Miteigentümer an den Unternehmen. Durchaus nicht der Börsenspekulant, sondern der investierende Arm desselben Kapitalismus regelt den Austauschprozeß des Menschen mit der Natur so, daß Arbeiter »selbst von Kindesbeinen an in den Teil einer Teilmaschine« verwandelt werden, die »alle freie körperliche und geistige Tätigkeit ... konfisziert« und »alle Sinnesorgane ... gleichmäßig verletzt«. Dieser Austauschprozeß untergräbt, schreibt Marx, »zugleich die Springquellen allen Reichtums ... : die Erde und den Arbeiter«.[30]

Die Wertschöpfung des produktiven Kapitals, aus der nebenbei auch die Werte für Geldanlagen fließen, tötet fortlaufend Menschen in südamerikanischen Stollen, auf chemikaliengetränkten Feldern oder durch Hunger nach erfolgreicher Zerschlagung tradierter Subsistenzwirtschaften. Der Kapitalismus ist rundum ein räuberischer Vielfraß. Selbstverständlich setzt er bei seinen Raubzügen auch den Kredit als Waffe ein. Die Menschen in Vietnam fürchteten aber sein Napalm mehr als das globale Geld, und die Menschen auf den Plantagen oder in den High-Tech-Werkhallen werden die Aktienverluste des Jahres 1987 kaum als ihre Hauptkrise identifiziert haben. Soll der politischen Ökonomie mit der marxistischen Theorie etwa deshalb nicht mehr beizukommen sein, weil sie keine Stigmatisierung des »verzinsten Geldes« in Relation zur unmittelbaren Ausbeutung zuläßt? Dieser Verdacht drängt sich auf, wenn Karl Heinz Roth nicht nur das »Finanzkapital als Hauptakteur des Geschehens« ausmacht, sondern es auch – als die »schamloseste, mobilste, abstrakteste und somit am wenigsten greifbare Form des Kapitals« – die »Kapitaleigentümer, die Lohnabhängigen und die Verwalter bzw. Bezieher von sozialstaatlichen Transferleistungen zur Flucht nach vorn« zwingen läßt.[31] Begreift Roth, daß er »schaffendes« Kapital, Staat und Ausgebeutete zusammenschweißt, um diese Volksgemeinschaft zur Flucht nach vorn zu treiben gegen den vermeintlichen Peiniger, dargestellt als nicht greifbares Geld?

Ein wichtiger Baustein der neuen Staatstheorie, die das Absterben des Staates, das von der marxistischen Theorie erst in einer reifen sozialistischen Phase vorgesehen war, bereits im heutigen Kapitalismus realisiert sieht, ist die Annahme, Kapital verhalte sich so flüssig wie ein reißender Strom und sei deshalb an kein Staatsgebiet mehr gebunden. Nicht in Zweifel zu ziehen ist, daß sich die Mobilität von Kapital in seiner Geldform mittels moderner Kommunikationstechniken erheblich beschleunigt hat. Es ist sozusagen minutenschnell von einem Kontinent auf den anderen verschiebbar. Moderne Transportsysteme haben den Transfer von Kapital in seiner Warenform ebenfalls beschleunigt, wenngleich dieser langsamer und teurer ist als der Geldfluß. Gleiches gilt für die Werkshalle, die nicht so schnell wie Geld, aber immerhin relativ flexibel irgendwo hingestellt oder in Beschlag genommen und mit einfachen Maschinen bestückt werden kann. Viele industrielle und dienstleistende Kernbereiche sind allerdings so ortsgebunden wie die chinesische Mauer. Der dominante kapitalistische Sektor ist reichlich zähflüssig. Voluminöse Produktionsanlagen, Forschungszentren, industriell erzogene Arbeitskräfte, Marktgebundenheit oder die Nutzung von Agglomerationsvorteilen aller Art zwingen wesentliche Kapitalsegmente zu räumlicher

Stabilität. Um sie herum gruppieren sich Bankhäuser, Versicherungspaläste und tausend Zulieferer- und Dienstleistungsbetriebe. Produktionsanlagen wechseln durchaus nicht beständig hin und her auf der Suche nach dem jeweils kostengünstigsten Standort. Viele Großbetriebe in solchen Staaten, die auf eine lange kapitalistische Tradition zurückblicken können, sind seit 150 Jahren mit der Marktausdehnung, der Infrastruktur und den Entwicklungen der Wissenschaft zu Fabrikanlagen gewachsen, in denen sich mehrere Kleinstädte verstecken können. Wollte Bayer sein Stammwerk in Leverkusen schließen, um es in Indien neu zu bauen, käme diese Maßnahme einem freiwilligen Ruin des Konzerns gleich.

Kapitalverpflanzungen solcher Größenordnungen wären schon finanziell nicht zu verkraften. Hinzu käme, daß die Fertigwaren kostspielig von Indien in den europäischen Markt eingeführt werden müßten, der Betrieb sich von mehreren tausend hochqualifizierten, industriell erzogenen und bestens eingearbeiteten Arbeitskräften trennen und sich von einer hochkarätigen Zulieferindustrie und Dienstleistungsumgebung lösen würde, die täglich abrufbar sein müssen: Werkstattdienste, Hightech-Wartung, Bankendienste, Bautrupps für allerlei komplizierte Spezialbauten, eingespielte Wissenschaftsdienste, Werbedienste, Giftentsorgung, willfährige Bürgermeister und Kommunalparlamente, sicherheitstechnische Spezialtransportunternehmen, schließlich eine allgegenwärtige Vergnügungsindustrie für die Zerstreuung der Beschäftigten. Andere kolossale Produktionszweige wie die Energiewirtschaft oder Raffineriesysteme sind allein wegen ihrer Marktgebundenheit nicht zu transferieren. Auch Kaufhäuser, Groß- und Kleinhändler sind marktgebunden. Aus der relativen Unbeweglichkeit großer Kapitalkomplexe und den operativen Weltmarktvorteilen erwachsen eine starke Bindung an den angestammten Nationalstaat, der Zwang zur forcierten Produktivitätssteigerung und das dringende Bedürfnis nach Ruhe an der Produktionsfront. Das Ausmaß, in dem Produktionsstätten mit ihrem Drumherum räumlich gebunden sind, entlarvt das Standortargument der Kapitalverbände als Propaganda, die nur noch von den linken Globaltheoretikern übertroffen wird. Selbst nach Aussagen des ehemaligen Industriechefs Tyll Necker können etwa 90 bis 95 Prozent des in Deutschland angesiedelten Kapitals nicht auswandern. Der Rest aber wird überwiegend auch durch größere Opfer der Belegschaften nicht zu halten sein, denn mit dem tschechischen Arbeiter, der sich für 300 DM im Monat anbietet, kann der deutsche, der allein 1 200 DM Monatsmiete zu tragen hat, nicht konkurrieren.

Globales Kapital und Nationalstaat

Die aktuelle Bestandsaufnahme zeigt, daß der internationale Geldfluß den Nationalismus nicht hat eindämmen können. Nirgendwo entwirklicht sich der Nationalgedanke. Überall auf der Welt feiern Ethnien, Sippen, Volkstänze einen Aufschwung, und in Deutschland ist mit der Volksmusik das beste Geschäft zu machen. Die Herausbildung internationaler Wirtschafts- und Militärblöcke widerspricht dem nicht. Diese werden installiert, um gemeinsame Vorteile auszunutzen, ohne dadurch die Konkurrenz ihrer Mitglieder aufzuheben. Die EU ist ein Beispiel dafür, wie Gemeinsamkeiten geschaffen und die Mitgliedsstaaten gleichzeitig wieder ausdifferenziert werden können. Die EU- Politik wird dominiert von einer eigenen Blockbildung gegen ökonomische Konkurrenzblöcke, einer quasimilitärischen Abschottung gegen Flüchtlings- und Einwanderungsbewegungen, einer großräumigen Marktdurchdringung mit Hilfe gleicher Regeln und Normen, der Anpassung der nationalen Sozialgesetze nach unten sowie dem Anspruch Deutschlands, Führungsmacht zu sein. Zu diesem Anspruch gehört dreierlei: eine höhere Produktivität, die auch innerhalb des EU-Blocks konkurrierende Länder niederringt und sich in der Akzeptanz der DM als Leitwährung ausdrückt, eine weitgehende wirtschaftliche Autonomie, die sich etwa in dem Vorsprung der deutschen Wirtschaft bei der Eroberung des europäischen Ostens zeigt, und eine militärische Unabhängigkeit von den Restriktionen der Nato, die zur Zeit noch im Bündnis mit Frankreich angestrebt wird. Deutschland und Frankreich schmieden innerhalb der EU ein ökonomisches und militärisches Bündnis, das sich gemäß der Formel von den »zwei Geschwindigkeiten« von weniger leistungsstarken Ländern separiert – Spanien und Griechenland ade. Von »unten« wird in Deutschland der Ruf immer lauter, die nationale Eigenständigkeit dürfe nicht in einem europäischen Bundesstaat untergehen, so daß Außenminister Kinkel sich veranlaßt sah, die Gemüter mit den Worten zu beruhigen, niemand wolle den Deutschen, den Schweden oder Engländern das Vaterland rauben: »Niemand will, daß Brüssel alles und jedes zentral regelt«, man würde schon deshalb auf nationale Eigenständigkeit achten, weil es eben nicht angehe, »daß der Langsamste das Tempo des ganzen Konvois bestimmt« (»FAZ«, 22.2.1995). Italien hat das Bündnis von unmittelbarer Kapitalfraktion, rechten Regionalisten und Faschisten bereits angetestet, und keineswegs losgelöst von ökonomischen Absichten gibt es in Frankreich neue Gesetze zum Schutz der französischen Sprache vor fremden Einflüssen und eine Kampagne für die Erhaltung nationaler und kontinentaleuropäischer Kultureigenarten gegen Hollywood.

Auch anderswo wird in einem gemeinsamen Markt mit harten Bandagen gekämpft. Unter der Überschrift »Wenn der Wechselkurs zur Waffe wird« schrieb die »SZ« (3.5.1994): »Die Dollarabwertung erweist sich für die japanische Wirtschaft als brandgefährlich.« In den USA erhielt Ross Perot viel Beifall für seinen Feldzug gegen die Japanisierung der USA. Japan hat sich gegen Kapital und Waren aus dem Ausland mit speziellen Regularien vielfältig abgeschottet. Die EU-Staaten und die USA tun desgleichen. China klaut digitale Programme. Die USA schlagen mit der Androhung von Zollerhöhungen zurück und erwägen einen hundertprozentigen Aufschlag auf japanische Luxuskarossen. Im zerbröselnden Ex-RGW-Raum blüht der Nationalismus, der oft gerade von den Ex-Bolschewisten über ihre neuen Parteien kultiviert wird, und Schleswig-Holstein kämpft gegen englische Rinder. Wer in all dem einen Prozeß der Entwirklichung von Nationalstaaten und ihrer Einflüsse entdeckt, muß sich diese Entdeckung aus einem Blick in die Glaskugel geholt haben.

Kapital und Nationalstaat stehen in einem dialektischen Verhältnis zueinander und befinden sich nicht in einem Prozeß, der eine Seite dieses Verhältnisses zugunsten der anderen aufhebt. Die Geschichte des Kapitalismus ist bis heute auch eine konkurrierender Nationalstaaten. Der relative Stand ihrer ökonomischen Entwicklung ist ein Barometer für den Aufstieg und Fall von Weltmächten. Ein Staat wird deshalb immer versuchen, »seine Wirtschaft gegen die schädlichen Auswirkungen des internationalen Wettbewerbs zu schützen, wenn sich dies als notwendig erweist«. Andererseits muß er »auf die Wiederherstellung einer ›automatisch‹ oder in anderer Weise integrierten Weltwirtschaft hoffen oder hinarbeiten«.[32] Wieviel Einsatz für die Weltwirtschaft und wieviel für separate Interessen geleistet wird, wechselt mit den Notwendigkeiten. »Solange alles gut geht«, schrieb Marx, »agiert die Konkurrenz, wie sich bei der Ausgleichung der allgemeinen Profitrate gezeigt, als praktische Brüderschaft der Kapitalistenklasse, so daß sie sich gemeinschaftlich, im Verhältnis zur Größe des eingesetzten Loses, die gemeinschaftliche Beute teilt. Sobald es sich aber nicht mehr um Teilung des Profits handelt, sondern um Teilung des Verlustes, sucht jeder einzelne soviel wie möglich sein Quantum an demselben zu verringern und dem anderen auf den Hals zu schieben ... wieviel aber jeder einzelne davon zu tragen hat ..., wird dann zur Frage der Macht und List, und die Konkurrenz verwandelt sich dann in einen Kampf der feindlichen Brüder. Der Gegensatz zwischen dem Interesse jedes einzelnen Kapitalisten und dem der Kapitalistenklasse macht sich dann geltend, ebenso wie vorher die Identität dieser Interessen sich durch die Konkurrenz praktisch durchsetzt.«[33]

Selbstverständlich würde eine Zerstörung Japans durch eine Erdbebenkatastrophe eine Flut von Beileidsbekundungen auslösen, der fällige globale Börsencrash würde einige Börsianer das Leben kosten, deutsche, britische, französische und amerikanische Konzerne würden aber sofort versuchen, sich die bislang von Japan aus bedienten Märkte einzuverleiben, und es gäbe für sie wieder verdammt viel aufzubauen. China würde auf der Stufenleiter seiner Nachindustrialisierung gleich zehn Sprossen überspringen und Südkorea alles daran setzen, Japan als das Weltimperium »Fernost« zu beerben. Ob die Geschichte ohne Weltkrieg zu regeln wäre, ist fraglich. Wie ein Kampf unter Brüdern schon in guten Zeiten aussehen kann, zeigt uns die Geschichte Kuwaits nach der irakischen Kapitulation 1991. Für das Scheichtum war ein 100 Milliarden Dollar schweres Aufbauprogramm vorgesehen. Es ging also darum, wer wieviel Öläquivalent aus Kuwait abziehen durfte. Deutschland blieb außen vor, weil seine wiedergewonnene »volle Souveränität« noch so jung war, daß kriegerisches Engagement innenpolitisch erst schrittweise durchgesetzt werden mußte, und weil die Anti-Irak-Alliierten damals noch gute Gründe kannten, dem deutschen Drängen nach militärischer Vollwertigkeit einige Riegel vorzuschieben. Der Golfkrieg war noch nicht beendet, da stritten sich »Amerikaner und Briten bereits erbittert darum, wer beim Wiederaufbau des Emirats die fettesten Aufträge verbuchen« würde (»Taz«, 22.2.1991). Während »ihre Bomben tagtäglich große Verwüstungen im irakisch besetzten Kuwait anrichte(te)n«, vereinbarte ein zur US-Armee gehörendes »Ingenieurkorps« in Geheimverhandlungen mit der kuwaitischen Exilregierung Milliardenaufträge für US-Konzerne. Zum Schein wurden die Aufträge öffentlich ausgeschrieben, die Frist für Angebote aber auf 24 Stunden begrenzt, so daß britische Konzerne nicht mehr reagieren konnten. Regierungschef Major flog daraufhin nach Washington, um gegen dieses Vorgehen heftig und medienöffentlich zu protestieren. Wenn u.a. Holloway recht hätte mit seiner Behauptung, Kapital kenne keine Bindung an einen Staat, hätte Major nicht auf Reisen gehen müssen. Schon vorher hatten die USA mit Saudi-Arabien vereinbart, daß während der Kriegsdauer saudisches Öl zum halben Preis in die USA fließen müsse – eine Schutzgelderpressung im großen Stil, in deren Genuß die Konkurrenten nicht kamen. Der Nationalstaat USA entpuppte sich in diesem Konflikt also keineswegs als passives Staubekken, sondern war selbst ein reißender Strom, der die eigene Wirtschaft mit billigem Öl ankurbelte und auch sonst noch einiges in der Golf-Region zu erledigen hatte.

Unbestritten üben Kapital- und Warenverkehr einen Zwang auf Nationalstaaten aus. Kapital siedelt sich, soweit es flexibel ist, sowohl nach

Profit- als auch nach Sicherheitserwägungen an. »Die gewinnträchtigsten Wirtschaftsregionen ziehen«, sollten sie gleichzeitig politische Stabilität und Sicherheit gewährleisten, »das meiste Kapital an und ermöglichen dadurch noch höhere Profite. Dies vermindert die Wettbewerbsfähigkeit der weniger produktiven Länder, die damit noch ärmer an Profitmöglichkeiten werden.«[34] Ein Land mit höherer Produktivität übernimmt aus dem Verliererland Warenproduktion und Beschäftigung, während dieses sich verschuldet. Daraus folgt nicht die Angleichung der Nationalstaaten, sondern ihre Ausdifferenzierung in abhängige und dominante. In einem ökonomisch schwachen Land werden weder der Staat, der seine Bürger ruhigzustellen hat, noch das dort ansässige Kapital zufrieden sein. Es kommt, sofern das Land nicht völlig am Tropf eines Imperiums hängt, zu nationalen Abwehrmaßnahmen, zu denen eine Intensivierung der Ausbeutung im Lande, protektionistische Vorkehrungen, internationale Beutezüge und Kriege gehören können. Regelmäßig folgt einem Freihandelsabkommen die nächste Protektion. Das liegt schlicht daran, daß Nationalstaaten und Wirtschaftsblöcke beständig darum konkurrieren, wer aus wem Mehrwertmasse abzieht.

Freihändler, schrieb Marx, würden nicht begreifen, »wie ein Land sich auf Kosten eines anderen Landes bereichern kann, ... da dieselben Herren noch weniger begreifen wollen, wie innerhalb eines Landes eine Klasse sich auf Kosten einer anderen bereichern kann«.[35] Im Kapitalismus kann es einen gleichgewichtigen Tausch nicht geben, weil er sinnlos wäre. Ein solcher hätte das Profitprinzip aufgegeben, wäre nicht mehr kapitalistisch. »Trotz aller Erklärungen und selbst tatsächlicher Handlungen kann es« deshalb »nicht das Ziel« eines imperialistischen Staates sein, »eine gut funktionierende Weltwirtschaft auf Kosten« seiner »eigenen Vorherrschaft hervorzubringen«.[36] So bleibt das globale Kapital gleichzeitig national bzw. blockorientiert. Derselbe Staat wird sich in einer Phase ökonomischer Stärke, in der seine höhere Produktivität über die Terms of Trade Mehrwert aus anderen Ländern abzieht, vehement für die Ausdehnung des freien Handels einsetzen, und in einer Schwächeperiode viele Barrieren errichten. Der Kampf der Nationalstaaten um den Raub fremder Werte wird täglich in unzähligen Varianten geführt. In Stichworten: Währungskrieg, Kredit- und Zinspolitik, Einfuhrverbot, Einfuhrquote, Zollschranke, Investitionsauflage oder -verbot, nationalistische Subvention (warum nur kann der Staat, der doch obsolet sein soll, die vaterländische Industrie subventionieren und die ausländische leer ausgehen lassen?), Sicherheitsauflage, Umweltauflage, Kat-Verordnung, Gesundheitsschutzbestimmungen, Unbedenklichkeitszertifikate, Warennormierung, Qualitätskontrolle, Patentierung, Staatsdiktat (in

China hat der Staat die Vermarktungshoheit für alle Waren, auch die für den Schanghai-VW), Preiskrieg, IWF-Auflage, Regionalfonds (u. a. in der EU), nationalistische, ethnische oder religiöse Präferenzen für Waren, militärische Drohung, »Schutzgeld«-Erpressung, bevorzugtes Gemeinschaftsunternehmen (Joint-Venture), Freigabe oder Restriktion von Gen- und Bioprodukten, Lizenzierung und vieles mehr. Im Frühjahr 1995 konstatierte die »FAZ«, der Informations- und Kommunikationsmarkt, der weltweit im Jahre 2000 ca. 1,5 Billionen DM schwer sein soll, sei nationalstaatlich extrem fragmentiert. Nun verlangen einige konkurrenzkräftige Staaten »die gegenseitige Öffnung der noch immer abgeschotteten Märkte«. Erst wenn von alldem keine Rede mehr sein kann, gibt es einen freien Kapital- und Warenverkehr, der sich um nationalstaatliche Auflagen nicht mehr kümmern muß.

Kapitalistische Staaten haben kein prinzipielles Interesse, aus dem »reißenden Strom« Kapital für ihr Land abzuziehen. Auch in dieser Frage verhalten sie sich dialektisch. Als nach dem Zweiten Weltkrieg Kapitalmassen aus den USA in das zerstörte Europa flossen, hatte insbesondere die BRD nichts dagegen, weil das ausländische Kapital die Mehrwertproduktion des inländischen in Schwung brachte. Beide profitierten von der extrem hohen Ausbeutungsrate in dem zerschlagenen Land und der niedrigen organischen Zusammensetzung des Kapitals. Die BRD profitierte davon, weil deutsche Konzerne durch den so induzierten Aufschwung mitgenährt wurden, ihre Profitrate höher als die durchschnittliche der US-Konzerne war und die Dollaraufkäufe die Währungsreserven wachsen ließen. Westdeutschland wurde ein Gläubigerland. Als die europäische Wirtschaft wieder auf eigenen Füßen stand, war sie »immer weniger geneigt, Kapitalimporte aus den USA zu begrüßen«.[37] Dafür gab es zwei gute Gründe. Wenn die inländische Wirtschaft soweit in Schwung gekommen ist, daß sie die Märkte bedienen und ausdehnen kann, wird das ausländische Kapital zur störenden Konkurrenz. Es schwächt den eigenen Zugriff auf die Profitmasse. »Während es für die Wirtschaft eines Landes« in diesem Stadium »ohne Belang sein kann, ob das investierte Kapital in- oder ausländischer Herkunft ist, ist es für die inländischen Kapitalisten nicht belanglos, daß ausländisches Kapital in ihre eigene traditionelle Sphäre der Kapitalexpansion eindringt«.[38] In einem zweiten Schritt kann die importierte Kapitalmasse für das inländische Kapital und für den Staat gleichermaßen zu einer Belastung werden. Die gesamte inländische Kapitalbildung wird durch den Profittransfer ins Ausland beeinträchtigt. Dieser Prozeß kann sogar zu einer rückläufigen nationalen Kapitalbildung führen, sofern der Profittransfer die Kapitalbildung kompensiert. Für viele kapitalarme Staaten ist dieser Zustand

Normalität. Der Kapitalimport liegt also keineswegs unter allen Umständen im Interesse eines Nationalstaates und des mit ihm liierten Kapitals.

Globales Kapital fördert nicht das Absterben der Nationalstaaten, sondern benötigt sie. Je globaler das Kapital operiert, desto wichtiger wird ein starker Staat als Basis. Ein wesentlicher Faktor für den globalen Erfolg ist die enge Verknüpfung der Wirtschaft mit der militärpolitischen und diplomatischen Potenz des Heimatstaates. Daimler wird sein Stuttgarter Werk um nichts in der Welt Japanern überlassen, geschweige denn die Zentralverwaltung. Die US-amerikanische Mineralölwirtschaft wird sich nicht einer tibetanischen Führung anvertrauen. Wenn Helmut Kohl China einen Besuch abstattet, begleiten ihn 50 deutsche Industrielle und Finanzmakler, aber kein Japaner. Schließlich soll Kohl mit der chinesischen Regierung Verträge abschließen, die es deutschen Unternehmen erleichtern, dort Fuß zu fassen. Bei jeder Expansion – nicht nur der militärischen – ist Staatspolitik im Spiel. Deshalb werden transnationale Konzerne zwar überschüssiges Geld über die Erde verstreuen, dort Anlagen bauen, wo sie den Markt bedienen wollen, einem geschwächten Konkurrenten Betrieb und Markennamen abkaufen, um eigene Marktchancen zu verbessern, sie werden auch in eingeschränktem Rahmen Abteilungen ausgliedern, aber nie werden sie die kumulierten Vorteile im Stammland aufgeben zugunsten unkalkulierbarer Risiken. In keinem Fall haben transnationale Konzerne wegen eines neuen Marktes in China oder anderswo ihren nationalen Standort aufgegeben. Offenbar ziehen sich in Krisenzeiten selbst Spekulanten mit ihrem Geld in den Schoß der Heimat zurück. Die Finanzwelt nennt dieses Phänomen »homing instinct«. 1987 wurde der Kursverfall unter anderem damit begründet. Mandel/Wolf zitieren die »Financial Times«, die davon sprach, daß »panische ausländische Investoren sich in ihre vertraute Umgebung der eigenen heimischen Märkte zurückzogen«.[39] Die Verschmelzung von Kapital und Nationalstaat beruht auf einer materiellen Basis, die Paul Mattick so beschreibt: »Jedes kapitalistische Unternehmen und jedes kapitalistische Land versucht, sein eigenes Kapital auszudehnen – wenn nötig auf Kosten anderer Unternehmen und Länder.« Nationalstaat und nationales Kapital lassen sich genausowenig trennen wie schaffendes und raffendes Kapital. »Die Regierung ist nicht mehr nur der politische Ausschuß der Kapitalistenklasse. Ihre wirtschaftlichen Interessen sind vielmehr so eng mit denen der Kapitalisten verknüpft, daß Regierungs- und Unternehmenspolitik ein und dasselbe sind.«[40]

Die Bindung des transnational operierenden Kapitals an einen Nationalstaat ergibt sich auch aus der Notwendigkeit, eine verläßliche Militärmacht im Rücken zu haben. Zwar gibt es Phasen wie die der »Blockkonfrontation«, in denen eine grundlegende Übereinstimmung der kapitalstarken Nationen, eine stellvertretend für alle handelnde Militärmacht und ein reibungsloser Aufschwung die Akkumulation auch in einem Land erlauben, dem eigene Militäreinsätze nicht möglich sind bzw. das über ein hohes Bedrohungspotential nicht verfügt, doch wenn nur eine dieser Voraussetzungen fehlt, macht sich bemerkbar, daß ein nicht kriegsfähiger Imperialismus nur ein amputierter ist. Das erweist sich schon im einfachen Tagesgeschäft. An dem Putsch in Chile hatten die United Fruit Company, einige US-Kupferkonzerne und der Staat USA gleichermaßen ein Interesse. Es galt, Geschäfte zu sichern, die Versorgung der USA billig zu halten und die Ausbreitung von Ideen, die der eigenen Staatsphilosophie zuwiderliefen, abzuwürgen. Der Putsch ist Sache des Nationalstaates, der seine Geheimdienste, Diplomaten, Militärsachverständigen mobilisiert und – schon in Zusammenarbeit mit der Wirtschaft – die Putschisten mit Waffen versorgt. Das Abräumen von Mineralstoffen und Früchten, von denen auch die Einwohner der USA profitieren, ist dann wieder Sache der Konzerne, die ihren Staat mit Steuern füttern. Beide ergänzen einander: Der Staat hängt am Tropf der Ökonomie, die Ökonomie ist stark durch den Staat, der ihr die Basen sichert.

Überall dort, wo der globale Kapitalismus seine Betriebskolosse stehen, seine dicksten Bankbücher liegen hat und über wichtige Rohstoffbasen verfügt, läßt er den Staat ein Netz von Vertrauten hochziehen und eine militärische Deckung aufbauen – allein oder im Bündnis. Vieles spricht auch heute noch für die Klassiker: »Der Bourgeois repräsentiert den Welthandel, den direkten Austausch der Produkte aller Zonen, den Handel mit Geld, die große auf Maschinenarbeit beruhende Fabrikindustrie – Erwerbszweige, die ein möglichst großes Terrain, möglichst große Kapitalien und raschen Umschlag erfordern und eine universelle und stürmische Konkurrenz erzeugen« (Friedrich Engels); dabei kann der Kapitalismus »ohne direkte, stete Kontrolle der Zentralverwaltung, der auswärtigen Politik, der Gesetzgebung seines Staates seine Interessen nicht sicherstellen«.[41] So wie Kapital und Nationalstaat beide territorial gebunden sind, so bewegen sie sich auch global, oft synchron. Weshalb eigentlich drängt der Nationalstaat Deutschland mit Vehemenz auf militärische Operationen? Dies allein widerlegt schon die Behauptung, daß ein globales Kapital die alleinige Herrschaft über die Nationalstaaten angetreten habe. Kriege finden zwar überwiegend nicht unabhängig von Kapitalverhältnissen statt, auf keinen Fall jedoch losgelöst von Nationalstaaten. Von einer Aushöhlung der Nationalstaaten könnte im militärpolitischen Zusammenhang nur dann gesprochen werden, wenn beispielsweise der UNO-Generalsekretär tatsächlich die Entscheidungsgewalt über Krieg und Frieden an sich gezogen hätte. Jeder halbwegs gebildete Mensch weiß aber, daß der eine Marionette in den Händen einiger mächtiger Nationalstaaten und der mit ihnen verbundenen Kapitale ist.

Für Karl Heinz Roth und Robert Kurz spielen solche Argumente keine Rolle mehr, weil sie mit den Nationalstaaten zugleich auch die Kriege absterben lassen. Roth hält die »aggressivsten« und »schamlosesten« Elemente des Kapitals – einigermaßen überraschend – zugleich für Garanten der Friedenssicherung: »Für die Finanzmärkte wird wie in der Ära vor der Jahrhundertwende eine Politik der langfristigen globalen ›Friedenssicherung‹ vordringlich, um internationale Weiterungen der durch sie selbst induzierten vernichterischen ›Ethnisierung des Sozialen‹ zu verhindern.«[42] Kurz behauptet, daß Auslandsinvestitionen Kriege verhindern würden, weil anderenfalls die Bomben eines Staates ja auch die Anlagen »seines« Kapitals träfen. Bei über 30 Kriegen, die derzeit toben, und angesichts der Tatsache, daß kapitalstarke Staaten dabei häufig ihre schmutzigen Finger im Spiel haben, sind das recht gewagte Annahmen.

Strategen wie der Australier Paul Dibb prognostizieren bereits den nächsten großen Knall, der in Asien stattfinden soll und Weltkriegsausmaße annehmen könnte: »Die Gefahr besteht, daß« die dortige Dynamik »binnen zwei oder drei Jahrzehnten in größere asiatische Kriege mündet« (»Die Zeit«, 9.6.1995). Ähnlich wie in Europa Anfang des Jahrhunderts stehen dort extrem wachsende Industrienationen vor Entscheidungsschlachten um die Vorherrschaft. Mit Sorge wird Chinas Aufrüstung registriert: »Das Pekinger Verteidigungsbudget hat sich seit 1990 verdoppelt. Die Chinesen bauen ihre Marine beschleunigt aus, interessieren sich für Flugzeugträger und Lufttanker – Ausdruck chinesischen Hegemonialstrebens?« Lawrence Eagleburger hatte bereits in den 80er Jahren konstatiert: »Der Schwerpunkt der amerikanischen Außenpolitik verschiebt sich von der transatlantischen Beziehung in Richtung Pazifisches Becken«, und Warren Christopher, Außenminister unter Clinton, meinte: »An der Schwelle des nächsten Jahrhunderts muß Amerika ein weiteres Mal nach Westen blicken – nach Asien, auf unsere pazifische Zukunft ... Denn heute ist keine Region wichtiger für die Vereinigten Staaten als Asien ...« Immer intensiver wird das asiatische Wachstum von einer antiwestlichen Ideologisierung begleitet, die mancherorts schon Züge der fundamentalistisch-islamistischen trägt. Im japanischen Unterhaus fordern Abgeordnete ein striktes Nein zum europäischen Modernismus, zum »christlichen Hyperindividualismus« und zur »geistigen

Verkümmerung der Menschen und zu dem Chaos in der amerikanischen Gesellschaft«. Der Staatssekretär im Außenministerium von Singapur, Kishore Mahbubani, drückte das Selbstbewußtsein der neuen Industriestaaten so aus: »Das 21. Jahrhundert wird den Kampf zwischen einem atlantischen Impuls und einem pazifischen Impuls erleben. In den zurückliegenden Jahrhunderten hat Europa den Gang der Weltgeschichte bestimmt... Es machte den größten Teil der Erde zu seinen Kolonien, erschütterte andere Reiche und Gesellschaften (darunter China, Japan, die islamische Welt) und besetzte die relativ menschenleeren Räume Nordamerikas und Australiens per Auswanderung. Die beiden Weltkriege des 20. Jahrhunderts, selbst noch der Kalte Krieg waren im wesentlichen europäische Konflikte. Aber wie alle Weltregionen, die sich einst der Größe rühmen durften, fällt nun auch Europa der Erschöpfung anheim. Die Zeit ist gekommen, daß andere Erdteile die Welt so vorwärtsbewegen, wie dies zuvor Europa tat... Im 21. Jahrhundert wird Asien seine Passivität abschütteln«. Die Staaten aber, die vermeintlich der Erschöpfung anheimfallen, tun, wie oben gezeigt, ihrerseits alles, um diese zu überwinden und sind zudem die bestgerüsteten. Wir wollen hier keine Kriegsprognosen abgeben, sondern nur darauf aufmerksam machen, daß die Annahme, globalisierte Finanzmärkte oder die internationale Streuung von Produktionsstätten könnten just in einer Epoche, in der Produktionskolosse mal wieder konfrontativ aufeinander zusteuern, große Teile der Welt neu verteilt werden (ehemalige GUS-Staaten) und in der die kapitalistische »Einheit« gegen den gemeinsamen Feind Sowjetunion auseinandergefallen ist, einen innerimperialistischen Frieden stiften, ein ausgemachter Blödsinn ist. Börsen verhindern Entscheidungsschlachten nicht, sondern halten, gleich einem Barometer, nach deren Durchführung lediglich fest, wer Sieger und wer Verlierer ist, vorausgesetzt die sind dann noch feststellbar.

Bei aller globalen Vernetzung bleibt die nationale Identitätsstiftung auch in den Metropolen ein bedeutender Sicherheitsfaktor. Eine nationalistische Stimmung im Lande kann das Geschäft entscheidend stimulieren. Die Marke Daimler steht genauso für die erfolgreiche Nation wie die Fußball-Nationalmannschaft oder das staatspolitische Modell Deutschland. Nationale Größe ist hierzulande zunehmend mit dem Geschäftserfolg verbunden worden, weil Deutschland solange keinen Krieg führen durfte und obendrein die beiden letzten verlor. So wie der Geschäftserfolg der Konzerne tatsächlich über Wohl und Wehe des Nationalstaates entscheidet, verschmolz hierzulande mit der Zeit das führende Management mit dem Nationalstaat. Der Integration von oben entspricht die von unten. Das Proletariat hat zumindest eine Ahnung davon, daß auch seine ökonomische Situation sich mit dem Geschäftserfolg verbessern oder verschlechtern kann. Es weiß, daß ein Großauftrag, der den US-Amerikanern vor der Nase weggeschnappt wurde, sich in bezahlter Arbeit niederschlägt. Die Gesamtintegration bewirkte, daß »Streiks in einer feindlichen Umgebung stattfinden, obwohl sie eine gewöhnliche und alltägliche Erscheinung sind. Es ist eine Kondition, sie als subversiv gegenüber der Industrie zu beschreiben, als verantwortungslos, unfair, gegen die Interessen der Gemeinschaft gerichtet ... als Verschwendung von Ressourcen, als plump, aggressiv, mit der Demokratie unvereinbar und auf jeden Fall unnötig.«[43]

In seinen Zentren braucht der Kapitalismus Nation und Nationalismus zur Unterstützung seiner weltweiten Operationen und für die Ruhe an der Produktionsfront. In den peripheren Staaten dient beides dem machiavellistischen Prinzip des »Teile und Herrsche«. Wenn die Gefahr besteht, daß unterlegene, rohstoffreiche Staaten sich zu Preiskartellen zusammenschließen, wie einst die OPEC, wird die Auflösung eines solchen Staatenbundes zugunsten nationalstaatlicher Einzelinteressen zu einer strategischen Pflicht. Wo immer Dritte-Welt-Staaten gemeinsame Sache machen, wird das gesamte Instrumentarium der reichen Staaten eingesetzt, um sie auseinanderzudividieren. Oft kommen dabei Spezialinteressen der einzelnen Mitglieder des reichen Staatenbündnisses zum Zuge. Es läßt sich plausibel vermuten, hinter welcher der staatlichen Neugründungen auf dem Territorium des ehemaligen Jugoslawien Deutschland, die Türkei, der Iran oder auch Rußland stehen, weniger klar ist, welche Staaten und welche Konzerne hinter welchen neuen Regierungen, Armeen, Mafiastrukturen, Stammesverbänden und religiösen Cliquen in den ehemaligen GUS-Staaten stecken. Nicht selten organisieren imperialistische Staaten selbst in der Peripherie nationalistische, religiöse und ethnische Eifersüchteleien, um die Leute gegeneinander zu hetzen. Der Nationalismus wird erst dann kontraproduktiv, wenn er in den Zentren ein Eigenleben zu führen beginnt, das die Produktionszwecke behindert (rassistische Übergriffe können den Betriebsfrieden derart stören, daß die Effektivität darunter leidet) und in den Peripherien die Ausbeutung langfristig erschwert. Die häufig geäußerte Meinung, der chinesische Weg zum Kapitalismus sei auch aus Sicht der Metropolen dem der ehemaligen Sowjetunion vorzuziehen, kann in ihr Gegenteil umkippen, wenn das für seine Stabilität gelobte chinesische Regime den eigenen Markt zu sehr abschottet. Alle Regionen, die sich auf dem Wege einer verspäteten Industrialisierung befinden, bekämen ohne Nationalstaat (inklusive Diktatur) nichts auf die Reihe. Schon Preußen-Deutschland oder Japan bedienten sich, wie gesagt, bei ihren historischen Aufholjagden eines ausgeprägten Nationalismus. Ein starker Nationalstaat, der sogar seine eigene Wirtschaft beherrscht, kann sich mit der Weltwirtschaft gut vertragen.

Kritik der Theorie von der Angleichung der Welten

»Kein Nationalstaat, ob arm oder reich kann unter Absehung von seiner Existenz als Moment des globalen Kapitalverhältnisses verstanden werden«, meint Holloway und zieht daraus den Schluß: »Die so oft getroffene Unterscheidung von abhängigen und nicht abhängigen Staaten fällt in sich zusammen« – »die Ausbeutung ist keine Ausbeutung von armen Ländern durch reiche Länder..., und die Bipolarität ist keine von Zentrum und Peripherie.«[44] Für Roth steht fest: »Es werden also nicht mehr arme Länder durch reiche ausgebeutet, sondern bei der Verwertung von globaler Arbeit durch das globale Kapital setzt sich eine Tendenz zur Angleichung... durch.«[45] Vielleicht ist dieser globalisierende Unsinn der schamloseste. Irgendeinen Trick, Ungleiches gleich zu machen, gibt es immer. Der Millionär und der Pauper sind beide FC-St.-Pauli-Fans, beide sind deutsch und Momente eines globalen Kapitalverhältnisses. Die USA, Deutschland, die Schweiz, die Ukraine, der Irak und Haiti sind allesamt Momente einer kapitalistischen Globalität. Diese banale Feststellung besitzt etwa den gleichen Erkenntniswert wie der ebenso richtige Hinweis, daß alle unter einer Sonne leben. Erst das Wissen um die Disparitäten und deren Ursachen bringt weiter.

Nennen wir beispielhaft einige Differenzen: Die USA sind abhängig vom Wachstum der Weltökonomie und ihrem Anteil daran, der sich durch eine preisgünstige Ölzufuhr erheblich steigern kann. Sie besitzen eine gewaltige Militärmaschinerie und eine sehr starke Stellung in den Weltorganisationen, zu denen auch die UNO gehört. Sie bombardierten den Irak so lange, bis der kapitulierte. Für die USA war der Irak »mit seinen Ölquellen, seiner dadurch gesicherten Teilhabe am internationalen Reichtum, dem Zugang zu Waffen, einer eigenen Waffenproduktion, einem zahlreichen Volk, einer schlagkräftigen Armee und lauter entsprechend ambitionierten nationalen Perspektiven... ein Problem; eben kein machtloses, ruiniertes und für die Rohstoffbedürfnisse der Welthandelsnationen austauschbares Land im... Einflußbereich der USA, wie Haiti« (»Gegenstandpunkt« 4/1994). Dem militärisch unterworfenen Staat wurden Bedingungen diktiert: Militärische Abrüstung, begrenzte Einfuhren, Ausfuhrkontrollen, Gebietsentzug, Flugkontrollen, Rüstungsüberwachung. Obwohl der Irak ein Ölland ist, gehört er heute zu den ärmsten Ländern der Welt und steht vor dem Zusammenbruch. Es liegt auf der Hand, daß er zu vergleichbaren Strafexpeditionen gegen die USA nicht in der Lage wäre, selbst wenn er wollte. Der Irak wurde für etwas bestraft, was für die USA selbstverständlich ist: Er wollte sich u. a. Ölquellen unter den Nagel reißen und eine regionale Großmacht werden. Haiti ist seit Kolonialzeiten ausgeplündert worden, seine Bewohner/innen haben ihre Versorgungsmöglichkeiten eingebüßt. In ihrer Armut überließ man sie einer Militärclique, die so lange rauben und morden durfte, bis Menschen, die man nicht im Land haben wollte, in die USA flohen. Welchen Erklärungswert hat die Feststellung, daß alle drei Länder »Fragmente einer Weltgesellschaft« sind? Natürlich sind Deutschland und die Ukraine Momente eines globalen Verhältnisses. Bei einer Inflationsrate von 4000 Prozent im Jahr ist die Ukraine aber faktisch ein Nationalstaat ohne eigene Währung. Ihre Bergarbeiter lassen sich den Lohn schon seit einiger Zeit in Dollar ausbezahlen. Was hilft den Ukrainern die These, sie seien wie die Deutschen Ausdruck einer Bipolarität der Ausbeutung globaler Arbeit durch das globale Kapital? Nichts wünscht sich das Proletariat in der Ukraine sehnlicher als jene Ausbeutung durch ein globales Kapital, das sich dort bisher nicht sehen ließ.

Erst wenn wir die Platitüden verlassen, stoßen wir auf Erkenntnisse, die uns zeigen, daß sich die Verhältnisse zwischen Nationalstaaten durch Abhängigkeiten, Machtverhältnisse und Reichtumstransfers regeln, die manchmal sogar darüber entscheiden, ob Staaten existieren oder nicht. Dann erkennen wir Nationalstaaten, die über die Terms of Trade, ihr Militär oder den IWF der halben Welt ihre Bedingungen diktieren, und die, wenn es nützlich erscheint, am Wochenende Grenada überfallen oder in Panama einen Präsidenten verhaften, und solche, die hoffen, daß irgendein ausländischer Geldgeber in ihren verkommenen Hauptstädten Bordelle errichtet, weil sie ihnen Devisen verschaffen. Dieser Zustand hat seit der Kolonialzeit beständig etwas mit Kapitalismus und seinem Werttransfer zu tun, den es ohne die Schaffung von Disparitäten nicht gäbe. Mandel/Wolf berechnen, daß die negative Entwicklung der Terms of Trade »die Dritte Welt« allein »im Zeitraum von 1982 bis 1987 rund 100 Mrd. Dollar kostete. Hinzu kommen weitere rund 100 Mrd. Dollar, welche die Dritte Welt den Metropolen in Form von Dividenden für Direktinvestitionen und Benutzungsrechte (Lizenzen) ... zahlte.«[46] Zusätzlich landeten 200 Milliarden Dollar Zinszahlungen und – in der Zeit von 1976 bis 1985 – nochmal 200 Milliarden aus den Kassen der besitzenden Klassen der armen Länder auf den Konten der reichen Staaten. Nicht gerechnet wurden die in die Konzernzentralen transferierten Profite. Der IWF sorgt mit seinen Auflagen dafür, daß selbst aus Ländern, die kaum eine eigene Produktion entwickelt haben, noch Werte geholt werden können. Er ist der institutionelle Ausdruck des Verhältnisses von Zentrum und Peripherie, von reich und arm, von dominant und abhängig. Wäre das anders, müßte Brasilien Deutschland dazu zwingen können, Sozialhilfe und Schulsystem zugunsten eines Werttransfers nach Brasilien drastisch zu reduzieren bzw. stillzulegen.

Die Behauptung, die mächtigen Staaten und die von ihnen ausgeplünderten armen Länder würden sich unter der Weltherrschaft des Geldes gleichermaßen auflösen bzw. sich einander anpassen, kommt einem historischen Freispruch des Imperialismus gleich. Allenfalls die armen Länder, deren Souveränität unter der fremden Hoheitsgewalt zu einer formalen Hülle geworden ist, könnten als obsolet gewordene Nationalstaaten charakterisiert werden. Aus den Tätern Opfer einer alle in Mitleidenschaft ziehenden globalen Entwicklung zu machen, ist allerdings Ausdruck eines Zeitgeistes, der auch linke Theoretiker veranlaßt, sich nur noch darum zu sorgen, ob das Kreditsystem der Reichen auch sicher genug ist oder womöglich das hiesige Bankensystem vor einem Zusammenbruch steht. Indem unter der Beschwörung der Globalität alles gleich wird, beerdigt die neue Theorie die auf Nationalstaaten beruhende imperialistische Wirklichkeit. Definitorisch löst sie Nationalstaaten und mit ihnen nationalistische Manifestationen auf und schließt daraus, ein politischer Antinationalismus entbehre jeder Grundlage, sei deshalb verrückt oder nebensächlich. Alles Böse im Lande folgt – heißt es diesmal von links – einem fremden Zwang. Statt deutsche Regierungen, Institutionen und gesellschaftliche Gruppen für das von ihnen zu verantwortende Übel auch verantwortlich zu machen, wird der Knebel »Finanzmarkt« oder irgend etwas anderes Fremdes beschworen, das in seiner Globalität bedrohlich genug erscheint. Vergleichbar mit der Zinstheorie eines Silvio Gesell wird der greifbare Gegner durch eine Mystifikation ersetzt. Faktisch wäre da nichts mehr zu bekämpfen außer einem globalen Abstraktum.

Das gute Deutschland in der Theorie von Robert Kurz

Weil wir nicht wissen, woraus sich die unbestreitbare Attraktion verschiedener neuer »Erkenntnisse« eher speist: aus dem Wunsch, sich einzufügen, aus dem Reiz des vermeintlich Neuen, aus der Anziehungskraft apokalyptischer Visionen oder aus dem undialektischen Vortrag, der jede Leerformel absolut setzt, so als wäre bereits der Gedanke an einen Widerspruch schon dümmlich, frevelhaft oder konterrevolutionär, werden wir ihre Form, wo es angebracht erscheint, in die Kritik integrieren. Oft korrelieren Wortbombast und inhaltlicher Nonsens. Kurz ist ein Meister des Angriffs auf die Dialektik. Schon vorab bepöbelt er jede mutmaßliche Reflexion. Wer sich seinem Glauben nicht unterwirft, ist wahlweise dem Warenfetisch erlegen, ein Arbeiterbewegungsmarxist, der den Honeckerstaat zurückwünscht, ein winselnder Prowestler, primitiv oberflächenfixiert oder mit Halluzinogenen zugeschüttet. Immer aufdringlicher nimmt sein Sprechen »einen bösen Gestus an ... Die Affekte, die im menschenwürdigen Gespräch dem Behandelten galten, heften sich verbohrt ans pure Rechtbehalten, außer allem Verhältnis zur Relevanz der Aussage. Als reine Machtmittel aber nehmen die entzauberten Worte magische Gewalt über die an, die sie gebrauchen. Immer wieder kann man beobachten, daß einmal Ausgeprochenes, mag es noch so absurd, zufällig oder unrecht sein, weil es einmal gesagt ward, den Redenden als sein Besitz so tyrannisiert, daß er nicht davon ablassen kann.«[47]

In »Konkret« (4/1995) hat Kurz gegen uns eingewandt: »Das Kapital ist ein blindes Fetischverhältnis unter Einschluß aller Beteiligten.« Die »Willenssubjekte« befänden sich »in der gemeinsamen Hülle einer bewußtlosen Willensform«. Auch wir seien im Fetisch gefangen (zweifellos, wenn dies alle Beteiligten einschließt), und weil das gesamte bewußtlose »Strukturverhältnis ... seine immanenten Gesetzmäßigkeiten ›hinter dem Rücken‹ der Beteiligten herausgebildet« habe, »kann logischerweise auch seine Krise nur ›hinter dem Rücken‹ der darin befangenen Subjekte entstehen«. Bis zu einem gewissen Grade, der später genauer bezeichnet werden soll, stimmt das. Aus heiterem Himmel läßt Kurz[48] dann »über die Brisanz der Krise ... bürgerliche Sozialpolitiker, Manager, Banker und Sparkassendirektoren besser Bescheid (wissen) als sämtliche Restlinken zusammengenommen« und behauptet, »die Transformation der gesellschaftlichen Konfliktformulierung« — und zwar deren »neue Qualität«, die »quer zur bisherigen verläuft« — werde »durch alle Großinstitutionen des warenproduzierenden Systems hindurchgehen, durch Gewerkschaften, Management, Kirchen etc., und somit nicht zuletzt auch durch die ›Politik‹ und durch das Parteiensystem«. Die Menschen in allen diesen offiziellen Institutionen des Staates, des Kapitals und der ideologischen Zentren befänden »sich nicht außerhalb des Krisen- und Bewegungsprozesses, und sie sind angesichts des jetzt unausweichlichen Aufhebungsprozesses nicht mehr qua Systemfunktion eisern festgelegt«. Aus der gemeinsamen Hülle der Bewußtlosigkeit ragen plötzlich Pastoren, Sparkassendirektoren, CDU- und SPD-Politiker als Subjekte einer »Aufhebung« heraus, fähig zu qualitativ neuer Krisenanalyse und Konfliktformulierung, keineswegs mehr qua Systemfunktion festgelegt auf den Kapitalismus. Nur die Restlinken sollen ein für allemal »Komparsen des postpolitischen gesellschaftlichen Simulationstheaters« bleiben, und ihr »Kapitulantentum« soll »unter der dünnen Haut des platten ›Antifaschismus‹ und ›Antinationalismus‹ ... zum Vorschein« kommen.

Warum sind Sparkassendirektoren und Manager, die in permanenter Konkurrenz täglich siegen müssen, oder Pastoren, denen eine Krisenanalyse am Arsch vorbeigeht, auf einmal so schlau und vor allem nicht mehr auf das System festgelegt, dem sie doch gleichwohl dienen? Der Nonsens wäre nicht der Rede wert, hätten wir nicht erfahren, daß linke Kreise die These, sie selbst seien restlos verblödet, während Kaufhofmanager den Schleier der warenfetischistischen Moderne zerrissen hätten, sogar eifrig schulen. Kurz selbst klärt uns über den Zweck seines theoretischen Eiertanzes auf. Er braucht die Versöhnung der Unterprivilegierten mit den nationalen Führungsschichten für das politische Ziel, das er anstrebt. Es wäre »ein Irrtum, diese neue ... Anforderung« an die Gesellschaft »als abstrakte Negation ... begreifen zu wollen«, »mit Sicherheit kann es sich nicht um eine Verlängerung der alten, immanenten Konstellation des ›Klassenkampfs‹ handeln«, und »keineswegs« sei die Linke »privilegiert als Träger einer zu entwickelnden Aufhebungsbewegung«, denn: »Es handelt sich um eine Anforderung an die Gesamtgesellschaft, die sich in den bisherigen Formzusammenhängen nicht mehr reproduzieren kann.« Der Angriff auf die Dialektik, der in solchen Sentenzen steckt, äußert sich zum einen darin, daß Negation als abstrakt und Klassenkampf als immanent entwertet werden, zum anderen darin, daß beides ebensowenig widersprüchlich erscheint wie die positiv besetzte »Gesamtgesellschaft«.

Kurz (ehemals MLPD) mag die PDS nicht, aber er teilt mit ihr nicht nur eine gemeinsame Vergangenheit (die MLPD verzieh allerdings der SED nie die Abkehr von Stalin), sondern auch den Versuch, sie durch einen extremen Wechsel vom »Klassenkampf« zur Reformulierung des Burgfriedens vergessen zu machen. Beide eint zudem die apokalyptische Begründung ihrer Positionswechsel. Für Kurz erzwingt der Zusammenbruch der Reproduktionsfähigkeit, für die PDS die Bedrohung des Überlebens der Menschheit eine banale Versöhnung mit den Herrschaftsverhältnissen. Der PDS-Vorstand will »zu einem neuen Gesellschaftsvertrag gelangen, der neue Fundamente für eine Lebensweise des 21. Jahrhunderts schafft ... Da es um das Überleben von Gesellschaften geht, wird es trotz aller Widersprüche zwischen Klassen, Schichten und Gruppen der Gesellschaft ohne eine neue Übereinkunft zwischen ihnen keine veränderte Entwicklungsrichtung in der Produktions-, Konsumtions- und Lebensweise geben.«[49] Der Alterspräsident des Bundestages, Stefan Heym,[50] unterbreitete seinen erstaunten Parlamentskollegen folgerichtig den Vorschlag einer »großen, bisher noch nie dagewesenen Koalition ..., einer Koalition der Vernunft, die eine Koalition der Vernünftigen voraussetzt«. Damit ist ihm der beeindruckendste Aufruf zur Überwindung des Parteiengezänks seit Heinrich Lübkes Vorschlag einer Allparteien-Koalition zur Abwehr des Kommunismus gelungen. Heyms Ansinnen: »Die Menschheit kann nur in Solidarität überleben. Das aber erfordert Solidarität zunächst im eigenen Lande. West-Ost-Unten-Oben-Reich-Arm« kam einem Aufruf zur Restituierung der Volksgemeinschaft gleich, der selbst der äußersten Rechten den Boden für Kritik entzog. Ein positiver Bezug auf die deutsche Gesamtgesellschaft läßt sich nur herstellen, wenn das Bewußtsein der Deutschen schöngeredet wird. Und so gibt es hierzulande für die PDS »ein beträchtliches und stabiles linksoppositionelles Potential ... In Ostdeutschland gehören dazu mehr als 50, in Westdeutschland etwa 30 Prozent.« Bei so vielen feinen Menschen darf diese Nation dem Rest der Welt sein Glück einfach nicht vorenthalten: »Deutschland muß sein großes politisches und ökonomisches Gewicht in der Weltpolitik auf neue Weise einbringen.«[51]

Auch für Kurz hat die deutsche Vergangenheit ihren Schrecken verloren.[52] Barbarei, behauptet er, werde in diesem Lande nie wieder vorkommen, nur »die Amerikaner« glaubten, »in den Krauts immer noch eine zähnefletschende Großmachtbestie« sehen zu müssen, »die diese beim besten Willen nicht sind«. Indem Kurz als rätselhaft ausgibt, daß die US-Amerikaner (gewissermaßen als übriggebliebene Unbelehrbare) dem deutschen Imperialismus, der akut an nichts so stark arbeitet wie an einer Revision seiner Geschichte, dem Ausbau seiner Kriegsmacht, der Ausdehnung seiner Interessenssphären (auch mit Hilfe völkischer Propaganda) und der Stimulierung einer vaterländisch motivierten Opferbereitschaft zur Stärkung seiner Konkurrenzkraft und Kriegsfähigkeit, Großmachtinteressen unterstellten, verschafft er sich die Legitimation, alle Linken, die etwas gegen jene deutschen Interessen einwenden, als »winselnde Prowestler« – also als Kollaborateure der USA – zu denunzieren. Die nicht zu leugnenden »nationalistischen Parolen und Exzesse« seien nur »ein Nachzucken der gesamtgesellschaftlich schon toten nationalistischen Gefühlswelt ..., für viele Jugendliche handelte es sich wohl eher um Provokationsspielchen gegen verknöcherte SED-Elternhäuser mit angestaubter antifaschistischer Tradition«. Das von Kurz gewählte Bild ist eine Reproduktion zahlreicher Reportagen der Bürgerpresse, in denen die Nazis stets jung sind (sie müssen sich noch austoben), kaum politische Überzeugungen verfechten und daher mit Linken, die auch

89

nur die ältere Generation erschrecken wollten, gleichgesetzt werden. »Die Zeit« wußte: »Über dem ehemaligen Hundeheim von Weimar weht die Reichskriegsflagge. Eine Provokation, wie die Anarchistenfahne in der Innenstadt ein Sinnbild der Protests.«

Dieses Verständnis fürs rechtsradikale Agieren hat sich über die Assoziationskette »Protest«, »Provokation« oder »produktive Kraft« tief in die Gedankenwelt von bürgerlichen Intellektuellen, aber auch von Linken eingegraben, wie wir später zeigen werden. »Weder objektiv noch im Bewußtsein der Subjekte«, sagt Kurz, habe »ein neuer Nationalismus ... die geringste Chance«. Was meint Kurz zur »Ausländerfeindlichkeit«? »Ironischerweise«, sagt er, »gibt es in Ostdeutschland kaum Ausländer ... die Sachsen müßten sich schon gegenseitig als Ausländer definieren, um in ausreichendem Maße pogromfähig zu werden.« Und der Antisemitismus? »Für antisemitische Pogrome müßten (wir ahnen: auch hier wird es zu wenige geben) sich die Deutschen heute, da auf diesem Gebiet ihre Vorfahren schon ganze Arbeit geleistet haben, wiederum selber gegenseitig als Juden definieren.« Und was ist mit Rassismus? »Etliche Lokalfunktionäre der Republikaner sind selbst mit Türkinnen und Filipinas verheiratet, was auch dann in der Ausländerfeindlichkeit Brüche erzeugen muß, wenn die Ehe über ... Vermittlungsinstitute zustande gekommen sein sollte ..., und längst haben die quasi-rassistischen Ossi-Witze die einschlägigen Türken-Witze abgelöst.«

Kurz' Gewissen ist in einen Abgrund gefallen, seine Worte sind bloße Propaganda. Transportiert der neckische Scherz, den Preußen und Bayern miteinander treiben, dieselben Emotionen und Wirkungen wie Judenwitze? Wenn Deutsche sich in Manila Mädchen und Jungen kaufen oder eine »Filipina« nach Deutschland importieren, entstünden Brüche im Rassismus? Wie sich die Argumente gleichen: Der Soziologieprofessor Karl Otto Hondrich, ein »Experte« für »völkische Identitäten«, hat den hiesigen Eliten vorgeworfen, sie gingen »eine latente Koalition mit den Ausländern ein ... gegen das Volk, ... das sich von ihnen bedrängt sieht«.[53] Als Beweis stellte er einen netten Eidgenossen vor, der gegen die Beschäftigung eines Migranten in seiner Arbeitsgruppe kämpfte, der aber seine Weltoffenheit bereits dadurch unter Beweis gestellt habe, daß er mit einer »Filipina« verheiratet sei. Nach Kurz' zynischer Ansicht müßte jeder Besuch in einem Bordell, in dem schwarze Frauen wie Frischfleisch angeboten werden, einen Bruch im Rassismus erzeugen, und es müßte noch rückwirkend als Beitrag zur Bekämpfung von Vorurteilen uminterpretiert werden, daß mancher Plantagenbesitzer seine Sklavinnen ins Bett zwang oder – als Auserwählte – für sich kochen und die Kinder hüten ließ.

Pogrome und Synagogenbrand kämen mangels Anwesenheit von Schwarzafrikanern, Türken und Juden nicht in Frage? Die Gründlichkeit des Antisemitismus äußert sich hierzulande darin, daß ein Drittel der Deutschen keine Juden als Nachbarn haben möchte, und der allgemeine Rassismus kommt darin zum Ausdruck, daß rund 50 Prozent meinen, es gebe zu viele Ausländer, mit steigender Tendenz. Und während Kurz gegen »das Seniorenheim der ehemaligen linksradikalen Bewegung« wütet und im »weinerlichen« wie »tragikomischen« Antifaschismus und Antinationalismus »Kapitulantentum« zum Vorschein kommen sieht,[54] feiert ein literatur-, theater-, und politiktreibender Troß von Deutschen seinen Ernst Jünger, der, wenn er noch so könnte, wie er damals wollte, mit einem Sektglas in der Hand über ein KZ-Gelände flanieren würde (norddeutsche Feuerwehrverbände fanden das derart anregend, daß sie im KZ-Neuengamme ihre Jahresfeier abgrölten).

Jünger sei ein Großer, sagen Intellektuelle, während Historiker die deutsche Vergangenheit relativieren, während Naziorganisationen aufrüsten, Horden von Sachsen Ausländer/innen jagen, wo immer die sich blicken lassen, und andere Landsleute Synagogen und türkische Wohnungen in Brand setzen. Gerichte sprechen Naziführer frei, weil die stramm zu ihrer Gesinnung stünden. Polizisten sammeln Schwarzafrikaner ein, um an ihnen Scheinhinrichtungen zu vollstrecken. Frauen kriegen wöchentlich zu hören, daß die spätere Rente sich mit der geringen Kinderzahl nicht rechnen lasse, die Vergewaltigung in der Ehe wird von der Bundestagsmehrheit als Männerrecht sanktioniert, und die Gentechnik brütet »biologische Unwerte« in Menschen aus. Die Hauptstadt erhält nationale Symbole, und die Nation selbst arbeitet intensiv an größeren Kriegseinsätzen. Im Zentrum der Feierlichkeiten zum 8. Mai 1995 standen die Tilgung der Scham und die Renaissance des Deutschnationalen. Für einen weiteren Eingriff der europäischen Hegemonialmacht in den Lauf der Geschichte wird an ein »Volk« appelliert, das die östliche und westliche Fremdbestimmung abschütteln und wieder auf deutsche Tradition und Machtentfaltung setzen soll. Das den Deutschen nach 1945 zur zweiten Natur gewordene und psychotisch gewendete Selbstverständnis als Opfer wird wieder scharfgemacht: Der Generalinspekteur der Bundeswehr, Klaus Naumann, appelliert an die Psychose: »Zum ersten Mal in diesem Jahrhundert (leben wir) in einer Lage, in der wir keiner existenzgefährdenden Bedrohung ausgesetzt sind ... Zum ersten Mal seit 300 Jahren, seit den Tagen Richelieus, ist Deutschland nicht mehr Gegenstand externen Drucks von Ost und West, sondern Akteur.«[55]

So wird selbst Auschwitz nachträglich zu einer Selbstverteidigungsmaßnahme der Deutschen gegen das »Weltjudentum«. Naumanns Aussage impliziert darüber hinaus, daß Deutschland die Chance, einmal Akteur sein zu können, auch in ein entsprechendes Agieren umsetzen müsse, damit es nie wieder einen Rückfall in die letzten 300 Jahre geben wird. Zwar hat es Proteste gegeben gegen den Feuerwehrball auf dem Neuengammer KZ-Gelände, der, als behördlich genehmigter, wie die erste legale Schändung eines jüdischen Friedhofs oder einer Gedenkstätte wirkte – schließlich muß noch ein wenig an die Wirkung im Ausland gedacht werden, und immerhin sind 50 Jahre US-Umerziehung bzw. staatlich verordneter Antifaschismus der DDR nicht an allen Deutschen spurlos vorübergegangen. Doch nimmt die Rücksicht aufs Ausland rapide ab, und die Emanzipation vom »Amerikaner« erfolgt heute nicht antikapitalistisch, sondern deutschnational. Und wenn in Italien Faschisten in zwei verschiedenen Ausgaben an der Regierung getestet werden, in belgischen Großstädten faschistische Parteien schon mal auf 30 Prozent, in Österreich und im Elsaß auf 20 Prozent kommen, verschönert das nicht die Lage in Deutschland, sondern weist auf eine europaweite Regression hin, die sich gegenseitig verstärkt und in der ein Wettbewerb schwelt, wer politisch erfolgreicher und skrupelloser sein wird.

Wie stellt sich Robert Kurz, der kein Einzelfall, sondern nur ein prägnantes Beispiel für die Regression vieler Linker ist, in einer Zeit ihrer allgemeinen Revision zur deutschen Geschichte? Nur wer den Nationalsozialismus fälschlicherweise ablöse von der »vom Westen ausgehenden Basisidentität«, schreibt er, verschaffe sich »die Möglichkeit ..., großspurig gegen das Geschichtsphantom ›Deutschland‹ anzutreten ... Damit wird eine spezifische historische Konstellation, die niemals wiederkehren kann, geradezu geschichtsphilosophisch verallgemeinert und legitimatorisch zurechtgebogen.«[81] Warum immer Deutschland anprangern, wo doch auch ein »Henry Ford ... glühender Antisemit (sein Bild stand auf Hitlers Schreibtisch)« gewesen sei, »und die Geschichte des Antisemitismus in der ... Sowjetunion kommt erst jetzt langsam ans Licht« (»Konkret« 4/1995). Wie das »Geschichtsphantom« Deutschland sind auch die anderen Antisemiten gewesen, weil »es sich hier um ein gemeinsames häßliches Epochenmerkmal in der Durchsetzungsgeschichte der abstrakten Arbeit handelt«. Zwar entlaste dieses Epochenmerkmal »nicht im geringsten Deutschland von der Singularität des Holocaust«, dennoch will Kurz uns zu einer Entscheidung zwingen: Entweder war der Nationalsozialismus deutscher Abstammung oder er wurde von der westlichen Zivilisation hervorgebracht. »Entscheidend dabei ist, ob der Holocaust ein Produkt der besonderen deutschen Geschichte oder ein Produkt des warenfetischistischen Modernisierungsprozesses in

Deutschland war.« Wichtig ist Kurz, sonst wäre sein »Entweder-Oder« sinnlos, uns die westliche Moderne als die entscheidende Ursache nahezulegen. »Den Holocaust von der Logik der warenproduzierenden Moderne abzutrennen«, dazu neige nur der »demokratische halbe Antifaschismus«. Der Hinweis auf Henry Ford soll suggerieren, daß der moderne US-Amerikaner Hitlers Souffleur war. Konsequent empfiehlt uns Kurz, eine »wirklich aufhebende Kritik des Westens und seiner Kategorien zu mobilisieren«, denn »das allein« wäre »die Sühne und Aufhebung der deutschen Geschichte, und nicht die ... winselnde Prowestlichkeit«.[56]

Weil die Nazibarbarei letztlich »allein« durch eine Mobilisierung gegen den Westen gesühnt werden soll, läßt Robert Kurz die deutsche Verantwortung restlos hinter der warenfetischistischen Moderne verschwinden. Nun verstehen wir besser, weshalb er die Singularität des Nationalsozialismus in einem Epochenmerkmal verschwimmen lassen mußte. »Die nationalsozialistische Vernichtungspraxis« werde, schrieb Detlev Claussen in der »FR« (13.4.1994), »als direkte Folge der Moderne dargestellt. Übrig bleibt ein konventionelles ... Weltbild von einem großen bösen Urheber, der die Verbrechen einer totalitären Moderne ins Werk setzt.« Es geht auch und gerade dann entscheidend um deutsche Geschichte – deutsche Autorität und Gefolgschaft, deutsche Massenpsychose, deutsche Bürokratie bei der Errichtung der Lager und beim Transport der Menschen quer durch Europa in die Mordfabriken, deutschen Übermenschen-Rassismus als Stimulus der Welteroberung, deutsche Verfügung über Frauen als »Gebärmaschinen«, deutsche Vernichtung von »unproduktivem« Leben – wenn der Schritt in die Moderne so und nicht anders und nur in Deutschland vollzogen worden wäre. Warum hatte das »gemeinsame Epochenmerkmal« in den westlichen Demokratien keine nur annähernd ähnlich grauenvollen Folgen, und weshalb unterschied sich der Nationalsozialismus darin sogar noch von anderen faschistischen Regimen? Der Wahn, auch das letzte auf der Welt noch lebende jüdische Kind ermorden zu wollen, um sie von einem imaginären Übel zu befreien, die Anstrengung, zu diesem Zweck ein kollossales industrielles Netzwerk mit einer ebenso kollossalen Administration zu errichten, läßt sich aus dem Fordismus nicht erklären, und sei der noch so modern – genausowenig wie die Tatsache übrigens, daß die Deutschen nach Auschwitz zur Tagesordnung übergingen, als wäre nichts geschehen. Wenn die Vernichtung für unwert gehaltenen Lebens auch eine Basis im marktwirtschaftlichen Darwinismus und einer das Individuum verachtenden Zwecksetzung gehabt haben mag und wenn die Mordmaschinerie sich auch der modernen Technik bediente, gehörte zur

Ausführung der nazistischen Menschheitsverbrechen doch immer noch eine vollständige Negation jener demokratisch-zivilisatorischen Standards, die zu den Kategorien des Westens zählten und die in Deutschland nicht gelernt bzw. ausgeschaltet worden waren. Das hat ausschließlich mit deutscher Geschichte zu tun und ist weder Henry Ford noch den Marx Brothers anzulasten. »So wenig ... Hitler als Schicksal dem deutschen Nationalcharakter zuzuschreiben ist«, stellte Adorno fest, »so wenig zufällig war doch, daß er in Deutschland hinaufgelangte.«

Brisant wird die Sichtweise von Kurz und ähnlich denkenden Linken dadurch, daß sie im Chor mit den deutschen Staatsführern die deutsche Geschichte entlasten, indem sie die Verantwortung für diese auf ein epochales Abstraktum übertragen, dem doch alle gemeinsam zum Opfer gefallen seien: der Krieg als solcher, die Moderne als solche, die globalen Wirrnisse. Kurz spielt falsch. In seinem Buch »Honeckers Rache« hatten die »kapitalistischen USA« noch eine »offenere Kultur hervor(gebracht)«. Mit ihrer Hilfe habe »Adenauer« seinerzeit »die Verwandlung der BRD in eine offene Weltmarktdemokratie eingeleitet«, während die Bedrohung aus dem Osten kam. Von dort wucherte »das autoritäre, rückständige, militarisierte Bewußtseinspotential der ehemaligen DDR«. Vor gar nicht langer Zeit war für Kurz »der Honecker-Staat ... noch lange nicht überwunden«, das »Stasi-Syndrom«, fürchtete der Apokalyptiker, könnte sich »umdrehen ..., um in die westlichen Apparate hineinzuwuchern.«[57] Es ist schon kurios, daß eine warenfetischistische Moderne einerseits den Nationalsozialismus besorgt und andererseits durch ihre offene Kultur eine endgültige Befreiung von Nationalismus und Rassismus bewerkstelligt haben soll, so daß sie sogar vor der Stasi beschützt werden muß. Unter dem Strich bleibt bei Kurz nur eine Konstante: Das schöne Deutschland wird mal aus dem Osten, mal aus dem Westen bedroht. Gegen wen es geht, bestimmt der Zeitgeist, dessen Interpret Kurz ist. Fürs nächste Buch böte sich die Mafia an.

Die Mobilisierung gegen die Kategorien des Westens und seiner Moderne als Sühne für die deutsche Geschichte anzubieten ist schamlos. Kurz sollte sich umsehen, mit wem er da in einem Boot sitzt. Botho Strauß schöpft aus seiner Feindschaft zur westlichen Zivilisation, Rainer Zitelmann plagt die »Utopie einer Totalwestintegration Deutschlands«, Ernst Jünger sieht das »weiße Laster im Zwang zum ›Automatismus‹ in der Moderne«,[58] und die »Junge Freiheit« hat den westlichen Hedonismus als Hindernis für die Selbstfindung der Deutschen entdeckt. Weitere Plätze für Intellektuelle hat Antje Vollmer bereits reserviert. Im »Spiegel« (15.11.1993) verteidigte sie Botho Strauß mit der Aufforderung: »Geben Sie endlich Gedankenfreiheit, Sir und Madame von der linken und rechten Linienpolizei.« Zumindest die rechte dürfte sich gewundert haben.

Linksautonome Massenpolitik: Gemeinsam mit den deutschen Proleten gegen die Antideutschen

Während die Kurz-Linken sich in das allgemein Geforderte einfügen, indem sie als Subjekt der »Aufhebung« und »Konfliktformulierung« den Sparkassendirektor hochleben lassen und behaupten, Proletariat und Linke hätten sich rettungslos in den Fallstricken der warenfetischistischen Moderne verheddert, war in autonomen und anderen Teilen der Linken – rechtzeitig zum 50. Jahrestag der Befreiung vom Nationalsozialismus – der Streit über den strategischen Schwerpunkt linker Politik entbrannt: Wie halt ich's mit dem Proletariat, speziell – weil wir hier wohnen – mit dem deutschen? Hat sich linke Politik mit Bezug auf das Gesamtproletariat mehr um die soziale Frage zu kümmern, oder stehen politische Kategorien wie Antinationalismus und Antirassismus im Vordergrund? Rüstet sich das Subjekt gerade zu revolutionären Großtaten, die von einer lethargischen Linken schlicht verpaßt würden, oder befindet es sich in einer dem deutschen »Gemeinwohl« dienenden Agonie und bildet dabei einen deutschnationalen Flügel aus? Nimmt linke Politik heute in erster Linie Maß am Bewußtsein, wie's nun mal ist, oder an einer soziologischen Klassenanalyse?

Einig sind sich die neuproletarischen mit den Kurz-Linken in ihrer Abneigung gegen Antifaschismus und Antinationalismus. Grob betrachtet mutet der Konflikt etwas gespenstisch an, denn strategisch lassen sich soziale Befreiung und elementare humanistische Freiheiten nicht gegeneinander ausspielen. Natürlich ist eine Überwindung der Entfremdung, der Ausbeutung, der sozialen Gängelung, der ewigen Drohung: »Versorgt wird nur, wer sich dem Ganzen fügt«, der weltweiten Unterversorgung, der Kriege ein wesentliches Element der Befreiung, auch wenn sie andere Elemente, wie das mehrtausendjährige, in Kopf und Psyche geschweißte Patriarchat, noch nicht erfaßt hätte. Ohne die Überwindung von Ethnozentrismus, Rassismus und Patriarchat läßt sich sinnvoll von sozialer Befreiung nicht sprechen, weil mit der Ignoranz gegenüber der Unterdrückung von Frauen und der Stigmatisierung von Menschen, die nicht der »eigenen Nation« zugerechnet werden, weit mehr als die Hälfte der Bevölkerung von Freiheit wenig spüren würde. Andererseits aber könnte ohne den permanenten Einsatz für eine soziale

Befreiung auch eines der Fundamente, auf denen projektiver Rassismus und Gewalt gegen Frauen basieren, kaum geknackt werden. Ohne eine Überwindung des Nationalismus ließe sich wiederum gar nichts lösen, weil in ihm soldatischer und arbeitswütiger Männlichkeitswahn, soziale Unterwerfung unter imaginäre vaterländische Pflichten und eine ethnozentristische Bevorzugung des eigenen Staatsvolks gegenüber dem Rest der Welt gleichermaßen integriert sind.

Pauschale Bedienungsanleitungen für eine linke politische Praxis lassen sich kaum schreiben. Wer wollte einer Frau, die belästigt oder geschlagen wurde, empfehlen, sie sollte die Lohnerhöhung bei Airbus wichtiger nehmen? Wer wollte jemandem, der gerade einem rassistischen Mordanschlag entronnen ist, nahelegen, sich für ein Jugendzentrum der Neonazis einzusetzen? Wer wollte Juden, deren Synagoge in Brand gesteckt wurde, ernsthaft einreden, eine Bekämpfung des antisemitisch wütenden Deutschtums würde nur von der sozialen Frage ablenken? Wenn das Leben auf dem Spiel steht, ist die soziale Frage existentiell gestellt. Das gilt weltweit. Überall dort, wo sich Menschengruppen dazu überreden lassen, für die imaginären Werte Nation, Ethnie oder Rasse ihre Nachbarn zu verfolgen, ist an eine soziale und emanzipatorische Befreiung nicht zu denken.

Ist überhaupt die soziale Befreiung das Ziel, oder will man nur unter Hinweis auf sie ein Bündnis mit dem heutigen Proletariat samt all seiner häßlichen Seiten eingehen? Was meint jemand, der anläßlich der revisionistischen Feiern zum 8. Mai 1995 die soziale Frage wichtiger findet, als gegen dieses Vorhaben anzugehen? Wer die soziale Frage gegen Aktivitäten aufrechnet, die für Menschen, die stigmatisiert und verfolgt werden, die Bedrohung mindern sollen, ist verdächtig, nicht wirklich Befreiung zu meinen, sondern Bedingungen für sich herstellen zu wollen, die ihm das Mitschwimmen im mainstream erleichtern. Nicht immer ist zu unterscheiden, ob das Primat der sozialen Frage tatsächlich ernst gemeint oder nur vorgeschoben ist, um andere Überlegungen zu decken. Die Übergänge sind fließend. Am Anfang steht oft das Verständnis für die pauperisierten Nazis, weil sie als schwerster Brocken dem gesuchten Bündnis mit der neuen Proletarität im Wege stehen. Bis zu nationalbolschewistischen Avancen geht ein autonomes »AutorInnenkollektiv« in den »Materialien für einen neuen Antiimperialismus« (Nr. 5). Es verkündet: »An der Konfrontation links gegen rechts kann uns nicht gelegen sein. In der Gewalt der Zukurzgekommenen sehen wir eine Form der proletarischen Selbstfindung unter schlechten Emblemen«, allerdings mit »produktiver Bedeutung«. Auch Wolfgang Fritz Haug will im mörderischen Rassenwahn einen »entfremdeten sozialen Protest« (»Argument« 1/1992) erkannt haben.

Wer in der Ermordung von Schwarzen, der Erschlagung von Berbern, dem Abbrennen von Häusern, in denen türkische Familien wohnen, in Synagogenbränden und der Schändung jüdischer Gräber sowie ehemaliger Konzentrationslager eine produktive Bedeutung erkannt hat, dort also den Konflikt nicht sucht, der läßt Pogrome aus Überzeugung zu. Hier verdeckt die soziale Phrase nicht einmal mehr die tief empfundene Verbrüderung mit Nazis. Das Einfallstor ist oft eine falsche Sympathie für die Zukurzgekommenen. Der Sündenfall reicht weit zurück. Schon 1923 erklärte die KPD: »Wir sind überzeugt, daß in den nationalistischen Volksmassen die große Mehrheit aus ehrlich fühlenden und überzeugten Menschen besteht, die irregeführt sind.« Jemand, der irregeführt oder sonstwie davon überzeugt ist, daß er für Deutschland in den Krieg ziehen und Juden ermorden sollte, hat schon damals barbarisch gefühlt. Den fürchterlichen Absichten der Nazis noch edle Motive zu unterstellen, kann diese in ihrer Haltung nur bestärken. Viel schwieriger zu beantworten ist die Frage, wie sich bei der KPD das taktische Verhältnis zu den nationalistischen Massen mit der eigenen Anfälligkeit für die Nation mischte. Die Programme der frühen 30er Jahre für eine »nationale Befreiung« Deutschlands und gegen das »Versailler Diktat« waren doch wohl aus inniger Überzeugung geschrieben worden, so daß der Hinweis auf falsche taktische Manöver auch eine entschuldigende Unterstellung sein kann.

Den Nazis, die auch heute »aus dem Volk« kommen, nach Hitler und Auschwitz zugute zu halten, sie wollten »eigentlich« etwas, wofür auch Linke Herz und Verstand einsetzen, ist unentschuldbar. Der Bund Westdeutscher Kommunisten (BWK) etwa will aufzeigen, »daß die Faschisten nicht in der Lage sind, die Versprechen gegenüber ihren Anhängern einzuhalten«.[59] Aber was wäre denn, wenn sie ihre Forderungen nach »Ausländer raus!« oder der »Todesstrafe« zur allgemeinen Zufriedenheit ihrer »ehrlichen« Anhänger verwirklichten? Als in Rostock-Lichtenhagen die Parole ausgegeben wurde: »Ausländer sind die falsche Adresse, haut den Politikern auf die Fresse!«, wurden die Täter damit geradezu kumpelhaft darauf hingewiesen, daß ihr Zorn verständlich, bloß ihr Adressat nicht der richtige sei.

Auch Karl Heinz Roth bemüht sich immer wieder, etwas Fruchtbares im Rassismus der Unterklassen aufzuspüren: »Ich meine also, es gibt so etwas wie einen plebejischen oder subproletarischen Rassismus, der sehr ambivalent ist«, in dem also auch etwas Gutes stecken müßte, »der dann in der Phase danach von den neofaschistischen Organisationen unterwandert und auch vom Rassismus der Regierung und der Asylgesetzgeber benutzt worden ist, der aber seine eigene Qualität hat und der zunächst einmal mit einer faschistischen Revolte in diesem Sinne nichts zu tun hat«.[60] Worin nun liegt die bessere Qualität des plebejischen Rassismus, der für Nazis und Regierung so leicht abrufbar ist? »Der von den ›neuen Bundesländern‹ ausgehende dramatische Pauperisierungsprozeß«, schreibt Roth, »führt mehr und mehr zu gewalttätigen Protestformen, die sich überwiegend innerhalb der zerklüfteten neuen Massenarmut entladen«.

Der grundsätzliche Irrtum liegt in der Annahme, Pogrome seien eine Protestform, ob nun irregeleitet oder unter falschen Emblemen. Rassistische Gewalttaten sind Manifestationen eines höchst autoritären, unterwürfigen Charakters. Die Täter schreiten zur Tat, weil sie eine positive Sanktion durch die Autoritäten – Staatspolitiker, Eltern, Stammtisch, Polizei, Naziführer – erwarten können. Die Ermordung eines gesellschaftlich Schwächeren ist nicht Ausdruck von Protest und Aufstand, sondern Zeichen eines totalen Sich-Fügens, weil die Opfer von oben zur allgemeinen Verfolgung freigegeben wurden. Die Nazis spitzen die öffentlichen Vorgaben nur zu, indem sie sie, durchaus in dem Bewußtsein, einem gemeinsamen Zweck zu dienen, gewalttätig exekutieren. Die Linken, die darin Elemente des Widerstands ausgemacht haben wollen, würden vermutlich in der tagtäglichen Folterung von Schwarzafrikanern, Kurden, Fixern oder Berbern in deutschen Polizeirevieren keine produktive Bedeutung oder Protestform vermuten, obwohl der Unterschied kein wesentlicher, sondern nur einer der Uniformierung ist. Ein Ausdruck dieser Wesensverwandtschaft war der öffentliche Aufruf im Osten der Republik, der Pöbel solle sich – soweit arbeitslos – freiwillig zwecks uniformierter Kontrolle an der polnischen Grenze melden. Im übrigen sind Pogrome nicht nur ein Phänomen innerhalb der zerklüfteten Massenarmut. Unter den Nazis befinden sich Bankangestellte, Literaten, Historiker, Rechtsanwälte, Unternehmer und Proleten mit bepißten Hosen, und unter den Opfern befinden sich Menschen, denen durchaus ein gutes Einkommen zuzutrauen ist ebenso wie arbeitslose Jugendliche.

Roth nimmt die häßlichen Gesinnungen unter Proleten zur Kenntnis, um noch heftiger darauf zu beharren, daß die Linke sich aufs Gesamtproletariat beziehen müsse, obwohl es »immer schwerer« werde, wie er zugibt, »die in aller Häßlichkeit heraufziehende neue Proletarität in ihrer Gesamtheit ... als den nach wie vor primären Bezugspunkt von sozialistischer Politik anzunehmen«.[61] In der Tat. Schwer ist es, linke Politik unter primärer Bezugnahme auf Naziohorden und Claqueure der Parole »Ausländer raus!« zu definieren, genauso schwer, mit ihnen Sozialismus zu machen. Gleichwohl, meint Roth, müsse das versucht werden: »Dessen ungeachtet bleibt aber jede antirassistische Initiative, die die ›soziale Frage‹ ausklammert und damit auf die strategische Fähigkeit verzichtet, sich grundsätzlich auf alle Schichten des neuen Proletariats zu beziehen, auf Sand gebaut.« Die Vorstellung, daß die Linke sich grundsätzlich auf alle Schichten des neuen – also wohl nichtfordistischen – Proletariats zu beziehen habe, ist erschreckend. Was bliebe von einer antirassistischen Initiative übrig, für die tatsächlich alle (!) »prekären« Schichten – ohne Rücksicht auf den Stand ihres Bewußtseins – der vorrangige Bezugspunkt wären? Nichts! Sie müßte sich auch positiv auf jene beziehen, die ihren Projektionswahn in der Verfolgung und Ermordung von Nicht-Deutschen abreagieren. Sie müßte sich positiv auf jene beziehen, die das Kapital auffordern, aus nationalen Erwägungen im eigenen Land zu investieren, statt den Franzosen Arbeitsplätze anzubieten. Sie müßte sich positiv auf jene beziehen, die bereit sind, für die Vision eines Arbeitsplatzes mit dem deutschen Kapital gegen Japan oder die USA zu ziehen. Sie müßte sich positiv auf jene beziehen, die schon gar nichts davon halten, die durch Unterwerfung und Mord in den Metropolen angehäuften Werte in die ausgeraubten Peripherien zurückzuverteilen. Sie müßte sich positiv auf jene beziehen, die in der Nachbarschaft keine Juden sehen und aus solchen und anderen Gründen mit Linken rein gar nichts zu tun haben wollen.

Würden antirassistische und antinationalistische Initiativen dieser Empfehlung folgen – sie könnten sich schon bei ihrer Gründung wieder auflösen. Antirassistische Politik zielt auf das Wesentliche menschlicher Befreiung, indem sie die auf Rassismus und Nationalismus basierende Gewalt gegen Menschen beenden, die ideologische Wand zwischen den Ausgebeuteten weltweit einreißen und sich in diesen Zeiten der Regression selber Freiräume erhalten oder schaffen will. In dem gemeinsamen Wunsch, einander zu helfen und zu schützen, Menschen nicht ihrer Herkunft und ihres Geschlechts wegen zu minderwertigen Subjekten zu machen, steckt mehr Kommunismus als im sozialrevolutionären Geschwätz, um so mehr noch, als der antirassistische Kampf nur durch eine Schimäre substituiert werden soll. Ein Proletariat – oder wer auch immer –, das nicht sein nationalistisches, rassistisches und patriarchalisches Denken zu bewältigen versucht, wird nie zu irgend etwas anderem imstande sein können als zur Reproduktion der eigenen Unterwerfung, die ihr Ventil in der Verfolgung imaginärer Feinde hat. Sollte zufällig auf dem Stand eines solchen Bewußtseins ein Arbeiterstaat gelingen, hätte der mit Befreiung nichts zu tun.

Neben dem Verständnis für pauperisierte Nazis scheint es ein weiteres gemeinsames Merkmal der neuproletarischen Linken zu sein, durch Bejubelung des übrigen Proletariats sich selbst Mut zu machen. Die hemmungslose Übertreibung dessen, wonach es das Proletariat angeblich gelüstet, klingt zwar nur wie das Pfeifen im Keller, dient aber dazu, antifaschistische und antirassistische Politik zu verunglimpfen. Die Gruppe um die Zeitschrift »Wildcat« etwa will erkannt haben: »Seit Bischofferode scheint die Lähmung in den Betrieben auch hierzulande überwunden zu sein.« Und weil die Kollegen dabei seien, ordentlich einen loszumachen, komme es »heute ... darauf an, daß wir mit diesen Bewegungen in Kontakt treten, daß wir uns nicht in linken Themen wie ›Anti-Faschismus‹ und ›Anti-Rassismus‹ einigeln, sondern auf allen Ebenen mit den sozialen Kämpfen verbinden«, besonders mit denen bei VW. »Wildcat« zitiert dortige Kollegen: »Die Ideen der Mitarbeiter waren schon vorher da. Die Lopez-Leute haben die Weisheit auch nicht mit Löffeln gefressen ... Lopez umgeht das mittlere Management, bei VW ›Lähmschicht‹ genannt, und arbeitet direkt mit den Arbeitern zusammen ... Braunschweiger VW-Leute sagten: ›Die Gruppe geht wesentlich brutaler mit ihren Mitgliedern um, als es je ein Meister wagen würde‹.«[62] Wenn die Kollegen selbst sagen, sie gingen miteinander brutaler um als früher der Meister mit ihnen, scheint ihr Bewußtsein perfekt präpariert zu sein für den Kapitalzweck, perfekter jedenfalls als in der alten Hierarchie. Aber »Wildcat« weiß selbst da noch einen Ausweg. Die »FAZ« habe geschrieben: »Würde allerdings nur ein Beschäftigter ... entlassen, so stellen Mitarbeiter von Lopez fest, wäre die Begeisterung, mit der die Beschäftigten sich bis jetzt beteiligten, schlagartig dahin.« Wieder erfahren wir vor allem, wie begeistert die Arbeiter von einer Intensivierung ihrer Arbeit sind, doch könnte es ja immerhin sein, daß ihre Begeisterung schlagartig dahin wäre, würde man sie zum Arbeitsamt schicken. Das wäre denkbar. »Wildcat« interpretiert deshalb das VW-Modell (vorübergehende Kurzarbeit, Arbeitsintensivierung und eine flexible Anpassung der Arbeitszeiten an die Auftragslage) als einen Zustand der Doppelherrschaft. Die Idee bei VW enthalte »daher sowohl Momente einer neuen Kapitalstrategie wie auch Momente von Arbeitermacht«. Die Macht der Arbeiter erkennen wir daran, daß »die Umsetzung der neuen Rationalisierungskonzepte bei VW gerade jetzt Fahrt bekommen zu haben« scheint.

Indem sie der VW-Belegschaft bescheinigt, dem »Wirtschaftsführer« bedingungslos und dazu noch begeistert bei der Verwirklichung seiner Interessen zu folgen, erklärt die Zeitschrift selbst ihre »Arbeitermacht« zu einer Erfindung. Übrig bleibt allein die Denunziation von Antifaschismus und Antirassismus. Gemessen daran, mit welcher Kühnheit Karl Heinz Roth revolutionäre Prozesse erfindet, stecken die Leute von

»Wildcat« allerdings noch in der Grundschule. Roth biegt gleich den gesamten Globus nach seinen Wünschen zurecht. Man könne schon heute feststellen, schreibt er, »daß sich Flüchtlinge, Schwarze, weiße Unterschichten und sozialrevolutionäre Linke in ihrem Anspruch auf elementare Lebensmittel kaum voneinander unterscheiden«,[63] im übrigen würde das Finanzkapital bis zum Jahr 2000 die Lebensverhältnisse überall auf der Welt angleichen. Demzufolge müßte der spezifische Nutzen entfallen, den sich ein Deutscher aus seinem Nationalismus gegenüber Nicht-Deutschen ausrechnet. Aus der Lüge von der Angleichung erwächst eine weiße Selbstgefälligkeit: Wir leiden genauso wie die anderen! (Bevor Roth die Angleichung der Lebensverhältnisse erfand, hatte er ein anderes Konstrukt gewählt, um die Einmaligkeit deutscher Leiden herauszuarbeiten. Vor knapp zehn Jahren schrieb er: »Es gibt zweifellos gerade heute unendlich physisches Elend und Hunger in den drei Kontinenten. Aber die sozialpsychische Verelendung in diesem unserem Lande ist einmalig.«[64]) Aus der von ihm zurechtphantasierten Klassenlage schlußfolgert Roth ein gutes Bewußtsein der vermeintlich oder tatsächlich (sub-)proletarischen Bevölkerungsschichten.

Je haltloser Roths Thesen sind, darin ähnelt er Kurz, desto üppiger wird ihr Vortrag. Schier alles auf der Welt münde in den gleichen Bewußtseinskontext: der »Zusammenstoß zwischen gewerkschaftlicher ›job control‹ und ›schlanken‹ Fertigungslinien in den nordamerikanischen und südostasiatischen ›transplants‹ der japanischen Transnationalen, ... wie die Kämpfe für die Agrargenossenschaften in El Salvador und die Zerstörung der südafrikanischen Apartheid, wie die ›sem terra‹-Bewegung der brasilianischen Landarbeitergewerkschaften, die mitteleuropäischen Arbeitsloseninitiativen und die Kampagnen der Prekären gegen die privatisierten Postunternehmen und die Zeitleihfirmen ... Sie werden ergänzt werden durch die Aufarbeitung der spezifischen Erfahrungen der ›selbständigen Arbeiter‹ Osteuropas im Kampf gegen sub-contract-Systeme ..., die die bisherigen Debatten um den ›lavoro autonomo‹ in ungeahnte Dimensionen ausweiten. Voraussetzung ist allerdings die jeweilige lokale bzw. regionale Bündelung aller Aktivitäten des neuen Proletariats, um die grundsätzlich gleiche und nur quantitativ unterschiedliche Segmentation der deregulierten Arbeitsmärkte für ›Stammarbeiter‹, Prekäre, selbständige Arbeiter und Arbeitslose zu durchbrechen.« Diese neuen revolutionären Subjekte würden sogleich »mit dem internationalen Erfahrungsaustausch« vernetzt werden. »Schon in einem sehr frühen Stadium« gehörten zu den »regionalen Aktivitäten ›from the bottom up‹ ... die Homogenisierung des Widerstands der Belegschaften der transnationalen Konzernkonglomerate ... Beispielsweise könnten die überwiegend ›selbständigen‹ LKW-Transportarbeiter ... innerhalb kürzester Zeit die ›just-in-time‹-Ketten ganzer Gruppen von Konzernkonglomeraten lahmlegen.«[65] Da der behauptete Zusammenhang unwahr ist, soll die bombastische Sprache den Zuhörer zum Gläubigen machen, der, würde er seine Zweifel anmelden, damit gleichzeitig in den Verdacht geriete, die revolutionäre Chance nicht beim Schopfe packen zu wollen. Vor der phantastischen Vision werden antinationalistische und antirassistische Theorie und Praxis zum unnötigen Rückzugsgefecht. »Wildcat« befand, Roths Text verdiene »dadurch die Aufmerksamkeit (von linksgewerkschaftlichen Betriebsgruppen bis hin zu autonomen Linken), daß er ... hoffnungsvolle Tendenzen ausmacht ... Ich denke, daß dort die eigentliche Attraktivität des Papiers liegt: Der Versuch, praktischen Mut aufzubringen ..., mit dem wir uns aus der miesen Stimmung der Nach-Wende-Zeit wieder herauskatapultieren können, um – Geschichte zu machen!«[66]

Im Umgang mit derartigen Drogen haben die Anhänger der Vereinigten Sozialistischen Partei (VSP) seit Jahren Routine. Wie selbstverständlich hat diese auch vor der letzten Tarifrunde der IG Metall »ein(en) Arbeitskampf von bisher nicht gekanntem Ausmaß« prognostiziert, der mit gleicher Selbstverständlichkeit nicht stattfand. Aber darauf kommt es nicht an. Wen die Einsicht, gesellschaftlich marginal zu sein, depressiv macht, braucht periodisch die Dröhnung, man würde »auf die Artikulierung der Interessen der ausgebeuteten und unterdrückten Bevölkerungsmehrheit insgesamt (!) gegenüber dem Kapital« nicht verzichten, nur weil »es in dieser Mehrheit Nationalismus, Wohlstandschauvinismus und mangelhaftes anti-nationales Bewußtsein gibt«.[67] Letzteres wird, weil es einen Kater verursachen würde, schlicht verdrängt. Da sich trotz der breiten Zustimmung für Roths diesbezüglichen Vorschlag kein einziger »proletarischer Zirkel« gebildet hat, darf wohl unterstellt werden, daß der meiste Applaus dem wohligen Gefühl galt, mit diesem Volk nicht über Kreuz geraten zu müssen.

In einem »mea culpa« betitelten Papier, das eine längere Deutschland-Debatte im Autonomen-Zirkular »Interim« auslöste, wird das Hohelied des sozialen Erfolgs ebenfalls gesungen und der Kreis zum bereits erwähnten Verständnis für alle Schweinehunde geschlossen.[68] Antideutsche hätten »mal wieder« einen neuen Hauptwiderspruch entdeckt, schreiben die Autor/inn/en ironisch, »nämlich die Gretchenfrage des Antinationalismus, mit Hilfe derer natürlich in guter K-Gruppentradition zuerst die Linke in gut und böse gespalten wird (um sich dann an die Spitze der neuen Bewegung zu stellen)«. Ohne daß irgendein Inhalt zur Sprache gekommen wäre, erscheint hier Antinationalismus schon deshalb keines Gedankens wert, weil er erstens von K-Gruppen komme, zweitens nur deren Machtpolitik diene, drittens sogar schädlich sei, da er die Linke in gut und böse spalte. Dieser Angriff auf den Intellekt genügt oft schon, um Vorurteilsbeladene zu überzeugen, die dann in Kneipen Schauermärchen über Kader verbreiten. Wer noch mehr wissen will, erfährt, daß Antinationalismus nur eine »moralische Empörung« sei und, »wie in verschiedensten Analysen ... immer wieder richtig herausgestellt wurde, ist kaum anzunehmen, daß sich ein solcher Widerstand über kleine intellektuelle Zirkel hinaus ausweiten kann«.

Da es für sie offenbar zur Zeit nichts Furchterregenderes gibt, als mit Intelligenz und Moral in der Minderheit zu sein, setzt »mea culpa« auf eine große »gesellschaftliche Basis«, »an der uns, im Gegensatz zu den orthodoxen AntinationalistInnen, immer noch gelegen ist«. Wer keine unorthodoxe proletarische Basis hat, dürfe sich nicht wundern: »Daß das ›Nie-wieder-Deutschland-Bündnis‹ von 1990 in unterschiedliche Klein- und Kleinstgruppen zerfallen ist, verwundert vor diesem Hintergrund nicht.« Wie aber muß die Gesinnung sein, wenn heute Politik mit der Masse gehen soll? »Nicht nur die ArbeiterInnen ... sind als Produkt ihrer Umwelt anzusehen, sondern die antinationalen KritikerInnen selbst, die sich außerhalb des gesellschaftlichen Geschehens wähnen. Die ›weiße Weste‹ schützt selbstverständlich nicht vor einem Eingebundensein in das weltweite Herrschaftssystem.« Die Leute von »mea culpa« haben hier – vielleicht unbewußt – die einzige überhaupt nur denkbare Philosophie für eine aktuelle Massenpolitik entworfen: Wir sind alle Schweine! So gerüstet treten sie jedem moralischen Anspruch entgegen: »Die geschichtlichen Erfahrungen widersprechen der These, daß Widerstand vornehmlich aus moralischen Erwägungen heraus entstünde. Vielfach scheint es umgekehrt zu sein. Geschichtlich gesehen hat sich kritisches Bewußtsein in der Regel erst in Folge von sozialen Kämpfen verbreitet.«

Ein derart plattes Vorurteil kann nur haben, wer sich um Geschichte einen Dreck schert. Da hatte sich die deutsche Arbeiterklasse aus der Erwägung, es solle ihr sozial besser gehen, ein ansehnliches Bewußtsein angeeignet, wurde als vaterlandsloser Geselle verfolgt, mit den Bismarckschen Sozialgesetzen bedient und rannte prompt Hals über Kopf für »Kaiser, Volk und Vaterland« in den Krieg gegen Franzosen und »böse Russen«. Schon vorher hatte Bebel erklärt, er würde, wenn das Vaterland ihn riefe, selbst gegen seine Genossen in Frankreich Krieg führen. 1914 geißelte die Sozialdemokratie Adel und Bürgertum, weil sie nur halbherzig Krieg führen würden, und schwor, in dem, was in der Stunde der Not fürs Vaterland getan werden müsse, werde »sich kein Prolet übertreffen lassen«. Wo verbarg sich da das kritische Bewußtsein, welches sich angeblich in sozialen Kämpfen verbreitet? Mit Hurra hatte die Klasse die soziale Frage erledigt – im Schützengraben und auf den Schlachtfeldern von Verdun. Die Sozialdemokraten ließen ihre Frauen die Volksküchen in Deutschland organisieren, auf daß die Heimatfront stabil bleibe, und waren so dem Vorrang der sozialen Frage vor der nationalen jedenfalls formal treu geblieben. Kurze Zeit später, zum Dank dafür, daß Hitler für Arbeitsplätze gesorgt hatte, und weil es galt, Deutschland von der »Fuchtel des Weltjudentums« zu »befreien«, zog man ein weiteres Mal in den Krieg. Trotz zwischenzeitlicher Revolutionsversuche wurde die soziale Frage abermals durch das Sterben für die Nation ersetzt bzw. auf das Minimum gebracht: Ein Volk, ein Führer, eine Erbsensuppe – die freilich nicht an »Fremdarbeiter/innen« ausgegeben werden durfte. Wir sehen: Ohne Befreiung von nationalistischer Beschränkung ist an soziale Befreiung nicht zu denken. Ist der Verstand nationalistisch besetzt, geht Emanzipatorisches nicht mehr hinein. Mag sein, daß, wer für die Größe der Nation in den Krieg zieht, darauf hofft, ihm ginge es nach der Ermordung vieler »Feinde« besser. Sich vom Gemeinschaftsansinnen der Nation zu lösen, in deren Namen beständig Opfer eingeklagt werden, ist deshalb nicht nur eine moralische Forderung, sondern eine existentielle.

Besonders aufschlußreich in der gegenwärtigen Debatte sind die Attacken gegen jegliche Form antinationalistischer Politik dort, wo sie jede Hemmung verlieren. Beliebt ist etwa die Unterstellung, Antinationalisten arbeiteten den Rechten in die Hände. Sie leisteten »unwillentlich« – das ist sehr großzügig formuliert – »einer neurechten ›Identitäts‹-Politik Vorschub. Solch ein falsch verstandener Antinationalismus ist, um mit Hannah Arendt zu sprechen, nur ›der Schatten, das Spiegelbild und auch das Produkt‹ des Nationalismus selbst.« Das, was »aus einem exklusiv verstandenen Antinationalismus folgen würde, dürfte daher nicht unwesentlich die Neue Rechte in ihrem strategischen Ziel unterstützen, zu einer Hegemonie innerhalb der Gesellschaft zu gelangen«.[69] Oft kommt dieser Vorwurf auch in der Gestalt daher, daß eine antideutsche Politik die Ethnisierung der Konflikte verfestige. Die Negation der deutschen Herrschaftskultur und -geschichte als Bestätigung derselben? Wer die Umsetzung deutscher Großmachtinteressen, deren Erfolg zweifellos viele Proleten materieller Vorteile wegen gern sehen, behindern will, vergreift sich ethnisierend an den Deutschen? Hinter der These, Antinationalismus sei in Wahrheit Nationalismus, kann sich noch der Dümmste verstecken. Eine Politik gegen den deutschen Nationalismus steht in diametralem Gegensatz zu ihm. Da sich an das »Deutschtum« zwingend

Erwartungen und Zustände knüpfen wie deutsche Siege, weltweite Kulturhoheit, Stigmatisierung des Undeutschen, soldatischer Männlichkeitswahn, Zementierung der Klassenverhältnisse per »deutschem Wesen« und »Gemeinsinn«, Führung und Unterwerfung, Antisemitismus, Opferpsychose und ähnliche Verkümmerungen des Verstandes, bleiben Aufklärung und praktische Politik dagegen lebenswichtig. Sie stehen zugleich gegen jede Ethnisierung, weil sie mit der Negation des Deutschtums als eines besonderen Werts auch alle anderen Ethnisierungen negieren. Mit dieser Auffassung ist allerdings der Wunsch, politisch mit den Massen zu gehen, nicht zu vereinbaren.

Auch Karl Heinz Roth mutmaßt, daß antinationale Politik den Rechten helfe. Er schreibt: »Auch die Neigung zu rechtsextremistisch gefärbten politischen Reaktionen wird zunehmen, solange nur die neue Rechte die neue soziale Frage thematisiert.«[70] Wer die gute Konjunktur der neuen Rechten und ihre hegemonialen Aussichten schon vorweg einer falschen linken Strategie andichtet, hat moralisch ausgesorgt. Von den Beschäftigten hört niemand auf diese Fraktion, sie aber verkündet, sie hätte Großes vollbracht, wären da nur nicht jene Helfershelfer der Rechten gewesen. Welcher Sinn steckt in dem Hinweis, die neue Rechte werde erfolgreich sein, solange nur sie die soziale Frage thematisiere? Im Kern ist das eine Erfindung derer, die den Anhängern der Nazis plausible Gründe andichten wollen. Es muß doch aufgefallen sein, daß die Rechte ihren Aufschwung mit der deutschen Wiedervereinigung und der Anti-Asylkampagne nahm, die beide eine anhaltend enthemmende Wirkung hatten. Wer Naziparteien wählt oder Menschen erschlägt, kann schließlich auf keinen ökonomischen Vorteil hoffen. Im Namen der Nation wurde und wird dem Proletariat eine Verschlechterung seiner sozialen Lage abverlangt – als Opfer für die Deutschen im Osten, für den nationalen Standort, für die Sanierung der durch Sozialabgaben belasteten Profitrate, für kommende Kriegseinsätze. Die soziale Frage ist von rechts historisch im Sinne des Opfers fürs Vaterland entschieden. Jede soziale Verbesserung müßte gegen das nationale Kapital durchgesetzt werden, das aber in der Gestalt des schaffenden Wirtschaftsführers angehimmelt wird. Propagandistische Versprechungen auf diesem Gebiet enden im Verbot der Gewerkschaften und in der nationalen Arbeitsfront. Im übrigen versprechen die Nazis ihrem Anhang gegenwärtig auch keineswegs eine soziale Besserstellung, sondern eine Verschlechterung des Lebensstandards infolge der Bekämpfung des westlichen Hedonismus.

Nicht nur die Nazis, auch die Herrschaftsinstitutionen versorgen die Gebeutelten heute wieder mit mehr Nation und ethnozentristischer »Größe« als Ausgleich für materielle Entbehrungen. Zur Scheinbefriedigung bieten sie ihnen an, Flüchtlinge zu vertreiben und den Kreis derer, die statt Sozialhilfe nur noch Freßpakete erhalten und ihr Lager nicht verlassen dürfen, zu erweitern. Anhänger der Nazis, die nicht ertragen können, daß sie persönlich nichts zu erwarten haben, drängen darauf, daß andere herabgesetzt, vertrieben und ermordet werden. Rechtsradikalismus steht für das Versprechen, mit Ausländern noch derber als der Staat umzuspringen. Der Vorteil derjenigen, die sich auf ihr Deutschtum berufen, liegt darin, daß sie im insgesamt Negativen doch wenigstens nicht zu den Verfolgten gehören, es sei denn, sie wären schwul, lesbisch, obdachlos oder behindert. In dem Maße, in dem die Abwehrkräfte gegen rechte Gewalt schwinden, flüchtet sich daher eine steigende Zahl unterwürfiger Charaktere in die faschistische Umarmung. Daraus folgt politisch, daß diese Abwehrkräfte gesteigert werden müssen, statt daß man um Rep-Wähler mit der sozialen Frage buhlt. Nazisympathisanten, die selbst für Deutschland allerlei zu opfern bereit sind und die sich eine größere Wohnung durch die Vertreibung einer türkischen Familie zu ergattern hoffen, eine Ersatzwohnung zu versprechen, prämiert die Bestialität.

Der Zeitraum, in dem manche Linke, mit denen wir 1990 noch gemeinsam die »Nie wieder Deutschland«-Kampagne gestalteten, ihre Positionen einer weitreichenden Revision unterzogen, ist recht kurz. Wenn wir heute noch einmal den Aufruf zur Anti-Nationalen Demonstration vom 12. Mai 1990 in Frankfurt lesen, der die Eskalation von Rassismus und Nationalismus im Falle der Wiedervereinigung ebenso prognostizierte wie eine aggressive Außenpolitik, und wenn wir uns vergegenwärtigen, daß die Wirklichkeit keineswegs glimpflicher verlief als damals erwartet, dann sind wir erschrocken über den Gesinnungswandel, den zahlreiche Unterzeichner seither vollzogen. Karl Heinz Roth hatte damals von der neuen deutschen Oststrategie gesprochen: »Überall bis in die Baltischen Sowjetrepubliken bieten sich neue Kollaborateure an: eine chauvinistische, antisemitische und klerikalfaschistische Intelligenzia ... Beherrscht es (das BRD-Kapital) Osteuropa, dann kann ihm niemand mehr die Vormachtstellung auf dem EG-Binnenmarkt streitig machen.« Der neu entstandene deutsche Staat sei »eine Hülle der politischen Macht, die aus dem deregulierten Kapitalismus vor unseren Augen eine annektierende Hyäne macht«.[71] Nur vier Jahre später ist ihm das völlig egal: »Es ist richtig, daß es weitgehend irrelevant ist, ob und wie die BRD jetzt Weltmacht geworden ist, weil sie in einem Kontext agiert, der von den internationalen Finanzmärkten und von 200 Weltkonzernen bestimmt wird.«[72]

Es ist schwer, einen plausiblen Grund für solche 180-Grad-Drehungen zu finden. Vielleicht liegt er in einer Differenz, die wir schon damals hatten. Im Gegensatz zu einigen anderen, die von einem starken Widerstand der »Volksmassen« träumten, beurteilten wir das gesellschaftliche Bewußtsein im Jahr der Wiedervereinigung nicht gerade euphorisch. Spürt man heute: »Wer die Gefolgschaft verweigert, ist als geistig vaterlandsloser Gesell verdächtig, ohne Heimat im Sein« (Th.W. Adorno), und zieht daraus die Konsequenz, wenigstens ein bißchen mitzuschwimmen und – als Schein einer Begründung – einen regelmäßigen Jubelbericht über den Aufstand der Proletarität abzuliefern? Arbeitertümelei war schon immer ein Vehikel für das Arrangement mit den Herrschenden. Menschen, die diese Gesellschaft radikal verändern wollen, müssen schon ertragen können, daß sie einer gewaltigen Mehrheit verdächtig erscheinen. Wer aber die radikale Kritik an den Verhältnissen beibehält und sich gleichwohl zum Sprecher der »Volksmassen« aufspielt, bleibt solange eine tragikomische Figur, bis er den darin steckenden Widerspruch nach einer der beiden Seiten hin aufgelöst hat.

Wir können den Zustand nicht überlisten, daß eben auch in den proletarischen Individuen lange Traditionen stecken. Schon Martin Luther pries die Plackerei als göttlichen Dienst. Das Profitieren von der Ausplünderung der unterentwickelt gehaltenen Regionen und die rassistische Scheinlegitimation dieser Raubzüge wurden ebenso zur Gewohnheit, wie das bereits viel länger herrschende Patriarchat dem Manne wie eine natürliche Fügung vorkommt. Das Deutschtum geistert in vielen Facetten durch die Köpfe, und ein übriges leistet die Absorbierung des kritischen Verstandes durch die Warengesellschaft und die Verdinglichung alles Lebendigen in ihr. »Längst ward dargetan, daß die Lohnarbeit die neuzeitlichen Massen geformt, ja den Arbeiter selbst hervorgebracht hat. Allgemein ist das Individuum nicht bloß das biologische Substrat, sondern zugleich die Reflexionsform des gesellschaftlichen Prozesses.«[73]

Diesen Gedanken zu reflektieren und ihn nicht durch den zensierenden Bescheid, er raube uns »Optimismus« und »Perspektive«, sei »elitär« und »arrogant«, zu liquidieren, ist eine wichtige Voraussetzung dafür, unsere politischen Möglichkeiten heute richtig zu bestimmen. Daß das Böse dem Menschen nicht angeboren, sondern gesellschaftlich produziert ist, wird vom neuproletarischen Flügel falsch, mit Verständnis für das Böse, aufgefaßt. Wenn die Fähigkeiten und Bedürfnisse, die den Menschen antrainiert wurden, sie grausam handeln lassen, dann ist die Anbiederung an sie eine Bestätigung der Unfreiheit. Wer eine Gesellschaft will, in der Produktionsweise und Struktur den Menschen erlauben, nicht mehr böse zu sein, muß ein Bewußtsein entwickeln, das »gar nicht über das Grau verzweifeln« könnte, »hegte es nicht den Begriff von einer verschiedenen Farbe, deren versprengte Spur im negativen Ganzen nicht fehlt«.[74] Was läge da näher, als mit den Menschen, die sich nach den verschiedenen Farben sehnen und im Widerstand gegen Repression Freiheit konkret werden lassen wollen – gleichgültig, wie viele das sind –, gegen die falsche Gesellschaft zu kämpfen, statt nach den übelsten Mitmarschierern zu schielen und dem Ausdruck des Bösen in der Gesellschaft die Weihen des Protestes und des Widerstands zu verleihen?

III. Die klassenlose Klassengesellschaft

Lotto statt Revolution. Das in Produktion und Zirkulation gefangene Subjekt

Es scheint, daß der marxistische Versuch, im entwickelten Kapitalismus ein revolutionäres Subjekt aus dessen sozialökonomischer Stellung abzuleiten, wenn nicht endgültig, dann zumindest auf absehbare Zeit gescheitert ist. Natürlich haben sich Klassengesellschaften deshalb nicht etwa in Luft aufgelöst, im Gegenteil: Die Ursache für das Verschwinden eines Klassenbewußtseins liegt gerade in deren Verfestigung durch die gelungene Identifikation der Ausgebeuteten mit dem Betriebszweck und den marktgemäßen Funktionen, die ihnen rund um die Uhr zugewiesen sind. Wir sprechen im folgenden über das gesellschaftlich dominante Bewußtsein und nicht über die verschwindend kleinen Gegengruppen, jene Ausnahmen, die tatsächlich nur die Regel bestätigen. Das aktuelle Symbol der Befreiung ist dem dominanten Bewußtsein weder eine Revolution noch eine Reform mit dem Ziel einer besseren Gesellschaft, sondern der Lottoschein, den Millionen Menschen wöchentlich ausfüllen, um ihren Status innerhalb der bestehenden Verhältnisse zu verbessern. Er eröffnet den Traum, ein Leben zu führen wie die Idole in Sport, Musik- und Modebranche, Kinofilm und TV-Serien oder im ganz normalen Geschäftsleben. Dieser Traum erfährt Woche für Woche eine Enttäuschung, mit der die Individuen zu leben gelernt haben. In ihrer Phantasie partizipieren sie dafür an den greifbarer erscheinenden kleinen Gewinnen, die Abend für Abend in den Gameshows des Fernsehens in Form von Waren, Reisen oder kleinen Geldgewinnen ausgeschüttet werden. Die beliebteste Gameshow ist das ›Glücksrad‹ – sie präsentiert das Massenbewußtsein in seiner idealtypischen Form. Gesellschaftliche Looser, die das Mitgefühl aller haben, werden um ein Laufrad placiert und sammeln Geldpreise, die anschließend gegen Waren eingetauscht werden müssen. Moderatoren und Publikum animieren sie, jeden Markenartikel, den sie mit nach Hause nehmen dürfen und dessen Vorzüge von einer körperlosen Stimme aus dem Off heruntergerasselt werden, wie blöde zu bejubeln. Die bescheidenen Gewinner/innen sind dabei selber nur manipulierte Wichte einer monströsen Werbesendung. Sie sorgen für ein lückenloses Gesamtbild: Fabrikanten, Arbeiter/innen,

Techniker/innen, Kaufleute, Werbeleute und Konsument/inn/en tanzen gemeinsam um Markenprodukte, die allein dem Leben noch einen Sinn zu geben scheinen. Ginge es allerdings nach Marcuse, wären solche Massenshows noch ein vergleichsweise kleines Übel: »Wenn die Menschen heute ihre von der bestehenden Gesellschaft gesteuerten Fähigkeiten und Bedürfnisse frei entfalten dürften, dann käme etwas Grausiges heraus.«[1]

In der postmodernen Blödwelt dringt fast nichts mehr so ins Bewußtsein, wie es wirklich ist. Das Unternehmensziel zu erreichen, wird von den Unfreien – mit Ausnahme der seltenen renitenten Exemplare, die aber inzwischen fast alle entlassen sind – längst nicht mehr als Anstrengung verstanden, der man sich tunlichst entziehen sollte, sondern genauso als Chance zur Selbstverwirklichung wie das getriebene Dasein in der freien Zeit, dessen Streß dem des Berufsalltags immer ähnlicher wird. Man darf nie zu spät kommen, nicht zur Arbeit und nicht zum Fitneß-Studio, nicht zum Einkauf und nicht zum Angeln, nicht zum Feuerwerk und nicht zum Schützenfest, nicht zum Rock-Konzert und nicht zur Internorga. Alle sind – soweit das Geld reicht – vom Zwang getrieben, bei allem dabeisein und alles kaufen zu wollen, was der Zirkulationsbetrieb ihnen als fürs gesellschaftliche Dazugehören unabdingbar einflüstert. Wer an rotgeschalteten Ampeln und in Staus nicht demonstrativ dem Herzinfarkt nahe ist, ist ein Außenseiter, der von seiner Umgebung nicht mehr verstanden wird. Die moderne Dressur des Menschen zum Kunden von Waren und Dienstleistungen, vor allem aber zu einem Wesen, das seine permanente Leistungsbereitschaft signalisiert, hat durch die Marktsegmentierung, die den Menschen als Ergebnis eigenen Wollens vermittelt, wofür man sie längst schon verplant und sortiert hatte, einen starken Schub bekommen.

Während die in ihre wertsteigernden Bestandteile zergliederten Menschen in der Produktion ein jederzeit ersetzbares Nichts geworden sind, ist die Zeit herangereift, sie auch außerhalb derselben nur noch als wandelndes Geld, als konsumierendes Nichts zu etablieren. Die bürgerliche Gesellschaft, die den Sozialismus, der wenigstens Unpünktlichkeit und einige Selbstorganisation im Privaten zuließ, der Gleichmacherei bezichtigte, ist mit sich ins Reine gekommen, indem sie sich selber vorlügt, die von ihr durchgesetzte Gleichmacherei der Menschen in Produktion und Zirkulation bedeute eine Stärkung ihrer Individualität. Wesentliche Voraussetzung für die Schaffung des marktwirtschaftsadäquaten Menschen waren Veränderungen in der Produktionssphäre, die von Anfang an, auch ohne raffiniertes Marketing, das Verhalten in der Freizeit entscheidend prägten. Schon die Manufaktur, die Vorläuferin der großen Industrie, schuf, schrieb Marx, »die unbedingte Autorität des Kapitalisten über Menschen, die bloße Glieder eines ihm gehörigen Gesamtmechanismus« bildeten. Sie »verkrüppelt den Arbeiter in eine Abnormität, indem sie sein Detailgeschick treibhausmäßig fördert durch Unterdrückung einer Welt von produktiven Trieben und Anlagen«. Während in der Manufaktur die Werkzeuge noch Apparate der Menschen waren, deren Verwendung sie selber beeinflußten, entriß die große Maschinerie ihnen die Werkzeuge und fügte sie in einen Gesamtmechanismus ein, dem der Arbeiter als Anhängsel einverleibt wurde. An die Stelle der persönlichen Hierarchie trat »in der automatischen Fabrik die Tendenz der Gleichmachung oder Nivellierung der Arbeiten«. Da die Gesamtbewegung nun nicht mehr von den Arbeiter/inne/n ausging, »sondern von der Maschinerie«, konnte »fortwährender Personalwechsel stattfinden ohne Unterbrechung des Arbeitsprozesses«. Die Menschen verwandelten sich »in den Teil einer Teilmaschine«, abhängig »vom Fabrikganzen«, welches selbst die »geistige Tätigkeit ... konfisziert«[2]. Darin waren sich Horkheimer und Adorno mit Marx einig: »Jeder ist nur noch, wodurch er jeden anderen ersetzen kann: fungibel, ein Exemplar. Er selbst, als Individuum, ist das absolut Ersetzbare, das reine Nichts.« Auf dem Weg von der Mythologie zur Logistik habe »Denken das Element der Reflexion auf sich verloren, und die Maschinerie verstümmelt die Menschen heute, selbst wenn sie sie ernährt«. Von der Produktion gehe bereits eine Reduktion des Menschen aus »durch Isolierung in der zwanghaft gelenkten Kollektivität. Die Ruderer, die nicht zueinander sprechen können, sind einer wie der andere im gleichen Takt eingespannt wie der moderne Arbeiter in der Fabrik, im Kino und im Kollektiv.«[3]

Mit der Erweiterung der Produktionsbasis im sogenannten Fordismus wurden auch Bildungspotential und Segmentierung der Arbeiterklasse verfeinert. Der Kapitalismus ließ sich nicht mehr steuern, ohne die Potentiale der unteren Schichten der Gesellschaft zu aktivieren. »Indem die bürgerliche Wirtschaft die Gewalt durch die Vermittlung des Marktes vervielfachte, hat sie auch ihre Dinge und Kräfte so vervielfacht, daß es zu deren Verwaltung nicht bloß der Könige, sondern auch der Bürger nicht mehr bedarf: nur noch Aller.«[4] Den Besten oder Skrupellosesten winkte eine leidliche Karriere und – gemessen an den durchschnittlichen Möglichkeiten ihrer sozialen Gruppe – auch gutes Geld. Damit verschob sich die Überzeugung, es sei aussichtslos, das Milieu der eigenen Klasse verlassen zu wollen, allmählich zu der irrigen Vorstellung, jeder sei seines Glückes Schmied. Der immense Fortschritt in der Rationalisierungs-, Kommunikations- und Vergnügungsindustrie sowie die keynesianische Erweiterung der Staatsaufgaben verschob und vermischte die

Berufsstruktur. Die Aufblähung der Verwaltungs-, Weißkittel-, Beamten-, Dienstleistungs- und freien Berufe machte Arbeiter/innen und Handwerker/innen zur Minderheit. Nur noch weniger als ein Fünftel der Erwerbstätigen in den imperialistischen Zentren gehört heute zur Kategorie »Arbeiter«. Die Masse des neuen Proletariats fühlt sich seit jeher dem Manager näher als dem Arbeitslosen, dem »gemeinsamen« Unternehmenszweck mehr verpflichtet als den Gewerkschaften, die sich ihrerseits den Verhältnissen anpaßten, indem sie das Versicherungsprinzip in den Vordergrund stellten und — stellvertretend für ihre Mitglieder — die vertrauensvolle Zusammenarbeit mit dem Kapital einübten.

Vor allem die lange Prosperität nach dem Zweiten Weltkrieg brachte die Integration voran. Bis dahin hatten sich in Europa lange Verelendungs- mit nur kurzen Aufschwungsphasen abgelöst, und nur aus der Ferne winkten die USA mit ihrem Versprechen, dort könne man es vom Tellerwäscher zum Millionär bringen. Trotz der Erfahrungen des Zweiten Weltkriegs, deren Zusammenhang mit dem Kapitalismus offensichtlich war, hatten Marxist/inn/en nach 1945 in den kapitalstarken Zentren keine Chance mehr. Auschwitz oder der massenhafte Hungertod in der Dritten Welt berührten ohnehin nur sehr wenige — beide schienen nur Fremde zu betreffen. Zwei Inflationen, Massenarbeitslosigkeit und Rußlandfeldzug hatten den Wunsch nach Wohlstand genährt und, so widersinnig das nach dem Geschehen auch war, den Glauben an die Marktwirtschaft, die bald schon begann, den Menschen Warenberge anzubieten, bis ins Phantastische gesteigert. Zwei Jahrzehnte prosperierte der Kapitalismus und schien nunmehr krisensicher, so daß hohe Wachstumsraten und zweistellige Lohnzuwächse bald als normal galten. Dem Proletariat flogen massenhaft Waren um die Ohren, von denen sich einige sogar sinnvoll gebrauchen ließen: Kühlschränke, Autos, Fernseher, Musiktruhen, modische Kleidung, Bier in Strömen, Schinken, Butter und Tiefkühlkost für Gefriertruhen, elektrische Rasierer, Zahnbürsten, Heizkissen, Kaffee und Südfrüchte, Rotwein und Sekt, Silvesterknaller in Großpaketen, Konditoreierzeugnisse und Brotmengen zum Wegwerfen, teure Ökoprodukte aus Reformhäusern, Haustiere von der Stange, soviel Kinderspielzeug, daß die Kinder unter Plastikbergen begraben werden konnten, dazu gab es Pillen und Vitaminpräparate in Mengen, Haus- und Autoapotheken und vor allem Reisen in präparierte Urlaubsparadiese. Der Kapitalismus hatte das Proletariat am Geld schnuppern lassen und sich in einen Schleier aus Hollywood gewoben, der individuelles Glück versprach, wenn jemand es nur anpacken würde.

War die über den unmittelbaren Reproduktionsbedarf hinausschießende Geldmenge in den Händen des metropolitanen Proletariats eine der allgemeinen Voraussetzungen für die Auflösung des Klassenbewußtseins, so waren es die damit finanzierten Reisen im besonderen. Die Proleten zieht es nicht etwa deshalb magnetisch in ferne Ländern, weil dort die Sonne scheint, sondern weil ihnen überall ärmere Menschen begegnen, die sie befehligen – Bedienstete, die ihnen ihres Geldes wegen den Eindruck vermitteln, sie wären Könige. Jeder Prolet ist sein eigener Kolonialherr, so benimmt er sich jedenfalls in der Fremde. Der Gedanke, daß er sich selber wie ein Idiot verhält, kommt nicht mehr auf. Schließlich entstammt er einer Gesellschaft, die es sich EG-weit nebenbei leisten kann, jährlich für 30 Milliarden DM Nahrungsmittel zu vernichten, nur weil Lagerkapazitäten frei gemacht werden müssen. Marx hat diesen Zustand geahnt, wenngleich er nicht annahm, daß das Proletariat durch ihn wesentlich geprägt werden würde. Er zitierte einen Brief, den Christoph Columbus 1503 aus Jamaica geschrieben hatte: »Gold ist ein wunderbares Ding! Wer dasselbe besitzt, ist Herr von allem, was er wünscht. Durch Gold kann man sogar Seelen in das Paradies gelangen lassen.« Marx fügte hinzu: »Da dem Geld nicht anzusehen, was in es verwandelt ist, verwandelt sich alles, Ware oder nicht, in Geld. Alles wird käuflich und kaufbar. Die Zirkulation wird die große gesellschaftliche Retorte, worin alles hineinfließt, um als Geldkristall wieder herauszukommen.« Letztlich würde man »überhaupt im Fortgang der Entwicklung finden, daß die ökonomischen Charaktermasken der Personen nur die Personifikationen der ökonomischen Verhältnisse sind, als deren Träger sie sich gegenüberstehen«.[5]

Die deutschen Gewerkschaften haben sich besonders darum bemüht, die Menschen dem Betriebs- und damit dem Gesamtzweck einzupassen. Über allem steht ihnen eine Verrechtlichung der Konflikte, die den Eindruck erweckt, es würde gar keine geben, wenn man nur sachlich bleibt. Kapitalverbände, Staat und Gewerkschaften legen gemeinsam die noch sichtbaren Widersprüche in die Hände von Richtern, Gutachtern und Schlichtern in Tarifkommissionen, Einigungs- und Schlichtungsstellen, die ausgleichen, abfinden, verhandeln, Rat geben oder Entscheidungen im Namen des Gemeinwesens treffen. Wie im Betrieb umgibt die Menschen auch im Privaten ein Gewebe von Institutionen, die alle nur eines bewirken: die Einfügung in das Unvermeidliche. Jede einzelne Beratung bei Rechtsanwälten, Sozialämtern, Verbraucherstellen, Arbeitsämtern, Krankenkassen, Rententrägern, Schiedsstellen der Sportverbände, Mieterstellen, Versicherungen bringt als Ergebnis, was im allgemeinen für alle gilt. Ermessensspielräume sind äußerst gering, und spontane Mißfallenskundgebungen gelten als störend. Betriebsräte als vermeintliche Interessenvertreter der Arbeitnehmer/innen sind kraft Gesetz und aus

113

Überzeugung eine Unterabteilung der Personalabteilung, zuständig für Rentenberatung, Kantinenessen und Abfindungssummen. Der rechtliche Zuschnitt läßt ihnen bei wirtschaftlichen Angelegenheiten nur eine Mitbestimmung bei der personellen Auswahl der zu kündigenden Kolleg/inn/en: Personalführung und Betriebsrat hocken sich über eine Liste und wählen aus: Die geht, der bleibt. Arbeitnehmervertretungen in den Aufsichtsräten haben nach dem Aktiengesetz alles zu tun, was dem Unternehmen nützt, und alles zu unterlassen, was ihm schaden könnte. Zum Dank werden Arbeiterkarrieren gut bezahlt. Nicht jeder bringt es, wie Franz Steinkühler, zum Millionär, aber dreißig oder mehr Riesen im Jahr als Sondersalär sind keine Seltenheit für Proleten in Aufsichtsräten, Betriebsräten (getarnt als Pauschale für Aufwendungen, Überstunden, Sitzungen), in Kommunalparlamenten, bei Sozialversicherungsträgern, Parteien und Ämtern aller Art.

Für das Proletariat insgesamt gilt die Regel: ohne Versicherungsleistung kein Streik. Die laufenden Abzahlungen oder Vermögensbildungen wären sonst nicht gedeckt. Vor der kämpferischen Attitüde steht die kaufmännische und versicherungstechnische Kalkulation. Lehnt ein Betriebsrat zum Beispiel Überstunden für Sonderaufträge ab, steigen ihm sowohl die Kapitalvertretung als auch die Kolleg/inn/en aufs Dach.

Viele sind derart hoch verschuldet, daß sie ein Überstundenabonnement für die nächsten zwanzig Jahre haben. Als der Mieterbund eine Sonderabgabe für Eigentumswohnungen und Eigenheime forderte, um damit billigere Wohnungen zu finanzieren, hagelten Proteste aus der Bevölkerung, die den Lebenslauf der Protestierenden bloßlegten. Die »Bild«-Zeitung vom 14. März 1994 präsentierte Belege eines abgrundtiefen Elends: »Ich bin heute 79, habe drei Söhne großgezogen und uns ein schönes Haus gebaut, so daß meine Frau und ich unsere alten Tage sorglos verbringen könnten. Uns hat niemand geholfen.« Der Beginn einer vermeintlich sorglosen Lebensphase ab 79 kann wegen der Nähe zum Tod nur noch vom Versprechen eines besseres Lebens danach überboten werden, als Geschenk für lebenslange Mühsal. Andere Empörte waren noch weit weg von der Erlösung: »Seit Jahren arbeite ich täglich bis in den späten Abend für ein Haus, kenne keinen Sonn- und Feiertag. Wenn es fertig ist, werden mich die Schulden fast erdrücken. ... Viele Ehepaare haben ihr Leben lang auf ein Eigenheim gespart, Entbehrungen auf sich genommen.« Den Gipfel des Elends hatten unsere Großeltern erklommen, die ihr Erspartes durch Währungsreformen und die Eigenheime durch Bomben verloren, um danach wieder von vorn zu beginnen, bis in den späten Abend hinein und an Sonn- und Feiertagen für ein Haus zu schuften. Die hohe Mauer um das eigene Grundstück symbolisiert den

Wahn, die Russen, Engländer, Kriminelle oder neidische Nachbarn könnten (noch) einmal kommen, um ihnen das Eigenheim zu demolieren oder einfach wegzunehmen, was sich darin befindet. Wer will ihnen verdenken, daß sie bald keine Kolleg/inn/en oder Genoss/inn/en mehr kannten, sondern schon in den Nachbar/inne/n den Feind erblickten, den es zu verfolgen galt – oder in einem Hund, der vergiftet gehörte, weil er auf ein Schnittlauchbeet geschissen hatte.

Die Verwendung menschlicher Ressourcen für die Kapitalbildung und die wachsende Ausformung einer allgegenwärtigen Vergnügungsindustrie in der Dienstleistungswelt verwischte das erkennbar starre Oben und Unten früherer Systeme. Der entfaltete moderne Kapitalismus sortierte immer ausgefeilter über Schulen, Akademien, Fortbildungen, Belastungstests die für den Gesamtzweck Nützlichsten aus den unteren Schichten heraus. Kinder aus Arbeiterfamilien wurden Ingenieure, Offiziere, Bauunternehmer, Minister/innen, Rechtsanwälte und Rechtsanwältinnen, Chefsekretärinnen, Lehrer/innen, Modeunternehmer/innen, Filmschauspieler/innen, Schlagersänger/innen, sogar Manager/innen und Sportler/innen, die Millionen verdienen können, wenn sie sich als Werbepuppen zur Verfügung stellen. Rundfunk, Fernsehen, Illustrierte, Regenbogen- und Boulevardpresse spielten Individualkarrieren von Kindern aus armen Häusern hoch, so daß bald jeder, der etwas geworden war, vorgab, aus bettelarmen Verhältnissen gekommen zu sein und seine ersten Groschen mit dem Zeitungsverkauf oder unter Tage verdient zu haben. Jede/r Reiche erinnert sich gern an die Tage, in denen er oder sie durch Dreck gewatet ist, und die Millionäre von Borussia Dortmund spielen in Erinnerung an ihre Vergangenheit immer wieder gern für das Wohlbefinden der Arbeitslosen im Revier. Die neuen Chancen, zu Geld und Ruhm zu kommen, deren Trefferquote geringfügig höher ist als die im Lotto, suggerieren, das persönliche Vorwärtskommen sei nur noch eine Sache von individueller Cleverness, Leistung, Anpassungsfähigkeit und dadurch verdienter Fürsprache. Das Bild der Sozialdemokratie wurde über viele Jahre dadurch geprägt, daß sie über Gesamtschulen, zweite Bildungswege und graduierte Titel die Chancen für eine kleine Karriere im Kapitalismus erhöhte. Während ein CDU-Mann noch argwöhnte, ob dieser oder jener von Stande sei, wurde der Gewerkschaftsführer Steinkühler Börsenspekulant. Auch die Emanzipation der Frauen wurde nach dem Motto »Drei kamen durch« auf das individuelle Karrierevermögen konzentriert. Je durchsetzungsfähiger die Frau im Kapitalismus sei, desto freier. Der Freiheitsbegriff orientierte sich zunehmend an den Gegebenheiten der weiterhin siegreichen Männerwelt. Maggi Thatcher, Steffi Graf und Claudia Schiffer schienen es allen zu beweisen.

Auf der Schattenseite dieses Trugbildes, das seine ganze Wirkung erst durch das erzielt, was an ihm wahr ist, stehen die Glücklosen, die selbstverständlich an ihrem Unglück selbst schuld sind. Die vermeintlich oder tatsächlich Glücklichen urteilen, ob es jenen an Leistungsbereitschaft oder Cleverness mangelt oder ob ihre Renitenz zu Recht die Ablehnung der Entscheidungsträger herausfordert. Die Anpassung wird nicht mehr erzwungen, sondern freiwillig gebimst: Wie bewerbe ich mich richtig? Wie trage ich zur guten Laune meines Vorgesetzten bei? Psychotests leichtgemacht! Wie steigere ich meine Kreativität fürs Unternehmen? Für viele moderne Proletarier/innen sind Sparvermögen, Aktien, Rentenpapiere, Zinsen und Zinseszinsen keine Fremdworte mehr, sondern ein Teil ihres Lebens, der nicht mehr negativ mit einer dicken Zigarre assoziiert, sondern fachmännisch diskutiert wird. Über die individuelle Vermögensbildung wird jener Teil der Geldmasse, der dem Proletariat zufließt, ohne für eine gehobene Reproduktion verausgabt zu werden, wieder der Kapitalakkumulation oder Spekulation zugeführt. Aus der Sicht der Erwerbstätigen ist das Finanzkapital zum Vertrauenspartner geworden. Die einen haben ein respektables Vermögen angesammelt, die anderen verschuldeten sich mit Konsumenten- oder Baukrediten; beide Gruppen wurden über ansehnliche Geldbeträge in den ökonomischen Kreislauf integriert.

Die Zurichtung des Menschen zu einem Bestandteil des Systems hat Adorno analysiert: »Längst ward dargetan, daß die Lohnarbeit die neuzeitlichen Massen geformt, ja den Arbeiter selbst hervorgebracht hat. Allgemein ist das Individuum nicht bloß das biologische Substrat, sondern zugleich die Reflexionsform des gesellschaftlichen Prozesses, und sein Bewußtsein von sich selbst als einem an sich Seienden jener Schein, dessen es zur Steigerung der Leistungsfähigkeit bedarf, während der Individuierte in der modernen Wirtschaft als bloßer Agent des Wertgesetzes fungiert ... Entscheidend ist dabei in der gegenwärtigen Phase die Kategorie der organischen Zusammensetzung des Kapitals. Darunter verstand die Akkumulationstheorie ›das Wachstum in der Masse der Produktionsmittel, verglichen mit der Masse der sie belebenden Arbeitskraft‹ (Marx). Wenn die Integration der Gesellschaft ... die Subjekte immer ausschließlicher als Teilmomente im Zusammenhang der materiellen Produktion bestimmt, dann setzt die ›Veränderung der technischen Zusammensetzung des Kapitals‹ in den durch die technologischen Anforderungen des Produktionsprozesses Erfaßten und eigentlich überhaupt erst Konstituierten sich fort. Es wächst die organische Zusammensetzung des Menschen an. Das, wodurch die Subjekte in sich selber als Produktionsmittel und nicht als lebende Zwecke bestimmt sind, steigt wie der Anteil der Maschinen gegenüber dem variablen Kapital.«⁶ Schon Marx war der Auffassung, daß »eine gewisse geistige und körperliche Verkrüppelung ... unzertrennlich selbst von der Teilung der Arbeit im ganzen und großen der Gesellschaft« sei. Mit Blick auf die große Maschinerie hatte er auch die Heranbildung des verdinglichten Produzenten angesprochen: »Aus der lebenslangen Spezialität, ein Teilwerkzeug zu führen, wird die lebenslange Spezialität, einer Teilmaschine zu dienen. Die Maschine wird mißbraucht, um den Arbeiter selbst von Kindesbeinen in den Teil einer Teilmaschine zu verwandeln.« Seine Abhängigkeit vom Fabrikganzen werde »vollendet«, sie konfisziere »alle freie körperliche und geistige Tätigkeit«, und »alle Sinnesorgane werden gleichmäßig verletzt«.⁷

Die verdinglichten Produzent/inn/en hatten durch die Entwicklung der Massenproduktion Geld zur Verfügung, das über die unmittelbare Reproduktion an Bedeutung gewann. Es bildeten sich die Konsument/inn/en heraus, um deren Geld gerungen wurde, was den Bewußtlosen als Zeichen ihrer Freiheit und Anerkennung ihrer selbst erschien. Sie wurden als Konsument/inn/en wissenschaftlich nach Neigungen und Bedürfnissen sowie nach ihrer Manipulierbarkeit ebenso untergliedert, wie der Taylorismus sie in der Produktion in ihre Bestandteile zerlegte. Viele Organisationen beschäftigen sie mit Untersuchungen und Angeboten, an denen sie ihre Geschicklichkeit als Käufer/innen entfalten können: Stiftung Warentest, Verbraucherorganisation, Do-it-yourself-Markt. Insbesondere die Herstellung langlebiger Wirtschaftsgüter machte aus Konsument/inn/en Spezialist/inn/en. Häuser, Eigentumswohnungen, Automobile, Kühlschränke, Spülmaschinen, Waschmaschinen, Heimsaunen, digitale Musikanlagen, Computer und sonstige elektronische Geräte sind teure Anlagen. Ihr Kauf und Betrieb animiert die einzelnen, Spezialist/inn/en im Wohnungsbau, in der Elektronik, im Maschinen- und Reparatursystem sowie im Finanzwesen zu werden. Für die Konsumarbeit stehen Einrichtungen zur Verfügung, die allesamt zu den expandierenden Wirtschaftszweigen gehören: Baumärkte, Hobbymärkte, Möbelbausatzmärkte, Do-it-yourself-Werkstätten und Materialmärkte, Reparaturanweisungen und Fachmagazine. Um dem Konsumbetrieb außerhalb der Erwerbsarbeit gerecht zu werden, hat das Proletariat seine Facharbeitsfähigkeiten womöglich noch ausgebaut.

Gleichzeitig aber qualifiziert sich der Mensch in seiner freien Zeit auch wieder für die Lohnarbeit, indem er den Rhythmus beibehält. Die liebevolle Behandlung eines Autos oder Personal-Computers sind Ausdruck seiner kompletten Verdinglichung. Das größere Maß an Befriedigung im Umgang mit ihnen während der Freizeit erwächst aus dem Gefühl, endlich eigenständig mit einer Maschine umgehen zu dürfen, statt von ihr, wie in der Produktion, dominiert zu werden. Tatsächlich aber ist die Eigenständigkeit nur Schein. Niemand vermag zu sagen, ob die Maschinenarbeit im Reich der Notwendigkeit oder jene im Reich der Freiheit mehr Streß verursacht.

Wer in die Gesichter der Autofahrer in der Stadt oder auf den Autobahnen blickt, könnte auf die Idee kommen, die Verfügung über die Maschine in der Freizeit absorbiere — wie auch die Mammutanlagen der Vergnügungsindustrie — noch mehr Seele. »Nicht indem sie ihm die ganze Befriedigung gewährten, haben die losgelassenen Produktionskolosse das Individuum überwunden, sondern indem sie es als Subjekt auslöschten. Eben darin besteht ihre vollendete Rationalität«[8] — in der Erwerbsarbeit wie in der Freizeit.

Alte soziale Klassenkollektive (die nicht romantisiert werden sollten, weil sie unter ständiger Bedrohung und anerzogenem Eigennutz selten eine wahrhaft solidarisierende Wirkung entfalteten) haben sich aufgelöst. Aber die neue Welt des Proletariats ist deshalb keineswegs durch Individualisierungsprozesse geprägt, wie oft behauptet wird, ihr Merkmal ist vielmehr die Überführung jener Klassenkollektive in Funktionskollektive der Marktwirtschaft — in der Erfüllung der Zwecke des reibungslosen Produktions- und Konsumtionsbetriebs sind die Menschen gleich, im Existenzkampf sind sie atomisiert. Erst im derart fortgeschrittenen Stadium der Auflösung des Klassenbewußtseins kann das Kapital zur selbstverantwortlichen »toyotistischen« Gruppenarbeit wechseln. Die moderne Gruppenarbeit mit klassenbewußten Arbeiter/inne/n wäre eine Art Gewerkschaftsversammlung, in der — bei Abwesenheit von Vorgesetzten — der Streik für niedrigere Normen, bessere Bezahlung und Arbeitsbedingungen geplant würde. Ohne Klassenbewußtsein bedeutet sie eine Potenzierung des Mehrwerts durch Einsparung der Kontrollhierarchien.

Die Gruppenarbeit ohne Aufpasser zeigt das Ende der Arbeiterbewegung an. Fast hatte die deutsche Kapitalisten- und Managerkaste den Zug der Zeit verschlafen. Zu sehr dachte sie in den historischen Bahnen. Kapital war durch die Knute entstanden, also bedurfte es in Krisenzeiten noch mehr der Knute. Das traditionelle unternehmerische Denken mißtraute den Arbeitnehmer/inne/n und verzichtete durch Beibehaltung eines gewaltigen Hierarchieapparates auf Rationalisierungsprofite. Mitsubishi machte es ihnen vor, und die »Wirtschaftswoche« (3/1994) mahnte: Die neue Managergeneration werde »den Verlust traditioneller Machtpositionen akzeptieren müssen. In der Vertrauensorganisation, die Wissen und Verantwortung teilt, werden manche Führungspositionen überflüssig. Managerkompetenz verlagert sich mit dem Abschied von der Kommandowirtschaft auf Mitarbeiter. Im freien Fluß der Informationen verschwimmen die traditionellen Hierarchien. Für Überlegenheitsgefühle bleibt da kaum noch Platz.« So ganz nebenbei spricht die »Wirtschaftswoche« aus, daß die Marktwirtschaft, da durch die Identifikation der Menschen mit dem gemeinsamen Zweck gesichert, des persönlichen Kommandos nicht mehr bedürfe. Das setzt den eindimensionalen Menschen voraus.

Müßiggang ist aller Laster Anfang. Auch in der Freizeit ist für alle immer etwas vorgesehen

»Die Befreiung, die Amusement verspricht, ist die vom Denken als Negation.« Max Horkheimer / Theodor W. Adorno

Der Kapitalismus stürzt sich nicht mehr in Gestalt der Krämer und Händler auf das Geld der Arbeiterklasse, sondern in Form einer alle Schichten erfassenden und sie rund um die Uhr beschäftigenden Konsum- und Freizeitwirtschaft. Der allem gemeinsame Zweck wölbt sich totalitär über Arbeits- und Freizeit. Hier beherrscht die Menschen der Unternehmenszweck, der sich in korrekter Einhaltung aller Termine realisiert, dort herrscht der Zwang, neben den privaten Arbeiten aller Art bei dem, was sonst noch so läuft, dabeisein zu müssen. Alle sind zum Erfolg oder wenigstens dem Anschein davon verdammt. Ihn nicht zu verkörpern wird von der Gesellschaft bestraft wie generell das Anderssein.

Viele Frauen haben mit Haushalt, Kindern, Einkauf, Preisvergleichen, Überweisungen zu tun. Viele Männer regeln Versicherungsschäden, Autoreparatur und -putz, arbeiten die Hefte von »Stiftung Warentest« durch und organisieren Vereine, Verbände, Großeinkäufe, Hypotheken für das Haus, arbeiten an Haus- und Steuererklärungen. Es scheint, daß die Deutschen nie zu arbeiten aufhören. Das Institut für Freizeitwirtschaft, München, schätzt, daß 31 Millionen deutsche Heimwerker rund 2,6 Milliarden Stunden an Heim und Haus werkeln. Bei einem Stundenlohn von 50 DM würde demnach eine unentgeltliche Wertschöpfung von 130 Milliarden DM pro Jahr erzielt. Eltern überwachen die Zensuren ihrer Kinder, gemeinsam werden Urlaube geplant, Treffen organisiert, Fern- und Volkshochschulkurse zwecks Weiterbildung besucht und Übungen zwecks Körperertüchtigung absolviert. Bleibt beiden noch Zeit, müssen Leistungsbereitschaft und -fähigkeit demonstriert werden, die die Vergnügungswirtschaft abverlangt, um den latenten Verdacht zu entkräften, ein unproduktives, nicht Lifestyle-gemäßes Mitglied der Gesellschaft zu sein. So wird in der freien Zeit die Produktion kopiert, allerdings unter dem Schein einer freien Entscheidung. Wer seine Zeit nicht mit einem vollen Terminkalender abdecken kann, steht vor einer Leere. Selbst die Fernsehprogramme, die den Erschöpften Entspannung versprechen, bieten keine Zuflucht. Als Verdoppelung und Pointierung des realen Lebens präsentieren sie verkitscht und überhöht noch einmal die eigenen Probleme.

Die Nachbarschaft ist voller Nepper, Schlepper, Bauernfänger, Drogensüchtiger, Mafiosi oder anderer unangenehmer Überraschungen. Mit den Game-Shows setzt sich wie in den Werbeeinblendungen der übrigen Programmebestandteile die Sortierung der Warenwelt fort. Auch Sendungen, die nicht permanent von Werbeblöcken unterbrochen werden, verhindern ein geduldiges Sich-Einlassen mit Spotlight-ähnlichen Bild- und Musikfolgen. In Musik-Clips wird jedes Bild schon wieder zerschlagen, kaum daß es sich ankündigte. So macht das Fernsehen die Reflexion unmöglich, die Atempausen benötigt.

Damit in den eigenen vier Wänden nicht der Hauch von Entspannung aufkommt, wird die Fernsehwelt – nach der Facharbeit im fordistischen Konsum – zu einem dritten Arbeitssektor ausgebaut. Die Konsumenten sollen dabei sein durch Ted-Umfragen, Telespiele, Spielfilmwahl. Nicht mehr lange wird es dauern, dann wird der Fernseher ein umfangreiches Arbeitsgerät: Kaufbestellungen, Banküberweisungen, Versicherungsabschlüsse, Reisebuchungen, Bildungsangebote, Jobvermittlung und vieles mehr stehen an. Der Fernseher wird zum totalen Medium, über das scheinbar unumstößliche Wahrheiten – »das, was alle denken« – und Bildung bezogen, die Warenwelt, nebst Sport und Spiel, vermittelt, prekäre Lohnarbeit und unbezahlte Privatarbeit (Buchungen etc.) verrichtet und die vorgegebenen Meinungen zu Politik oder Konsum fortlaufend abgefragt werden. Das Radioprogramm bildet dazu die passende Ergänzung. Es hat nur noch die Hintergrundmusik im Kaufhaus zu liefern, die dort ein wohliges Gefühl erzeugen soll, das zum Kauf anregt.

Selbst Arbeitslose, denen der Tag zur freien Verfügung steht, erwecken den Eindruck, als gönnten sie sich keine Atempause – sie müssen vorgeben, gestreßt zu sein. Wer sich auf sich besinnt, fühlt sich bedroht von Langeweile und einem Reflex, der das eigene Dasein als elend vor Augen führt. Beides wird mit der präventiven Flucht in die Betriebsamkeit erschlagen. Die freie Zeit hat im Volksmund einen denkbar schlechten Ruf. Zeit ist entweder Geld oder nutzlos. Menschen, denen es nicht vergönnt ist, Zeit zu Geld zu machen, vertreiben sie sich oder schlagen sie sogar tot, wenn ihnen die Vertreibung nicht gelingt. In den Industriegesellschaften klagen sie allerorten darüber, daß ihnen dieser oder jener kostbare Zeit gestohlen habe, die sie, sofern sie ihnen verblieben wäre, vermutlich selber nur wieder totgeschlagen hätten. Obwohl sie freie Zeit wie ein lästiges Übel behandeln, werden sie nicht müde, immerfort zu betonen, daß sie einmal wenigstens eine einzige Minute für sich zu haben wünschten. Dieser klagende Hinweis wird in der Pose des leidenden Siegers vorgetragen. Da demonstriert jemand totale Leistung, mit der er sich über jene erhebt, die nicht mithalten können.

Mit dem Begriff »brachliegende Zeit« ist zugleich der brachliegende Mensch gemeint. Die empfundene Einsamkeit, die »psychologische Leere ist selber erst das Ergebnis der falschen gesellschaftlichen Absorption. Die Langeweile, vor der die Menschen davonlaufen, spiegelt bloß den Prozeß des Davonlaufens zurück, in dem sie längst begriffen sind. Darum allein hält der monströse Vergnügungsapparat sich am Leben und schwillt immer mehr auf, ohne daß ein einziger Vergnügen davon hätte. Er kanalisiert den Drang dabei zu sein.«[9] Für alle »ist etwas vorgesehen, damit keiner ausweichen kann, die Unterschiede werden eingeschliffen und propagiert ... Die Konsumenten werden als statistisches Material auf der Landkarte der Forschungsstellen, die von denen der Propaganda nicht mehr zu unterscheiden sind, in Einkommensgruppen, in rote, grüne und blaue Felder, aufgeteilt.«[10]. Die Individuen selber »müssen immerzu etwas vorhaben. Freizeit verlangt ausgeschöpft zu werden. Sie wird geplant, auf Unternehmungen verwandt, mit Besuch aller möglichen Veranstaltungen oder auch nur mit rascher Fortbewegung ausgefüllt. ... Widerwärtig, doch einigermaßen rational ist noch der Prestigegewinn dessen, der als so wichtiger Mann sich präsentieren kann, daß er überall dabei sein muß. ... Die Freude, mit der er eine Einladung unter Hinweis auf eine bereits akzeptierte ablehnt, meldet den Triumph in der Konkurrenz an. Wie darin, so wiederholen sich allgemein die Formen des Produktionsprozesses im Privatleben oder in den von jenen Formen angenommenen Bereichen der Arbeit. Das ganze Leben soll wie Beruf aussehen.«[11]

Man muß einen bestimmten Film gesehen, eine bestimmte Disco besucht haben, auf dem Kiez gewesen sein, die Spielprogramme durchgearbeitet haben, eine Fernsehserie verfolgen, man darf weder diese Band noch jene eine Party oder die morgige Großveranstaltung verpassen, weil alle Mitglieder der Imagegruppe dabei sind. Selbst wenn alle Anwesenden rein gar nichts mit sich anzufangen wußten, sind sie sich darin einig, daß derjenige, der nicht dabei war, Rechenschaft über seine Befindlichkeit zu geben habe. Die standardisierte Frage heißt: Warum warst du nicht da? Selten wird gefragt: Warum warst du eigentlich da? Selbst das

Sprechen »nimmt einen bösen Gestus an. Es wird sportifiziert. Man will möglichst viele Punkte machen. (Dabei) hat man es sehr eilig. ... Wenn man nicht mitmacht, und das will sagen, wenn man nicht leibhaft im Strom der Menschen schwimmt, fürchtet man, wie beim allzu späten Eintritt in die totalitäre Partei, den Anschluß zu verpassen und die Rache des Kollektivs auf sich zu ziehen.«[12] Der Druck, in der freien Zeit seine Leistungsbereitschaft zu beweisen, nimmt mit der freien Zeit zu. »Wer nach dem Jahr 2000 noch Zeit hat, macht sich verdächtig.«[13]

Mit der Bemerkung »Müßiggang ist aller Laster Anfang« wiederholt der Volksmund eine Dummheit, die von den industriellen Kreativbüros erfunden sein könnte. Der Spruch feiert die eigene Versklavung als Tugend. Der hohe Symbolwert einer ständigen Dienstbereitschaft macht den Erfolg der Mobiltelefone aus. Dabei kam die Gesellschaft ganz gut ohne sie aus. Doch als sie auf dem Markt waren, schlugen ihre Verkaufszuwächse alle Konkurrenzprodukte aus dem Feld. Wer etwas auf sich hält, greift an einer rotgeschalteten Ampel zum Telefon, beifallheischend oder auffallend selbstverständlich. Als die Dinger noch 4000 DM kosteten, blühte der Markt mit Attrappen, die für rund 200 Mark zu haben waren. Wer nicht öffentlich telefoniert, gerät spätestens ab 1999 in den akuten Verdacht, nicht gefragt zu sein bzw. keinem Geschäft nachzugehen, was auf dasselbe hinausläuft. Bis dahin sollen in der Bundesrepublik über zehn Millionen Handys verkauft sein. Allein dieser Massenbesitz an mobilen Telefonen wird die Betriebsamkeit steigern. Keiner ist dann vor einem Anruf mehr sicher und sei es nur ein demonstrativer, mit dem der Umgebung »Arbeit« signalisiert wird.

Als müsse das Vergnügen einen Wiedererkennungswert in Gestalt und Rhythmus bieten, gleicht sich der Vergnügungsapparat der Fabrik an. Der Freizeitpark bietet alles, was den Arbeitenden auch dort abverlangt wird. Das Ziel des Vergnügens zu erreichen, erfordert schon die gleiche Bereitschaft, sich in Autokolonnen auf den Weg zu machen, Staus hinzunehmen und Parkplätze zu suchen. Einlaß und Beteiligung am Geschehen werden à la Stechuhr einer permanenten Ticket-Kontrolle unterworfen. Das Vergnügen besteht darin, sich einer Riesenmaschinerie absolut auszuliefern. Sie stellt mit dem Individuum an, was sie will, in einer bis an die Grenze der körperlichen Belastbarkeit gehenden Geschwindigkeit, und sie garantiert dabei eine hundertprozentige Fremdsteuerung. Der vorgebliche Lustgewinn äußert sich darin, der Maschinerie entronnen zu sein, ohne gekotzt zu haben. Gegenseitig treiben sich die Familienmitglieder an, möglichst viele Abteilungen der Fabrik zu durchlaufen, wobei das Wählen der benutzten Maschinen noch einen Hauch von Autonomie erzeugt. Der Freizeitpark setzt die vollkommene

Zerstörung von Geduld und Phantasie in Gang. Seine Fabrikteile übertreffen die herkömmlichen noch an Phonzahl, Geschwindigkeit und optischer Reizüberflutung. Nur durch schleuniges Hinein- und Hinauswerfen der Menschen wird Kasse gemacht, was einen pausenlosen Betrieb verlangt. Eine Steigerung liegt nur in der Simulation der Katastrophe. In einem gigantischen Vergnügungspark spielt San Francisco seinen eigenen Untergang. Ein industriell inszeniertes Erdbeben mit beinahe naturgetreuen Wassereinbrüchen, Stromausfällen, Feuersbrünsten und Gebäudeeinstürzen verdoppelt die Wirklichkeit im Spiel.

Weil die Manager des industriellen Freizeitparks wissen, daß bei den vielen Besuchern so recht keine Freude aufkommt, muß ein Heer von unterbezahlten Kräften, in überdimensionalen Comic-Figuren steckend, hüpfen, tanzen und mit den Armen wedeln, als wären wenigstens sie in ihrem Schweiß vergnügt. Dem Industriepark im großen entspricht das Computerspiel im kleinen. Auch ihm sind die Menschen ähnlich atemlos ausgeliefert; allerdings absorbiert es zunehmend – der modernen Arbeitswelt entsprechend – den Verstand, während ein Freizeitpark, der der alten Industriewelt entlehnt wurde, vorwiegend dem Körper alles abverlangt. Immer neue Lösungswege müssen immer schneller am Computerspiel erarbeitet werden. Schüsse und Fluchtbewegungen verlangen schnelle Entscheidungen, die oft nur noch motorisch zu bewältigen sind. Jedes Mißlingen fordert den nächsten Versuch heraus – man will nicht verlieren –, das Gelingen aber verlangt nach einer Überbietung des bisherigen Erfolgs. Alle Freizeitverrichtungen an diesen Geräten werden in derselben autistischen Manier abgewickelt wie in der modernen Arbeitswelt. Schon ein privates Gespräch könnte den Zweck vereiteln.

Selbst der Tanz nimmt in der Industriegesellschaft die Gestalt einer produktiven Arbeit an. Sprachlos und in maschinellem Rhythmus arbeiten sich Menschen durch die Techno-Disco. Sinn und Zweck der Unternehmung werden an der Dauer des Durchhaltens gemessen. Die gentechnische Manipulation der Arbeitskraft, die Resistenz und Ausdauer verbessern helfen soll, wird in der Vergnügungshalle mit synthetischen Drogen vorweggenommen. Wer nicht mithält, setzt sich dem Gespött des Kollektivs aus, welches in diesem Fall nur heimlich genossen werden darf, weil selbst das Gespött eine unzeitgemäße Regung wäre. Die Kälte der Vergnügungssüchtigen untereinander spiegelt die Kälte der modernen Produktionsästhetik wider. Die demonstrative Coolness und Sprachlosigkeit sind dem Produktionscomputer nachgemacht.

Im naturnahen Massenvergnügen offenbart sich besonders kraß, was die Substituierung der Naturanbetung durch die mathematisch kalkulierte Hinrichtung der Natur im aufgeklärten Menschen hinterließ. Der Grad der gesellschaftlichen Verkümmerung zeigt sich im Dasein der vollständig unterworfenen Lebewesen. Als der Hamburger Zoo sein Geschäft begann, stellte er noch in Käfigen Indianer neben Affen aus. Als nach mehreren Ausrottungsphasen Indianer immer schwerer zu beschaffen waren, blieben die Tiere allein übrig. Die industrialisierten Gesellschaften jagten Tiere bis zu ihrer Ausrottung, sofern irgend etwas Vermarktbares an ihnen oder an ihrer Umgebung war, allerdings auch nur zum Vergnügen. Überlieferungen von Indianerstämmen zeugen davon, daß diese schlicht nicht begreifen konnten, weshalb weiße Christenmenschen Wettkämpfe ausrichteten oder private Wetten abschlossen, die nur das Ziel hatten, möglichst viele Büffel zu töten und sie dann den Aasgeiern zu überlassen. Der effektivste Ausrotter erhielt von kapitalkräftigen Showveranstaltern hohe Gagen für die spielerische Wiederholung solcher Vernichtungsaktionen. Das Eisenbahner- und Landproletariat bezahlte dafür Eintrittsgelder und johlte anerkennend, ähnlich dem Publikum, das den Mörder eines hilflosen Stieres zum umjubelten Helden macht. Je weniger Exemplare einer Tierart überleben, desto wertvoller werden sie für die Belustigung der Zoobesucher, die sie angekettet, eingepfercht, auf engstem Raum bestaunen oder belachen können. Je sentimentaler Einzelexemplare begutachtet werden, desto gründlicher hat der Mensch sich vorher an ihrer Vernichtung versucht. Eine Vielzahl von Elefanten provoziert ihre Ausrottung. Der letzte lebende Elefant wird jedoch mit seinem letzten Augenaufschlag die Herzen aller Menschen erweichen. Hunderte von Millionen werden zu dem Disney-Film pilgern, der seine Geschichte erzählt und seinen Todeskampf zeigt. Und sie werden sich gegenseitig fragen, wer schon »drin« gewesen sei, und diejenigen, die ihn noch nicht gesehen haben, vorwurfsvoll anblicken wie welche, die eine Beerdigung verpaßt haben. Vergleichbar sentimental werden Christenmenschen manchmal auch beim Anblick von Restexemplaren jener Menschengruppen, die den Erfolgreichen weichen mußten. Sentimentalität und Massenvergnügen vermischen sich dann wie beim Blick auf den letzten Elefanten. Übrig gebliebene Indianer müssen zum Vergnügen von Reisegruppen immer wieder einstudierte Tänze aufführen, und für verhungernde Kinder in Afrika werden Großkonzerte und Festmahle abgehalten. Stünden jene Kinder oder Indianer lebendig vor den Haustüren der Weißen, würden sie wieder deren Mordlust auf sich ziehen. Nur wer friedvoll sich dem Tod ergibt, taugt fürs sentimentale Vergnügen.

Freizeit will nicht nur an sich mit Betriebsamkeit, die Leistungsfähigkeit demonstriert, gefüllt sein, sie bietet und verlangt auch eine bestimmte Weise des Vergnügens. Die Masse entblößt sich im schallenden Gelächter über den Schaden anderer und in der stumpfen Kopie des Produktionsprogramms gleichermaßen. De Sades Hinweis, daß sich in Mord und Schändung die Spannung entäußert, die durch Einschließung und Einfrierung der Individuen sich aufbaute, spricht die Selbstkontrolle an, in der Industrialisierung, Aufklärung und puritanisches Christentum verschmolzen. Der entwickelten kapitalistischen Herrschaft ist es gelungen, das Vergnügen seinem Gesamtzweck zu unterwerfen, also wirkliche Entspannung durch Vorgaben und Kontrollen zu reglementieren, wenn nicht völlig zu beseitigen. Wie rassistische Kampagnen, Fremdenlegionen oder Kriege beweisen, ist die Enthemmung jedoch jederzeit abrufbar. Dann findet die gequälte, autoritäre Seele vordergründige Entspannung bei Mord, Schändung und Brandschatzung. Beteiligte berichteten über den Spaß bei der Ermordung von Indios. Die Spannung konnte sich lösen, weil weder Strafandrohung noch ein organisierter Vergnügungsapparat zugegen waren, um sie entweder zu hemmen oder »produktiv« abzuleiten. Manchmal sind erste Anzeichen einer Enthemmung schon bei geringeren Anlässen erkennbar. Als in einer Talkshow die These aufgestellt wurde, daß Volksmusik reiner Schund sei, pöbelten und schrien die Anwesenden den Waghalsigen nieder. Er hatte sie ertappt. Die stumpfen Gesichter und das rhythmische Klatschen der Gäste im Musikantenstadl zeugen nicht von fröhlicher Entspannung, sondern von fortgesetzter Anspannung, die der organisierte Vergnügungsapparat ihnen abverlangt. Wer ihnen das vor Augen hält, stellt ihr Leben in Frage und muß mit Lynchjustiz rechnen. Wer die Menschen mit ihrer Knechtschaft konfrontiert, sollte lieber nicht auf ihren Befreiungswunsch setzen, sondern vorsichtshalber das Weite suchen.

Das sportive Sinnsystem

Marketing-Experten und Kreativ-Büros kennen den geheimen Wunsch der im Einerlei dümpelnden Menschen nach Abenteuer und Individualität, und sie wissen um die Unerfüllbarkeit beider Wünsche. Ihnen fiel die Quadratur des Kreises ein. Den Massen im industrialisierten Teil der Erde wird suggeriert, es gehe ausschließlich um jeden einzelnen, um die besondere Herausstellung seines Typs, doch am Ende sind hundert Millionen gleich angezogen, springen die gleichen Sprünge, folgen den gleichen Anweisungen der Animateure, schwitzen millionenfach für den gleichen Knackarsch, sitzen schweigend an der Iso-Bar, überwachen gegenseitig die Einhaltung der Imagevorschriften, pflegen als gemeinsame

Haßobjekte Raucher/innen, Schwache und ausgebeulte Turnhosen. Sie betreiben das ohne jede Ahnung, fremdgesteuerte Massenwesen zu sein. Für ihren Zusammenhalt ist wichtig, daß sich niemand den für sie wenigstens zweimal jährlich ausgewählten Weltneuheiten verschließt und der persönliche Ausdruck im Rahmen des Erlaubten bleibt. Die Farbe des Stirnbandes, das alle tragen, ermöglicht eine persönliche Note. Erlaubt ist die Ausrichtung des Schirmes einer Baseballmütze nach vorn, zur Seite oder nach hinten. Den Widerspruch zwischen der bloßen Behauptung ihrer Individualität und ihrer marktgerechten Vermassung nehmen sie nicht wahr, wie die sportive Fachzeitschrift »Horizont« (10.9.1993) selber zum besten gibt: »Der Trend im Freizeit- und Breitensportbereich geht eindeutig weg vom Verein hin zum Individualismus ... Sportartikel-Hersteller versuchen vor allem durch Event-Marketing Street-Ball, Street Socker, Street Jam (Musiktrend), das Image ihrer Marken aufzupolieren und neue Kunden zu gewinnen. ... Reebok ... hat sich für Outdoor Basketball stark gemacht und versucht inzwischen, Fitneßbegeisterte aus den Clubs mit Street Jam auf die Straße zu locken, damit sie dort ihre Körper stählen. Adidas ist ... zum deutschen Streetball-Promoter ... avanciert ... mit der City-Champions-Händler-Tour 93, die Basketballaction, Slum-Dunk-Wettbewerbe, Freiluftaktionen, Gewinnspiele, Streetdance, Hip-Hop und Rap in die Schuhwerbung integriert, während Puma mit Street-Socker eine eigene Fan- und Käufergemeinde heranbilden will. ... Obwohl man für ein Streetball-Outfit über 600 Mark berappen muß, erfreut sich die Textillinie zweistelliger Umsatzzuwächse.«

Alle Begriffe und Absichten dieses Textes widerlegen den angeblichen Trend zum Individualismus, also die Entwicklung zu einer Persönlichkeit, die autonom entscheidet. Die Zeitschrift selber erklärt den Begriff »Individualismus« mit seinem Gegenteil. Man will Menschen auf die Straße locken, Fan- und Käufergemeinden heranbilden, ein Markenimage aufpolieren, schließlich über ihre aufgehobene Individualität den Massen eine gemeinsame Grundausstattung für je 600 Mark andrehen, die allerdings nur den Durchschnitt markiert. Eine Original-Starter-Jacke kostet um 250 Mark, Nike-Schuhe an die 300 Mark, eine Sporttasche mit Giants-Aufdruck rund 100 Mark; dazu kommen Shirts, Shorts, Sweats, Caps und je nach Bedarf ein Basketball-Board für die Montage im Hinterhof. Begonnen hatte dieses Marketing, das zweistellige Wachsumsraten erzielt, mit permanenten Fernsehshows und Clips, die einen umsatzorientierten Lifestyle propagierten. Zu ihnen gehörten Produktwerbungen, Rap-Clips und entsprechend ausgestattete Jungstars in Fernsehserien oder in Spaß- und Bandenkriegsfilmen genauso wie der hochbezahlte Auftritt des American-Dream-Teams bei den olympischen Spielen in Barcelona. Auch dem Sohn des Bankkaufmanns, der wohlbehütet aufwächst und dem der Papa drei Erstausstattungen kauft, damit immer eine piksaubere zur Verfügung steht, wird durch Gangsta-Rap und Hinterhofatmosphäre ein Bandenabenteuertum eingehaucht, das der Millionenverdienst seiner Idole konterkariert.

Der Kauf jener teuren Erstaustattung wie der permanente Wechsel der Austattungen nach dem, was »in« ist, werden nicht realisiert, wenn der Sport als Sport am Verein kleben bleibt. Nicht Sport ist die Absicht der Marktstrategen, sondern imageorientierte Betriebsamkeit, bei der sich die Menschen gegenseitig kontrollieren, ob sie markengerecht dabei sind. Der angebliche Trend »weg vom Verein« ist bereits suggestive Propaganda, die Individualität verkaufen will. Die Konsumenten werden selektiert nach Gruppen, denen ein Spezialimage verabreicht wird, dem sie atemlos nachrennen und entsprechen wollen. Noch während die Dream-Team-Ausstattung ein Umsatzrenner war, von dem besonders die US-amerikanischen Konzerne Nike und Reebok profitierten, konterten der angeschlagene Konzern Puma und die italienische Sportbekleidungsfirma Diadora im Jahr der Fußballweltmeisterschaft gemeinsam mit Straßenfußball. In hundert deutschen Städten wurde der National-Street-Soccer-Cup ausgespielt — mit Lothar Matthäus und Roberto Baggio als Aushängeschildern. Dann folgte ein internationales Soccer-Turnier in sieben Weltmetropolen. Der Imagekampf lautete: Europa mit italienischem Straßenflair und deutscher 50er-Jahre-Romantik contra Ghetto-Flair aus den USA. Das Ziel war, Nike und Reebok wieder Terrain abzunehmen. »Passenderweise wird ehemaliges Industrie- und Hafengelände zum Austragungsort umfunktioniert. Ferner gibt es eine Trendsport-Kollektion ganz im ›Calcetto‹-Look (Straßenfußball auf italienisch), deren Design unverkennbar Anleihen aus den 50er Jahren nimmt« (»Horizont«, 15.10.93). Die Idee mit den 50er Jahren war vorher schon der gewaltig eingebrochenen Firma Adidas gekommen. Mit der Sängerin Madonna, die sich scheinbar zufällig als erste öffentlich ein Adidas-Streifen-Sweatshirt angezogen hatte, begann ein Revival der Marke, mit dem Nike und Reebok nicht mithalten können. Schon bald liefen Massen von Jugendlichen in Drei-Streifen-Kleidung herum.

Die »Jugendrevolte« der 90er Jahre äußert sich in Gestalt eines Markenprofils und als Angriff auf die Geldbörsen der Eltern für Erstausstattungen, es sei denn, die Kids haben einen anderen Weg der Geldbeschaffung entdeckt. Bettelei zu Hause und Straßenraub zielen auf ein Outfit, das selbst die Ungesetzlichkeit integriert. Dieses einer spezifischen Imagegruppe angepaßte Outfit samt dazugehöriger Musikrichtung entscheidet über Freund und Feind sowie über soziale Ausgrenzung. Wer dabeisein will, muß blechen können. Wie sich die Eltern mit ihrem Eigenheim von den zur Miete wohnenden Nachbarn abheben, heben sich die Nikes oder Reeboks von den armen Kindern ab, die nicht dabei sein können und deshalb dem Gespött ausgesetzt sind. Zwar hat noch jede Jugendbewegung ein Moment der Identifikation über Äußerlichkeiten, es ist jedoch ein Unterschied ums ganze, ob eine solche Identifikation Leistungszwang, Konsumterror und stumpfe Etabliertheit der Eltern angreift oder ob sie als wandelnde Produkt- und Markenwerbung herumläuft, also die Eltern nachahmt, ihre Befehle aus den Marketingabteilungen der Konzerne erhält und die nicht Konsumfähigen sozial isoliert. Während die Jugendbewegung in der zweiten Hälfte der 60er Jahre der Wunsch nach Freiheit antrieb, ist die aktuelle Bewegung eine in Marktsegmente aufgespaltene, deren Gegner die je anderen Marktsegmente sind.

Da es um die totale Erfassung aller Konsument/inn/en und ihre Steuerung durch den Markt der Produkt- und Dienstleistungskreationen geht, wird jene gesellschaftliche Kreativität, die in Befreiungsaktionen und -philosophien spürbar blieb, heute für die Vermarktung genutzt. Der Erfindungsreichtum im Dienst des Gesamtzwecks scheint grenzenlos. Die Besucher/innen der jährlichen »Internationalen Sportartikelmesse«, war in der »FAZ« (4.3.1993) zu lesen, plage das Gefühl, »dort müsse soeben der Sport neu entdeckt worden sein. ... Auf der Suche nach Märkten wird auf der Ispo selbst das Gehen neu erfunden.« Idole aus Sport, Schlager und Film legen den Massen alljährlich neue Sportarten, Geräte und Outfits ans Herz, die die plötzlich entdeckten Nachteile der alten korrigiert haben, ein ganz besonderes Vergnügen bereiteten oder außergewöhnlich gesund sein sollen. Aus Gymnastik wurde Aerobic und daraus Joyrobic. Das Spazierengehen verwandelte sich in Walking und Wogging, das Laufen in Jogging. Andere Urtypen des Sports verwandelten sich in Trekking, Windsurfing, Skating, Snakeboarding, Snowboarding, Streetsurfing und was der Körper sonst noch so mit sich machen läßt. Was allein aus dem alten Rollschuhlaufen gemacht wurde, ist nicht mehr aufzuzählen. Jedem neuen Trend wird eine neue Grundausstattung beigefügt, ohne die man sich nicht sehen lassen kann. Sport ist Mode, Mode ist Sport, beides ist Typenprägung und Resultat einer totalen Verfügbarkeit der Menschen für die Konsum- und Dienstleistungssektoren. »Wenn ... trotz all dieser Hoffnungsschimmer keine die Massen mitreißende Sportart neu erfunden wird, bleibt den Herstellern nicht viel anderes übrig, als ihre Kunden vom Alterungsprozeß früher gekaufter Sportgeräte zu überzeugen ... So versuchte dort (auf der Ispo) ein finnisches Unternehmen der naheliegenden Vermutung zu begegnen, daß Skistöcke einfach nur notwendiges Hilfsmittel für die Fortbewegung auf zwei Brettern seien. Gleich mehrere prominente Skirennfahrer hatte dieser Anbieter gefunden, die ihm das Gegenteil bestätigten: Mit modernen ›Kompensationsstöcken‹ komme er schneller durch die Tore. ... Dennoch war die Schlußfolgerung recht überraschend: Danach benutzt man Skistöcke, obwohl man dies am liebsten gar nicht täte. Denn die seien sehr leicht und vermitteln ein Gefühl, ganz ohne Stöcke Ski zu fahren«.

Gut laufen auch die Geschäfte mit reinem Blendwerk, mit dem unsportlichen Menschen Gelegenheit gegeben wird, Sport zu fingieren. Für Antisportler/innen wurden sogenannte Erholungsskier oder »Performance-Ski« erdacht, auf denen sie einfach herumstehen oder die sie spazieren tragen können, um halt nur so dabeizusein. Der deutsche Direktor der Marke »Rossignol« erklärte auf einer Pressekonferenz: »Viele, die sich früher nur des Images wegen einen Rennski anschnallten, haben das heute nicht mehr nötig, denn die Performance-Ski zeigen ja optisch deutlich, daß sie etwas Besonderes sind« (»Focus«, 30.10.1993). Die von oben bis unten pinkfarbenen Scheinsportler/innen sind der gültige Ausdruck der versklavten Konsumentenseele, die sich zur Darstellung ihrer dauernden Leistungsbereitschaft gezwungen sieht.

Die Art und Weise der Inszenierung differiert. Eine Eiskunstkür nach »Die Schöne und das Biest« kann Millionen vor die Fernseher locken, Werbeeinnahmen steigern, den Bekanntheitsgrad von Waren vergrößern, Massen auf der geplanten Disney-Film heiß machen, Eltern weltweit animieren, ihre Kinder in die Eislaufhallen zu treiben. Das bedeutet Milliardeneinnahmen, deren Realisierung vor dem Fernsehzeitalter noch nicht denkbar gewesen wäre. Ohne das Fernsehen liefe nichts. Nur dank der Schüssel können Jugendliche in Detroit, Hamburg, Seoul, Tokio und Moskau gleich aussehen und sich trotzdem je individuell angesprochen fühlen.

Ein gelungener Welttest ist mit Aerobic gemacht worden. Um die Gymnastik richtig teuer zu machen und durch entsprechende Imagepolitur Käuferinnen zwischen 13 und 50 Jahren zu erschließen, mußte der Filmstar Jane Fonda ran, deren Aussehen das Alter schwer schätzen ließ. Mit ihr begann der Siegeszug von Stretchanzug, Silberhöschen und Stirnband in Jazz-Dance-Studios rund um die Welt. Die Filmindustrie schaltete sich ein und ließ in »Grease« oder »Dirty Dancing« gleichgekleidete Tanzstars sich schweißtreibend für ihre Karrieren abrackern, lieben und streiten, was schließlich von den zunächst ablehnenden Eltern akzeptiert wurde, weil die Leistung stimmte. In allen größeren Städten der industrialisierten Welt schossen Fitneß-Studios wie Pilze aus dem Boden, die neben Hanteln Tanzstudios samt Vortänzerinnen anboten. Die Fernsehanstalten bedrängten ihre Kunden schon frühmorgens mit Frühsportaerobic. Eine Animateurin stöhnte in die Wohnzimmer: »und yeah und gut und drei und vier und yeah und good und rechts und drei und vier whoouuii ... «, und ein so betriebsames wie in unerfüllten erotischen Träumen schwelgendes Kollektiv reagierte darauf wie ein Automat. Am Ende quetschten sich hundert Millionen Frauen von Cottbus bis Los Angeles in Leggings und was dazu gehört. Eine willfährige Millionenmasse sah weltweit gleich aus, sah dieselben Filme, hüpfte die gleichen Hüpfer und übte auch sonst ein identisches Verhalten ein. Eine totalitäre Gesundheitswelle schloß sich in den USA an. Nicht selten joggen und tanzen ewig Junge in der Pestglocke von L.A. mit der Parole: »Shoot the Smoker« auf ihrem T-Shirt.

Zahlen belegen, daß die Steuerung des Massenkonsums vortrefflich gelingt. 1980 quälten sich erst 370 000 Menschen bundesweit in Fitneßcentern, 1993 waren es schon 2,3 Millionen. Alles in allem bekennen sich laut einer Emnid-Untersuchung in der Bundesrepublik 53 Prozent der Männer und 56 Prozent der Frauen dazu, in der Freizeit regelmäßig ihre Fitneß zu verbessern. Die Zahl der Tennisspieler/innen wuchs in der Becker-Ära von 160 000 auf 3,5 Millionen. Die Umbenennung von Fahrrädern in Mountain-Bikes und das Werbeversprechen, mit ihnen auch unwegsame Gebirgstouren bewältigen zu können, schufen in der Bundesrepublik aus dem Nichts vier Millionen Aktive. Der Umsatz mit Fitneßgeräten steigerte sich in 13 Jahren um 350 Prozent. In den USA sind mittlerweile zehn Prozent der gesamten Bevölkerung in Studios organisiert. Angesichts solcher Entwicklungen ist aus kapitalistischer Sicht jeder Spitzensportler seine Werbemillionen wert. Ohne Boris Becker dümpelte der Tennissport noch heute vor sich hin. Mit ihm brummte der Markt mit Rackets, Sporthemden und -hosen, Schweißbändern, Tennisschuhen, Bällen, Hallenbauten und Vermietungen. Becker darf in Interviews erzählen, was immer er will, die Wirtschaft trägt ihn auf Händen. Die massenhafte Kinderschinderei, die mit ihm begann, schlägt sich buchhalterisch nieder. Auch Reiseunternehmen haben inzwischen den sportiven Gesamttrend aufgegriffen. Sie achten mit Tauch-, Ski-, Surf-, Tennis-, Trekking-, Rafting-, Radtour-, Mountain-Bike-, Snowboard-, Golf-, Surf- oder Wanderreisen darauf, daß dem Menschen auch im Urlaub keine Minute Erholung mehr vergönnt ist. Mit dem Blick auf den Sport ist selbstverständlich bei weitem nicht erfaßt, »wie weit der lange Arm des Arbeitsethos, des Schaffens, in die Freizeit hinüberreicht« (»Focus«, 13.9.1993). Nach der Emnid-Untersuchung waren u.a. 43 Prozent der Männer und immerhin 36 Prozent der Frauen regelmäßig am Heimwerkeln, rund 30 Prozent beiderlei Geschlechts bilden sich abends und an Wochenenden intensiv weiter, und eine unbekannte Zahl sitzt am Computer.

Eine subtile Mischung verschiedener Elemente verhalf der sportiven Arbeit in der Freizeit zu ihrem Siegeszug. Ein paar Professoren, die das Phänomen zu erklären versuchten, sind seinem Grund sehr nahegekommen. Der Kölner Sportsoziologe Dr. Klein hat herausgefunden: »Mit dem Schwinden anderer Sinnsysteme wird verstärkt der eigene Körper zum Träger für Sinn« (»Focus« – 29.5.1993). Der Verlust jeder gesellschaftlichen Utopie rückte den eigenen Körper in den Mittelpunkt des Daseins. Die ganze Tragik, die darin liegt, daß die narzistische Ausprägung des Arsches das Denken und Handeln absorbiert, schildert uns Markus Mühlnickel: Seine »Definition von Erholung« ist »40 Kilometer von Berlin per Fahrrad an den Rangsdorfer See, 20 Minuten Schwimmen, dann wieder 40 Kilometer zurück« (ebd.). Mühlnickel: »Wir sind eine eingeschworene Gemeinschaft. Selbst wenn die Leute sich untereinander nicht mögen – sie achten sich, denn sie gehören derselben Gruppe an.« Ziel und Erkennungsmerkmal der Gruppe sei zugleich: »Ein muskulöser Körper, bunte Fitneßklamotten und ein gestähltes Figurbewußtsein.« Diese Beschreibung folgt präzise etwa der Werbeanweisung von Reebok: »Du denkst an die Energie, die du verbrennst, und du denkst an die Kraft, die du gewinnst, und du denkst an den Körper, den du formst, und du bist stolz.« An was soll Mühlnickel sonst denken? Ein anderer Wissenschaftler ist zu der Erkenntnis gekommen: »Der Freizeitsport wird zur Ersatzreligion ... Der trainierte Körper soll Durchsetzungsvermögen, Willenskraft, sozialen und gesellschaftlichen Erfolg symbolisieren.« Das habe längst praktische Auswirkungen, meint die Leiterin eines Fitneß-Studios: »Viele kommen, weil ein perfekter Body zum Bild eines Karrieristen gehört. Ein Dicker wird in manchen Berufen doch gar nicht mehr eingestellt« (ebd.). Die Reduktion der Sinne auf den eigenen Körper folgt der gesellschaftlichen Aufforderung, die Fähigkeit zu dauernder Höchstleistung zu demonstrieren, was sich auch in einer drastischen Verjüngung des Durchschnittsalters in der Erwerbsarbeit ausdrückt. Seitdem das Älter-Sein ein Hauptgrund für die Auslese im Produktionsprozeß wurde, empfinden Menschen, die sich über die Arbeit definieren, das Altern als Schmach. Sie besitzen nur so lange Wert, so lange sie nachgefragt sind. Der sportive Kult wiederholt diesen Prozeß in der Freizeit und verdichtet so die Auslese. Er eignet sich sogar für Arbeitslose, Durchsetzungskraft, Willenskraft und Erfolg zu demonstrieren, selbst wenn sie diese längst eingebüßt haben.

Der sportive Kult bietet schließlich autoritären Charakteren die Möglichkeit, sich konform zu verhalten. Sportive Welle und Staatszweck fließen erklärtermaßen in der Volksgesundheit zusammen. Wenn die Sportiven im Einklang mit Staat und Wirtschaft Raucher/innen als neue Gegenklasse jagen, beruhigen sie ihr Über-Ich. Staat und Ärztekammer bereiten, sich auf den Sportkult berufend, eine finanzielle Bestrafung von Schädlingen der Gesellschaft vor. Unter Hinweis auf die Leistungen der Gesunden »sei an eine Art Fitneß-Test gedacht, den Thomae (FDP) zusammen mit Sportmedizinern bereits austüftelte. Wer durchfalle, beweise, daß er ungesund lebe, und müsse mit höheren Beiträgen rechnen« (»Hamburger Morgenpost«, 10.1.94). Der Club Meridian in Hamburg wirbt mit seinem Programm »Fit in die Firma«. Über 100 Firmen nutzten bereits das Angebot von »Firmen-Sondervereinbarungen«, besonders jene, »die erkannt haben, wie wichtig es ist, an die Gesundheit ihrer Mitarbeiter zu denken«, denn arbeitswissenschaftlich sei »schon lange erwiesen, daß bei Menschen, die einen sinnvollen, aktiven Ausgleich zu ihrem Beruf haben, weniger Ausfälle zu verzeichnen sind«. Das ist der springende Punkt. Für Dünne und Dicke, Arbeiter/innen und Informatiker/innen wird das bedeuten: zwei Stunden früher aufstehen und an die Hantel oder in den Aerobic-Raum. An der Krankenstatistik wird abgelesen, wer geschwänzt hat, raucht oder sich sonstwie nicht volksgesund verhält.

Exkurs 1: Günther Jacobs Entdeckung des hedonistischen Individuums

Manch einer entdeckt im postmodernen Menschen ein Mehr an Individualismus und Hedonismus, das angeblich in einer von der Produktionswelt getrennten Erfahrungswelt während der Freizeit ausgelebt wird. Wir wollen vorwegnehmen, daß wir die beiden Begriffe genauso beim Wort nehmen, wie dies offenbar die Entdecker dieser neuen Entwicklung auch tun. Demnach ist Individualismus: Persönlichkeit, Eigenart, Autonomie; und Hedonismus: Sinnesfreude und Genuß als Lebensprinzip. In seiner Artikelserie »Kapitalismus und Lebenswelt«, die in mehreren Ausgaben der Zeitschrift »Spezial« veröffentlicht wurde, hat Günther Jacob die Idee von jenem neuen Wesen ausgebreitet. Nach und zwischen allerlei Wenns und Abers steuert er zielstrebig auf die Merkmale »Individualismus« und »Hedonismus« als Charakterzug des postmodernen Proletariats zu. Auf der einen Seite, schreibt er, produziere »der Kapitalismus das an Bedürfnissen, Gefühlen und Emotionen reiche

Individuum, das vor allem außerhalb der Lohnarbeit ›kreativ‹ ist, ›Hobbys‹ hat, sich Kultur aneignet, ›Körperertüchtigung‹ betreibt, nach selbstgesetzten Vorstellungen Liebes- und andere Beziehungen eingeht.« Fast kategorisch stellt er in »Spezial« (95/1994) fest: »Wie auch immer: Dieses hedonistische Individuum ist eine reale Figur.« Besonders seit den 80er Jahren hätten wir es mit dem »Phänomen der Individualisierung« zu tun. Die Freizeitangebote seien derart vielfältig, daß »die Auswahl nicht nur ein Problem des Geldmangels ist, sondern oft noch mehr eines des Zeitmangels«.

Das angeblich seine Sinnesfreuden und Genüsse verhältnismäßig autonom lebende Wesen resultiert aus einem zentralen Leitgedanken: der Annahme, Produktion und Konsum seien im Kapitalismus zwei im wesentlichen voneinander getrennte Sektoren, die zwei verschiedene Menschen schaffen würden. Jacob konstruiert einen »Widerspruch zwischen dem Individuum als Träger von Produktionsverhältnissen und dem ›freizeitorientierten‹, hedonistischen Individuum in dem Nichtarbeitsbereich« (»Spezial« 94/1994). »Im Zirkulationsbereich«, schreibt Jacob, »ist der Arbeiter Besitzer und Herr seines Arbeitsvermögens, er verfügt über sie in eigener Initiative entsprechend seinen eigenen Bedürfnissen.« Die Tatsache, daß jemand zuerst arbeiten gehen müsse, ändere »nichts daran, daß solche Tätigkeiten« in der Freizeit, wie etwa das Briefmarkensammeln, »nicht mehr in Verbindung mit dem Kapitalverhältnis stehen«. Zwar sei das Reich der Freiheit nicht ohne das Reich der Notwendigkeit zu haben, »aber es handelt sich dennoch um zwei eigenständige Bereiche«. Ganz anders als in der Produktion würden im Privatleben »die Ansprüche auf Glück, auf wirkliche Anerkennung der eigenen Besonderheiten, auf von Konkurrenz unbelastete Liebe usw. geltend gemacht. Hier geht es um die Wohnung ... › die Kindererziehung, den täglichen Einkauf, den Genuß. ... Das ‹Reich der Freiheit› ist ohne das ›Reich der Notwendigkeit‹ nicht zu haben, aber es handelt sich dennoch um zwei eigenständige Bereiche ... jeder Mensch, der schon einmal wegen Liebeskummer die Arbeit versäumte, beweist die relative Autonomie der sekundären Lebensbereiche.« Der Mensch handele, »wenn er für seinen privaten Konsum kauft«, nicht mehr »als Charaktermaske eines ökonomischen Verhältnisses«. Der Arbeiter »ist als Käufer nie Charaktermaske, sondern ausschließlich persönliches Individuum« (»Spezial« 91/1993). Um seine Thesen durch Marx zu autorisieren, schreibt Jacob: »Marx war sich über die Enstehung des hedonistischen Individuums, wie es uns heute nicht nur in der Werbung begegnet, vollkommen im klaren. Im ›Kapital‹ finden sich diese Sätze nur deshalb nicht, weil diese Themen nicht in den Plan der ersten drei Bände hineingehören« (ebd.).

Die Vereinnahmung von Marx ist noch gewagter als die Theorie selbst, denn Marx hat über dieses Thema jede Menge geschrieben – nebenbei: auch in den Bänden des »Kapital« –, nur ging er ganz und gar nicht davon aus, daß die kapitalistischen Produktions- und Zirkulationsverhältnisse eine geeignete Basis für die Herausbildung einer eigenständigen, nicht entfremdeten Persönlichkeit sowie für freies Handeln nach dem Lustprinzip sein könnten. Er hat vielmehr in verschiedenen Zusammenhängen betont, daß die Art der Lebensveräußerung in der Arbeit auch das übrige Dasein der Menschen dominiere, und zwar mit der Tendenz zur Entwicklung eines allseitig unfreien Individuums. Seinem materialistischen Denken wäre auch die idealistische Willkür, die Subjekte in zwei voneinander getrennte Lebenswelten, die Produktions- und die Konsumtionssphäre, auseinanderzudividieren, fremd gewesen. In kapitalistischen Verhältnissen, in denen der Markt nur Mittel zum Zweck der Wertsteigerung ist, sind auch die Bedürfnisse gesellschaftlich vermittelte, dem Zweck der Wertsteigerung unterworfene. »Hat die Produktion kapitalistische Form, so die Reproduktion ... (und) nicht nur der Gegenstand der Konsumtion, sondern auch die Weise der Konsumtion, wird daher durch die Weise der Produktion produziert, nicht nur objektiv, sondern auch subjektiv. Die Produktion schafft also auch den Konsumenten.«[14] Was auch sonst? Gerade die Zirkulation (die Rückverwandlung von Waren in Geld auf dem Markt) schaffe einen blinden Fetisch: »Mit der Ausdehnung der Warenzirkulation wächst die Macht des Geldes. ... Alles wird verkäuflich und kaufbar. Die Zirkulation wird die große gesellschaftliche Retorte, worin alles hineinfliegt, um als Geldkristall wieder herauszukommen. Dieser Alchimie widerstehn nicht einmal Heiligenknochen.«[15] Marx sah im Kapitalismus den »Kuppler, der durch Schaffung neuer und aber neuer Gegenstände, durch Hervorbringen neuer und aber neuer Bedürfnisse die Menschen zu Dirnen der Bedürfnisse macht. Das zahlenmäßige Wachstum der Bedürfnisse kann nie zu wahrem Reichtum werden, weil es einfach Mittel einer den Individuen fremden, entfremdeten Wesenskraft der Steigerung der kapitalistischen Produktion ist.«[16]

Günther Jacobs Thesen diametral entgegengesetzt hatte Marx den verkümmerten Menschen schon vor Augen, als er schrieb, daß der Mensch durch die »Ausdehnung der Produkte und der Bedürfnisse zum erfinderischen und stets kalkulierenden Sklaven unmenschlicher, raffinierter, unnatürlicher und eingebildeter Gelüste« werde.[17] Diese eingebildeten und unmenschlichen Bedürfnisse dominierten auch die privaten Verhältnisse der Menschen: »Jeder Mensch spekuliert darauf, im anderen ein neues Bedürfnis zu schaffen. ... Jeder sucht eine fremde Wesenskraft über den anderen zu schaffen, um darin die Befriedigung seiner eigenen eigennützigen Bedürfnisse zu finden.«[18] Den Individualismus sah Marx durch das Tauschverhältnis, welches das Geld regelt, vor die Hunde gehen: »Was durch Geld für mich ist, was ich zahlen, was das Geld kaufen kann, das bin ich – der Besitzer des Geldes selbst. So groß die Kraft des Geldes, so groß ist meine Kraft. Die Eigenschaften des Geldes sind meine – des Besitzers – Eigenschaften und Wesenskräfte. Das, was ich bin und vermag, ist also keineswegs durch meine Individualität bestimmt... Ich, der durch das Geld alles, wonach ein menschliches Herz sich sehnt, vermag, besitze ich nicht alle menschlichen Vermögen? Verwandelt also mein Geld nicht alle meine Unvermögen in ihr Gegenteil?«[19] Ausdrücklich sah Marx in den Konsument/inn/en keine freien Individuen, die ihre Bedürfnisse befriedigen, sondern armselige Kreaturen: »An die Stelle aller physischen und geistigen Sinne ist daher diese einfache Entfremdung aller dieser Sinne der Sinn des Habens getreten (sic!). Auf diese absolute Armut mußte das menschliche Wesen reduziert werden, damit es seinen inneren Reichtum aus sich heraus gebäre.« Seine Kritik an diesem Gesamt der Verhältnisse war nur konsequent: »Das Privateigentum hat uns so dumm und einseitig gemacht.«[20] Ein freies Individuum, das fähig wäre zum Genuß und zu zweckfreien Beziehungen, sah Marx erst jenseits des umfassenden Kapitalverhältnisses aufleuchten: »Setze den Menschen als Menschen und sein Verhältnis zur Welt als ein menschliches voraus, so kannst du Liebe nur gegen Liebe austauschen, Vertrauen nur gegen Vertrauen etc. Wenn du die Kunst genießen willst, mußt du ein künstlerisch gebildeter Mensch sein, wenn du Einfluß auf andere Menschen ausüben willst, mußt du ein wirklich anregend und fördernd auf andere Menschen wirkender Mensch sein. Jedes deiner Verhältnisse zum Menschen – und zur Natur – muß eine bestimmte, dem Gegenstand deines Willens entsprechende Äußerung deines wirklichen individuellen Lebens sein.«[21]

Zwar sollte Marx tunlichst vor falscher Vereinnahmung geschützt werden, für die Widerlegung des Geredes vom postmodernen Individuum genügt aber schon die Alltagsbeobachtung. Sobald wir die Art und Weise, wie dieses sein Geld ausgibt, mit seiner Lebensqualität in Beziehung setzen, verflüchtigt sich der Schein des Hedonismus schnell. Mit Sinnenlust und Genuß hat der Bierbauch an der Strandbar wenig zu tun. Wer zwischen den Betonklötzen auf Mallorca seinen »Haxen-Willi« aufsucht, um dasselbe rassistische Geschwätz wie in der Eckkneipe zu Hause abzusondern, und nachts einen Kotzanfall überstehen muß, wie er ihn bereits aus Gelsenkirchen kennt, hat kaum etwas für eine Erweiterung seiner Genußfähigkeit getan. Es ist nun mal so: Die vermeintlich freie Zeit ist umfassend vom Kapitalverhältnis in Beschlag genommen. Nur selten finden wir die Suche nach dem Glück, statt dessen, weil das Glück den Menschen ein für allemal versperrt erscheint, in der Regel die nach dem Unglück vor. Deshalb ist der Einkauf Streß und nicht Genuß; deshalb zeigt die Tatsache, daß ein Mensch, der Liebeskummer hat, ihn, wie andere Gefühlsregungen auch, unterdrückt und diszipliniert seine Arbeit macht, daß die relative Autonomie außerhalb der Produktion keine ist. Die Art der Kindererziehung – etwa die Zurichtung des Jungen auf den späteren Ingenieur und die des Mädchens auf Sozialjob und Mutterdasein –, die in aller Regel völlig vom Konkurrenzverhältnis diktierte Liebe, die Jacobsche »Körperertüchtigung« zwecks Bekundung ewiger Leistungsfähigkeit, die Aufgabe von Besonderheiten zugunsten eines der Allgemeinheit unverdächtigen Verhaltens – all das beweist deutlich genug, daß Arbeit und Freizeit nicht zwei eigenständige Bereiche sind und die Freizeit-Aktivitäten in Verbindung mit dem Kapitalverhältnis stehen, ja meist von ihm determiniert sind.

Die Individuen und die Gruppen, denen sie sich zugehörig fühlen, funktionieren ganz im Sinne des kapitalistischen Verwertungsprozesses. Nicht einmal der äußere Anschein deutet darauf hin, daß die Menschen mehr Individualität ausbilden. Wären sie tatsächlich in ihren Entscheidungen autonom geworden, wäre ihr Alltag mit millionenfacher Kritik der Verhältnisse gefüllt. In Wahrheit sind auch die letzten Reste von Autonomie noch badengegangen, während die Werbewirtschaft den allgemeinen Kauf- und Anpassungszwang zum Resultat gelebter Individualität umdichtet. Wir können Jacob folgen, wenn er analysiert, daß »der Marxsche Klassenbegriff ... einer vergangenen Epoche« anzugehören scheine, weil »die neuen Milieus ... sich nicht mehr eindeutig an sozialen Lagen« (»Spezial« 97/1994) orientieren. Die Folge ist allerdings, daß Persönlichkeit und Autonomie, die eine große Zahl von Menschen in früheren leidlich klassenbewußten Kollektiven noch hatten, buchstäblich in die Hose gegangen sind, seitdem jene Kollektive sich in eine markt- und markengemäß segmentierte Gesellschaft – dreißig Musikstile, Drinks und Designerpräparate – hineinbegeben haben. Die Kreativität der sogenannten postmodernen Gesellschaft reduziert sich bei genauerem Hinsehen auf Pünktlichkeit, Geldverdienen, Ideenabsorption zum Zweck der Vermarktung wie des bewußtlosen Sich-vermarkten-Lassens. Was als freier Wille erscheint, ist bloß der Zwang zur immanenten Wahl. Was als persönlicher Lebensstil auftritt, entpuppt sich schnell als Resultat der Vermassung. Wer etwa glaubte, mit den Leggings seinen persönlichen Stil gefunden zu haben, muß schon beim Blick in den Fernseher erkennen, daß sie diesen Glauben mit Millionen Menschen auf allen Kontinenten teilt.

In Wahrheit aber ging es von vornherein gar nicht um den eigenen Stil, sondern um die Einpassung in eine Millionenschar, die zu bestätigen scheint, daß der oder die einzelne richtig liegt. Er oder sie unterliegt der Macht des konsensuellen Konsums, den die Medien predigen und den die persönliche Umgebung vielfältig widerspiegelt. In der Einleitung zur »Kritik der politischen Ökonomie« schrieb Marx: »Die Produktion produziert die Konsumtion daher, 1. indem sie ihr das Material schafft; 2. indem sie die Weise der Konsumtion bestimmt; 3. indem sie die erst von ihr als Gegenstand gesetzten Produkte als Bedürfnis im Konsumenten erzeugt.« Es herrsche, fuhr er fort, »vielmehr (nur) die Vorstellung« eines selbstbestimmten Konsums. Die verblendete Perspektive der Individuen bildet sich aus der nur scheinbaren Differenz zwischen ihren Positionen als Produzent/inn/en und Konsument/inn/en. Während sie in der Produktion zwar unfrei, aber anscheinend wichtig sind, leben sie beim Konsumieren in dem Gefühl, frei zu sein. Wer viel arbeitet, kann leidlich viel anschaffen – aber genießen? Wirkliche Individualität und wirklicher Genuß verhalten sich zum Kapitalbetrieb wie revolutionäre Sprengsätze.

Exkurs 2: Der Klassenkampf ist tot. Lang leben Greenpeace und die Verbraucher/innen!

Auf ihren hinteren Seiten meldeten die Zeitungen im Mai des Jahres 1992 sachlich, daß Afrika vor einer neuen Dürreperiode stehe, die 26 Millionen Menschen südlich der Sahara mit dem Hungertod bedrohe. Bauern und Bäuerinnen, hieß es in den Berichten, müßten dort täglich vierzig Kilometer gehen, um nicht zu verdursten. Doch die Aufmacher blieben der Meldung des größtmöglichen Unheils, das Deutschland heimsuchen kann, vorbehalten. »Chaos, Katastrophe, Wahnsinn«, »Irrsinn ohne Ende« oder »Saustall Deutschland« lauteten in jenen Tagen die erschütternden Headlines. Was war geschehen? Wegen eines stornierten Fluges war einem Model der Job in Mailand von einer Rivalin weggeschnappt worden. Nur die Vermutung, daß Busse und Bahnen ausfallen könnten, hatte die Einwohner/innen Düsseldorfs dazu veranlaßt, einen mehrspurigen Autogürtel von siebzig Kilometern Länge um ihre Stadt zu ziehen. An nur einem Tag waren in der Stadt 1000 Flugzeuge nicht abgefertigt worden, und dazu hatten sich auf dem zentralen Postamt Pakete, die vorwiegend mit Versandhausbestellungen gefüllt waren, in einer Menge angesammelt, »die 343 Eisenbahnwaggons« hätte füllen können. Anja und

Matthias aus Tonndorf hatten sogar »bis zur letzten Minute gezittert«, daß sie ihren »Hochzeitstag verschieben« müßten. Statt Gratulant/inn/en waren nämlich Streikposten vor dem Standesamt aufgezogen. »Mir geht durch den Schwachsinn ein Millionengeschäft in Düsseldorf durch die Lappen«, jammerte ein Geschäftsmann in der stickig-heißen Luft der Abfertigungshalle auf dem Hamburger Flughafen, in der »Kinder weinten« und »ältere Menschen ... verzweifelt nach freien Stühlen« suchten, aber vergeblich, denn die streikenden Arbeiter/innen ließ das kalt. Der Katalog des Schreckens wurde von Tag zu Tag länger: »Hamburgs Polizeiautos werden nicht mehr gewartet«, hieß es in der »Hamburger Morgenpost«, und dann hatten auch noch die Feuerwehrmänner die Schläuche niedergelegt. Und doch wurde dies alles noch von dem Schicksalsschlag übertroffen, den Karl-Heinz Perschke aus Wuppertal zu verschmerzen hatte. Er war zu spät zur Arbeit erschienen. Vorbildlich war dann seine Konsequenz. Er beklagte sich nicht, sondern teilte seinen verwöhnten Kolleg/inn/en mit: »Ich gehe jeden Morgen 15 Kilometer zu Fuß, um pünktlich am Arbeitsplatz zu sein.« Es bedarf keiner ausgefeilten Ursachenforschung, um zu erkennen, daß die 26 Millionen Menschen südlich der Sahara noch lange Zeit von einem solchen Irrsinn verschont bleiben werden. Wer kein Flugzeug besitzt, dem können auch nicht 1 000 Flüge an einem Tag ausfallen, und wer keine Autos sein eigen nennen kann, der wird auch schwerlich eine 70 Kilometer lange Schlange mit ihnen bilden können.

Es kam aber noch schlimmer, als nach 18 Jahren geordneten Dienstleistungswesens in Deutschland die Müllabfuhr eines Tages nicht erschien. »Bild« begann damit, die Chronik des Saustalls Deutschland zu schreiben. »Am Tag acht« der neuen Zeitrechnung, nach dem alten Kalender war's der 5. Mai 1992, lagen an den »Straßenrändern aufgeplatzte Abfallsäcke, eingerissene Kartons, Sperrmüll. ... Aus Parkplätzen wurden Müllhalden«, und auf »der Reeperbahn stinkt der Müll zum Himmel«. In der Folgezeit war die Nation durch die Assoziation von »Ratten« vereint. Die »Bild«-Zeitung ließ keine Ratte mehr aus: »Ratten im Abfall ... Ein Festmahl für Ratten ... Ratten breiten sich in den Innenstädten aus ... Seuchengefahr«, schrieb sie. Der »Spiegel« mischte eifrig mit: »Nur Ratten freuen sich.« Der »Hamburger Morgenpost«, die eher dem sozialdemokratischen Lager zugerechnet wird, gelang die subtilste Rattenversion. In einer Karikatur lag der deutsche Michel auf der Streckbank einer Folterwerkstatt. Verzweifelt schrie er: »Nieder mit dem Sadisten Kohl.« Doch in der Person, die für sein Leiden verantwortlich war, hatte sich Michel gründlich geirrt. Am Streckrad drehte, in schwarzer Henkerskutte und sadistisch grinsend, die damalige ÖTV-

Vorsitzende Monika Wulf-Mathies. Unter der Folterbank kauerte frohlockend ihre Komplizin: die Ratte.

Die »Hamburger Morgenpost« schimpfte den deutschen Bürger/inne/n aus der Seele: »Jetzt reicht's: Um 25 Mark monatlich öffentliches Chaos?« und befahl: »Zurück an den Tisch!« Ihr Kommentator, Wolf Heckmann, erklärte allen, wo der Hund begraben lag. Zwar sei alles »korrekt gelaufen: Scheitern der Tarifverhandlungen, mißlungene Schlichtung, Urabstimmung, Streik«, und »das Streikrecht sei nicht in Zweifel gezogen«, behauptete er, und dennoch sei »mit dem Arbeitskampf im öffentlichen Dienst ein gewaltiger, folgenreicher Schwachsinn im Gange« (27.4.1992). Warum? »Auch Frau Wulf-Mathies weiß, daß dieses sich schmerzlich vereinigende Land in einer Sonder-Situation ist«, und »es leistet sich ... unter den Industrienationen den wohl riesigsten, vom Steuerbürger alimentierten Dienstleistungsapparat«. Weil sich Deutschland schmerzlich zu einem Reich wiedervereinte, sollten also die normalen Gewerkschaftsrechte kapitulieren. Auch andere Organe äußerten die Auffassung, daß der Streik den nationalen Anforderungen zuwiderlaufe. Die »Süddeutsche Zeitung« (5.5.1992) war der Meinung, daß sich die Lage »grundsätzlich von früher« unterscheide, weil »die öffentlichen Kassen« leer seien. Die Konjunktur sei labil, die Finanzen erschöpft, und »hinzu kommt, daß jede entbehrliche Mark in die mühsame Sanierung Ostdeutschlands gesteckt werden muß«. Die Zeitung hetzte zunächst: »Streik gegen die Bürger«, und als der daraufhin nicht abgebrochen wurde, malte sie »die gefährliche Macht der ÖTV« an die Wand. Ihr Kommentator, Dieter Schröder, sprach sich dafür aus, der ÖTV das Streikrecht zu entziehen: »Die ÖTV verhandelt im Grunde mit sich selbst; die vom Bundesarbeitsgericht aufgestellten Bedingungen für die Tarifautonomie treffen auf die ÖTV nicht zu« (»SZ«, 9. u. 10.5.1992).

Eine harte politische Abrechnung mit der Gewerkschaft kam auch von der »Tageszeitung« (27.4.1992): »Während ihre programmatische Modernisierungsdebatte« — ein Begriff, der im allgemeinen Vorschläge für die Verbesserung der Profitabilität deutscher Unternehmen umschreibt — »so gut wie zum Erliegen« gekommen sei, »verfallen Basis und Apparat (der Gewerkschaften) zusehends jener konservativen Abwehrhaltung, die an eine Wagenburg erinnert. Die Gewerkschaften haben mit ihren hohen Forderungen Erwartungen bei ihrer Klientel im Westen geweckt, die mit deutlichen Lohnsteigerungen bedient werden muß, obwohl dies einer notwendigen Umverteilung von West nach Ost entgegenläuft. Und während bei den West-KollegInnen die Bereitschaft zum Verzicht weiter schrumpft, setzen deren Interessenvertreter auf eine Politik, die sich einseitig an einer Erhöhung des materiellen Lebensstandards orientiert.« Längst gehe es nicht mehr »darum, von oben nach unten umzuverteilen. Wer Solidarität nicht zum hohlen Schlagwort einer sozial gerechten Verteilungspolitik machen will, der muß sich auch Gedanken darüber machen, wie die sozialen Verhältnisse im wiedervereinigten Deutschland gestaltet werden sollen. Und wer eine Brücke über die sich vertiefende soziale Spaltung schlagen will, muß bereit sein, unten zu teilen ... als ob die Kosten der Einheit nichts mit Tarifpolitik zu tun hätten. Aus einer Wagenburg aber, die nur den alten Antagonismus von Kapital und Arbeit im Blickfeld hat, entwickelt sich keine Gestaltungskraft.« Etwa eine Woche später (5.5.1992) legte die »Taz« noch einmal fluchend nach: »Der ÖTV fällt offenbar nichts Besseres ein, als stets nur und ausschließlich ›noch mehr Geld‹ zu fordern ... dieses ewige einfallslose ›Noch mehr Knete‹ ist angesichts der real existierenden Probleme einfach nicht mehr angemessen.« Sie solle auf Geld verzichten und lieber für autofreie Innenstädte kämpfen: »Bei der Macht dieses Apparats wären autofreie Innenstädte doch ein Kinderspiel!« Der Kommentator wollte nur seinen Haß auf die pure Existenz der Gewerkschaften herausspeien. Denn er weiß selber, daß dem »Apparat« die Macht fehlt und er im Kampf für autofreie Städte bis auf einen kläglichen Rest alle Mitglieder verlieren würde, sich also eher gleich selber auflösen könnte.

Beeindruckend an der veröffentlichten Meinung, die nur selten nicht mit dem allgemeinen Stand des Bewußtseins übereinstimmt – besonders dann nicht, wenn keine Gegenmeinung mehr vorkommt –, waren die Hysterie ihres Vortrags und die vielfältigen Gründe gegen den Streik. Ob Schmutz in den Straßen oder Konjunktur, ob deutsche Wiedervereinigung oder Wagenburgmentalität, ob Geld nicht glücklich mache oder die Verteilung zwecks Schonung des Kapitals lieber unter den gesellschaftlichen Verlierern zu geschehen habe, ob soziale Spaltung oder das gegen den angeblich notwendigen Verzicht gerichtete falsche Signal, ob gefährliche Gewerkschaftsmacht oder störungsfreier Betrieb der Wirtschaft, ob fließender Verkehr oder persönliche Karrieren – die Kette der Ablehnungsgründe war lückenlos, es konnte kein Grund für das Streikrecht mehr offen sein. Wenn überhaupt mal ein Argument für die ÖTV zu vernehmen war, dann nur mit dem Hinweis, sie sei von den unverschämten Mitgliedern zum Streik gezwungen worden. Der »Spiegel« sah in den Ergebnissen der Urabstimmung die nackte »Gier nach Geld«, und die »Taz« (12.5.92) vermutete eine mangelnde Bereitschaft, »unten zu teilen«, sowie »die Flucht vor den angsteinflößenden Herausforderungen der neuen gesellschaftlichen Brüche«. Mit anderen Worten: »Der kleine Mann« habe noch »Angst vor Verlust und Veränderung«.

Die Diskrepanz zwischen der allgemeinen Hysterie und der Harmlosigkeit des Streiks hätte größer nicht sein können. Die ÖTV war, wegen ihrer Bereitschaft zum nationalen Opfer, wie sie selber betonte, mit ihrer Lohnvorstellung schon unter dem Niveau der zuvor abgeschlossenen Tarife in der Stahlbranche, im Bankengewerbe und in der Energiewirtschaft geblieben. Außerdem hatte sie alles unter Kontrolle. Von einer Wagenburgmentalität des Klassenkampfes, wie die »Taz« unkte, war rein gar nichts zu spüren. Die Kolleg/inn/en im Öffentlichen Dienst hatten, als man es ihnen empfahl, sich ihre Streikleibchen umgehängt und recht gesittet gestreikt. Als dann der Abpfiff befohlen wurde, hatten sie ihre Leibchen – ohne zu murren – wieder ausgezogen, die Transparente eingerollt und am nächsten Morgen wieder ihren Arbeitsplatz aufgesucht, als wäre nichts gewesen. Damit auch wirklich nichts aus dem Ruder laufen würde, hatte der Deutsche Gewerkschaftsbund noch während des Streiks die Losung »Teilen verbindet« popularisiert. Die wiedervereinigte Nation hatte ihren Bewährungstest bestanden. Die öffentliche Meinung war vereint gegen den, in ihrer Ablehnungsbegründung immer so beschriebenen, antideutschen Streik aufgetreten. Das war allerdings auch nicht schwer, weil sich ÖTV und DGB gemeinsam mit den streikenden Mitgliedern verpflichtet hatten, den Sachzwängen zu willfahren.

Während der ÖTV-Streik des Jahres 1992 wie ein sittenwidriges Unterfangen gegeißelt worden war, reagierte die deutsche Öffentlichkeit drei Jahre später auf die Bekundungen der »Verbrauchermacht« gegen den Plan des Shell-Konzerns, die Bohrinsel »Brent Spar« im Atlantik zu versenken, vorbehaltlos positiv bis euphorisch. Abend für Abend schwankte das Bohrmonstrum via Fernsehen in die Wohnzimmer, begleitet von Kommentaren, die Häßlich- und Schädlichkeit des Geräts in drastischen Worten schilderten. Unterstützung kam von Zeitungen, von allen Bundestagsparteien, den Gewerkschaften, Kirchen, Unternehmern (der Strumpfhosenhersteller Kunert rief zum Boykott auf), von rechts und links gleichermaßen. »Die Woche« vom 23. Juni 1993 jubilierte: »We Shell overcome.« Der Shell-Tankstellen-Boykott demonstriere »die Macht von Millionen«. Dieser Sieg habe »vieles verändert – womöglich nicht nur in Europa«. Der Gedanke, daß eine 99prozentige Zustimmung in Deutschland vielleicht auch etwas damit zu tun haben könnte, daß hier ein englisch-holländischer Konzern und die englische Regierung am Pranger standen und daß die 99 Prozent nichts weiter tun mußten, als ein gutes Gewissen zu haben, kam nicht auf. »Die Woche« war schier außer sich vor Freude: »Eine derart breite, schichten- wie parteienumspannende Protest- und Boykottbewegung ist niemals zuvor zusammengeschmiedet worden ... ein Lehrstück, das Folgen haben wird.« Der »Triumph über Shell markiert die Öko-Wende, demonstriert die Hegemonie des Umweltgedankens am Ende unseres Jahrhunderts«. Greenpeace sei eine wirklich schnelle »Eingreiftruppe«, nicht so wie jene »der Westmächte in Bosnien, im Niemandsland zwischen großmäuliger Geste und kläglicher Wirklichkeit verirrt«.

Wir sehen, daß das Placebo fürs saubere Öko-Gewissen gut zusammengeht mit dem ersten militärischen Eingreifen deutscher Truppen nach 1945. Und »Die Woche« wagte gleich auch noch den nächsten Schritt, indem sie die Losung aufstellte: »Boykottiert Frankreich« (wegen der geplanten Atombombenversuche in der Südsee). Unter den Pro- und Contra-Kandidaten einer Fortsetzung der Shell-Boykott-Kampagne gegen den französischen Erbfeind plädierte u. a. Till Bastian von der internationalen Organisation »Ärzte für die Verhütung des Atomkriegs« vehement dafür: Es wäre sinnvoll, »Chirac und seine Gefolgsleute die Konsumentenmacht spüren zu lassen. Ich werde es so halten wie mit Griechenland während der Obristen-Diktatur: keinen Fuß mehr ins Land setzen!« Dagegen sprach sich André Glucksmann aus, nicht wegen der herrlichen französischen Weine, sondern weil man nicht wissen könne, »was geschieht, wenn in Moskau ein Karadzic an die Macht kommt«. Der Kommentator der »Taz« (22.6.1995) sah mit Blick auf den Verzicht des Shell-Konzerns, die »Brent Spar« im Ozean zu versenken, einen Sieg »der Öko-Underdogs von Greenpeace über einen dreckigen Weltkonzern, ein(en) Sieg der spontan aufmüpfigen Autofahrer über eine unsensible Tankstellenkette und schließlich ein(en) Sieg der ökonomischen Vernunft im Konzern über halsstarrige (britische) Manager« und hatte deshalb »Lust auf mehr«. Mit einem Hauch von Süffisanz spielte er allerdings auch auf den braven Bürger an: »Nichts ist einfacher, als spontan an der Shell-Tankstelle vorbeizufahren ..., und obendrein kann man sich an der Tankstelle der Konkurrenz ausnahmsweise als guter Mensch fühlen.«

Warum hatte der Wille von Streikenden nichts gezählt, und warum zählte der Verbraucherwunsch nun alles? Warum durften die Verbraucher/innen den Ölmulti Shell in die Knie zwingen und wurden dafür noch von allen Seiten gelobt? Drei wesentliche Gründe lassen sich nennen. Erstens war es eine willkommene Heuchelei, die Deutschland in dem Maße sauber erscheinen ließ wie England beschmutzt wurde, zweitens ging es um nichts, und drittens waren willfährige, markttreue Verbraucher/innen, die ja schließlich der Bohrinsel wegen nicht einen Liter Benzin weniger tankten, die Objekte der Inszenierung. Da war also ein ausländischer Konzern, der obendrein noch mit England im Bunde stand. Alle wissen, daß Frankreich der bevorzugte Partner Deutschlands ist und nicht England. Helmut Kohl hatte es der Bevölkerung genau erklärt. Die englischen Pläne zur Versenkung der Bohrinsel nannte er ein »Stück Verkommenheit«. Die französischen Atomtests kommentierte er sachlicher: »Ich akzeptiere die französische Haltung, aber ich bin dafür, das dann so schnell wie möglich wieder zu beenden.« Die »englische Shell« war also verkommen.

Darüber hinaus erfuhren die deutschen Konsument/inn/en fast nichts von dem, was sie von Shell hätte ablenken können. Die 60prozentige holländische Beteiligung wurde sogar meistens verschwiegen, noch seltener wurde darüber geredet, daß die deutsche »Aral« (Veba ist mit 56, Wintershall mit 15 Prozent daran beteiligt) über ihre Schwestergesellschaft »Deminex« an den Nordsee-Ölfeldern der Shell partizipiert, daß eine Bohrinsel der deutschen »RWE-DEA« gerade im Wattenmeer bei Friedrichskoog den Betrieb aufnahm und über eine Deminex-Beteiligung an den Shell-Ölfeldern samt Bohranlagen ebenfalls ihren Anteil hat, daß die »Esso« zu 50 Prozent an dem Nordsee-Ölfeld von Brent beteiligt ist und daß »BP« aus 243, »Mobil« aus 60, die französische »elf« aus 52 Bohrlöchern in der Nordsee Öl gewinnen. Eine andere Information schien den Fernsehredaktionen noch unwichtiger zu sein. Die Bundesregierung hatte 1992 die Oslo-Paris-Konvention unterschrieben, nach der Plattformen ausnahmsweise auch im Meer versenkt werden dürfen, und sie hatte nichts dagegen eingewendet, als die britische Regierung sie Anfang 1994 ausdrücklich davon unterrichtet hatte, die »Brent Spar« im Nordatlantik versenken zu wollen.

420 Bohrinseln schwimmen in der Nordsee, aus denen im Normalbetrieb jährlich 30 000 Tonnen Öl entweichen. Etwa 20 000 Tonnen Öl »gelangen jedes Jahr allein in die Nordsee, weil Fahrzeuge und Kraftwerke ihren Treibstoff nicht vollständig verbrennen; der unerledigte Rest entweicht in die Luft und geht zum Teil über dem Meer nieder« (»Spiegel« 25/1995). Die Seeschiffahrt kippt jährlich große Mengen von Ölresten in die Nordsee. Inklusive der Industrieeinleitungen schätzen die Anrainerstaaten den »Öleintrag« auf bis zu 210 000 Tonnen im Jahr. Zusätzlich gelangen etwa 500 000 Tonnen Stickstoffe (Industrie und Autoverkehr) über die Luft ins Meer, jede Menge radioaktive Stoffe aus Wiederaufbereitungsanlagen, unzählige Schadstoffe mit dem Wasser der Flüsse, Müll und Fäkalien aus Fährschiffen, ungeklärte Abwässer von etwa 30 Millionen Menschen. Mit der »Brent Spar« sollten 100 Tonnen Ölschlamm (90 Anteile Sand und 10 Anteile Öl) versenkt werden, also eine Gesamtmenge von aufgerundet 0,0005 Prozent aller unangefochtenen Öleinleitungen und 0,0033 Prozent der Ölmenge, die im Normalbetrieb der Bohrinseln in die Nordsee geleitet wird. Außerdem ist zu beachten, daß

der normale Dreck tatsächlich in die Nordsee geht, während die Restöle der »Brent Spar« irgendwo im Eismeer versenkt werden sollten. Wollte jemand die Nordsee retten und sich aus politischen Gründen auf die Bohrinseln konzentrieren, hätte er zur Demonstration, daß es ihm ernst ist, zumindest deren Normalbetrieb angreifen müssen. Wollte jemand wegen des Symbolcharakters den Widerstand auf nur eine einzige Bohrinsel konzentrieren, dann hätte der Kampf gegen den Bohrapparat der deutschen Gesellschaft »RWE-DEA«, die im Wattenmeer tatsächlich die Nordsee verseucht, nahegelegen.

Warum also traf es die »Brent Spar« der Shell? Die Aufmerksamkeit für Umweltschäden ist in Deutschland unvergleichlich höher als in anderen Industriestaaten, was sich darin spiegelt, daß zwei Drittel des 27 Millionen Dollar starken Budgets von Greenpeace-International von der deutschen Sektion überwiesen werden, und seit kurzem auch darin, daß ein Deutscher Chef der Gesamtorganisation geworden ist. »Jetzt wollen die in Hamburg auch alles kontrollieren«, sagt der holländische Greenpeacer Gijs Thime, »es gibt da eine Neigung zu diktieren. So wie bei uns soll das überall sein. Wir haben dies, wir haben das. Manchmal ist das richtig peinlich« (»Die Zeit«, 23.6.95). Die Gründersektion Greenpeace-USA soll hingegen pleite sein. Hinter dem Aufstieg in Deutschland und dem Abstieg in den USA steht nicht nur das »Umweltbewußtsein«, sondern auch eine unterschiedliche Konzeption. Grob gesagt: In den USA wurde politischer gearbeitet, wodurch die Organisation Massenbeifall einbüßte, insbesondere bei den wohlhabenden Spenderschichten. In Übersee thematisierte Greenpeace nicht nur Umweltschäden, sondern ebenfalls politische Unterdrückung. »Die Amerikaner«, sagt Gijs Thieme, »betreiben Mißwirtschaft durch Political Correctness. Alles habe untergebracht werden müssen, von Frauenrechten über Eingeborenenrechte bis zu Tierrechten.« Die deutsche Sektion aber wurde zunehmend eine wirtschaftliche Einrichtung, die sich mit deutschen Firmen verbündete. Gemeinsam mit der Handelskette Tengelmann wurde der Fischereiboykott gegen Island betrieben, oder »denken Sie an die Verbrauchermobilisierung, mit der wir die Bestellungen des Greenfreeze-Kühlschranks bei Neckermann organisiert haben«, sagte Greenpeace-Chef Thilo Bode der »Zeit« (ebd.). Kein Wunder, daß deutsche Greenpeace-Vertreter/innen sogleich die »Bremer Vulkan« als guten Entsorgerbetrieb für die Demontage der »Brent Spar« anpriesen. Insgesamt hat sich Greenpeace zu einem Unternehmen entwickelt, daß nach dem Motto des »schwarzen Schafs« das Gesamtsystem selber vor Angriffen schützt. Deshalb war Greenpeace in der Bundesrepublik schon früh ein von Wirtschaft und Wohlstandsbürgern

gern gesehenes Kontrastprogramm etwa zur alten Anti-Atombewegung geworden.

Der Shell-Boykott zielte auf deutsche Verbraucher/innen, und bei denen war zweierlei zu berücksichtigen: Ihr ganz normal versauter Alltag mußte ihnen erhalten bleiben, und die Geschichte mußte mit ihrem Nationalgefühl in Einklang stehen. Bei einer Initiative gegen den gesamten Bohrbetrieb in der Nordsee hätten die Verbraucher/innen logischerweise alle Tankstellenmarken boykottieren müssen. Allein das Wissen darüber, daß die Autofahrer/innen nicht auch nur auf einen einzigen Liter Benzin verzichten würden, mußte die Aktion auf eine einzige Marke beschränken und beweist obendrein, daß mit Verbraucherinitiativen gar nichts anzufangen ist. Gegen den Normalbetrieb oder irgend etwas, auf das es substantiell ankommt, konnte Greenpeace schon deshalb keine Boykottaktion starten. Zweitens wäre die deutsche Öffentlichkeit nie gegen einen deutschen Konzern vorgegangen. Das besondere Umweltbewußtsein der Deutschen ist ein nationalökologisches. Das demonstrierte die »Bild«-Zeitung, die sich zur öffentlichen Kampagnenführerin mauserte. Sogar hemmunglose Mordphantasien gegen die »englischen Feinde« wurden deutschen Verbraucher/inne/n zugestanden. Außer sich geratene »Bild«-Leser/innen schreiben: »Schmeißt die Engländer aus der EU«, »Sperrt die Shell-Manager im Öl-Turm ein, danach versenken«, und: »Werft den Verantwortlichen von Shell Giftmüll in ihre Pools.« Am Ende überschrieb »Bild« die Titelseite mit »Sieg«. Nicht auszudenken, welche polizeilichen Maßnahmen eingeleitet worden wären, hätten streikende Arbeiter/innen oder Autonome öffentlich irgendwelchen Firmenbossen den Gifttod im eigenen Swimming-Pool oder den Tod durch Erfrieren im Eismeer angedroht.

In die geheimnisvolle Gedankenwelt der durch den Erfolg versöhnten Verbraucher/innen weihte uns Pastor Traugott Giesen, Kolumnist der »Hamburger Morgenpost«, ein. »Gesiegt hat diesmal auch die Marktwirtschaft«, erklärte Traugott völlig richtig und gewährte uns dann einen Einblick in die Privatspähre eines marktgerechten Individuums: »Stammkunde bin ich anderswo, aber gestern tankte ich bei Shell und gratulierte dem Kassierer: ›Mist gemacht – aber dazugelernt, Gratuliere!‹« (24.6.95). Gut gemacht, Traugott, so müssen kämfende Verbraucher/innen sein: immer fair. Als die Shell ihre Bohrinsel »Brent Spar« im Meer versenken wollte, taten sie zunächst nichts. Als Greenpeace hoch zur See dagegen demonstrierte, taten sie auch nichts. Als dann CSU und Kirchen verlautbarten, so gehe es nicht weiter mit dem englischen Konzern, und schließlich Helmut Kohl versprach, er werde den Engländern auf dem Weltwirtschaftsgipfel die Leviten lesen, da fuhren sie, an die

Grenze ihres persönlichen Mutes gehend, zweihundert Meter weiter zur nächsten Tankstelle, und siehe da, es war rechtens. Die deutschen Autofahrer/innen, die über die Luft nichtverbrannte Ölpartikel in einer Menge an die Nordsee abgeben, die alle Bohrinseln zusammen nicht enthalten, waren gut. Überhaupt gab es plötzlich in einem Land nur noch gute Bürger/innen, das mit Rücksicht auf eben diese Autofahrer/innen als einziges europäisches Land kein Tempolimit durchzusetzen wagt und in dem die Regierung den Ausbau des Atomprogramms empfehlen kann, ohne einen Boykott der Stromwirtschaft durch die Verbraucher/innen befürchten zu müssen. Denn erstens dienen die Atomanlagen dem deutschen Kapital, zweitens schränkt ein Stromboykott die Lebensqualität arg ein. Schließlich benötigen die deutschen Verbraucher/innen, wenn sie sich rühren sollen, eines auf jeden Fall: ein gleichwertiges Ersatzprodukt, das ohne Aufwand zu beschaffen ist.

Die Aktion der Zukunft, von der alle schwärmten, basiert also darauf, daß es der Sache nach um nichts geht, sich ein sauberes Deutschland über das Ausland erheben kann, niemandem auch nur das Geringste abverlangt wird und die Akteure uneingeschränkt die globale Dreckschleuder Marktwirtschaft bejahen und vollständig marktkonform handeln.

Der Sieger benötigt keine Moral.
Wer auf der Strecke bleibt, macht sich verdächtig

Nach dem Sieg der Marktwirtschaft über den deformierten realen Sozialismus hat ein Wettstreit begonnen, wer die Reste von kritischem Verstand am gründlichsten zu beseitigen in der Lage ist. Konformistische Ergebenheitsadressen begraben seither, was vom Befreiungsgedanken noch übriggeblieben war. Durch den unbändigen Wunsch der Menschen aller politischen Couleur, an der Seite der Sieger zu stehen, ist rückwirkend auch der Versuch der Sozialist/inn/en in der Sowjetunion dementiert worden, eine Form der gesellschaftlichen Befreiung angestrebt zu haben, die eine wenigstens einigermaßen egalitäre Gesellschaft möglich machen sollte. Sozialismus wird als mißglückte Nachindustrialisierung denunziert, die marktwirtschaftlich eben besser gegangen wäre. Ähnlich erging es den Kommunist/inn/en und Sozialdemokrat/inn/en in der DDR. Ihnen wurde nachträglich nicht einmal mehr die Bemühung zugute gehalten, ein antifaschistisches Deutschland gewollt zu haben. Jenes Westdeutschland, das mit der Wiedereinsetzung gestandener Nationalsozialisten in die Führungspositionen von Wirtschaft, Politik, Militär,

Justiz und Sportverbänden ebenso ans Hitler-Deutschland anknüpfte wie mit der Reinstallierung von Privateigentum und Profit als Gradmessern des ökonomischen Erfolgs, projizierte die Kontinuität der deutschen Gewaltgeschichte schamlos auf die DDR – und behandelte diese nach 1989 entsprechend. Man log eine der stärksten Industrienationen der Erde – freilich mit gebührendem Abstand zu den Top Ten – zu einer Kriegswirtschaft von Anfang an zurecht, um ihre Deindustrialisierung als selbstverschuldet und sowieso dringend nötig rechtfertigen zu können.

Auch die Befreiungsversuche im Rest der Welt kommen im Siegerdiskurs nicht mehr vor. Weshalb haben die Leute gekämpft in Rußland, Deutschland, Mexiko, Kuba, Vietnam, Angola, Mosambik, Südafrika oder Nicaragua, weshalb in Griechenland, Spanien oder Portugal? Weshalb sind Literaten, Künstlerinnen und Abenteurer von Paris nach Moskau oder Mexiko gezogen? Die Enttäuschungen, die sie erlebten, sprechen doch nicht für den kapitalistischen Weltmarkt und dessen Diktaturen. Mit dem Sieg der Marktwirtschaft aber ist sie auch für viele Linke gut geworden. Das glitzernde Kaufhaus BRD hat nicht nur den Verstand der Leute im Osten geblendet, sondern, wie sich rasch herausstellte, auch den der Wohlstandslinken im Westen, die nichts mehr hören wollen von der Tatsache, daß das durchschnittliche Versorgungsniveau der kapitalistischen Welt etwa auf der Ebene Chiles anzusiedeln ist und die Verwandlung Rußlands in eine Rohstoffbasis für die reichen Staaten dort einen Lebensstandard etwa zwischen Namibia und Brasilien übrig lassen wird. Das allgemeine Bewußtsein in den kapitalstarken Regionen wartet nur noch auf die Auslieferung Kubas an die Vereinigten Staaten von Amerika, durch die es die Befreiung der Kubaner/innen gewährleistet wähnt. Denn Befreiung mißt sich heute an der Einrichtung von Börsen, Hotels mit Roulettischen und Prostitution.

Die Betrachtung eines Sachverhalts von mehreren Seiten gibt es kaum noch. Dialektik gilt nichts mehr, und eine revolutionäre Tradition scheint es nie gegeben zu haben. Wie vom Irrsinn gepackt sehen die Menschen im Kapitalismus nur noch den Wegbereiter der Menschenrechte, obwohl doch sein Weg gepflastert ist von Sklaverei, Kulturvernichtung, Nazideutschland, Faschismus, Kriegen ohne Ende, von gewaltsamer Unterwerfung der Widerständigen, von Boykotten gegen Ungehorsame, von atomarer Hochrüstung, schließlich von weltweiter Armut und Hunger. Die Diktatur scheint plötzlich nur eine Sache des Ostens gewesen zu sein, obwohl die historische Erfahrung lehrt, daß der Imperialismus (bzw. die Marktwirtschaft) permanent Diktaturen züchtet, vorzugsweise in solchen Ländern, die nachindustrialisiert werden, die Mineralien und Früchte exportieren, in denen Befreiungsbewegungen den ökonomischen und militärischen Spielraum einengen könnten, die als Bordell für sexualneurotische Pauschaltouristen aus den reichen Metropolen dienen. Daran zu erinnern, ist längst vergebene Liebesmüh'.

Bisweilen haben sogar Altlinke die Diktatur gerechtfertigt, wenn sie nur Marktwirtschaft zu konstituieren vorgab. Die »Taz« widmete zum Beispiel der Frage viel Platz: »Ist eine Diktatur das größte annehmbare Unglück?« Die Frage nimmt die Antwort vorweg: selbstverständlich nicht, denn »einige sowjetische Ökonomen hatten in letzter Zeit nicht zufällig großes Interesse für Südkorea und Chile gezeigt, wo sich unter langandauernden diktatorischen Bedingungen letztlich Marktwirtschaften herausbildeten«. Fürs Gedeihen der neuen Gottheit »Marktwirtschaft« ist jedes Mittel recht. »Was ist«, fragte der »Taz«-Autor durchaus rhetorisch, »wenn dieser Weg sich unter bestimmten Bedingungen als der einzig gangbare erweist und als Alternativen nur Chaos, Bürgerkrieg und Armut bleiben. Sollte man dann jede Form einer Diktatur von vornherein verteufeln?« Bewahre! Selbstverständlich bestellte keine Wohngemeinschaft nach Lektüre dieses Textes ihre »Taz« ab. Aber es geht uns an dieser Stelle gar nicht um eine sowieso vergebliche moralische Wertung, sondern nur um den Nachweis, daß derjenige, der sich bei den Siegern anlehnt, notwendigerweise auch dumm werden muß. Was haben die vielen Diktatoren im Auftrag der Welt-Marktwirtschaft denn in der sogenannten Dritten Welt getan, wenn nicht Bürgerkriege geführt gegen jede freiheitliche Regung und Armut produziert durch Abtransport des Mehrwerts in die Metropolen und auf Auslandskonten? Wie kommt ein Mensch nur auf die Idee, es gebe einen Gegensatz zwischen Marktwirtschaft einer- und Chaos/Bürgerkrieg/Armut andererseits, wenn er nicht völlig verblödet ist?

Wo selbst das linksalternative Milieu zum Wohle der Marktwirtschaft auf die Diktatur setzt, kann es im Normalbetrieb eine Kritik an jener schon gar nicht mehr geben. Im Gegenteil: Mit der Wiedervereinigung haben die Westdeutschen ihren Charakter so bloßgelegt, als wollten sie demonstrieren, was marktwirtschaftliche Erziehung in Menschen anrichtet. Kaum war die Mauer gefallen, hielt es sie kaum noch zu Hause. Als habe sich Gorbatschow mit seinem Allerweltsspruch »Wer zu spät kommt, den bestraft das Leben« direkt an sie gewandt, stürmten Massen von Westdeutschen die DDR und praktizierten, was man ihnen beigebracht hatte: Sie raubten und betrogen, um abzugreifen, was irgend sich abgreifen ließ. Ehemalige DDR-Flüchtlinge rammten Pflöcke in den Boden und errichteten hohe Zäune, um ihren Claim abzustecken. Erschrockene Familien wurden auf die Straße gesetzt. Fälscherbanden organisierten Reisen, kassierten Geld dafür und ließen die Leute am Straßenrand stehen. Die Überwältigten schlugen wertvolle Kacheln aus fremden Hausfluren, um sie auf dem Flohmarkt abzusetzen. Bürgermeister/innen kleiner Ortschaften ließen sich Kläranlagen und Abwasserkanalisationen andrehen, die selbst für Hamburg zu groß gewesen wären. Sozialdemokrat/inn/en, Grüne und Konservative sammelten in Stadt und Land Gefolgsleute ein, Gewerkschafter/innen organisierten die Kolleg/inn/en nach ihrer Facon, und arbeitslose Akademiker/innen gaben Nachhilfeunterricht mit Ludwig Erhards »Wohlstand für Alle«. Banken- und Industriemanager, Zeitungsverleger, Geldschieber, Spekulanten, Miethaie, Zuhälter, Dealer, ausrangierte Kulturschaffende und biedere Kleinfamilien zogen gen Osten, um ein Schnäppchen zu machen, große Beträge zu kassieren, denen überhaupt mal zu sagen, wo's nun langzugehen habe oder einfach nur um dabeizusein. Die dämlichsten Westdeutschen waren über Nacht zu Weltweisen geworden. »Uns ist auch nichts in den Schoß gefallen«, sagte der Langzeitarbeitslose aus Wuppertal zum Schweriner, »alles mußten wir uns erarbeiten, denn von nichts kommt nichts.«

Die Ostdeutschen aber bettelten um die D-Mark, um Investitionen und um Arbeit. Einige begriffen rasch – ebenso wie in Prag, Kaliningrad, Kiew oder Wladiwostok. Die Menschen lernten Marktwirtschaft: Spielautomaten wurden aufgestellt, Nachbarn um ihr Geld geprellt, Autos im Westen geklaut, Gaststätten eröffnet und Schutzgelder eingetrieben, Waffendepots ausgeraubt. Der Starke kommt durch, der Schwache erfriert am Ufer der Moskwa. Das Wesen der Marktwirtschaft, das mit ihrem Wirken identisch ist, wurde so selber der Anlaß, daß manche nur noch in der Diktatur einen Ausweg aus dem Chaos sehen. Im Westen nehmen die Anhänger der Marktwirtschaft die Niederlage des Ostens als letzten Beweis dafür, daß sie in einer erfolgreichen und damit guten Gesellschaft leben, während die Verlierer im Osten ihren alten Staat zumeist verteufeln, weil der verlor.

Die stärkste Legitimation aber bezieht der Kapitalismus aus seinem Sieg, denn Siege legitimieren sich durch sich selber. Der Sieg und, als sein Gegenstück, die Niederlage sind die in der Marktwirtschaft am wenigsten in Zweifel gezogenen Kriterien zur Bestimmung der Wahrheit. Das marktwirtschaftliche Denken überträgt das darwinistische Konzept der Auslese in der Natur als Ordnungsvorstellung auf die menschliche Gesellschaft. Wahr ist am Ende nur der quasi naturgesetzliche Sieg des Starken und der Ruin des Schwachen im dauernden Konkurrenzkampf. Erfolg und Mißerfolg, Leistungskraft und Leistungsschwäche, technische Überlegenheit und Unterlegenheit bestimmen die Auslese unter Staaten,

Unternehmen und Individuen. Dieses Daseinsprinzip prägt Denken und Empfinden, entscheidet darüber, was gepriesen oder verachtet wird, was als göttlich oder teuflisch gilt, seit den industrialisierten Menschen die Götter ausgetrieben wurden. Darin zeigt sich die latente Verwandtschaft der marktwirtschaftlichen Organisation der Gesellschaft mit dem Faschismus. Der sich selbst legitimierende Sieg des Produktiven über das Unproduktive findet seine Vollendung in der Ausmerzung des Unproduktiven, in dem eine Last oder Gefahr für die naturgewollte Auslese des Starken gesehen wird. Das Wirken dieses Prinzips läßt sich vor allem am Geld ablesen. Stärke, Erfolg, Sieg, Leistung und Überlegenheit helfen ja schließlich, es anzuhäufen, so wie Geld jene verbürgt. Nur wenn die Sowjetunion produktiver gewesen wäre als die USA, wenn Mosambik Südafrika militärisch hätte besiegen können und wenn den Sandinistas der entscheidende Schlag gegen die Contra gelungen wäre, hätten alle drei zumindest eine Chance gehabt, so akzeptiert zu werden, wie heute die VR China, weil sie hohe Wachstumsraten erwirtschaftet.

Der Erfolg markiert eine Wahrheit, die die Mittel ignoriert, die für ihn eingesetzt wurden. Ob Tausende Mädchen jahrelang beim Turntraining bis zur Frühinvalidität gequält werden — am Ende zählt die Goldmedaille. Auch wenn dem menschlichen Auge die ersten sechs Rodler/innen im Eiskanal gleich schnell erscheinen — das elektronische Auge sortiert sie in eine exakte Rangfolge. Übrig bleiben ein Sieger, dem allein das Geld aus den Werbeverträgen in den Schoß fällt, und Versager, die den erfolgshungrigen Reportern zu erklären haben, woran es bei ihnen denn wohl gehapert habe. Die kapitalistischen Imperien konnten hundert Jahre lang die Welt in ein Schlachthaus verwandeln, doch nachdem sie sie nun nahezu vollständig ihren Gesetzen unterworfen haben, müssen sich die Verlierer noch vor den Siegern rechtfertigen für etwas, was diese selber täglich einsetzen: Geheimdienste und Todesschüsse. Dem Spott der gesamten Siegergesellschaft sind die Verlierer im Osten ausgesetzt. Mit diesem Spott verdrängen die Verlierer im Westen ihre eigenen pausenlosen Niederlagen. Der arbeitslose Westdeutsche lacht verächtlich beim Anblick bröckelnder Dachsimse in Schwerin, klärt Einheimische darüber auf, daß man mit solcher Murksarbeit nicht weiterkommen könne, fährt nach Hause und findet die Mieterhöhung im Briefkasten, die er nicht mehr bezahlen kann. Noch als Obdachloser erzählt er den Berbern gern die Geschichte, die er in der Zone erlebte. Mit Ausnahme einiger seltener Exemplare bejubeln alle Westdeutschen den Sieg über die lächerlich unproduktive DDR, sehen den Erfolg der Marktwirtschaft durch nicht verputzte Treppenhäuser gerechtfertigt, während die Sieger ihnen den Lohn kürzen, das Gesundheitswesen in einen Luxus verwandeln und die Mieten in schwindelnde Höhen treiben. »Wie freilich die Beherrschten die Moral, die ihnen von den Herrschenden kam, stets ernster nahmen als diese selbst, verfallen heute die betrogenen Massen mehr noch als die Erfolgreichen dem Mythos des Erfolgs. Sie haben ihre Wünsche. Unbeirrbar bestehen sie auf der Ideologie, durch die man sie versklavt. Die böse Liebe des Volks zu dem, was man ihm antut, eilt der Klugheit der Instanzen noch voraus.«[22]

Gorbatschow wurde als Mann des Jahrzehnts geehrt, weil er einen großen Beitrag für den Sieg des Westens geleistet hatte, aber auch dafür, daß er versprach, schleunigst die Ausbeutungsrate mit marktwirtschaftlichen Mitteln zu steigern. Seine Ankündigungen: »Wir müssen in kurzer Frist ... den Welthöchststand bei der Produktivität der gesellschaftlichen Arbeit erreichen« oder »Ziele des Wettbewerbs sind heute exakter Arbeitsrhythmus ... Nutzung jeder Minute Arbeitszeit«[23] und seine brutalen Angriffe auf die faulen Elemente in der Gesellschaft brachten ihm auch die Hochachtung vieler Linker ein. Endlich schien da drüben einer anzupacken. Michael Stamm jubelte: »Tanz den Gorbatschow«[24] und wehrte sich gegen die Denunziation des »Elemente von Wettbewerb und Markt beinhaltenden Effektivierungskonzepts« Grobatschows. Auch Wolfgang Fritz Haug behauptete, daß die UdSSR in ihrer bisherigen Verfassung unfähig gewesen sei, eine Produktivkraftentfaltung hervorzubringen, die das Land befähigen würde, den Anschluß zu halten. Das hohe Ansehen, das neuerdings China, die sogenannten Kleinen Tiger und seit Anfang der 90er Jahre auch die US-Wirtschaft genießen, hat einen einzigen Grund: Ihre Wachstumsraten sind beachtlich. Voller Hochachtung nimmt die Welt wieder Vorträge der Managementphilosophen aus den USA zur Kenntnis, die den Erfolg im Rücken haben. Michael Hammer kreierte auf dem »World Economic Forum« den Unternehmensführer der Zukunft. Ein »leg breaker« müsse der sein, wie der »erfolgreiche Geschäftsmann« der 20er Jahre, Al Capone. »Ein freundliches Wort und eine Knarre sind überzeugender als ein freundliches Wort« (»Die Zeit«, 25.2.1994). Die europäischen Methoden seien völlig veraltet. Da schleppe man zuviel sozialen Ballast mit sich herum.

Der Zweck heiligt den Produktionsfaschismus. China diszipliniert die Massen über Todesurteile, deren so viele verhängt werden wie in der gesamten übrigen Welt. Unsere Geschichtsbücher predigen die Akzeptanz der Sieger. Friedrich war »der Große«, weil er die Habsburger besiegte. Bismarck war »groß«, weil auch er seine Kriege gewann und zudem ein großdeutsches Reich mit eiserner Hand schmiedete. Hitler wäre ein noch größerer geworden, hätte er seinen Krieg nicht verloren. Der Herausgeber der »Wirtschaftswoche«, Professor Wolfram Engels, bedauerte, »daß es auch in unserer aufgeklärten Gesellschaft ein Tabu gibt – unsere eigene Geschichte der Jahre 1933 bis 1945« – das »Tabu der Nazizeit«. Er brach es auf die Weise, die einem liberalen Wirtschaftswissenschaftler naheliegt. Das Wachstum sei damals enorm gewesen, stellte er »sachlich« fest und fragte: »Können wir auf Erfolgsrezepte nur deshalb verzichten, weil Adolf Hitler sie angewandt hat?« Wir verzichteten schließlich auch nicht »auf deutsche Schäferhunde und Chorgesang« (»Wirtschaftswoche«, 12.7.1991).

Professor Engels kommt das Verdienst zu, bürgerliches Denken aufs Wesentliche konzentriert zu haben. Liberalismus meint letztlich nur die Freiheit der Sieger, für die »Menschen zum Material (werden) wie die gesamte Natur für die Gesellschaft«.[25] Und der liberale Professor fand die Erfolgszahlen der Nazis einfach so aufregend, daß er auf ihre Rezepte nicht verzichten wollte. Zu diesen gehörten bekanntlich Arbeitsdienst, Zwangsarbeit ohne Lohn, Ermordung der Schwachen, Militarisierung der Produktion, Gewerkschaftsverbot, Verhaftung, Einkerkerung, Ghettoisierung und Eliminierung der Gegner/innen des Regimes, Arisierung der Betriebe, Ausplünderung, Deportation und Vernichtung der jüdischen Bevölkerung.

Dem Bild vom Sieger, der recht hat, weil er siegt, entspricht das des Verlierers, des Schwachen, der den Starken gefährdet und sich deshalb schuldig macht. Die mindere Produktivität im internationalen Wettbewerb, die als entscheidende Schwäche des »RGW« identifiziert worden ist, legitimierte nicht nur sein Niederwalzen, sondern wurde nach seinem Zusammenbruch auch als latente Bedrohung für die siegreichen Wirtschaftsmächte ausgemacht. Mit dieser Entdeckung begann Robert Kurz' Triumphzug durch die demoralisierte Linke. In seinem Erfolgsbuch »Honeckers Rache« denunzierte er die Verlierer im internationalen Wettkampf als Mitglieder einer Bande, die es nur auf das Geld der Effektiven abgesehen habe. Die Ossis, so Kurz, legten »eine instinktive Arbeiter- und Bauernschläue an den Tag«, indem sie »ihr Wohlergehen einem der letzten übriggebliebenen Weltmarktgewinner aufgehalst« hätten. Der Chef des produktiven Kollektivs, Helmut Kohl, sei in die ausgelegten Fußangeln getappt »wie der Bär in die Falle«. Aufgrund ihrer Naivität würden die Effektiven »in den Strudel der Zusammenbrüche mit hineingerissen«.[26] Um die Schuld der Ruinösen, die sich an den Erfolgen der Leistungsstarken schadlos hielten, herauszustreichen, überhöhte Kurz seinen tragischen Helden hemmungslos. Der effektive (West-)Deutsche wurde in leuchtenden Farben gemalt, um das Bild vom miesen Schwächling grauer erscheinen zu lassen. Der naive tragische Held wird »vom schwarzen Loch der Ex-DDR« bedroht. »Die zur Kasse gebetenen Bundesbürger« könnten aus der Annexion nicht »den geringsten Nutzen ziehen«, während die hinterlistigen Schwachen sich mit den Alimentierungen aus dem Westen einen Lenz machten und obendrein das »Stasi-Syndrom umdrehten, um in die westlichen Apparate hineinzuwuchern«. Wie ein Krebsgeschwür und in unsere »großartige Weltgesellschaft«?

Alles Lüge, reine Ideologie: Östliche, nicht westliche Geheimdienstler werden verhaftet, der Osten wird deindustrialisiert, dort werden Kindergärten geschlossen. Den Ostdeutschen holen Versicherungsgesellschaften, Kredithaie und betrügerische Reiseunternehmen die letzten Pfennige aus der Tasche. Wer ist da raffiniert oder bauernschlau? Seine Verwandlung des Opfers in einen Täter treibt Kurz bis zur Vortäuschung eigener Resignation: »Aber wer sollte die gerufenen Geister noch bannen können und auf welche Weise?« Längst schon geht es hier nicht mehr um die Kosten der Einheit, die vor Kurz schon Oskar Lafontaine berechnete, sondern um Schuld und Böswilligkeit, die sich mit dem Verlierer verbinden (sollen). Wenn jemand einen Buchhaltungsfehler, den der westdeutsche Kapitalismus bei der Berechnung seiner Okkupationseinnahmen möglicherweise gemacht hat, zur Tragödie umarbeitet, in der die großartigen Weltbürger/innen in den Klauen der schmarotzenden, mit allen Wassern gewaschenen Verlierer verenden, hat er sich wie alle anderen auch auf die Seite des Stärkeren gestellt, der zur Feier seines Sieges das Opfer in einen Täter verwandelt.

Die »Wirtschaftswoche« sah den Wirtschaftsriesen Westdeutschland ganz ähnlich bedroht. Seine eigenen Hoffnungen rekapitulierend, schrieb Stefan Baron: »Die Ossis schlucken wir wie nix, war die allgemeine Überzeugung« (5.7.1993). Jedoch: »Wie naiv waren wir in unserem nationalen Freudentaumel ... Immer mehr Bürger der alten Bundesrepublik müssen sich heute fragen, wessen Errungenschaften eigentlich bedroht sind, wer eigentlich wen geschluckt hat, wer an wen angeschlossen wurde.« Baron hatte in der DDR, die unzweideutig von Westdeutschland geschluckt worden war (Wirtschaftsform, Staatsform, Bildungssystem, Recht und Gesetz, einfach alles wurde ihr vom Sieger übergestülpt) noch opferwilligere Menschen vermutet als man vorfand. Die Sache der Nation sollte ihnen wichtiger sein als Wohnen, Kleiden, Essen und Kindergarten. Nachdem die Währungsunion die DDR-Wirtschaft zerstört hatte, weil der international übliche Währungskursunterschied zum Ausgleich von Produktivitätsunterschieden über Nacht beseitigt worden war, standen dort Menschen herum, die erstens das jahrzehntelange Propagandarede von der ausgezeichneten Versorgung in der Marktwirtschaft für bare Münze nahmen und die zweitens Geld verlangten, um die Westmieten und -preise begleichen zu können. Das war zuviel. Menschen, die als unproduktiv abgestempelt sind, sollen gefälligst verzichten und sich zudem schuldig fühlen. Baron wütete: »Bei aller Vaterlandsliebe – so kann es nicht weitergehen, das kann mit Teilen nicht gemeint gewesen sein. ... Immer mehr Wessis fühlen sich als die Dummen, von den Ossis mit Bonner Hilfe als DM-Esel mißbraucht. Müssen die Ostdeutschen, fragen sie, ein Jahr nach der Währungsunion schon mehr verdienen als Spanier, Griechen, Portugiesen oder Iren? Ging es nicht auch eine Nummer kleiner?« Die Vergleiche sind pure Demagogie gegen die Verlierer, denn würden die Ostdeutschen so wenig verdienen wie die Griech/inn/en, könnten sie in Deutschland weder wohnen noch essen. Eine normale deutsche Monatsmiete übersteigt den gesamten Monatsverdienst einer Familie in Griechenland.

Die Umdeutung der Verlierer in arglistige Täuscher steht in einer geistesgeschichtlichen Tradition, die bis in den Übergang vom Mittelalter zur Moderne zurückreicht. Am radikalsten dachte Nietzsche, der die Kranken, Verunglückten, Niedergeworfenen, Zerbrochenen, Schwachen als des »Menschen große Gefahr« betrachtete. In der »Mitempfindung« oder »sozialen Empfindung« meinte er den Urgrund der Dekadenz seines Zeitalters erkannt zu haben. Der Sozialismus sei bloß ein »giftiger Hasser höheren Lebens«. Das Schwache schien Nietzsche gefährlich zu sein, weil es sich nur mit List und Tücke gegen das Starke, welches einen geraden und heldenhaften Weg gehe, zur Wehr setzen könnte. Er verwies auf seine Verwandschaft zu Kant: »Kant steht noch außerhalb dieser (sozialen) Bewegung: er lehrt ausdrücklich, daß wir gegen fremde Leiden unempfindlich sein müssen, wenn unser Wohltun moralischen Wert haben soll, – was Schopenhauer, sehr ergrimmt, wie man begreifen wird, die Kantische Abgeschmacktheit nennt.«[27] Den Erfolgreichen werden die nicht produktiv eingebundenen Menschen als krankhafte gegenübergestellt; sie ziehen den Haß der Effizienten und von Effizienz Überzeugten auf sich.

Die Härte der industriellen Marktwirtschaft spiegelt sich in der permanenten Auslese der Schwachen. Die Helden der Arbeit sind keineswegs eine Erfindung erst des Sozialismus – sie entstammen bereits der Aufklärung, insoweit die sich sowohl zu den Prinzipien des kapitalistischen Marktes als auch zu einem Menschenideal bekannte, das sie in den griechischen Statuen verkörpert fand. Ein Fehler das Realsozialismus bestand ja gerade darin, daß er, dem Konkurrenzdruck sich beugend, Effizienz und Freiheit ebenso gleichzusetzen begann, wie dies sein Gegenpart tat: Mit dem nächsten Fünfjahresplan holen wir den Westen ein. Es ist schon pikant, daß die ehemaligen Machthaber des Realsozialismus ein Lob, das ihrem System hätte gelten können, als schweren Tadel begriffen hätten. In Leipzig und Rostock wurde langsamer gearbeitet als in Düsseldorf und Hamburg. Es gab die Drohung der Entlassung nicht. Verelendung war nicht zu befürchten, und auch die Belohnung für diejenigen, die Normen versauten und den weniger Schnellen erst als Langsamen kenntlich machten, fiel mager aus: Orden und Belobigungen statt nennenswerter materieller Vorteile. Die »Arbeiter- und Bauernstaaten« verübelten ihren Untertanen zwar, wenn ihr Fleiß nicht mit der Propaganda Schritt hielt, aber der eigene Anspruch verbot eine Bestrafung nach kapitalistischem Muster. Das ging so weit, daß Dienstleistungen wie Kellnern, Verkaufen oder Kassieren so ehrlich erbracht wurden, wie es im Westen undenkbar ist: Ohne falsche Freundlichkeit, die dem Kunden suggeriert, er sei König und das Personal gehe gerade seinem eigenen Vergnügen nach. Der neue marktwirtschaftliche Despotismus äußert sich für ostdeutsche Proletarier/innen eben auch in dem Zwang, den relativen Genuß einer ruhigeren Maloche in eine von ihnen zeitlebens gehaßte Unterbrechung der Arbeit, Stockung der Zulieferung u.ä. umzulügen.

Im Neid der Beschäftigten auf die Nichtbeschäftigten äußert sich ein verkümmerter Rest des Wunsches nach Freiheit. Dieser kümmerliche Rest wird durch den Haß auf jedes noch so kleine Moment von Freiheit selbst wieder verschüttet. Die Schaffenden fragen sich nicht: Warum bin ich wütend auf den Untätigen? Täten sie's, kämen sie zu dem Ergebnis, daß sie wütend über ihre Unfreiheit und neidisch auf jene kleine Freiheit sind, die sie in die Untätigen projizieren. Wut über ihre Unfreiheit könnte ihr Dasein erschüttern, ihnen abverlangen, aus allem auszusteigen und den Kampf für ihre ganze Freiheit zu beginnen. Damit würden sie sich allerdings einem Risiko aussetzen, das gleich doppelt kalkulierbar ist. Sie wären ihre materiell gesicherte Existenz los, und sie gehörten von nun an zum Kreis der gesellschaftlich geächteten Außenseiter/innen. Ihre Angst vor diesen Risiken der Freiheit läßt sie das Laufrad vorziehen, in dem sie wie die Hamster vor sich hin rennen, überzeugt, es bleibe ihnen nichts anderes übrig.

Weil alle um sie herum von der Richtigkeit eines Daseins im Laufrad ebenfalls überzeugt sind, kommt den Arbeitenden eine kritische Reflexion ihres Tuns gar nicht erst in den Sinn. Gemeinsam erleben sie ihre Wut auf Untätige nur als unbewußten Haß auf Schwache, Gescheiterte, Schmarotzer. Sogar die Untätigen werden pausenlos dazu angehalten, den Arbeitenden die Vorteile ihres Daseins zu bestätigen, indem sie sich vor Feindseligkeiten nur dann einigermaßen schützen können, wenn sie ihr Schicksal selber beweinen. Es wäre daher schon ein gewaltiger Fortschritt, wenn angenommen werden könnte, daß Arbeitslose sich nur vorsorglich als armselige und unnütze Kreaturen gerierten, um nicht die Wut der Beschäftigten auf sich zu ziehen und um den staatlichen Institutionen das Bild zu liefern, das alle von sich zeichnen müssen, die die Alimentierung nicht verlieren wollen: Sie suchten nichts sehnlicher als einen Abnehmer für ihre Ware Arbeitskraft. Wäre alles ein Trick und nicht, was der Wahrheit entspricht, Ausdruck der tatsächlichen psychischen Verfassung der überwältigenden Mehrheit derer, die in der Mehrwertproduktion nicht gebraucht werden, so könnten wir uns auf die Feststellung beschränken, daß Arbeitslosenversorgung und Sozialhilfe zu niedrig seien, um den Tag abwechselnd müßiggängerisch oder mit allerlei schönen Beschäftigungen verbringen zu können. Doch die große Mehrheit der Arbeitslosen bedient sich leider keines Tricks. Ihr wirkliches Schicksal zeigt sich darin, daß nicht einmal der Nachweis ihres aufrechten Bemühens, sich totschuften zu wollen, sie vom Verdacht befreit, schuldhaft am Geld der Effizienten zu partizipieren. Als Alimentierte bleiben sie Täter, gegen die unbarmherzig zugeschlagen werden darf.

»Die Zeit« hat in ihrer Ausgabe vom 4. Februar 1994 auf einer vollen Seite Claus Noe, der bis Januar 1994 Staatsrat in der Hamburger Wirtschaftsbehörde war, seinen Haß auf Untätige entfalten lassen. Noe stellt sich zunächst ängstlich die Frage: »Steigert ein lang anhaltendes Defizit von vier, von sechs Millionen Arbeitsplätzen die Lust an der Arbeit? Oder wächst die Gewöhnung an den Transferstaat?« Noe plagt also die Sorge, daß die Lust an der Arbeit verlorengehen könnte, die er mit Freiheit gleichsetzt. Nach dem Zweiten Weltkrieg sei es »ein großer Schritt zur Freiheit (gewesen), nur arbeiten zu müssen und nicht zu schießen«. Im Verlaufe seiner Ausführungen erscheint Arbeitslosigkeit immer zwingender als von den Individuen selbst verschuldet, die nicht nachdrücklich genug nach Arbeit strebten. »Den Deutschen werden weder die Nachfrage noch die Arbeitsplätze ausgehen, wenn die Lust an der politischen Freiheit die Bürgerinnen und Bürger weiter dazu motiviert, unabhängig vom Staat sich selbst durch Erwerbsarbeit zu unterhalten.« Unklar ist, ob Noe wenigstens ahnt, daß er hier die Parole »Arbeit macht frei« hin- und herwälzt. Er beruhigt sich mit der Feststellung: »An diesem Freiheitsstreben ist kein Zweifel angebracht. ... Die Lust an der selbstverantwortlichen Arbeit wächst, sonst würden sich die Menschen nicht – dramatisch steigernd – um ihren Arbeitsplatz sorgen.«

Alles gelogen. Selbstverantwortliche Arbeit ist im Kapitalismus auch mit der Lupe kaum zu entdecken. Ausbeutung macht nicht frei, sondern entfremdet. Selbst die dramatisch steigende Angst der Menschen vor der geläufigsten Bestrafung in diesem System, dem Verlust des Arbeitsplatzes, des Versorgungsniveaus und vor der sich anschließenden gesellschaftlichen Ächtung, interpretiert Noe noch als Lust an Arbeit und Freiheit. Er bedient sich dabei einer Methode, die wir schon bei Robert Kurz kennengelernt haben. Das miese System wird in göttliche Sphären erhoben, um anschließend Ineffektive besser als schmarotzende, hinterlistige Wesen verteufeln zu können. Der Trick entlarvt sich schon im nächsten Schritt. Obwohl Noe eine allgemeine Lust an der Arbeit konstatiert hat und überhaupt keinen Zweifel an einem diesbezüglichen Freiheitsstreben angebracht sah, erkennt er plötzlich doch eine Bedrohung des Arbeitsethos schon »seit 1960 zumindest«, als sich intelligente Menschen die Frage stellten, »wofür sie denn weiter arbeiten sollten und immer effizienter, wenn der Tisch gedeckt ist. Sei es, weil die Eltern fleißig weiter wirkten und der Brut die eigene schwere Jugend ersparen wollten, sei es, weil der Staat bei wachsender Wirtschaft denjenigen viel abnahm, die arbeiteten – um es denjenigen zu geben, die nicht, noch nicht, nicht mehr arbeiteten.«

Robert Kurz sah in den Unproduktiven Fallensteller, die sich bauernschlau bereichern wollten; Claus Noe stellt uns die Untätigen als böse kalkulierende, die gedeckten Tische genießende »Brut« vor, obwohl sie doch nach seiner eigenen Definition Leidende sein müßten, Menschen ohne Freiheit, die erst mit der Arbeit kommen soll. Andererseits erscheinen uns jetzt überraschend jene arbeitenden Menschen, die in freier Selbstverantwortung ihr Glück genießen könnten, im Bild von der schweren Jugend als eine von Mühsal gepeinigte Gruppe, die obendrein noch vom Staat betrügerisch dazu angehalten wird, die »Brut« zu züchten. Damit nicht genug. Plötzlich hat die bürgerliche Gesellschaft für Noe wieder »feudale Züge angenommen«, denn jene Untätigen leben in seiner Phantasie »von der Leistung der Väter und Mütter, verweigern die Arbeit, hinterziehen die Steuern und pfeifen auf das Leistungsethos«.

Da knallt einer durch und hat offenkundig seine Sinne nicht mehr beisammen. Obwohl Noe gerade noch die Lust auf Arbeit wachsen sah, treibt ihn nun nur noch der Haß auf die Untätigen. Den Fleißigen wird genommen, den Schmarotzern wird gegeben, und Steuern hinterzieht die »Brut« auch noch. Die Projektion beginnt zu wuchern. »Jeder muß nach Kräften arbeiten. In der bürgerlichen Gesellschaft ist kein Platz für die Vorstellung des großen Aristoteles, der meinte, Erwerbsarbeit für die Güterproduktion sei des wahrhaft Gebildeten unwürdig.«

Selbstverständlich hat Aristoteles nie von Erwerbsarbeit für die Güterproduktion gesprochen. Darauf kommt es dem rasenden Noe jedoch auch gar nicht mehr an. Er will ausdrücken: Wer nicht – so wie er – nach Kräften arbeitet, soll keinen Platz in der Gesellschaft haben. Wir dürfen davon ausgehen, daß Noe gern einmal Steuern hinterzogen, sich gern mal vom Druck des Leistungsethos in seinem Kopf befreit hätte, daß er gern vor einem gedeckten Tisch sitzen würde, ohne zu arbeiten. Er hat sich das mit den Steuern nur nie getraut und war zu feige, sich einmal dem Befehl des Dienstherren zu widersetzen. Vermutlich hat er schon in der Kindheit Tag für Tag brav seinen Haferbrei ausgelöffelt. Darum schreit er nach Vergeltung und will allen, denen er unterstellt, sie trauten sich, nicht einmal mehr einen Platz in der Gesellschaft einräumen.

Claus Noe legt unfreiwillig offen, daß in ihm ein nationalsozialistisches Denkmuster überdauert hat. Er traut sich nur nicht, dessen letzte Konsequenz auszusprechen. Der Nationalsozialismus hatte die Vergeltung an den für die Güterproduktion Untauglichen bis zur Vernichtung getrieben: Euthanasie und Fortpflanzungsverbot. »Diejenigen am Leben zu halten, die ihren Nutzen für sich und die Gesellschaft verloren hatten, hieß, den Willen zur Arbeit und die Güter der gesunden und produktiven Leute zu verschwenden.«[28] Daß Noe seinen Haß in der liberalen Wochenzeitung »Die Zeit« ausbreiten durfte, ist kein Zufall. An anderer Stelle hat dasselbe Blatt an die aktuelle Bedeutung des Bevölkerungstheoretikers Malthus erinnert, der sich Anfang des 19. Jahrhunderts vehement gegen die Unterstützung der Armen gewandt hatte, weil die dadurch nur verführt würden, Kinder in die Welt zu setzen. »Die Armengesetze produzierten damit genau die Armut, die sie lindern sollten.« Die fixe Idee, die sich auch in den Berichten von Weltbank oder Internationalem Währungsfond findet, lautet: Wenn die Armen aussterben, stirbt die Armut aus; wenn die Armut ausstirbt, werden die Effektiven durch sie nicht länger belastet. Für den Kapitalismus sind alle Menschen, die sich nicht produktiv vernutzen lassen, überschüssige Ware, Nager an seiner Mehrwertmasse, also Schädlinge. Entsprechend sind unproduktive »Völker« dem Untergang geweiht.

Historisch ist die entfesselte Produktivität des Kapitalismus mit einem Denken in Herrenrassen verbunden – produktive Völker und Individuen einer- und unproduktive, also unwerte Völker und Individuen andererseits. Die Vorstellung von einer produktiveren Rasse, die daraus jede Legitimation zur Unterwerfung anderer Völker ableitete, hatte ihren Aufschwung besonders im vergangenen Jahrhundert genommen, weil sie mit dem aggressiven Potential im Nationalismus verschmolz. Diese Verschmelzung ist auch heute wieder ein wichtiger Bestandteil der allgemeinen Regression. Wie weit verbreitet die Vorstellung einer »rassischen« Überlegenheit im letzten Jahrhundert war, zeigen zwei Zitate aus recht unterschiedlichen Denkrichtungen. Der Komponist Richard Wagner schrieb: »Als erkennbarsten Typen des Heldentums bildete die hellenische Sage ihren Herakles aus. Arbeiten, welche ihm in der Absicht, ihn dabei umkommen zu lassen, aufgegeben sind, verrichtet er in stolzem Gehorsam und befreit dadurch die Welt von den grausamsten Plagen. ... Hier stellt sich denn auch, als Frucht durch heldenmütige Arbeit bekämpfter Leiden und Entbehrungen, jenes stolze Selbstbewußtsein ein, durch welches diese Stämme im ganzen Verlaufe der Weltgeschichte von anderen Menschenrassen ein für alle Male sich unterscheiden. ... Die Tugend des Stolzes ist zart und leidet keinen Kompromiß, wie durch Vermischung des Blutes.«[29] Der andere Zeuge ist Georg Weerth, der mit Karl Marx und Friedrich Engels in den Jahren 1848/49 zur Redaktion der »Neuen Rheinischen Zeitung« gehörte und zuständig für das Feuilleton war. Weerth schrieb im Juli 1853 aus Südamerika an Heinrich Heine: »Neger und Maulesel sind die Tiere, die mir am meisten verhaßt sind. Wie verehre ich dagegen das weiße Fleisch und die wiehernden Pferde. Faul, heuchlerisch, hinterlistig, undankbar für die beste Behandlung, für das beste Futter und unzuverlässig trotz bedeutsamer physischer Kräfte – so sind Maulesel und Neger und die kouleurten Nachkommen der Schwarzen bis ins dritte Glied. ... Wäre ich ein großer Tyrann – was ich leider nicht bin – so würde ich die Neger samt ihrer ganzen kouleurten Sippschaft zur Sklaverei zurückführen und auf jede fernere Vermischung mit Weißen die Todesstrafe setzen. Ich schäme mich, indem ich dieses niederschreibe.«[30] Nicht ganz hundert Jahre später, zur Zeit des Nationalsozialismus, entwickelte de Lapouge in seiner Schrift »Der Arier und seine Bedeutung für die Gemeinschaft« die These, daß »der Arier der einzige verläßliche Arbeiter in der modernen Industriegesellschaft sei, da ihm die Vorstellung vom Müßiggang fremd sei«.[31]

Die Vorstellung, es gebe von der Natur begünstigte Herrenrassen, begleitete die gesamte Eroberungsgeschichte der Zivilisation, welche sich unter Berufung auf ihren »biologischen« Vorteil gegen die Barbaren durchzusetzen habe. Dieser biologistische Rassismus erhielt seinen ersten empfindlichen Dämpfer erst mit dem Aufstieg der ostasiatischen Produktion, die mit demselben Erfolgsmaß konterte. Konfuzius' Vorstellungen von Disziplin, Ordnung, naturgewollter Hierarchie und Unterwerfung stehen dem Programmen Luthers, Kants und Noes kaum nach. Jene falsche Freiheit, die sich in der Höchstleistung im Dienst des produktiven Gesamtkörpers ausdrückt, prägt seit Jahrhunderten das Denken der Menschen. Noch heute berufen sich die Reste der Gewerkschaftsbewegung auf eine prächtige Leistung, die allein zum Fordern berechtige. Den Beschäftigten wurde und wird souffliert, daß ihr ausgebeutetes Wirken fürs Ganze sie über Untätige und fremde Kulturen erhebe, deren Minderwertigkeit sich in der Lust an Tänzen, an Müßiggängereien und am Philosophieren in den Tag hinein zeige. »Nie hat die christliche Zivilisation, welche die Idee, den körperlich Schwachen zu schützen, der Ausnutzung des starken Knechts zugute kommen ließ, die Herzen der bekehrten Völker ganz zu gewinnen vermocht. Zu sehr wurde das Prinzip der Liebe vom scharfen Verstand und den noch schärferen Waffen der christlichen Herren desavouiert, bis das Luthertum den Gegensatz von Staat und Lehre tilgte, indem es Schwert und Zuchtrute zur Quintessenz des Evangelium machte.«[32]

In eiserner Disziplin gegen die eigene Gefühlswelt funktionieren — das ist das Maß der Dinge. Luthers Zuchtrute hat Kant zum Leitbild der Tugend erhoben, indem er die Gewalt über sich selbst und das Gebot, sich »von seinen Gefühlen und Neigungen ... nicht beherrschen zu lassen«, als Menschheitsgesetz ausgab. Erst wenn aus dem »Zwang der Arbeit, aus der Bindung des einzelnen an eine bestimmte gesellschaftliche Funktion und schließlich an ein Selbst, der Traum in die herrschaftslose, zuchtlose Vorzeit zurückführt, empfinden die Menschen den Zauber des Genusses«.[33] Einen solchen Rückfall tabuisiert das allgemeine Denken als einen Rückfall in die Unvernunft, der allen als sinnlose Aufgabe der Selbstzucht vorkommt, die man schließlich der frühen Kindheit mühsam abgerungen hat.

Die Bestrafung der Außenseiter/innen und das Ende des Mitleids

Betriebs-, Konsument/inn/en- und Vergnügungskollektive haben im Kapital einen gemeinsamen Partner, der ihnen in vielen verehrten Gestalten begegnet: als Ware, Werbefilm, Marke, Lifestyle, sportive Sinngruppe, Arbeitsplatz-, Standort-, Wachstums- oder Erfolgsgarant, Veranstalter, In-Lokal, als Geld oder persönliches Vorbild. Im »think positive« drückt sich das allgemeine Einverständnis aus. Das Klassenbewußtsein wurde durch den Kampf der Positiven gegen die Negativen, gegen die Außenseiter/innen, ersetzt, ohne daß die neuen Marktkollektive dazu Druck von oben benötigten. Sie wirken ohne Kontrolle durch sichtbare Hierarchien, indem sie sich selber kontrollieren und korrigieren. Dieser Umstand war die Voraussetzung für die »Toyotisierung« der Betriebsabläufe. Die nichtintegrierte Minderheit aber ist die gemeinsame Gegenklasse aller anderen. Auf ihrer Seite stehen die Spielverderber/innen, die zum Mitmachen gezwungen werden sollen, die Erfolglosen, die sich dafür zu entschuldigen haben und womöglich wegen ihres falschen Outfits ausgelacht werden, die Schwächlinge, die nichts dafür können und deren Meinung nichts zählt, Intelligente, die Klugscheißer sind, sofern sie sich nicht angepaßt haben. Dazu kommen traditionell Ausländer, Lesben, Schwule oder Kommunist/inn/en, die einfach den Zug der Zeit verpaßt hätten. Viele Negative kämpfen – der Assimiliationsdruck ist wie immer groß – um Akzeptanz, sehen schicker aus als die Schicken, machen sich als Arbeitslose unentwegt zum Schein auf den Weg zur Arbeit, haben noch mehr vor als die Handybewehrten und schimpfen wie die Rohrspatzen über die bereits Stigmatisierten.

Je weniger Genuß das Kollektiv empfindet, desto wütender verteidigt es die Stellung, in die es plaziert wurde. Die Bestrafung der Außenseiter/innen dient der Angstaustreibung und ist zugleich ein Beitrag zur Selbsterziehung des Kollektivs. In Gerhard Polts Film »Kehraus« wird die Bestrafung eines einzelnen während einer Betriebsfeier gezeigt. Die Band spielt »Dat isse 'ne Vampir«, und unter dem Gejohle des Vergnügungskollektivs wird ein Außenseiter, der sich dem karnevalistischen Diktat entzieht, mit Alkohol vollgepumpt. Die für alle geltende Norm ist der Zwang zur Normalität. In den Fernsehshows jubeln, lachen und trampeln die Gäste, wie es ihnen das Schild des Animateurs befiehlt, und welche/r Serienurlauber/in kennt nicht den Haß der Normierten auf die Spielverderber/innen, die sich der Aufforderung zum gemeinsamen Ententanz nach Hammondorgelmusik nicht fügen. Findet, wer nicht mitmacht, keinen triftigen Grund für seine Abstinenz, kann der Haß der Konformen in körperliche Gewalt umschlagen. Nur das Vorschützen einer Schwäche – seien es Kopfschmerzen oder Liebeskummer – rettet die Spielverderber/innen, da die anderen derartige Entschuldigen als Bestätigung ihrer Normalität nehmen. Die Masse ahnt nämlich ihre eigene Blödheit und fühlt sich durch Menschen, die nicht mitmachen, beobachtet. Beobachtung aber entblößt, und weil die Entblößung eine schmerzhafte Selbstreflexion auszulösen vermag, muß diese schleunigst stillgestellt werden. Daher sollen die Außenseiter/innen durch ihr Mitwirken demonstrieren, daß sie genauso blöde wie die anderen sind.

Kollektive, die Kritik oder Persönlichkeit ersticken, weil beides ihr gleichförmiges Dasein erschüttern würde, regeln ihre je eigenen Lebenssphären. Das Familienkollektiv erlaubt keine Schande, das Witzkollektiv keinen ernsten Gesichtsausdruck, das Betriebskollektiv keinen krankheitsbedingten Arbeitsausfall, das Vergnügungskollektiv keine Spielverderber/innen, die Arbeitsgesellschaft keine fröhlichen Arbeitslosen. Ein Arbeitsloser, der in einer Talk-Show zum besten gäbe, er würde den lieben langen Tag müßiggehend, spielend, liebend oder mit anderen philosophierend genießen, weshalb das Schlimmste für ihn eine Jobvermittlung wäre, würde Empörung ernten.

Berichten wir von einer Talk-Show des Senders Vox aus dem Jahre 1993. Für das Studio-Publikum war der Besuch der Sendung ein fester Programmpunkt im Rahmen einer Ausflugstour. Um die »Damen und Herren« zur lebhaften Teilnahme zu animieren, wurde ihnen erzählt, die Ausstrahlung erfolgte erst am Nachmittag des kommenden Tages, da könnten sie sich dann selber beim Applaudieren und Johlen zusehen. Auch die als »Hauptdarsteller« gebauchpinselten Arbeitslosen, die öffentlich ihr bitteres Los beklagen sollten, wurden mehrfach auf den glücklichen Umstand hingewiesen, ihren eigenen Auftritt am nächsten Tag begutachten zu können, »als wäre er live«. Die Produktion des Talks verlief erwartungsgemäß. Der Experte vom Arbeitsamt gab die bekannten Ratschläge, der Vertreter irgendeiner Unternehmer-Vereinigung zeigte Mitgefühl mit den Anwesenden und verwies darauf, daß andererseits mancher Arbeitsplatz wegen unangemessener Ansprüche der Bewerber/innen leider unbesetzt bleibe. Die »Opfer« schilderten rollengerecht ihr Schicksal, waren nur durch die Unbill des Lebens in ihre mißliche Lage geraten und zeigten sich aufrichtig um einen Arbeitsplatz bemüht. Ein Langzeitarbeitsloser konnte zwar nicht alle Zweifel des Moderators an seiner Glaubwürdigkeit ausräumen, dafür war aber eine nette Frau dem strengen Leiter der Sendung über jeden Verdacht erhaben.

Als die letzte Minute der Sendung fast erreicht war, trat ein Helfer aus der Kulisse. Der Moderator tat überrascht, nahm das ihm gereichte Blatt Papier entgegen, studierte die Botschaft und zeigte sich begeistert: Soeben sei ein Fax eingetroffen. Das Auftreten der arbeitslosen Frau habe einen Unternehmer so erschüttert, daß er sie für den folgenden Tag zu einem Einstellungsgespräch bitte. Das Publikum applaudierte frenetisch, die Frau zeigte sich tief bewegt, der Moderator freute sich darüber, daß er helfen konnte. Schluß. Werbung. Der Moderator hatte einen Einwand gegen den Betrug nicht zu befürchten. Die Frau würde ihrer Pflicht nachkommen, sich dankbar zeigen, statt die Anwesenden darauf hinzuweisen, daß sie doch schon deshalb keinen Unternehmer habe beeindrucken können, weil die Sendung erst morgen ausgestrahlt würde. Die Tagesausflügler/innen hatten genug damit zu tun, den ständigen Regieanweisungen zu genügen und obendrein für ihre Lieben zu Hause eine gute Figur zu machen. Auch dieses Kollektiv funktionierte reibungslos, weil die einzelnen Freiheit und Individualität als Schutzlosigkeit fürchten, die sich durchaus real einstellen kann. Im Normalfall zwingt schon die drohende Isolierung zur Anpassung oder zu einem vorbeugenden Übersoll an Willfährigkeit.

Das Fernsehen besorgt die Nivellierung des Denkens. Die Talk-

Shows sind eine Börse für das Erlaubte. Alles Denken bricht an der Frage zusammen: »Wie würden sie es denn besser machen?« Der Zwang zur Formulierung von Alternativen für die Verbesserung des gemeinsamen Ganzen erschlägt den Verstand, denn der Gedanke, es müßte etwas völlig anderes geben als die existierende Gesellschaft, soll nicht gedacht werden. Wer in seine Vorstellungen nicht zugleich alle Reaktionen einer falschen Gesellschaft positiv integriert – Börse, Währung, Standort, Medaillenspiegel etc. –, läßt es an Sachlichkeit und Konstruktivität fehlen. Sogenannte Sachverständige genießen höchste Autorität, weil sie ihr Laufrad nie verlassen, sondern lediglich zeigen, wie es sich dreht. Der Mann vom Bund der Steuerzahler wacht über falsch abgerechnete Dienstwagen. Rechtsanwältinnen und Rechtsanwälte beraten im Rahmen des geltenden Rechts. Verbraucherzentrale und Stiftung Warentest ermitteln für alle Preis- und Qualitätsvergleiche. Filmkritiker/innen geben an, welchen Film »man gesehen haben muß«. Die fünf Weisen erklären einmal im Jahr, wie die Kapitalakkumulation zu verbessern sei. Wenn Präsidenten, Manager, Fußballtrainer, Politiker/innen oder Moderator/inn/en einer Kritik Sachlichkeit und Konstruktivität absprechen, erübrigen sich alle weiteren Erklärungen, weil davon ausgegangen werden kann, daß nun alle Bescheid wissen.

Die Schutzlosigkeit der Abweichenden zeigt das andere Gesicht des heimeligen Kollektivs der Einverstandenen. Beide Momente verknüpft der Profifußball mit dem Zwang zum Erfolg. Allwöchentlich führt er den Leistungs- und Erfolgskult einer Gesellschaft als Massenritual auf. Einem klar definierten Feind muß eine gehörige Niederlage beigebracht werden. Im Erfolg ist Härte eine gesunde, in der Niederlage ist der schönste Ideenreichtum eine brotlose Kunst. Leistungsträger werden angebetet, Schwächere gnadenlos aussortiert, Kritiker als schwer erziehbar verkauft. Der Siegeskult verschüttet ein Gefühl, das manchmal noch vom afrikanischen oder südamerikanischen Fußball vermittelt wird: Menschen freuen sich über Talent, Intelligenz, Spielwitz und Ballzauberei von ihresgleichen, die demonstrieren, wozu Leute fähig sind, denen sonst in der Gesellschaft kaum Chancen geboten werden. Demgegenüber funktioniert der Industriefußballer. Falls nicht, werden Einstellung und Lebenswandel einem TÜV unterzogen. Gilt der Beanstandete als nicht reparierbar, muß ein Präsident her, der das Geld für eine neue »Maschine« besitzt, die auf Befehl die Außenlinie rauf und runter rennt. Wie in der Marktwirtschaft üblich verkaufen einige für gutes Geld ihre Seele und zelebrieren die gesellschaftlichen Verhältnisse als Show. Für alle Beteiligten gilt: Kein vereinsschädigendes Verhalten! Nicht selten tobt dabei eine selber gescheiterte Meute mit rassistischem Geheul oder Sieggejohle ihre eigene Verkümmerung aus. Der Schrei nach dem Surrogat steigert sich mit der eigenen Erfolglosigkeit. Die Falschheit des ganzen Unternehmens wird offensichtlich in dem treuherzigen Versprechen der Millionäre, sie würden Höchstleistungen nur deshalb zeigen, damit die Arbeitslosen in der Region etwas hätten, woran sie sich klammern könnten. Wiewohl die Chose also durch und durch ein Falschspiel ist, weinen die Fans bitterlich beim Abstieg »ihres« Vereins und dokumentieren so ihre Selbstpreisgabe zugunsten des Kollektivs.

Gegenwärtig wird den gesellschaftlich Ausgegrenzten mehr und mehr selbst das christliche Mitleid entzogen wird. Das »Hamburger Abendblatt« (10.1.1994) berichtete über Aggressionen gegen gescheiterte Menschen in den USA: »Gegen eine Million Obdachlose wird in den USA ein harter Kurs gefahren. Die Spenden gingen um 40 % zurück, selbst Liberale machen Front.« Die Amerikaner/innen hätten »genug von Bettlern«, die jedem »TBC-Bakterien ins Gesicht husten« würden. In vielen Großstädten sollen neue Verordnungen in Kraft treten, »die Obdachlose aus dem Stadtbild vertreiben«. Der Sprecher des Bürgermeisters von San Francisco formulierte den Kampfaufruf der Zivilisierten, die sich von Menschen umzingelt sehen, die nicht ihren Normen entsprechen: »Wir wollen unsere Parks zurück, unsere 24-Stunden-Geldautomaten, die kleinen Gassen, die Straßen und Plätze.« Im Zentrum der neuen Diskussion steht nach Darstellung des »Abendblatts« ein Buch der »beiden Washingtoner Experten Alice Baum und Donald Burnes, die davon ausgehen, daß Obdachlosigkeit ... kein Wohnungsproblem, sondern im weitesten Sinne ein Gesundheitsproblem ist«.

Dieser Rigorismus spiegelt das sportive Engagement der weißen Mittelklasse wider, in dem die eigene Gesundheit eine Verbindung mit der Volksgesundheit und also mit der Ausgrenzung nicht »gesund« wirkender Menschen eingeht. Auch Pete Hamill, ein renommierter liberaler Journalist, formulierte im »New York Magazine«: »In einer Gesundheitskrise geht das Recht der Allgemeinheit vor dem Recht des Individuums: Deine Freiheit endet an meiner Lunge.« Er sprach sich dafür aus, keine Notunterkünfte zur Verfügung zu stellen und keine Suppenküchen oder Kleidersammlungen mehr anzubieten. Obdachlose sollten in Militär-Camps zu »nützlichen Mitgliedern der Gesellschaft umgezogen werden«. Sie bräuchten eine »eingehende Erziehung in Ethik, Moralphilosophie und Rechtsgeschichte«. Wer nicht in der Lage sei, diese Erziehung anzunehmen, müsse »in psychiatrische Kliniken eingewiesen werden«. Letztlich gehe es darum, »aus Steuerverbrauchern Steuerzahler zu machen«. Bill Clintons Minister für Wohnungsbau und Stadtentwicklung hat das Ende des Mitleids als Zäsur einer neuen gesellschaftlichen

Befindlichkeit bestätigt: »Was ich für universelles Mitleid hielt, hat Ungeduld, Frustration und Wut auf Obdachlose Platz gemacht.«

Die kaum beachtete Ermordung von Berbern in Parks, die Verfolgung und Vertreibung von Bettler/innen, die das Stadtbild verunzierten, der allwinterliche Erfrierungstod von Obdachlosen oder die kritiklose, fast genüßliche Wiedergabe der Kampagnen in den USA zeugen von einer ähnlichen mitleidlosen Stimmung in der Bundesrepublik. Gerichtet gegen Gescheiterte oder sonst zur Verfolgung Freigegebene ist sie latent faschistoid. Die industrialisierten Gesellschaften scheinen sich nach Überwindung sozialistischer Vorstellungen nun von der Last der eh bereits pervertierten christlichen Nächstenliebe vollständig zu befreien. Daß diese Tendenz zur Brutalisierung mit dem Utopieverlust zusammenhängt, untermauert Matthias Horx, selbsternannter Leiter eines selbsternannten Trendbüros. In seinem Buch »Aufstand im Schlaraffenland – Selbsterkenntnisse einer rebellischen Generation«, der er sich als Nach-68er zurechnet, schildert er die Empfindungen, die ihm die Begegnung mit einem Tramper eingab und gegen die er sich nicht hatte wehren können: »Tramper stinken. ... Warum soll ich eigentlich 300 Kilometer lang diesen ungewaschenen Geruch ertragen? Tramper nerven. ... Natürlich ist es stets eine Jammergeschichte. ... Tramper sind faul. Warum können diese Typen sich nicht so um ihr Leben kümmern, daß sie sich eine Zugfahrkarte oder eine klapprige Ente leisten können? Warum muß immer ich mich darum kümmern, daß die Karre fährt und dafür einen Job in Kauf nehmen, der mich an den Schreibtisch bindet? Warum müssen immer andere kommen und an meinem bescheidenen Wohlstand teilhaben wollen?«[34] Horx erinnert sich an seine Jugendzeit. Nein, er selber ist nie so gewesen. Noch als Rebell war er Mamas Liebling. Er hatte sich »stets bemüht, ein bescheidener und sympathischer Hippie zu sein, der niemandem zur Last fiel und seine Dankbarkeit gegenüber Gastfreundschaft jedweder Art offen zeigte. Aber auch mehr als einmal in Not und heilfroh, wenn einer sich erbarmte und ihn mitnahm.«

Der Anblick seiner drei Kreditkarten versetzt ihn dann wieder in die Gegenwart: »Also rede dich nicht heraus. Du bist ein Yuppieschwein. Objektiv!« Subjektiv noch mehr. Da ein Ex-Linker ein Überzeugungstäter bleibt, wird eine Begründung für das vermeintlich Unvermeidliche mitgeliefert: »Der Mangel an Geld macht dumm«, jedenfalls so ab 30 oder 40 Jahren. In dieser Lebensdekade birgt »der Mangel an materiellen Möglichkeiten ... die Gefahr der mentalen und ideologischen Stagnation«. Während im Alter etwa bis 25 »viel Geld ... eher dazu führt, den Kontoinhaber zu verflachen, weil er mit dem Geld die fruchtbaren und notwendigen Reibungspunkte zwischen sich und der Umwelt auspolstert, also schlichtweg keine Erfahrung macht«. Was sich hier als Biographie anbietet, vollziehen Gesellschaften kollektiv. Nur wer einmal ein linker Juso war, wird später ein guter Kanalarbeiter, gar ein Ministerpräsident.

Die soziale Eiszeit, auf die wir gegenwärtig zusteuern, hat einen ihrer Ursprünge in Aufklärung und Marktdarwinismus, welche den Erfolglosen gesellschaftlich stigmatisierten. Elemente des staatlichen Solidarsystems, die den Rigorismus des Marktes abfedern halfen, waren auf die kommunistisch/sozialistischen Bewegungen und zum Teil – wenngleich in bescheidenerem Ausmaß – auf christliche Vorstellungen zurückzuführen. Mit dem Sieg des sozialdarwinistischen Marktsystems sind sie alle zerfallen. Zwar bietet der angewachsene Konsum (Stichwort: Wegwerfgesellschaft) erheblich mehr Masse zur Verteilung an die Armen, tatsächlich aber führte er nur zu einer Erhöhung der Zugangsschwelle für die neuen Aussätzigen in den Zentren. Nun gehören nicht mehr nur die offensichtlich Armen zu den Außenseiter/inne/n, sondern auch jene, die nicht als wandelnde Warenauslage ihr Mithalten zur Schau stellen können. Die Sozialversicherung wurde um den Preis des steten Vorwurfs institutionalisiert, daß jene, die sie in Anspruch nehmen, Schmarotzer der Gesellschaft seien. Als des Trickbetrugs verdächtig haben sie sich in ihren vier Wänden aufzuhalten und niemanden zu belästigen. Arme, die sich als Bettler/innen auf die Straße wagen, gelten inzwischen als aggressiver Menschenschlag, der danach trachtet, die Konsument/inn/en beim heiligen Konsum zu bedrohen.

Von Anfang an war Mitleid in der Marktgesellschaft dysfunktional. Kant sah im Mitleid ein Gefühl, dem »die Tugend nicht anhaftet«, und Nietzsche meinte: »Das Mitleiden ... ist eine Schwäche wie jedes Sich-Verlieren an einen schädigenden Affekt.«[35] Nur der Ungebrochene, der Übermensch, verdiene Beifall. Die Abneigung traf auf ein abgeschmacktes, zur selbstgerechten Lüge gewordenes christliches Mitleid. Die Christ/inn/en erteilen sich ihre Absolution, indem sie sich über den erheben, der sich als Zu-Bemitleidender erniedrigen muß. Die demütige Unterwürfigkeit des Unglücklichen ist Voraussetzung für die mitleidige Gnade der Christ/inn/en. Sobald Hungernde sich bewaffneten, um ihr Schicksal abzustreifen, wurden sie, wie einst von Luther, teuflischer Leidenschaften bezichtigt und zur Eliminierung durch ihre Herren freigegeben. Darin liegen Gemeinsamkeiten und Unterschiede christlicher und aufklärerischer Maßgaben. Gleichen tun sie sich in der Verfolgung des Triebhaften. Der Kantische Unmensch, der sich dadurch auszeichnet, daß er seine Triebe unter Kontrolle hält, um sie mit dem Staatszweck in Einklang zu bringen, und das Ideal der lustfeindlichen Christ/inn/en, denen jede Fleischesfreude ein Werk des Teufels war, vereinigten sich in staatsfrommem Preußentum und in der Verfolgung von Kulturen, denen Lust, Trieb und naives Glück noch nicht ausgetrieben worden waren. Ausgestattet mit der Kälte des Marktgedankens, der Unempfindlichkeit gegenüber dem Leiden Schwächerer, der Geldgier und dem besonderen Haß auf Menschengruppen, die noch Lust zu verspüren schienen, waren die weißen christlichen »Herrenrassen« mitleidlos durch die Welt gezogen. Pathologische Christen ermordeten dabei mit Vorliebe Menschen, die den Anschein von Glück vermittelten. Schon die Hexen waren Frauen, die Lust am Leben zu haben schienen. Während jedoch eine instrumentell verkürzte Aufklärung und der ihr gemäße gesellschaftliche Darwinismus in den Schwachen nur das Dysfunktionale, das Störende, die Gefährdung des hohen Zwecks erblicken konnten, brauchen Christ/inn/en ihres überlieferten Anspruchs wegen zu Hause manchmal die Rollstuhlfahrerin und den Bettler als Objekte der eigenen Güte.

Kommunist/inn/en und Anarchist/inn/en sind die Negation beider gewesen, weil sie Ausbeutung, Armut und Elend nicht als schicksalhaft hinnehmen wollten, sondern eine egalitäre Gesellschaft anstrebten, die das Werk der Ausgebeuteten, die zunächst mit den Armen identisch waren, selber sein sollte. Aber auch die sozialistische Bewegung blieb insofern einer kastrierten Aufklärung verhaftet, als die Befreiung auf der in Gang gesetzten Produktivkraftentfaltung beruhen sollte und selbst die Theorie für Pauperisierte nur selten gute Worte fand. Auch für Sozialisten wurde die Befreiung eine des starken Arms, der alle Räder aber immerhin stehen lassen wollte, falls der Kampf dies erforderte. Die späteren Bilder schaffender Muskelprotze waren ein Angriff auf die Schwachen in der Gesellschaft. Durch seine ökonomische Lage determiniert sollte auch bei Marx ein der »passiven Verfaulung« ausgesetztes Lumpenproletariat »bereitwilliger sein, sich zu reaktionären Umtrieben erkaufen zu lassen«. Hierin ist der Produktive als gutes Element gesetzt. Wie wir heute aber besser wissen, war der stolz schaffende Arbeitsmann, der für Kaiser und Vaterland genauso tapfer in den Krieg marschierte, wie er arbeitete, nicht weniger reaktionär.

IV. Die Regression des Bewußtseins

1. Streifzug durch die Geschichte einer Stammeskultur

Regression: Reaktivierung entwicklungsgeschichtlich älterer Verhaltensweisen bei Abbau oder Verlust des höheren Niveaus
Duden: Das Fremdwörterbuch

45 Jahre lang wurden die Westdeutschen vom Kommerz erzogen und die Ostdeutschen auf den Antifaschismus verpflichtet, doch der Ruin des historischen Hauptfeindes »Sozialismus«, die Wiedervereinigung und die völkisch determinierte nationalstaatliche Rückentwicklung haben gezeigt, daß beides ein vermeintlich überwundenes Denken nicht hat auslöschen können. So intensiv die Westdeutschen den Kampf gegen den »Bolschewismus« gemeinsam mit den USA geführt und den Zusammenbruch des Ostens schon in der Scheinwelt der 007-, Rambo- und Rockyfilme antizipiert hatten, so schnell scheinen sie sich nun von ihrem Partner, der seine Schuldigkeit getan hat, wieder zu lösen. Als hätten sie nur auf den Moment gewartet, der es erlaubt, die ihnen vom »Westen« wie vom »Osten« aufgezwungenen Wertvorstellungen abzustreifen und zu allerlei Deutschtümlichem zurückzukehren, feiern Politiker/innen und Intellektuelle den Herrenreiter Ernst Jünger als Jahrhundertdichter.

Mit Botho Strauß entdecken Intellektuelle im mordenden und brandschatzenden Pöbel allerlei produktive Potenzen und im archaisch-sakral interpretierten Flammentod der Verfolgten ein Mittel für das Zusammenschmieden des eigenen, von der zivilisatorischen Entwicklung dissoziierten Stammes. Gemeinsam mit ihnen begeben sich andere »Denker«, Polit-Fraktionen und Zitelmänner auf den Weg zu einer neuen Sinnstiftung, die das eigentümlich Deutsche gegen westliche Werte restituieren soll. Revisionistische Historiker sind ohne jede Scham bemüht, den Nationalsozialismus – unter Einräumung einiger Übertreibungen – positiv in die deutsche Geschichte zu integrieren, nachdem er in der Phase der Demokratieübungen von den Konservativen noch als unerklärlicher Betriebsunfall und von den Linksliberalen als Ergebnis einer verhängnisvollen Kontinuität (Sonderweg), die in der Bundesrepublik aber ihr Ende gefunden habe, erklärt worden ist.

Der Sieg über den »Osten« und die Wiedervereinigung sind in Wahrheit nie wirklich gefeiert worden. Kaum daß die Berliner Mauer zu bröckeln begann, fanden die Deutschen ihren einzigen Lebenszweck in der Vorstellung, daß sie auch während der 45jährigen Nachkriegszeit stets nur Opfer gewesen seien. Unverzüglich agierten sie ihr Ressentiment aus. Die einen wurden zu Verfolgten einer roten Diktatur, der man die übelsten Schuftereien nachsagte, um jeden Gedanken an Sozialismus unmöglich zu machen und ihr gleichzeitig auch die marktwirtschaftliche Pleite noch anzuhängen. Die anderen freuten sich ihrer Befreiung vom Diktat des Westens, das sie jahrzehntelang gebeugt, verweichlicht und zu einem unnatürlichen Anspruchsdenken erzogen habe. Nicht einmal Krieg hatten sie führen dürfen. Vielfältige Bedrohungsphantasien fügten sich zu einem dramatischen Gesamtbild: Flüchtlinge, die zu einer gemeinsamen »Gegenrasse« stigmatisiert wurden, schienen sich fast ausschließlich auf den Weg nach Deutschland begeben zu haben und lösten eine Verteidigung des Deutschtums im Namen des »Heimatrechts« aus, das vom Nazipöbel in Pogromen vollstreckt wird. Vereinzelt wird auch der Antisemitismus wieder lauter. Wissenschaftler entdecken antisemitische Kollegen aus der Zeit vor dem Nationalsozialismus und würdigen deren Arbeiten, die zu Unrecht einige Jahrzehnte lang tabuisiert worden seien, derweil schändet der Pöbel jüdische Gräber und zündet Synagogen an. Weitere Bedrohungen wechseln sich scheinbar wahllos ab: Saddam Hussein, der Islam, das kommerzielle Denken, Plutonium in Koffern, die Serben, zuviel Selbstverwirklichung, Mafiosi aus aller Herren Länder, Staatsschulden, schmarotzende Arbeitslose, und dann wurde das vereinigte Deutschland zu allem Überfluß auch noch von einer Rezession heimgesucht.

Angesichts einer solchen Serie von Unannehmlichkeiten und Beschwernissen, so war zu lesen, sollten die Deutschen sich nicht länger den Kopf über materielle Nichtigkeiten zerbrechen — Arbeitslosigkeit? Mietsteigerungen? Kürzung der Sozialhilfe? Peanuts! —, sondern sich angestammter Werte erinnern. Helmut Kohl appellierte an Gemeinsinn, Treue, Fleiß, Pflichterfüllung und die Fähigkeit zum Dienen. Politiker und Publizisten, unter ihnen der alte »Bismarck-Kanzler« Helmut Schmidt, pöbelten gegen die »Raffgesellschaft« und beschworen die Opfertugenden der Deutschen. Männer der Wirtschaft denken über die Vorteile der nationalsozialistischen Wirtschaftsordnung nach — man muß ja nicht gleich Auschwitz kopieren. Die Aufnahme der faschistischen Partei Italiens in die Regierung wird in der »Frankfurter Allgemeinen Zeitung« als durchaus zeitgemäß begrüßt. Der Mensch wird bis auf die Gene entblößt, um sein Verhalten biologisch zu erklären, und auch die Euthanasie ist kein Tabu mehr. Die deutsche Außenpolitik demonstriert auf dem Kriegsschauplatz im ehemaligen Jugoslawien wieder Souveränität und bedient sich traditionell deutschfreundlicher Volksgruppen bei der strategischen Durchdringung des Ostens. Der völkisch determinierte Nationalstaatsgedanke der Deutschen dominiert die Neuordnung von Nationalstaaten in Osteuropa und Asien. Volksmusik ist zum Kassenschlager geworden, und auch der undeutsche Hip-Hop löst sich mit seiner »German Hip-Hop«-Variante von US-amerikanischen Vorbildern. Selbst Linke raten immer häufiger, von einer antideutschen Politik Abstand zu nehmen, weil diese einer an der sozialen Frage orientierten Politik im Wege stünde und im übrigen Engländer oder Amerikaner auch nicht besser seien.

Die grassierende politische Regression der »Eliten«, das Fehlen der Bereitschaft auch der unteren Klassen und Schichten, sich gegen die Demontage des Sozialsystems zu wehren, das rasche Anwachsen pogrombereiter Minderheiten und die Ausdehnung ihres Sympathisantenkreises nähren den Verdacht, daß Antifaschismus, westliche Demokratie und Kommerzialisierung bei vielen Deutschen nur an der Hautoberfläche hängen geblieben sind. Diese Feststellung besagt nicht, daß die Deutschen sich bereits völlig von den Vorgaben der letzten 50 Jahre gelöst hätten, doch immer lauter und drängender wird der Ruf nach einer Abkopplung vom westlichen Wertemodell, jener kommerziellen Fremdbestimmung des wahrhaft deutschen Wesens. Die gesellschaftliche Dynamik der letzten fünf Jahre ist so atemberaubend, daß wir zunächst dem Besonderen in der deutschen Tradition nachspüren wollen.

Was ist deutsch?

Noch vor 20 Jahren hätten viele Leute auf die Frage, was deutsch sei, unwissenschaftlich, aber amüsiert etwa so reagiert wie Friedrich Engels 1846, dem in Paris das Schleswig-Holstein-Lied in die Finger gekommen war. Den Text habe er zwar nicht mehr genau im Kopf, schrieb er an Marx, doch habe es auf ihn folgenden Eindruck gemacht: »meerumschlungen, stammverwandt, deutscher Zungen, deutscher Strand, brunstdurchdrungen, ... halte stand, bis erklungen: Schleswig-Holstein, stammverwandt, bleibe treu, mein Vaterland, schließt dann der Dreck. Es ist ein schauderhaftes Lied, wert von Dithmarschern gesungen zu werden.« Solcher Witz ist passé, seit die Suche nach dem tieferen Sinn der deutschen Geschichte wieder mit bitterem Ernst betrieben wird. Wonach wird da gesucht?

Einerseits spiegelt das Gerede vom eigentümlich deutschen Wesen eine Fiktion wider. Wo die Propaganda behauptet, die Deutschen seien für das Leben in einer Raffgesellschaft einfach nicht geschaffen, lügt sie absichtsvoll, um die ausgebeutete Klasse dazu zu bewegen, sich ohne Gegenwehr berauben zu lassen. Nicht selten raffen gerade die Propagandisten der neuen Solidar-, sprich Volksgemeinschaft geradezu kleptomanisch, was immer sie kriegen können. Während ein ganzes Volk darauf abgerichtet wurde, in den Juden und Jüdinnen die Raffenden zu erblicken, die es ohne Arbeit zu Geld bringen würden, stopften die Naziführer ihre Villen mit geraubten Kunstschätzen voll. Die Masse, die nicht auf ihre Kosten kam, haßte um so mehr die, die ihr als Verursacher ihrer Frustration genannt wurden. Natürlich sind die Deutschen als Ethnie weder besonders ehrlich, noch sind alle ihre Waren exklusiv ohne Mängel, weder marschieren alle im Gleichschritt, noch lieben hierzulande alle das Pathos, weder sieht sich jeder als Opfer einer Weltverschwörung, noch ist Deutschland das Land der Dichter und Denker. Jede ethnizistische Verallgemeinerung vermeintlich deutscher Charakterzüge verbietet sich genauso wie andere Vorurteile bezüglich vermeintlich einheitlicher Charakter- und Kulturmerkmale anderer Völker.

Andererseits wäre es falsch, die Besonderheiten der deutschen Geschichte zu leugnen, die spezifische, von Mal zu Mal aktualisierbare Traditionen und nationale Leitbilder ausgeprägt hat. Sie bietet hinreichend Beispiele dafür, daß die Reflexion einer disparaten gesellschaftlichen Wirklichkeit, die sich etwa in extremen Klassenunterschieden ausdrückte, vor dem Appell ans gemeinsame Deutschsein sang- und klanglos kapitulieren und völlig bedeutungslos werden kann. Immerhin haben es die Herrschenden im Einklang mit der Mehrheit der Bevölkerung dazu gebracht, daß es in der deutschen Geschichte zu einer erwähnenswerten bürgerlich-demokratischen Revolution nicht gekommen ist, daß auch die ausgebeuteten Klassen mit »Hurra!« für's Vaterland starben und schließlich im Nationalsozialismus ein singulärer Kollektivwahn sich austoben konnte. Nur der deutsche Faschismus hat überall dort, wo er hinkam, Sammel- und Vernichtungslager für Juden, Jüdinnen, Sinti und Roma eingerichtet. Nur er überzog die Welt, soweit er sie militärisch erreichen konnte, mit einem administrativen und industriellen Netz, dessen Zweck die Vernichtung der zu »Gegenrassen« Stigmatisierten war. Nur Deutsche hielten sich für von der Vorsehung auserwählt, die Welt durch Völkermord einer imaginären Herrschaft zu entreißen. In anderen Ländern hatte zur gleichen Zeit die staatlich organisierte Gewalt noch einen rationalen, d.h. kommerziellen oder politischen Sinn. Zwar diente die Ermordung von Menschen zum Zweck ihrer Beraubung einem keinesfalls zu akzeptierenden Ziel, war jedoch nicht Ausfluß der Wahnvorstellung, das eigene Blut könne verunreinigt werden, weswegen auch das letzte jüdische Kind noch umgebracht werden müsse. Nur in Deutschland gab es irrsinnige Menschenzüchtungsversuche und eine Auslese der »Schwachen« durch Massenmord. Wenn Propagandalügen und ideologische Konstrukte um so besser durchschaut werden können, je größer die Fähigkeiten zu kritischer Reflexion und Autonomie der Subjekte sind, war es in Deutschland um beide jedenfalls schlecht bestellt, wenn nicht gar die völlige Selbstaufgabe in Form einer radikalen Vergottung der eigenen Unterwerfung dominierte. Zigtausende junger Menschen schworen 1939 im Berliner Olympiastadion »ihrem Führer«: »Wir gehören dir.«

Wenn es also auch kein homogenes Deutschsein gibt, so doch eine spezifische Herrschaftsideologie deutscher Prägung, die in der Geschichte der Nation stets eine bereitwillig einverstandene – auch todesbereite – Bevölkerung fand. Wir wollen diesem ideologischen Kontinuum nachspüren, um besser erklären zu können, woraus die politische Regression gegenwärtig wieder schöpft. Es hieße sich blind stellen, wenn man angesichts der zahlreichen Appelle an überkommene »Tugenden« sich diese nicht genauer anschaute. Wir werden zu diesem Zweck die Ideen einiger Heroen der deutschen Geistesgeschichte vorstellen, die in paradigmatischer Weise das Denken ihrer Zeit resümiert oder beeinflußt haben, und Gefühlslagen schildern, gegen die manchmal selbst Götter vergebens kämpfen. Es geht uns dabei vor allem um die Beschreibung von wirkungsmächtigen Denkmustern und Emotionen in ihrer Verbindung mit sozioökonomischen und staatspolitischen Entwicklungen, die im Nationalsozialismus kulminierten und die heute in einer Art und Weise aufgegriffen werden, als hätten sie mit jenem nichts zu tun gehabt.

Besondere Aufmerksamkeit gilt dabei der Frage, inwieweit die deutschen Exzesse des 20. Jahrhunderts auch ein Produkt der Aufklärung gewesen sind. Das ist schon deshalb nötig, weil Irrationalität und wahnhaftes Streben gegenwärtig fast ausschließlich im islamisch-religiösen Fundamentalismus oder rückblickend im finsteren Mittelalter geortet werden. Ein erstaunlicher Sachverhalt, ist es doch noch nicht allzulange her, daß überdurchschnittlich gebildete, humanistisch erzogene und in einem modernen industrialisierten Land lebende Geistes- und Naturwissenschaftler/innen, Geschäftsleute, Literat/inn/en, Offiziere, Facharbeiter/innen in Uniform, Banker und wen eine hochentwickelte Gesellschaft noch so zu bieten hat, sich vor begeisterter Zustimmung gar nicht mehr einkriegen mochten, als ihnen die Frage gestellt wurde: »Wollt ihr den totalen Krieg?« »Was ist deutsch?« fragte sich Theodor W.

Adorno[1] und folgerte aus der in Deutschland kursierenden Absage an das »kommerzielle Wesen« einen kollektiven Narzißmus der Reinheit. An die Stelle des Handelns um des eigenen Vorteils willen seien Gehorsam und Pflichterfüllung gegenüber der Obrigkeit gesetzt worden. Gedanken und Taten um ihrer selbst willen hätten einen »unerbittlichen ... Mangel an Rücksicht gefördert«. »Die großen deutschen Konzeptionen ... das reine Um-seiner-selbst-Willen« sei derart »überschwenglich verherrlicht worden«, daß es eine ebenso verherrlichende »Vergottung des Staates gebar. ... Der Vorrang des Kollektivinteresses über den individuellen Eigennutz war verkoppelt mit dem aggressiven politischen Potential des Angriffskriegs. Drang zu unendlicher Herrschaft begleitete die Unendlichkeit der Idee, das eine war nicht ohne das andere. ... Allein schon ohne den deutschen Ernst, der vom Pathos des Absoluten herrührt, ... hätte Hitler nicht gedeihen können. In den westlichen Ländern, wo die Spielregeln der Gesellschaft den Massen tiefer eingesenkt sind, wäre er dem Lachen verfallen.« Daß die Deutschen zweimal zu spät kamen — bei Industrialisierung und Nationenbildung —, habe zu einer »blinden Abhängigkeit« von einem »unreflektierten Nationalen« und einem »fiktiven Mangel« an »Selbstwertgefühl« geführt, so daß die Deutschen wegen ihrer späten und zudem prekären und unstabilen staatlichen Einigung die Neigung entwickelten, Nationalbewußtsein und das Verlangen nach räumlicher Größe zu überhöhen, »um überhaupt als Nation sich zu fühlen«. Hierzu gehöre auch die »Einbildung vorhandener internationaler Ächtung des Deutschen«. Das Zurückbleiben im Prozeß der Kommerzialisierung ließ die Deutschen im vergangenen Jahrhundert voller Neid auf jene blicken, die sich anschickten, die Welt zu erobern. Wozu man zum eigenen Leidwesen selber nicht in der Lage war, das wurde verdammt. So reagierten die Deutschen auf ihr materielles und politisches Unvermögen zunächst mit der Lobpreisung der Reinheit eines Geistes, an dem die Welt genesen sollte.

Martin Luther — »der größte und deutscheste Mann unserer Geschichte« (Heinrich Heine)

Noch bevor an so etwas wie eine deutsche Nation überhaupt zu denken war, zeichneten sich sogenannte reformatorische Teutsche nicht durch besondere Bescheidenheit aus. Eine Schrift, die zwischen 1490 und 1510, zu einer Zeit also, als andere Länder die Weltmeere durchkreuzten und China in kultureller Blüte stand, im Rheinland verfaßt wurde, behauptete frech: »Adam ist einer tuscher man gewesen.« Der Text propagierte die Abschlachtung des römisch-katholischen Klerus sowie die »Unterwerfung der nichtdeutschen Völker«.[2] Nicht lange danach betrat Martin Luther die Kanzel und predigte jene Kerntugenden, ohne die das spätere protestantische Preußen nicht zu denken ist: die Unterwerfung der Untertanen unter den weltlichen Staat als Vollzug des göttlichen Willens und das Handeln als Selbstzweck, d. h. ohne Blick auf materielle Vorteile.

Heinrich Heine hielt Martin Luther für den Urvater der deutschen Aufklärung. Der Reformator sei nicht »bloß der Größte, sondern auch der deutscheste Mann unserer Geschichte«[3] gewesen. In seinem Charakter seien »alle Tugenden und Fehler der Deutschen aufs Großartigste vereinigt«. »Wenn er des Tags über mit seinen dogmatischen Distinktionen sich mühsam abgearbeitet, dann griff er des Abends zu seiner Flöte und betrachtete die Sterne und zerfloß in Andacht.« Nun klang der Tag für Luther zwar oft recht schmerzhaft aus, weil der Fanatiker sich gern blutig schlug, um seine Sünden zu büßen, doch ist Heine hier eine allgemeine Charakterisierung des Deutschen gelungen: Dienst ist Dienst und Schnaps ist Schnaps (wobei »Schnaps« in sich besser dünkenden Kreisen auch gern mit »Kultur« übersetzt wird). Mit Luther, schrieb Heine, »beginnt ein neues Zeitalter in Deutschland«, eines, dem das Wunderbare abhanden gekommen sei – »indessen, wenn bei uns in Deutschland durch den Protestantismus mit den alten Mirakeln auch sehr viele andere Poesie verloren ging, so gewannen wir doch mannigfaltigen Ersatz. Die Menschen wurden tugendhafter und edler. Der Protestantismus hatte den günstigsten Einfluß auf jene Reinheit der Sitten und jene Strenge in der Ausübung der Pflichten, welche wir gewöhnlich Moral nennen.« Luther habe der Vernunft und dem freien Denken den Weg geebnet.

Das Christentum hatte die alten mythischen Gottheiten vertrieben und an ihre Stelle die Allmacht eines einzigen Gottes gesetzt, der keinen anderen neben sich duldete. Der neue Herr war nicht weniger ein Mirakel, aber ein Diktator, der die mannigfache Vergottung der Natur verbot und allein herrschen wollte. Die Vorstellung vom Bösen, welche mit den Christen in die Welt kam, bedeutete zumindest im Norden eine Verdoppelung des Finsteren. Während in Griechenland und im römischen Reich eine kunstvoll ausgestaltete Götterwelt geherrscht hatte, die die Menschen – zwar nicht frei, aber einigermaßen mutwillig – mit Seele und Macht ausstattete, hatten sich die Germanen bereits mit finsteren, übelgelaunten Gottheiten bestraft. Gottheiten, deren blutiges und düsteres Treiben auch die nordischen Sagen prägt, während »südeuropäische Sagen farbig sind«, wie Heine feststellte. An die Franzosen schrieb er: »Ihr habt, ebenso wie wir, mehrere Sorten von Elementargeistern, aber die unsrigen sind von den eurigen so verschieden wie ein Deutscher von einem Franzosen. ... Die Fee Morgana, wie würde sie erschrecken, wenn sie etwa einer deutschen Hexe begegnete, die ... auf einem Besenstiel nach dem Brocken reitet. ... Auf dem Gipfel des Berges sitzt Satan in der Gestalt eines schwarzen Bocks.« Mit Martin Luther verschwand der Glaube an katholische, nicht aber der an teuflische Wunder, deren schauderhaftes Treiben er ausmalen konnte wie kein zweiter. Seine Tischreden waren voll von Satanskünsten, von Kobolden und Hexen, die auch sonst im Volk ihr Unwesen trieben.

Die Gebrüder Grimm sammelten die Geschichten, die im Volk umgingen und auch den Kindern der aufgeklärtesten Eltern noch schlaflose Nächte bereiteten. Rumpelstilzchen packte seinen linken Fuß und »riß sich selbst mitten entzwei«. Die böse Hexe wollte Hänsel »in Scheiben« schneiden und dann in die Suppe tun, während sie »das Mädchen als Beilage zu verbraten« gedachte. Später fanden sie bei der Hexe viel Schmuck, und der Volksmund rätselte: »Weiß der Teufel, wie solch ein zahnloses altes Hexenweib das alles zusammengegrapscht hatte.« Junge Männer, die etwas von Dornröschen wollten, mußten in der Dornenhecke »eines qualvollen Todes sterben«. Wer vom rechten Weg abkam, wurde »mit Haut und Haaren verschlungen«. Die sieben jungen Geißlein stöberte der Wolf »eins nach dem anderen auf, machte kein langes Federlesen, steckte jedes in seinen mächtigen Rachen und schluckte sie hinunter«. In »Frau Holle« »stand nun das häßliche und faule Mädchen pechüberströmt vor der Haustür«. Als die Schuhe drückten, bekam Aschenputtel von der Stiefmutter den Rat: »Schneide dir die Zehe ab.« Im Märchen von »Brüderchen und Schwesterchen« wurden die beiden nichtmütterlichen Frauenrollen, die mordlüsterne Stiefmutter und die als Hexe verunglimpfte freie Frau, vereint. Die Stiefmutter, »die einiges von Hexerei verstand«, war den Kindern nachgeschlichen »und verwünschte weit und breit alle Quellen und Brunnen«, damit jene verdursteten.[4]

Heinrich Heine erkannte allerdings auch das Problem, das mit Luther aufgezogen war. Die katholische Kirche hatte aus eigennützigen Motiven »die Vernichtung der Sinnlichkeit« durch eine rigide christliche Moral etwas gebremst. »Du darfst den zärtlichen Neigungen des Herzens Gehör geben und ein schönes Mädchen umarmen, aber du mußt eingestehen, daß es eine schändliche Sünde war, und für diese Sünde mußt du Abbuße tun. Daß diese Abbuße durch Geld geschehen konnte, war ebenso wohltätig für die Menschheit wie nützlich für die Kirche.«[5] Indem sie Zugeständnisse ans Trieb- und ans Geschäftsleben machte, hatte die Kirche ein Bündnis zwischen Gott (Geist) und Teufel (Materie) geschmiedet. Das mißfiel Luther sehr.[6] Schon in seinem Hit »Ein feste Burg« hatte er alle materiellen Gelüste verworfen: »Nehmen sie uns denn Leib, Gut, Ehr', Kind und Weib, laß fahren dahin, sie haben's kein Gewinn, das Reich muß uns doch bleiben.« Der Protestantismus war bestrebt, an die Stelle der Doppelmoral den Puritanismus zu setzen. Dessen Anspruch aufs so selbsttätige wie entsagungsvolle Funktionieren der Menschen (infolge internalisierter Ge- und Verbote) trat an die Stelle des Gehorsams gegenüber einer äußerlichen Macht – ein für die spätere Entwicklung des Kapitalismus bahnbrechender Paradigmenwechsel. Luther schuf ein Idol, an dessen Ansprüchen der real existierende Mensch zeitlebens scheitern würde, woraus ein Dauerschuldgefühl resultierte, das diesen zur Unterwerfung bereit machte. Wann immer der geachtete Reformator menschliche Empfindungen und Bestrebungen wie Genuß oder Freiheitsdrang aufspürte, begann er zu rasen. Er haßte Fröhlichkeit ebenso wie er die Bauern und Bäuerinnen verabscheute, die sich von der Knechtschaft befreien wollten. Seine Verdammung der aufrührerischen Bauern und Bäuerinnen war despotischer als die der Fürsten selber. Er schrieb »wider die mörderischen und räuberischen Rotten der Bauern«, die er umgebracht sehen wollte: »Man soll sie zerschmeißen, würgen und stechen, heimlich und öffentlich, wer da kann, wie man einen tollen Hund totschlagen muß.« Er rief die Fürsten auf: »Darum, liebe Herren, loset hie, rettet hie; steche, schlage, würge sie, wer da kann. Bleibst du darüber tot, wohl dir; seligeren Tod kannst du nimmermehr überkommen.« Sogar am Hofe des Papstes hieß es, wenn Luther irgendwo gepredigt hatte: »Da läutet man wieder die Mordglocke.« Luther war voll der frommen Wünsche: »Und die Fürsten werden durch den Aufruhr erkennen lernen, was hinter dem Pöbel stecke, der nur mit Gewalt regiert werden könne ... Bitten sollen wir für sie, daß sie gehorchen; wo nicht, so gilt's hie nicht viel Erbarmens. Lasset nur die Büchsen unter sie sausen, sie machen's sonst tausendmal ärger.« Juden fand er »schlimmer als eine Sau«. Für die Teilnahme an ihren religiösen Zeremonien forderte er die Todesstrafe und verlangte, ihre Schriften, Häuser und Synagogen niederzubrennen, »daß kein Mensch einen Stein oder Schlacke davon sehe ewiglich«. Luthers Wüten gegen »Geldwucher« und seine gleichzeitige Überhöhung des entsagenden Individuums bilden einen der Ursprünge der sich durch die deutsche Geschichte ziehenden Dichotomie von Innerlichkeit und Kommerz. Schon Luther aber war diesbezüglich ein Falschspieler, denn am Reichtum seiner Freunde, der Fürsten und gutsituierten Stadtbürger, hatte er nichts auszusetzen.

Immanuel Kant und die Reduktion der Aufklärung:
Denke was du willst, aber gehorche dem Staat

Von Luther weist, wie Heine schrieb, ein Pfeil zur deutschen Aufklärung. Der Reformator hatte Kants selbstkontrollierten Menschen, dem das Unmögliche abverlangt wurde, »alles aus der Maxime seines Willens als eines solchen zu tun, der zugleich sich selbst als allgemein gesetzgebenden zum Gegenstand haben könnte«[7] vorgedacht. Den Staat (Kant hatte den preußischen vor Augen) erklärte der Philosoph zur Instanz einer kollektiven Vernunft, deren Gesetzen jedes Handeln sich zu unterwerfen habe. Gleichwohl postulierte Kant, Aufklärung sei »der Ausgang des Menschen aus seiner selbstverschuldeten Unmündigkeit« und definierte: »Unmündigkeit ist das Unvermögen, sich seines Verstandes ohne Leitung eines anderen zu bedienen.« Ein Widerspruch – der Verstand als staatlich reglementierte, gleichwohl unabhängige Instanz –, der sich auflösen läßt, wenn ein Verstand angenommen wird, der frei ist, solange er folgenlos bleibt, der aber, sobald er praktisch werden und wirken will, durch Antizipation des allgemeinen Staatsgesetzes reglementiert wird. Denke was du willst, aber handle nur danach, wenn es der Obrigkeit in den Kram paßt. Eine Kategorisierung des Verstandes entlang der Klassengrenzen in der bürgerlichen Gesellschaft: Aristokraten und reiche Bürger konnten sich bei Realisierung ihrer Vorhaben des Verstandes ohne Leitung eines anderen bedienen, während die Unterdrückten nach dem kategorischen Imperativ so zu handeln hatten, daß das Staatsgesetz, welches die Interessen der herrschenden Klassen spiegelte, bestätigt wurde.

In einer Epoche, in der »die Herrschaft über die Natur (sich) innerhalb der Menschheit«[8] reproduzierte, war das Recht des Stärkeren, sich die Welt zu unterwerfen und Geschäfte des persönlichen Vorteils wegen zu machen, Ausdruck der vom Staat sanktionierten Vernunft. Bis heute handelt vernünftig allein derjenige, der über den Tausch eine persönliche Bereicherung erzielt. Welcher Geschäftsmann ließe sich aus moralischen Erwägungen einen Vorteil entgehen? Er würde sich dem Spott seiner Konkurrenten aussetzen und als äußerst unvernünftig gelten. Wo die bürgerliche Vernunft moralische Skrupel zeigte, blieben diese bestenfalls ohne Beziehung zu den nackten Interessen der Individuen, Gruppen und Staaten, für die Bereicherung, Eroberung, Versklavung, Mord und Krieg meist vernünftiger schienen als Toleranz oder Egalité. Die Vernunft des aufgeklärten Bürgers konnte, sobald sie die Ebene der bloßen Gedankenspielerei verließ und sich der wirtschaftlichen und – insbesondere – imperialistischen Wirklichkeit zu stellen hatte, keine moralische

Kategorie begründen außer der einen: dem Recht des Stärkeren. Alles andere: Menschenliebe, Mitleid, Gewissensbisse waren Zutaten, die sich mit der praktischen Vernunft nicht vertrugen. So gab auch die Aufklärung dem Kapitalismus, was er brauchte.

Der kategorische Imperativ setzte das neue System der Naturbeherrschung als eine stabile Ordnung, an deren Reproduktion alle im Staatskollektiv zusammengeschlossenen Menschen sich zu beteiligen hätten und vor der jedes Individuelle sich beugen müsse. Selbst die moralischen Prinzipien (»Tugend«) des aufgeklärten Bürgertums dienten noch der Kapitalanhäufung. Sie erschöpften sich im Wegsperren der Emotionen, denen auch Kant nicht über den Weg traute. Das Prinzip der Tugend, schrieb Kant, enthalte das Gebot, »alle seine Vermögen und Neigungen unter seine Gewalt zu bringen, mithin der Herrschaft über sich selbst, welche über das Verbot, nämlich von seinen Gefühlen und Neigungen sich nicht beherrschen zu lassen, (der Pflicht zur Apathie) hinzukommt: weil, ohne daß die Vernunft die Zügel der Regierung in die Hände nimmt, jene über den Menschen den Meister spielen«.[9] Diese Regel der Triebunterdrückung verlängerte die Lutherschen Prinzipien in eine Zeit, die den Staat, der den Kapitalismus verwaltete, tendenziell an die Stelle Gottes setzte. Die Sinnlichkeit der kontrollierenden Vernunft zu unterwerfen, paßte gut in das Maschinenzeitalter, und die Kantsche Aussage, daß das Mitleid keineswegs tugendhaft sei, räumte jenem Verstand, der, der Lenkung durch andere nicht bedürftig, sich in expandierenden Unternehmungen austobte, ein ärgerliches Hindernis aus dem Wege. Schon Kant stellte die deutsche Kultur über die anderer Nationen, die den Deutschen generell oberflächlich zu sein schienen. Im Ausland entdeckte der Philosoph vor allem Glanz und Glitter, »nur«, wie Kant schrieb, das »Sittenähnliche«, die »äußere Anständigkeit« des Höfischen, welche »bloß die Zivilisierung« ausmache, bei den Deutschen hingegen sei das Tugendhafte, »die Idee der Moralität«, zu Hause. Im Gegensatz zu jenen Zivilisierten seien Deutsche »in hohem Grade durch Kunst und Wissenschaft kultiviert«. Während der Begriff der Zivilisation das neue Selbstbewußtsein der abendländischen Bürger über Grenzen hinweg verkörperte – neben der demokratischen Konstitution nahm er auch Manieren, die Fähigkeit zur Konversation und literarische Leistungen in sich auf –, brachte der deutsche Kulturbegriff vornehmlich den Stolz auf die eigene (nationale) geistige und künstlerische Leistung zum Ausdruck. Hier war die Moral, dort die Oberflächlichkeit, hier der Tiefgang, dort der Tand. Immer häufiger wurden fortan die wahrhaft deutschen Errungenschafen Ernst, Tiefe, Leistung und Wahrhaftigkeit gegen die italienische Verlogenheit, den französischen Schlendrian oder das angloamerikanische

Kommerzdenken gewendet. Es focht die Deutschen nicht an, daß ihr Dichtergott Goethe sich darüber kritisch ausließ. »Diese Naturtendenz«, schrieb er, sei »freilich nicht geselliger Art«.

Bereits 1780 hatte die Germanomanie ihren offiziösen Segen erhalten, als der preußische Staatsmann Ewald von Hertzberg der Akademie der Wissenschaften in Berlin eine Mitteilung über »die Gründe der Überlegenheit der Germanen über die Römer«[10] zusandte. In ihr wurde behauptet, daß die »preußische Monarchie die ursprüngliche Heimat dieser heldenhaften Nationen« sei, welche »die bedeutendsten Monarchien Europas begründet« hätten. Die Wiege der germanischen Stämme wurde damit nach Brandenburg verlegt. In der Folgezeit entbrannte um den Standort der »Wiege« noch mancher Streit (der arische Mythos favorisierte zunächst Indien, die Nazis entdeckten sie später im Norden), aber über die Einzigartigkeit und Auserwähltheit der Deutschen war man sich einig. Als Friedrich Schiller das deutsche Volk als »Kern des Menschengeschlechts« beschrieb, das »erwählt vom Weltgeist ... an dem ewigen Bau der Menschenbildung zu arbeiten« hätte, war er einer Meinung mit Heinrich von Kleist, der hier eine »Gemeinschaft, in deren Schoß die Götter das Urbild der Menschheit reiner als in irgendeiner anderen aufbewahrt hatten«, zu erblicken glaubte. Auch Kant, der »vom angebornen, natürlichen Charakter, der so zu sagen, in der Blutmischung der Menschen liegt«, ausging, begründete den im Vergleich mit Engländern, Franzosen und Italienern besonderen Charakter der Deutschen rassistisch. Selbstverständlich kam bei ihm auch »der aus der Mischung des europäischen mit dem arabischen (mohrischen) Blut entsprungene Spanier« schlecht weg, weil er schon durch den Stierkampf »in seinem Geschmack zum Teil außer-europäische Abstammung« beweise.

»Ihr habt von dem befreiten Deutschland mehr zu fürchten als von der ganzen Alliance« (Heinrich Heine)

Die sich als gesamtdeutsch verstehenden Intellektuellen (badische Bauern hatten andere Sorgen) plagte das Erbe des 30jährigen Krieges, der ihnen Hunderte von Kleinstaaten hinterlassen hatte. Noch mehr aber plagte sie, daß sie umgeben waren von mächtigen, ökonomisch integrierten Nationalstaaten. In deutschen Landen lag die Herrschaft noch in den Händen von »Duodezfürsten« (Marx/Engels),[11] die sich allmählich eine gewisse Unabhängigkeit verschafft hatten und im kleinsten Maßstab die große Monarchie nachahmten, oder in den Händen verhältnismäßig kleiner Grundbesitzer, die häufig ihr Vermögen an den Höfen durchbrachten. Die Krautjunker führten ein Leben, »dessen sich der bescheidenste englische oder französische Landedelmann geschämt« hätte. In dieser Zeit hatte sich die französische Bourgeoisie bereits »durch die kolossalste Revolution« an die Macht gebracht, hatte die »politisch emanzipierte englische Bourgeoisie die Industrie revolutioniert«, und sogar Holland »schnitt Deutschland bis auf zwei Häfen (Hamburg und Bremen) vom Welthandel ab«. Den deutschen Lokalherren entsprach eine provinzielle Borniertheit, die den Neid gedeihen ließ. Umso intensiver redete man sich ein, wenigstens im Geiste der übrigen Welt überlegen zu sein.

Marx und Engels zitierten in der »Deutschen Ideologie« aus Heines »Wintermärchen«: »Franzosen und Russen gehört das Land,/Das Meer gehört den Briten,/Wir aber besitzen im Luftreich des Traums/Die Herrschaft unbestritten./Hier üben wir die Hegemonie,/Hier sind wir unzerstückelt;/Die andern Völker haben sich/Auf platter Erde entwikkelt.« Die beiden polemisierten: »Dieses Luftreich des Traums, das Reich des ›Wesens der Menschen‹ halten die Deutschen den andern Völkern mit gewaltigem Selbstgefühl als die Vollendung und den Zweck der ganzen Weltgeschichte entgegen; auf die Taten der andern Nationen, und weil sie überall nur das Zusehen und Nachsehen haben, glauben sie berufen zu sein, über alle Welt zu Gericht zu sitzen. ... Daß dieser aufgeblasene und überschwengliche Nationalhochmut einer ganz kleinlichen, krämerhaften und handwerkermäßigen Praxis entspricht, haben wir bereits mehrere Male gesehen. Wenn die nationale Borniertheit überall widerlich ist, so wird sie namentlich in Deutschland ekelhaft, weil sie hier mit der Illusion, über die Nationalität und über alle wirklichen Interessen erhaben zu sein, denjenigen Nationalitäten entgegengehalten wird, die ihre nationale Borniertheit und ihr Beruhen auf wirklichen Interessen offen eingestehen.« Natürlich war die Hervorhebung der geistigen vor den materiellen Werten keine gute Voraussetzung für eine bürgerliche Revolution, denn obwohl die ökonomische Kluft und noch mehr die gesellschaftliche Distanz des Bürgertums zur reichen und allein herrschenden Aristokratie bedeutend größer waren als in Frankreich vor der Großen Revolution, wo Bürger und Intelligenz wohlhabender waren, sich am Hofe tummelten und Regierungsämter innehatten, kuschten die deutschen Bürger vor ihrer Obrigkeit. Merke: Die Bereitschaft zur Rebellion wächst nicht automatisch mit der Ausprägung sozialer Ungleichheiten.

Aber Heine war sich im klaren darüber, daß seine Mitstreiter zu mehr fähig sein könnten als nur dazu, von ihrer Überlegenheit zu träumen. Deshalb warnte er 1835 die Franzosen und Französinnen prophetisch: »Lächelt nicht über meinen Rat, über den Rat eines Träumers, der euch vor Kantianern, Fichteanern und Naturphilosophen warnt. Lächelt nicht über den Phantasten, der im Reiche der Erscheinungen dieselbe Revolution erwartet, die im Gebiete des Geistes stattgefunden. Der Gedanke geht der Tat voraus wie der Blitz dem Donner. Der deutsche Donner ist freilich auch ein Deutscher, und ist nicht sehr gelenkig, und kommt etwas langsam herangerollt. ... Nehmt euch in Acht! Ich meine es gut mit euch, und deshalb sage ich euch die bittere Wahrheit. Ihr habt von dem befreiten Deutschland mehr zu fürchten, als von der ganzen Alliance. ... Denn erstens liebt man euch nicht in Deutschland, welches fast unbegreiflich ist, da ihr doch so liebenswürdig seid. ... Was man eigentlich gegen euch vorbringt, habe ich nie begreifen können. Einst im Bierkeller zu Göttingen äußerte ein junger Altdeutscher, daß man Rache an den Franzosen nehmen müsse für Konradin von Staufen, den sie zu Neapel geköpft. Ihr habt das gewiß längst vergessen. Wir aber vergessen nichts. Ihr seht, wenn wir mal Luft bekommen mit euch anzubinden, so wird es uns nicht an triftigen Gründen fehlen. ... Es mag in Deutschland vorgehen, was da wolle, es mag der Kronprinz von Preußen oder der Doktor Wirth zu Herrschaft gelangen, haltet euch immer gerüstet ... das Gewehr im Arm.« Ironisch wies Heine auf die Gefolgschaftsmentalität der Deutschen hin: »Als Gott, der Schnee und die Kosaken die besten Kräfte des Napoleon zerstört hatten, erhielten wir Deutsche den allerhöchsten Befehl, uns vom fremden Joche zu befreien ... und wir erkämpften die Freiheit, denn wir tun alles, was uns von unseren Fürsten befohlen wird.«

Heine kannte seine Pappenheimer. Den glühenden Verehrern des Nationalstaats ging das Deutsche über alles. Sofern jener nur mit Unterstützung der Franzosen zu haben sei, wollte man lieber mit den deutschen Fürsten gegen Frankreich stehen und auf eine bürgerliche Republik verzichten. Der von Heine genannte Doktor Wirth war 1832 einer der Hauptakteure des Hambacher Festes,[12] einer Kundgebung der Liberalen, die nach einer deutschen Nation riefen. Wirth sah in den Nationen quasinatürliche Kulturwerke: »Die organisch in sich vollendeten, auf besonderer Sprache, Charakter, Sitten, Neigungen oder anderen inneren Triebfedern beruhenden selbständigen Nationalitäten der verschiedenen Völker sind nothwendige Elemente in dem Prozesse des geistigen Kulturganges der Menschheit.« Rhetorisch fragte er: »Sollen die Pflichten Deutschlands«, gemeint waren die naturhaften, »gegen Europa und die gesamte Menschheit nicht in Erfüllung kommen?« Wozu Deutschland berufen sei, müsse auf »rechtmäßigem Wege«, also keineswegs revolutionär, »durch das deutsche Volk erfüllt werden, ... damit die hohe Sendung, zu welcher Deutschland, vermöge des Standes seiner Kultur und des eigenthümlichen Charakters seiner äußeren Verhältnisse berufen ist, durch die Nation selber vollzogen werde.« Dann zählte Wirth alles auf, was in Deutschland die Entwicklung nachhaltig beeinflussen sollte: Geschäft, Blut, Fremdherrschaft, Kulturhoheit und Sendungsbewußtsein. »Wenn also das deutsche Geld und das deutsche Blut nicht mehr den Befehlen ... von Österreich und ... von Brandenburg, sondern der Verfügung des Volkes unterworfen sind, so wird Polen, Ungarn und Italien frei, weil Rußland dann der Ohnmacht verfallen ist und sonst keine Macht mehr besteht, welche zu einem Kreuzzuge gegen die Freiheit ... verwendet werden könnte. ... Die reichen Länder der europäischen Türkei (würden) dann nicht länger den Feinden aller Kultur überlassen bleiben, weil die Eifersucht einer schwachköpfigen und engherzigen Politik diese herrlichen Provinzen einem zivilisierten Volke nicht gönnt.« Von der deutschen Nation hänge »die Wohlfahrt der großen Mehrheit aller Nationen Europas ... die Ruhe und das Glück des ganzen Weltteils selbst ab«.

Wirth brüskierte die anwesende französische Delegation, indem er öffentlich unterstellte, Frankreich wolle der deutschen Revolution nur beistehen, wenn es dafür das linke Rheinufer erhalte. Man könne sich eben nicht auf die Franzosen verlassen, meinte Wirth, und setzte hinzu: »Selbst die Freiheit darf auf Kosten der Integrität unseres Gebiets nicht erkauft werden ... und die Patrioten müßten in dem Augenblicke, wo fremde Einmischung stattfindet, die Opposition gegen die inneren Verräter suspendieren und das Gesamtvolk gegen den äußeren Feind zu den Waffen rufen.« Dann werde Deutschland zu »herrlicher Macht und Größe emporblühen«. Wirth, der eher zu den Linksliberalen zählte, sprach einen bis heute gültigen kategorischen Imperativ deutscher Politik aus. Die deutsche Scholle und das deutsche Blut – selbst das der Fürsten oder sonstiger Unterdrücker – gelten im Konfliktfall dem Volk mehr als Freiheit, Gleichheit, Demokratie oder Menschlichkeit. Sobald das Vaterland gegen das Ausland zur Sammlung rief, ordnete sich jede Freiheitsbewegung dem Willen des eigenen Despoten unter.

Schon bald war die Überheblichkeit, die die nationalistischen Manifestationen der Deutschen prägte, unerträglich geworden. Das heimische Bürgertum, das im Gegensatz zu seiner europäischen Konkurrenz keinen eigenen Staat vorweisen konnte, suchte verzweifelt in der Vergangenheit nach etwas Verbindendem, Einheit Stiftendem, aus dem die Berechtigung zu einem gemeinsamen deutschen Staat sich ableiten ließe. Da ein solcher Staat aber nicht existiert hatte, gab es auch keine einen derartigen Zusammenhang herstellende deutsche Vergangenheit, es sei denn, man wollte sich auf den »Teutschen Frieden« nach dem 30jährigen Krieg berufen, der jedoch gerade keine Nation konstituiert hatte, sondern die als »Flickenteppich« verspottete Kleinstaaterei. Die Nationalen waren angetreten, diesen als Schmach empfundenen Zustand zu überwinden. Sie standen dabei vor dem Problem, daß die Deutschen bereits über eine ausgeprägte nationale Ideologie, nicht aber über einen eigenen Staat verfügten – bei Franzosen und Engländern gab es zunächst den Staat, der dann von den Bürgern als Nation interpretiert worden war. Die Interpretation eines real Vorhandenen fällt im allgemeinen weniger irrational aus als die einer wahnhaften Identifikation. Die Nationalen mühten sich daher, gemeinsame Wurzeln zu entdecken, wo gar keine waren, um die projektierte Schicksalsgemeinschaft wenigstens historisch zu legitimieren.

Der Philosoph Fichte beispielsweise erfand in seinen »Reden an die deutsche Nation« ein deutsches »Urvolk« und begründete damit das Prinzip einer rassistischen Ausgrenzung. Willkürlich wurden allerlei Ereignisse der europäischen Geschichte in eine deutsche umgeschmolzen – die Toten konnten sich dagegen nicht wehren. Da hatte dann bereits im Jahre 9 ein gewisser Arminius, der in Rom erzogen worden war und dort das Kriegshandwerk gelernt hatte, mit einigen Germanenstämmen die Vorfahren der Deutschen von den Römern befreit. Daß er einen römischen Name trug, wurde später korrigiert, indem man aus Arminius einen waschechten »Hermann« machte. Seine Schlacht, von der niemand weiß, wo sie stattfand, verlegte man kurzerhand in den Teutoburger Wald, um dort mit dem Hermannsdenkmal eine deutsche Pilgerstätte zu errichten. Die Nibelungen, die im burgundischen Raum siedelten, wurden rückwirkend zu Gunter, Siegfried und Hagen. »Das alte Heilige Römische Reich, das gerade in seiner Blütezeit ein Vielvölkerimperium war, wurde jetzt zum ethnisch-deutschen Staat, zum Heiligen Reich Deutscher Nation gemacht.«[13]

Sich auf Fichtes Urvolk beziehend, erklärte 1846 der Gründer des Deutschen Zollvereins, Friedrich List: »Es ist kaum einem Zweifel unterworfen, daß die germanische Rasse durch ihre Natur und ihren Charakter von der Vorsehung vorzugsweise zur Lösung der großen Aufgabe bestimmt ist, die Weltangelegenheiten zu leiten, wilde und barbarische Länder zu zivilisieren, und die noch unbewohnten zu bevölkern.«[14] In Ermangelung einer gemeinsamen staatlichen Organisation dieser »hervorragenden Rasse« übernahm man vom deutschen Adel dessen Erbfolge und machte so eine genealogische Fiktion zum konstitutiven Element des deutschen »Volkes«. Bereits in einem Kleinkunstwerk aus dem

Jahre 1809 hatte Heinrich von Kleist einen Vater seinen Sohn fragen lassen: »Sprich, Kind, wer bist du?« Das Kind antwortet: »Ich bin ein Deutscher.« »Du scherzest ... das Land heißt Sachsen.« »Aber mein Vaterland«, sagt der entflammte Sohn, »das Land, dem Sachsen angehört, ist Deutschland, und dein Sohn, mein Vater, ist ein Deutscher.« »Du träumst. Ich kenne kein Land, dem Sachsen angehört. Wo finde ich dieses Deutschland?« Der altkluge Sohn: »Hier, mein Vater, ... verwirre mich nicht.«[15]

Hoffmann von Fallersleben, der 1841 den noch immer beliebten Text des Deutschlandliedes verfaßt hatte, war der Prototyp des aufbegehrenden Liberalen. An seiner Person läßt sich der Geist, von dem der 1848er Zwergenaufstand getragen war, ablesen. 1830 war er Professor für deutsche Literatur und Sprache in Breslau geworden, 1842 wurde er wegen kritischer Äußerungen über Preußen seines Amtes enthoben und des Landes verwiesen. Er war gleichwohl ein grauenvoller Antisemit, ein Rassist und chauvinistischer Hetzer. An von Fallersleben wird exemplarisch deutlich, weshalb Heinrich Heine die Franzosen warnte, sie hätten von den Liberalen in einem von den Fürsten befreiten Deutschland mehr zu fürchten als von der gesamten europäischen Aristokratie. Als habe er sein »Deutschland, Deutschland über alles« für die Nachwelt selber interpretieren wollen, schrieb von Fallersleben: »Deutschland ist die Seele der Welt, der echte Pionier der Weltkultur, der Hort wahren Menschentums« — »einig kann es siegreich alles schlagen, jeden Störenfried und Feind«, und »das erste Volk auf Erden ganz zweifelsohne werden ... Europa wäre dein, wenn du es wolltest.« Im Vergleich zu diesem ersten Volk auf Erden sei Italien »ein Volk der Wichte, (sie) hausen in Stank und Dunst, dem Nichtstun hingegeben«. Die Engländer/innen hätten »für Kunst keinen Sinn, Begeisterung nicht ein Gran, eine Krämernation«. Ganz unten siedelte er die Russ/inn/en an, denn »was kann Rußland fruchten, mit seinem Talg und Juchten. Die Lichter stinken sehr, die Juchten noch viel mehr.« Das Judentum sei »auf Wucher, Lug und Trug bedacht und raubet unter unsern Füßen uns unser deutsches Vaterland«, während »dies verworfene Franzosengeschlecht« zur Abwechslung mal als »Scheusale der Menschheit« den Erdkreis verunstaltete. Nur zu den Dän/inn/en fiel von Fallersleben keine Schmährede ein, weil er sie ethnizistisch eingemeindete. Sie gehörten »durch ihre ganze Kultur zu Deutschland«, behauptete er, und falls die Verwandten im Norden sich nicht freiwillig ins geplante deutsche Reich begäben, riet er, »werden wir sie mit einigen Kolbenstößen wohl zur Vernunft bringen«.[16] Um das Panorama des Seelenlebens eines Deutschen zu komplettieren, textete er nebenbei »Alle Vöglein sind schon da« zum feierabendlichen Nachsingen auch für die Kinder, die von deutschen Frauen »zum Feindesschrecken« erzogen werden sollten, damit sie später als Soldaten ihr Bestes für die Herstellung eines deutschen Großreiches geben würden.

Halten wir fest, daß der weitere Verlauf des besonderen deutschen Weges im wesentlichen schon lange vor der Gründung des ersten deutschen Reiches von liberalen Bürgern vorgedacht war: die (gottgewollte) Unterordnung unter einen Staat, der als Maß der Dinge galt; die Vorrangstellung völkischer Prinzipien vor jedem materiellen Interesse (ob Republik oder Zollunion); die Berufung aufs einheitstiftende deutsche Blut; die Großartigkeit des deutschen Geistes, an dem die Welt genesen sollte; die Herabstufung der westlichen Zivilisation unter die eigene Kultur; die Diffamierung der kommerzialisierten »Krämerländer«; die Hetze gegen Juden und Franzosen, die als Verschwörer gegen die deutsche Nation ausgemacht wurden; die Konstruktion einer germanischen Rasse, die von der Vorsehung zur Regelung der Weltangelegenheiten auserwählt sei; die kriegerische Expansion.

Das erste deutsche Reich und der erste Führer — »selbstherrlich, gewalttätig und rücksichtslos, mit einem Wort: ein Genie«

Als das Deutsche Reich schließlich nach zwei vorangegangenen Kriegen 1871 von den Preußen im Krieg gegen Frankreich geschmiedet wurde, geriet die liberale Volksseele in einen unbeschreiblichen Taumel. Theobald Ziegler erinnerte sich etwas später, aber noch immer im Zustand der Verzückung, daran, wie es damals war: »Und nun ging es wieder einmal unter den Klängen des deutschen Liedes ... ›Wacht am Rhein‹ — ins Feld. Der Erfolg war ein ungeheurer, der Siegeslauf beispiellos. Die Stimmung in jener Zeit darf ich hier nicht schildern«, weil er sich schließlich mit Philosophie zu beschäftigen hatte, doch seine Selbstkontrolle war bereits dahin: »Aber es ist keine Überhebung, wenn ich sage: Glücklicher haben wir Deutsche uns nie gefühlt als in jenen Tagen, nicht aus Siegesübermut, sondern vor allem auch darum, weil es eine Katharsis und eine Versöhnung der Geister war nach Jahren der Zwiespältigkeit und des inneren Kampfes. Die sich vier Jahre zuvor im eigenen Hause bekriegt hatten, die stritten nun gemeinsam für ein und dasselbe Vaterland. Wir wurden wieder ein Volk, und damit war aller Hader vergessen.« Als habe er Helmut Schmidt oder Helmut Kohl eine Vorlage liefern wollen, beschrieb Ziegler, wie der Egoismus einer Anspruchsgesellschaft durch deutsche Tugenden besiegt worden war: »Und auch besser sind wir als Volk im ganzen nie gewesen: Der Egoismus machte dem Eintreten für das Ganze Platz, jeder einzelne war über sich und seine eigene kleine Person mit ihren selbstischen Interessen hinaufgehoben, die trennenden sozialen und konfessionellen Unterschiede schienen vom Sturme dieser Zeit wie weggeweht.«

Vor allem war Ziegler davon beeindruckt, daß »das Heer unter Moltkes genialer Führung ... damals vollends populär geworden (ist) beim ganzen Volk; der Jubel, mit dem man in Nord und Süd die einziehenden Truppen begrüßte, galt nicht nur dem Sieg und dem Errungenen, sondern war zugleich die Besiegelung der Einheit zwischen Volk und Heer.« Diese Einheit verkörperte Bismarck, der erste deutsche Führer. »Nur einmal noch hat ein Mann im Leben unseres Volkes so hinreißend und machtvoll gewirkt, so fraglos die Geister zur Entscheidung für oder gegen sich, zu Liebe oder Haß aufgerufen und gezwungen«, schrieb Ziegler und meinte Luther damit. Weshalb? »Bismarck war wie Luther dämonisch durch und durch; wie dieser war auch er ein Mann des Willens und des Temperaments, der intensiv in der Volksseele zu lesen und instinktiv aus ihr heraus zu handeln wußte ... selbstherrlich und gewalttätig, leidenschaftlich und vulkanisch, mit einem Wort ein Genie, ein Heros, ein ganz großer Mann«, der nur eines können muß: »Wo es ihm unbequem wurde, da schritt er rücksichtslos darüber hinweg und schob es verächtlich beiseite.«[17]

So liegen in der Wiege des ersten deutschen Einheitsstaates Krieg und totalitäre Führung. Den Liberalen, die ihren Namen, sofern er eine antiaristokratische Haltung ausdrücken sollte, nicht verdienten, war die Nation ein und alles, selbst wenn an der Spitze ein Kaiser stand. Man betete bereits den selbstherrlichen und gewalttätigen, den heroischen und rücksichtslosen, den Mythos Hitler vorankündigenden Führer samt Preußens Gloria und Militär an. Die andere Seite dieser Anbetung aber war der Mangel an Selbstwertgefühl.

Der Sieg über Frankreich war einer der Väter der künftigen deutschen Brutalität und Rücksichtslosigkeit, ein anderer die darwinistisch inspirierte Vulgärphilosophie. »1889 bemerkte Max Nordan, Darwin sei auf dem besten Wege, bei den Militaristen aller europäischen Länder zur höchsten Autorität zu werden. Seit der Verkündung der Evolutionstheorie könnten sie ihre natürliche Barbarei mit Darwins Namen decken und ihren blutrünstigen Trieben, die ja sozusagen das letzte Wort der Wissenschaft seien, freien Lauf lassen.«[18] Léon Poliakov erwähnt, daß die deutsche Öffentlichkeit die Lehre von der natürlichen Auslese besonders enthusiastisch aufgenommen und Heinrich von Treitschke, der wohl angesehenste Mentor der damaligen studentischen Jugend, die Notwendigkeit einer »mit Darwins Kampf ums Dasein vergleichbar(en)« scharfen Konkurrenz auch unter den arischen Nationen proklamiert habe. Schließlich, so Treitschke, sei ohne den Krieg und seine »religiöse Tiefe« eine gesunde Menschheit nicht zu haben: »Wer die Geschichte kennt, der weiß auch, es wäre geradezu eine Verstümmelung der menschlichen Natur, wenn man den Krieg aus der Welt schaffen wollte ... Wir haben die sittliche Majestät des Krieges kennengelernt.«[19]

Die Nation, die dem Bürgertum nun gegeben war, war nicht bürgerlich-demokratisch, sondern soldatisch, aufgeputzt mit Lametta, strukturiert durch Befehl und Gehorsam, gegliedert in göttliche Obrigkeit und Gefolgschaft. Das reiche Bürgertum bettelte darum, in den Adelsstand erhoben zu werden. Wer sich dem Diktat des Staates nicht beugte, wurde bald ein vaterlandsloser Gesell'. Demokratie und Zivilisation standen in schlechtem Ansehen. Die populärste Errungenschaft deutscher Kultur wurde die Marschmusik, der sich später auch die Opposition nicht entziehen konnte oder mochte: Und links, zwo, drei, und links, zwo, drei, wo dein Platz, Genosse, ist: Reih' dich ein in Arbeitereinheitsfront, weil du auch ein Dschingdarassa bist. In Preußen-Deutschland blieb die »mächtige Polizeigewalt für das Gepräge seiner Bewohner von größter Bedeutung. Dieser Aufbau des Gewaltmonopols aber nötigte die einzelnen Menschen nicht in der gleichen Art zu einer Kontrolle durch sich selbst, wie etwa der englische; er zwang die Individuen nicht zur selbständigen und halb automatischen Eingliederung in ein lebenslängliches ›team-work‹, sondern er gewöhnte die einzelnen von klein auf in höherem Maße an eine Unterordnung unter andere, an den Befehl von außen. Nach der Seite des staatlichen Zusammenlebens hin blieb auf Grund dieser Struktur der Gewaltinstrumente die Verwandlung von Fremdzwängen in Selbstzwänge geringer. ... So blieb die Triebregulierung des Einzelnen hier in besonders hohem Maße auf das Vorhandensein einer starken, äußeren Staatsgewalt abgestimmt, ... die Selbstbeherrschung des Individuums kam in Gefahr.«[20]

Im Unterschied zu seinen westlichen Nachbarn hatte sich das deutsche Bürgertum geduckt auf den Weg zur politischen Macht begeben. In seiner Mehrheit hatte es sich aus Furcht vor einer Niederlage, die ihm seine Privilegien gegenüber den unteren Schichten hätte nehmen können, gegen die Revolution gestellt. Bis auf wenige Ausnahmen entschieden sich die deutschen Bürger für eine Allianz mit der Aristokratie, deren Hierarchie sie sich unterwarfen. Sie adaptierten ihre Gewohnheiten und Spielregeln – bis hin zur Mensur. Nicht die bürgerliche Revolution, sondern das militaristische Preußen hatte im Krieg den Nationalstaat geschaffen – das nötigte dem Bürgertum, das sich die Nation stärker noch herbeigesehnt hatte als den freien Handel, einen ungeheuren Respekt vor kriegerischen Mitteln, militärischen Gepflogenheiten und adligen Ehrauffassungen ab. Preußische Tugenden gruben sich tief in Verstand und Psyche ein: Wer seinen Mann stehen wollte, mußte hart, unerbittlich und mitleidlos gegen andere sein.

Schon während ihrer Studentenzeit übten die Bürgersöhne mit Blick auf ihre Karriere den Verzicht. Ihre Bruderschaften kultivierten die Einkerkerung der Spontaneität, Gefühlsäußerungen waren nur im Rahmen streng reglementierter Saufgelage zugelassen, Über- und Unterordnung, Befehl und Gehorsam prägten eine spezifisch autoritäre Persönlichkeit aus, »die zur Zähmung ihrer eigenen Impulse in hohem Maße auf soziale Verstärkung, auf die Kontrolle durch andere Menschen angewiesen war«.[21] Der heranwachsende Bürger entwickelte so »eine Persönlichkeitsstruktur, bei der die Selbstzwänge, also auch das eigene Gewissen, der Unterstützung durch den Fremdzwang einer starken Herrschaft bedurften, um funktionieren zu können. Die Autonomie des individuellen Gewissens war begrenzt. Es war durch eine unsichtbare Nabelschnur mit einer Gesellschaftsstruktur verbunden, die eine streng formalisierte Hierarchie der Befehlsgewalten einschloß.« Die Gesellschaft »war, mit einem Wort, so eingerichtet, daß sie in dem einzelnen Menschen, den sie heranzog, ein Bedürfnis nach einer Gesellschaft dieser Art produzierte«. Die Erziehung des Bürgers zum halben Aristokraten, der ständig darunter litt, doch kein ganzer zu sein, verhinderte in Deutschland die Herausbildung eines Bürgertums, das selbstbewußt eigenen zivilen Prinzipien folgte. Elias hat das Verhältnis der deutschen Bürger zum Staat mit dem eines Kindes zur strafenden Instanz verglichen: »Das häufig geschlagene Kind lernt nicht, sich unabhängig von einem Fremdzwang, ohne die Drohung der väterlichen Strafe selbst zu zügeln, und ist dementsprechend auch seinen eigenen Haß- und Feindseligkeitsimpulsen in hohem Maße ausgeliefert ... Mitglieder einer Staatsgesellschaft, die sehr lange absolutistisch ... regiert worden sind ... entwickeln ganz analog Persönlichkeitsstrukturen, bei denen ihr Vermögen der Selbstzügelung auf einen Fremdzwang angewiesen bleibt, auf eine starke Gewalt, die sie von außen mit Strafe bedroht. Ein nicht-absolutistisches, also ein Mehrparteienregime verlangt eine weit stärkere und festere individuelle Selbstzwangapparatur. Es entspricht dem Erziehungsmodell, in dem nicht durch den Stock, nicht durch Strafgewalt, sondern durch Überzeugung und Überredung eine solche Apparatur im einzelnen Menschen aufgebaut wird.«

Es geht uns nicht darum, das Mehrparteiensystem als strafgewaltlos zu interpretieren oder herrschaftliche Überredungskünste zu glorifizieren, sondern um die Erkenntnis, daß Menschen unterschiedlich geprägt werden, je nachdem, ob sie eher zivile oder militärisch-autoritäre Umgangsformen lernen. Es ist jedenfalls einsichtig, daß der Schuster, der als Hauptmann von Köpenick die Leute narrte, in Dänemark oder Holland wohl weniger erfolgreich gewesen wäre und statt Unterwerfung und Gehorsam vielleicht Gelächter geerntet hätte. In Deutschland aber gelten noch heute Parolen wie »Wir sind ein Volk« und »Deutschland einig Vaterland« weder als komisch noch als anrüchig.

Adel und Bürgertum beeinflußten sich gegenseitig. Der Adel hatte sich als absolutistischer Herrscher eines Staates verstanden, dem die Mitglieder seiner Klasse in anderen Staaten viel näher standen als der Pöbel im eigenen Land. Sein ausgeprägtes, erbrechtlich begründetes Klassenbewußtsein hatte lange Zeit der Entstehung eines Nationalbewußtseins im Wege gestanden. Mit dem Pöbel zu einem gemeinsamen, zudem blutmäßig verbundenen Volk zu gehören, hätte die Aristokratie den Glauben an sich selber verlieren lassen. Auch Kriege hatten an ihrem antinationalen Wir-Gefühl nichts ändern können. Die Bauern kannten ebenfalls kein patriotisches Gefühl. Meist war ihr unmittelbarer Herrscher zugleich ihr Richter. Falls sie mit ihm zufrieden waren, bezog sich ihre Loyalität auf diese eine Person und nicht auf ein übergeordnetes Gemeinwesen. »Jenseits der Erfüllung militärischer Pflichten forderte man von den Untertanen Gehorsam und Ruhe, nicht Loyalität und Hingabe.«[22] Zwar besaß auch der Adel eine Herrschaftsideologie, doch die bestätigte die gegebene Ordnung lediglich als gottgewollt und besaß nicht die Perfidie, der Gesamtheit der Untertanen zu suggerieren, sie gehörte einem gemeinsamen nationalen Kollektiv an, das einen gemeinsamen Willen besäße. Erst der Wandel des Wir-Gefühls einer Klasse zum bürgerlichen Wir-Gefühl des nationalen Kollektivs brachte das volksgemeinschaftliche Nationalgefühl hervor.

Genossen vordem Kaiser oder Fürsten alle Ehre, gab man jetzt den Symbolen der Nation die göttliche Weihe. Mit der Zahl der in die industrielle Produktion integrierten Menschen schien die quasireligiöse Anbetung des Staatsgebildes, das sie zusammenfaßte, noch zu wachsen. Wortschöpfungen, die den neuen deutschen Staat umschrieben, bekamen einen schweren, pathetischen Klang: blühendes Vaterland, Heimatland, Volk, Nation. Kaiser und Fürsten hielten sich zwar für gottgewollte Herrscher, gleichwohl hatte ihnen bislang die Überzeugung gefehlt, alles was ihnen zugute kam, käme auch ihren Untertanen zugute. Im Gegenteil: Sie hatten das Auspressen ihrer Untertanen ebenso für einen Akt der Vorsehung gehalten wie die Gnadenerweise dann und wann.

Weshalb auch hätten sie jemandem, den sie vom Hof trieben oder erschlugen, vorheucheln sollen, es geschehe zu seinem Besten. Erst das aufstrebende Bürgertum machte den Staat zur Nation aller Bürger, gleichgültig, wer darin in welchen Verhältnissen lebte – und verlangte folgerichtig von allen Staatsangehörigen gleichermaßen ein Bekenntnis zu »unserem« Staat.

Unter der Vorherrschaft Preußens konnten die deutschen Wirtschaftsbürger eine Nachindustrialisierung ins Werk setzen, die nach ihnen in vergleichbar kurzer Zeit nur noch in Japan gelingen würde. Sie machten – nach der Staatsgründung – auf diese Weise eine zweite »gute« Erfahrung mit dem preußischen Adel: Unter einem Kaiser und mit diktatorischen Vollmachten des Staatsapparates ließ sich vortrefflich Kapital anhäufen. Und die Preußen, die vor gar nicht langer Zeit gegen Hoffmann von Fallersleben ein Berufsverbot wegen liberaler Umtriebe erlassen hatten, lernten den Nationalismus der Bürger schätzen. Die neue Welt schuf neue Klassengegensätze, und das nationale Wir-Gefühl, das sich bald in jeder öffentlichen Rede vernehmen ließ, taugte ausgezeichnet, um das aufkommende Klassenbewußtsein zu kontern und auch die Proleten fürs Vaterland zu begeistern. Die volksgemeinschaftliche Nation erwies sich als Herrschaftsform, die besonders gut geeignet war, die Köpfe der Massen zu okkupieren. Sie ersetzte bald die hierarchischen Vorstellungen der Aristokratie – unter Beibehaltung ihrer Strukturen.

An dieser Stelle ist eine Zwischenbemerkung angebracht: In der Literatur über die deutsche Geschichte benutzen einige Interpreten die Tatsache, daß das deutsche Bürgertum unter den Fittichen der preußischen Staatsmacht vortrefflich akkumulieren konnte, als Argument gegen die These vom deutschen Sonderweg. Das ist nicht sonderlich plausibel, denn keine der bis hierher aufgezeigten deutschen Eigentümlichkeiten wird dadurch relativiert. Das Problem ist nicht, ob das deutsche Bürgertum zu akkumulieren in der Lage war, sondern wie der Weg in einen akkumulationsfähigen Kapitalismus gegangen wurde. Andererseits darf sich die Sonderweg-These nicht darauf beschränken, dem aufstrebenden deutschen Kapital nur ein im Verhältnis zu anderen Nationen geringeres Interesse an bürgerlicher Demokratie zu attestieren. Wie die Geschichte zeigt, hat der Kapitalismus kein prinzipielles Interesse an einer bürgerlich-demokratisch verfaßten Gesellschaft. Im Grunde ist die Entstehung aller kapitalistischen Nationen durch jeweilige Eigenheiten geprägt. Auch der US-amerikanische Weg mit Indianermorden, Kriegen, Sklaverei, wildwestromantisch verklärten Eroberungen und kapitalistischen Privatarmeen läßt sich mit der Geschichte der französischen Revolution und Zivilisation nicht vergleichen. Allerdings weist die deutsche Geschichte Besonderheiten auf, die in einem spezifischen Führer-Gefolgschafts- und Blut-und-Boden-Kult, in paranoidem Wahn, kollektiver Selbstpreisgabe und schließlich in vielfachem Völkermord mündeten, so daß der Begriff »Sonderweg« hier doch einiges für sich hat, obgleich er recht milde klingt.

Zurück zur Herausbildung der volksgemeinschaftlichen Nation: Wie die Klassenkämpfe bewiesen, ließen sich die gesellschaftlichen Widersprüche nicht sofort ins nationale Wir-Gefühl auflösen, doch zu allen bisherigen Fremdzwängen hatte sich mit jenem ein weiterer hinzugesellt, der nun vor allem über die Stigmatisierung der Fremden, der ausländischen Konkurrenten und Feinde ins Gemüt drang. Die Abweichung vom nationalen Konsens wurde zunehmend ein landesverräterischer (vaterlandsloser, nestbeschmutzender) Akt, sei's im Betrieb, in der Literatur oder beim Militär. Der Glaube an die Nation erwies sich als bindungskräftiger als der an Gott und Adel. Während Luthers Gott schon seit Abrahams Zeiten kein Menschenopfer mehr verlangt und der Adel große Mühe gehabt hatte, Leute für seine Kriege zu begeistern, gingen fortan viele Menschen für die Nation freiwillig in den Tod. Erst jetzt wurde die zuvor durchaus übliche Desertion zur Ausnahmeerscheinung. Erst das Bürgertum focht für seine eigenen Interessen und bewegte mit nationalem Pathos die von ihm Ausgebeuteten zur Identifikation mit seinem Anliegen. Widersinnig begannen die zum Wohle ihrer Herrschaft in den Krieg geschickten Massen, sich selber nach Siegen groß und nach Niederlagen klein und gedemütigt zu fühlen. Wer etwa gehofft hatte, daß deutsche Proleten Hitlers Niederlage feiern würden, mußte sich spätestens anläßlich der Fußball-Weltmeisterschaft 1954 vom relativ repräsentativen Bevölkerungsquerschnitt im Berner Stadion belehren lassen. Einige zehntausend deutsche Kehlen gröhlten sich den Frust über »ihre« Niederlage im neun Jahre zuvor beendeten Krieg mit einem »Deutschland, Deutschland über alles« von der Seele. In der Bereitschaft zum Tod für die Nation zeigt sich mehr noch als im Wunsch nach einem ungestörten Lauf von Produktion und Handel die Verwandlung der Subjekte in funktionale Objekte fürs Ganze.

Eine besondere Komponente des deutschen Irrationalismus war die doppelte Vorstellung, einem Volk von besonderer Kultur und reinem Blut anzugehören. Noch bis weit in die zweite Hälfte des 19. Jahrhunderts hatten der völkische und der sprachliche Nationalismus gleichberechtigt koexistiert. Da beide gleich tauglich schienen, ein deutsches Gesamtvolk zu konstruieren, hatten sie sich nicht sonderlich Konkurrenz gemacht. Ihre Verwandtschaft lag auf der Hand, da beide mit Reinhaltungen befaßt waren; dem Kampf gegen die Vermischung der Rassen entsprach das Bestreben der Nationalsprachler, das Deutsche von fremden Elementen zu säubern. Erst als der biologische Rassismus sich immer »wissenschaftlicher« gerierte (und diesen Anspruch auch gegen die Nationalsprachler wandte), ging die rassistisch-völkische Ideologieströmung als Siegerin aus der brüchig gewordenen Koexistenz hervor und setzte in Deutschland Recht. Ihr stärkstes Argument war allerdings keine neue Erkenntnis beim Vermessen von Schädelumfang und Unterkiefer, sondern der Hinweis, daß die Sprache ein unzuverlässiger Maßstab sei, weil die im Judentum verkörperte »Gegenrasse« sie erlernen und damit sich und seine Absichten tarnen könne. So setzte sich die biologische Abstammung, das Blut also, auch gesetzlich als das Kriterium durch, das allein die Staatsangehörigkeit begründen könne. 1913 pries der konservative Reichstagsabgeordnete Giese die Vorzüge des neuen Gesetzes mit den Worten: »Wir freuen uns, daß in dem Gesetz der Grundsatz des jus sanguinis rein durchgeführt worden ist, daß also in der Hauptsache die Abstammung, das Blut das Entscheidende für den Erwerb der Staatsangehörigkeit ist. Diese Bestimmung dient hervorragend dazu, den völkischen Charakter und die deutsche Eigenart zu erhalten und zu bewahren.«[23] Die deutsche Nation hatte sich ein rassisches Fundament gebaut, das auch das heutige Staatswesen noch trägt: Wer eine deutsche Abstammung nachweisen kann, ist Deutscher.

Richard Wagner und Friedrich Nietzsche — ein deutsches Paarlaufen

Die Frage, ob der Nationalsozialismus eher ein Produkt der Moderne oder ihrer romantischen Kritik war, scheint müßig, wenn wir uns zwei der bedeutsamsten Protagonisten dieser gesellschaftlichen Strömungen näher betrachten: den germanomanen Romantiker Richard Wagner, der nach seinem bürgerlich-nationalen Schlenker sogar in den Schoß des Adels zurückfand, und den Philosophen Friedrich Nietzsche, der die Aufklärung auch von ihrem letzten romantischen Ballast noch zu befreien unternahm. Beider unaufhaltsamer Aufstieg fiel mit der Bismarckschen Reichsgründung zusammen. Sie waren langjährige Freunde, bis sie sich heillos zerstritten. Den Nationalsozialismus und seine Verwendung ihrer Arbeiten haben sie nicht mehr erlebt und sich folglich dagegen auch nicht wehren können. Womit nicht gesagt ist, daß sie's getan hätten.

Richard Wagner, Propagandist eines biologistischen Antisemitismus und deutsches Kulturidol bis heute, hat uns eine Studie über den Charakter des »wahren« deutschen Wesens hinterlassen, die den damaligen Zeitgeist durchaus getroffen haben dürfte. Mit ihm kam alles, was bereits negativ an den Deutschen in Erscheinung getreten war, zu Ruhm. Er liebte das schwulstige Pathos, war antisemitisch bis zur Vernichtungsphantasie, grenzenlos überheblich noch in seinen plattesten Äußerungen, ein wandelndes Vorurteil, das sich nie die Mühe gab, auch nur zum Schein zu argumentieren, und er wechselte seine Ansichten mit den Mächtigen und Geldgebern. Ihm kam es »nicht darauf an, etwas Neues zu sagen, sondern die unbewußte Empfindung, die sich im Volke als innerlichste Abneigung gegen jüdisches Wesen kundgibt, zu erklären«, schrieb er 1865 in seinem Aufsatz »Was ist deutsch?«.[24] Nicht nur seine Musik, auch seine Pamphlete erregten Aufsehen und riefen in Deutschland eine breite Zustimmung hervor. Wagners antisemitische Hetzschrift: »Das Judentum in der Musik«, die er unter dem Namen »Freigedank« veröffentlicht hatte, schlug wie eine Bombe ein. Er notierte zufrieden: »Es scheint schrecklich eingeschlagen zu haben, denn solch einen Schreck wollte ich ihnen eigentlich nur machen.« Der Redakteur der Zeitschrift, die Wagners Text veröffentlicht hatte, bestätigte: »Der Aufsatz hat einen wahren Sturm hervorgerufen.« Viele Blätter druckten damals Wagners wirre Thesen und dazu die begeisterten Leserbriefe all jener, die sich in ihnen wiederfanden.

Wagner komponierte nicht nur, sondern schrieb auch die Libretti zu seinen Opern selber, weil er sich für ein Genie hielt, das Beethoven und Goethe in einer Person verschmolz. Noch heute gilt er der deutschen Kulturschickeria als Gesamtkunstwerk schlechthin. Einen nicht unerheblichen Teil der ihm zu Lebzeiten entbotenen Verehrung verdankte er der Tatsache, daß einerseits zwar kolportiert wurde, an Deutschlands Geist und Kultur werde die Welt genesen, daß andererseits aber im Lande niemand aufzutreiben war, der als Opernkomponist – Opernhäuser waren bedeutsame Statussymbole des Bürgertums – den Italienern oder Franzosen das Wasser reichen konnte. Mozart half da kaum weiter: Erstens waren seine Erfolgsopern »italienische«, zweitens hatte er sich nicht gescheut, ein Theaterstück der in Deutschland so verhaßten französischen Revolution als Oper auf die Bühne zu bringen (»Figaros Hochzeit«), und mit seinem »deutschen« Singspiel »Die Zauberflöte« war – drittens – kein wirklich deutscher Weltruhm zu begründen. Wagners brünstig-finsteres Pathos aber war auf der Welt einzigartig, und die zahlreichen Germanen seiner Stücke schienen durchaus geeignet, deutsche Identität zu stiften.

In seiner Schrift »Was ist deutsch?« hat Wagner heftig beklagt, daß sogar die großen deutschen Staaten Preußen und Österreich ihr Phlegma aus der Zeit des 30jährigen Krieges noch immer nicht überwunden hätten, was er daraus schloß, daß sie sich noch immer von Juden vertreten ließen und so dem »Eindringen eines fremdartigen Elements in das deutsche Wesen« Vorschub leisteten. Sie beförderten, schrieb er, ein von den Juden »ausgebeutetes deutsches Wesen«. Es sei gerade so, »als ob sich der Jude verwunderte, warum hier so viel Geist und Genie zu nichts anderem diente, als Erfolglosigkeit und Armut einzubringen«. Wagner bemühte sich, über antisemitische Vorurteile zum deutschen Wesen vorzustoßen und ermöglichte so einen Einblick in die Stimmungslage der Deutschen, für die er ein Vorbild war. »Steigert der Jude seine Sprechweise, in der er sich uns nur mit lächerlich wirkender Leidenschaftlichkeit« zu erkennen geben könne, »gar zum Gesang, so wird er uns damit geradewegs unausstehlich, ... abstoßend und davonjagend« — »im besonderen widert uns nun aber die rein sinnliche Kundgebung der jüdischen Sprache an« sowie die ganze »widerliche Besonnenheit der jüdischen Natur«. Die Projektion ist offensichtlich. Was Wagner widerlich fand, waren Gefühlsregungen. Er verfolgte unablässig Leidenschaft, Sinnlichkeit, Besonnenheit, überhaupt Gefühle, die er in Juden und Jüdinnen noch am dämonischen Werke sah und für die er sie haßte.

In einem Punkt war Wagner wirklich genial. Es gelang ihm, für seine Dichtung (»Weh! Weh! Hoho!« — »Ha! Wehe! Wehe!«) eine passende Musik zu finden. Mozart, Rossini, Bellini, Donizetti, Verdi und alle anderen wären dabei draufgegangen. Sein sprichwörtlich gewordenes Wogalaweia, die von ihm endlos aneinandergereihten verstümmelten Ausrufe, seine Blut- und Bruderschaftsbeschwörungen lassen sich nicht lustvoll in Musik setzen. Dazu paßt nur der in quälende Längen gezogene Sprechgesang, der gegen die laute musikalische Dröhnung gebrüllt werden muß. Im Mittelpunkt seines »Parzifal« stehen germanische Ritter, die von der Vorsehung auserwählt sind, den heiligen Gral, gefüllt mit dem Blute Jesu (welches die Juden vergossen), zu bewachen. Diese Germanen gestaltete er nach dem Bild des Philosophen Herder: »Groß, stark, von heldenhafter Gesinnung, ein Geist der Mäßigung und Treue erfüllt ihre blauen Augen.« Dazu bot er ein antisemitisches Kontrastbild auf. »Kundry«, aus »Arabia« stammend, muß ihre ihm widerwärtige Leidenschaft mit einem Äußeren büßen, an dem die rassistische Propaganda Jüdinnen erkennen wollte. Also lautet seine Regieanweisung: »Kundry stürzt hastig, fast taumelnd herein. Wilde Kleidung, hoch geschürzt; Gürtel von Schlangenhäuten lang herabhängend; schwarzes, in losen Zöpfen flatterndes Haar; tief braunrötliche Gesichtsfarbe; stechende schwarze Augen, zuweilen wild aufblitzend, öfters wie todesstarr und unbeweglich.« Ganz wider ihre leidenschaftliche »semitische Natur« läßt Wagner sie das allerdings, weil er's nicht anders vermag, in streng germanischem Dialekt sagen: »Nicht Dank! – Haha! Was wird es helfen? Nicht Dank! Fort, fort! Ins Bad!« Da kann sich ein Knappe die Frage nicht mehr verkneifen: »He, du da! Was liegst du dort wie ein wildes Tier?«, und ein Germane tritt regieanweisungsgemäß so auf die Bühne: »Gurnemanz, schwermütig nachblickend«.

Wie muß es in Menschen aussehen, die Derartiges für der Welt größtes Kunstwerk halten? Düster, meinte – etwas verspätet – Friedrich Nietzsche, nachdem Wagner ihm vorgeworfen hatte, die Veränderung seiner Haltung ihm gegenüber käme vom häufigen Onanieren. Möglicherweise haben wir dieser glücklichen Fügung eine recht treffende Wagner-Analyse zu verdanken. »Parsifal. Der Mangel an Melodie heiligt selbst«, schrieb Nietzsche,[25] »in der Sprache des Meisters geredet: Unendlichkeit, aber ohne Melodie« – »sein Pathos wirft jeden Geschmack, jeden Widerstand über den Haufen«. Die Musik sei die schlechteste überhaupt und: »Wenn ein Musiker nicht mehr bis drei zählen kann, wird er ›dramatisch‹, wird er ›wagnerisch‹, ... man singt Wagner nur mit ruinierter Stimme: das wirkt ›dramatisch‹.« Wagners Ächtung der Leidenschaft sprach Nietzsche ebenfalls an: »Dazu gehört bloß Tugend – will sagen Dressur. Automatismus, ›Selbstverleugnung‹. Weder Geschmack, noch Stimme, noch Begabung: die Bühne Wagners hat nur eins nötig – Germanen! ... Definition des Germanen: Gehorsam und lange Beine.« Nietzsche stellte Wagners Erfolg in einen unmittelbaren Zusammenhang mit der Gründung des deutschen Reiches: »Es ist voll tiefer Bedeutung, daß die Heraufkunft Wagners zeitlich mit der Heraufkunft des ›Reichs‹ zusammenfällt: beide Tatsachen beweisen ein und dasselbe – Gehorsam und lange Beine. – Nie ist besser gehorcht, nie besser befohlen worden.«

Wagner und seine Anhänger haben den Verfolgungswahn der Deutschen im Wortsinne »kultiviert«. Überall sah der Meister sich von Juden und Jüdinnen umstellt – selbst noch im Nachhinein. Eine Begegnung mit Berthold Auerbach (»Schwarzwälder Dorfgeschichten«), über die er sich zunächst begeistert geäußert hatte, schien ihm später ein Zusammentreffen mit einer Fratze gewesen zu sein: »Als ich ihn nach längeren Jahren in Zürich einmal wiedersah, traf ich leider auch sein physiognomisches Aussehen in bedenklicher Weise verändert an: er sah wirklich außerordentlich gemein und schmutzig aus. Die frühere frische Lebhaftigkeit war zur gewöhnlichen jüdischen Unruhe geworden.« Gottfried Keller hatte Wagner eingeflüstert, daß die naive Selbstdarstellung Auerbachs schon immer Berechnung gewesen sei, damit er »seine literarischen Elaborate am besten ans Publikum bringe und zu Geld mache«. Sobald irgendeines seiner Werke nicht den erwarteten Erfolg hatte oder gar in den Spielplan nicht aufgenommen worden war, vermutete Wagner ein jüdisches Komplott. Als er von dem jüdischen Komponisten Giacomo Meyerbeer keine finanzielle Unterstützung mehr zu erwarten hatte, war ihm plötzlich klar, daß der Jude nur mit solchen Menschen in Verbindung stehe, die »sein Geld bedürfen« — mit ihm selber also –: »Nie hat es aber dem Gelde gelingen wollen, ein gedeihenvolles Band zwischen Menschen zu knüpfen.« Solange Geld gekommen war, hatte Wagner noch kniefällige Briefe an Meyerbeer geschrieben: »Mein angebeteter Gönner ... Mein Kopf und mein Herz gehören aber schon nicht mehr mir – das ist ihr Eigen, mein Meister. ... ich muß ihr Sklave mit Kopf und Leib werden ... denn ich gestehe offen, daß ich Sklaven-Natur in mir habe.« Eine solche Unterwerfung kann sich nur in abgrundtiefem Haß auflösen. Damals tobte ein Streit um die Assimilationsfähigkeit der Juden und Jüdinnen. Überall standen sie unter Beobachtung und permanentem Verdacht. Die religiöse Judenfeindschaft wandelte sich allmählich in den modernen ›rassistischen‹ Antisemitismus. Im Mittelpunkt dieses Angriffs stand nicht mehr der arme jüdische Trödler, sondern der reiche Jude. Wagner ließ aber auch assimilierte Juden nicht entkommen. Mendelssohn-Bartholdy, der musikalischen, Börne und Heine, die literarischen Erfolg hatten, ließen sich taufen und wurden erst daraufhin von Wagner scharf attackiert. Die »Erlösung« aus dem »Judentum« könne dem Juden nur gelingen, wenn sie ihm zeitlebens »Schweiß, Not, Ängste und Fülle des Leidens und Schmerzes« koste, wie auch die Deutschen sie zu tragen hätten. Den Juden und Jüdinnen riet er: »Nehmt rücksichtslos an diesem, durch Selbstvernichtung wiedergebärenden Erlösungswerke teil, so sind wir einig und unterschieden! Aber bedenkt, daß nur eines eure Erlösung von dem auf euch lastenden Fluche sein kann: die Erlösung Ahasvers, – der Untergang!« Die Befreiung der Menschheit durch den Untergang des Judentums – so weit also hatte Wagner bereits vorausgedacht. Was waren nun – neben Selbstverständlichkeiten wie Schweiß, Not, Angst, Leid und Schmerz – die Eigentümlichkeiten des deutschen Wesens? »Es kommt im öffentlichen Leben Englands und Frankreichs bei weitem seltener vor, daß man von englischen und französischen Tugenden spricht, wogegen die Deutschen sich fortwährend auf deutsche Tiefe, deutschen Ernst und deutsche Treue u. dgl. mehr zu berufen pflegen«, klärt Wagner uns über sich und seine Zeitgenossen auf. Eben darauf gründe sich der phantastische Ruhm, den sich sonst »kein großes Kulturvolk« habe erwerben können. Weil diese Charaktereigenschaften nirgendwo sonst auf der Welt anzutreffen seien, fühle sich der

Deutsche im Ausland nie heimisch und vermische sich deshalb nicht »unter fremdem Zepter«. Im Ausland träume der Deutsche »in der Sehnsucht nach deutscher Herrlichkeit« von einem Imperium ähnlich dem des römischen Kaiserreichs, »wobei selbst dem gutmütigsten Deutschen«, das muß Wagner eingestehen, »ein unverkennbares Herrschaftsgelüst und Verlangen nach Obergewalt über andere Völker ankommt«. Revolution und Demokratie seien dem deutschen Volksgeist fremd. Soweit darauf zielende Regungen die deutsche Seele in Beschlag genommen hatten, führte auch Wagner sie auf den fremden »französisch, jüdisch-deutschen« Einfluß zurück. Von Haus aus sei der Deutsche »konservativ: sein Reichtum gestaltet sich aus dem Eigenen aller Zeiten; er spart und weiß alles Alte zu verwenden. Ihm liegt am Erhalten mehr als am Gewinnen.« Trotz seiner Herrschaftsgelüste sei der Deutsche nicht auf Eroberung aus, »aber er läßt sich auch nicht angreifen«. Mit Martin Luther stehe er stets im Bunde, denn »die Sittenverderbnis der römischen Kurie und ihr demoralisierender Einfluß auf den Klerus verdrießt ihn tief. Unter Religionsfreiheit versteht er nichts anderes, als das Recht, mit dem Heiligsten es ernst und redlich meinen zu dürfen. Hier wird er empfindlich und disputiert mit der unklaren Leidenschaftlichkeit des aufgestachelten Freundes der Ruhe und Bequemlichkeit.« Wir wissen schon: »Der Ausgang des dreißigjährigen Krieges vernichtete das deutsche Volk«, aber wie durch ein Wunder hatte »der deutsche Geist bestanden«, wiewohl sein Trübsinn »sich auf den weltlichen Vorteil nicht … verstehen« mochte. »Als Richelieu die Franzosen die Gesetze des politischen Vorteiles« schändlicherweise »anzunehmen zwang, vollzog das deutsche Volk seinen Untergang«, doch wiederum nicht ganz, denn »wo die eigene Gestalt, die eigene Sache selbst sich verlor, blieb dem deutschen Geiste eine letzte, ungeahnte Zuflucht«: »sein innigstes Inneres«. Typisch für einen Deutschen sei: »Mit Mühe und seltener Willenskraft ringt er sich aus Armut und Not zu höchster Kunsthöhe empor … und stirbt bedrückt von schweren Sorgen einsam und vergessen, seine Familie in Armut und Entbehrung zurücklassend.« Nie hatte dieses Wesen vergessen, »daß das Schöne und Edle nicht um des Vorteils, ja selbst nicht um des Ruhmes und der Anerkennung willen in die Welt tritt: und alles, was im Sinne dieser Lehre gewirkt wird, ist ›deutsch‹, und deshalb ist der Deutsche groß.« Damit war es Richard Wagner gelungen, die Gefühlslage des vielleicht trostlosesten Wesens, das die Menschheitsgeschichte hervorgebracht hat, nahezu vollständig wiederzugeben und eine Ahnung davon zu vermitteln, wozu es einmal fähig sein würde.

Friedrich Nietzsche aber dekretierte: »Tot sind alle Götter; nun wollen wir, daß der Übermensch lebe.« Unter den Philosophen war er es, der den Versuch unternahm, die Aufklärung von ihren moralischen Prinzipien und Skrupeln zu reinigen und, wie von Kant empfohlen, einen neuen Menschen zu entwerfen, dessen Wille sich tatsächlich von jeglicher Leitung durch einen anderen befreit hat. Heraus kam sein Übermensch, der die zivilisatorischen Fesseln abwarf und weder seine Gefühle noch seine Interessen reglementieren ließ – ein böser Mensch, der in sozialdarwinistischen Verhältnissen fröhlich siegte und dabei alles, was ihm im Wege stand, kalt beseitigte. Den Katechismus der Liberalen – offene Konkurrenz und Survival of the Fittest – hob Nietzsche in den Rang eines von jeder Selbst- und Fremdkontrolle befreiten Naturrechts. Er feierte die Grausamkeiten der Herrenmenschen, seiner »blonden Bestien«. »Sie genießen da die Freiheit von allem sozialen Zwang, sie halten sich in der Wildnis schadlos für die Spannung, welche eine lange Einschließung und Einfriedung in den Frieden der Gemeinschaft gibt, sie treten in die Unschuld des Raubtier-Gewissens zurück, als frohlockende Ungeheuer, welche vielleicht von einer scheußlichen Abfolge von Mord, Niederbrennung, Schändung, Folterung mit einem Übermute und seelischen Gleichgewicht davongehen, wie als ob nur ein Studentenstreich vollbracht sei, überzeugt davon, daß die Dichter für lange nun wieder etwas zu singen und zu rühmen haben ... Diese ›Kühnheit‹ vornehmer Rassen, toll, absurd, plötzlich, wie sie sich äußert, das Unberechenbare, das Unwahrscheinliche selbst ihrer Unternehmungen ... ihre Gleichgültigkeit und Verachtung gegen Sicherheit, Leib, Leben, Behagen, ihre entsetzliche Heiterkeit und Tiefe der Lust in allem Zerstörten, in allen Wollüsten des Siegs und der Grausamkeit ... Von der Stärke verlangen, daß sie sich nicht als Stärke äußere, daß sie nicht ein Überwältigen-Wollen, ein Niederwerfen-Wollen, ein Herrwerden-Wollen, ein Durst nach Feind und Widerstand und Triumphen sei, ist gerade so widersinnig, als von der Schwäche verlangen, daß sie sich als Stärke äußere.«[26]

Der Schwache, die Niedergeworfene waren würdig, zugrunde zu gehen. Der Mensch, der dem Idealtyp des Siegers nicht entsprach, durfte die allgemeine Entwicklung zu einer höheren Art nicht durch Ansprüche behindern und sollte deshalb entweder den Herrenmenschen dienen – »daß er dem Übermenschen das Haus baue« – oder untergehen. So war neben dem Übermenschen auch der Untermensch geboren. Der Übermensch lebte lustvoll sein Recht des Stärkeren im ständigen Sieg über Untermenschen aus. Damit inthronisierte Nietzsche den imperialistischen Europäer, der weltweit nach diesem Gesetz wütete, als höheres, naturrechtlich legitimiertes Wesen: »Aus euch, die ihr euch selber auserwähltet, soll ein auserwähltes Volk erwachsen – und aus ihm der Übermensch.« Dem sogar der Christengott seinen Platz zu räumen hatte, denn: »Der Übermensch ist der Sinn der Erde.« – »Einst war der Frevel an Gott der größte Frevel, aber Gott starb«, nunmehr sei »an der Erde zu freveln das Furchtbarste«. Nietzsches Naturrecht war ein reines Männerrecht. »Das Weib« galt ihm als Synonym für alles Schwache (und damit als zum Dienst am Mann bestimmt): »Das Glück des Mannes heißt: ich will. Das Glück des Weibes heißt: er will.« Der Mann »soll zum Kriege erzogen werden und das Weib zur Erholung des Kriegers: alles andere ist Torheit. ... Eure Hoffnung heiße: ›Möge ich den Übermenschen gebären!‹«.

Unterworfene Völker oder Individuen, die sich bedürftig zeigten, bezichtigte Nietzsche einer krankhaften Selbstsucht, der er die gesunde des Herrenmenschen gegenüberstellte. Wer unten lag, bewies allein durch seinen Überlebenswunsch seine Entartung. »Mit der Gier des Hungers« messe derjenige »den, der reich zu essen hat«. »Kankheit redet aus solcher Begierde und unsichtbare Entartung. ... Sagt mir, meine Brüder: was gilt uns als Schlechtes und Schlechtestes? Ist es nicht die Entartung? ... Aufwärts geht unser Weg, von der Art hinüber zur Über-Art.«²⁷ Diese Über-Art sah Nietzsche ständig von gescheiterten, schwachen Untermenschen bedroht. Sie bildeten ein Hindernis auf dem Weg zur Höherentwicklung: »Die ... Verunglückten, Niedergeworfenen, Zerbrochenen – sie sind es, die Schwachen sind es, welche am meisten das Leben unter Menschen unterminieren.« Trotz seiner mörderischen Unterwerfungsgeschichte war ihm das Christentum verhaßt, weil er in der Nächstenliebe noch immer einen Rest von Schutz für das Schwache vermutete. War dieser Rest auch nur im kümmerlichen Mitleid aufzuspüren, so behinderte er doch den biologischen Ausleseprozeß. Auch Kant hatte im Mitleid eine Verweichlichung gesehen, die nicht mehr in die Zeit passe. »Das Mitleid«, hatte Kant geschrieben, sei »eine gewisse Weichmütigkeit« und habe »die Würde der Tugend nicht an sich«. Nietzsche setzte hinzu: »Was liegt an meinem Mitleiden! Ist nicht Mitleid das Kreuz, an das der genagelt wird, der die Menschen liebt?«

Wie die »schwachen« Frauen und die schwächende christliche Moral war Nietzsche auch der neue »Sozialismus« der »zu Recht unterworfenen Kaste« nur ein Hindernis auf dem Weg zu einer »Ausscheidung eines Luxus-Überschusses der Menschheit, in welcher eine stärkere Art, ein höherer Typus ans Licht tritt, der andere Entstehungs- und andere Erhaltungsbedingungen hat als der Durchschnittsmensch«. Und weil der »kühne« Imperialismus ihm die Ausscheidung eines Luxus-Überschusses der Menschheit demonstrierte und mit allerlei biologischen Gutachten rechtfertigte, rechte Nietzsche die »Neger«, an denen er eine »geringere Schmerzfähigkeit« entdeckt zu haben glaubte, gleich mit in die

Gruppe der zu Recht Unterworfenen ein. Die der Natur abgeguckte Stärksten-Auslese aber sollte sich vor allem im Krieg vollziehen. Friedenszeiten waren für Nietzsche ebenso wie die Demokratie widernatürliche Störungen der Menschheitsentwicklung, in denen auch das Schwache zu seinem unbotmäßigen Recht kommen konnte. »Die Wertung, mit der heute die verschiedenen Formen der Sozietät beurteilt werden, ist ganz und gar eins mit jener, welche dem Frieden einen höheren Wert zuerteilt als dem Krieg: aber dieses Urteil ist antibiologisch, ist selbst eine Ausgeburt der decadence des Lebens. ... Das Leben ist eine Folge des Kriegs, die Gesellschaft selbst ein Mittel zum Krieg.« Das zivile oder soziale Leben in Frieden sei, wie die Natur zeige, unmoralisch, die biologische Selektion zum Zweck der Herausbildung des Übermenschen ein Verlangen der »Erde«: »Man hat auf das große Leben verzichtet, wenn man auf den Krieg verzichtet hat.« Auch »die Arbeiter sollen als Soldaten empfinden lernen, ... ärmer und einfacher, aber im Besitz der Macht« gegen den »pazifistischen« Händler- und Krämergeist des zivilen Bürgertums.

Theobald Ziegler hat die Begeisterung der Jugend für Nietzsche um 1900 beschrieben und sich um eine Erklärung bemüht: »Aber selbstverständlich, daß das klingende Wort vom Übermenschen die Jugend, die ja nie an einem Übermaß von Bescheidenheit leidet, wie ein Taumel und Rausch erfaßte, daß jeder Jüngling sich für ein Genie und damit für berechtigt hielt, den Herrn zu spielen und nach den Prinzipien der Herrenmoral zu leben. ... Daß aber Nietzsche für die Jugend ... der große Rattenfänger wurde, das (hatte) noch einen anderen Grund«: Naturwissenschaften und »auch die Philosophie mit ihren subtilen erkenntnistheoretischen Haarspaltereien behandelte(n) den Menschen, als ob in seinen Adern nur ›der verdünnte Saft von Vernunft als bloßer Denktätigkeit‹ rinne, und vergaß über dem allein anerkannten Intellekt Instinkt und Trieb, Gefühl und Willen; ein Ganzes fand und gab sie nicht«. Da sei Nietzsche gekommen »und ließ in der Tiefe der Seele Hintergründe und Abgründe, ließ Rätsel und Geheimnisse in Hülle und Fülle ahnen«. Damit habe er in der Jugend eine »individualistische Reaktion gegen den Sozialismus« ausgelöst.[28]

Nietzsches ruchlos-unmoralischer Übermensch schien gegen die gesamte wilhelminische Gesellschaft zu stehen, gegen das dumpfe preußische Beamtentum, die erdrückende Staatsgewalt, die verpreußten Liberalen, das Ideal des versorgten Arbeiters, die Tradition der Kirchen, die industrielle Gleichmacherei, die Individualität einebnende soziologische Statistik, den Streit um Milieu- oder Erbsteuerung des Individuums. Der Übermensch konterkarierte zudem eine romantische Auffassung, die den Egoismus verlogen als luxuriös verunglimpfte. Zur Popularität Nietzsches trug aber auch seine aphoristische, dunkle Darstellungsform bei. Man stürzte sich auf seine »geflügelten« Worte: »Gehst du zur Frau, vergiß die Peitsche nicht.« Thomas Mann, der von Nietzsche durchaus anerkennend sprach (»der größte Philosoph des ausgehenden neunzehnten Jahrhunderts, ... einer der unerschrockendsten Helden überhaupt im Reich des Gedankens«), bezeichnete dessen Denken gleichwohl als ein »gegen die eigene Natur tobendes Prophetentum«, welches sich »in tödliche Höhe« verstiegen habe: »Er verachtet alle nationalistische Borniertheit. Aber diese Verachtung ist offenbar ein esoterisches Vorrecht einzelner, denn er beschreibt Ausbrüche von nationalistischem Macht- und Opferrausch mit einer Begeisterung, die keinen Zweifel läßt, daß er den Völkern, den Massen das ›kräftige Wahnbild‹ des Nationalismus zu erhalten wünscht. ... Aber etwas in die Enge getrieben sieht unsere Verehrung sich freilich, wenn der von Nietzsche hundertmal verhöhnte und als giftiger Hasser höheren Lebens angeprangerte ›Sozialismus der unterworfenen Kaste‹ uns nachweist, daß sein Übermensch nichts anderes ist als die Idealisierung des faschistischen Führers, und daß er selbst mit seinem ganzen Philosophieren ein Schrittmacher, Mitschöpfer und Ideensouffleur des europäischen –, des Weltfaschismus gewesen ist. ... Alles, was er in letzter Überreiztheit gegen Moral, Humanität, Mitleid, Christentum und für die schöne Ruchlosigkeit, den Krieg, das Böse gesagt hat, war leider geeignet, in der Schund-Ideologie des Faschismus seinen Platz zu finden, und Verirrungen wie seine ›Moral für Ärzte‹ mit der Vorschrift der Krankentötung und Kastrierung der Minderwertigen, seine Einprägung von der Notwendigkeit der Sklaverei, dazu manche seiner rassehygienischen Auslese-, Züchtungs-, Ehevorschriften sind tatsächlich, wenn auch vielleicht ohne wissentliche Bezugnahme auf ihn, in die Theorie und Praxis des Nationalsozialismus übergegangen.«[29]

Die Nazis konnten den planen Inhalt seiner Propagandaschriften zum Programm machen – Adorno und Horkheimer verteidigten seinen kalten Nachweis der Identität von Herrschaft und Vernunft in selten kämpferischen Worten. Einerseits erweise sich Nietzsches Übermensch, »das höhere Selbst«, als »verzweifelter Versuch zur Rettung Gottes«, und »die Einbildung von Grausamkeit wie die von Größe« verfahre »in Spiel und Phantasie so hart mit den Menschen wie dann der deutsche Faschismus in der Realität«, andererseits: »Die Unmöglichkeit, aus der Vernunft ein grundsätzliches Argument gegen den Mord vorzubringen, nicht vertuscht, sondern in alle Welt geschrien zu haben, hat den Haß entzündet, mit dem gerade die Progressiven Sade und Nietzsche heute noch verfolgen. Anders als der logische Positivismus nahmen beide die Wissenschaft beim Wort. Daß sie entschiedener noch als jener auf der Ratio beharren, hat den geheimen Sinn, die Utopie aus ihrer Hülle zu befreien, die wie im kantischen Vernunftbegriff in jeder großen Philosophie enthalten ist: die einer Menschheit, die, selbst nicht mehr entstellt, der Entstellung nicht länger bedarf. Indem die mitleidlosen Lehren die Identität von Herrschaft und Vernunft verkünden, sind sie barmherziger als jene der moralischen Lakaien des Bürgertums.«[30]

Dieser Hinweis auf Sade und Nietzsche ist esoterisch. Er macht die beiden mutmaßlichen Radikalaufklärer zu einer Geheimsache, die jede Interpretation erlaubt. Noch weniger als Nietzsche haben schließlich die Nationalsozialisten die Identität von Herrschaft und Vernunft vertuscht. Manche ihrer Reden scheinen aus Nietzsches »Also sprach Zarathustra« abgeschrieben zu sein. »Wer leben will, der behauptet sich«, erklärte Hitler in seiner Reichstagsrede zum Überfall auf Polen, und wer sich nicht behaupten könne, der verdiene den Untergang. Er fuhr fort: »Die Erde ist da für denjenigen, der sie sich nimmt«, und es sei für lebensunfähige Völker ein göttliches Gebot, sich den Deutschen zu unterwerfen. Nietzsche hat seine Würdigung als Enthüller zivilisatorischer Zwänge selbst widerlegt. Sein kritisches Denken stand jener wahnhaften Propaganda für den Faschismus, zu der er sich später verstieg, nicht im Wege, es bereitete sie vielmehr vor. Auch wo Nietzsche den Menschen vom gesellschaftlichen Zwang des schlechten Gewissens, das die Tradition, besonders die christliche, in ihn gepflanzt hatte, befreien wollte, kam er doch immer wieder bei der Unfreiheit an, als habe er nur dieses eine Ziel: Zwang und Unterwerfung zwecks Rechtfertigung des imperialistischen Wütens der höheren Art zu rechtfertigen. Zwar kritisierte sein Plädoyer für die Unmoral das Christentum, das mit seiner Lustfeindlichkeit und dem Gehorsamsgebot gegenüber der Staatsgewalt die Menschen mit Schuldgefühlen belud, doch deutete Nietzsches Befreiungsschlag gegen die Moral nirgendwo auf ein irdisches Glück hin.

Im Gegenteil: Nietzsche war – mit Blick auf die einfachen Arbeitssoldaten – ein eifernder Propagandist der Unterwerfung und Triebunterdrückung; der Herr allerdings sollte die Früchte seiner Freiheit genießen. »Pöbel-Mischmasch: darin ist alles in allem durcheinander, Heiliger und Halunke und Junker und Jude und jeglich Vieh aus der Arche Noah. ... Was von Weibsart ist, was von Knechtsart stammt und sonderlich der Pöbel-Mischmasch: Das will nun Herr werden alles Menschen-Schicksals – o Ekel! Ekel! Ekel! ... diese kleinen Leute: die sind des Übermenschen größte Gefahr.« Am Ende ist nur der ruchlose Führer absolut frei – allerdings muß er seine Freiheit zur Versklavung der übrigen nutzen, weil er ohne deren Versklavung als der zur Führung geborene Übermensch nicht existieren könnte. Wie den Krieg so wollte Nietzsche auch die Befreiung des Individuums nur als Studentenstreich verstanden wissen. Welcher geheime Sinn liegt in dem Aufruf, die starken Individuen sollten ihre bösen Triebe ungezügelt ausleben, und dem Befehl Zarathustras, die Schwachen sollten sich als Sklaven den Herrenmenschen unterwerfen, weil dies ihre naturgewollte Bestimmung sei? Welche Klarstellung des kategorischen Imperativs liegt in Zarathustras Befehl: »So will ich Mann und Weib: kriegstüchtig den einen, gebärtüchtig das andere, beide aber tanztüchtig mit Kopf und Beinen«? Seine absolute Reduktion auf den Zweck, Krieger oder Gebärmaschine zu sein, sollte der Mensch noch als Akt der Befreiung im Tanze feiern!

Die schlichte Erkenntnis, daß die instrumentelle Vernunft in einem engeren Zusammenhang mit der Unmoral als mit der Moral steht (Horkheimer/Adorno), ist leichter und vor allem ungefährlicher zu haben als mittels der Agitation für eine Menschenauslese im Krieg der Herrengeschlechter. In der von einigen gern gelesenen Kritik Nietzsches am Christentum irrte der Meister zudem gewaltig. Nietzsches Kritik an der christlichen Moral war durch die Hervorhebung der gehaßten Nächstenliebe alles andere als »Wissenschaft, beim Wort genommen«. Die vielen Seiten, die er darauf verwandte, die Moral des Christentums als Ausdruck menschlicher Schwäche zu brandmarken, hätten bei genauerem Hinsehen eher zu einer ehrfürchtigen Verbeugung vor den großen Leistungen der Kirche führen müssen: Die Kreuzzüge waren die erste große Kolonisationsbewegung der nachrömischen Zeit, auch die Hexenverbrennungen und die Folterungen der als Ketzer Gebrandmarkten konnten sich sehen lassen. So wie Nietzsche den Aufruf Martin Luthers zur Brandschatzung jüdischer Synagogen oder seine durchaus unmoralische Aufforderung, aufrührerische Bauern wie reudige Hunde zu erschlagen, nicht wahrnahm, so übersah er die Eroberungszüge und Morde der Konquistadoren.

Der Faschismus konnte übernehmen, was ihm souffliert wurde, und dabei aus dem vollen schöpfen. Der italienische Faschismus übernahm von Nietzsche den Begriff vom »gefährlichen Leben« als Parole gegen das »Weideglück der Herdentiere«, und die Nationalsozialisten konnten – mit Ausnahme des Antisemitismus – bei ihm große Teile ihres Programms abschreiben. Nietzsche beschrieb den Herrenmenschen und das »auserwählte Volk«, das nur zum Gebären des Übermenschen geschaffene Weib und den kühnen Soldaten, die dienenden Untermenschen und die höhere Art, die blutige Selektion innerhalb der Gattung, die niedere Negerrasse, den artfremden Sozialismus der zu Recht Niedergeworfenen, den widernatürlichen pazifistischen Krämergeist, die soldatische Organisation der Arbeit, die Krankentötung und Kastration der Minderwertigen, die rassehygienischen Auslese- und Zuchtvorschriften, die biologische Reinhaltung der Ehe, die Erziehung zum Hartsein durch Diffamierung des Weichen und Sensiblen. Sofern Nietzsche dann und wann beklagte, im Deutschen den neuen Herrenmenschen nicht finden zu können, empfand er dies als eine Schmach.

Das antisemitische Programm und den Germanenkult konnten die Nazis von Richard Wagner übernehmen. Er hatte die Stichworte für die staatsoffizielle Propaganda vom kulturzerstörenden Dasein der Juden in einer Schmähsprache geliefert, aus der der »Stürmer« schließlich seine Artikel fertigen konnte, und ihren Untergang als Endlösung des »Judenproblems« vorgedacht. Auf der Basis der preußischen Gesellschaftsordnung gelang den Nazis die Symbiose von Nietzsche und Wagner. Sie riefen auf zur Sprengung der bürgerlich-krämerhaften Fesseln, die sie den Juden anlasteten, zur Überwindung des Schwachen durch Ausmerzung der Kranken, zu Gewalttaten starker Männer, um die Autoritätshörigen in Automaten des Gleichschritts zu verwandeln. Sie gaben den Massen den Anschein von Übermenschentum und nahmen ihnen den letzten Rest von Individualität. Sie gaben den »Herdentieren« das, was auch Nietzsche für sie vorgesehen hatte. Bei den Nationalsozialisten gab es die Freiheit zur ruchlosen Tat allerdings auf Befehl. Der »Übermensch« wurde zum Bürokraten, der mordete, wie nur ein preußischer Beamter morden konnte. Die Lust, die Nietzsche seinem Übermenschen eingab, war so nicht nur grauenvoll, sondern auch ein grandioser Selbstbetrug.

Der unter sozialdarwinistischem Zwang siegende und kriegerisch organisierte Mensch ist zutiefst unfrei. Er ist genauso leidenschaftslos, wie Wagner ihn will – auch der General. Er ist wie Ernst Jünger, dessen Kriegsberichte ohne sonderliche Emotion vor sich hinplätschern. Freiheit, die nur gespürt werden kann, wenn die freie Lust anderer empfunden wird, erstickt in der dumpfen Glorifizierung des Untergangs. Auch andere Vordenker des Nationalsozialismus hätten hier zitiert werden können, aber diese beiden wogen und wiegen schwer. Wagner ist bis heute eine schier unantastbare Kulturgröße in Deutschland, und im Zuge der allgemeinen gesellschaftlichen Regression gewinnt auch Nietzsche wieder an »denkerischem« Renommee. Wagner und Nietzsche personifizieren die zentralen Elemente des deutschen Wahns – der eine steht für den antisemitischen, antikommerziellen, pathetischen, sich verfolgt glaubenden, untergangsverliebten deutschen Größenwahn, der andere für die von allen moralischen Floskeln entkleidete, auf seine darwinistische Spitze getriebene, im Krieg sich erst bewährende Selektion der Starken und Unterjochung der Schwachen. Diese Symbiose der romantisch-deutschtümelnden Regression und der den Marktgesetzen folgenden Selektion und Eroberung ist aktuell.

Christliche Kirche und Sozialdemokratie: »Sieg oder Tod! Hoch deutsches Vaterland!«

Nicht nur die deutschen Liberalen waren glühende Antidemokraten. Ein Blick auf das Verhalten der christlichen Kirchen und der proletarischen Massenpartei SPD zeigt, daß sie sich damit in durchaus zahlreicher Gesellschaft befanden. Gleich nach der Bismarckschen Reichsgründung bliesen die preußischen Protestanten zur Gesinnungsjagd auf die Mitglieder der katholischen Kirche, die verdächtigt wurden, durch ihren Gehorsam gegenüber dem Vatikan den Nationalgedanken zu unterminieren. Die deutschen Protestanten begannen einen »Kulturkampf« gegen das Unfehlbarkeitsdogma des Papstes, das die Unfehlbarkeit der eigenen Obrigkeit in Frage zu stellen schien. Die päpstliche Enzyklika sei »staatsverderblich und kulturwidrig«. Sie bedrohe »die Autorität des Staates«, indem sie »die Geltung der Gesetze und den Gehorsam gegen die verfassungsgemäßen Anordnungen der Obrigkeit in Frage stelle, ... die deutsche Gewissenhaftigkeit und Wahrhaftigkeit zerstöre«. Schon »das religiöse Gewissen Luthers« habe »die deutsche Nation von den römischen Fesseln« befreit. Im Gegensatz zum fremdländischen Papst sei Luther deutsches »Volkstum«. Auch Theobald Ziegler zeigte den Katholiken die Zähne: »Am 11. November 1883 hat das protestantische Deutschland den 400jährigen Geburtstag Luthers gefeiert. Luther ist Deutschlands größter Sohn. Daß ein Drittel der Deutschen aus konfessioneller Befangenheit das verkennt und sich darum jenem Feste versagte, ist für diesen Teil selbst am meisten zu beklagen, er bringt sich damit um ein gutes Stück Freude am eigenen Volkstum und macht sich geistig arm.«[31]

Luthers Version des christlichen Glaubens hatte nicht nur dem Preußenstaat das Fundament geliefert, sie half auch später den Nationalsozialisten. Es hat seinen Grund, daß die Evangelische Kirche, die darin den Katholiken allerdings nur vorauseilte, zur »Parteikirche« der Nazis wurde. Die »Neue Zürcher Zeitung« hatte schon vor der Machtergreifung im Sommer 1932 festgestellt: »Viele führende Vertreter der evangelischen Kirche, v. a. aber die jüngeren Pastoren, sympathisieren mit Hitler und betätigen sich in der NSDAP. In beinahe allen Landeskirchen bestehen nationalsozialistische Pfarrer-Bünde. Die protestantische Kirche ist dabei, ›Parteikirche‹ zu werden.«[32] Zitieren wir stellvertretend für viele Sektionen den evangelischen »Monatsboten« aus dem Hannoverschen Stephansstift, der schon 1931 verkündete: »Das eine ist sicher: Wir sind als Wohlfahrtsschule einer evangelischen Diakonenanstalt, die ihre Schüler als echte Nationalsozialisten und gehorsame Untertanen des Dritten Reiches und zugleich als ernste evangelisch-lutherische Christen erziehen will, in der erfreulichen Lage, daß hier grundsätzlich kein Mißklang vorliegt. Luthers Glaube und Hitlers Kampf finden sich in der Erkenntnis, daß ein Volk nur bestehen kann, wenn es antiliberal und organisch handelt in den Ordnungen, die Gott uns als seine Gabe und Aufgabe gegeben hat.«[33]

Der heute gern vermittelte Eindruck, die evangelische Kirche habe erst nach Hitlers Machtübernahme und unter Zwang solche Stellungnahmen abgesondert, ist falsch. Ebenfalls schon 1931 forderte ein allerhöchstes Schreiben vom Leiter des Referats Gesundheitsfürsorge im Zentralausschuß der »Inneren Mission der Deutschen Evangelischen Kirche« die Vernichtung asozialen und krankhaften Lebens: »Auf dem Gebiet der Fürsorge für Minderwertige und Asoziale tritt immer bedrohlicher das Problem des Ansteigens bzw. der stärkeren Vermehrung des minderwertigen Bevölkerungsteils gegenüber dem gesunden in Erscheinung und erfordert eine grundsätzliche Besinnung und Stellungnahme von unserer Seite. Wir brauchen nicht nur eine bevölkerungspolitische Neuorientierung unserer gesundheitsfürsorgerischen Maßnahmen ..., sondern eine eugenische Neuorientierung unserer Wohlfahrtspflege. Die übertriebenen Schutzmaßnahmen für Asoziale und Minderwertige, aus einer falsch gerichteten Humanität entstanden, führen zu einer immer stärkeren Vermehrung der asozialen Bevölkerungsgruppen. ... Je stärker die wirtschaftliche Verelendung der gesunden Teile der Bevölkerung in Erscheinung tritt, um so eher gewinnen die radikalen Forderungen auf Beseitigung alles krankhaften Lebens an Bedeutung.«[34]

In die abgründige Moral evangelischer Christen weiht uns auch der »Reichsverband der evangelischen Taubstummen-Seelsorger Deutschlands« ein, der ein öffentliches »Wort an die erbkranken evangelischen Taubstummen« richtete: »Die Obrigkeit hat befohlen: Wer erbkrank ist, soll in Zukunft keine Kinder mehr bekommen. Denn unser deutsches Vaterland braucht gesunde und tüchtige Menschen. ... Zu diesen Menschen sagt die Obrigkeit: Du darfst dein Gebrechen nicht noch weiter auf Kinder oder Großkinder vererben; du mußt ohne Kinder bleiben. ... Vor allem eins: Nichtwahr, du wirst die Wahrheit sagen, wenn du gefragt wirst. Denn so will es Gott von dir! Du wirst die Wahrheit sagen auch dann, wenn das unangenehm ist. ... Du sollst durch eine Operation unfruchtbar gemacht werden. Du wirst traurig. Du denkst: ›Das möchte ich nicht. Ich möchte heiraten und Kinder haben. Denn ich habe Kinder lieb.‹ Aber nun überlege einmal. ... Möchtest du schuld daran sein, daß die Taubheit noch weiter vererbt wird? ... Müßtest du dir dann nicht selber schwere Vorwürfe machen? Nein, das möchtest du doch wohl nicht. Die Verantwortung ist zu groß. Sieh, da will die Obrigkeit dir helfen. ... Gehorche der Obrigkeit! Gehorche ihr auch, wenn es dir schwer wird! Denke an die Zukunft deines Volkes und bringe ihr dieses Opfer.«[35] Man mußte wohl überzeugter Christ sein, um eine derartige Perfidie zu Papier zu bringen. Zur Eröffnung des Berliner Reichstages am 21. März 1933 gab der Berliner Generalsuperintendent Otto Dibelius dann öffentlich bekannt, daß die Protestanten stramm an der Seite Hitlers stehen würden: »Wenn es um Leben und Sterben der Nation geht, dann muß die staatliche Macht kraftvoll und durchgreifend eingesetzt werden, sei es nach außen oder nach innen. Wir haben von Dr. Martin Luther gelernt, daß die Kirche der rechtmäßigen staatlichen Gewalt nicht in den Arm fallen darf, wenn sie tut, wozu sie berufen ist. Auch dann nicht, wenn sie hart und rücksichtslos schaltet.«[36] An dieser Gesinnung und der daraus resultierenden Verbrechensgeschichte ihrer Organisation sind die evangelischen Pastoren zu messen, die sich später über den SED-Staat beklagten.

Die katholische Kirche tat sich nur in Einzelfragen etwas schwerer mit den Nazis und sollte dafür keineswegs gerühmt werden. Noch 1933 stimmte sie auf der Fuldaer Bischofskonferenz gegen das Sterilisationsgesetz. 1936 lud Hitler den Münchner Kardinal Faulhaber zu sich, der nach wie vor die Sterilisation ablehnte, allerdings die Internierung der »Volksschädlinge« vorschlug: »Von kirchlicher Seite, Herr Reichskanzler, wird dem Staat nicht verwehrt, im Rahmen des Sittengesetzes in gerechter Notwehr diese Schädlinge der Volksgemeinschaft fernzuhalten. In diesem Obersatz sind wir einig. Wir gehen aber auseinander in der Frage, wie sich der Staat gegen die Verderbnis der Rasse wehren kann.«[37] Im übrigen stellte Papst Pius XII. die katholische Kirche komplett in den Dienst des Faschismus. Er sah in Hitlers Krieg einen Kreuzzug gegen die Ungläubigen bzw. die Konkurrenzkirchen und wünschte dem »Führer« »nichts sehnlicher als einen Sieg«.

Beteiligten sich die Lutheraner ohne viel Federlesens an der Begründung des deutschen Hoheitsstaates, so ließ sich die proletarische Oppositionspartei ein wenig mehr Zeit, bis auch sie gemäß dem Grundgesetz der liberalen Nationalisten handelte: Wenn das Vaterland ruft, verzichten wir auf Freiheit und Demokratie und ziehen für Kaiser und Nation in den Tod. Ursprünglich hatte das deutsche Kriegsministerium den Plan, bei Ausbruch des ersten Wektkrieges alle sozialdemokratischen Abgeordneten zu inhaftieren, doch die SPD setzte alles daran, diesen Plan auszuhebeln. Sie war erfolgreich. In einem geheimen Papier an die Generäle teilte der Kriegsminister im Juli 1914 mit: »Nach sicherer Mitteilung hat die Sozialdemokratische Partei die feste Absicht, sich so zu verhalten, wie es sich für jeden Deutschen unter den gegenwärtigen Verhältnissen geziemt. Ich halte es für meine Pflicht, dies zur Kenntnis zu bringen, damit die Militärbefehlshaber bei ihren Maßnahmen darauf Rücksicht nehmen.«[38] Kurz darauf verkündete die Parteipresse: »Wenn die verhängnisvolle Stunde schlägt, werden die Arbeiter das Wort einlösen, das von ihren Vertretern für sie abgegeben ist, die vaterlandslosen Gesellen werden ihre Pflicht erfüllen und sich darin von den Patrioten in keiner Weise übertreffen lassen.«[39] Die Formulierungen waren denen der liberalen Nationalisten oft zum verwechseln ähnlich, nur setzten die Sozialdemokraten dort, wo jene von »Bürgern« oder »Brüdern« sprachen, ihre »Proleten« ein, ohne allerdings ganz auf die »Brüder« zu verzichten. Die sozialdemokratische Volkszeitung Schleswig-Holsteins veröffentlichte 1914 das folgende Gedicht: »Drum Heil und Sieg dir, Retter Proletar. Heut ist Alldeutschland eine Brüderschar! Zum heiligen Schwure hebt sich jede Hand. Sieg oder Tod! Hoch deutsches Vaterland!«[40]

Im Reichstag verlas der SPD-Fraktionsvorsitzende Haase eine Erklärung, mit der die Partei den Kriegskrediten zustimmte, die nur 14 Sozialdemokraten, darunter Karl Liebknecht, ablehnten: »Jetzt stehen wir vor der ehernen Tatsache des Krieges. Uns drohen die Schrecknisse feindlicher Invasionen. ... Unsere heißesten Wünsche begleiten unsere zu den Fahnen gerufenen Brüder ohne Unterschied der Partei. ... Es gilt, diese Gefahr abzuwehren, die Kultur und die Unabhängigkeit unseres eigenen Landes sicherzustellen. Wir lassen in der Stunde der Gefahr das eigene Vaterland nicht im Stich. Wir fühlen uns dabei im Einklang mit der Internationale, die das Recht jedes Volkes auf nationale Selbständigkeit und Selbstverteidigung jederzeit anerkannt hat. ... Wir hoffen, daß die grausame Schule der Kriegsleiden in neuen Millionen den Abscheu vor dem Kriege wecken und sie für das Ideal des Sozialismus und des Völkerfriedens gewinnen wird.«[41] Die Sozialdemokratie kannte keine Parteien mehr, nur noch Volksgenossen. Der Zynismus des letzten Satzes kennzeichnet den Konvertiten. Man befürwortete den Krieg, durch den die Brüder Grausamkeit und Leid kennenlernen würden, und konnte darauf rechnen, daß nach seinem Ende die Verkrüppelten der Sozialdemokratie für diesen Lehrgang danken und Sozialisten werden würden. Worum es der SPD allerdings in Wahrheit ging, kam in einem Artikel des SPD-Organs »Sozialistische Monatshefte« zum Ausdruck: »Der deutsche Handel und die deutsche Industrie müssen ihren gerechten Anteil an den Absatzgebieten der Welt haben. Die Arbeiterklasse muß die Kämpfe ihrer Bourgeoisie um den Weltmarkt unterstützen und damit die Grundlage für bessere Löhne schaffen.«[42] Propagandistisch wurde der Krieg hauptsächlich gegen den russischen »Untermenschen« gerichtet. Die Parteipresse war voll mit solchen Hetzartikeln: »Deutschlands Frauen und Kinder sollen nicht das Opfer russischer Bestialität werden, das deutsche Land nicht die Beute der Kosaken ... Deshalb verteidigen wir in diesem Augenblick alles, was es an deutscher Kultur und deutscher Freiheit gibt, gegen einen schonungslosen und barbarischen Feind.«[43]

Der Druck auf die wenigen in der Partei gebliebenen Linken muß immens gewesen sein, wenn sogar Rosa Luxemburg schrieb: »Ja, die Sozialdemokraten sind verpflichtet, ihr Land in einer großen historischen Krise zu verteidigen.«[44] Jürgen Elsässer hat darauf hingewiesen, daß Luxemburg »Gedankenspiele« anstellte, »unter welchen Voraussetzungen aus dem imperialistischen Weltkrieg ein gerechter nationaler Krieg werden könnte. Sie fand zwei: die demokratische Entscheidung der Bevölkerung über die Frage Krieg oder Frieden und die Beseitigung jeder politischen Entrechtung. Zwar trat auch sie gegen einen Burgfrieden mit dem Kapital ein und propagierte eine Intensivierung des Klassenkampfes. Gleichzeitig lehnte sie jedoch die Leninsche Parole der ›Umwandlung des imperialistischen Krieges in einen Bürgerkrieg‹ und die Orientierung auf die Niederlage der ›eigenen‹ Bourgeoisie (›revolutionärer Defätismus‹) ab. Statt dessen formulierte sie unverbindlich-pazifistisch: ›Die Frage Sieg oder Niederlage kommt unter diesen Umständen für die europäische Arbeiterklasse in politischer genau wie in ökonomischer Beziehung auf die hoffnungslose Wahl zwischen zwei Trachten Prügel hinaus‹.«[45]

Nach dem Ende des Krieges war schnell zu erkennen, wie ernst es der SPD mit der Annahme, der Krieg werde mehrere Millionen neuer Sozialisten hervorbringen, gewesen ist. Gegen die Novemberrevolutionäre setzte die Regierung des Sozialdemokraten Ebert, der erklärt hatte, daß er die Revolution »haßt wie die Sünde«, Freiwilligenkorps als Mordkommandos ein. Der erste Aufruf zu ihrer Bildung, unterzeichnet von Ebert, Scheidemann und Noske, lautete: »Freiwillige vor! Kameraden! Proteste ... nützen nichts ... Sie bringen uns das Ansehen nicht zurück ... Ihr sollt es unmöglich machen, daß Fremde nach Deutschland wie in ein herrenloses Haus eindringen und sich festsetzen!«[46] Die Fremden waren diesmal die radikalen Sozialisten, u. a. Rosa Luxemburg und Karl Liebknecht, die von Freikorpssoldaten ermordet wurden. Das konterrevolutionäre Engagement war keine sozialdemokratische Entgleisung, sondern entsprach ihrer durch und durch antidemokratischen Überzeugung, die sie auch beibehielt, wenn es ihr nichts nützte. Zwar versuchten die Eliten des Kaiserreichs nach der Kriegsniederlage, den Sozialdemokraten die Schuld daran anzuhängen (»Dolchstoßlegende«), 1932 aber hatte sich die Partei schon wieder so weit erholt, daß sie dem Reichspräsidenten Hindenburg ihre Stimmen gab, der sich mit den Worten »die Treue ist das Mark der Ehre« und einem Aufruf zur Verfolgung aller Feinde der »nationalen Erhebung« qualifiziert hatte. Doch auch diesmal halfen ihr weder das Bekenntnis zur Reaktion noch die spätere »Entjudung« des Parteivorstands.

Helmut Ridder hat in »Konkret« (6/95) unter Anspielung auf die Rede von der Revolution, die ihre Kinder fresse, geschrieben: »Die siegreiche Gegenrevolution frißt die von ihr eingekauften Proselyten — nachtragend, nachhaltig, gründlich, langsam aber sicher, über Generationen hinweg.« Es gehört tatsächlich zu den großen Geschichtsfälschungen, daß die Sozialdemokratie zur Entwicklung einer deutschen Demokratie beigetragen habe. Angesichts der Kräfteverhältnisse nach dem ersten Weltkrieg hätte in einem Bündnis mit den Arbeiter- und Soldatenräten sowie dem Rat der Volksbeauftragten zumindest die Chance gelegen, aus eigener Kraft die erste demokratische Wende in Deutschland einzuleiten. Durch ihr Bündnis mit dem Kaiser, ihren Hurra-Patriotismus und vor allem ihre gemeinsam mit den Stahlhelmern durchgeführte Ermordung der Revolutionäre signalisierte die Sozialdemokratie für den künftigen Lauf der deutschen Geschichte nur eines: Demokratie rangiert ganz weit hinten. Weit davor stehen Vaterland, obrigkeitsstaatliche Ordnung, nationalistischer Untertanengeist und, wenn's sein muß, Krieg, Verfolgung und die Ermordung vaterlandsloser Gesellen. Demokratie mußte den Deutschen nach einem weiteren Weltkrieg von ihren siegreichen Gegnern verordnet werden.

2. Mit Bocksgesängen gegen die Zivilisation — und warum die Verteidigung des Westens die falsche Antwort darauf ist

Bocksgesänge

Es hat den Anschein, als habe der von der Bundesregierung gefeierte Schriftsteller Ernst Jünger das eigentliche Defizit der Deutschen benannt, als er in seinem Buch »Der Arbeiter« feststellte, die Deutschen »haben den bürgerlichen Geist nie wirklich absorbiert«.[1] Die Deutschen hätten sich den in mythische Zeiten zurückreichenden Sinn für Opfer und Gemeinschaft stärker als andere Völker erhalten, während die Menschen der westlichen Welt das Einvernehmen mit dem Elementaren verloren hätten. Jüngers eigenes Verhältnis zum Elementaren ist durch seine Nietzsche-Nachfolge geprägt, was sich unter anderem in seinem Bemühen zeigt, Nietzsches Idol sich anzuwandeln. Wie ein Pubertierender davon träumen mag, einmal Supermann zu sein, möchte Jünger so erscheinen, wie sein Vorbild den Übermenschen charakterisierte. Predigte Nietzsche den Krieger, der mit Übermut und in seelischem Gleichgewicht seine Lust an der Grausamkeit hat, als ob es sich dabei um einen Studentenstreich handelt, stand Ernst Jünger, den kühlen Genießer mimend, in einer Pariser Bombennacht, blickte auf die Stadt hinunter und »hielt ... ein Glas Burgunder, in dem Erdbeeren schwammen in der Hand«. Um Nietzsches frohlockend schändender blonden Bestie die Ehre zu geben, assoziiert der deutsche Offizier Jünger in seinem Tagebuch Paris mit einer Frau, die von Bomben befruchtet wird: »Die Stadt ... lag in gewaltiger Schönheit, gleich einem Kelche, der zu tödlicher Befruchtung überflogen wird. Alles war ... reine, von Schmerz bejahte und erhöhte Macht.«[2] Schnöde soldatische Vergewaltigungsphantasien müssen nur ästhetisiert werden, und schon entdecken die Schmöcke darin eine »hellsichtige Erzählhaltung« (Peter Glotz, zit. n. »Konkret« 4/1995). Sah Nietzsche im Krieg eine Selektion zum Zwecke der Erschaffung eines höheren Gattungswesens am Werk, repetiert Jünger in seinem »Stahlgewitter«: »Der Krieg ist unser Vater, er hat uns gezeugt im glühenden Schoße der Kampfgräben als ein neues Geschlecht.«

Aus diesem Holz sind Männer geschnitzt, denen Helmut Kohl nicht nur deshalb gern die Hand reicht, weil in Deutschland wieder Stimmung für Kriege gemacht werden soll, sondern auch aus der Überzeugung, einen edlen Deutschen zu berühren, der sich erfolgreich vor dekadenter Verwestlichung gehütet hat. Das scheint auch Kohls Angestelltem in der Redaktion des »Parlament«, Uwe Grewe, gelungen zu sein. Grewe hatte in der rechtsradikalen Kampfschrift des Ullstein-Verlags »Die selbstbewußte Nation« für seinen Beitrag die Überschrift »Dekadenz und Kampf« gewählt. Dekadent findet er den westlichen Verfassungspatriotismus, der »blutleer« sei. Gegen »eine Bundeswehr, die ihren Auftrag im Ernstfall nicht erfüllen kann«, stellt er den »Heroismus« der Jüngerschen »Stahlgewitter«, das deutsche Militär vor 1945 also, noch unaufgeweicht von westlichen Einflüssen.

Oft sind die Entscheidungsträger der deutschen Wirtschaft praktizierende Sozialdarwinisten. F. W. Christians, Aufsichtsratsvorsitzender und Außenpolitiker der Deutschen Bank AG, erinnerte sich im ZDF als »Zeuge des Jahrhunderts« mit Emphase an die Schule des Krieges. Hatten Nietzsche und Jünger den Mann, dem eine Kriegsteilnahme nicht vergönnt war, für einen armen Tropf gehalten, so präsentierte Christians den Krieg als »die Esse des Lebens für einen Mann – im Krieg gewesen zu sein und das durchzustehen«, da waltete »die Zucht« und wurde früh die Entscheidungskompetenz des späteren Großentscheidungsträgers geschärft: »Sie mußten als junger Offizier ... entscheiden, wer von denen, die ihnen anvertraut waren ... den Gang zu machen hatte, von dem man nicht wiederkam ...« Schon vor dem Krieg habe er, Christians, als Fähnleinführer der Hitler-Jugend »eine besondere Ausbildung (gekriegt)«, »die kann man gar nicht ignorieren: Es waren immer Erlebnisse, die einen jungen Menschen gefordert haben.« Wenn er das alles nun rückwirkend betrachte, dann sei das schon »eine Bereicherung gewesen« (zit. n. »Konkret« 12/1994).

Mußte Nietzsche sich noch mit dem Wunsch begnügen: »Möchte ein Sturm kommen, der all dies Faule ... vom Baume schüttelt«[3], sah Jünger diesen bereits heraufziehen: »Die echte Revolution hat noch gar nicht stattgefunden, sie marschiert unaufhaltsam heran ... ihre Idee ist die völkische, zu bisher nicht gekannter Schärfe geschliffen, ihr Banner das Hakenkreuz, ihre Ausdrucksform die Konzentration des Willens in einen einzigen Punkt – die Diktatur! Sie wird ersetzen das Wort durch die Tat, die Tinte durch das Blut, die Phrase durch das Opfer, die Feder durch das Schwert...« Endlich war der Mensch geboren, der die Insignien der bürgerlichen Zivilisation – Feder, Tinte, Phrase – durch die der Barbarei – Schwert, Blut, Opfer – ersetzen würde. Endlich würde dem widernatürlichen Frieden der Garaus gemacht. Der italienische Faschismus war Jünger noch zu lax in seiner Demontage des bürgerlichen Wohlbehagens, auch fehlte den Italienern jene tiefe Lust am Zerstören, die nur die Deutschen zu verspüren in der Lage sind. »Ein später Zustand des Liberalismus« schien ihm der italienische Faschismus zu sein, für Deutschland »ebensowenig wie der Bolschewismus gemacht ... man darf von diesem Lande schon hoffen, daß es einer eigenen und strengeren Lösung fähig ist« (zit. n. »Konkret« 12/1993).

Immer wieder haben Nietzsches »frohlockende Ungeheuer« es Jünger angetan, die im »Genuß der Grausamkeit«[4] erst richtig heiter werden, »denn in jedem Angriffe ist klingendes Spiel«.[5] In »Der Arbeiter« stellte Jünger den dekadenten Bürgern seine »Gestalten« gegenüber, die, wie die »Übermenschen«, »das Ganze in sich bergen« und deshalb auch »das Ganze ein(fordern)«. Da Nietzsche festgestellt hatte: »Von allen

Mitteln der Erhebung sind es die Menschenopfer gewesen, welche zu allen Zeiten den Menschen am meisten erhoben und gehoben haben«,[6] behauptet auch Jünger, »daß der Mensch mit der Gestalt zugleich seine Bestimmung, sein Schicksal entdeckt, und diese Entdeckung ist es, die ihn des Opfers fähig macht, das im Blutopfer seinen bedeutendsten Ausdruck findet« (zit. n. »Konkret« 12/1993).

Der heroische Mensch verwirklicht sich bei Jünger stets im Blut, in dem sich der Erzähler mit Vorliebe suhlt, wenn auch — ein wenig dekadent — nur mit der Feder. »Schaudernd zieht er eine schwarze Linie von der Französischen Revolution bis Buchenwald«, schrieb die »Frankfurter Rundschau« (3.5.1994) und zitierte Jünger: »Stets neue Bastillen werden aufgebrochen; aber ihr Umkreis rötet sich mit frischem Blut.« Im Blutbad werden die Französische Revolution und das KZ Buchenwald sich gleich. Wer auf diese Art heterogenste Vorgänge zu etwas Gleichartigem zurechtlügt, schafft sich damit selber die Voraussetzung dafür, an der Moderne beklagen zu können, daß sie alles gleich mache. Der »Zwang zum Automatismus in der Moderne«, in der alles »irgendwie ein und dasselbe« sei, durchziehe »als Hauptfeind in allen Schattierungen seine Aufzeichnungen«, schrieb Klaus Theweleit über Jünger in »Konkret« (4/1995). Auch der den Nazis zuhandene Philosoph Martin Heidegger hat gleich nach dem Zweiten Weltkrieg erläutert, wie sich »das Selbe« in der Moderne verhalte. »Ackerbau«, schrieb er, sei inzwischen »motorisierte Ernährungsindustrie, im Wesen das Selbe wie die Fabrikation von Leichen in Gaskammern und Vernichtungslagern, das Selbe wie die Blockade und Aushungerung von Ländern, das Selbe wie die Fabrikation von Wasserstoffbomben« (zit. n. »FR«, 3.5.1994). Das ist ein kühner Gedanke, vor dem die Welt ganz klein wird. Erst macht der Philosoph das Verschiedene gleich, dann beklagt er sich über die Gleichheit des von ihm Gleichgemachten. Es ist nicht auszuschließen, daß Heideggers philosophische Operation von einem schnöden Motiv gelenkt wurde. Der Nazisympathisant rettet sich in die neue Zeit, indem er keinem Deutschen irgendeine Schuld an irgend etwas gibt, weil ja doch alle gleichermaßen bloß schicksalhaft von der gleichmachenden Moderne gelenkt werden. Das läßt ihn geradezu unschuldig erscheinen, stellt er doch nur fest, was geschieht.

Mit deutlicherem Bezug auf die Mythologie als die Fürsprecher des Krieges hat der Dramatiker Botho Strauß den elementaren Sinn für Opfer und Gemeinschaft gegen die alles einebnende Moderne, als deren Hauptlieferant ihm der Westen gilt, ins Feld geführt. Der von ihm präludierte »Anschwellende Bocksgesang« (»Spiegel« 6/1993) enthält die Drohung, daß der archaische Aufstand gegen die Moderne bereits begonnen habe. Er wünscht ihn, denn seine Schrift soll ein Akt der Auflehnung gegen diese Moderne sein, die »dem Individuum jede Anwesenheit von unaufgeklärter Vergangenheit, von geschichtlichem Gewordensein, von mythischer Zeit« raube. Die moderne Gesellschaft sieht Strauß von der Gewaltherrschaft der »telekratischen Öffentlichkeit« geprägt, die den »umfassendsten Totalitarismus der Geschichte« geformt habe – womit der Nationalsozialismus in einem vergleichsweise milden Licht erscheint.

Was ist die Botschaft des Botho Strauß? Richard Herzinger und Hannes Stein haben unter Berufung auf den Althistoriker Benny Peiser auf die historischen Bezüge des »Anschwellenden Bocksgesangs« hingewiesen. Zum Beispiel könne er in Pasolinis Medea-Verfilmung bewundert werden: »Dort kann man den anschwellenden Bocksgesang sogar hören: Er wird von jungen Männern angestimmt, die in Schaffelle gewandet sind und phantastische Masken mit Widderhörnern tragen. Man könnte ihn als archaischen Singsang beschreiben, der sich beinahe unmerklich steigert. Während er noch in der Luft liegt, wird das Opfer zu den jungen Männern hinausgeführt. Es ist an den Händen gefesselt und lächelt scheu ob der Ehre, die ihm zuteil wird. Das Opfer wird von einer Prozession zu einer kleinen Anhöhe geleitet; dort steht ein Holzgerüst, das vage an ein Kruzifix erinnert. Das Opfer wird rituell mit Lehmfarbe bestrichen. Als man es zu dem Gerüst zerrt, wehrt es sich nur schwach – vermutlich ist auch dies Teil des Ritus. Dann geht alles sehr schnell. Der Gesang verstummt; zwei Maskierte binden den menschlichen Sündenbock fest und brechen ihm mit einem Balken das Genick. Ein weiterer Maskierter mit einer Axt nähert sich im Sturmschritt, er schneidet die Leiche von dem Gerüst los und zerhackt sie mit gekonnten Schlägen. Nun geschehen zwei Dinge gleichzeitig: Die Prozessionsteilnehmer strecken flache Tonschalen vor, um das körperwarme Blut aufzufangen, das für sie hingegeben wurde. Und ein Höllenlärm bricht an ... ein wüstes Maskenfest mit Trommeln, Tanzen und ekstatischen Gebärden beginnt.«[7] Soweit Pasolinis Version des antiken Dionysos-Kults. Die Gottheit, der das Opfer gebracht wird, bezeichnen Herzinger und Stein mit René Girard als »Gott des gelungenen Lynchmords«.

Was uns das heute angeht? Herzinger/Stein referieren Strauß: Ein Verzicht »auf die sakrale Gewalt entspricht nicht der Natur des Menschen. Ein säkularer Staat, behauptet Strauß, benötige ständige Gefährdungen von innen oder von außen, ›um seine Kräfte neu zu sammeln‹.«[8] Die Gefahr hat Strauß bereits geortet: »Wir werden herausgefordert, uns Heerscharen von Vertriebenen ... gegenüber mitleidvoll und hilfsbereit zu verhalten, wir sind per Gesetz dazu verpflichtet«, doch Rettung ist nicht mehr fern: »Da die Geschichte nicht aufhört, ihre tragischen Dispositionen zu treffen, kann niemand voraussehen, ob unsere Gewaltlosigkeit« jenen Vertriebenen gegenüber »den Krieg nicht bloß auf unsere Kinder verschleppt«. Strauß beschreibt ein Opferritual, das die eigenen Kräfte sammeln helfen wird: »Der Fremde, der Vorüberziehende, wird ergriffen und gesteinigt, wenn die Stadt in Aufruhr ist. Der Sündenbock als Opfer der Gründungsgewalt ist jedoch niemals lediglich Objekt des Hasses, sondern ebenso ein Objekt der Verehrung: Er sammelt den einmütigen Haß aller in sich auf, um die Gemeinschaft davon zu befreien. Er ist ein metabolisches Gefäß.«[9]

Das Ritual des Opfers, das bei Strauß durch die Ermordung des vorüberziehenden Fremden vollzogen wird, bietet dem Haß der Gemeinschaft ein Ziel außerhalb der Gemeinschaft und stiftet so Ordnung und Zusammenhalt. Weil dieses Wunder ohne den Tod des Fremden nicht zu haben ist, wird das Opfer zum Objekt der Verehrung. Strauß sagt nicht, daß Pogrome gut sind. Er sieht in den Heerscharen der Vertriebenen nur die Gefahr, die ein Volk abwehren muß, um sein »Sittengesetz gegen andere (zu) behaupten«. Er läßt den vorüberziehenden Fremden in einem kultischen Ritual ermorden, damit sein Volk zur inneren Einheit finden kann, und ist deshalb allerdings der Meinung: »Rassismus und Fremdenfeindlichkeit sind ›gefallene‹ Kultleidenschaften, die ursprünglich einen sakralen, ordnungsstiftenden Sinn hatten.«[10] Mit dem Schwinden jener geheiligten Form der Gewalt, schwindet auch der ordnungsstiftende Sinn im Leben eines Volkes. »Daß ein Volk sein Sittengesetz gegen andere behaupten will und dafür bereit ist, Blutopfer zu bringen, das verstehen wir nicht mehr und halten es in unserer liberal-libertären Selbstbezogenheit für falsch und verwerflich.«[11]

Einmal abgesehen davon, daß letzteres – wo es denn tatsächlich der Fall ist – eine anerkennenswerte Errungenschaft der Zivilisation darstellt, hat Strauß, um Fremdenhaß und Fremdenmord irgendeinen gesellschaftssanitären Sinn zu geben, den gesamten Zusammenhang falsch konstruiert. Rassismus hatte weder früher, noch hat er heute einen sakralen Sinn, allenfalls einen ordnungsstiftenden – wie im Nationalsozialismus. Untersucht man die Tradition der Menschenopfer in den verschiedenen Kulturen, wird man im übrigen feststellen, daß die Opfer in der Regel Nahestehende waren, weil nur das Teuerste die Götter milde stimmen konnte. Fremde dagegen wurden häufig anders behandelt, wie etwa Antje Vollmer, deren Interpretation des Blutopfers wir weiter unten behandeln, betonte: »Der Fremde wurde ... unter den besonderen göttlichen Schutz gestellt, er war tabu.«[12]

Demnach wäre die heutige Ausländerjagd also nicht einmal Ausdruck einer gefallenen Kultleidenschaft – was für 'ne Irrsinnsidee aber auch, über die dennoch allen Ernstes nachgedacht wird! Natürlich opfern die rassistischen Mörder mit der Tötung eines Fremden nichts. Da sie außerdem nur jene umbringen, die von der Obrigkeit zur Verfolgung freigegeben worden sind, zeugt ihre Tat lediglich von der vollzogenen Unterwerfung unter die aktuellen Autoritäten. Schon die Annahme, das »Sittengesetz« des eigenen Volkes werde durch die Anwesenheit der Fremden gefährdet, ist so pathologisch, wie eine über das Fremdenopfer gestiftete völkische Ordnung nur sein kann. Die Taten der Rassisten haben mit dem archaischen Sündenbock so wenig zu tun wie die heutigen Gesellschaften mit den frühgeschichtlichen. Wer Pogrome mit Opferritualen assoziiert, muß barbarische Neigungen in sich spüren.

Strauß sakralisiert ein panisches Empfinden, das wir im Haß auf »Heerscharen von Vertriebenen« genauso erkennen wie im Ekel vor der fälschlich behaupteten Zumutung, sich denen gegenüber auch noch mitleidsvoll und hilfsbereit verhalten zu müssen (»das jüdische Gesetz, das die Fremdenliebe gebietet«, ist für ihn »eine anthropologische Zumutung«[13]). Mal halluziniert er als Strafe für die, die sich haben zivilisieren lassen, einen »Terror des Vorgefühls«, von dem er bereits ergriffen ist, und prophezeit ihnen die Apokalypse: »Die Modernität wird nicht mit ihren sanften postmodernen Ausläufern beendet, sondern abbrechen mit einem Kulturschock.« Wäre das zu verhindern, wenn anstelle der phantasierten Sanftheit das Pogrom statthaft wäre? Strauß klagt jedenfalls heftig über die Kraftlosigkeit der deutschen Gesellschaft und zweifelt: »Eher würde diese Republik mit einem Wimmern enden ... als mit dem großen Knall, der Resurrektion des Führers.«[14]

Wahrscheinlich aber spürt Strauß lediglich, woher der Wind nun weht, und weil er auch weiterhin mit von der Partie sein möchte, verleiht er einigen Morden die höheren Weihen. Aber im Unterschied zu Ernst Jünger ist er dafür von der Bundesregierung noch nicht mit einem Orden dekoriert worden. Das mag auch daran liegen, daß sein Bocksgesang den Deutschen bescheinigt, sie seien als Gemeinschaft nur lebensfähig, wenn sie sich ständig an einem Blutopfer berauschen könnten – damit charakterisiert er die Deutschen als psychotisches Kollektiv und liefert so die schlüssigste Begründung dafür, daß sie bei Strafe künftiger Katastrophen international unter Kuratel gestellt werden sollten. Schon für eine gedeihliche Fortführung ihrer Geschäfte aber benötigen die hiesigen Eliten auch weiterhin das über 50 Jahre gepflegte Selbstbild vom zivilisierten Deutschen.

Es mutet zunächst seltsam an, daß ausgerechnet Antje Vollmer, die Vizepräsidentin des Bundestages, der sich ja doch ziemlich weit von archaischen Mythen entfernt zu haben scheint, zum Freundeskreis der Blutopfer-Claqueure zählt. Aber sehen wir zu: Antje Vollmer hat im »Spiegel« (15.11.1993) Botho Strauß verteidigt. Sie habe zwar nicht recht verstanden, was der sagen wolle, doch Deutschland brauche »eine gesellschaftliche Schicht, die sich für das Zentrum der Republik, für seine Kultur und Identität verantwortlich fühlt«. Schon diese Aussage bezeugt das rasende Tempo des Bewußtseinswandels. Zweifellos hätte Manfred Jenninger abdanken müssen, wenn er Strauß die Verantwortung für die Kultur der Republik übertragen hätte. Die Deutschen Schwächlinge zu schimpfen, sollten sie nicht zur Wiedererweckung des Führers bereit sein, das wäre damals noch nicht durchgegangen.

In ihrem Buch »Heißer Frieden« – Untertitel: »Über Gewalt, Macht und das Geheimnis der Zivilisation«[15] – hat Antje Vollmer gezeigt, daß sie Botho Strauß durchaus verstanden hat. »Alle«, behauptet sie im Vorwort, »konstatieren dieses Anschwellen der Chaosströme und der Bocksgesänge«. Kein Wunder, daß sie dann auch zu Ergebnissen kommt, die wir von Strauß bereits kennen: »Opferkulte, Mythen und Riten«, doziert sie, seien oft »auch Regelsysteme von großer Weisheit und Menschenkenntnis« gewesen. Ein naturhaftes Chaos, ein dauerndes Gegeneinander habe die frühen menschlichen Gesellschaften gekennzeichnet, ein Gegeneinander, das mit Hilfe eines Geniestreichs überwunden werden konnte: »Die Gemeinschaft erklärt einen Einzelnen oder eine Gruppe von Menschen zu Hauptschuldigen an den vorhergehenden Unruhen« und einigt sich darauf, »den Störenfried, diese Minderheit, diese vermeintliche Quelle des Unheils zu beseitigen oder aus der Gesellschaft zu verbannen, und versteht gerade dies als gemeinschaftsstiftenden Akt«. »Das Unheimliche an diesem Vorgang ist«, findet Vollmer, »daß eine solche gemeinschaftlich geplante und vollzogene Opfertat tatsächlich die Fähigkeit hat, die Gesellschaft zu befrieden, zu beruhigen.« Niemand von uns aber war dabei.

Der Bundestagsvizepräsidentin gefällt dieses Verfahren, weil sonst die einzelnen Mitglieder der Gemeinschaft über einander herfallen und das Gesellschaftsganze aus dem Gleichgewicht bringen würden, was nicht sein darf: »Das Opfer schützt die ganze Gemeinschaft vor ihrer eigenen Gewalt, es lenkt die ganze Gemeinschaft auf andere Opfer außerhalb ihrer selbst«, rückt auch Vollmer die Ermordung der Fremden ins rechte Licht und weiß: »In dieser Funktion liegt geradezu die ›soziale‹ Bedeutung des Opfers.« Die »wohltuende Wirkung des Opfers liegt einzig und allein darin, daß dieses es vermocht hat, die Gemeinschaft zu einigen und die Gewalt aller auf einen Punkt zu konzentrieren.« An der gezielten Gewalttat sollten alle Mitglieder des Volkskörpers teilnehmen, denn

»auch die Nichtteilnahme eines Einzigen an der Gewalttat ist gefährlich. Sie bedroht das Kollektiv, weil der Kreis, der die Bluttat vollzieht, dann nicht geschlossen ist.« So haben das auch die Nazis verstanden. Sie erfanden Quellen des Unheils und schmiedeten ihr Kollektiv durch die Konzentration des Hasses auf die Opfer, die sie selber wiesen.

Nach Vollmers Meinung könnte es allerdings gelingen, das »versöhnende Opfer« der »Epoche der ordnungs- und gemeinschaftsstiftenden Opferkulte« auch später in »Kulten oder Mythen festzuhalten und in Riten als gemeinschaftsstiftende Wohltat zu feiern«, weil so »der Kreislauf der Gewalt durchbrochen werden (kann)«. Schließlich feiert man in den klassischen Tragödien noch heute die Opfer früherer Zeiten. Die »entwickelte Kultordnung ... regelt ab dann das Sozialverhalten, verbietet spontane Gewaltakte, erläßt Regeln und Gesetze, die das Entstehen von Gewalt verhindern«. Dennoch: Es gibt kein Entrinnen. »Es liegt in der Natur der Sache, daß solche Ordnungen nicht auf Dauer akzeptiert werden. Je weiter entfernt vom Ursprungsereignis, um so weniger akzeptabel erscheint der Gesellschaft diese Form der Gewalteindämmung. Der Kultus wird schwach oder vergessen, Freiheitsideen rebellieren gegen diese Form nicht mehr verstandener Kultordnung, die Moral protestiert gegen unverständliche Verbote und Vorschriften.« Das Streben nach Freiheit und Moral will also in Wahrheit zurück zum Menschenopfer. René Girard hilft auch da weiter: Vollmer zufolge ist er »auf der Basis eines äußersten, ernüchterten Pessimismus in bezug auf die natürliche Gewaltbereitschaft der menschlichen Natur« zu einem »klarsichtigen Schluß« gekommen, der besagt, daß die Menschen die Gewalt insofern verehrten, »als sie ihnen den einzigen Frieden bringt, dessen sie sich je erfreuen konnten«. Die sind eben einfach so: von Natur aus böse. Daß sie für ihren Seelenfrieden daher hin und wieder Opfer benötigen, hat mit den realexistierenden gesellschaftlichen Verhältnissen nichts zu tun.

Aber wie läßt sich die notorische Abschlachtung von Menschen, jene »Berge von Opfern«, die »nicht aus dem Gedächtnis zu löschen« sein sollen, überhaupt als Stimulus zur Eindämmung der Gewalt interpretieren? Des Rätsels Lösung liegt in der Rangordnung der Toten. Der Friede der den Individuen übergeordneten Gemeinschaft legitimiert, bei Strauß wie bei Vollmer, den Mord an Fremden oder Außenseitern in der Gemeinschaft. Mit halsbrecherischen Begründungen bemüht sich die Bundestagsvizepräsidentin um den Nachweis, daß Menschenopfer auch heute noch eine heilsame Wirkung haben: »Niemals hätte es sobald eine so umfassende Friedensbewegung in Deutschland gegeben, wenn es nicht diese heftige Gewalterfahrung des ›Deutschen Herbstes‹ gegeben hätte.« So wie die Toten aus der RAF noch etwas Gutes stifteten, so müßten eigentlich auch die ausländerfeindlichen Pogrome der letzten Jahre den Deutschen allerlei Positives bescheren.

Auf den gemeinschaftstiftenden Effekt der Opferung oder Abweisung Fremder kommt Antje Vollmer immer wieder zu sprechen. Sie schreibt einfach mal daher: »In der Regel aber sind nationale und ethnische Identitäten ihrem Wesen nach abweisend gegenüber Fremden.« In welcher Regel? Wie konnte es da nur zur Ausprägung eines weitreichenden Gastrechts in archaischen Kulturen kommen? Weshalb wurden die Konquistadoren von den Einwohnern Amerikas so freundlich empfangen? Wieso preisen deutsche Touristen die Gastfreundschaft in vielen Ländern? Ähnlich wie Strauß umgibt Vollmer mit dem Glanz der Objektivität, was sie persönlich empfindet. Die Akzeptanz der Fremden muß ihrer Meinung nach abnehmen, weil »der Prozeß der Konzentration der Menschenmassen in den großen Städten jedes Maß an menschenmöglicher Gastfreundschaft übersteigt. Wieviel Flüchtlinge und Gäste kann ein Land aufnehmen, ohne selbst zu Schaden zu kommen?« Immer wieder, »gerade nach erlebten Bedrohungen«, suchten Menschen »nach dem rettenden Besonderen ihrer nationalen Kultur«, mit »dem verstärkten Bewußtsein ihrer ethnischen und kulturellen Differenz«. Im Schwange ihres völkisch-naturhaften Denkens betont Vollmer, daß »Bevölkerungsbewegungen riesigen Ausmaßes« hingegen »fast mühelos integriert werden, wenn sie nur als der eigenen Gruppe zugeordnet definiert werden«.

An den Römern sollen wir erkennen, wie wichtig ein Massenmord für die Herstellung des inneren Friedens sein kann. »Die römischen Herrscher waren nicht die ersten, die darum wußten, daß sich von Zeit zu Zeit in der Bevölkerung Aggressionen aufstauten, denen man ein Ventil verschaffen mußte, sollten sie sich nicht gegen ... das Gemeinwesen richten.« Das Gemeinwesen ist gut, es soll erhalten werden, also muß ein Ventil her. »Diese kleine Bewegung des Daumens«, die im Laufe der Zeit bei den Gladiatorenkämpfen Berge von Toten hinterließ, schwärmt Vollmer, habe »ihre ordnungsstiftende Binnenwirkung« gehabt, denn »das war eine Warnung von nachdrücklicher Strenge für alle die, die im Innern des Reiches an Aufruhr und Auflehnung dachten. Die Arena hatte mehr abschreckende Wirkung als jede Streitmacht im Inneren«, und jetzt, da wir wissen, daß eine Gemeinschaft nur intakt bleibt, wenn sie hin und wieder das Blut von Menschen vergießen kann, die ihr nicht zugehören, verstehen wir auch besser, daß »mit den Gladiatorenspielen ... auch die Weltordnung (zerbrach)« – zerbrechen mußte, weil's mit dem Nachschub für die Löwen haperte. Einige andere Probleme, wie etwa das Hereinbrechen der »Völkerwanderung« in den römischen Herrschaftsraum, die Rivalitäten machthungriger Cäsaren, die Expansionen, die viele unsichere Grenzen schufen, die rasante Inflation durch die Militärausgaben, die Landvergabe an Germanen etc., wären sicher zu meistern gewesen, wenn Rom nur nicht den Fehler gemacht hätte, die Schlächtereien im Kolosseum und die Liquidierung der Christen zu beenden.

Die Bundestagsvizepräsidentin will uns vor allem die innere Ordnung der Gemeinschaft, für die mal Christen, mal RAF-Mitglieder, mal Türken draufgehen, ans Herz legen. Durch Interessenkonflikte ausgelöste Aggressionen oder gar Revolutionen innerhalb eines Volks sind für sie nämlich so etwas wie ein artfremdes Chaos, demgegenüber sogar die großen Kriege der Nationen gegeneinander als Kavaliersdelikte, wenn nicht als notwendig erscheinen. Aus diesem Grund unterscheidet sie zwei Sorten von Kriegen. Der innervölkische »Bürgerkrieg«, in dem es »immer um vermeintliche Gerechtigkeitsfragen« gehe, ist ein »Bruderkrieg«, erfahren wir, und deshalb schlecht: »Der Bürgerkrieg ist der Krieg mit den größten Verlusten. Er ist auch der Krieg, der am längsten dauert. Er ist der Krieg, in dem ganze Gesellschaften für immer ausgelöscht werden können. Der Bürgerkrieg ist der Krieg, dessen monströse Feindbilder nie verblassen und dessen Wunden am langsamsten vernarben«. Bürgerkriege, also auch Revolutionen, haben die Tendenz, sich zu entgrenzen, »sobald das erste Blut geflossen ist ... zu gigantischen Menschenopferzeremonien, meist mit willkürlich und zufällig ausgewählten Opfern«. Deshalb werde es »Zeit, von der Romantik der Revolution endgültig Abschied zu nehmen«.

Das hätten schon die archaischen Kulturen herausgefunden, deren Wissen hier als der Weisheit letzter Schluß erscheint. Die hätten nämlich »Kriege ... als unvermeidliche Schicksalsschläge an(gesehen), denen man mit Tapferkeit begegnet«, während sie Bürgerkriege als »das Chaos selbst« fürchteten. In den unvermeidlichen internationalen Kriegen, in denen nicht um schnöde Gerechtigkeitsfragen gestritten wird – in den beiden Weltkriegen dieses Jahrhunderts beispielsweise –, fallen keine zufälligen, sondern nur sinnstiftende Opfer an, sie lassen die Gemeinschaften intakt, ihre Wunden vernarben schneller, und in ihnen »ist ein merkwürdiges Phänomen zu verzeichnen: Soldaten und Heere, die gegeneinander Kriege geführt und Schlachten geschlagen haben, finden nach Kriegsende relativ schnell wieder zu einem ›zivilen‹ Umgang miteinander. Die Militärs sind manchmal sogar schneller als die Diplomaten.« Das hat doch was: »Nach einem Waffengang und nach Kriegsende sind die Generäle und Offiziere immer die ersten, die wieder miteinander reden können. Offenbar haben sie die geringsten Probleme mit der Bewältigung ihrer Vergangenheit. Und so ist es auch tatsächlich. Kriege und Kriegsgeschrei verblassen schnell in der Erinnerung der Völker.« Und so erwägt Frau Vollmer nach den Erfahrungen des Zweiten Weltkrieges allen Ernstes: »Zerstören sich Weltreiche also nicht nur durch maßlose Kriege, sondern womöglich gerade dadurch, daß sie sich nicht in Kriegen blutig erneuern?« Sie kann ja mal fragen. »Der Krieg«, schreibt sie, weil sie doch nicht nur fragen möchte, sei »vielleicht nicht der Vater aller Dinge, aber gelegentlich wird er doch erfahren als Stifter einer ungekannten Einigkeit, eines Gemeinschaftsgefühls ...« Dagegen mobilisierten Bürgerkriege, darunter die Revolutionen, »nichts als große Angst«, denn sie »bedeuten den Ausbruch aller destruktiven Leidenschaften« – während im Krieg der Nationen wohl eher die konstruktiven zum Zuge kommen. Selbst das Pogrom erscheint gegenüber einer Revolution eher noch aufbauend. Es sei zwar »die schwarze Messe der Zivilisation«, dennoch: Die »Gewalttäter ... erfahren eine Entlastung, der Sündenbock gibt dem unfaßbaren Bösen für einen Moment ein Bild, ein Gesicht, und versammelt so alle Aggressionen auf sich. Ein Entsorgungsproblem eigener Art, das der Sündenbock zu lösen hilft.« Zwar hätte der erschlagene Roma so bereits eine erlösende Wirkung eigener Art, doch weil »das Pogrom ... der große hysterische Anfall einer überhitzten Gesellschaft« sei, »der ein stabiles Feindbild abhanden kam«, muß wohl unterstellt werden, daß der Bundestagsvizepräsidentin der große Krieg als »Stifter eines ungekannten Gemeinschaftsgefühls« lieber wäre.

So Vollmer denn eine hatte, ist ihre Moral restlos verbraucht. Wir wollen ihr die letzte Ungewißheit nehmen: Ja, das deutsche Reich hat sich in den beiden Weltkriegen blutig erneuert, die USA haben sich in Vietnam gesund gestoßen, für Englands Blutauffrischung kamen die Falklands sehr gelegen, ganz ausgezeichnet sind dem Irak die Kriege gegen den Iran und gegen die UN-Allianz bekommen, und weil – wegen der außergewöhnlich kurzen Halbwertzeiten – die blutigen Erneuerungen in Deutschland leider nicht von langer Dauer sind, benötigt die hiesige Volksgemeinschaft dringend eine erneute Blutzufuhr im Krieg gegen die Serben.

Daß es in Aufständen und Revolutionen nur um Gerechtigkeitsfragen geht, haben wir bereits erfahren – Vollmers Ordnungsbegriff schließt Egalität nun mal als gleichsam unnatürlich aus. Am Beispiel des Adels erläutert sie uns: »Zentralgewalt ist Schutzgewalt. Dem Bauern, den sein Feudalherr dauerhaft vor unliebsamen Überfällen, vor Raub und Brandschatzung, schützte, dem mußte der ›Zehnte‹ als eine wahrhaft mäßige Steuerquote erscheinen«, sehr mäßig, wenn wir ausklammern, daß der Bauer nicht selten von seiner Zentralgewalt erschlagen, zwangseingezogen oder an verbündete Kriegstreiber ausgeliehen wurde, seine Töchter das Recht der ersten Nacht über sich ergehen lassen mußten und die ganze Familie auch sonst nicht gerade – wie sagen wir's Frau Vollmer durch die Blume? – auf Rosen gebettet war. Während sie uns die Gewaltherrschaft als Vergnügungstour andient, stellt sie das Streben der Ausgeplünderten nach »Gerechtigkeit« als das eigentlich Furchterregende dar: »Der Gedanke ist zwingend: Gerade wenn die Gleichheit die Einebnung aller Unterschiede erreichen würde, inklusive der des Eigentums und der Teilhabe an allen Gütern, gerade dann wäre die Zahl meiner Konkurrenten im Kampf um Ressourcen und Lebensglück ins Unendliche gesteigert. Dann ist sie es selbst, die den Chaospegel in den Gesellschaften hochtreibt.« – »Eine beunruhigende Schlußfolgerung«, schlußfolgert Vollmer, daß »nicht nur die Gewalt«, sondern »auch die Egalität ... zu den Ursachen für die Krisen der Moderne« gehört.

Doch natürlich will uns die Vizepräsidentin einer parlamentarischen Demokratie vor Gewalt bewahren. Wie? »Das krisengeschüttelte Europa benötigte heute nichts dringender als eine am Gemeinwohl interessierte Schicht, die Kreativität und Kompetenz besäße, von neuem die Gesellschaft kulturell zu prägen.« Wer wäre das? »Man verhaftet keinen Voltaire«, plappert sie nach und kommt zu einem unverschämten Vergleich: »Verhaftet wird heute vor allem im deutschen Feuilleton. Voltaire hat viele Namen«, sie nennt u. a. Botho Strauß und Martin Walser. (Letzterer hatte im »Spiegel« (28.6.1993) die mordenden Nazibanden als Protestbewegung dechiffriert: »Das ist eine Protestbewegung von rechts, aber es ist in erster Linie eine Protestbewegung ...«, die den Protest gegen »die 40jährige Ausgrenzung des Wortes Nation aus dem Sprachschatz« artikuliere.)

Die zweite Rettungsmaßnahme liegt, das kennen wir schon von den Römern, in der Besänftigung des niederen Volks durch »Brot und Spiele«, etwa beim Fußballspiel, »da ist alle Wochen Karneval: La Ola«. Nur wer bedenke, daß die Arena »ein mit Spielregeln und Übereinkunft gebändigtes, ein humanisiertes ›Pogrom‹« sei, »in dem Aggressionen gegenüber Feinden und Fremden«, die's nun mal gibt, »verarbeitet werden«, nur der »erkennt die gar nicht zynische, sondern bitter ernst gemeinte Weisheit, die in dem Rat steckte, für das Volk immer ›Brot und Spiele‹ bereit zu halten«. Drittens und am besten aber würden eine strikte Hierarchisierung der Gesellschaft und die Einsicht ins Naturgewollte der Diskrepanz von Arm und Reich jene Regungen des Menschen zügeln, die nach Mord schreien. Vielleicht ist es an der Zeit, grübelt Vollmer, »die Frage zu stellen, ob eine so extensive Ausdehnung des Gleichheitsbegriffs wirklich im Gattungskostüm der Menschheit vorgesehen ist«.

Der flache Sinn des Ganzen ist die ewig reaktionäre Behauptung, daß Emanzipation wider die menschliche Natur sei. Da es gattungsmäßig eben so veranlagt sei, brauche das niedere Volk die Knute einer Zentralgewalt, eine elitäre Führung und dazu — soviel immer möglich — Brot und Spiele. Eine Gesellschaft, die allen Menschen gleiche Chancen böte, wäre widernatürlich. Außerdem haßt der Mensch von Natur aus Fremde, jedenfalls »in der Regel« und wenn sie in großer Zahl erscheinen, während er gern Heerscharen von Menschen eigener Abstammung aufnimmt. Die Verteidigung ethnischer und kultureller Differenzen ist artgemäß, ebenso die daraus folgenden kriegerischen Auseinandersetzungen, die sogar den Sinn einer Reinigung bzw. Erneuerung völkischer Gemeinschaften haben können. Revolutionen aber sind grundsätzlich wider die Natur.

Zu den bekannteren Predigern des Opferrituals gehört auch der Kirchenkritiker Eugen Drewermann, der seine diesbezüglichen Erwägungen zusätzlich mit etwas Antisemitismus angereichert hat. Der gern gesehene Talk-Gast schreibt in seinem Buch »Der Krieg und das Christentum«, das den Untertitel trägt: »Von der Ohnmacht und Notwendigkeit des Religiösen«:[16] »Nach aztekischem Glauben opferten die Götter sich für den Erhalt der Welt, und um die Götter am Leben zu erhalten, mußten die Menschen sich opfern — ein heiligblutiger Austausch von Gabe und Gegengabe, ein Opferzyklus welterhaltender Gerechtigkeit, der jeden Morgen von neuem verlangte, daß die Priester auf den Tempeln Mexikos mit einem Steinmesser den Gefangenen die Brüste öffneten und die Herzen herausrissen.« Drewermann gerät ins Schwärmen: So wurde »das Mysterium der Einheit von Himmel und Erde ... an sich selbst erfahren ... Das grausige äußere Geschehen war selber nur ein Symbol der inneren Verwandlung des menschlichen Herzens ins Licht«, zur besonderen Freude derer, denen dunkel wurde, weil man ihnen das Herz herausriß. Heute könne diese ekstatische Einheit nicht mehr erfahren werden, weil jene Riten nur noch in dekadenten Schrumpfformen zelebriert würden.

Bei jedem Abendmahl, informiert Drewermann, werde nur noch symbolisch das »Blutopfer Christi nachvollzogen; die Gemeinde verzehrt andächtig das Brotfleisch und den Blutwein des Sündenbocks aus Nazareth«. Wie es korrekt zugehen sollte, sehen wir am Ballspiel der Azteken. Damals wurde die Mannschaft, die verloren hatte, noch geschlachtet, »rituell aufgegessen, ihre Köpfe wurden auf Pfähle gesteckt«. Dies sei »eine kultische Anweisung« dafür gewesen, »wie das eigene Leben auf kultische Weise zu spielen sei«. Wir erfahren, wie nichtswürdig dagegen das heute übliche Fußballspiel, in dem Antje Vollmer noch —

»Olé!« – eine herrliche Ersatzhandlung vermutet, abgewickelt wird. Für Drewermann verkörpern die verweltlichten Zeremonien ganz und gar nicht mehr die »Ordnung und Weisheit der Natur«, sondern die »Welt des business und marketing«. »Es ist, wie wenn von der religiösen Zwecksetzung der kultischen Feiern ... überhaupt nur noch äußerlich der ›Sport‹ und das ›Theater‹ übriggeblieben wären.« Das trifft auf das Theater eher zu als auf den Sport, der seine alte religiöse Zwecksetzung zwar eingebüßt hat, dafür aber neuerdings dem nationalistischen Ritus huldigt – und wer weiß, was in den Stadien ohne Aufsicht der Staatsgewalt so alles geschehen würde.

Wenn das Blut ins Zentrum der Überlegungen rückt, ist meistens der Antisemitismus nicht fern. Der Paderborner Kirchenkritiker bescheinigt dem Christentum, es habe einen »außerordentlich gewalttätigen und rücksichtslosen Charakter aufgrund seiner spezifisch semitischen, jüdischen Geistesart«. Für diese Annahme gibt es keinen vernünftigen Grund. Zwar verfolgten Christen über zwei Jahrtausende die Juden, aber umgekehrt ist nichts Vergleichbares bekannt geworden. Wer die christliche Gewaltgeschichte den Juden anlastet, will damit nur ein sehr altes Vorurteil bestätigen: Ohne Beeinflussung durch die jüdische Tradition wären die Christen saubere und friedliebende Menschen geworden, woraus folgt, daß die zur Gewalt neigenden Christen sich von dieser ihrer Neigung nur befreien können, wenn ihnen die Austreibung des jüdischen Einflusses gelingt.

Wie kommt Drewermann zu dieser Behauptung? Herzinger und Stein schreiben: »Nach dem Ende der bronzezeitlichen Katastrophen wurde das heilige Töten kritisierbar; folgerichtig gab es eine weltweite Bewegung gegen das Opfer. Am weitesten ging diese Opferkritik bei den alten Israeliten.«[17] Abraham opfert seinen Sohn Isaak eben nicht, und »der jüdische Gott ist ein nichtapokalyptischer Gott, der einen Vertrag mit der gesamten Menschheit schließt«. Die Juden kannten nicht den Fremden als Sündenbock und fielen statt über ihn auch nicht über einander her. »Die opferlosen Juden waren Spielverderber, sie störten die Apokalyptiker beim Blutritual allein schon dadurch, daß sie in ihrer Mitte lebten.« Weshalb bloß ist Antje Vollmer, die der Menschheit einen nicht stillbaren Blutdurst unterstellt, derlei nicht aufgefallen?

Herzinger und Stein nennen zwei Vorwürfe, »die im Laufe der Geschichte stets aufs neue gegen die Juden erhoben wurden. Erstens: Man beschuldigte sie, daß sie heimlich die schlimmsten Opferer von allen wären. So entstand der Mythos, daß Juden ihre ungesäuerten Brote aus christlichem Blut backen würden, dem Zionismus Araberkinder zum Opfer darbrächten und notorische Tierquäler seien.« Die Autoren machen weiterhin auf die Verbindung des nicht apokalyptischen Gottes der Juden, der deshalb auch nicht mit Opfern besänftigt werden mußte, zur projektiven jüdischen Weltverschwörung aufmerksam. »Die Juden fürchten sich nicht vor der Apokalypse, und sie sehnen sie auch nicht herbei; also stehen sie auf mysteriöse Weise mit ihr im Bund. Wer vor der kommenden Weltkatastrophe keine Angst hat, ist offenbar mit einer ungeheuerlichen Macht ausgestattet – die Juden sind Kinder des Satans.« Offenbar steht Eugen Drewermann in dieser antijüdischen Tradition. Nicht nur die geheimnisvollen Kräfte, die die Christen zeitlebens in brutale Gewalttäter verzauberten, auch die Tierquälerei kommt bei ihm vor. »Das Weltgewissen aus Paderborn schließt sich Arthur Schopenhauer an«, urteilen Herzinger und Stein, »der seiner Ansicht nach ›richtig‹ forderte: ›Die jüdische Ansicht der Thierwelt muß ihrer Immoralität wegen aus Europa vertrieben werden‹.« Es ist nach Auschwitz hohe Zeit, daß die Deutschen sich einmal die übriggebliebenen Juden wegen ihrer unmoralischen Haltung zur Tierwelt vornehmen.

An eine von den Juden ausgehende Katastrophe denkt auch der Dramatiker Heiner Müller: »Die Atombombe war die jüdische Rache für Auschwitz. Sie hat – und diese versetzte Kausalität findet man in der Geschichte sehr häufig – den Falschen getroffen, wie jetzt die Palästinenser.«[18] Wann hat Israel aus Rache an den Deutschen eine Atombombe auf Palästinenser geworfen? Müller läßt die berechtigte Furcht vor der Atombombe, die nach dem Ende der Blockkonfrontation ein wenig matt geworden war, wieder aufleben und bietet ihr als Ziel den Wahn einer jüdischen Weltverschwörung. Die Paranoia derartiger Verschörungstheorien bringt uns zu Botho Strauß zurück. Im Unterschied zu Drewermann, der den jüdischen Opfern die finstere Macht verleiht, ihren eigenen Mördern die Gewaltbereitschaft eingehaucht zu haben, und Heiner Müller, der die Weltbedrohung, die angeblich von den Juden ausgeht, auf jene Gewalt zurückführt, die ihnen angetan wurde, hält Strauß gerade das Gesetz, das den Juden die Fremdenliebe gebietet, ihre spezifische Friedfertigkeit also, für eine anthropologische Zumutung. Wenn demzufolge die Juden so oder so Schuld am Unglück der Welt sind, zeigt dies nur, daß und wie sie zu Objekten ressentimentgeladener Projektionen gemacht wurden.

Dem Antisemitismus der sogenannten Eliten ist anzumerken, daß er staatsoffiziell noch anders gezügelt wird als der Rassismus gegen die Flüchtlinge, der über mehr als ein Jahrzehnt öffentlich mit negativen Kampfbegriffen wie »Asylantenschwemme«, Wirtschaftsflüchtlinge«, »Scheinasylanten« oder positiven wie »Heimatrecht« angeheizt wurde. Dennoch tritt, sobald sich ein Anlaß bietet, das gesunde antijüdische

Volksempfinden offen zutage. Die geringsten Zweifel von Juden an den Wohltaten der deutschen Wiedervereinigung ließ hiesige Kommentatoren mehr und anders aus der Fassung geraten als etwa die Bedenken einer Margret Thatcher. »Wieso dürfen wir den Holocaust nicht als das Jahrhundertverbrechen ansehen und gleichwohl die Knochenbrecher in Israel nicht eben schätzen«, pöbelte Rudolf Augstein im »Spiegel« (2/90) Elie Wiesel an, nachdem er bereits acht Wochen zuvor rhetorisch gefragt hatte: »Warum ein geteiltes Berlin, wo doch für Jerusalem trotz aller ethnischen Probleme gelten wird: Zweigeteilt? Niemals!« Eine Teilung Jerusalems wäre demnach jedenfalls ethnisch plausibler als die von Berlin. Als wollte er damit die kommenden Pogrome ankündigen, hatte Augstein den Juden gedroht: »Dies falsche Gewicht wird die junge Generation, weil das nämlich nichts mit Auschwitz zu tun hat, nicht mehr mittragen.« Derweil sprach Ernst Nolte von »Ewigen Linken«, um sowohl an den »Ewigen Juden« zu erinnern als auch um die Juden mit den Linken zu verschmelzen, so wie die Nazis sich den jüdischen Bolschewismus zusammengereimt hatten.

Die Relativierung und Rehabilitierung der »Leistungen« des Nationalsozialismus

Journalisten und Politiker gehen praktisch, weil zielorientiert, mit der Vergangenheit um. Wir haben das »Manifest« »Weil das Land sich ändern muß«[19] schon an anderer Stelle zitiert; wir wollen es hier ausführlicher zu Wort kommen lassen, weil die darin geforderte Rückkehr zur antikommerziellen deutschen Identität eine Brücke zu faschistischen Gesellschaftsmodellen bildet und weil es im übrigen deutlich macht, wie weit derartige Ideen mittlerweile wieder verbreitet sind. Mit dem »Manifest« haben Marion Gräfin Dönhoff (»Die Zeit«), Meinhard Miegel (Institut für Wirtschaft und Gesellschaft), Wilhelm Nölling (Ex-Präsident der Hamburger Landeszentralbank), Edzard Reuter (Ex-Daimler-Chef), Helmut Schmidt (Ex-Kanzler), Richard Schröder (SPD) und Wolfgang Thierse (SPD) »einen Weg aus der geistigen und politischen Krise der Bundesrepublik« weisen wollen. Ihr Text beginnt mit einem Hilfeschrei: »Nein, nein und abermals nein ... Wir alle müssen uns ändern. Ein Wandel der Maßstäbe ist notwendig ... Das Gemeinwohl muß wieder an die erste Stelle rücken. Es ist ein Skandal, daß Gewalt, Korruption und ein egoistischer Bereicherungstrieb als normal angesehen werden ... Wir haben es satt, in einer Raffgesellschaft zu leben, ... in der sich allzu vieles nur ums Geldverdienen dreht. Es gibt wichtigeres im Leben des einzelnen wie auch im Leben der Nation.« Die Autor/inn/en zitieren aus dem Ahlener Programm der CDU von 1947: »Kapitalistisches Macht- und Gewinnstreben kann nicht Inhalt und Ziel der staatlichen Neuordnung in Deutschland sein«, vielmehr gehe es jetzt um »die konservativen Werte von Heimat, Vaterland, Treue und Opferbereitschaft«. In einer »Raffgesellschaft« habe »der Geist keinen Raum mehr«. Und weil es auch ihm vor allem um den Geist geht, mochte Helmut Schmidt nicht einsehen, »warum es uns so schwer fallen sollte, freiwillig zur Erhaltung des inneren Friedens Verzichte zu leisten, die jeder im Falle eines Krieges selbstverständlich auf sich nimmt«.

Das Prinzip der gesellschaftlich recht geachteten Autoren ist schlicht: Korrektur der vor allem materiellen Interessen moderner kapitalistischer Gesellschaften durch Stimulierung einer einheitsstiftenden Opferbereitschaft. Weniger zum Zweck der Entlarvung, sondern als Hinweis darauf, was inzwischen so selbstverständlich ist, daß es kaum noch auffällt, sei auf die nahezu vollkommene Übereinstimmung des Kreises um Dönhoff und Schmidt mit dem Faschoblatt »Junge Freiheit« hingewiesen. Seine Autoren führen den »Sturm« junger Menschen auf Asylbewerberheime ebenfalls auf die jeden »Sinn« austreibende Moderne zurück, die in stahlharte Zeiten münden werde: »Zu jener Sinnentleerung — die der mitteldeutsche Lehrling ebenso verspürt wie der Arbeiter aus Hamburg — mögen durchaus wirtschaftliche Schwierigkeiten beitragen. Aber: Der Mensch erträgt ein beträchtliches Maß an materieller Not, solange er diese in ein wertstiftendes Ganzes eingebettet sieht.« Und: »Es gilt beizeiten, das Bewußtsein zu verändern, sich auf die stahlharten Jahrzehnte des 21. Jahrhunderts einzustellen. An die Stelle von Egoismus, Selbstsucht, Parteidenken werden Solidarität, Opferbereitschaft und Gemeinsinn treten müssen« (zit. n. »Konkret« 2/1993).

Um jugendliche Banditen zu zähmen, schlagen Schmidt und Co. »ein Pflichtjahr« vor, »in dem Gemeinschaftsdienst geleistet wird«. Die beabsichtigte Wiederbelebung nationaler Tugenden sieht der Ex-Bundeskanzler, wie er in einem Interview mit der »Frankfurter Rundschau« (12.9.1992) anführte, durch Ausländer gefährdet. Der größte Fehler Ludwig Erhards sei ihr Import gewesen: »Man kann aus Deutschland mit immerhin einer tausendjährigen Geschichte ... nicht nachträglich einen Schmelztigel machen«, sonst »entartet die Gesellschaft«. Um dem vorzubeugen, plädiert Schmidt für harte Maßnahmen gegen Flüchtlinge: »Derjenige, der aus Bosnien oder aus Rumänien kommt, (muß) wissen: Er kommt ins Lager.«

Schmidts Kompagnon Meinhard Miegel hat gemeinsam mit Stephanie

Wahl an die biologische Bestimmung des Menschen erinnert, die sich früher oder später quasi naturhaft gegen den Individualismus des Westens durchsetzen werde: »Die jeweilige individualistische Kultur wird früher oder später durch gemeinschaftsorientierte und damit biologisch stabilere Kulturen ersetzt. Diese Entwicklung liegt im Wesen individualistischer Kulturen. Sie ist deshalb unvermeidlich ... Durch den von ihnen bewirkten Bevölkerungsschwund zerstören individualistische Kulturen jedoch nicht nur sich selbst. Durch eben diesen Bevölkerungsschwund wird auch die ethnische und kulturelle Identität einer Bevölkerung zu deren wichtigsten Seinsgründen« (»Die Zeit«, 29.4.1994). Rettung des durch die individualistische Kultur des Westens bedrohten deutschen Volks sehen die beiden in der gemeinschaftsorientierten, biologisch stabileren Kultur, sprich: in der völkischen Gemeinschaft, die sich naturhaft durchsetzen wird, weil antibiologistische individualistische Kulturen »unvermeidlich« dem Untergang geweiht sind.

Ganz ohne Mythologie und Biologie ist der Herausgeber der »Wirtschaftswoche«, Professor Wolfram Engels, bei seinem Blick zurück ausgekommen. Er hat (in der Ausgabe vom 12.7.1991) einfach nur mal gerechnet: »Ab 1936« haben die Nationalsozialisten »eine Planwirtschaft installiert, aber erst 1939 voll in Kraft gesetzt. Auch sie unterschied sich erheblich von sozialistischen Planwirtschaften: Das Privateigentum blieb erhalten, der Gewinn wurde nicht abgeschafft, das Gewinnstreben vielmehr in den Dienst des Wirtschaftsplans gestellt ... Die Beschäftigung stieg um mehr als die Hälfte. Die Wachstumsrate des realen Sozialprodukts lag bei knapp zehn Prozent, die Preissteigerung bei rund einem Prozent pro Jahr. Das Defizit im Staatshaushalt war minimal und lag selbst 1938 in der Zeit massiver Kriegsvorbereitung, gemessen am Sozialprodukt, niedriger als heute ... Diese Zahlen sind so aufregend, daß ihre Gründe aufgedeckt werden sollten ... Können wir auf Erfolgsrezepte nur deshalb verzichten, weil Adolf Hitler sie angewandt hat?« In der »FAZ« übte sich auch der Wirtschaftsexperte Johannes Gross (»Manager-Magazin«) im »unbefangenen« Umgang mit dem Faschismus: »Nach dem Scheitern des Kommunismus und der anscheinend wachsenden Funktionsschwäche der traditionellen Demokratien bleibt der Faschismus eine der Möglichkeiten der Politik« (zit. n. »Konkret« 8/1994).

Der Italien-Korrespondent der »FAZ«, Heinz-Joachim Fischer, legt mit schöner Regelmäßigkeit den Leser/inne/n des Blattes den italienischen Faschismus nahe. »Fast alle waren damals für den Duce«, schrieb er am 18. Mai 1994, und wenn heute »dem siebzigjährigen Römer nicht die Zukunft des Landes am Herzen läge«, könne er es sich einfach machen und »wie in den letzten fünfzig Jahren den Mythos des Antifaschismus als Keimzelle der italienischen Demokratie« pflegen. Doch dem von Fischer erfundenen alten Römer liegt eben die Zukunft des Landes am Herzen, weswegen es ihm »auch um jene bürgerlichen Werte geht, deren Italien heute wohl bedarf und die nicht deshalb schlecht sind, weil sie vom faschistischen Regime einmal mißbraucht wurden«. Also philosophiert der Römer: Die Furcht der Linken und der Rechten voreinander hätten der Demokratie nicht genützt, wie schon »im Deutschland der Weimarer Republik« sich zeigte, aber, fügt Fischer an, »das scheint für den Enkel ein bißchen viel der gehobenen Geschichtsbetrachtung«. Der zweifelnde junge Depp »will vielmehr wissen ... warum sein Vorfahr in Mussolini heute nicht mehr den leibhaftigen Teufel sieht«.

Auf diese Frage hat der alte Römer, alias Fischer, nur gewartet. Jetzt ist er in seinem Element. »Der Faschismus ist Teil unserer Geschichte«, doziert Fischers Römer, und: »Es hilft nichts, sie mit dem Bannfluch zu belegen. Schließlich waren damals alle Italiener Faschisten.« Der »FAZ«-Korrespondent scheut sich nicht, als Gewährsmann einen deutschen Historiker zu zitieren, dessen Seriosität darin zum Ausdruck kommt, daß ihm Wahlergebnisse in einer faschistischen Diktatur heilig sind: »Nahezu geschlossen haben die Italiener hinter dem Duce gestanden. 1929 hätten 98 Prozent der Italiener für die faschistische Einheitsliste gestimmt.« Und dafür habe es gute Gründe gegeben, meint Fischer: urbanistische Projekte, soziale Leistungen, Trockenlegung der Pontinischen Sümpfe. Da fehlt nur noch eines: die Erledigung von Auschwitz – einige Leser/innen der »FAZ« werden schließlich beim Begriff »Faschismus« unwillkürlich doch an Judenverfolgung und gegenwärtige Brandanschläge denken. Also fordert Fischer sie auf, endlich differenzierter zu urteilen, »denn die pauschale Verteufelung« der Faschisten »führt zur Polarisierung und ermuntert zu Provokationen«. Damit tragen die Antifaschisten die Verantwortung für die gegenwärtige Jagd auf Ausländer. Und mit Auschwitz haben die italienischen Faschisten im übrigen nichts zu tun gehabt. Das wissen seine Italiener: »Die Italiener kennen das autoritäre Regime des Faschismus und lehnen es ab; sie vergessen als Patrioten jedoch nicht, daß Mussolini nicht für Auschwitz verantwortlich ist, das Land modernisiert hat und ohne Hitler keinen Krieg in Europa geführt« hätte.

Da der Faschismus nun ohne Auschwitz und Krieg, dafür aber als Modernisierer dasteht, ist er zu einer realistischen Alternative im republikanischen Staat geworden: »Ein halbes Jahrhundert war der Faschismus mit Acht und Bann belegt«, schreibt Fischer, und – gewissermaßen als das eigentliche Opfer der Geschichte – »verstoßen aus dem demokratischen Machtfeld«; das sei »weitab von republikanischer Korrektheit« gewesen. Durch die Regierungsbeteiligung der Faschisten in Italien werde es endlich wieder eine offene Diskussion geben, »bei der die Teilnehmer gleiche Chancen haben, mag sie sich ob ihrer Vergangenheit oder um der Polemik willen mit Lenins brutalem Klassenkampf, Stalins Schlächtereien, Mussolinis ›Irrtümern‹ oder Hitlers Konzentrationslagern beflecken können«. Die Unterscheidungen sind fein gewählt. Neben einem brutalen Klassenkampf, Stalins Schlächterein und den nicht bewerteten Konzentrationslagern Hitlers stehen Mussolinis Irrtümer. Und wer ist vor sowas schon gefeit?

Was »Wirtschaftswoche« und »FAZ« an Positivem im Faschismus bzw. Nationalsozialismus entdeckten, sind Peanuts gegen die grandiosen Leistungen, die die »Gruner + Jahr«-Illustrierte »Tango« dem Modernisierungsstrategen Hitler zuschrieb. In der Ausgabe vom 27. April 1995 beantwortete der Geschichtsprofessor Dr. Alexander Demandt, Dekan der historischen Fakultät an der Freien Universität Berlin, endlich die Frage, die die Deutschen seit 50 Jahren umtreibt: »Was wäre, wenn Hitler gewonnen hätte?« Klar, »die Welt sähe anders aus. Aber wie?« Zunächst ließen sich »bei einem angenommenen Sieg im Zweiten Weltkrieg alle Folgen der eingetretenen Niederlage eliminieren: der Verlust der Ostgebiete, die Teilung Deutschlands ... der Kalte Krieg sowie – je nachdem, wann wir den Sieg Hitlers ansetzen – die Erhaltung der noch nicht zerstörten deutschen Städte«. Hört sich schon nicht schlecht an, wird aber noch besser. Ein Sieg der Nazis hätte die »DDR« verhindert, die zwar »in vielen Punkten ihrer Innenpolitik das Hitler-Regime fortgesetzt« habe, aber doch entschieden schlimmer war als eine NSDAP-Herrschaft jemals hätte werden können, denn »im Unterschied zur Kaderpartei der SED war die NSDAP eine Massenpartei, bei der von der Gauleiter-Ebene an gewisse Mitsprachemöglichkeiten anzunehmen wären«.

Natürlich hätte sich der Volksgemeinschaftsgedanke »in einer umfassenden Gesundheitsfürsorge und einem ausgedehnten Sportwesen verwirklicht«, die »Sterbehilfe wäre über Krankenschein abgerechnet worden«, und »Kindergeld und Kindergärten hätten den Nachwuchs gefördert«. Zwar wäre die Abtreibung strafbar, aber »freie Liebe und uneheliche Geburt« wären »verzeihlich«, Homosexualität nur »verpönt gewesen«. Zum Wohle des inneren Friedens hätten sich »Straßenkriminalität, Drogensucht und Landstreicherei ... kaum verbreiten können«, und die Ökologie hätte es gut gehabt: »Nichtraucher, Vegetarier und Antialkoholiker hätten Oberwasser gehabt. Ordnung und Sauberkeit, Natur- und Denkmalschutz sind Gebote der Vaterlandsliebe.« Bei einem Sieg Hitlers hätte sich sodann, weiß Professor Demandt, die

NSDAP aus nicht näher beschriebenen Gründen plötzlich von einer Führerpartei in eine liberale verwandelt, jedenfalls hätte »Christos Plan, den Reichstag zu verpacken«, nach kontroverser Debatte »die Meinung in der Partei gespalten«.

Wirtschaftspolitisch wäre Hitler, obwohl er zu Lebzeiten alles getan hatte, um die Gewinne des nationalen Kapitals zu mehren, aus irgendwelchen Gründen gegen »das ungehemmte Gewinnstreben« eingetreten und hätte sich, weil ihm offenbar nichts so widersinnig vorgekommen wäre wie staatliche Kontrollen, ganz liberal gegen die »staatliche Gängelung« eingesetzt. Allen gesellschaftlich Benachteiligten wäre es unter Hitler viel besser gegangen als unter der heutigen Demokratie: »Daß er die Preisbildung durch Angebot und Nachfrage für eine jüdische Lehre hielt, bezeugt seine Entschlossenheit, zugunsten ›gerechter Preise‹ einzuschreiten. Sozialer Wohnungsbau stand auf dem Programm. Die Millionäre wären weniger zahlreich gewesen.«

Der Führer wäre den heutigen Wünschen der Bevölkerung noch mehr entgegengekommen: »Ein Ausländerhaß wäre kaum entstanden, jedenfalls nicht wegen Mißbrauch des Asylrechts. Ein solches hätte es nämlich nicht gegeben.« Die NSDAP hätte sich geradezu in eine modernere FDP verwandelt. »Nicht Blut und Boden, sondern Geist und Geld hätte er für seine Modernisierungsideen benötigt.« Weil sich auch die nationalsozialistische wie jede andere Ideologie verwässern läßt, »wird sie fruchtbar«. Bei soviel Reformfreude und liberaler Offenheit wäre sogar »nach einer Ausschaltung der Roten Armee durch die Wehrmacht und die Verabschiedung von Hitlers Worldcup-Wahn eine Normalisierung im Verhältnis zu den Juden und den Amerikanern denkbar«, und — worüber wir uns am meisten freuen — »zur Gefahr eines atomaren Overkills wäre es nicht gekommen, 50 Jahre Sozialismus hätten sich erübrigt«.

Die Hoffnung antiwestlicher Intellektueller auf eine Zukunft der Vergangenheit

Die »Offensive der Antiwestler« (Herzinger/Stein) signalisiert den Anbruch einer finsteren Zukunft. Sie wird mit Hilfe jenes geistigen Rüstzeugs herbeigeführt, das zu allem bereit macht, weil es hoffnungsfroh auf die Apokalypse zielt — ob da Nietzscheaner das Stahlbad des Krieges zur Ertüchtigung des Mannes predigen, Möchtegernmythologen die Notwendigkeit des Blutopfers beschwören oder Realpolitiker die Zwangsläufigkeit einer wachsenden Massenarmut und weltweiter Entscheidungskriege behaupten und damit die Forderung nach einer neuen Opferbereitschaft, ja sogar die Erwägung verbinden, ein neuer Faschismus stehe auf der Tagesordnung. In der Regel verbergen sich unter den mythologischen Verkleidungen der antizivilisatorischen Ideologen schnöde Absichten. Möglich aber auch, daß die Geheimnisse vortäuschende Ummantelung solcher Absichten den Dichtern und Denkern als Refugium dient, in das sie sich zurückziehen können, wenn mal wieder alles anders gekommen ist, als sie sich das dachten.

Was eigentlich macht den kriegslüsternen Herrenreiter Ernst Jünger so interessant, daß Helmut Kohl und Francois Mitterand ihn am 20. Juli 1993 um eine Audienz baten, Botho Strauß und Rolf Hochhuth der Meinung sind, sein Werk überrage die gesamte deutsche Nachkriegsliteratur, Peter Glotz den »Strahlungen« eine »hellsichtige Erzählhaltung« attestiert und die Theaterleute Heiner Müller und Frank Castorf ihn heftig bewundern? Wir wollen und können keine individuelle Psychognosie betreiben. Staatsmänner, deutsche zumal, werden die Kritik an der »westlichen« Raffgesellschaft und Jüngers Charakterisierung seiner Landsleute als Kollektiv, das sich den Sinn für Opfer und Gemeinschaft stärker als andere Völker bewahrt hat, attraktiv finden. Gegen die allgemeine zivile Verwestlichung ließe sich mit Jünger womöglich die besondere deutsche Kultur wehrhaft und effektiv aufrüsten, die Kultur jener Herrenmenschen, denen das »Gefühl für ritterliches Leben und Waffenehre oder auch altgermanischer Anstand und Bewußtsein für das Rechte sich ... im Blut erhielt«;[20] das wäre doch mal was ebenso Handfestes gegen die weltweit um sich greifende »kannibalistische Gesinnung« oder das »rasche und allgemeine Vernegern« wie die »schöne Kameradschaft der deutschen Soldaten untereinander«.[21] Jene Regressiven, die den anschwellenden Bocksgesang vernehmen, werden sich an Jüngers Abscheu vor dem Automatismus der Moderne und vielleicht auch an seiner »Wollust des Blutes« laben, die »an dem grenzenlosen Schwunge nur der Liebe verwandt« ist.[22] Sein »Blut«-Rausch paßt sich den gegenwärtigen Staatsführungserfordernissen besser ein als das dumpfe Geraune der Mythologen-Fraktion, weil Jünger sich, den Nazis ähnlich, nicht wirklich antimodernistisch im Blut suhlt. Dafür genießt er die Bomben, Maschingewehre und Feuersbrünste der Moderne zu sehr. Natürlich werden viele, die seine Erzählungen einfach nur schaurig-schön finden, eine solche Erklärung für die Jünger-Renaissance zurückweisen: zu unmittelbar und zweckorientiert, zu wenig geheimnisumflort! Es sei vielmehr, wie bei der Riefenstahl, seine Ästhetik, die, bahnbrechend und also richtig modern, begeistere. Ästheten sortieren die Welt in das Stilvoll-Schöne und das Gegenteil davon. Darüber läßt sich schlecht streiten. Der eine findet, da habe einer das langsame Sterben der 700 000 im von der Wehrmacht belagerten Leningrad in eine entzückende Prosa gepackt, dem anderen fehlt es in dieser Erzählung noch an der rechten Heiterkeit.

Eines allerdings ist auffällig: Die neuen deutschen Ästheten wählen die Objekte ihrer Bewunderung recht einseitig. Oder sind auch die Bombennächte von Dresden heiter beschrieben worden? Dresden du Schöne, als die Alliierten dich deflorierten, verglühtest du wie ein Feuerball. Niemand hat sich bislang gefunden, der die Schönheit des Untergangs der »Wilhelm Gustloff« in Worte gekleidet hätte, bei dem Tausende deutscher Flüchtlinge vom schlaftrunkenen Meer verschlungen wurden und das Kreischen der Möwen von jener Gelassenheit kündete, die Ernst Jünger empfand, als er ein Erschießungkommando befehligte. Wenn dieselben Honoratioren, die dem Pour-le-mérite-Dichter so gern die Hand schütteln, sich Jahr für Jahr bei der Gedenkfeier daran erinnern, wie die Körperteile des in die Luft gesprengten Alfred Herrhausen durch die Luft flogen, als ob im Zoo die Löwen damit gefüttert werden sollten, dann fehlt in den Ansprachen und Fernsehberichten das dichterische Bild vom wollüstigen Blut, das der Liebe verwandt sei. Entweder sind uns die Ästheten ausgegangen oder sie wagen derlei Prosa nicht, weil sie – gleichgültig, wie schön sie ihnen geriet – eher von einem Sondereinsatzkommando Besuch bekämen als von Helmut Kohl oder Leuten, die ihnen einen Literaturpreis aushändigen wollen.

Jüngers Ästhetik hat den Nutzen, daß unter ihr alles gleich wird, was gleich erscheinen soll. Schienen Heidegger die Fabrikation von Leichen, der motorisierte Ackerbau, die Gaskammer und die Wasserstoffbombe im wesentlichen »das Selbe« der Moderne zu verkörpern, so gäbe der Ästhet ihm Recht, wenn alles nur stilvoll durchgeführt und beschrieben würde. Die Bewunderung für Jünger ist ein Effekt der Kälte, die nach dem Verlust jeglichen Empfindens allein übrigblieb. Seine Bewunderer, in der Regel Männer, wollen teilhaben an jenem epochalen Umbruch, der eine Ära purer Mitleidlosigkeit ankündigt. Jünger ist ein Katalysator, der sowohl das Vergangene als auch das Zukünftige in die Gegenwart holt und daraus ein Ganzes macht. Ist das vergossene Blut erst zum zeitlosen Kunstwerk geronnen, können erschlagene Juden und zerschossene Soldaten ebenso genossen werden wie die Aussicht auf eine womöglich noch blutigere Zukunft. Jüngers ästhetische Vergangenheitsbewältigung macht schon heute den zukünftigen Schrecken konsumierbar – für gebildete Dummköpfe. Indem er sich müht, die von Deutschen aufgetürmten Leichen stilvoll zu präparieren, bietet er einen scheinbar unpolitischen Zugang zur deutschen Vergangenheit, der sowohl dem Altnazi als auch dem postmodernen Geist zupaß kommt, der sich gegen jede moralische und politische Festlegung sträubt.

Wenn etwa Frank Castorf, der Intendant der Berliner Volksbühne, für »faschistoide, vitale Gedankengänge« schwärmt, »Lust am Atomgewitter« hat, von irgendeiner Apokalypse träumt – mögen die »Hunnen kommen« oder »der Amazonas uns überschwemmen« –, dann möchte er eine »totale Revolution« oder weiß der Henker was erleben. Er »litt unter der DDR, diesem Koloß der Nichtbewegung«, sagt er, und bettelt um Verständnis für seine »Sehnsucht nach ... einem Stahlgewitter« (»Taz«, 16.1.1995). Aber ganz so beliebig scheint die apokalyptische Sehnsucht auch bei ihm nicht zu sein. Mit Arnold Bronnens Stück »Rheinische Rebellen« holte er das Gewitter gleich nach der Wiedervereinigung selber auf die Volksbühne. Seine Hauptdarstellerin ließ er rasen: »Sehnsucht hat mich besessen gemacht, Sehnsucht nach Deutschland, ich fuhr durch Deutschland, habe Deutschland gesehen, ich trank das Land, Dörfer betäubten mich, Städte kamen über mich wie rote Stiere, Berge drängten in meinen Leib ... als ich hörte, daß Deutschland untergehen soll, als ich von Verrat hörte, von Abfall, von Verhöhnung und Tritten, da wurde ich rasend ... ich möchte siegen. Es drängt mich vorwärts ... Schon höre ich die Signale des deutschen Sturms. Ich sehe weithin das Reich von Kolonnen voll Rauch voll Erhebung« (zit. n. »Konkret« 12/1993). Frank Castorf spielt mit dem deutschen Sturm, wie andere mit dem Blutrausch – nach dem Hummer.

Botho Strauß ist hin- und hergerissen. Mal prophezeit er im »Terror des Vorgefühls«, daß die Moderne mit einem Kulturschock enden werde, und bezweifelt, ob Deutschland überhaupt dazu fähig sei, den Führer wiederauferstehen zu lassen. Ein andermal mag er, im Vorgefühl der Apokalypse schwelgend, sich so genau nicht mehr festlegen, ob sie denn tatsächlich kommt: »Wenn man bedenkt, wie schnell der Feuerball der Narretei wächst und sich dem kleinen Planeten des Geistes nähert. Vielleicht morgen schon hat er uns alle ausgebrannt ... Vielleicht rast er aber auch an uns vorbei.«[23] Dann wieder setzen ihm Blähungen zu, und er ist sich sicher, daß »in unsere abstrakte Welt Bromios, der laute Schrecken, einschlägt« (ebd.). Den einschlagenden Bromios hat Strauß von dem französischen Intellektuellen Baudrillard abgekupfert – ein Hinweis auf die deutsch-französische Achse in Sachen antimodernistischer Agitation. Baudrillard hatte in den achtziger Jahren geschrieben: »Wir fürchten es, wir wollen es mit aller verbleibenden Macht verhindern und haben doch kein sicheres Mittel zur Abwehr, wenn in unsere abstrakte Welt Bromios, der laute Schrecken, einschlägt ... Die Wirklichkeit blutet wirklich jetzt« (zit. n. »Taz«, 12./13.8.1995). Da wollte Baudrillard Bromios noch abwehren. Doch bald schon vermißte er im lauen Westen die Bereitschaft für den lauten Schrecken. »Armer Westen«, konstatierte Baudrillard einige Jahre später. Die Armut vermutete er in militärischer Impotenz, die mit einer »geistigen Lähmung der zivilisierten Welt verbunden« sei. Auch er ist also davon überzeugt, daß die vermeintliche Impotenz des Westens mit seiner Unfähigkeit zum Blutopfer zusammenhängt. Schon im Golfkrieg habe der Westen fälschlicherweise auf »Null Tote« der eigenen Seite geachtet. Das Falsche am »Humanitären« sei eben die Ersetzung der »kulturstiftenden Bedeutung des Opfers« durch das Prinzip des Überlebens um jeden Preis.

Der Soldat, der eigentlich keiner mehr ist, weil er nicht geopfert werden soll, sei zugleich »Sinnbild des Schicksals des zivilisierten Menschen, ... dessen Existenz für gar nichts mehr geopfert werden kann – denn wir setzen nur Dinge aufs Spiel, die in unseren eigenen Augen irgendeinen Wert besitzen können«. Ein »vor dem Tod beschütztes Leben« werde »Abfall, dessen man sich nicht entledigen kann«. Heimlich würde der Westen daran arbeiten, »eine blutlose und gleichgültige Welt hervorzubringen«. Doch auch bei Baudrillard schimmert manchmal eine ganz unphilosophische Absicht durch. Er will, daß der Westen einen Krieg gegen die Serben beginnt, und bezichtigt ihn, weil er das, als Baudrillard sein Pamphlet schrieb, noch nicht ausreichend tat, einer »tiefgreifenden Komplizenschaft« mit »den Serben« (ebd.). Alle Annahmen des französischen Philosophen sind falsch oder widersprüchlich. Anstelle der Greueltaten, die seiner Meinung nach aus der unterstellten Komplizenschaft mit den Serben resultieren, will er bloß andere: solche, die sich gegen die Serben richten. Wie kann er dem Westen das Prinzip des Überlebens um jeden Preis vorhalten und ihm gleichzeitig unterstellen, er verhalte sich dem Leben der Menschen gegenüber völlig gleichgültig? Unbeabsichtigt und indirekt wird seine Kritik am Westen zu dessen völlig überzogenem Lob. Seine Behauptung, daß das Leben des Menschen dort, wo er nicht mehr in den Tod geschickt werde, wertlos sei, enthält den vielleicht gedachten, dann aber aus Feigheit doch nicht geäußerten Umkehrschluß, daß der Wert des Menschen im Nationalsozialismus am höchsten gewesen sein muß. Natürlich ist es genau umgekehrt: »Nur eine Menschheit, der der Tod so gleichgültig geworden ist wie ihre Mitglieder: eine die sich selber starb, kann ihn administrativ über Ungezählte verhängen.«[24]

Daß der Westen seine Soldaten nicht mehr opfern würde, ist durch nichts bewiesen und wird noch reichlich widerlegt werden. Noch nie sind Soldaten etwas anderes als Kanonenfutter gewesen. Baudrillard zufolge aber rettet die Wertlosigkeit des einzelnen ihm heute immerhin sein Leben – gerade das macht den Intellektuellen unzufrieden, eben deshalb. O heiliger Tod, wann kehrst du in unsere Mitte zurück? Bald, sinnierte Peter Handke in seiner Pariser Villa, schon bald würde der »reinigende Bürgerkrieg« kommen. Woraufhin Antje Vollmer ihn sofort aus der Mitgliederliste ihrer europäischen Elite strich. Wir erinnern uns: Für Frau Vollmer war der innervölkische Bürgerkrieg, in dem es um Gerechtigkeitsfragen geht, von Übel; nur im Krieg zwischen den Nationen – mit General, Lametta und Tschingderassabumm – vermutet sie die Chance zu einer »blutigen Erneuerung« der Völker.

Nicht jedem Gedanken der Apokalyptiker darf eine direkte Absicht unterstellt werden. Es mag sogar sein, daß Frank Castorf, der nach Faschistoidem lechzt, wieder zum Gegner des Faschismus würde, sollte der sich denn durchsetzen (zumindest hat er das in einem Fernsehgespräch behauptet). Mitunter hat man den Eindruck, daß die apokalypsegeilen Bildungsbürger nur darauf hoffen, daß mal wieder was los ist. Wenn sie vom Blutopfer faseln und vom Vorgefühl des Grauens sich schaudernd ergreifen lassen, dann wirkt das, als ob da verstockte, erlebnisarme Pubertäre auf groben Unfug aus sind, weil sie Abwechslung in das Einerlei ihrer Tagesabläufe bringen wollen, ohne zu begreifen, wonach sie wirklich rufen. Sie scheinen mit der Gewalt zu spielen, wie der Gymnasiast mit dem Chemiebaukasten, mit dem er schließlich in die Luft flog, und nicht zu begreifen, daß weder Jüngers Kasino-Kameraderie noch die »Opferung« eines Fremden heute irgend etwas Archaisches an sich hat. Die Moderne hat die archaischen Mythen durchs Geldverdienen und durch die Nation ersetzt. Heute gibt die Obrigkeit die Opfer vor, überwiegend auch die Zeremonie, in deren Verlauf sie getötet werden, und sie kontrolliert die Ausführung der Tat. Die Regierung beruft sich, nachdem sie mit der Kampagne »Das Boot ist voll« Flüchtlinge zu einer Bedrohung gemacht hat, auf die Rassisten, um aus deren Taten die Pflicht zur Verteidigung der Heimat – sei's Deutschland, sei's Europa – abzuleiten. Nichts davon ist ein fehlgeleiteter, aber produktiver Ausbruch. Die Tat ist willfährig, und jedem rechten Henker ist bewußt: Sollte irgendein Mitglied der Obrigkeit von den falschen Ritualmördern »geopfert« werden, erwartet sie der Tod – auf der Flucht, durch einen unbeabsichtigten Querschläger oder durch »Selbstmord« ohne Zeugen.

Es ist die Emphase verwunderlich, mit der die neuerlichen faschistoiden, vermeintlich vitalen Vorstellungen gegen die Moderne oder den Westen gesetzt werden. Der Nationalsozialismus war schließlich eine Mischung aus Moderne, Zivilisation und Wahn. Der Wahn, der zu den Massenmorden trieb, konterkarierte zwar die Prinzipien des verhaßten Westens, war aber deshalb kein Rückfall ins Archaische. Die Greueltat blieb unters Staatsgesetz gebeugt. Der Nationalsozialismus war eine organisierte, kontrollierte, uniformierte, in Wissenschaft, Statistik, Buchführung, moderne Produktion und gute Tischsitten gehüllte Gesellschaftsmaschine, Ergebnis der besonderen deutschen Zivilität. Auch die Nazis waren durch die Aufklärung gegangen. Den Wehrmachtsoffizieren waren Kant, Humboldt, Goethe, Schiller, Beethoven nicht fremd. Bei abendlichem Kerzenschein in einem Humanisten zu blättern und tagsüber ein Erschießungskommando zu leiten, ging gut zusammen – Ernst Jünger ist ein gebildeter Mann.

Den Nazis war das Paradox gelungen, sich selber als eine von der Vorsehung beauftragte Bewegung zu präsentieren, die das Abendland vor barbarischen »Untermenschen« zu retten habe. Den Juden wurden deshalb in Zeitungen und im Rundfunk täglich Greueltaten nachgesagt. Angeblich würden sie immerfort blonde Frauen vergewaltigen. Die Masse der Bevölkerung dagegen war ganz unbarbarisch organisiert in Jugendbünden, im Arbeitsdient, im Massensport, in Heimatfesten, Aufmärschen, selbst zum Zwecke der Menschenzüchtung und in den Kraft-durch-Freude-Ferien. Adolf Eichmann hatte viele Eigenschaften, die dem Funktionieren (in) der Zivilisation dienlich sind. Noch im Zusammenbruch des Nazi-Reiches fand der Glaube an die eigene Anständigkeit seinen Ausdruck darin, daß Millionen Deutsche vor der Roten Armee, in der sie das Barbarische schlechthin verkörpert sahen, in die Arme der zivilisierten Armeen der Westalliierten flohen. Für die Nazis war NS-Deutschland das Höchste, dahinter jedoch rangierte bei ihnen das westliche System, in dem sie dann sogleich erfolgreich waren. Mit Ausnahme der engsten Führung waren fast alle nationalsozialistischen Wirtschaftsführer, Wissenschaftler, Generäle, Richter und Mitläufer bald glücklich im »Westen« gelandet, mit dessen Gnade sie rechnen durften. Nach einigen Anstandsübungen wurden sie in seine ökonomischen und militärstrategischen Zwecke eingebunden. Der Nazi machte auf Demokrat, hielt sich an Gesetz und Ordnung, ging seinen Geschäften nach, wurde Bürgermeister, Richter und demokratischer Staatsmann. Wie viele andere Schlächter wäre auch Eichmann ein brauchbarer Zivilist geworden, irgendwo im Außenamt, zuständig für den Rücktransport abgeschobener Asylbewerber/innen.

Einige der Bockssänger, die befürchten, daß Demokratie und Konsum der Apokalypse samt Resurrektion des Führers im Wege stehen, scheinen zu bedauern, daß den Westdeutschen der »Westen« schon zu tief in die Glieder gefahren ist. Sie hassen ihn dafür um so mehr. Ihr manchmal pubertär anmutendes Gerede ist aus einem doppelten Grund keineswegs harmlos: Die Legitimation der Gewaltexzesse als natürlich, irgendeinem gesellschaftssanitären Zweck dienend oder gar produktiv forciert eine faschistische Bewegung, deren Vorboten die Pogrome und die Sympathien der Staatsbürger für sie gleichermaßen sind. Ihre antiwestliche Ausrichtung zielt auf die völkische Erneuerung Deutschlands, das endlich — kühner und grausamer als alle Konkurrenten bisher auf dem Planeten — siegen soll. Ihre Beschwörung von Apokalypse, Krieg, Gewalt, Opfer, ihr Verständnis fürs Pogrom schüren jene Verunsicherung, die der Kapitalismus für die Durchführung seiner Programme nutzen kann, und die der Faschismus als Grundstimmung benötigt.

Die Stimmung der Mehrheit der Deutschen schwankte im Nationalsozialismus zwischen Faszination und Angst. Die Menschen waren angetan von den Arbeitsplätzen, fasziniert von den Aufmärschen, kraftmeierischen Reden, der scheinbar unbändigen »Selbstbestimmung«, die die »Versailler Schandverträge« vom Tisch fegte, den Anfangssiegen der räuberischen »Heim ins Reich«-Politik, und sie war benebelt von der Propaganda, die ausschließlich Siege verkündete. Vor allem aber steckte den Deutschen der Untertan in den Gliedern, und die Nationalsozialisten verstanden es, sein Angst- und Unsicherheitsgefühl wachzuhalten. Das Abtransportieren der Juden vor aller Augen und die öffentliche Jagd auf Kommunisten riefen selbst bei denen, die keine überzeugten Nazis waren, Erleichterung hervor, nicht zu den Verfolgten zu gehören. Das Gebelfer gegen Außenseiter gehörte längst zum Alltag von Kindesbeinen an: Abweichler, Unsportliche, Unsoldatische, Schwache, Sensible. Ein solches Leben in Unsicherheit erzeugt bei den Untertanen den Wunsch nach Anlehnung an die Mächtigen, die allein zu schützen vermögen, und den Drang, das von ihnen Verlangte überzuerfüllen.

Norbert Elias schreibt: »Der Zivilisationsprozeß vollzieht sich im Zusammenhang mit einer ständig wachsenden Begrenzung der äußeren Gefahren und dementsprechend mit einer Begrenzung und Kanalisierung der Ängste vor solchen äußeren Gefahren. Diese, die äußeren Gefahren des menschlichen Lebens, werden berechenbarer, Wege und Spielfeld der menschlichen Ängste geregelter. Die Unsicherheit des Lebens erscheint uns heute manchmal groß genug, aber sie ist gering, verglichen mit der Unsicherheit des einzelnen etwa innerhalb der mittelalterlichen Gesellschaft. In der Tat ist die stärkere Regelung der Angstquellen, die sich mit dem Übergang zu unserem Gesellschaftsaufbau langsam herstellt, eine der elementarsten Voraussetzungen für jenen Verhaltensstandard, dem wir durch den Begriff ›Zivilisation‹ Ausdruck geben; der Panzer des zivilisierten Verhaltens würde sehr schnell zerbrechen, wenn durch eine Umwandlung der Gesellschaft von neuem ein solches Maß von Unsicherheit, eine so geringe Berechenbarkeit der Gefahren über uns hereinbrechen würde wie ehemals; bald genug würden dann auch die entsprechenden Ängste die Grenzen, die ihnen heute gesetzt sind, sprengen. Eine spezifische Form von Ängsten allerdings wächst mit der zunehmenden Zivilisation selbst. Das sind die ›inneren‹, die halb unbewußten Ängste, die Ängste vor der Durchbrechung der Restriktionen, die dem zivilisierten Menschen auferlegt sind.«[25]

Es gehört seit je zur Strategie der Faschisten, den Panzer des zivilisierten Verhaltens aufzubrechen, um Ängste freizusetzen und die Unsicherheit ins Unermeßliche zu steigern, weil dies ihrem Machtanspruch entgegenkommt. Systematisch wird Gewalt geschürt und produziert, so daß die dadurch Verunsicherten sich schutzsuchend um sie gruppieren. Den Verängstigten wird um den Preis Schutz gewährt, daß sie ihrerseits Täter werden und den zur Jagd freigegebenen Menschen Gewalt antun. Die in einen Angstzustand versetzte Bevölkerung wird nach einem starken Staat rufen, der die Ordnung wieder herstellt. Wenn die Kräfteverhältnisse es zulassen, stehen die Faschisten dann selber zur Verfügung, um Ruhe und Ordnung einzurichten. In der zitierten Passage von Norbert Elias kommt jedoch nicht genügend zum Ausdruck, daß die Gewalt nicht etwa aus mittelalterlichen oder archaischen Zeiten mitgeschleppt, sondern im zivilen Kapitalismus selber gemacht und erneuert wird. In einer Gesellschaft, die sich selber über das Konkurrenzprinzip »jeder gegen jeden« und in Kriegen reproduziert, die den Fremdenhaß kalkuliert einsetzt, die Freiheit, Lust und Genuß in ihren Produktionsverhältnissen und Normen erstickt, zu deren Normalität es zählt, daß Männer sich gewalttätig an Frauen und Kindern abreagieren (aus Gründen der Tradition, der eigenen tagtäglichen Demütigung oder aus anderen Gründen), – in einer solchen Gesellschaft läßt sich die Gewalt durch Errungenschaften des Zivilisationsprozesses nicht dauerhaft aufheben.

Die Ursachen der Gewalt zu beseitigen hieße, die existierenden Verhältnisse so radikal umzuwälzen, daß die Anlässe für den Aufbau von Aggressionen verschwinden und der Drang zur Destruktion durch die Lust ersetzt wird. Es zählt zu den Lügen des Systems, Gewalt als etwas ihm Äußerliches hinzustellen, das als rätselhaftes, gar unüberwindbares Relikt aus grauer Vorzeit in den Individuen überlebt habe und nur durch Polizeigewalt zu beherrschen sei. Eine solche Begründung des staatlichen Gewaltmonopols bleibt auch dort unwahr, wo es in an sich schlechten Verhältnissen durch Errungenschaften der Zivilisation geschützte Bereiche zu erhalten gilt. Diesen Schutz aber als das Wesen des zivilen Staates auszugeben, wäre bereits die nächste Lüge. Zu dessen besonderen Merkmalen zählt nämlich, daß Menschen, die Schutz am nötigsten haben, ihn entweder nicht bekommen oder zusätzlich Prügel beziehen. Das trifft für diejenigen, die der verlangten Leistung nicht nachkommen (und denen darum die Versorgung entzogen wird), genauso zu wie für geprügelte Frauen und Kinder, für Asylbewerber/innen, Suchtkranke oder Berber, die der blutigen Gewalt und Demütigung ziviler Totschläger ausgesetzt sind.

Neben der Spekulation auf gesellschaftliche Katastrophen liegt die zweite Gefahr der Bocksgesänge in der prophetischen Qualität ihrer Offenbarungen. Die gegenwärtige Metamorphose eines erheblichen Teils der Intellektuellen könnte einen Umschwung der gesamtgesellschaftlichen Stimmung ankündigen. Hatten 1968 zahlreiche Professoren und Kulturschaffende der linken Revolte Verständnis entgegengebracht, sind gegenwärtig vor allem die Verkünder antiemanzipatorischer, kriegerischer Visionen am Zuge – wie in Weimarer Zeiten. Ihr ausgeprägter Opportunismus verrät ihnen mit einer gewissen Sensibilität, wohin der Zug wohl fährt, auf den sie schneller noch als andere springen und dessen Fahrt sie beschleunigen. Als hätten sie empfindliche Seismographen im Kopf, registrieren sie die Richtung der Verschiebungen und Verwerfungen, die sich unter der Oberfläche der Gesellschaft vollziehen, und übersetzen sie in ihre Begrifflichkeit. Ethnokriege, Fremdenhaß, völkischer Größenwahn, Antisemitismus, Bereitschaft zu ökonomischen Opfern für die Nation, Ruf nach Führung, absehbare Kriege, düstere Zukunftserwartungen im allgemeinen spüren sie auf und versehen sie mit den Weihen jenes feigen Intellektuellen, der das Heraufziehen des Bösen antizipiert und vorsorglich schon mal bei ihm um Schutz nachsucht. Sie biedern sich mal wieder an, und das verheißt nichts Gutes.

Offenbar fördert eine aussichtslos scheinende Zukunft die Regression. Die Sehnsucht nach unverfälschten Werten, die in der Vergangenheit gegolten haben sollen, wächst wieder. Man hat, wenn schon nichts Erfreuliches zu erwarten, dann wenigstens ein großes Erbe sorgsam zu hüten. Nach seinem »Bocksgesang« schrieb Botho Strauß »Wohnen Dämmern Lügen«. Iris Radisch rezensierte das Buch in der »Zeit« (12.8.94): »Gleich im ersten Fragment wird aus der Erzählung vom Warten auf einem ›stillgestellten Bahnhof‹, in dem ›keine Fahrpläne‹ mehr hängen und also der ›Sinn des Wartens‹ auf eine mögliche ›Ankunft‹, die Hoffnung auf ›Heimfahrt‹, verloren ist, ein großes metaphysisches Sinnbild für das Ende der Fahrt in die Zukunft, des Fortschritts. Den Verlorenen, die diese absurde Wartehalle des Lebens in den folgenden Prosastücken betreten, bleibt nur eine Rettung: die Rückkehr in die Tiefen der Vergangenheit, in ein ›dunkles vorzeitiges Verhalten‹ der Gattung Menschentier.« Das damit verbundene Programm, schreibt Iris Radisch, sei bekannt, es ist »in Ton und These ein später Abklatsch der romantischen Universalpoesie mit allem, was schon zu Zeiten des ›Athenaeums‹ von Friedrich Schlegel dazugehörte: der Traum von der goldenen Vergangenheit, die Trauer über den Krämergeist der Gegenwart, ... die Empörung über den ›Philister‹, der nur um des ›irdischen Lebens willen‹ lebt. So steht es in Schlegels Fragmente-Sammlung, so steht es in beinahe wörtlicher Wiederholung bei Botho Strauß.« Auf der Suche nach einer Kraft, die die Konkurrenzgesellschaft zusammenhalten und dem Individuum Sinn geben soll, wird das Barbarentum romantisch verklärt, wobei die deutsche Regression selbstverständlich nur deutsches Erbe resorbieren und fremde Einflüsse mit Verunreinigung identifizieren wird.

Mehr noch als in anderen reichen Ländern ist in Deutschland die Vorstellung von einer dunklen Zukunft der Welt verbreitet, einer Zukunft unüberschaubarer Gefahren: technischer, atomarer, ökologischer, militärischer, klimatischer, ökonomischer. Längst hat man hierzulande die Reproduktionsfähigkeit des kapitalistischen Systems insgesamt in Frage gestellt. Der von den europäischen und nordamerikanischen Nationen im letzten Jahrhundert als gottgewollt bzw. als natürlich empfundene, unaufhaltsam scheinende Aufstieg zur Beherrschung der Welt ist ins Stocken geraten. Industrielle Konkurrenten erwachsen im asiatischen Raum und ideologische in Form des Islam. Die europäischen Sieger müssen registieren, daß von ihrer Christianisierung, mit der sie die Ausplünderung der Welt begleiteten, im Bewußtsein der Unterworfenen bloß die Entfremdung und die Gewalttätigkeit im Namen des neuen Gottes übrig geblieben sind.

Die Deutschen hatten nach der »Schmach« der beiden verlorenen Weltkriege und der Teilung ihres Landes mit Blick auf ihre Exportweltmeisterschaft gerade wieder etwas Hoffnung auf noch größere Größe getankt, als der Pessimismus die hausgemachte Freude zu trüben begann. Ihr Größenwahn (endlich eine souveräne Weltmacht!), der mit der Wiedervereinigung einen Schub erhielt, verband sich rasend schnell mit der Vorstellung vom Ende des Sozialstaats. Die gesellschaftliche Entwicklung führt in eine autoritäre, sozialdarwinistische, kriegerische Zukunft, und mit der relativen Leichtigkeit der Leistungs-, Konsum- und Vergnügungsgesteuerten scheint es vorbei zu sein. Nachdem der pessimistische Blick in die Zukunft zunächst eine Sache der neuen sozialen Bewegungen zu sein schien, die sich bei vielen Anlässen prophylaktisch schon mal selber als Leichen spielten, werden gegenwärtig auch die Perspektiven des Proletariats einer Schockbehandlung unterzogen.

Die beiden unversöhnlichen Klassen der »Moderne«, Kapitalisten und Lohnabhängige, waren für einen gewissen Zeitraum einen Pakt eingegangen gegen jene, die ihnen die Freude an ihrer gemeinsamen Zukunft madig machten. Sie stritten zwar um Lohn und Arbeitszeiten, doch standen sie Schulter an Schulter gegen diesen Angriff auf ihr fundamentales Prinzip, das da lautet: Alles Schaffen hat sein Gutes, weil es Schaffen ist. Wie die wütenden Aufrufe von Gewerkschaften gegen die Anti-Atom-Bewegung (»Werft die Molukker in die Weser!«) und die tätlichen Angriffe auf Info- und Bücherstände zeigten, war die Einstellung der Proleten von Siemens vorgegeben. Ideale, die vom ewigen Schaffen und Konsumieren abwichen, hatten es zudem schwer, weil alternative Formen gesellschaftlicher Organisation weniger effizient waren und auch sonst nicht besonders attraktiv wirkten. Da schien der Status quo noch das beste zu sein.

Seit den Proleten der Preis für ihre Fügsam- und Gefälligkeit mit der permanenten Verdächtigung, sie hätten schmarotzend über ihre Verhältnisse gelebt, materiell bestritten wird, verdüstert sich auch ihr Zukunftsbild. Den West-Proleten ist der schützende Partner abhanden gekommen, der ihnen für den Einsatz gegen die Zukunftspessimisten noch die klobigen Gags geliefert hatte (»Strom kommt aus der Steckdose« – was haben wir gelacht!). Er schimpft nun über ihre Gefräßigkeit und prophezeit, daß es ihnen bald deutlich schlechter gehen werde. Zur Zeit deutet nichts darauf hin, daß die vereinigte ausgebeutete Klasse noch rechtzeitig ein renitentes Bewußtsein entwickeln wird, um sich gegen den regressiven Sog zu stemmen. Es hat vielmehr den Anschein, daß düstere Zukunftserwartungen die Anpassung an das scheinbar Unvermeidliche der Gegenwart, möglicherweise sogar einen vorauseilenden Gehorsam gegenüber den Anforderungen der gefürchteten Zukunft befördern. Je öfter die Grünen wiederholten, es sei bereits fünf Minuten vor zwölf, desto hastiger suchten sie sich in diesem System ein warmes Plätzchen.

Der Glaube an den »ewigen« Fortschritt schien in der Geschichte ein Nährboden für Befreiungsideen und -kämpfe zu sein. Offenkundig ist das bis in die zweite Hälfte des letzten Jahrhunderts auch der Fall gewesen: Die Verweigerung einer Teilhabe an diesem Fortschritt löste unter den Benachteiligten eine Bereitschaft zum Handeln aus. Herbert Marcuse ist der Auffassung gewesen, daß »auch Marx noch zu sehr dem Begriff des Kontinuums des Fortschritts verhaftet war, daß auch seine Idee des Sozialismus vielleicht noch nicht oder nicht mehr jene bestimmte Negation des Kapitalismus darstellt, die sie darstellen sollte«.[26] Diese Kritik zielte auf eine Radikalisierung des Marxismus, insoweit der Glaube an den historischen Fortschritt unterm Kapitalismus die Analyse seiner Destruktivkräfte relativierte. Tatsächlich finden sich bei Marx und Engels hoffnungsfrohe Formulierungen, die aus heutiger Sicht übertrieben klingen. Im »Kommunistischen Manifest« erscheint der Kapitalismus an manchen Stellen im Gewand eines Wunderheilers. Alle Umwälzungen durch die moderne Bourgeoisie werden als »begleitet von einem entsprechenden politischen Fortschritt« vorgestellt. Das Bedürfnis nach Märkten »jagt die Bourgeoisie über die ganze Erdkugel«, dabei vernichte sie »uralte nationale Industrien« und ersetze sie durch neue, »deren Fabrikate nicht nur im Lande selbst, sondern in allen Weltteilen zugleich verbraucht werden«. »An die Stelle der alten lokalen und nationalen Selbstgenügsamkeit und Abgeschlossenheit tritt ein allseitiger Verkehr ... Die wohlfeilen Preise ihrer Waren sind die schwere Artillerie, mit der sie ... den hartnäckigsten Fremdenhaß der Barbaren zur Kapitulation zwingt«, sie sogar dazu antreibe, die »Zivilisation bei sich selbst einzuführen«. »Geschlechts- und Altersunterschiede haben keine gesellschaftliche Geltung mehr für die Arbeiterklasse.« Die moderne industrielle Arbeit, »dieselbe in England wie in Frankreich, in Amerika wie in Deutschland, hat ihm (dem Arbeiter, d.V.) allen nationalen Charakter abgestreift. Die Gesetze, die Moral, die Religion sind für ihn ... bürgerliche Vorurteile«. Schließlich habe sie »gewaltige Produktions- und Verkehrsmittel hervorgezaubert, gleich dem Hexenmeister, der die unterirdischen Gewalten nicht mehr zu beherrschen vermag, die er heraufbeschwor«. Insofern habe »die Bourgeoisie ... nicht nur die Waffen geschmiedet, die ihr den Tod bringen; sie hat auch die Männer gezeugt, die diese Waffen führen werden – die modernen Arbeiter.«

Aus der allgemeinen Überzeugung vom Fortschreiten des Fortschritts, dem bloß der Kapitalismus seiner Krisen wegen noch im Wege war, erwuchs ein positives Bild vom Proletariat als dem Subjekt der Befreiung, welches die Dialektik von Fortschritt und Hemmnis im Kapitalismus durch die Beseitigung der Hemmnisse zur ungebremsten gesellschaftlichen Höherentwicklung hin auflösen würde. Wir wissen heute, daß die kapitalistische Durchdringung der Welt keineswegs dazu geführt hat, daß die Fabrikate in allen Weltteilen zugleich verbraucht werden. Genausowenig zwingt der Kapitalismus über seine Zivilisation den Fremdenhaß der »Barbaren« zur Kapitulation. Im Gegenteil: Zivilisierte Armeen erwiesen sich als vom Fremdenhaß beseelte Schlächter, und die Endlösung war eine Leistung des hochentwickelten deutschen Kapitalismus und stammte nicht aus seiner Vorzeit. Der Gegensatz von Jung und Alt innerhalb der Arbeiterklasse ist durch die industrielle Maschinerie nicht aufgehoben, sondern derart verschärft worden, daß Menschen ab 35 Jahren bei ihren Bewerbungen oft schon wie Greise behandelt werden. Daß der Kapitalismus im Proletariat die Stellung der Geschlechter einander angleichen würde, läßt sich ebenfalls nicht beobachten. Letztlich stellen autoritäre Entwicklungen im modernen Kapitalismus und die von ihm eingerichteten Diktaturen auch den erwarteten allgemeinen politischen Fortschritt arg in Frage. Immerhin: War auch manche Hoffnung im Glauben an den Fortschritt übertrieben, löste sie gleichwohl emanzipatorische Kämpfe aus. Heute mag manche pessimistische Zukunftserwartung ihrerseits übertrieben sein und wird hoffentlich nicht eine sich selbst erfüllende Dynamik entfalten.

Die barbarischen Rituale, das wissen die Apologeten des Bocksgesangs, sind sowenig wiederzuerwecken wie der Kapitalismus durch gegenmoderne Tendenzen zu bremsen ist. Die Moderne macht keinerlei Anstalten, in archaische Zeiten abzutauchen, sondern sichert ihre Reproduktion mit Bio- und Gentechniken, mit digitalen Datenautobahnen, die Europas Produktions- und Dienstleistungsstätten immer dichter vernetzen, und mit waffentechnisch weiter verfeinerten Kriegen, die gleichzeitig zu gigantischen Medienspektakeln werden. Der Propagandafeldzug gegen die westliche Raffgesellschaft, die Glorifizierung der Barbarei und die Ästhetisierung des Krieges erschüttern nicht die Moderne, sondern dienen der ideologischen Absicherung dessen, was der deutsche Kapitalismus heute verlangt. Sie verleihen der wachsenden Brutalisierung Sinn.

Nicht Ackerbau, Atombombe und Auschwitz sind, wie Heidegger vermutete, »das Selbe« in der Moderne, weil das den Prinzipien des Kapitalismus unterworfene Denken und Handeln Unterschiede zwischen diesen Begriffen machen kann. Der immanente Zwang zur Industrialisierung des Ackerbaus ist nicht zugleich der Zwang, der die Mordmaschine in Deutschland hervorbrachte, sonst hätte man sie auch woanders haben müssen. Der Zwang zum gleichen liegt darin, daß die Differenz einem Immanenzprinzip unterworfen ist. Das dominante Denken markiert das Ende der Dialektik insofern, als es Verweigerung, Nicht-mitmachen-Wollen, Negation des Bestehenden und Umsturz ausschließt, aber in den Grenzen des Systems können und sollen Alternativen miteinander streiten. Im Alltag werden sie die Bedeutung der Entscheidung zwischen einem Auto mit oder einem ohne Katalysator haben. In weltpolitischen Fragen kann sich die Bedeutung einer Wahl zwischen verschiedenen Alternativen allerdings bis zur Entscheidung von Fragen steigern, die von allergrößter Tragweite sind, auch wenn sie »das Selbe«, den Zwang und die Notwendigkeit kapitalistischer Akkumulation, nicht direkt zum Gegenstand haben. Die Bewegung gegen den Vietnam-Krieg etwa schloß in den USA zwar nicht die Forderung ein, den US-Kapitalismus zu stürzen, gleichwohl förderte sie eine gesellschaftliche Demoralisierung, die vielen Menschen das Leben gerettet hat. Ebenso existentiell stellt sich heute die Alternative zwischen einer bürgerlich-demokratischen und einer faschistischen »Moderne«. Wer da behauptet, das sei »das Selbe«, weil beide der Moderne verhaftet blieben, ist ein Schuft. In der Unterscheidung zwischen diesen Alternativen nämlich äußert sich der diametrale Unterschied zwischen einer emanzipatorischen Kritik der immanenten Zwänge des Kapitalismus und einer Kritik, die sich mit Blutopfer, Faschismus oder Apokalypse gegen seinen »Automatismus« wendet. Bis an ihr Ende getrieben hebt die eine Entscheidung die Zwänge auf, während die andere sie beibehält und nur totalitär und grausamer ausüben möchte.

Nachdem auch in der öffentlichen Wahrnehmung die bisherigen Abweichler und Opponenten zu Konformisten geworden sind, erscheinen vor allem die Rechten noch als Unangepaßte. So ruft die Kritik am Westen in einer Epoche, in der die Befreiung vom Kapitalismus nichts mehr zählt, auf der einen Seite eine Intensivierung des von ihm selber praktizierten Sozialdarwinismus und auf der anderen Seite – als Gegenappell – die falsche Verteidigung des »westlichen« Kapitalismus hervor.

The West versus the Rest

Als wollten auch die Verteidiger des Westens bestätigen, daß in ihrem Denken alles »das Selbe« und die Fähigkeit zur Dialektik abgestorben sei, setzen sie in ihren Kampfschriften und -reden die Kritik an den Zwängen des Kapitalismus, die sich gegen die Unterdrückung der Menschen und ihre Opferung fürs große Ganze richtet, mit der Kritik gleich, die – entgegengesetzt – das Menschenopfer fordert. Richard Herzinger und Hannes Stein zählen in ihrem Buch gegen die »Offensive der Antiwestler« Heiner Müller zu den Linken, um mit diesem billigen Trick ein Vorurteil zu bestätigen: »Der Glaube, daß das Heil der Gemeinschaft aus dem heiligen Töten kommt, eint also ›reaktionäre‹ und ›fortschrittliche‹ Antiwestler. Die Sehnsucht nach dem Blutopfer kann somit als ein Strukturmerkmal des antiwestlichen Denkens gelten.«[27] Der Sinn dieser Gleichmacherei ist schlicht: Das kapitalistische System erscheint als unantastbar.

Herzinger und Stein, auf deren Kritik an den Antiwestlern wir uns einige Male bezogen haben, suchen nach einer prowestlichen Antwort. Sie zitieren den US-amerikanischen »Gelehrten« Samuel Huntington, der die Welt »in einem vieldiskutierten Essay« in acht Kulturtypen teilt. Die sieben anderen Kulturen – die konfuzianische, japanische, islamische, hinduistische, slawisch-orthodoxe, lateinamerikanische und afrikanische – seien mit der des Westens »inkompatibel«. Da sie keine Aufklärung durchschritten hätten, müsse ihnen »der Begriff des freien Individuums ... immer wesensfremd bleiben«. Allenfalls seien die »nicht westlichen Zivilisationen fähig, eine eigenständige Moderne zu entwickeln. Als Beispiel dienen Huntington jene asiatischen Staaten, die ... hochgradig effizient und kapitalistisch sind.« (ebd.) Um die Unvereinbarkeit der aufgeklärten Kultur des Westens mit den übrigen Kulturen zu verdeutlichen, hat Huntington »die berühmt gewordene Formel« geprägt: »The West versus the Rest«.

Für Huntington ist es eine Illusion zu glauben, »der Westen könne künstlich eine universalistische Globalkultur kreieren. Statt dessen werde es eine Welt verschiedener Zivilisationen geben, die nun versuchen müßten, irgendwie miteinander auszukommen.« (ebd.) Herzinger und Stein kritisieren zu recht: »In Wahrheit ist das Antiwestlertum aber nichts als der Schatten, den der Westen auf die Welt wirft.« Sie weisen darauf hin, daß Konflikte nicht getrennt nach Kulturkreisen verliefen. »In Wirklichkeit sind Serben, Kroaten und Bosnier einander kulturell so fremd wie Bayern, Franken und Berliner ...« Und sie stellen fest: »Als Diagnose« sei »Huntingtons These soweit nicht sonderlich ernst zu nehmen«, wohl aber als »politisches Programm: Samuel Huntington ist der Vordenker eines Amerika, das seinen universalistischen Anspruch aufgibt. Doch ein Westen, der sich selbst zu einer partikularen Kultur erklärt; ein Westen, der aufhört, seine liberalen Werte zu verbreiten; ein Westen, der im Namen der Realpolitik mit seinen Todfeinden kollaboriert – ein solcher Westen ist keiner mehr.« Die Autoren bedauern: »Dabei wird man sich auch darauf berufen, daß unsere liberalen Hirngespinste für fremde Zivilisationen keinerlei Bedeutung hätten: Menschenrechte sind eben nichts für konfuzianische Asiaten.« Die den Westen auszeichnende besondere »Fähigkeit zur umfassenden Selbstkritik würde aber schnell verlorengehen, wenn der Westen aufhörte, sie als seinen wichtigsten Exportartikel zu betrachten«.

Die Behauptung, die kapitalistische Expansion diene vornehmlich oder ausschließlich der Verbreitung liberaler Werte, Menschenrechte oder gar der Fähigkeit zur Selbstkritik, ist nicht nur gewagt, sie stellt die Geschichte wenigstens der letzten 500 Jahre auf den Kopf. Die beiden Apologeten des Westens verwerfen Huntingtons Thesen, um sie anschließend in einem wesentlichen Punkt zu bestätigen. Auch sie halten allein dem Westen Liberalität und Menschenrechte zugute. Während Huntington aber vorschlägt, anderen Zivilisationen die eigenen Ordnungsvorstellungen nicht länger aufzuzwingen, sind Herzinger und Stein von einem messianischen Geist beseelt. Sie beschreiben andere Kulturen in kriegerischer Sprache sogar als Todfeinde, mit denen Huntington kollaborieren wolle. Mit ihrer Feststellung, ein Westen, der zur Kooperation bereit sei, statt seiner Ordnung die ganze Welt zu unterwerfen, sei keiner mehr, hätten sie nur dann recht, wenn die Kooperation die Kapitalexpansion ausschlösse. Huntington hat mit seiner Version zukünftiger Kooperation aber offenbar im Sinn, die kapitalistische Expansion weiter zu betreiben, sie nur nicht länger mit dem sowieso lächerlichen Ansinnen zu belasten, den chinesischen Verhandlungspartnern nebenbei eine Protestnote überreichen zu müssen. Außerdem kann er darauf setzen, daß die materielle Durchdringung anderer Zivilisationen wirkungsvoller für eine Ordnung im Interesse des Westens sorgt als ein Appell. So verlängern Herzinger und Stein selber den Schatten des Antiwestlertums, den ihrer Meinung nach der Westen selber auf die Welt wirft, und begründen ungewollt, weshalb der Widerstand gegen dessen expansiven Machtanspruch seinen guten Grund hat. Dieser Grund liegt in der Idee einer Weltmacht, die nichts achtet, vor nichts halt macht und in ihrer kulturimperialistischen Variante auch von den beiden Autoren vertreten wird. Das moralische Recht zur Expansion leiten sie aus einer unverfrorenen Lüge ab. Vielen Menschen im Iran ist der Westen in Gestalt des Folterregimes des Schah entgegengetreten, vielen Bewohner/inne/n Nicaraguas als mörderische Contrabande, den Vietnames/inn/en in Form der Napalmbomben, Südafrikaner/inne/n als Apartheid, Chilen/inn/en als Folterwerkstatt in den Katakomben des Stadions von Santiago, der halben Welt als Verwüster ihrer bescheidenen Subsistenzwirtschaft und dem Rest als Generationenfolge diverser Waffengattungen – vom Kanonenboot bis zur lasergesteuerten Bombe. Wieviel nationalistisches Ressentiment die deutsche Kritik an den französischen Atombombenversuchen auch immer in Schwung halten mag, die Versuche auf dem Muroroa-Atoll drücken die Verachtung der Lebensinteressen der dort Lebenden ebenso aus wie den europäischen Großmachtanspruch, den die deutsche Regierung wohl verstanden hat.

Der gesamte auf der Ansammlung von Reichtum beruhende Zivilisierungsschub des Westens ging von Anfang an mit Unterwerfung und Massenmorden einher, ohne die er seine Blüte nicht hätte erreichen können. Karl Marx zitierte eine Feststellung des Engländers E. G. Wakefield: »Ohne Sklaverei wäre das Kapital in den spanischen Niederlassungen kaputt gegangen oder wenigstens auf die kleinen Massen zusammengeschrumpft, worin jedes Individuum es mit seinen eignen Händen anwenden kann.«[28] Marx selber beschrieb die Wiege des »Westens« folgendermaßen: »Die Entdeckung der Gold- und Silberländer in Amerika, die Ausrottung, Versklavung und Vergrabung der eingebornen Bevölkerung in die Bergwerke, die Eroberung und Ausplünderung von Ostindien, die Verwandlung von Afrika in ein Gehege zur Handelsjagd auf Schwarzhäute bezeichnen die Morgenröte der kapitalistischen Produktionsära ...

Von dem christlichen Kolonialsystem sagt ein Mann, der aus dem Christentum eine Spezialität macht, W. Howitt: ›Die Barbareien und ruchlosen Greueltaten der sog. christlichen Racen, in jeder Region der Welt und gegen jedes Volk, das sie unterjochen konnten, finden keine Parallele in irgendeiner Ära der Weltgeschichte, bei irgendeiner Race, ob noch so wild und ungebildet, mitleidlos und schamlos‹ ... Die Behandlung der Eingebornen war natürlich am tollsten in den nur zum Exporthandel bestimmten Pflanzungen, wie Westindien, und in den dem Raubmord preisgegebnen reichen und dichtbevölkerten Ländern, wie Mexiko und Ostindien ... Jene nüchternen Virtuosen des Protestantismus, die Puritaner, setzten 1703 durch Beschlüsse ihrer Assembly eine Prämie von 40 Pfd. St. auf jedes indianische Skalp und jede gefangne Rothaut.« Später galten folgende Preise: »für männliche Gefangene 105 Pfd. St., für gefangne Weiber und Kinder 55 Pfd. St., für Skalps von Weibern und Kindern 50 Pfd. St. ... Das britische Parlament erklärte Bluthunde und Skalpieren für ›Mittel, welche Gott und die Natur in seine Hand gegeben‹.« Diese Blutopfer wurden zwar noch dem alten Gott entboten, sie dienten aber schon dem neuen, der Geldvermehrung, dem wahren Gesetz des Westens, der Moderne, des Kapitalismus. Sie bezeichnen genauer den Schatten, den der Westen warf, und die Idee von den nicht westlich zivilisierten »Todfeinden«, mit denen nicht kollaboriert werden dürfe, aktualisiert jene barbarischen Vorstellungen, die den Kolonisatoren zur Rechtfertigung ihrer Totschlägereien dienten. Sie enthält jenen Gedanken der Aufklärung, der der höheren Kultur das Recht auf Expansion und Unterwerfung einräumt.

Wenn wir die durch nichts begründete These, es gehe dem Westen um die Verbreitung von Menschenrechten und Selbstkritik, ausklammern, kommen wir zu einer realistischen Einschätzung jener Leistungen des Westens, die als Reaktion das Antiwestlertum hervorbrachten. Sobald der Westen sein Interesse an einem Land anmeldet, ist dessen Bevölkerung nur mehr ein Objekt. Paßt die auswärtige Regierung dem Westen, darf sie eine Diktatur sein – auch eine feudale ist ihm recht –, passen die Bestrebungen der Bewohner/innen dem Westen nicht, muß mit Gewalt Ordnung geschafft werden, paßt dem Westen ein autoritäres System mal nicht, weil es etwa seinen Markt nicht öffnen will, ist ihm eine Demokratie westlichen Zuschnitts lieber. Vermißt der Westen in einem Land, an dem er ein wesentliches Interesse hat, die Achtung der Menschenrechte, sollten sich seine Bewohner/innen auf ein Bombardement oder auf ein längeres Aushungern einstellen.

Die Expansion der wirtschaftlich und militärisch Stärkeren zu Lasten der Schwächeren bedeutet keinen böswilligen Bruch mit den Prinzipien des Westens, sondern folgt seinem innersten Gesetz. Könnte er nicht expandieren, wäre er am Ende. Diese Systematik kennt nur eine Wahrheit: die Schuld des Verlierers, sei es, daß ein Individuum sich nicht als stark und gerissen, sei es, daß ein Land sich nicht als effizient und wehrhaft genug erwiesen hat. Nicht in allem, aber eben darin, hat Nietzsche den Kapitalismus auf den Begriff gebracht: »Von der Stärke verlangen, daß sie sich nicht als Stärke äußere, daß sie nicht ein Überwältigen-Wollen, ein Niederwerfen-Wollen, ein Herrwerden-Wollen, ein Durst nach Feind und Widerstand und Triumphen sei, ist gerade so widersinnig, als von der Schwäche verlangen, daß sie sich als Stärke äußere.«[29]

Der Kapitalismus setzt Stärke statt Menschenrecht. Mit der Naturbeherrschung hat der »Westen« das darwinistische Prinzip in sich aufgenommen — seine Wirtschaft sorgt für freie Auslese der Starken in Permanenz —, das er voll zur Geltung bringen oder durch bürgerlich-demokratische Regeln abfedern kann. Daß sich in seinen Zentren Demokratien durchgesetzt haben, sagt nichts über deren Lebensdauer — die gegenwärtige Faszination durch faschistische Gesellschaftsmodelle haben wir oben beschrieben — und noch weniger über seine Behandlung der Bewohner fremder Länder. Ein Staat, der sich der Demokratie rühmt, muß sich deswegen noch lange nicht von der Vorstellung einer Überlegenheit der weißen »Rasse« verabschieden, die die rassistische oder kulturelle Minderwertigkeit der sonstwo auf der Welt Unterworfenen behauptet. Aus dem höheren Stand der Kultur, der sich nach der Produktivität, der Waffentechnik, der eigenen Interpretation von Zivilisation und christlicher Moral bemißt, wird geradezu die Legitimation für die Unterwerfung kleinerer Staaten gewonnen. Die USA sind eine Demokratie mit einem wie auch immer einzustufenden Potential an Menschenrechten. Das schützt aber Grenada nicht davor, von ihnen überfallen oder Panama nicht davor, von ihnen bombardiert zu werden, wenn die US-Administration dort einen mißliebigen Präsidenten dingfest machen will.

Aber wenn der Westen auch das Prinzip des Survival of the Fittest verinnerlicht und seine Fähigkeit zum Völkermord hinreichend unter Beweis gestellt hat, so steht, was er verkörpert, doch nicht auf einer Stufe mit den Hervorbringungen der modisch-mythologischen Antiwestler und Apokalyptiker. Der Unterschied ist wesentlich. Insofern das »westliche« Morden benennbaren Zwecken unterworfen ist, hält es sich selber in den Grenzen des Kalküls und bietet die Möglichkeit, sich ihm durch Unterwerfung zu entziehen. Die Auslieferung oder Verhaftung des panamesischen Präsidenten beendete das Bombardement. Dem Westen fehlt der kollektive Wahn, der den Nationalsozialismus über das faßbare

Maß hinaustrieb und der sich im anschwellenden Bocksgesang nun wieder ankündigt.

Herzinger und Stein verschweigen die Grausamkeiten des Westens keineswegs. Seine Fähigkeit zu brutalem Handeln finden sie allerdings nicht sonderlich charakteristisch, sondern halten sie allenfalls verantwortlich für einzelne Entgleisungen, durch die er gewissermaßen Verrat an sich selber übe. So behaupten sie: »Freilich hat der Westen schon oft seinen universalistischen Anspruch aufgegeben und sich damit zugleich selbst verraten.« Sie geben zu: »Die Präzedenzfälle sind zahlreich, der schwärzeste sei hier kurz skizziert. Bekanntlich haben die westlichen Alliierten des Zweiten Weltkriegs Auschwitz nicht bombardiert, obwohl ihre Flugzeuge diese Lager problemlos hätten erreichen können, obwohl sie über den Massenmord durchaus informiert waren und obwohl sie über genaue Lagepläne der Gaskammern und Krematorien verfügten. Dahinter stand eine pragmatische und ungeheuerliche Rechnung: Für so viele Juden gab es ganz einfach keinen Platz. Präsident Roosevelt wollte seine Wiederwahl in den USA nicht gefährden, indem er die Tore für Millionen jüdischer Flüchtlinge öffnete, Churchill sah keine Möglichkeit, die Juden in Großbritannien anzusiedeln; und nach Palästina wollte er sie auch nicht schicken. Also stand man kaltblütig und seelenruhig beiseite, als die deutschen Völkermörder ihr Werk vollbrachten.« Die Autoren befürchten, Gunnar Heinsohn zitierend, der von einem exklusiven Club von Bystander-Nationen sprach, die sich vor den Immigrationsbewegungen abgeschottet hätten und den Rest der Welt vor die Hunde gehen lassen würden, »daß dieser nicht-mehr- westliche Westen sich ... mit einer harten Legierung aus grünen und kulturrelativistischen Argumenten absichern wird«.[30]

Das Beispiel, das die beiden anführen, um dem Westen Untreue gegen seine eigenen Prinzipien vorzuhalten, ist nicht plausibel. Nichts stützt die Annahme, daß die Bombardierung der Krematorien von Auschwitz den inhaftierten Juden zur Flucht verholfen hätte. Wie hätten sie in dem von den Nazis besetzten Land, ausgeliefert einem Regime, das zum Untergang bereit war, die Gelegenheit bekommen sollen, aus den Vernichtungslagern in die USA oder nach England zu fliehen? Es mag sein, daß die Autoren mit diesem drastischen Beispiel die Absicht verfolgen, den Westen nachdrücklich daran zu erinnern, daß er, statt sich mit der Rolle des Bystanders zufrieden zu geben, in Bosnien oder sonstwo einmarschieren sollte. Ob Roosevelt und Churchill verspätet in den Krieg gegen Nazideutschland eingegriffen haben, können wir nicht beurteilen, wir wollen hier nur darauf hinweisen, wie weit die Apologetik übers Ziel hinausschießen kann. Die Autoren, die ja schließlich von der Annahme ausgehen, daß die Ungeheuerlichkeit sich so, wie sie sie beschreiben, zugetragen habe, nehmen sich damit selber jede Möglichkeit, danach den »Westen« noch als zuständig für die Verbreitung von Menschenrechten auszugeben. Im übrigen ist die fortschreitende Verelendung großer Teile der Weltbevölkerung ebenso Ergebnis des innersten Kalküls des Westens wie seine systematische Abschottung vor den Flüchtlingsströmen, die er produziert. Darin gerade zeigt sich, was typisch für ihn ist und nicht etwa ein Verrat seines eigentlichen Wesens. Zwar mag er sich fallweise grüner und kulturrelativistischer »Argumente« bedienen, nötig aber hat er sie nicht.

Dem kapitalistischen »Westen« zugute zu halten, er sorge für die weltweite Duchsetzung von Menschenrechten und kultiviere die Fähigkeit zur Selbstkritik, ist offensichtlich Unfug. Mit größerem Recht ließe sich unseren Überlegungen entgegenhalten, sie unterstellten den Zivilisierten zu kategorisch eine Orientierung ihres Handelns an den Prinzipien der Berechenbarkeit und des Kalküls. Wenn wir den von den Prowestlern leichtfertig benutzten Begriff »Barbarei« zum Maßstab machten, würden in der Regel auch die Operationen des westlichen Militärs darunter fallen. Nur als Ausnahme scheint es auch die marktwirtschaftlich zivilisierte Armee zu geben, die sich im Kriegsgebiet ökonomisch rational verhält, also nach den eingeübten Regeln der Gesellschaft verfährt. Die Blauhelmtruppe etwa im ehemaligen Jugoslawien, die von Westlern, Antiwestlern und Serbenhassern im allgemeinen gleichermaßen der Unentschlossenheit bezichtigt wird, zählt dazu. Ihre Soldaten, die nichts zu beschießen hatten, trieben in Sarajevo einen schwunghaften Handel mit Autos, Fernsehern, Video-Geräten, Benzin, Frauen, Alkohol und Heroin. Die UN-Soldaten »bereichern sich an einer sterbenden Stadt«, schrieb Maggie O'Kane, die 1993 in Großbritannien zur Journalistin des Jahres gewählt wurde, über deren Treiben. Gemeinsam mit der örtlichen Mafia beraubten sie »die Menschen von Sarajevo all ihrer Ersparnisse und Wertgegenstände«.[31] Eine solche Armee bleibt aber die Ausnahme, weil sie unter Bedingungen agiert, die ein Krieg üblicherweise nicht bereithält.

Die Gruppe der Staaten, die als westlich zivilisiert gelten, kann ansehnliche Berge von Opfern vorweisen. Schon deshalb ist der Vorwurf, die Zivilisation sei dekadent, weil verweichlicht, eine grobe Dummheit. Insofern Sensibilität und Weichheit als schöne Utopien begriffen werden müssen, ist die Kritik am Gerede vom segensreich-rücksichtsvollen Wirken des Westens zugleich eine Kritik an den Prowestlern, die solche Unterstellungen als falsches Kompliment auffassen könnten. Wieviel gnadenlose »Barbarei« beherrschte den Vietnam-Krieg, in dem Napalmbombardements auf die dauerhafte Vernichtung der natürlichen Lebensbasis zielten? Wieviele Massaker führten die Legionäre Frankreichs im Algerien-Krieg durch, denen ein Zehntel der Bevölkerung zum Opfer fiel? Welch »barbarische« Durchbrechung der Anstandsregeln, die doch die Zivilisation kennzeichnen sollen, liegt in den Vergewaltigungen US-amerikanischer Soldatinnen durch ihre »Kameraden«, die während des Golfkriegs keinen Zugriff auf Frauen des Feindes hatten?

Manchmal hat es den Anschein, als ob das im Altertum den Göttern entbotene Blutopfer in den Staaten des Westens nun dem Gott der Nation dargebracht wird. Die halbe Nation scharte sich, nachdem sie die Bilder vom Massenmord an vietnamesischen Kindern gesehen hatte, in den USA um den Täter: Leutnant Kelly. Die Bevölkerung verlangte seinen Freispruch und feierte ihn kräftig. Die ihn ehrten, schmückten sich mit Fahnen und Farbbändern, gründeten Veteranenverbände, die einzelne Operationen des Krieges nachspielten. Immer wieder betonten sie, daß insbesondere dieser Kindermörder ein guter Amerikaner sei, und einige von ihnen schossen auf Menschen, die gegen das Massaker demonstrierten, zumindest beschimpfte man sie als Hippies oder Weicheier, die der Nation Schande bereiten würden.

Die scheinheiligen Inszenierungen, in denen die Bilder der Verhungerten und Verhungernden aus der Dritten Welt rezipiert werden, kommen einer modernen Version des Opferrituals noch näher. Jene sterben in Massen zum Wohle des von den Betrachtern angebeteten Sozialprodukts und erweisen sich, sofern sie sich widerstandslos ihrem Schicksal ergeben, als würdige Opfer. Die zivilisierten Bewohner/innen der reichen Länder, die seit Jahrhunderten die Regionen der Sterbenden ausplündern, feiern deren Tod mit allerlei Solidaritätsfesten. Sie veranstalten kulinarische Gelage für Kinder, die dem Tod geweiht sind, und ihre Kirchen zelebrieren einmal im Jahr kultähnliche Sammlungen. Unicef, Unesco, »Brot für die Welt« und andere Organisationen verweigern hartnäckig ihren Beitrag zur Beseitigung der Ursachen des Massensterbens, im Gegenteil, sie greifen jene als gottlos an, die den für das Elend Verantwortlichen in den Metropolen das Handwerk legen wollen. Warum nur?

Die während der Solidaritätsveranstaltungen mit sich Solidarischen verschaffen sich ein kollektives Hochgefühl, das durch die gegenseitige Bestätigung des eigenen Anstands noch gesteigert wird. Sie wissen, daß die Großzügigkeit, die sie sich im Völlegefühl ihres Überflusses leisten, durch Auftritte weltbekannter Schauspieler, Sänger und Entertainer einen festlichen Rahmen erhält, und machen deshalb jene zu geachteten Gästen ihrer Gala-Abende. Würde bei dieser Gelegenheit jedoch einer verkünden, es müsse um eine egalitäre Versorgung der Menschen weltweit gehen, würde er den Haß der Anwesenden auf sich ziehen: ein Kommunist! Erklärt dagegen ein steinreicher Schlagersänger während eines Festessens, er habe soeben symbolisch die Patenschaft über ein Kind aus einem Hungerland übernommen, sind ihm stehende Ovationen sicher. Nur die individuelle Wohltätigkeit, die Beschränkung auf den Einzelfall, kann die Sicherheit gewähren, daß der eigene Wohlstand unangetastet bleibt und die Millionen weiter hungern, so daß der Anlässe für die Feier der eigenen Gnadenerweise kein Ende ist. Derweil läßt der moderne Kapitalismus nicht nur zielstrebig Millionen Menschen verhungern, er führt nicht nur Kriege zur Sicherung der Reproduktion seiner Grundlagen und liefert nicht nur Waffen, mit denen die Fremden sich gegenseitig umbringen, er plant darüber hinaus die Dezimierung eines aus seiner Sicht überschüssigen Menschenpotentials und nennt das »Bevölkerungspolitik«.

Offenbar verfügen kapitalistisch zivilisierte Gesellschaften längst über jene Ventile, die Antje Vollmer für nötig hält, damit die fälligen Aggressionen sich nicht gegen die eigene Herrschaft richten. Diese Gesellschaften werden dadurch aber nicht etwa zu archaischen, im Gegenteil: Das dem Pöbel und den Soldaten dann und wann erlaubte »barbarische« Über-die-Stränge- Schlagen dient in der Regel ökonomischen und strategischen Zwecken, es bleibt gesteuert und kontrolliert und festigt den gesellschaftlichen Zusammenhalt. Auch die gute Tat wirkt als Ventil, indem sie einer Gesellschaft, in deren Logik es liegt, Kinder der Elendsregionen auszuschlachten, um den Handel mit Ersatzorganen in Schwung zu halten, ein gutes Gewissen verschafft. Sobald aber die eigene Herrschaft angegriffen und von Klassenkampf und kollektiver Befreiung geredet wird, sind sich die beiden Fraktionen – die Westler und die Bocksgesänger – einig, daß das nicht sein dürfe. Die einen sind mit den Verhältnissen, in denen sie leben, im großen und ganzen einverstanden (sie können sich bessere jedenfalls nicht vorstellen); für die anderen sind derartig unvölkische Bestrebungen vollkommen inakzeptabel, was nicht dasselbe ist. Der aufs vermeintlich Natürliche regredierenden Fraktion scheint in der gegenwärtigen Umbruchphase allerdings auf der Seite der Prowestler eine ihrerseits radikalisierte Verkommenheit zu korrespondieren, die sich, ebenfalls hinter ein bereits erreichtes Wissen zurückfallend, aus früheren Traditionsbeständen speist.

Scheinbar unberührt von ihrer eigenen Vergangenheit, in der Demonstrationen gegen den Vietnamkrieg ihren Platz hatten, teilen viele Altlinke inzwischen selber die Welt in eine zivilisierte und in eine unzivilisierte (»barbarische«, »fundamentalistische« etc.) auf und begründen mit dieser kolonialistischen Unterscheidung den Waffengang des Westens gegen die nicht-westlichen Zivilisationen. Ein Krieg der USA gegen irgendein Land der Welt wird jetzt und zukünftig nicht nur damit legitimiert, daß die Kritik an ihm Ausdruck antiamerikanischer Ressentiments sei, sondern die Prowestler sind inzwischen grundsätzlich für den Krieg des Westens, zu dem Deutschland schließlich noch immer gehört. Gegen wen der Westen ins Feld zieht, gegen den wollen auch sie ins Feld ziehen. Ihre Identifizierung mit der Politik ihres Staates, dessen Anerkennung sie nach dem Abschied vom Linkssein suchen, macht sich darin bemerkbar, daß sie aus sämtlichen nicht-westlichen Ländern nur solche als »barbarisch« aussortieren, die ihr Staat ihnen als Kriegsgegner anbietet. Manchmal können Überreaktionen nicht ausgeschlossen werden. Dann wollen die Altlinken schneller marschieren als die Generäle. Fälle allerdings, in denen die »linken« Bellizisten gegen einen Freund des Vaterlands Krieg führen wollten, sind bislang nicht bekannt geworden.

Keinem dieser Bellizisten kommt etwa in den Sinn, Saudi-Arabien müsse bombardiert werden, obgleich das saudische Regime es innenpolitisch allemal mit dem irakischen aufnehmen kann. Aus Saudi-Arabien aber kommt Öl, seine Feudalherren sind verläßliche Bündnispartner, und auch das Über-Ich hat den Bellizisten eine Bombardierung – wegen Menschenrechtsverletzungen – nicht empfohlen. Kein aus Altlinken zusammengesetztes Bosnien-Komitee würde die Bombardierung Kroatiens fordern, obwohl die kroatische Armee etwa 250 000 Menschen vertrieb, auf die Kolonnen der Flüchtenden Mordanschläge verübte und die eroberten Ortschaften plünderte, ja zum Teil unbewohnbar machte. Der befohlene Gegner sind die Serben, daran halten sie sich. Auch das irakische Regime, galt, solange es »nur« Kommunisten umbrachte, an der Seite des Westens aber gegen den – als Hauptfeind auserkorenen – Iran Krieg führte, noch nicht als barbarisch. Das Muster ist alt. Zur Hochzeit der sozialliberalen deutschen Ostpolitik etwa wurde der rumänische Diktator Ceaucescu, von dem man hoffte, er könne zur Aufweichung des RGW-Blocks beitragen, als interessanter Staatsführer auf der Suche nach einem dritten Weg präsentiert.

Den qualitativen Sprung zur Kriegsbereitschaft absolvierten die altlinken Westler gleich nach der Wiedervereinigung mit ihrer Zustimmung zum Krieg gegen Saddam Hussein. Schon eine Woche nach der Besetzung Kuwaits durch den Irak machte Christian Semler in der »Taz« eine erstaunliche Entdeckung: »In dem Regime Saddam Husseins verkörpert sich ... eine Bereitschaft zur Verneinung des Völkerrechts« (11.8.90). Deshalb sei eine Intervention der USA »eben nicht nur ... Kanonenbootpolitik, die den Zugang der kapitalistischen Industrieländer zum Öl sichern will«. Wer oder was aber ist das Völkerrecht? Wer macht es? Alle

Despoten der Marktwirtschaft stehen geschlossen an seiner Seite, weil es sie gewähren läßt. Um dem Völkerrecht beispielsweise in Chile wieder Geltung zu verschaffen, haben die reichen Staaten keine Mühe gescheut, die Schiffe der gewählten sozialistischen Regierung boykottiert und die Wirtschaft des Landes destabilisiert, um den Diktator Pinochet an die Macht zu bringen.

Es ging und geht den »linken« Bellizisten um den Krieg des Abendlandes gegen den vermeintlich nicht-zivilisierten Teil der Welt. In der »Kommune« (11/1990) schrieb der Ex-KBWler Held, zu einer »wehrhaften Zivilität ... gehört auch die UNO- Intervention. Sie kann die Zivilität nicht exportieren, aber sie kann die zappelnden Machos und kreischenden Weiber des heiligen Krieges auf den Teppich ihres eigenen Alltags holen. Das muß sie tun.« Die Zivilgesellschaften des Westens sollten denen per Krieg beibringen, »daß auch der islamische Fundamentalismus nur mit Wasser kocht«. Held rechnete nicht mit einem endgültigen Sieg über jene zappelnden Wesen, immerhin aber werde der Krieg ihnen »ein paar Zähne brechen«. Dann geriet der Sadist ins Schwärmen: »Zivilität ist gewachsen und hat sich Raum geschaffen ... Dieser Raum ist eine Errungenschaft, in der viel Mühe und Zeit steckt.« Er verdiene es deswegen immer wieder, »durch Anstrengungen erobert und verteidigt« zu werden. Auch die Mühe und die Zeit haben etwas für sich. Viel Plackerei wurde in Maschinen und Schiffe gesteckt, ständig mußten Räume für die Rohstoff- und Sklavenzufuhr erweitert und gesichert werden, die Erschließung neuer Handelswege benötigte viel Zeit. Welcher islamische Fundamentalist macht sich überhaupt ein rechtes Bild davon, wie anstrengend es ist, die Errungenschaften der Zivilität – Häuser, Schiffe, Fabriken, Denkmäler, Opernhäuser, Museen, Schulen – im Krieg der Zivilisierten gegeneinander zu zertrümmern, zum Wohle der Wachstumsraten neu aufzubauen, um sie im nächsten Krieg bald wieder in Schutt und Asche zu legen?

Die ewige Bedrohung der Hochkulturen durchs »Barbarentum« trieb auch Klaus Hartung um. In der »Taz« (29.1.91) gruselte er sich, jetzt drohe »das Schreckensszenario eines Krieges der arabischen Nation mit den Industrieländern« – »es ist eine historische Drohung«, die angeheizt werde von Palästinensern, die »bereit sind, sich mit vergasen zu lassen«. Hans Magnus Enzensberger bemühte sich im »Spiegel« (6/91) ebenfalls um den Nachweis, daß die arabischen Völker vom Wahn getrieben seien: »Der Todeswunsch ist sein (Saddams) Motiv, sein Modus der Herrschaft ist der Untergang ... und der Modus der Völker zwischen Rabat und Bagdad.« Hussein, die Araber und die Palästinenser leben eben, meint Enzensberger, in Diktaturen eines ganz anderen Typs als es die eines

Franco, Batista, Marcos oder Pinochet waren, welche – schließlich gehörten sie zum Westen – »sich von ihrem Selbsterhaltungstrieb leiten« ließen: »insofern gehorcht ihr Vorgehen einem Interessenkalkül, und das macht sie ihrerseits kalkulierbar.«

Da standen sich also das Irrationale und das Rationale wieder einmal unversöhnlich gegenüber. So ähnlich mochten auch schon die Soldaten der Conquista über die Indios in Amerika gedacht haben. Nur waren die spanischen Legionen tatsächlich in eine Welt der Mythen eingebrochen – was ihre Massaker selbstverständlich nicht rechtfertigt –, während Saddam Hussein lediglich tun wollte, was dem Westen aus eigenem Tun nur allzu bekannt ist: erobern. Alles mögliche hätte man Saddam Hussein vorwerfen können, ja müssen, nur eines nicht: daß er ohne jedes Kalkül handele. Zum einen verfügt Kuwait über viel Öl, zum anderen dürfte das Interesse, eine regionale Großmacht zu werden, gerade den kolonisationserfahrenen westlichen Staaten nicht fremd gewesen sein. Enzensbergers Verschiebung der Untergangssehnsucht war eine typisch deutsche Projektion. Endlich konnte man die Götterdämmerung loswerden. Sie wurde an die arabischen »Völker« weitergereicht und legitimierte deren Tötung. Nichts hat die prowestliche Fraktion so verdächtig gemacht wie der pausenlose Vergleich Saddam Husseins mit Adolf Hitler. Auch den hatte man damit an die Araber abgegeben und so den Nationalsozialismus »historisiert«, d.h. normalisiert – eine Befreiung von Schuld, die den Aufruf zum nächsten deutschen Kriegseinsatz vorbereitete.

In den zivilisierten Köpfen nahm die neue Kolonisation Gestalt an. In der »Frankfurter Rundschau«[32] machte Udo Knapp sich Gedanken über die Zeit nach dem erwarteten Sieg über den Irak: »Eine internationale Weltpolizei« unter Beteiligung deutscher Truppen solle dort »Demokratie und Zivilisation« dauerhaft durchsetzen. Selbst Argumente gegen den Krieg wurden mit der vermeintlichen Bedrohung des Westens durch jene unzivilisierten Horden begründet. Der Grüne Bernd Ulrich sah die Gefahr, daß dort, wo man es mit »arabischem Nationalstolz und islamischem Glauben« zu tun habe, kriegerische Interventionen nicht gut ankommen könnten: »Je mehr der Westen militärisch eingreift, desto stärker wird der panarabische und der panislamische Gegenreflex sein.«[33]

Selbstverständlich stand die zum Krieg treibende Presse in anderen Ländern des Westens dem Kriegsgeheul der deutschen Ex-Linken nicht nach. In Großbritannien meinte der »Daily Star«: »Wir täten gut daran, jetzt sämtliche Irakis in Britannien einzusperren – bevor sie uns noch im eigenen Land angreifen.« Die »Bild«-Zeitung assoziierte Menschenfresser: »Husseins Informationsminister kündigt an: Wir werden eure Piloten auffressen.« Da waren laut »Politbarometer« des ZDF 75 Prozent der Deutschen für den Krieg, und der »Konkret«-Autor Wolfgang Pohrt lobte »Bild« als Zeitung mit den besten Kommentaren. Man mag ihm zugute halten, daß er, in falscher Einschätzung der wirklichen militärischen Verhältnisse am Golf, Israel durch die Raketen des Irak gefährdet sah, doch warum sollte ein ausgewiesener Antideutscher mit einer Neigung zu den USA, die die Welt auch vor den übrigen Hitlers noch retten würden, nicht über Nacht zum glühenden Verfechter eines starken deutschen Nationalstaates mutieren? »Da haben wir eine Regierung«, klagte Pohrt in »Konkret« 3/1991, »von der man so wenig hört, daß man meinen könnte, sie sei schon außer Landes geflüchtet. Da haben wir eine Bundeswehr, die an Feigheit nur noch von den Reportern der ARD und des ZDF übertroffen wird ...« Ihm schwante ein »nettes Hauen und Stechen« bei der Vorstellung, Deutschland könne führerlos in harte Zeiten schliddern: »Stellen wir uns mal vor, wie eine moralisch so restlos erledigte und politisch führungslose Nation die harten Zeiten meistern wird.« Auch Matthias Geis plagte die Vorstellung, Deutschland könne es an Führung fehlen; er gab Helmut Kohl in der »Taz« (31.1.1991) noch eine letzte Chance: »Es bleibt dem Kanzler überlassen, diesen Sachverhalt auf seine Weise zu interpretieren: Flagge zeigen!« Nachdem George Bush erklärt hatte, daß jeder Staat, der sich dem Westen nicht füge, die Schrecken des Krieges kennenlernen werde, war jedem halbwegs Gebildeten klar, daß diese Kriege zum Wohle der Reproduktion der reichen Imperien geführt werden würden. Darüber muß aber die Ex-Linken niemand belehren, denn genau das machte inzwischen für viele unter ihnen die Attraktivität des Golfkrieges aus. Weil das nicht zu deutlich werden sollte, verübte man Anschläge auf das Denkvermögen. Detlev Claussen bezichtigte die Linke: »Antiamerikanismus scheint im linksalternativen Milieu die moralisch legitimierte Form des Fremdenhasses zu sein« (»Links«, 2/1991). Wer Kritik an den Kriegen, den militärischen Überfällen, den Putschen und der Einrichtung der vielen Diktaturen übte, die den Weg der USA in den letzten fünfzig Jahren pflasterten, war ein Fremdenhasser. Aus.

Ein zweiter Angriff auf das Denkvermögen lag in der Behauptung, aus dem deutschen Kolonialneid habe »sich ein Antiamerikanismus entwickelt, der nichts als ein Antiimperialismus der dummen Kerls geworden ist ... verkümmert zum nationalistischen Ressentiment der Zukurzgekommenen« (»Taz«, 4.2.1991). Das sind Kriegsformeln, die den Krieg gar nicht mehr zu begründen versuchen. Es reicht, daß da jemand dem liebgewonnen Kriegsbündnispartner die (propagandistische) Unterstützung verweigert, schon wird aus ihm ein neidischer Kolonialist, Natio-

257

nalist, Antiamerikaner. Mit ihrer Kritik an den Zukurzgekommenen schmeicheln die Kritiker den Besitzenden, die sich ihren Reichtum nicht nehmen lassen sollen, schon gar nicht von zukurzgekommenen dummen Kerls. Dumm aber ist der, der es nicht zu Reichtum gebracht hat. Dann kam, was kommen mußte. Die Deutschen sollten sich schleunigst am Krieg beteiligen, denn sie kämen »gar nicht umhin ..., auch militärisch die ihrer ökonomischen und politischen Bedeutung entsprechenden Beiträge zu leisten. Das gerade erfordert die Lehre aus der deutschen Vergangenheit« (»Links«, 2/1991). Während die Gegner des abendländischen Krieges also angeblich der heimliche imperiale Wunsch nach Kolonien plagte, rief Claussen selber zu einem militärischen Einsatz im Namen der ökonomischen Weltgeltung Deutschlands auf. Der gemutmaßte Kolonialneid fiel damit auf den Bellizisten zurück.

Ein großer Konflikt steht allerdings erst noch bevor, der die ex-linken Bellizisten etwa so weit auseinandertreiben wird, wie Westler und Antiwestler bereits voneinander entfernt sind: Soll Deutschland auch für die Mehrung der eigenen Kultur und Größe oder nur im Namen und organisatorischen Rahmen der westlichen Gesamtzivilisation in den Krieg ziehen? Beide Möglichkeiten bezeichnen jedoch nur die Pole eines Konflikts, den es in dieser Reinheit nicht geben kann. In Wirklichkeit sind sie, durchaus zu wechselseitigem Nutzen, miteinander eng verwoben. Der Aufruf zum Krieg für die Verteidigung des Westens mit deutscher Beteiligung enthält vieles, was den Intentionen der Antiwestler entspricht, weil er die Perspektive auf eine Öffnung der Zivilisation zur (verabscheuten) »Barbarei« enthält und zur weiteren Belebung deutschnationaler Tendenzen beitragen kann. Ein Krieg ist ohne nationale Symbole, schwarz-rot-gold geschmückte Särge, uniformierte Zeremonien, Feindpropaganda, soziale Opfer, Gleichschaltung der Medien, ohne den intensiven Sog zur Volksgemeinschaft, die in der »Stunde der Gefahr« zusammenrückt, schließlich nicht zu haben.

Ob die »Kommune« Deutschland im Krieg sehen wollte, um die Errungenschaften der Zivilisation insgesamt zu verteidigen, oder ob »Links« die Militärintervention wollte, weil Deutschland seines ökonomischen und politischen Gewichts wegen einen Beitrag im westlichen Bündnis zu leisten habe – beide Auffassungen treibt ihre Eigendynamik auf den Abhang zu, an dem der aus voller Überzeugung antideutsche Wolfgang Pohrt schon stand, als ihn eine führungslose Nation Schlimmes ahnen ließ. Auf der anderen Seite aber können die deutschnationalen Apologeten ohne Abstriche in ihr Repertoire aufnehmen, was die prowestlichen Bellizisten so alles über die Verteidigung der Kultur gegen die Barbarei von sich gegeben haben. Schließlich paßt die Vorstellung von der deutschen Dominanzkultur ebenso in ihr ethnopluralistisches Weltbild wie die Abqualifizierung anderer Kulturen. Die »zappelnden und kreischenden« Wesen der »Kommune« oder die vom »Todeswahn beseelten« Menschheitsfeinde in Enzensbergers »Spiegel«-Essay machen die Fremden zu gemeingefährlichen, getriebenen und unberechenbaren, kurz: zu minderwertigen Menschen.

Im Krieg kommt der gesellschaftliche Konflikt, der das Denken in Deutschland zunehmend prägt, besonders prägnant zum Ausdruck. Es spricht einiges dafür, daß künftig der Gegensatz von politischer Regression à la Deutschland und Verteidigung der westlichen Werte die Perspektivdiskussion hierzulande bestimmen wird: Opfergemeinschaft oder Kommerzgesellschaft, gemeinwohlorientierter/volksgemeinschaftlicher oder sozialliberaler Kapitalismus, nationales oder internationales Kapital, Trend zum faschistoiden Staat oder Verfassungspatriotismus, Germanenkult oder universelle Zivilisation, deutsche »Über-Art« oder weißes Herrengeschlecht, Antimoderne oder Moderne, nationale Kriege oder Kriegseinsätze im Rahmen der UNO, ökologische Naturanbetung oder Ökomarkt.

Nur eines wird in der Konfrontation dieser beiden gesellschaftlichen Alternativen nicht vorkommen: Emanzipation und Befreiung. Antikapitalistische und antipatriarchale Befreiungsversuche haben zwischen ihnen so wenig Raum wie auf einer der beiden Seiten. Sie würden zwischen den Mühlsteinen des antiwestlichen und des westlichen Kapitalismus zermalen werden. Bereits heute übt die hier beschriebene Konfrontation einen starken Sog auf Linke aus, die sich eigener Möglichkeiten beraubt sehen und meinen, sich wohl oder übel in diesem Konflikt positionieren zu müssen. In dem Maße, in dem die politische Resonanz ihrer Arbeit abnimmt, suchen sich Linke, die sich aufs Politik-Machen geworfen haben, ihre Partner in diesem Streit. Wie wir gezeigt haben, ist einem Teil der antideutschen Linken die Anlehnung an den »Westen« bereits ziemlich vertraut: Sie ziehen mit ihm in den Krieg, wenn sie die Zivilisation bedroht sehen, während die andere Seite ausgiebig über die Schuld der »westlichen« Moderne (= das vagabundierende, universelle Geld, das Grundübel USA, vor dem Deutschland wie ein Waisenknabe erscheint, etc.) schwadroniert.

Von einer Akzeptanz der Befreiung, die das Ziel hat, für alle Menschen gleiche Möglichkeiten zu schaffen, und die keinen Menschen über andere Menschen befehlen lassen will, kann schon lange nicht mehr die Rede sein. Mit der historischen Niederlage des Sozialismus ist die revolutionäre Kritik am Kapitalismus bereits weitgehend verloren. Während die kommunistischen Parteien sich noch revolutionär gegen das herrschende kapitalistische System gestellt hatten, dabei aber ihre substantielle Kritik am Wesen des Gesamtsystems zugunsten der Konsolidierung ihrer Macht einschränkten (heraus kam der Vergleichskampf um die bessere Leistungsfähigkeit), gaben die neuen sozialen Bewegungen in Westdeutschland die Revolutionierung des Systems generell auf und ersetzten den Anspruch auf eine Befreiung der Menschen durch kreative Einzelforderungen zur Verbesserung des bestehenden Systems.

Die Reste der Linken, die nach der schleichenden Verabschiedung und Desavouierung einer radikalen Negation der Gesamtverhältnisse übriggeblieben sind, können nach dem Sieg des Kapitalismus über sämtliche Befreiungsversuche dieses Jahrhunderts künftig von den beiden übriggebliebenen Antipoden eingesammelt werden. Linkssein liegt daher heute allein darin, sich die Fähigkeit zur Kritik des im ganzen falschen Systems zu bewahren, sich dem Anspruch zu verweigern, durch Problemlösungsvorschläge zur immanenten Reform des Systems beizutragen, um nicht selber zum Bestandteil des politischen Verhängnisses zu werden. Linkssein hieße, die Autonomie der Verweigerung, des Nicht-Mitmachens sich zu bewahren, um so wenigstens die kleine Flamme der Befreiung – wahrscheinlich nur die Glut – zu erhalten, auch wenn die benötigten Subjekte der Befreiung in Scharen davonlaufen. Es wäre ein schlimmes Vergehen, mit schwärmerischem Blick auf das große Ereignis, die soziale Revolution, von der die Linke soweit weg ist wie noch nie, die Keime der Freiheit zu zertreten, die in der Solidarität mit den Angegriffenen und Verfolgten, in der Verteidigung der enger gewordenen Freiräume genauso zu finden sind wie in jedem Individuum, das verzweifelt ist über die Demütigung, die ihm geschieht. Das Maß des linken Engagements ist heute nicht der Erfolg, der sich nur nachweisen ließe, wenn sich die Linke ins System hineinbegäbe, also real erfolglos wäre. Realpolitik ist das Bekenntnis zum Scheitern des Versuchs, reale Verbesserungen durchzusetzen. Eine linke Politik, die in dieser Phase des fast totalen positiven Bezugs auf das System und stark differierender Interpretationen dessen, was »links« heute bedeutet, neben der Organisierung einiger wichtiger Abwehrkämpfe im humanitären Bereich nicht auch grundsätzlich die Kritik der Verhältnisse wieder beginnt – oder sie gar als zu wenig praktisch verurteilt –, verkennt, daß auch sie von keiner Basis mehr ausgehen kann, die das Fundament einer erfolgreichen Praxis sein könnte.

Das Scheißhaus im Garten oder
Die postmoderne Welt des Zygmunt Bauman

Neben den regressiven Zivilisationskritikern und den Apologeten der westlichen Moderne gewinnen — als dritte integrative Kraft — die Postmodernisten an Einfluß. Als einer ihrer herausragenden Vertreter gilt der Sozialwissenschaftler Zygmunt Bauman, dessen vielgelobtes Buch »Moderne und Ambivalenz. Das Ende der Eindeutigkeit«[1] eine genauere Betrachtung verdient — schon weil es vollmundig ankündigt: »Dieses Buch versucht, historisches und soziologisches Fleisch um das Skelett der ›Dialektik der Aufklärung‹ (Horkheimer/Adorno) zu hüllen.« Baumans Denken folgt dem Duktus der Postmoderne. Anders als überkommene philosophische Fragestellungen, erklärt er, haben »postmoderne Fragen keinerlei Verwendung für ›Gewißheit‹, nicht einmal für ›Verläßlichkeit‹«, deshalb seien »›postkognitive‹ Fragen nicht kognitiv«, also nicht auf gesicherte Erkenntnisse aus. Während die alten Philosophen etwa gefragt hätten: »Wie kann ich diese Welt interpretieren, von der ich einen Teil bilde? Und was bin ich in ihr?«, würden postkognitive Fragen »kaum irgendwelche Axiome« und »keine klare Adresse« mehr haben. Sie seien praktischer: »Was ist in (der Welt) zu tun?«, die nun mal so ist, wie sie ist. Mitunter aber erschwert die Zwiespältigkeit (Ambivalenz) des Denkens die Verständigung der Menschen und damit ihre Orientierung. Ein Beispiel: Bauman hält dem postmodernen Menschen zugute, daß er sich tolerant gegenüber Fremden verhalte, ebenso würde er jedoch Ausbrüche wilden Menschenhasses — eine Umschreibung von Pogromen — »eher unterstützen«. Postmoderne Menschen hätten einerseits keinen Hang mehr zu Grausamkeit und Demütigung, gleichzeitig trügen sie jedoch zur Verelendung der Armen bei und betrachteten den Hunger in der Welt als eine der zahlreichen Möglichkeiten menschlicher Existenz. Eine neue »Gleichgültigkeit« schafft die Möglichkeit solcher Ambivalenzen. Nur in einem Punkt ist die postmoderne Ideologie eindeutig: Auf Befreiung zielende Gesellschaftsentwürfe mag sie prinzipiell nicht, und gegen revolutionäre Bestrebungen setzt sie die friedliche Koexistenz mit dem kapitalistischen System. Das Projekt der Moderne, das Bauman ein »Universum der Eindeutigkeit« nennt, welches mit seiner »Sozialtechnologie« den Westen, den Nationalsozialismus und den Kommunismus gleichermaßen erfaßt und gesteuert habe, sei gescheitert und mit ihm der Zwang zur Assimilation. Dem gegenwärtigen Kapitalismus hält Bauman zugute, daß er aus dem »unbewußten« Stand einer fatalen Moderne bereitwillig in ein »bewußtes« Stadium wechsle, in welchem er Fremden und Außenseitern tolerant begegne.

Die Negation der Moderne bildet das Fundament, auf dem die Postmoderne gebaut wird. Je schlechter die Moderne erscheint, desto waghalsigere Experimente kann die Postmoderne unternehmen. Die Grundregel lautet: Selbst das Miserabelste der Postmoderne kann nicht so miserabel sein wie das, was die Moderne sich geleistet hat. Deren Interpretation durch Bauman kommt den Positionen der rechten Historiker, Philosophen und Dichter ziemlich nahe. Indem auch er in der Moderne alles »das Selbe« (gewesen) sein läßt, pflegt er jene dogmatische Eindeutigkeit, die er doch aufzuheben verspricht. So ist er etwa überzeugt, »daß die beispiellose Verdichtung an Grausamkeit, die die Völkermorde des 20. Jahrhunderts kennzeichneten, das Ergebnis der Anwendung moderner Verwaltungsmethoden und moderner Technologie auf die ungelösten vormodernen Spannungen und Konflikte sein könnte«. Die »extremsten und gut dokumentierten Fälle globaler ›Sozialtechnologie‹ (social engineering) in der modernen Geschichte (die von Stalin und Hitler organisierten) waren, ungeachtet all ihrer begleitenden Scheußlichkeiten ... legitime Kinder des modernen Geistes, jenes Dranges, den Fortschritt der Menschheit zur Vollkommenheit zu unterstützen und zu beschleunigen, der durchweg das hervorstechendste Merkmal der Moderne war – jener ›optimistischen Ansicht, daß wissenschaftlicher und industrieller Fortschritt im Prinzip alle Beschränkungen der möglichen Anwendung von Planung, Erziehung und Sozialreform im Alltagsleben beseitigt habe‹, jenes Glaubens, ›daß soziale Probleme endgültig gelöst werden konnten‹«.

Demzufolge – auf diese Konsequenz hat Ernst Köhler in der »Kommune« (8/1994) hingewiesen – sind die Grausamkeitsexzesse des 20. Jahrhunderts Effekte ein und derselben Gewaltverdichtung gewesen, die von der modernen Verwaltung und Technologie produziert wurde, waren Stalinismus und Nationalsozialismus gleichartige Organisatoren einer gewalttätigen globalen Sozialtechnologie, war auch der Holocaust nur *ein* Ergebnis dieser Technologie, »›ein Element des social engineering‹«, und waren Nazis genauso wie Kommunisten und Verfechter der westlichen Moderne von der »Vision einer besseren von Grund auf gewandelten Gesellschaft« beseelt. Bauman will uns glauben machen, daß die Endlösung der Nazis und ihre Idee der Herrenmenschenzüchtung dem gleichen Impetus folgten und das gleiche bezweckten wie Stalins Verfolgung seiner wirklichen oder vermeintlichen Gegner, daß der Krieg Nazideutschlands, der nicht nur von kapitalistischer Rationalität, sondern auch vom Rassen- und Übermenschenwahn getrieben war, im Prinzip dasselbe gewesen sei wie der unfreiwillig geführte Krieg der Sowjetunion, daß Weltkriege, Holocaust und sonstige »Gewaltverdichtungen« dieses Jahrhunderts »Ergebnis« moderner Verwaltungsmethoden und Technologien gewesen seien. Indem bei Bauman alles als Ergebnis des »social engineering« erscheint, stellt er die Dialektik still, und da er insbesondere den Nationalsozialismus zum Produkt der allgemein-westlichen Moderne macht, befreit er – darin den Geschichtsrevisionisten durchaus vergleichbar – die Deutschen von ihrer Geschichte. Wir sollten, schreibt Bauman, »keine Spur von der gewöhnlichen (tröstlichen) Überzeugung« übriglassen, »daß der Drang zur rassischen Reinheit eine idiosynkratische deutsche Verdrehung wissenschaftlicher Unternehmungen sei«. Nein, die »hervorragendsten und aufgeklärtesten Zeitungen im Westen« hätten die »wichtigste Quelle und höchste wissenschaftliche Autorität für die nazistischen Völkermord-Projekte und ihre Ausführung ... enthusiastisch rezensiert«. So läßt sich natürlich alles belegen. Die reichhaltige internationale Publizistik gegen den Rassenwahn erwähnt Bauman nicht einmal als Randerscheinung, um sein falsches Bild vom ungebrochenen westlichen Konsens nicht zu beflecken. Selbst ein Aktenschrank voller antirassistischer Artikel wäre ihm noch kein Gegenbeweis, bliebe doch umstritten, was die »hervorragendsten und aufgeklärtesten Zeitungen« waren.

Auch wir wollen unsere Hände für die Wissenschaftler nicht ins Feuer legen, doch Bauman bemüht sie als Trick. Indem er die Schuld an Planung und Ausführung der nazistischen Vernichtungspolitik auf die Wissenschaftler konzentriert und davon spricht, daß es »wenig Beweismaterial dafür« gebe, »daß sich Ärzte jemals geweigert hätten, an Nazi-Programmen teilzunehmen«, macht er Auschwitz zum Gemeinschaftswerk der westlichen Moderne. Die Grausamkeiten des 20. Jahrhunderts erscheinen unterschiedslos als Hervorbringungen *eines* modernen Geistes, der damit zum imaginären Sündenbock wird, dem sich alle Schuld aufladen läßt. Dieser Vorstellung folgt Bauman verbissen: »Es gibt keinen Grund, die edlen Absichten der Wissenschaft zu bezweifeln. Es gibt noch weniger Grund, ihr böse Absichten vorzuwerfen. Der Holocaust hat uns freilich gelehrt, an der Weisheit des Anspruchs der Wissenschaftler, gut und böse zu unterscheiden, zu zweifeln.« Die nationalsozialistischen Propagandisten der Rassenhygiene »folgten tatsächlich den unparteiischen Regeln wissenschaftlicher Tatsachenforschung ... sie arbeiteten tatsächlich daran, die Lage der menschlichen Rasse zu verbessern ... sie wünschten tatsächlich eine bessere, sauberere, ordentlichere Welt zu erbauen, die besser angepaßt war an all das, was man als das richtige menschliche Leben ansehen mochte«. Die Prinzipien der modernen Wissenschaft hätten dafür gesorgt, daß sie zwischen »gut und böse« nicht »zu unterscheiden« wußten. Wenn dies schon die Wissenschaftler nicht konnten, wie sollten dann Naziführer, Wehrmachtsführung, Todesrichter, KZ-Mörder, gar die Kapitalisten hinter der NSDAP und die Erschießungskommandos hinter der Front sich etwas Böses denken? Vermutlich wäre das Beharren auf der Frage, weshalb denn außer Deutschland kein Staat der Welt etwas der NS-Ausrottungspraxis Ähnliches vollbracht hat, für Bauman ein typisch kognitives Vergehen an der postkognitiven Ambivalenz.

Ist ein solches Denken nur fahrlässig oder schon wieder bösartig? Welches Programm der Nazis – wer immer mit ihnen in einen Topf geworfen wird, hatte nichts Deratiges – zielte tatsächlich auf eine Verbesserung der Lage der Menschheit? Wie können Planungen, die drei Viertel der Weltbevölkerung als Untermenschen definieren, die der »arischen Rasse« bei Strafe des Untergangs zu dienen hätten, und die Juden, Roma und Sinti gleich ganz auszurotten versprachen, eine Verbesserung der Lage »der« menschlichen Rasse in ihrer Gesamtheit bezwecken? Wie konnten der Wahnsinn, der den Juden die Eigenschaften von Ungeziefer, eine unbändige sexuelle Triebhaftigkeit und eine besondere Physiognomie, die auf einen Mangel an Verstand schließen lassen sollte, andichtete, und das Ressentiment, das die Homosexualität als Krankheit erfand, den unparteiischen Regeln wissenschaftlicher Tatsachenforschung gehorchen? Richtig ist, daß der aufgeklärte, naturwissenschaftliche Geist am technisch Machbaren, an mathematischen Regeln sein Auskommen fand; doch wer eine neue Vergasungsmethode entwickelt, weiß, für wen und wofür er das tut, und wer jene Wahnprojektionen pseudowissenschaftlich deckt, weiß, wer ihm das dankt. Wissenschaftler waren weder in der Moderne noch sind sie in der »postmodernen« Gegenwart moralische Vorbilder, die für die Unabhängigkeit ihrer Forschung alles täten. Sie forschen für Geld, Status und Ruhm, für die Macht, die ihre Fortdauer sichern will und der sie die Ergebnisse bieten, die sie verlangt.

Baumans systematische Einebnung und Verkleinerung der Schuld intellektueller und wissenschaftlicher Eliten des Nationalsozialismus übertrifft jede juristische Absolution. Er geht noch weiter als die sich gegen juristische und moralische Anklagen verteidigenden Täter zu tun pflegten. Während diese ihre Greueltaten stereotyp mit der Behauptung, sie hätten angesichts zu erwartender Repressalien wenigstens Schlimmeres verhüten wollen, zu entschuldigen versuchten, attestiert Bauman ihnen »edle Absichten«. In Wahrheit aber konnte auch die nationalsozialistische Ideologie das Wissen der Täter um das Verbrecherische ihres Tuns nicht auslöschen. Ihre Überzeugung, daß sie nach der militärischen Niederlage des Regimes zur Verantwortung gezogen werden würden, sicherte diesem bis zum Schluß ihre Loyalität. Sollte sich die Unterstellung subjektiv »edler Absichten« als Interpretationsmuster zur Erklärung persönlichen Verhaltens in der Geschichte durchsetzen, wären alle Dämme gebrochen. Offenbar liegt in dem Vorsatz, niemandem mehr böse Absichten vorzuwerfen, ein pragmatischer Vorteil für den postmodernen universitären Betrieb. Tatsächlich würden ja in einer Zeit grenzenloser Diskurse Unverständnis oder gar Klassenhaß das Klima vergiften.

Den Kernkonflikt der »Moderne« — Kapitalismus versus Kommunismus — nimmt Bauman als solchen nicht wahr. Für ihn standen die beiden antagonistischen Gesellschaftsmodelle keineswegs gegeneinander, sondern waren Ausdruck derselben modernen Tendenzen: Auch Karl Marx »hatte an dem Projekt der Moderne nichts auszusetzen«, sondern wollte »mehr Wachstum, mehr Maschinen, mehr Maschinenoperateure«, »mehr Sozialtechnologie«, im Prinzip also dasselbe wie die Nazis. Insgesamt hatte »der Sozialismus keine anderen Ziele als die, denen die gesamte moderne Gesellschaft ihre Tribute zahlte«. Der Kommunismus war sogar »die Moderne in ihrer entschlossensten Stimmung und entschiedensten Haltung; die stromlinienförmige Moderne, die vom letzten Rest an Chaotischem, Irrationalem, Spontanem, Unvorhersagbarem gereinigt war«; er war also — verglichen mit dem Kapitalismus — die eindeutig radikalere Variante der Moderne, weil ihrer kapitalistischen Verwalter »treuester Freund«. Eben deshalb sei bei den Menschen heute jene »Sozialtechnologie ... in Ungnade gefallen« und durch das Lebensmotto »Jeder für sich selbst« ersetzt worden.

Den Sozialismus als treuesten Freund der kapitalistischen Verwalter der Moderne zu interpretieren, ist ein grober Unfug. Die Kapitalisten haben in der Geschichte besser als Bauman begriffen, weshalb der Faschismus, wenn sie es für nötig hielten, ihr treuer Freund und der Kommunismus stets ihr Feind war. Zwar setzte der Marxismus auf die im Kapitalismus entstehende Reichtumsgesellschaft und analysierte sowohl den produktiven Fortschritt als auch die Destruktivkräfte der kapitalistischen Moderne. Die theoretischen Anstrengungen und praktischen Kämpfe von Sozialisten und Kommunisten zur Befreiung von Ausbeutung und entfremdeten Arbeits- und Lebensverhältnissen; ihre Entwürfe und Experimente zur Schaffung eines kollektiven, demokratisch kontrollierten und eingesetzten Eigentums an Produktionsmitteln; die Vorstellung vom Absterben des Staates zugunsten einer klassenlosen Gesellschaft, in der jeder Verantwortung trägt; der Wunsch, jeden nach seinen Fähigkeiten leben zu lassen und jedem nach seinen Bedürfnissen zu geben — all das zielte darauf, der modernen Profitwirtschaft die gehorsamen Arbeitssklaven zu entziehen. Selbst das Effizienzprinzip, so sehr es auch von Sozialisten fetischisiert wurde, wurde nicht nur im Streik oder im revolutionären Aufstand außer Kraft gesetzt: es konnte selbst in der kümmerlichen Form des Realsozialismus nie die ihm im Kapitalismus eigene totale Geltung gewinnen, weil die Inhaber der Staatsgewalt die Instrumente der Entlassung und der Verelendung unproduktiver Bevölkerungsgruppen nicht anzuwenden wagten.

Es war nicht zuletzt diese Möglichkeit zum »Schlendrian«, die Gorbatschow, Jelzin und die anderen Kämpfer gegen »die Moderne in ihrer entschlossensten Stimmung« (Bauman) auf die Palme brachten und zu Anti-Schmarotzer-Kampagnen veranlaßte. Bei Managern aus dem Stuttgarter Raum holten sie sich Rat, wie man die Momente des »Chaotischen, Irrationalen, Spontanen, Unvorhersehbaren« reimportieren könne – mit, gemessen an ihren Absichten, großem Erfolg. Nun ist im Osten passé, was der Sozialismus und sein »ungeduldiger Bruder« ohnehin als einziges mit der Moderne gemein hatten: »Wie der Sozialismus war der Kommunismus gründlich modern in seiner leidenschaftlichen Überzeugung, daß die gute Gesellschaft nur eine Gesellschaft sein könne, die sorgfältig geplant, rational verwaltet und gründlich industrialisiert wäre.«

Es gibt gute Gründe, die Industrialisierung für die Voraussetzung einer gegenüber den Agrargesellschaften vielfältigeren Versorgung der Gesellschaft zu halten. Aus dem Munde eines postmodernen Ideologen hört sich deshalb die Kritik an den Leistungen der Industriegesellschaften besonders seltsam an. Ohne die moderne Industrie würde es den fröhlichen Konsumenten der Postmoderne nicht geben. Im übrigen steht auch das Mittel des Plans im Gegensatz zu den Funktionsgesetzen kapitalistischer Profitwirtschaften (schon das macht es unsinnig, Sozialismus und Kapitalismus gemeinsam *einer* Moderne zuschlagen zu wollen). Erst wenn über die Gestaltung der Produktionsverhältnisse nach einem rationalen, demokratisch erstellten Plan nachgedacht wird, läßt sich auch ernsthaft über die Aufhebung der Entfremdung, die Beendigung des Elends auf der Welt, über die Begrenzung ökologischer Risiken und über die Beendigung der kriegerischen Verteilungskämpfe reden. Sozialismus hatte weder zu Beginn noch später dasselbe im Sinn wie die kapitalistische Moderne. Zu Recht kann darauf entgegnet werden, daß die Ausprägung des realexistierenden »Sozialismus« einiges zur Stützung der These von der »Gleichförmigkeit« hergab. Die Tatsache, daß die Revolution in Rußland entgegen der marxistischen Vorstellung in eine hierarchische Ordnung mündete, die die Kreativität unterdrückte, verdient eine differenziertere Betrachtung als die Platitüden der antimodernistischen Eindeutigkeit erlauben.

Dieser Prozeß läßt sich nur begreifen, wenn man dem Konglomerat seiner Ursachen nachspürt: der Nachindustrialisierung eines vorwiegend agrarischen Landes, die manche Idee durch Zwänge der Organisation erschlug; der Notwendigkeit, Hungerkatastrophen zu bekämpfen, die mit dem Drang nach privater Bereicherung der ganz und gar noch nicht »neuen« Menschen in Konflikt geriet; der permanenten äußeren Bedrohung durch die kapitalistischen Staaten, die grundsätzlich keinen Weg aus dem Kapitalismus zuließen, sondern mit Krieg, Putsch, Boykott, Niederrüsten reagierten; der durch die Kriege provozierten Herausbildung autoritärer Gegenmodelle; der allmählichen Verkümmerung der Revolution zu neuen Klassen- und Machtstrukturen, die, statt den Staat absterben zu lassen, einen zentralen Überstaat schufen. Ohne seine realexistierenden Feinde, die nicht nur darüber sinnierten, wie das ihrem Markt Entzogene wiedergewonnen werden könne, sondern die in mehreren Kriegen unmittelbar nach der Revolution und schließlich im Überfall der Naziwehrmacht die Sowjetunion ausbluteten, hätte der Diktatur zumindest eine Legitimation gefehlt. Das demonstrative Desinteresse aber an den verschiedenen Strömungen des Sozialismus/Kommunismus, die Ignoranz gegenüber den unterschiedlichen theoretischen und praktischen Vorschlägen der konkurrierenden Lager gibt dem Desinteressierten den Anschein, er sei über die läppischen Details erhaben. In Wahrheit reagiert er damit nur auf die Tatsache, daß eine differenzierende Untersuchung der Vorschläge und Perspektiven der historischen Verlierer den Untersuchenden dem Verdacht aussetzt, er sei ihr Sympathisant. Solange Honecker Vorsitzender des Staatsrats der DDR war, hielten ihn viele westliche Intellektuelle keineswegs für einen Stalinisten; das änderte sich erst, als er abermals zum politischen Häftling geworden war.

Bauman schlägt die historischen Befreiungskämpfe, die von den Herrschenden zu Recht als Angriff auf ihren Status und ihre Profitproduktion verstanden wurden, der Moderne zu, während er aus unterschiedlichsten modischen Erscheinungen eine Gesellschaft extrapoliert, die die Moderne tendenziell bereits hinter sich gelassen hat. Er geht dabei vor, als wolle er sich selbst als Beispiel für eindimensionales Denken präsentieren. Daß er die Betrachtung der Welt mit Hilfe einer Methode, die wesentliche Differenzen nicht mehr erkennt oder erkennen will, zudem als Versuch offeriert, der »Dialektik der Aufklärung« auf die Sprünge zu helfen, macht vollends ratlos. Was die Menschheitskatastrophen dieses Jahrhunderts nach Baumans Überzeugung hätte abwenden können, was also den »Tätern der modernen Massengrausamkeiten fehlte und was sie unter äußerster Aufbietung von Scharfsinn und Klugheit durch maßgefertigte Hilfsmittel zu ersetzen hatten«, war die »schützende Mauer spielerischen Desinteresses, die der postmoderne Stil bietet«. Wo Scharfsinn und Klugheit nur noch als teuflischer Ersatz für positives Desinteresse gelten, glänzt die Blödheit.

Die Möglichkeiten des ambivalenten Blicks auf die Geschichte gestatten Bauman immer mal wieder, auch das Gegenteil anzunehmen. Natürlich hätte auch die »postmoderne Welt des fröhlichen Durcheinanders« die Menschheitsverbrechen nicht verhindern können; in der Postmoderne sei die Gewaltbereitschaft sogar wieder gewachsen, »weil keine missionarischen, bekehrenden Aussichten die Außenstehenden vor der totalen und endgültigen Verdammung retten. Tatsächlich ist es nicht länger klar, warum die nutzlosen und lästigen Außenseiter, deren Körper keiner braucht und deren Seelen keiner gewinnen und konvertieren will ... nicht mit Gewalt entfernt werden sollten ..., wenn es einen Ort gibt, wohin sie entfernt werden können, oder nicht daran gehindert werden sollten, sich zu vermehren, wenn der Friedhof der einzige Ort ist, wohin man sie bringen kann.« Wenn außerdem die »Selbstsucht ... in der Tat« die »unmittelbarste und tägliche Manifestation« der postmodernen Toleranz ist, dann läßt sich erahnen, an welcher Seite die Postmodernen gestanden hätten und stehen werden. Selbstsucht ist des Mitläufers Hauptmotiv. In ihm finden der moderne Wissenschaftler und der desinteressierte postmoderne Mitmacher zusammen.

Bauman schreibt: »Der moderne Staat war eine planende Macht, und planen bedeutete, den Unterschied zwischen Ordnung und Chaos zu definieren, das Richtige vom Falschen zu trennen, eine einzelne Struktur auf Kosten aller anderen zu legitimieren. Der moderne Staat propagierte einige Strukturen und setzte alles daran, die anderen zu eliminieren. Alles in allem förderte er Ähnlichkeit und Gleichförmigkeit. Das Prinzip des gleichen Rechts für alle« habe zum Ausdruck gebracht, daß die Mitglieder einer Gesellschaft »ununterscheidbar voneinander seien«. Ebenso »wurden alle gruppenspezifischen Qualitäten, die sie besessen haben mögen, für illegitim erklärt«. Dieser Assimilationsdruck sei, »im Unterschied zum Austausch zwischen Kulturen oder kultureller Diffusion im allgemeinen, ein typisch modernes Phänomen«. Nun hat der moderne Staat unbestreitbar von allen seinen Bürgerinnen und Bürgern die Anerkennung seiner Prinzipien verlangt, genauso, wie der Kapitalismus die Menschen gleichermaßen den Gesetzen seiner Effizienz unterwarf. Diese Gleichförmigkeiten führten allerdings weder zur völligen Ununterscheidbarkeit der Menschen voneinander noch zur Illegitimität gruppenspezifischer Qualitäten, schon gar nicht in jeder historischen Phase und allen modernen Staaten.

Es ist banal: Der Millionär und der arme Schlucker haben das gleiche

Recht – gerade das aber macht sie unterscheidbar. Da beide nicht stehlen dürfen, der eine aber muß, bestätigt das gleiche Recht die reale Ungleichheit: Der Millionär ist der Kläger, der arme Schlucker wird auf immer der Angeklagte sein. Auf die Erhaltung dieser gruppenspezifischen Differenzen hat der moderne Staat sehr viel Wert gelegt. Die weißen Herrscher in den bereits modernen USA haben auf strikten Unterschieden bestanden und den schwarzen Blues als Ausdruck gruppenspezifischer Eigenheit akzeptiert. Apartheid neigt nicht zur Assimilation, im Gegenteil: Der schwarze Sklave soll sich nicht assimilieren; das Festschreiben der Verschiedenheit bedeutet gerade die Fortschreibung der Erniedrigung. Die Italiener durften ihren Belcanto singen und die Iren die Tanzflächen traktieren, nur die Staatsmacht durfte nicht angetastet werden, und bei Streiks wurde oft geschossen. Wenn italienische Gleisarbeiter streikten, verbot man ihnen nicht das Singen, sondern den Streik. Selbst im alles in allem recht gleichförmigen Preußen hatte vorübergehend der Charleston Konjunktur. Die Akzeptanz der Verschiedenheit wuchs im allgemeinen mit der Sicherheit der Macht und dem reibungslosen Funktionieren der Untertanen. Stand beides in Frage, nahm der Assimilationsdruck zu.

Bauman zufolge sei es eine »typisch moderne Praxis«, »Ambivalenz auszulöschen«. Intoleranz sei deshalb »die natürliche Neigung der modernen Praxis«. Derlei Begrifflichkeit ist ungeeignet, das Spezifische der Moderne zu verdeutlichen. Wer nicht gleich bis zu matriarchalischen Gesellschaften zurückgeht, wird die vormodernen Ordnungen nicht weniger »typisch« und »natürlich«, nur eben »gottgewollt« intolerant finden. Bauman hält den Zwang zur Assimilation für den zentralen Konflikt der Moderne, den sie nicht bewältigen könne, weil sie sich, gleich dem Zauberlehrling, mit der Bekämpfung der Ambivalenz immer neue, nicht mehr beherrschbare Ambivalenzen geschaffen habe. »Je gründlicher die anfänglichen Probleme gelöst worden sind, um so weniger handhabbar sind die Probleme, die sich daraus ergeben.« So sei das »Produkt des modernen ... Ordnungsdrangs« letztlich »mehr Ambivalenz« – »mit jedem Erfolg der modernen Mächte« habe die Ambivalenz »an Stärke« zugenommen. Etwas überraschend folgt Bauman daraus, daß die zur Sozialtechnologie verdammte Moderne selbst »die allmähliche Einigung ... mit der Differenz« hinbekomme. Die Postmoderne nämlich sei »die Moderne, die volljährig wird«, die »sich mit ihrer eigenen Unmöglichkeit abfindet; eine sich selbst kontrollierende Moderne, eine, die bewußt aufgibt, was sie einstmals unbewußt getan hat«. Der Kapitalismus habe eben gelernt aus der »Vervielfältigung von Risiken; mehr Risiken, größere Risiken, nie dagewesene Risiken. Seit einiger Zeit wird der größte

Teil des ›ökonomischen Wachstums‹ durch das Bedürfnis angetrieben, die Risiken zu entschärfen, die es erzeugt hat: Risiken der Überbevölkerung und Unterernährung ...« Das ist entweder gelogen oder das Ergebnis einer nicht alltäglichen Begriffsstutzigkeit. Selbstverständlich entschärft das ökonomische Wachstum kein einziges Risiko – von Prag bis Schanghai industrialisiert der »geläuterte« Kapitalismus die Länder, ohne den geringsten Gedanken an Risiken zu verschwenden –, Bohrinseln schießen wie Pilze aus dem Wasser, und eines der zur Zeit drängendsten Anliegen der Industrie ist der Abbau kostspieliger Umweltauflagen. Die Behauptung, Überbevölkerung sei ein gravierendes Risiko, ist reaktionäre Propaganda, und die Unterernährung ist keineswegs ein Risiko der kapitalistischen Reproduktion, sondern einer ihrer wichtigsten Bestandteile.

Die bedeutendste Leistung des lernfähigen Kapitalismus sieht Bauman in der Auflösung von Fremdheit und Assimilationsdruck. Die Moderne habe noch »Druck, die ethnischen, religiösen oder – allgemeiner – kulturellen Fremden zu ›assimilieren‹«, ausgeübt. Aber auch hier habe das zwangsläufige »Scheitern des Programms der kulturellen Assimilation« Wunder gewirkt. In der Moderne sei der Fremde, der »die einheimische Kultur so, wie sie ist, nicht annehmen« konnte, »ohne zuerst zu versuchen, einige ihrer Vorschriften zu revidieren«, als Ungläubiger definiert und ausgeschlossen worden. Durch den »Akt seines Eintritts« habe sich »die Lebenswelt der Einheimischen, die ein sicherer Schutz zu sein pflegte, in ein umkämpftes Gebiet, unsicher und problematisch« verwandelt. Die Anstrengung des Fremden, sich zu assimilieren, »trennt ihn nur noch weiter ab, läßt seine Fremdheit deutlicher hervortreten ...«. Ein Fremder zu sein, bedeutete »zuerst und vor allem, daß nichts natürlich ist; nichts wird von Rechts wegen gegeben, nichts geschieht gleichsam von selbst«; »ihm wird der Luxus der Selbstzufriedenheit oder des Selbstvergessens verweigert«, er bleibt Außenseiter.

Eine »paradoxe Folge der Privatisierung« in der Moderne sei die »Universalität der Fremdheit: ... Fremdheit ist universal geworden. Oder eher, sie ist aufgelöst worden; was schließlich auf dasselbe hinausläuft. Wenn jeder ein Fremder ist, ist es keiner.« Bauman meint mit der Auflösung von Fremdheit und der Aufhebung des Assimilationszwangs nicht nur die Duldung unterschiedlicher kultureller Standards und Stilrichtungen, sondern das tatsächliche Verhalten der Einheimischen gegenüber jenen Menschen, die als Fremde eingeordnet werden: Juden, Ausländer, Asylbewerber (in seiner Abrechnung mit der Moderne steht die nicht gelungene »jüdische Assimilation« im Mittelpunkt). Die neuen »Horizonte, die heute die menschliche Imagination zu entflammen und menschliches Handeln zu inspirieren scheinen, sind die der Freiheit, der Verschiedenheit und der Toleranz«. Das ist eine wunderliche Interpretation einer Epoche, in der die Vertreibung von Fremden aus Gründen des Heimatrechts und ethnischer Sauberkeit Hochkunjunktur hat, in der Fremde nicht nur von Staats wegen immer weniger akzeptiert werden, in der selbst die Akzeptanz einer anderen »Ethnie« noch durch die Trennung in eine Dominanz- und eine Unterwerfungskultur relativiert wird, in der 95 Prozent der Bevölkerung die Abschottung Europas vor den Fremden begrüßen und die Massen überzeugt sind, jene könnten sich nicht genügend anpassen. Die völkische Sortierung der Welt in 1000 Fremdheiten, die heute bis in einzelne Straßenzüge hinein praktiziert wird, dominiert das gegenwärtige Bewußtsein, und die Volljährigkeit der deutschen Moderne drückt sich im Haß gegen die Serben aus, in der Stigmatisierung der Fremden, die keinen Nachweis ihrer Nützlichkeit liefern können, und im wachsenden Antisemitismus. Die Theorie der »Artenvielfalt« schafft neue Fremde, statt die Fremdheit aufzulösen. Und der Assimilationsdruck nimmt zu.

Insofern im Verhältnis zwischen Einheimischen und Fremden Fremdheit darin zum Ausdruck kommt, daß nichts von selbst, als Selbstverständlichkeit eben, geschieht, fehlt jeder Beweis für die von Baumann behauptete Auflösung dieser Dichotomie. Ganz im Gegenteil künden radikale Versorgungsentzüge bei Erwerbslosen und Sozialhilfeempfängern, Gesundheitsreformen, die Beschimpfung der Armen als Schmarotzer u.v.m. von neuen, zusätzlichen Verfremdungsschüben. Die Tatsache aber, daß die Kämpfe der Arbeiterbewegung selbst noch in ihrer DGB-Schwundform mit gesetzlichen und tariflichen Zugeständnissen befriedet werden mußten und der Kapitalismus, dem diese Gegenwehr abhanden kam, weil er sie überwand, die ihm ausgelieferten Individuen wieder auf ältere Unsicherheiten zurückwirft, ficht Bauman nicht an. Unerschüttert behauptet er, der Westen habe seiner Vergangenheit den Rükken gekehrt und »sich einer sanfteren und leichtherzigeren Version menschlichen Glücks« zugewandt. Soweit im Kapitalismus Geld dazu gehört, an seiner leichtherzigeren Version teilzuhaben, hat er sich dem Gegenteil zugewandt, der Steigerung des Unglücks. In diesem Sinne bezeichnet die Postmoderne eine Epoche, in der die Moderne auf der Basis revolutionärer Technologien einen sozialen Zustand zurückgewinnt (bzw. in einen solchen zurückfällt), der jene sozialen Absicherungen, die durch Klassenkampf, Sozialismus und Keynesianismus geschaffen wurden, noch nicht kannte.

Die postmoderne Ideologie bekennt sich zur Reuelosigkeit der Sieger. Sie rennt dem Yuppie und der Marktforschung hinterher. Glücklich ist, wer in »Gala«, »Schöner wohnen«, »Fit for Fun«, in Werbefilmen und unter den übrigen Trendvorgaben seinen bezahlbaren Stil gefunden hat. Die Postmoderne vollendet die Moderne insofern, als deren zentrale Prinzipien – Leistung und Effizienz – unantastbare Voraussetzungen für den postmodernen Konsum geworden sind und die Sortierung der Menschen in unterschiedlichste Käuferschichten den Verwertungsbetrieb lückenlos macht. Die postmoderne Ideologie kultiviert das Dasein, das einfache Dasein, auf das das Streben nach einer befreiten Gesellschaft zurechtgestutzt wurde: Die Regeln des Konsums haben die Phantasie absorbiert.

Beim Abwägen der Chancen und Gefahren der Postmoderne wird Bauman schließlich wirklich ambivalent. Einerseits freut er sich: »Ja, die Postmoderne dreht die Zeichen und Werte, die für die Moderne zentral sind, um« – und sieht darum keinen Anlaß mehr für Widerstand gegen irgend etwas. »Freiheit, Verschiedenheit, Toleranz ist die Waffenstillstandsformel der Postmoderne«, schwärmt er, weshalb man endlich auf das Verschwinden »einer der wichtigsten Gründe für den destruktiven Drang hoffen« könne: Revolutionen behielten »ihren Reiz nur solange, wie die Erfahrung der Differenz unerträglich bleibt. Die Annahme der Relativität und die Versöhnung mit der Ambivalenz entschärfen die Anziehungskraft des radikalen und kondensierten Wandels; ja sie machen die Revolution bedeutungslos ...«. Das Dogma der Postmodernen ist die friedliche Koexistenz mit dem System, der Abschied von den Kämpfen »unten gegen oben« und »arm gegen reich«. Andererseits verschweigt Bauman auch die Schattenseiten der postmodernen Tendenzen nicht, die – gemessen an den für obsolet erklärten Kategorien – solche Kämpfe nötiger denn je machten. »Die postmoderne Situation« habe »die Gesellschaft in die glückliche verführte und die unglückliche unterdrückte Hälfte geteilt«, »wobei die postmoderne Mentalität von der ersten Hälfte der Teilung verherrlicht wird, während sie zum Elend der zweiten beiträgt«. Auch glaubt Bauman, daß der nun wirklich abstrusen Vorstellung, »daß soziale Gerechtigkeit gleichermaßen für sich selbst Sorge tragen werde«, »weniger leicht zuzustimmen« sei. Postmoderne Mentalität bedeute eben auch, »sich des kollektiven Privilegs der reichen, postmodernen Welt zu erfreuen und sich das eigene Vergnügen nicht von der Armseligkeit der restlichen Menschheit schmälern zu lassen«. Als armselig gelten dabei nicht nur die materiell Benachteiligten, sondern alle, die aus dem postmodernen Vergnügungszusammenhang herausfallen.

»Von der Hybris der Moderne befreit, empfindet der postmoderne Geist weniger Bedürfnis nach Grausamkeit und Demütigung des anderen; er kann sich ... Freundlichkeit leisten«, meint Bauman, doch ausgerechnet jener Geist goutiert »das Elend« der Hungernden und Sterbenden als einen »legitimen Teil der erfrischenden Verschiedenheit der Welt«. Früher, zu Zeiten der unsäglichen Moderne, sei das noch anders gewesen: »Für eine Mentalität, die darin geübt war, die Gesellschaft als ein unvollendetes Projekt zu sehen, das zu vollenden die Aufgabe der Manager war, war Armut eine Abscheulichkeit«, während für »eine Mentalität, die sich von globalen Visionen abgestoßen fühlt und alle Aussichten der Sozialtechnologie mit Vorsicht betrachtet, ... jene Armut nur ein Element in der unendlichen Vielfalt der Existenz« sei. Wie könne man da behaupten: »Ein langer gewundener Weg führte historisch von der Grausamkeit zur Freundlichkeit, aber es braucht nur einen kleinen Schritt für den Weg zurück«? Falsch, ganz falsch. Es bedarf des Schrittes zurück nicht mehr. Denn welches Übermaß an Grausamkeit leitet das Denken dieser postmodernen Zyniker – zumal verglichen mit dem der linken »Sozialtechniker«, die immerhin angetreten waren, um Armut und Elend zu beseitigen? Was jetzt »wahrhaft neu ist, ist, daß die Dinge, die für einige Menschen schlecht stehen, den Menschen, für die die Dinge gut stehen, nur selten Anlaß zur Beunruhigung sind. Letztere haben akzeptiert und erklärt, daß sie nur wenig tun können, um das Los der anderen zu erleichtern.« Es kommt noch schlimmer. Würde sich »das noch unvollendete Geschäft der modernen Sozialtechnologie« in einem »erneuten Ausbruch einer wilden Misanthropie Luft schaffen«, würde dieser »eher unterstützt als gehindert von der neuerlich legalisierten postmodernen Selbstzentriertheit und Gleichgültigkeit«. Die »selbstsüchtigen« Postmodernen würden Pogrome »eher« unterstützen als behindern.

Nach all dem leugnet Bauman keineswegs, daß die Postmodernen vollkommen ferngesteuerte Wesen sind, denn sie wählen »Lebensplan und Lebensmethodologie, ... die der überindividuelle Marktmechanismus schon für den Konsumenten definiert und bestimmt hat. Konsumentenfreiheit bedeutet Orientierung des Lebens an vom Markt anerkannten Waren und schließt dadurch eine entscheidende Freiheit aus: die Freiheit vom Markt.« Es scheint sogar, als wolle Bauman letztlich vollkommen in Frage stellen, ob jene Menschen, die er uns als glücklich Verführte vorgestellt hat, überhaupt glücklich sind. Die kompromißlose Privatisierung aller Interessen, schreibt er, »war der Hauptfaktor, der die postmoderne Gesellschaft so spektakulär immun gegen systemische Kritik und radikalen gesellschaftlichen Dissens mit revolutionärem Potential gemacht hat«. Jede soziale Streitfrage würde nunmehr als »private Sorge interpretiert«. »Die furchtbarste aller Privatisierungen war die Privatisierung der menschlichen Probleme und der Verantwortung für ihre

Lösung.« Sie führt zur Wehrlosigkeit gegen alle Versagungen und Repressionen, weil sie diese als Ausdruck persönlichen Versagens begreift und »nicht in politischen Protest« umwandelt, sondern in »Schuld und Scham«. »Frustration erzeugt Verlegenheit, nicht Dissens« – »politisch entwaffnet sie und erzeugt Apathie«. »Jeder mögliche Dissens ist deshalb von vornherein entpolitisiert; er ist in noch mehr persönliche Ängste und Sorgen aufgelöst.«

Wir nähern uns zügig einem rundum unglücklichen Wesen, dessen Zynismus, wenngleich nicht tolerierbar, so doch verständlich wird, einem Wesen, das offensichtlich seinen Frust und seine Ängste, die kein Ventil mehr haben, im Konsum zu ersticken versucht: der Postmoderne als Frustkäufer. Den Kapitalisten, die keine Klassenauseinandersetzung scheuen, um soziale Zugeständnisse rückgängig zu machen, stehen damit auf der anderen Seite Leute gegenüber, für die der Klassenkampf in den Mülleimer der Geschichte gehört und die die vom System Ausgespuckten solange mitleidig belächeln, bis sie selbst dran sind. Bauman sieht den Mangel und möchte seinen freundlichen Wesen ein wenig Solidarität beibringen, begründet aber hinlänglich, weshalb Solidarität und Postmoderne nicht miteinander vereinbar sind: weil »Selbstsucht ... in der Tat ihre (die der Postmodernen, d.V.) unmittelbare und tägliche Manifestation« ist, wäre ein solidarischer Mensch kein postmoderner mehr.

Bauman sieht durchaus, daß die Postmodernen Krisengewinnler sind: »In der postmodernen Praxis kocht die Freiheit auf die Entscheidungsfreiheit der Konsumenten herunter. Um sie zu genießen, muß man erst einmal Konsument sein. Diese Ausgangsbedingung läßt Millionen im Abseits.« Was unter den Postmodernen »wirklich zählt, ist, daß es ihnen nicht einfallen würde, dem Staat wegen der Probleme, die sie haben mögen, Vorwürfe zu machen und noch weniger zu erwarten, daß alsbald die Heilmittel gereicht werden«. Dadurch, daß sie keinerlei Ansprüche an den Staat stellen, stützen die Postmodernen das staatliche Verelendungsprogramm. Bauman ist darüber keineswegs erfreut, lobt aber an anderer Stelle eben diese Einstellung, die sich einen Dreck um die Verelendeten schert, als großen Fortschritt. Der Abschied von den »großen Entwürfen der Sozialtechnologie« liefe auf »die Erosion der Einstellung des Gärtners oder Chirurgen hinaus, die die ganze Moderne hindurch die Haltungen und Strategien der institutionellen Mächte charakterisiert hat – und vor allem die Mächte des Nationalstaats. Die Moderne verkündete die wesentliche Künstlichkeit der Gesellschaftsordnung und die Unfähigkeit der Gesellschaft, eine ordentliche Existenz auf eigene Faust zu erlangen.« Daß die Mächte des Nationalstaats durch das Lebensprinzip »Jeder ist seines Glückes Schmied« geschwächt würden, ist jedoch unwahr. Das Gegenteil ist richtig: Der Nationalstaat Deutschland regeneriert sich über die fortschreitende Verarmung der Verlierer in der Gesellschaft, die keine politische Unterstützung mehr zu erwarten haben – so kann er sich besser auf seine wahren Aufgaben konzentrieren. Die postmoderne Empfehlung einer friedlichen Koexistenz der Privatiers mit dem System ist *die* zeitgemäße Integrationsideologie. Im Nebeneinander der Armen und der selbstsüchtigen Sieger blicken letztere zynisch auf die Gescheiterten herab. Die gehören nun mal zur »Artenvielfalt«, wie die Fremden, die man nicht will. Kurzum: Die postmoderne Ideologie stützt die sich vertiefenden Klassengegensätze.

Am Ende ist die Postmoderne – wie das Scheißhaus im Garten – »ein Ort der Gelegenheit und ein Ort der Gefahr ...«. Man ist tolerant gegenüber Fremden *und* macht mit beim Pogrom, man ist glücklich *und* voller Frust und Angst, man will niemanden demütigen *und* feixt über das Biotop der Hungernden, der Kapitalismus schafft seine Moderne ab *und* vollendet sie gleichzeitig, mit einem Satz: »Die Gesellschaft in ihrer gegenwärtigen«, postmodernen, »Gestalt, scheint es, hat den Höhepunkt der Stabilität erreicht: Sie hat alle Alternativen zu sich selbst zerstört« – »dies sind gleichzeitig schlechte Nachrichten für die Unterdrückten«. Anders gesagt: Die Moderne hat »gelernt«, und »jede Farbe ist jetzt schön«, und der Westen hat sich »einer sanfteren und leichtherzigeren Version des menschlichen Glücks« zugewandt, und ... Halt! Eines fehlt noch: »Die postmoderne Welt des fröhlichen Durcheinanders« existiert vielleicht gar nicht. Ein Gedanke, der genauso großen Respekt verdient wie der folgende: »Nichts in der Geschichte hört bloß auf, kein Projekt ist jemals beendet und erledigt.« Demnach wäre sogar für einen Kommunismus noch was drin, der sich vom Falschen im realexistierenden Sozialismus emanzipiert hätte. Vielleicht sprechen aber auch alle irgendwann Esperanto, möglicherweise werden die Zeugen Jehovas zur Staatskirche, vielleicht achtet aber auch bloß eine Weltregierung der Veganer streng auf fleischlose Kost – das alles hängt bekanntlich von vielen Zufällen ab, die man abwarten muß, ohne auf »irgendwelche Axiome« zurückzugreifen.

V. Elemente der Regression

Die Widervereinigung —
»Wahnsinn, Wahnsinn, Wahnsinn«

Die Erfüllung seines Lebenswerks hat er noch erlebt. Das sei dem Mann gegönnt, der von den Nazis in die Emigration getrieben wurde und seither immer wieder und stets fälschlicherweise verdächtigt worden ist, ein vaterlandsloser Geselle geblieben zu sein. Schon 1965 hatte Willy Brandt einen Schlußstrich unter die Beschäftigung mit dem Nationalsozialismus gefordert und die Wiederherstellung der vollen Souveränität Deutschlands verlangt: »Zwanzig Jahre sind genug. Genug der Spaltung, genug der Resignation, genug des Rückwärtsschauens. Das deutsche Volk ... blickt nach vorn — in eine Zukunft, die für unser Volk die gleichen Rechte haben muß wie für andere Völker«.[1] Auch 1969 befand der Mann, der gerade Kanzler der Bundesrepublik geworden war, sich durchaus auf der Höhe seiner Zeit, als er in der 68er Revolte nicht etwa einen Abschied der Jugend vom vaterländischen Muff der Eltern vermutete, sondern eine egoistische Störung des deutschen Gangs der Geschäfte: »Durch das Überwuchern des Materiellen wurden geistige Kräfte über Gebühr gebunden. Selbstzufriedenheit, Selbstsucht, mangelndes Verwantwortungsgefühl haben um sich gegriffen.« Doch er spendete Trost: »Aber die Nation ist im ganzen kraftvoll und gesund« und rief mit Worten, die später Alfred Dregger hätte formulieren können, die verlorene Jugend auf, ins Vaterland zurückzukehren: »Das Volk muß ja sagen können zum Vaterland, sonst kann es auf die Dauer nicht leben, ohne sein inneres Gleichgewicht zu verlieren, ohne in Stunden der inneren und äußeren Anfechtung zu stolpern. Wir Deutsche ... können nicht ständig mit Schuldbekenntnissen herumlaufen ... Wir sind Patrioten ... Wir wollen alles tun, soviel wie möglich von Deutschland für die Deutschen zu retten«.[2]

Die Erwähnung Willy Brandts an dieser Stelle soll die Allgemeinheit und Gründlichkeit der deutsch-vaterländischen Gesinnungstradition verdeutlichen und ihn wenigstens nachträglich gegen die unzutreffenden Vorwürfe der Rechten verteidigen. Viele dachten wie er. Ernst Reuter sah »seine« Stadt Berlin damals als »Pfahl im Fleische des satanischen, teuflischen Systems, das uns und die Welt vom Osten bedroht«. Der

CDU-Politiker Krone entdeckte dort »ein riesiges Konzentrationslager«, Erich Ollenhauer nur ein »großes Konzentrationslager«. So war in Westdeutschland schon früh die Tatsache verwischt worden, daß in der deutschen Geschichte die Nazis ein Monopol auf Konzentrationslager gehabt haben.

Wie glücklich muß Brandt gewesen sein, als er nach dem Fall der Berliner Mauer feststellen durfte: »Nun wächst zusammen, was zusammengehört«, und als er kurz darauf gemeinsam mit anderen Politikern vom Balkon des Schöneberger Rathauses herunter das Deutschlandlied krächzen konnte.

Nun stolperte das deutsche Volk nicht länger durch innere und äußere Anfechtungen; es hatte sein Gleichgewicht gefunden und sagte frei von moralischen Skrupeln »Ja« zum Vaterland; die Nation schaute nicht länger zurück, fühlte sich gut in Schuß und insgesamt prächtig. Zwei Psychotherapeuten, Herr Maaz aus dem Osten und Herr Möller aus dem Westen Deutschlands gewährten uns in ihrem Buch »Die Einheit beginnt zu zweit« einen tiefen Einblick in das deutsche Seelenleben nach der Wiedervereinigung. In der Zeitschrift »Psychologie heute« (8/1991) haben sie ihre Entdeckungen zusammengefaßt: »Wie viele damals, habe auch ich während der Ereignisse im Herbst 1989 fassungslos und heulend vor dem Fernseher gesessen«, offenbarte sich Möller, »vielleicht weil ich mit der einen Hälfte meiner Kindheitsseele aus Schlesien, also aus Ostdeutschland (!) stamme ... Ich habe es trotzdem kaum fassen können, wie physisch, wie physiologisch, wie körperlich dieses Erleben der Vereinigung bei mir« war, »und in mir ist auch wirklich etwas geheilt. Es muß etwas mit dem Gefühl zu tun haben, jetzt einer ganzen Nation anzugehören.« Ähnlich krank hatte sich zuvor Herr Maaz gefühlt, weshalb auch er seit der Wiedervereinigung immer wieder hemmungslos losheult: »Die Bilder von damals lösen bei mir noch heute Tränen und Schluchzen aus. Ich empfinde eine schmerzliche Genugtuung über etwas, das ich nie für möglich gehalten hatte. Tief im Innersten« – dafür sind die beiden schließlich zuständig – »muß mich die Grenze sehr verletzt haben, eine große Ungerechtigkeit – und jetzt schien endlich Gerechtigkeit zu werden.«

Während der eine also durch seine Unkenntnis der Landkarte geheilt wurde und der andere auch heute noch nicht über den Berg ist, hat Karl Moik ohne jede therapeutische Anstrengung sich ebenfalls seinen Teil zusammengereimt. Er kam mit Blaskapelle, Dirndln und Jodlern in die heimliche Kulturhauptstadt Deutschlands, Cottbus, und brachte den TV-Heimatabend mit einem einzigen erleuchteten Satz über die Zeit: »Hätten Sie vor vierzehn Tagen gedacht, daß ich heute bei Ihnen bin?«

Dann kehrte er in sich, gleichfalls den Tränen nahe, schüttelte ungläubig den Kopf und gab selber die Antwort: »Wahnsinn, Wahnsinn, Wahnsinn«. Nach jedem Schlager dieselbe Frage, dieselbe Antwort, der gleiche tosende Applaus. »Bild« übernahm die Vokabel und setzte sie – in schwarz-rot-goldenem Rahmen vor braunem Hintergrund – in großen Lettern auf die Titelseite: »Daß die Sonne schön wie nie über Deutschland scheint. Wahnsinn«. Im umseitigen Artikel hieß es zunächst abermals »Wahnsinn«, dann wurde erklärt, weshalb diese Vokabel tatsächlich den Nagel auf den Kopf treffe: »Riesige Videowand kippte um ... überall Blut. Schmerzensschreie gingen im Trubel unter.« Die Schwerverletzten hatten lange auf Hilfe warten müssen, weil die Rettungsteams, deren Wagen durchgekommen waren, mit leeren Sektflaschen und Steinen beworfen wurden, so daß sie ihres Lebens nicht sicher waren.

Am 21. Februar 1990 steht Cottbus schon wieder im Zentrum des deutschen Kulturgeschehens. Der Cottbusser Karneval, den das Fernsehen in die Wohnzimmer der Republik übertrug, lüftet den Schleier über den friedlichen deutschen Revolutionären des Ostens. Der Vorsitzende des örtlichen Karnevalvereins begrüßt im Namen aller Cottbusser/innen den Gustl aus Österreich, dessen Witz von großem Einfühlungsvermögen zeugt. Früher sei das DDR-Mädel über die Wiese gegangen, habe Blümchen gepflückt und beim Blütenblätterzupfen aufgesagt: »Er liebt mich, er liebt mich nicht ... «, heute aber frage sie: »Er hat ein Auto, er hat kein Auto ... «? Der anwesende Volksquerschnitt wiehert vor Vergnügen. Nach einigen gern genommenen Soldatenwitzen erklärt der Vorsitzende: »National waren wir lange genug, sogar provinziell – so sehen wir auch aus (Gelächter) –, jetzt werden wir aber international. Aus Holland kommen die Kirmesmusikanten zu uns.« Die biedern sich mit »Rosamunde« an. Der Vorsitzende verabschiedet sie mit dem Scherz: »... die beiden aus dem Land der Tulpen, aber wir aus der DDR kennen ja keine Tulpen.« Nein, nichts hatte und nichts kannte man in der DDR. Eine einheimische Musikgruppe »wird uns einen beliebten Evergreen« spielen. Das Publikum johlt beim Refrain: »Heidrun, Heidrun, ich will ihn bei dir reintun, doch das Loch, das ist zu klein, da paßt mein Josef nicht hinein.« Nun kündigt der Vorsitzende den Stargast des Abends an, »bekannt aus Funk und Fernsehen, natürlich West, nicht Ost«. Mit einer überdimensionalen, schwarz-rot-gold beklebten Gitarre stürmt Gunter Gabriel auf die Bühne und ruft: »Yeah, Freunde, ich muß euch mal was sagen, yeah, steh' ich hier als Deutscher, als Fremder, yeah, es war leichter für mich, nach New York oder Rio de Janeiro zu reisen als die zwanzig Kilometer zu euch. Euer Land ist auch mein Land (Beifall) ... Die Neiße oder die stillen Wälder ... Jetzt sag' ich euch was: Ich werde im

Sommer hierher ziehen, es ist so geil, hier zu sein, yeah.« Dröhnender Beifall. Die Masse brüllt: »Hey, Boß, ich brauch' mehr Geld.« Gabriel brüllt zurück: »Hey, Boß, yeah, ich bin durch das Land gegangen ...« Und, natürlich, er singt: »Hey, Boß, ich brauch' mehr Geld ... ich bin einer, der die Firma stützt und hält, der sich noch richtig quält ... Hey, Boß, ich brauch' mehr Geld.« In den langen Beifall hinein sagt er, er wolle jetzt ein Lied singen, das schon acht Jahre alt sei und das er im Westen nie habe singen dürfen, »weil die da nicht immer positiv zu Deutschland standen. Ich stehe positiv zu Deutschland, zu ganz Deutschland, yeah, wie die Engländer positiv zu ihrem Land stehen.« Die Masse jubelt, und Gabriel singt seinen Samisdat-Song, das Lied über Deutschland: »Deutschland ist Goethes Haus in Weimar, der Fischer von Schwerin und der Ku-Damm ...« Das Lied hat auch einen Refrain: »Schwarz wie die Kohle, rot wie die Lippen der Mädchen, gold wie der Weizen und das Bier ... schwarz, rot, gold, das ist Deutschland.« Immer wieder singt er diesen Refrain, und der Jubel kennt keine Grenzen. Die Menge gröhlt: »Zugabe, Zugabe!« Doch die fällt aus.

Es folgt eine erotische Einlage. Eine südamerikanische Gruppe tanzt Lambada. Alle sollen mitmachen, und was jetzt passiert, hat die Tanzgruppe nicht verdient. Die Menge stürmt wie eine Büffelherde auf die Tanzfläche und breitet sich dort aus. Die Fernsehkameras suchen einige Zeit vergeblich nach den Lambadatänzer/inne/n. Irgendwann sind sie noch einmal kurz zu sehen. Sie sind in eine kaum beleuchtete Saalecke geflohen und stehen dort zusammengekauert und verängstigt an der Wand. Auf der Tanzfläche kreist ein dicker Karnevalist mit der Hüfte, eine Gruppe mit Karnevalshüten legt nach Lambadarhythmen eine Polonaise hin. Kurz vor Ende der Fernseh-Übertragung will der Vorsitzende des Karnevalvereins erkannt haben, daß Cottbus nun abhebt; laut fragt er durchs Mikrofon: »Sind wir noch in Cottbus oder schon in Mainz?« Das Vergnügen wurde einige Zeit später in Hoyerswerda fortgesetzt. Nur vierzehn Tage nach dem Pogrom trat dort der Sänger Heino auf und sang in deutlicher Anspielung auf die Vertreibung der Asylbewerber/innen: »Muß i denn, muß i denn zum Städele hinaus.« Der Mob verstand und johlte Zustimmung.

Der Schriftsteller Stefan Heym, der sich seine Landsleute anders gedacht hatte und sich deshalb ein kurzfristiges Zerwürfnis mit ihnen leistete, schimpfte über den westlichen Krämergeist, der die Ostdeutschen verführe: »Aus dem Volk ... wurde eine Horde von Wütigen, die, Rükken an Bauch gedrängt, Hertie und Bilka zustrebten auf der Jagd nach dem glitzernden Tinnef. Welche Gesichter, da sie, mit kannibalischer Lust, in den Grabbeltischen, von den westlichen Krämern ihnen absichtsvoll in den Weg plaziert, wühlten.« Hätte die Bereitschaft zum Verzicht ihnen besser zu Gesicht gestanden? Oder hat Heym wirklich geglaubt, der Wunsch seiner Landsleute, am Wohlstand des Westens teilzuhaben, würde einen verfeinerten Sozialismus hervorbringen, und das siegreiche Westdeutschland hätte irgendeine Veranlassung, von seinen Maximen abzuweichen? Die »friedliche Revolution« war von Beginn an eine Lüge. Die Ostdeutschen wollten an der Weltmacht ihres übergroßen Bruders teilhaben und berauschten sich an ihrer Unterwerfung, die Westdeutschen kosteten die bedingungslose Kapitulation der DDR aus. Lange hatte man warten müssen, bis dieser Schandfleck der deutschen Geschichte beseitigt werden konnte. Mitglieder einer deutschen Nation zu sein, mußte den Unterworfenen nun genügen. Als Hans Modrow, der Staatsmann auf Abruf, nach Bonn kam und um einige Milliarden Mark bettelte, wurde er wie ein lumpiger Bittsteller abgefertigt. »Die deutsche Mark im Gepäck ist eines der größten Geschenke«, sagte der damalige Wirtschaftsminister Hausmann und wies darauf hin, wie dankbar die Ungarn über die DM gewesen wären. Angesichts der Unzufriedenheit der ostdeutschen Delegation halte er die Entscheidung für richtig, ihnen keine weiteren Gelder zukommen zu lassen. Das war klug kalkuliert. Die Unterwerfung funktioniert besser, wenn den Untertanen, die darum gebettelt hatten, vom stärkeren Deutschland beherrscht zu werden, gezeigt wird, wie unerbittlich der neue Herrscher sein kann. Das ruft jene Achtung hervor, die die Schwäche nicht auf sich zieht. Was war dagegen ein Staat, der sich selber aufgegeben hatte. Ein deutscher Staat, der nicht zum Zweck seiner Verteidigung zur Gewalt greift, wie dies in solcher Lage westliche Diktaturen stets tun, sondern sich einfach auflöst, wenn die Mehrheit der Bevölkerung dies verlangt, verdient Verachtung. Hätten Bismarck, Kaiser Wilhelm, Ebert, Hitler, Adenauer, Schmidt oder Kohl den deutschen Staat aufgelöst, wenn die Bevölkerung danach verlangt hätte?

Gebetsmühlenartig leierte man die Formel »Diktatur in Ostdeutschland – Freiheit in Westdeutschland« herunter, weil sie gleich zweierlei bewirkte: Zum einen wurde den Menschen im Osten noch nachträglich beigebracht, wie mitleiderregend ihre erzwungene Unmündigkeit gewesen sei, weshalb Dankbarkeit für ihre Befreiung sich von selbst verstehe. Zum anderen konnte man der westdeutschen Bevölkerung verklickern, daß sie sich angesichts des schrecklichen Lebens ihrer Brüder und Schwestern in ihrer eigenen Beschränktheit gefälligst wohlzufühlen habe, weshalb ein gerüttelt Maß an Dankbarkeit für die letzten 50 Jahre durchaus nicht zuviel verlangt sei. So ließ sich der Untertanengeist hüben wie drüben päppeln. Anschließend wurde der informelle Mitarbeiter der

Stasi vorübergehend als ideologisches Vehikel der Domestizierung eingesetzt. Er saß den Menschen wie ein Modul in den Köpfen, das jede Selbstreflexion verhinderte. Nach der ersten Vergangenheitsbewältigung der Westdeutschen, die sich in der Integration der Nazis in die Gesellschaft und deren geschlossene Ausrichtung auf den bolschewistischen Hauptfeind erschöpft hatte, wurde nun die Stasi-Bewältigung zur zweiten großen Lüge.

Noch der untertänigste Untertan des Westens schüttelte blöde und frohgemut seinen Kopf, sobald er vernahm, was sich da drüben zugetragen haben sollte. Dabei hätte eine von der Propaganda nicht getrübte, nüchterne Betrachtung in Westdeutschland einen Durchschnittsmenschen ans Licht gebracht, dessen alltägliche Verrichtungen von vielerlei Institutionen, Kontrolleuren, Vorgesetzten, Personalbüros beobachtet, durchleuchtet und registriert werden, wobei die Kontrollen schärfer und die persönlichen Akten dicker werden, sobald da eine/r krank wird oder aus anderen Gründen aus dem Leistungsprozeß herausfällt. In Stichworten: Bei Krankheit – Katalogisierung der Krankheitsart, Nachforschungen, werksärztlicher Dienst, Kontrollen, Vertrauensarzt, Kündigung, Aktennotizen; bei politischer Betätigung im Betrieb – Abmahnung, Vorladung, Verweis, Kündigung, Aktennotizen; bei Leistungsabfall – Leistungsbeurteilung, Charakterbeurteilung, Versetzung, Abmahnung, Aktennotizen; nach der Kündigung – Kontrolle und Erfassung der Vermittlungschancen, Einkommen der Verwandten, Wohnungsgröße, persönliche Bereitschaft, Geldentzug, Anwesenheitspflicht, Meldepflicht, Notizen über Notizen; bei einer Neubewerbung – Totalüberprüfung durch Intelligenztests, Belastungstests, Analyse des Gruppenverhaltens und der psychischen Gesamtstruktur, Lebenslauf, geschlossenes Berufsbild, Feststellung der Berufsunterbrechungen, Aktennotizen; in der Probezeit – permanente Beobachtung, Notizen, vorzeitige Auflösung des Vertrags; vor Gericht – Kindheit, Lebensumstände, Charakter, Renitenz, Vorstrafen, Berge von Notizen.

Die Erfassung des durchschnittlichen Westdeutschen ist lückenloser und seine Personalakten, die Vertrauliches auch aus der Privatsphäre und über die Psyche festhalten, sind erheblich dicker als die des durchschnittlichen DDR-Bürgers je waren. Dabei ist hier von den Politischen nicht mal die Rede, die je nach Einstufung ihrer Staatsfeindlichkeit und Gefährlichkeit überwacht, abgehört, schikaniert, zusammengeschlagen, in Isolationshaft gesteckt oder »versehentlich« erschossen werden. Diese westdeutschen Errungenschaften machen die DDR um keinen Deut besser, sie zeigen nur, wie verlogen der Eifer ist, Überwachung, Erfassung und Kontrolle als Charakteristika des Ostens auszumalen, und wie gerne die Westdeutschen sich manipulieren lassen. Nicht auszuschließen ist, daß die mit modernsten Mitteln viel gründlicher kontrollierten Wesen im Westen sogar stolz auf die Perfektion ihrer Kontrolle sind und deshalb über das handgestrickte Verfahren in der DDR ihren Kopf schütteln.

Der Vergleich soll den Unterschied nicht verwischen. Der Arbeitnehmer im Westen ist im Regelfall nie gefragt worden, was er wählte. Das passierte erst dem Karrieristen. Wenn der Subalterne auf die in Bonn schimpfte, gaben ihm seine Vorgesetzten möglicherweise sogar Recht. Die Götter, die im Westen über Wohl und Wehe eines Menschen entscheiden, sind andere, als sie im Osten waren: Leistung, Produktivität, Wachstum, Konkurrenzkraft, Gesundheit und Fitneß. Wer ihnen nicht genügt, darf keine Gnade erwarten. Um einen Lebenslauf zu zerstören, bedarf es keines ausdrücklichen Berufsverbots durch die Staatsführung, es funktioniert einfach so: kein Schulabschluß, kein Ausbildungsplatz, kein Studium, kein Arbeitsplatz. Wer den Göttern der Marktwirtschaft nicht dienstbar oder ihren Wünschen nicht gewachsen ist, der bekommt das staatliche Diktat obendrein: wöchentliches Erscheinen beim Sozialamt oder – im Weigerungsfalle – Kürzung der Hilfe, die vorher schon nicht zum Leben reichte, um 25 Prozent, vielleicht auch beides. Die Menschen peinigt daher die permanente Angst, den Leistungsanforderungen nicht mehr zu genügen und dafür von Unternehmen und Behörden materiell sowie von Nachbarn und anderen lieben Mitmenschen sozial gedemütigt zu werden.

Doch auch im Westen ist das Leistungsprinzip nicht alles. Oft entfaltet es seine repressive Kraft in Kombination mit der Konfession, der Loyalität gegenüber dem Staat und anderen traditionellen Bindungen. Wer in kirchlichen Einrichtungen arbeitet, hat sein Glaubensbekenntnis abzulegen. Beamte müssen einen Eid auf den Staat schwören, wodurch sie das Streikverbot akzeptieren. Sogenannte Tendenzbetriebe verlangen über die Leistung hinaus ein positives Bekenntnis zu ihren ideologischen Produkten. Im übrigen wirken zahlreiche traditionelle Kräfte: Für viele Laufbahnen werden Männer Frauen vorgezogen. Die sexuelle Normierung zwingt zur Verheimlichung gleichgeschlechtlicher Neigungen. Angestellte haben durchweg, in Bankfilialen ausnahmslos, mit Krawatte, sauberen Fingernägeln, gepflegter Frisur, alles in allem also mit einem genormten Äußeren zu erscheinen. Selbst Verkäuferinnen kann es passieren, daß sie entlassen werden, wenn ihre Kleidung nicht dem »Stil des Hauses« entspricht.

Die DDR kannte ebenfalls einige dieser Traditionen, dennoch ging es in ihr auf eine andere Weise autoritär zu als im marktwirtschaftlichen Staat. Wohlverhalten und Unterordnung wurden in erster Linie von Partei- und Staatsapparat verlangt. Das schuf – anders als im Westen – Freiräume in der Arbeitswelt und forderte die Akzeptanz der Staatsräson. Das Leistungsprinzip des Westens läßt sich nicht mit Heucheleien betrügen, es funktioniert, weil es rechnet, gnadenlos. Das Bekenntnis zum Staat läßt sich zwar heucheln, doch weil die DDR-Führung »ihrer« Bevölkerung offenbar mit einigem Recht mißtraute, überzog sie die Gesellschaft mit einem Kontrollsystem, das nicht die Leistung, sondern die Gesinnung zu überprüfen hatte. Da das Credo der politischen Führung lautete, sie handele immer im Interesse der Massen, mußte, wer sie kritisierte, objektiv verwirrt oder konterrevolutionär sein und einer abgestuften Bestrafung unterzogen werden. Das Credo galt absolut und traf dissidierende Kommunisten ebenso wie BND-Agenten. Bekanntlich war die DDR nicht auf dem Weg zur freien Entfaltung der Individuen und zum Absterbenlassen des Staates, sondern dabei, einen Überstaat mit eigener Polithierarchie zu etablieren. Nachdem während der offiziellen Luxemburg/Liebknecht-Kundgebung ein paar Oppositionelle ein Transparent mit einem Luxemburg- Zitat gehißt hatten (»Freiheit ist ...« usw.), entlarvte die SED-Führung im eigenen Zentralorgan sich selbst: »Was da geschah, ist verwerflich wie eine Gotteslästerung. Keine Kirche könnte hinnehmen, wenn man eine Prozession zur Erinnerung an einen katholischen Kardinal ... entwürdigt ... Übrigens in jedem zivilisierten Land treten in einem solchen Fall Gesetze in Kraft, die ahnden, wenn jemand das Andenken von Verstorbenen beleidigt.« Die Wahrscheinlichkeit, daß die Transparentträger von den politischen Ideen Rosa Luxemburgs weiter entfernt waren als Erich Honecker, mildert nicht die autoritäre Dummheit, die hier den vermeintlich sozialistischen Staat mit der katholischen Kirche ineinssetzt.

Die Führer der »ersten friedlichen Revolution auf deutschem Boden« bewährten sich eilig als Untertanen des neuen Systems. Pfarrer Eppelmann beispielsweise, der einst aus Schwertern Pflugscharen machen wollte, dann Verteidigungsminister wurde und sich schließlich für den Export der Waffen aus alten NVA-Beständen engagierte. Karrieristen aus Organisationen, die einst versprochen hatten, den Sozialismus verbessern zu wollen, kämpften plötzlich für die Marktwirtschaft und eine deutsche Weltmachtposition. Die PDS bildete das Auffanglager für die bei der Wende Zukurzgekommenen, mit positivem Bezug auf die Gesamtnation und offizieller Beendigung des Klassenkampfs. Zunächst hatte sie noch gegen Berufsverbote für SED-Generäle und -Diplomaten protestiert und damit gezeigt, daß es ihren Leuten überwiegend gleichgültig war, welchem deutschen System sie dienten, Hauptsache sie erhielten die Möglichkeit dazu. Später trennte sich die Garde der zur Führung avancierten »Erneuerer« vom belasteten Troß, um den Einzug ins neue System nicht zu erschweren. Sie hat es auch so schwer genug, akzeptiert zu werden, denn allein ihre Anwesenheit erinnert an eine Systemalternative, an die nicht mehr gedacht werden soll.

Die Rachegelüste der Bohley, Fuchs, Gauck und Biermann, die als treue Diener des neuen Systems die treuen Diener des untergegangenen weiter verfolgen wollten, wurden zunehmend als Störung der völkischen Vergemeinschaftung Deutschlands empfunden. Die Führer der Nation blickten nach vorn, und Richard von Weizäcker, ihr Präsident, mahnte, die Westdeutschen seien keine Richter und Akten nicht objektiv, wahr oder gar eine »moralische Instanz«. Seither muß die Gauck-Behörde ihr Material politisch bewußter sortieren. Nach dem Triumph des brandenburgischen Ministerpräsidenten Stolpe und der gelungenen Verwandlung zahlloser Volksarmisten in brave Soldaten und Polizeibeamte können sogar PDS-Mitglieder langsam wieder bekennen, daß ihre Biographie nicht erst 1990 begann.

Die Deutschen zogen einen dicken Schlußstrich unter den Sozialismus, indem sie sich fast geschlossen um den Nachweis bemühten, mit ihm nie etwas am Hut gehabt zu haben. Darin unterscheidet sich ihre zweite Vergangenheitsbewältigung prinzipiell von der ersten. Die Volkspolizei der DDR war nun insgesamt schuldig, die Wehrmacht blieb insgesamt sauber (wenngleich auch ihr Bild im Laufe des Jahres 1995 einige kräftige Schrammen bekam). Kein hoher Funktionär der SED darf in führende Positionen der neuen Bundesrepublik übernommen werden, während hohe Nazifunktionäre problemlos Wirtschaftsführer, Minister, Richter und Militärs hatten werden können. Jedes Staunen darüber wäre albern, weil sich eine staatliche Planwirtschaft materiell und der Anspruch auf eine egalitäre Gesellschaft ideell nicht mit dem Kapitalismus vertragen, der Faschismus hingegen unter bestimmten Voraussetzungen ausgezeichnet mit ihm zusammenpaßt. Der Schlußstrich unter jedwede Art des Antikapitalismus und die Wiederherstellung eines traditionell großmannssüchtigen deutschen Reiches waren zugleich der Einstieg in eine deutsche Identitätssuche, die sich nach der Niederlage des Hauptfeindes im Kalten Krieg nun wieder gegen die Unterminierung des Deutschtums durch den Westen wenden konnte.

Nun erfuhren wir, wie furchtbar viele prominente Deutsche unter der alliierten »Fremdbestimmung« und der Zweistaatlichkeit gelitten hatten und welche enthemmende Wirkung die Befreiung von ihrem Leiden hatte. Als die Wiedervereinigung ihm ins Blickfeld geriet, hatte Rudolf Augstein schon seine Fassung verloren. Er schrieb: »Wurde nicht Ernst Reuter, der Berliner Held, dafür gelobt, daß er Breslau und Königsberg zurückhaben wollte.³ Das konnte doch nur Sinn machen, wenn man das Gebiet westlich der Oder und Neiße ›Deutschland als Ganzem‹ zurechnete« (»Spiegel«, 48/1989). Plötzlich entdecke das Ausland »20 Millionen Deutsche zuviel«, pöbelte er. Schon »1848 hätten die übrigen Mächte einen Großraum Österreich-Ungarn plus Preußen plus den Rest des Deutschen Bundes nicht hingenommen, auch schon wegen der Wirtschaftskraft nicht«. Das wollte Augstein sich nicht bieten lassen, und so kündigte er an, sich »der Idee (zu) widersetzen, daß die anderen ein Monopol haben, die deutsche Frage zu beantworten«. Auf Dauer werde man den Deutschen »eines nicht verweigern« können: die »Selbstbestimmung«. Mitte Februar 1990 lief der »Spiegel«-Herausgeber in einem Fernsehdisput mit Günter Grass schließlich völlig aus dem Ruder. »Auschwitz ist nicht konstituierend für den künftigen Lauf der Welt ... Auschwitz wird automatisch durch den Lauf der Geschichte relativiert«, erklärte er und forderte: »Deutschland muß wieder eine lebendige Funktion unter den Völkern gewinnen, die es, blutend entzweigerissen, nicht erringen kann.«³

Die Ex-und-hopp-Linken von der »Tageszeitung« waren derselben Meinung: Die Linken stünden nun wie Kühe da, frohlockte sie in ihrem Sonderheft »Deutsche Einheit«, und »glotzen in die neue Richtung und scheuen sich, sie einzuschlagen«. Erst wenn die »rückwärtsgewandten linken Beschwörungsformeln, die deutsche Geschichte ... einschließlich Auschwitz ... zum Fetisch einfrieren, abgelöst werden«, könnten »die Chancen dieses Augenblicks wahrgenommen werden«, die der »Abschied vom faden, kleinen Staat Bundesrepublik« böte. Die Errichtung eines großdeutschen Reiches schien dem Blatt keine rückwärtsgewandte Tat zu sein, hingegen der Rückblick auf Auschwitz, diesen eingefrorenen Fetisch, der einem den Wiedereintritt in die Geschichte der Weltmacht Deutschland vermasseln könnte. Was muß der Verfasser dieses Artikels darunter gelitten haben, daß Deutschland nicht bis an Memel, Etsch und Belt gereicht hatte. Und wie wird er einverstanden gewesen sein, als »Bild« Abschied von der kleinen Bundesrepublik nahm: »Helmut Kohl reist wie der Chef einer Supermacht.«

Besonders gebeugt war bis dato die Grüne Antje Vollmer durchs Leben gegangen. In ihrer Bundestagsrede zum Staatsvertrag bekannte sie, schon immer den Geist der deutschen Einheit »mit einer gemeinsamen Sprache ... › phantasievollen Kultur, mit der Last einer gemeinsamen Geschichte und mit dem unbändigen Wunsch nach Selbstbestimmung: wir sind das Volk« in sich gespürt zu haben. Die alliierte Fremdbestimmung hat ihr jahrzehntelang die gemeinsame Sprache verschlagen und eine phantasievolle Kultur verweigert, was bei Deutschen eben nicht nur den einfachen, sondern den »unbändigen Wunsch« nach Selbstbestimmung auslöst. Um auch den letzten Verdacht auf vaterlandslose Gesinnung zu zerstreuen, enthüllte sie den Abgeordneten ihr Lebensgeheimnis, das sie während der Zeit ihrer linken Entgleisung sorgsam gehütet hatte: Schon bei den Grabungen der Fluchttunnel unter der Grenze zur DDR in den 60er Jahren »waren Freunde von mir dabei«. Was Wunder, daß sich die Parlamentarier/innen der Grünen von ihren Sitzen erhoben, als der Bundestag zur Feier des Mauerfalls das Deutschlandlied anstimmte, das auch Hitlers Feldzüge überallhin begleitet hatte.

Obgleich es ihm meistens nicht anzusehen war, muß auch Joschka Fischer sehr gelitten haben. Er äußerte sein »Verständnis, und dies ist bitterernst gemeint, für den patriotischen Schmerz um das geteilte, moralisch und politisch am Boden liegende Vaterland ...« im »Spiegel-Spezial« zu Augsteins Geburtstag (November 1993). Mit Fischer hatte selbstverständlich die gesamte »westdeutsche Linke ... immer schon unter einem Vaterland zu leiden, daß zu akzeptieren fast unmöglich war«, weshalb sie beinahe »in einen nationalen Selbsthaß verfallen« seien.[4] Um seinen Konformismus zu rechtfertigen, berief er sich aufs Ausland: »Deutschlands Partner wollen es ... mit wirklichen Deutschen zu tun haben«, denn »überschritten werden kann der Nationalstaat« in Richtung Europa »erst, nachdem er angenommen wurde«.[5] Aufatmen! Franzosen, Engländer, Amerikaner und Ukrainer hatten von Fischer verlangt, er möge allererst mal selbst ein richtiger Deutscher werden, bevor sie ihn als Europäer ernstnehmen würden. Jetzt konnte er befreit jubeln: »Es begann in dem Jahr der deutschen Einheit. Der zweite Weltkrieg ging für Deutschland definitiv und auf wunderbare Weise zu Ende« und Gott danken: »Wir haben jetzt unseren deutschen Nationalstaat wieder, der Stalinismus ist vorbei, die Mauer weg, die Armeen der Supermächte gehen nach Hause ... Alles in allem sind das also gute, ja beste Voraussetzungen für die Bewältigung der Zukunft. In diesem Jahrhundert gab es für Deutschland noch nie bessere. Der Herr hat es diesmal gut mit uns gemeint, und die Erbschaft stimmt« (»Spiegel-Special«, 1.11.1993). In seinem Überschwang diente Fischer sich gar Ernst Nolte an: »Kommunismus und Nationalismus«, die beiden »enthemmten und zugleich massenwirksamen Gewaltapotheosen der Moderne«, seien »übereinander hergefallen« und hätten »wohl mehr als 100 Millionen Menschen« umgebracht. Die revisionistischen Historiker werden mit Vergnügen vernommen haben, daß da einer, mit dem sie wohl kaum gerechnet hatten, den Kommunismus über den Nationalsozialismus herfallen ließ, doch die »Frankfurter Allgemeine Zeitung« (16.11.1992) reagierte leicht verärgert: »Bleibt die Frage, weshalb plötzlich als neue Einsicht verkündet wird, was wir Rechten schon immer wußten.«

Der Haß auf die Frauen oder Neues vom Blödmann

Der Saarländer Gerd Dudenhöffer stieg in der Figur des Familienvaters »Heinz Becker« bis in die Jürgen-von-der-Lippe-Show »So isses« auf und hatte sich damit für eine eigene Sendung (»Familie Becker«) qualifiziert. »In der besten deutschen Comedy-Show« (»Bild«-Zeitung) soll der Komödiant den Widerstand des deutschen Familienvaters gegen Frauenmacht, »political correctness« und intellektuelle Überforderungen aller Art artikulieren. In saarländischen Sälen ist Dudenhöffer schon lange eine feste Größe. Worin liegt sein Erfolgsrezept, das sein Publikum vor Begeisterung brüllen und »Bild« herzlich schwärmen läßt? Darin: Während eines seiner Auftritte erzählt er dem Publikum, daß bei einem Vereinsjubiläum irgendwo im Saarland mal »'ne Negerin« bedienen sollte. Gut und schön, sagt er, wären da nur nicht diese Dauerdiskutierer, die aus allem einen Konflikt machen. Heutzutage sei so was nämlich keineswegs mehr selbstverständlich, denn: »Sagst nää, bisse ausländerfeindlich, sagst joh, heeßt's: die lasse de Bimbo huppse« (»Spiegel« 33/1994). Das Publikum amüsiert sich köstlich, weil es mitfühlt. In dieser komplizierten Welt geraten die Leute eben immer wieder in die böswillig ausgelegten Fußangeln der Linksintellektuellen und Emanzen. Was waren das doch für schöne Zeiten, als man noch ungestraft »Negerin« oder »Bimbo« sagen durfte – und da steht nun einer von ihnen vor ihnen, der sich das wieder traut. Was, fragt Heinz Becker sich und seine Zuhörer, kann ein deutscher Unternehmer, der Toaster in den Irak liefert, dafür, »wenn die so lange daran rumschraube, bis die Dinger schieße«? So was muß doch gesagt werden dürfen. Was soll denn auch diese permanente Beschmutzung des eigenen Nestes, wenn die da im Nahen Osten nur Mord und Totschlag im Schädel haben.

Nachdem eine Kritikerin ihn im »Evangelischen Pressedienst« milde als eine »tranfunzelige Angelegenheit« charakterisiert hatte, rastete Dudenhöffer aus. In seiner nächsten Sendung witzelte er, die Frau sei ein Fall fürs Frauenhaus, wohin bekanntlich solche Frauen kämen, die nicht »belaschtbar« seien oder mit der Hausarbeit nicht zurechtkämen, weil sie »morgens lang schlofe, und dann de Überblick verliere«. Frauen, die in ein Frauenhaus flohen, weil sie sich nicht länger von ihren Männern verprügeln und vergewaltigen lassen wollten, als nicht ausreichend belastbar zu verhöhnen, ist Ausdruck des Hasses, den ein Mann (hier: der Entertainer Dudenhöffer) gegenüber Frauen spürt, die sich männlicher Kontrolle entzogen haben. Das Gelächter des Publikums auf derlei Sprüche ist erkennbar keine Reaktion auf einen Witz, sondern ein Haßgebrüll, das von einer Kollektivangst zeugt. Dudenhöffer spricht dem Männerkollektiv, das den Verlust seiner Herrschaft fürchtet, aus der Seele. Hätte eine Frau ihren Mann für einen anderen Mann verlassen, wäre alles im Lot geblieben. Aber Frauen, die ins Frauenhaus gehen, lesbisch sind oder sich feministisch engagieren, machen Männer zu Kumpanen, weil diese gemeinsam den Zugriff auf solche Frauen verlieren.

Die Figur des Heinz Becker ist ein Ventil. Sie verspricht, daß die Verkümmerung des Mannes, dem Zärtlichkeit und Liebe abdressiert wurden, damit er seine gesellschaftliche Funktionstüchtigkeit behält, ihm durch Macht über Frauen und Kinder honoriert wird. Zärtlichkeit und Liebe passen nicht in seine Tauschgesellschaft. Beide werden nicht bezahlt und erscheinen als ein kaufmännisch fragwürdiges und somit lächerliches Geben, beide stören die rationalen Zwecke, auf die der Mann abgerichtet wurde. Wird ihm das Honorar für seine Verkümmerung verweigert, schlägt er zu. Hinzu kommt seit einiger Zeit eine intellektuelle Überforderung, die ihn fürchterlich unter Druck setzt. Was soll er nicht alles berücksichtigen in der dürftigen Nachzivilisierung, die von der 68er-Rebellion übriggeblieben ist! Lieber verachtet er alle, die nicht gleichermaßen dressiert sind wie er und die ihm obendrein noch abverlangen, seine Verachtung öffentlichkeitswirksam zu unterdrücken. Statt »Bimbos« soll er Schwarze sagen, statt »Fotze« Frau, statt »Rübe ab« wird ihm irgendein sozialer Strafvollzug nahegelegt, statt Prügel zu verabreichen, soll er kindgerechte Überlegungen anstellen. Alles ist so furchtbar kompliziert!

Zwar ist Dudenhöffer ein Blödmann, ihn aber als ein besonders dummes Exemplar seiner Gattung abzutun, hieße, das Bewußtsein der Gesellschaft zu beschönigen. Nicht nur der Karneval und die Stammtische werden geprägt von Millionen Dudenhöffers oder Karl Dalls (»Gehen Sie mal vor die Tür, sonst sind Ihre Autos weg, da liefen eben 'n paar Polen rum«), die ein leicht zu beackerndes Feld vorfinden, seitdem ihre postmodernen Mitstreiter im New Age allenfalls noch Nonsens-Plaudereien zustande bringen. In einer Gesellschaft autoritärer Charaktere, die geneigt sind, das zu akzeptieren, von dem sie glauben, jedermann akzeptiere es, sind die Dudenhöffers sowohl Ausdruck eines veränderten geistigen Trends als auch dessen Verstärker – sie schaffen Gewißheit. Männer, die sich zusammengenommen hatten, weil sie glaubten, jedermann sei davon überzeugt, daß man dem emanzipatorischen Ansinnen von

Frauen Raum geben müsse – und sei es per Quote –, werden die Hemmungen abstreifen, wenn das Fernsehen ihnen die Gewißheit vermittelt, daß jede Familie Becker so voller Verachtung stecke, wie sie es insgeheim immer dachten. Der Stammtisch ist überall gleich nebenan.

Als während einer Vorstellung in der Hamburger »Roten Flora« Frauen das Programm einer wie auch immer autonomen Kabarett-Gruppe als sexistisch kritisierten und verlangten, darüber sofort zu diskutieren, schrien sich viele im Saal mit »Scheiß-Emanzen«, »Schwanz-ab-Weiber« und »Fotzen« ihre lange aufgestauten Aggressionen aus dem Bauch. Das autonome St. Pauli-Fanzine »Übersteiger« schrieb dazu: »Und dann war da noch ... das feministische Zensurkommando ... Wütende (und zugegebenermaßen z.T. auch arg platte) Proteste des Publikums waren die Folge. Höhepunkt der Peinlichkeit war, daß sich ... rausstellte, daß die betreffende Stelle völlig falsch verstanden wurde. Wollen die FloristInnen überhaupt noch von jemandem ernst genommen werden, sollten sie dieselben moralischen Ansprüche« auch auf irgendwas anderes anwenden. Der Inhalt der beanstandeten Szene ist in diesem Zusammenhang unwichtig, denn die Reaktion auf die Proteste spricht für sich. Die Haßausbrüche des Männerkollektivs sollen also allenfalls und auch nur zum Teil arg platt gewesen sein, während jene, die den Haß auf sich zogen, der Höhepunkt der Peinlichkeit und ein Zensurkommando waren? Warum nur war die Männerhorde, die sich dort auskotzte, kein Kommando? Die Antwort gibt die nächste Ausgabe des »Übersteiger«: »Das müde Lächeln des Monats gebührt diesmal der Flora-Zeitung »Zeck« für ihre äußerst unterhaltsame Rückschau auf den ... Skandal. Schließt euch ein und diskutiert euch tot, aber bloß nicht lachen dabei.« Das sind Dudenhöffer und der Männerstammtisch in der autonomen Szene. Mit dem Hinweis auf das »Zensurkommando« hatte das Blatt sich von vornherein zum Kumpanen der von Kastrationsängsten Geplagten gemacht, die mit ihrem »Schwanz-ab-Weiber«-Geschrei das wiederholten, was alle Blödmänner zu glauben gezwungen sind: Frauen, die sich als Lesbe oder Feministin dem männlichen Zugriff entziehen, dürfen nichts mehr zu lachen haben, denn hätten sie etwas zu lachen, verwiese dies auf die Möglichkeit eines Glücks außerhalb der Männerwelt. Ein schrecklicher Gedanke, der den Männern den Rest ihres Selbstwertgefühls nimmt. Im übrigen spricht sich im Vorwurf der Totdiskutiererei Dudenhöffers Furcht vorm Intellekt im allgemeinen und besonders vor jenem aus, der einen nicht ungestraft so doof sein läßt, wie man ist.

Je stärker Männer unter der relativen Emanzipation der Frauen zu leiden glaubten, desto hemmungsloser fällt nun ihre Rache aus. Sie ist überall spürbar: in der Fernsehunterhaltung, im Fußball, in der Wissenschaft, in der Presse, in der linksautonomen Szene. Die Medien predigen die Restitution einer kompromißlosen Männerherrschaft. Die »Süddeutsche Zeitung« stellte fest: »Väter sind von Geburt an dabei (bei der Erziehung), aber Helden sind sie nicht mehr und ihr Wort ist kein Machtwort.« Der »Saarbrücker Zeitung« zufolge ist die Rolle des Hausmanns gekennzeichnet vom »Abstieg zum hausväterlichen Dummerchen«. Der »Spiegel« (33/1994) hält die Zeit für gekommen, die Notbremse zu ziehen. So dürfe es nicht weitergehen. Der »Abstieg« des Mannes »zum Dummerchen« wäre besiegelt, wenn er sich jetzt nicht ermannte, um den »Machtverlust von Vätern in der modernen Familie« wieder umzukehren. Schließlich drohe nichts weniger als der »kollektive Sinnverlust eines ganzen Geschlechts«, und zum Dank dafür würden »Feministinnen ... über den kollektiven Sinnverlust« sogar noch »höhnen«. Man frage sich: »Führt die neue Väterrolle also geradewegs in die Frauenfalle?« Schon im Vorjahr habe die »Bundeskonferenz für Erziehungsberatung« Erschreckendes herausgefunden: Beim Vater vollziehe »sich nunmehr tatsächlich die Wende, nämlich die vom Familienoberhaupt zur überflüssigen Randfigur«. Eine angstauslösende Vision: Sollten einige tausend Jahre Patriarchat tatsächlich in einem selbstverschuldeten Scherbenhaufen enden? Nein! Der »Spiegel« warf gedemütigte Hausväter, Familienforscher, Psychologen und Soziologen gleich serienweise an die Front, um geradezu panisch »für neuen Mut zur väterlichen Autorität« zu werben. Den Autoren und Mitstreitern ging dabei die Fähigkeit zur Selbstreflektion so gründlich verloren, daß sie nicht einmal merkten, wie sie das Wirken der männlichen Kollektivneurose demonstrierten und insbesondere die Hysterie, die sie doch für eine spezifisch weibliche Eigenart hielten, zu einer männlichen Domäne machten. Schon die schlichte Forderung, daß Männer sich an Kindererziehung und Hausarbeit beteiligen sollten, ließ sie in ihrer Phantasie zu einer überflüssigen Randfigur werden.

Die Angst, als »Familienoberhaupt« nicht mehr ernst genommen zu werden – der geringste Fortschritt bei der Emanzipation vom Blödmann –, zauberte schon die paranoide Vorstellung hervor, sie seien Opfer von Machenschaften, in deren Zentrum Feministinnen stünden, die eine »Frauenfalle« ausgelegt hätten. Kronzeugen, die schon mal in so was getappt waren und sich nur mit letzter Kraft daraus hatten befreien können, wurden aufgeboten. Ein Hamburger Autor hatte alles mit sich machen lassen, bis ihn dann endlich »das große Grauen im Geburtsvorbereitungskurs« packte. Dadurch blieb er der Männerwelt erhalten. Heute lautet sein Lebensmotto: »Flieh, ehe es zu spät ist.« Ein Tübinger, der vor ein paar Jahren freiwillig Hausmann geworden war, fragte sich, »wozu er sich an der Universität zum Ernährungswissenschaftler ausbilden ließ«. Ein Musiker aus München hatte nach zehn Jahren Hausmann-Dasein den Krempel hingeschmissen, weil ihm die Erleuchtung gekommen war, daß er eigentlich »als Kasperl« dagestanden habe. Schon seien Bücher auf dem Markt, die das Problem endlich aus der Sicht des Mannes beschrieben: »Mein Kind und das Kind in mir«.

Das Ziel dieser Propaganda liegt auf der Hand. Der Mann, der sich vorübergehend einigermaßen vernünftig verhielt, soll sich lächerlich vorkommen. Immer spielt dabei das Bild von der Frau als »natürliche« Untertanin eine Rolle, der ein widernatürlicher Eingriff in die Schöpfungsordnung gelungen sein könnte – alle zitierten Männer sind überzeugt, daß sie entehrt, was für Frauen selbstverständlich sein sollte. Alle zeigen mit ihrer Angst, ein Schwächling geworden zu sein, was sie von emanzipierten Frauen halten und wie sehr männliches Selbstvertrauen an einen Status gebunden ist, der mit der Zustimmung des männlichen Kollektivs steht und fällt. Die Verachtung gegenüber der Frau, die zur Schwäche paßt, wird um so aggressiver, je mehr der Mann sich dem Gespött des Männerkollektivs ausgesetzt sieht. Kein Wunder also, daß die Propaganda sich auf den Entzug der kollektiven Zustimmung und auf die Darstellung des etwas anderen Mannes als Pantoffelhelden konzentrierte. »Heute sehen sich waschmüde Hausmänner so mitleidig behandelt, als seien sie soeben als Verlierer aus einem Krieg zurückgekommen ... Der Mann, der aufgebrochen war, es mit der Emanzipation und Chancengleichheit ernst zu nehmen, sieht sich zur Lachnummer verkommen« (»Spiegel«, a. a. O.).

Natürlich ist das eine unzulässige Selbstbeweihräucherung. Nie hatte es der Mann, der sich vorübergehend an traditioneller Frauenarbeit beteiligte, mit Emanzipation und Chancengleichheit ernst gemeint. Der »Krieger« hatte sich lediglich ein wenig herabgelassen und dafür eine doppelte Belohnung eingeplant: zum einen die, die jedem Manne kraft seines Geschlechts zukäme, zum anderen jene, die ihm für die Herablassung selbst zustünde. Nun sah er sich plötzlich mit dem Vorwurf der »Diffamierung und intellektuellen Liquidierung des Vaters« konfrontiert, wie der Berliner Anthropologe Dieter Lenzen formulierte. Weil der Mann die Frau verachtet, fühlte er in der Rolle des Hausmanns, die für ihn das, was er für weibliche Schwäche hält, symbolisiert, auch für sich nichts weiter als Verachtung. Je mehr er die Frau sich unterordnen will, desto heftiger wird sein Selbsthaß, sofern er selbst sich unten wähnt, also da, wo eigentlich die Frau hingehöre. Wie sehr er die Frau verachtet, wird sichtbar, sobald sie sich nicht fügt – sei es im Beruf, wo sie ihm als Konkurrentin begegnet, sei es in der Sexualität, wo sie, statt Befriedigung zu heucheln, ihre Unzufriedenheit offen zeigt. Dann wird aus der höflich Behandelten, gar Angebeteten die Hyäne, der Drache, die leidenschaftlich Gehaßte.

Für eine gewisse Zeit konnte der Hausmann Lob für seine gute Tat kassieren. Autoritär, wie er ist, hat ihm die – immer schon mit Hohn getränkte – Anerkennung, er sei ein beachtlicher Mann, sein neues Los vorübergehend erleichtert. Ein Jahrzehnt lang wurde er wie ein kleines Prunkstück ausgestellt. Er selbst bemühte sich eifrig, seinem Ruf nachzukommen und schmückte die Küchentür mit Girlanden aus Kreppapier. Andere Männer priesen ihn als Vorbild, weil sie gut damit leben konnten, daß er stellvertretend für sie die Vielfältigkeit der Begabungen des männlichen Geschlechts demonstrierte, ohne daß sie irgend etwas dazu tun mußten. Sein Einsatz garantierte geradezu den übrigen, daß sie denselben Einsatz nicht würden leisten müssen. Wie Kinder, die sich selbst nicht trauen, auf das brüchige Eis zu gehen, einen Waghalsigen ermuntern, wurde der Hausmann zum Weitermachen gedrängt. Dieselbe Meute aber bezichtigt ihn, sich töricht verhalten zu haben, sobald er einbricht. Das Kernproblem war: Gesellschaftlich hatte sich nichts geändert. Das demütigende Arbeitsleben, die trostlose Ehe, die schulgestreßten Kinder, der Staubsauger, die Wäsche und alles andere waren geblieben. Das öffentliche Bild vom Hausmann war eine Lüge. Seine Originalität glich der eines Affen im Zoo, der für andere Kunststückchen macht. Der Hausmann war nicht in die Frauenfalle getappt, sondern hatte jene Falle kennengelernt, die die patriarchalisch-kapitalistische Gesellschaft aufstellt(e). Alle Zwänge waren die gleichen geblieben, nichts war revolutioniert worden, nur in Teilbereichen hatte ein bescheidener Personenwechsel stattgefunden. Hinzu kam, daß viele Frauen nicht sonderlich viel von seinem Treiben hielten, weil er sich erstens im Haushalt dumm anstellte, zweitens in Angeberpose durch die Gegend zog, stolz auf Tätigkeiten, die ihnen selbstverständlich waren, und weil sie drittens unter der Fortführung des angestammten Tauschverhältnisses besonders zu leiden hatten. Anmaßend und aggressiv bestanden viele Männer auf eine Gegenleistung für ihre vermeintliche Selbstaufopferung: Dasselbe, wofür er die Frau insgeheim verachtete, sollte bei ihm eine Großtat sein, und so wie er selbst für den dürftigsten Geschlechtsakt noch Lob erwartete, wollte er fürs Windelwaschen gepriesen werden.

Der Mann selbst bot den besten Beweis dafür, daß das neue Machtverhältnis, daß der »Spiegel« entdeckt haben wollte, selbstverständlich nicht entstanden war: Er, der gegen keine Autorität mehr aufbegehrt, würde heute auch nicht gegen Frauen rebellieren, wenn sie tatsächlich

Macht besäßen. Statt daß ein tatsächlicher Machtverlust rückgängig gemacht würde, hat sich nur um ihn herum das durchschnittliche Bewußtsein von einer kleinen Geste der Anerkennung wieder zu »klar Schiff machen« zurückentwickelt. Sein Pochen auf Anerkennung für die gute Tat hatte ja von Anfang an sein eigenes Mißtrauen verkündet, und je mehr man ihm schließlich einbleute, seine neue Rolle würde ihn zur Memme machen, desto weniger kam in ihm das Lob für die gute Tat noch gegen das Gefühl der längst empfundenen Schmach an. Der Hausmann wird heute nicht mehr gewürdigt, also gibt er die Verstellung auf und verlangt die ganze Macht zurück, ohne den kleinsten Kompromiß. Wie auch auf anderen Ebenen der gesellschaftlichen Auseinandersetzung erleben wir so im Geschlechterkampf den Übergang von einer kompromißbereiten zu einer kompromißlosen Herrschaft.

Suggeriert wird, daß der vermeintlich notwendige Kampf der Männer ums Ganze gehe, weil die Frauen vor nichts haltmachen würden. Immer wieder habe sich der »sanfte Nonkonformist« den nachsetzenden Frauen beugen müssen, denen es schließlich um seine Führungspositionen, sein Geld, seine Autorität, kurz: seine Macht gehe. Der »Spiegel« (a. a. O.) zitierte eine Psychoanalytikerin aus der Schweiz, die den Männern empfahl: »Kehrt den wichtigen Konferenzen, Aufträgen und Büros den Rücken.« Der Gedanke, dies könnte für den Mann ein großer Gewinn sein, hat gegen das Gefühl der Bedrohung keine Chance. Das Absinken der Männer in die »Bedeutungslosigkeit« sei im Weiberlexikon bereits festgeschrieben, in dem der Begriff »Vater« nicht mehr vorkäme, behauptete der »Spiegel«. Auf »Vagina« folge »nun flugs die Vergewaltigung«. Könnte der Vater womöglich eines Tages ganz verschwinden? Heute fühlten sich Männer nicht einmal zum Kinderkriegen »noch gebraucht, seit Samenbanken und Befruchtungskliniken den Frauen ihren Service anbieten«.

Die väterliche Autorität beruht historisch u. a. auf dem Eigentum, das der Mann der Frau entwendete und in patriarchalischer Erbfolge weitergab. Es scheint, als habe sich eine Erinnerung daran erhalten, daß das patriarchalische Erbrecht in der Entwicklungsgeschichte erst von den Männern erkämpft werden mußte, und daß also umgekehrte Verhältnisse durchaus denkbar wären. Wenn Kinder ohne Väter in die Welt gesetzt würden, hätte das die mutterrechtliche Erbfolge zur Konsequenz, und würden Frauen über ökonomische Werte verfügen, wäre da auch etwas zu vererben. Der Gedanke an den möglichen Verlust ihres Vorrechts löste unter den Männern eine besondere Kampfstimmung aus: »Rächt sich hier männliche Nachgiebigkeit?« Koste es, was es wolle, der Vater mußte gerettet werden. Die Söhne der Väter, die noch Männer sein durften, hätte ein »Quantensprung in der maskulinen Entwicklungsgeschichte« ereilt, klagte der »Spiegel«. Und wofür war der Mann, der noch richtig Mann sein durfte, gut? Natürlich vor allem für die Frauen. Auch um dies zu bestätigen, lassen sich Wissenschaftler, besser noch Wissenschaftlerinnen (das macht die Propaganda unverdächtiger) finden. Die Münchner Familienforscherin Gisela Erler war bereit, zu bestätigen, daß bei Vätern, die in der Kindererziehung engagiert sind, »jene Machterotik schwindet, die nicht nur den Kindern Bewunderung abnötigt, sondern auch die Partnerin reizt. Im Bett der Hausmänner«, erklärte sie, »wird die erotische Spannung geringer.« Mag sein, daß mancher Hausmann, bis zu den Ellbogen in Kinderkacke steckend, noch weniger Erotik versprüht als eine Frau in Lockenwicklern. Möglich auch, daß die fürs Familieneinkommen verantwortliche Frau, nicht anders als der Mann, von der Arbeit gestreßt sich abends müde vor den Fernseher legt. Statt in Reizwäsche zu schlüpfen, laufe seine Frau, wenn sie von der Arbeit käme, »mit schlampigen Klamotten rum und geht früh ins Bett«, klagte ein Hamburger Hausmann dem »Spiegel«.

Jeder Mann, der in seiner Entwicklung über das Stadium nicht hinausgekommen ist, in dem Mama ihn wegen oder trotz all der Dinge, die ihm so einfallen, liebhaben soll, erwartet die Zustimmung der Frau selbst zu seinem Verlangen, sie zu unterwerfen. Etwa so: »Die Männer sind alle Verbrecher, ihr Herz ist ein finsteres Loch, hat tausend verschied'ne Gemächer, aber lieb, aber lieb sind sie doch.« Nur schwer bringen Männer über die Lippen, es gelüste sie nach Befehlsgewalt – wo sie doch nur das Beste des Gegenübers wollen. Sie machen Geld und Karriere nur zur Versorgung der Familie oder zur Ankurbelung der Wirtschaft, die allen zugute kommt. Sie prügeln ihre Kinder, weil die ihnen besonders am Herzen liegen und Prügel nun mal erzieherisch wertvoll sind. Sie besteigen die Frau, um sie – wen sonst? – zu befriedigen. Da noch sein krassester Egoismus den anderen zur Wohltat wird, will der Mann, bescheiden wie er ist, auch die häusliche Herrschaft nur, um der Frau zu geben, wonach sie angeblich verlangt: die Machterotik. Und wie kommt die auf? Die Väter und Großväter der heutigen Weicheier »wußten wenigstens noch klipp und klar, was sie zu tun hatten: Kohle ranschaffen und der Familie sagen, wo es langgeht« (»Spiegel«, a. a. O.). Wie erotisierend wirkten doch die gestandenen deutschen Mannsbilder mit ihren Pickelhauben, den nach oben gezwirbelten Bartenden, den schneidigen Wehrmachtsuniformen.

Am Schluß gehen mit dem Verfasser des »Spiegel«-Artikels dann endgültig die Pferde durch. »Offenbar sind echte Vaterfiguren wieder verzweifelt gesucht«, schreibt er und schildert uns dann, welcher Mann in ihm die meisten Emotionen weckt: »Nicht nur der Siegeszug von muskelgestählten, brusthaarfreien Männerkörpern im Werbegeschäft läßt ahnen: Der neue Mann soll wieder wild sein«, bestückt mit »traditionell« männlichen Eigenschaften »wie ein gewisses Maß an Unnahbarkeit, Autorität und Stärke«. Natürlich ist das Blödsinn: Die Behauptung, der dominante Vater sei das Wunschbild der Frauen, ist eine männliche Projektion. In einer repräsentativen Untersuchung fragte das »Forsa«-Institut, was Frauen an Männern besonders schätzen würden. Für den »Macho« konnten sich, trotz der Möglichkeit von Mehrfachnennungen, genau null Prozent erwärmen. Gerade drei Prozent der befragten Frauen hofften bei Männern auf »Dominanz«. Die restlichen 97 Prozent hatten wohl bloß die letzten Entdeckungen einiger Bio- und Anthropologen verschlafen, die mal wieder die Botschaft verbreiten, der unnahbare, autoritäre, starke, womöglich gewalttätige Vater sei, wir ahnten es schon, biologisch eben so gewollt — sollte er nicht zu seinem Recht kommen, könnte die menschliche Gattung aussterben. In den letzten Jahrzehnten sei die Autorität des Vaters verlorengegangen und nichts wäre dadurch gewonnen worden. Väter ließen sich eben nicht »zu besseren Müttern« umerziehen. Nur Mütter könnten richtige Mütter sein. Was andernfalls drohe, wußte der »Spiegel«: »Am Schluß pflichtet der Ethnobiologe Conrad Gorinsky bei, ›gehen beide Geschlechter drauf‹.« Da sei der »Focus« vor. Nach Meinung des Münchner Magazins ließe sich die Menschheit möglicherweise durch eine Rehabilitierung des angestammten Rechts der Männer fremdzugehen, doch noch retten. Aus biologischen Gründen, die mit dem Erhalt der Gattung zu tun hätten, erfahren wir dort, gehe der Mann fremd, während die Frau am liebsten im trauten Heim auf ihn warte. Es sei nämlich so: »Männer profitieren von der Untreue, und Frauen lassen sie zu.«

Wie wir schon wissen, denken Männer nie an sich, sondern stets nur ans Wohl der anderen. Dean Hamer, der US-Molekularbiologe, der von sich reden machte, weil er ein Schwulen-Gen entdeckt haben wollte, erklärte im »Focus«: »Evolutionär hat sich Sexualität bei Männern ganz anders als bei Frauen entwickelt. Hier ist auch der Ursprung der genetischen Komponente von Sexualität. Männer hatten einen Selektionsvorteil, wenn sie ihren Samen, ihre Gene also, möglichst weit verbreiteten. Frauen wurden selektioniert, wenn sie ihr befruchtetes Ei, das ihre Gene enthält, möglichst sorgsam hüteten«, ganz anders eben als das Kukkucksweibchen, das seine Eier sonstwohin legt. »Focus« fragte nach: »Untreue zahlte sich also für Männer, nicht aber für Frauen aus. Auf diese Weise konnte sich das ›Untreue‹-Gen bei Männern, weniger bei Frauen, erfolgreich behaupten und vererben?« Der Scharlatan antwortete: »Ja, da gibt es bestimmt genetische Unterschiede zwischen Männern und Frauen.« Der Mann könne nicht nur nichts für diesen »Unterschied«, im Gegenteil, er werde durch das weibliche Selektionsverhalten geradezu dahin gedrängt, denn »wenn man es sich richtig überlegt, haben Frauen im Lauf der Evolution Männer mit Eigenschaften wie Neigung zur Untreue ›selektioniert‹, das heißt als Partner ausgewählt. Sexuelle Selektion funktioniert nur, wenn zwei mitmachen.« Weiß doch jeder.

Der Rekurs auf die vermeintlich natürliche Veranlagung des Menschen tritt zunehmend an die Stelle des Nachdenkens über die wirklichen sozialen und psychologischen Ursachen des menschlichen Handelns. Die Propaganda, die auch schon behauptete, Reichtum und Armut seien durch spezifische Faulheits-, Armuts-, Alkoholismus- oder Intelligenzquotienten-Gene bedingt, legitimiert hier unter Rückgriff auf dasselbe Mythologem die patriarchalische Herrschaft. Einen ausgezeichneten Kommentar dazu hat Sabine Rückert in der »Zeit« (35/1994) veröffentlicht: »Heben Sie gerne mal einen, oder haben Sie manchmal traurige Gedanken? Ermorden Sie hin und wieder jemanden, oder verspielen Sie Ihr Hab und Gut? Gehen Sie fremd? Machen Sie sich nichts draus – Sie können nichts dafür. Die Befehle kommen von ganz tief drinnen, aus dem Erbgut ... Daß Sie Ihre Frau mit fünf Kindern sitzenlassen und mit einer minderjährigen Blondine durchbrennen – angeboren. Sie müssen Ihren Samen unter junge Leute bringen ... Frauen sind eben so. Männer sind eben so. Änderung unmöglich ... Was wurde nicht früher schon alles in den Genen vermutet: Frauen sind dümmer ... Neger sind faul und Juden geldgierig – auch das belegte einst die Wissenschaft. So passen auch die neuesten Erkenntnisse der Gentechnik in diese unsere Zeit. Der Kapitalismus hat gesiegt – kein Wunder, der Egoismus ist genetisch festgelegt ... Der Mensch ist eine Marionette, die an ihren DNS-Strängen tanzt ... Kriege müssen sein. Der Mann ist eine Tötungsmaschine. Das liegt an seinem Killergen ... Der Mensch ist eine Rennmaschine. Das liegt am Gaspedalgen ...«

Heinrich L

Unsere Zeit ist geprägt von einer Tendenz zur Rückbesinnung. Im Hamburger Hafen mußte das größte Zelt Europas hochgezogen werden, um die Besuchermassen einzufangen, die zum Heldenepos »Buddy« pilgern. In Schmidts Tivoli auf der Reeperbahn wurde die Spielzeit der Schlagerrevue »Fifty-Fifty« wegen des großen Andrangs verlängert. Wirtschaft und Regierung beschwören Arbeitsethos und Genügsamkeit der 50er Jahre, als die Ärmel noch für kargen Lohn hochgekrempelt wurden. Wenn Westdeutsche sich von Ostdeutschen ausgenommen fühlen, knallen sie ihnen an den Kopf: »Nehmt euch ein Beispiel daran, was wir in den 50er Jahren geschafft haben!« Schlechte Aussichten führen offenbar zu einem Rückgriff auf überkommene Werte, die — nebenbei — schlechte Aussichten oft erst zu wahrhaft schlechten machen.

Weshalb gerade die 50er und frühen 60er Jahre ins Revival- Zentrum gerückt werden, liegt auf der Hand. Fürst Bismarck ist durch eine Kornflasche diskreditiert, Kaiser Wilhelm hat einen Krieg verloren, Adolf Hitler hat auch einen Krieg verloren und kommt zudem im Ausland nicht so gut an, die späten 60er Jahre waren beseelt vom Geist der Rebellion und von Lebenslust, die 70er von Häuserbesetzungen und Antiatom, und in den 80ern gab es zuviel Frieden. Nur die 50er bieten eine gelungene Symbiose aus langen Arbeitszeiten, niedrigen Löhnen, Männergesangsvereinen, Alpenglühen und Kriegsgräberfürsorge. Selbst jene Erschütterungen, die mit den ekstatischen Rock 'n' Roll-Klängen von Übersee herüberschwappten, konnten mit einem »Wenn die Conny mit dem Peter« soweit gedämpft werden, daß die Versöhnung mit Heinz Erhardt und dem Soldaten am Wolgastrand problemlos gelang.

Der Geist der Wiederaneignung früherer Ideale und Idole scheint ein weltweites Phänomen zu sein. Woanders klammern sich die Menschen an ihren letzten Zaren, an orthodoxe Popen und Landesgrenzen, die vor 150 Jahren galten, oder sie üben längst vergessene Volkstänze ein. In China wird an Konfuzius erinnert, und Rastafaris verehren den verstorbenen äthiopischen Despoten Haile Selassie als Verkünder einer Rückkehr ins verlorene Paradies. Nur den Deutschen fehlt noch das Idol, das zu den wiedergewonnenen Idealen paßt. Dieser Zustand wurde von den meinungsbildenden Instanzen als Manko erkannt. Seit einiger Zeit kramen Marketingabteilungen, Kreativbüros und Trendforscher fieberhaft in den 50er Jahren herum, um einen deutschen Haile Selassie auszugraben, der als neues Idol vermarktet werden kann. Er sollte aus Gründen der Aktualität gleichermaßen Genügsamkeit, Opferbereitschaft, Gemeinsinn, Nationalstolz, Volkstümlichkeit, und Würde verkörpern, ein tragisches Ende vorweisen und geeignet sein für eine poppige Präsentation. Wir stellen die neue Kultfigur vor, noch bevor die T-Shirts mit den Abbildungen seiner Orden im Handel sind, die Musikindustrie seine Reden auf den Markt wirft, die Filmindustrie eine aufwendige Verfilmung seines Lebens auf die Leinwände bringt, Konzertveranstalter die Stadien für die Revival-Bands gemietet haben; bevor Zeitzeugen, die ihm noch persönlich begegnet sind, die Talk-Shows stürmen und sein Museum in Enkhausen für den Empfang der Wallfahrtsgruppen bautechnisch, organisatorisch und personell gerüstet ist. Die Wahl fiel auf Heinrich Lübke, den zweiten Präsidenten unserer Republik, der von 1959 bis 1969 das Zepter schwang. In Anlehnung an die erfolgreiche Wiederbelebung von Malcolm X wird die Kampagne unter dem Titel »Heinrich L« anlaufen.

Einige werden sich fragen: Weshalb gerade der? Die Antwort lautet: Er hatte den nachfolgenden Generationen mehr zu sagen als man denkt, das zeitgenössische Bewußtsein und die aktuelle Politik heben ihn in den Rang eines Propheten, und seine majestätische Ausstrahlung kann es spielend mit Haile Selassie aufnehmen. Was immer er anregte oder forderte, setzte sich mit einiger Verspätung durch. Greifen wir nur wahllos den Aufschwung der Volksmusik, den Fall der Berliner Mauer und die verderbliche Wirkung des Wohlstands heraus. Schon im Herbst 1994 — anläßlich seines 100sten Geburtstages — ist das überlieferte Bild von Heinrich Lübke geradegerückt worden. Die »Süddeutsche Zeitung« (14.10.1994) schrieb: »In der ... von außerparlamentarischen Gruppen aufgewühlten Bundesrepublik vertrat Lübke christlich-konservative Werte, die quer zum ... Zeitgeist standen ... Seine Modernität ist erst später deutlich geworden: sein Bekenntnis zum ›einfachen Leben in überschaubaren Verhältnissen‹.« Vielleicht waren der zeitliche Abstand und eine tiefgreifende Wandlung der Anspruchsgesellschaft zur Risikogemeinschaft nötig, um sich seiner Person wieder vorurteilsfrei nähern zu können. Erst der kategorische Bruch mit dem Sittenverfall der 60er und 70er Jahre öffnete die Augen für die ungeheuren Verunglimpfungen, denen er zu Lebzeiten ausgesetzt war und die er am Ende mutterseelenallein durchzustehen hatte.

Wie dachte Heinrich L wirklich? Wovon waren sein Denken und Handeln inspiriert? Was wollte er uns sagen? Sein Denken läßt sich in zwei kategorischen Lehrsätzen zusammenfassen, von denen er zeitlebens nicht abwich. Der erste lautet: »Anhänglichkeit und Ehrfurcht vor guten Traditionen zu empfinden, scheint mir in unserer schnellebigen, dem steten Wechsel unterworfenen Zeit heilsam und vernünftig.« In einem kausalen Zusammenhang mit der ersten steht seine zweite Erkenntnis: »Jeder kennt die helfende und heilende Kraft des Gesanges.« Unverkennbar schimmert der Einfluß der Neuscholastik (die Sittlichkeit richtet sich nach ewigen göttlichen Normen) durch, eine katholische Philosophie, die ihren Ursprung im Mittelalter hat und die mit der päpstlichen Enzyklika Humanis Generis 1950 wieder die Hauptdenkrichtung geworden ist, aber auch der Einfluß der heimatlichen Idylle Ls im Sauerland. Beide Lehrsätze gaben ihm Festigkeit und immunisierten ihn sowohl gegen die modernistischen Ausschweifungen seiner Wohlstandsepoche als auch gegen demokratische und andere Exzesse. Sein

Vorbild war stets »das Lebenswerk von Karl Friedrich Zelter«, für den das reine Lied Ausdruck des Beständigen war und dessen Chorlied Heinrich L gern zitierte: »Laß fahren hin das allzu Flüchtige, ihr sucht in ihm vergebens Rat.« »Welche Mahnung«, fügte er an, »könnte uns Heutige mehr treffen als dieses Wort.« Die guten Traditionen und die Kraft des Gesanges standen bei ihm nie nebeneinander, sondern sie bildeten eine Einheit: »Das Lied kommt vom Herzen und dringt in die Herzen der Menschen, weil es geschaffen und getragen wird von der gemeinsamen Herkunft, von der gemeinsamen Heimat und von der gemeinsamen Geschichte.«[6] Diese ethnozentrische Sicht, die heute wieder das Denken prägt, ließ ihn schon in den 50er Jahren ein Bollwerk errichten gegen wesensfremde Einflüsse aus dem Ausland. Gegen sie sich zu feien, war für ihn eine Existenzfrage: »Ob wir auch in Zukunft eine eigenständige Musikkultur behalten wollen, (geht) weit über ästhetische Überlegungen hinaus. Ein Volk, das die Kraft zu eigener künstlerischer Aussage verliert, steht auch politisch in Gefahr, sein (sic!) Daseinsrecht verlustig zu gehen.«[7] Er deckte liberalistische Entgleisungen schonungslos auf: »Es scheint mir bezeichnend für die innere Verfassung unseres Volkes zu sein, daß es bei uns noch nicht wieder« wie bei den Nationalsozialisten »zu einem neuen vaterländischen Singen gekommen ist«. Also forderte L, »daß der Deutsche Sängerbund und seine Chorgemeinschaften ... wieder zu Kündern unserer Sehnsucht nach der Einheit des Vaterlandes werden«[8], um den Deutschen den einzigen Halt nicht zu nehmen, den sie haben.

Diese Einsichten ließen Heinrich L früher als andere Politiker und Philosophen seiner Zeit die beginnende Verwahrlosung der Jugend erkennen, die später sogar rebellische Züge aufweisen sollte und die selbst vor »Sex and Drugs and Rock'n Roll« nicht halt machte. Hellwach nahm er schon die ersten — noch konturlosen — Vorboten wahr. Ihm war nicht verborgen geblieben, »daß nach den Unterlagen, die beim Deutschen Sängerbund vorliegen, vielerorts das Interesse unserer Jugend am Chorgesang abnimmt und das Singen vaterländischer Lieder bei der jungen Generation vielfach als veraltet und überlebt angesehen wird.«[9] Mit sicherem Blick für das Wesentliche filterte er die überfremdende Wirkung der englischsprachigen Rockmusik als Ursache für den Sittenverfall heraus. »Wenn die Melodie die Seele der Musik ist«, sagte er, »dann darf die aus unserer Muttersprache geschaffene Melodik, die dabei landsmannschaftlich noch vielfältig geprägt ist, unserem Musikleben nicht verlorengehen.« Keine Musikkultur würde »auf Dauer gesund bleiben, wenn sie nicht aus den ursprünglichen Quellen des Volkstums gespeist ist«, dessen deutsche Ausformung »alles Laute und Überhitzte fremd ist«.¹⁰ Er wußte: »Sängerbünde ... schärfen ihren Mitgliedern den Blick und lehren sie, echte Werte unserer Kultur von trügerischem Schein klar zu unterscheiden und damit das Wesen unseres Volkes besser zu verstehen.«

In den sich langsam füllenden Kühlschränken der Westdeutschen erkannte er die zweite Ursache für den Niedergang des Volkstums: »Auch das materielle Wohlstandsstreben unserer Tage vernebelt vielen den Sinn für die wahren Werte des Lebens. Es ist gewiß bezeichnend, daß das deutsche Sangesleben ..., als weite Schichten unseres Volks verarmt waren, einen großen Aufschwung erlebte.«¹¹ Doch die Entwicklung ignorierte seinen Ruf nach Verarmung, und »im Gefolge« des Wohlstands zogen »Vergnügungssucht« und »Tingeltangel« ein.

Heinrich L wäre aber nicht Heinrich L gewesen, wenn er diesen nur Zustand beklagt hätte. Im Gegensatz zu seinem Vorgänger Theodor Heuss wollte er nicht nur repräsentieren, sondern aktiv in die Politik eingreifen. Dem drohenden Drogenkonsum begegnete er mit dem bis dahin unbekannten Rezept, »daß man sich um einen gesunden Geist in einem gesunden Körper mühen muß, ja, daß man sogar darum beten soll ... Ich unterstreiche das deshalb, weil es der Gesundheit unseres Volkes dient.«¹² Ihm war bewußt, daß das Gebet für einen gesunden Geist nicht reichen würde im Kampf gegen Elvis oder die Rolling Stones. Deshalb schlug er der rockenden, jazzenden, Cola trinkenden und Kaugummi kauenden Jugend vor, sich wieder in »Heimatbünden für die ländliche Kultur«, in »Schützen- und Gesangvereinen«, aber auch in »Feuerwehrverbänden« zu organisieren, denn diese Vereine »mahnen im fröhlichen Gewande wirksam zur Besinnung auf die kulturschaffende echte Geselligkeit«. Wenn es erst einmal gelungen sein würde, daran glaubte er fest, die Abtrünnigen in die Feuerwehruniformen zu stecken, »wird sich auch unsere Jugend für eine solche Freizeitgestaltung begeistern«. Es ist tragisch zu nennen, daß Heinrich L seiner Zeit zu weit voraus war. Betrübt mußte er registrieren, daß sein Programm »vielen Menschen allzu sehr obrigkeitsstaatlichem Denken verhaftet und deshalb suspekt erscheint«, doch weigerte er sich standhaft, »vor der Straße zu kapitulieren«.¹³

Erst heute wissen wir: Seine Mahnungen bahnten sich ihren holprigen Weg sowohl durch die Zeiten, in denen Janis Joplin und Jimi Hendrix Kultfiguren des »Live fast, love hard, die young« waren, als auch durch jene Jahre, in denen das vaterländische Singen zwischen die Mühlsteine von »Punk« und »Wat wolle mer drinke?« geriet, um schließlich in den 90er Jahren endlich auf angemessenes Gehör zu stoßen. Inzwischen singt Nina Hagen mit Heino, Rockbands hängen ihre schwarzen Lederjacken an den Nagel, schlüpfen in buntbestickte Westchen, nennen sich die »Batzenrieder Domdrosseln« und treten in Begleitung von Ernst Mosch bei Caroline Reiber auf. Ex-Protestsänger Niedeggen von BAP schlüpft in die Polizeiuniform und bewundert seine neuen Kameraden, und selbst Werbeagenturen kommen nicht mehr daran vorbei, zur Weißbiermarke einen Männerchor »Deutschland ist schön« oder eine Familie beim Anblick einer Dose Eiweißstengel »Deutschländerwürstchen, Deutschländerwürstchen« schmettern zu lassen. Erst heute wissen wir, wie nachhaltig Heinrich Ls Aufruf wirkte: »Zu der Zeit politischer Zerrissenheit unseres Vaterlandes muß es uns drängen, unserer Liebe zu ganz Deutschland immer und immer wieder, ... im Lied Ausdruck zu geben«, – bis die Mauer bricht. Hunderttausend Leipziger sangen in den spärlich beleuchteten Straßen »Deutschland einig Vaterland«, und es geschah.

Manche mögen es übertrieben finden, daß Heinrich L darauf bestand, die ganze Welt habe gefälligst deutsche Volkslieder zu singen. Wir wollen auch dieses Thema vorurteilsfrei behandeln und zitieren aus einer Reportage des »Handelsblatts« (1.3.1966). Als Heinrich L während einer seiner Auslandsreisen schließlich Madagaskar erreichte, tobte ein böses Unwetter los. Die Stromversorgung brach zusammen, die Lautsprecher fielen aus, und »Präsident Tsiranana ... hört über Funkgerät ... höchstpersönlich den Lagebericht seiner vom Regen überraschten Programm-Macher, während Lübke seine Ansprache hält und in der allgemeinen Aufregung die immer strahlende madegassische Präsidentengattin mit ›Sehr geehrte Frau Tananarive‹ (Name der Hauptstadt von Madagaskar) anredet.« Doch die angespannte Situation enkrampfte sich schlagartig, als madegassische Mädchen »in breitem Deutsch ›Muß i denn, muß i denn zum Städtele hinaus‹ singen«. Da war allen das Unwetter egal, und Heinrich L klatschte in Hochstimmung »rhythmisch im Takt mit«. Nicht immer aber mußten es deutsche Volkslieder sein, manchmal war Heinrich L schon zufrieden, wenn nur deutsch gesungen wurde — darauf bestand er allerdings. In Togo entboten Schwarze aus dem Deutsch-Togischen Verein das Lied: »Ich bin ein Togoknabe und hab' die Heimat lieb.« Damit wollte Heinrich L frühzeitig einen Pflock gegen mögliche Armutswanderungen einschlagen. Im übrigen aber kam es ihm bei allem auf die weltweite Durchsetzung deutscher Werte an, anders konnte er sich eine Genesung der Welt nicht vorstellen. Wer nicht hören wollte, dem verpaßte er schon mal eine deftige Ohrfeige. Der Schah von Persien mußte sich anhören: »Herr Schah, sie verstehen nichts von Wirtschaft.« Er konnte allerdings auch ein uneingeschränktes Lob aussprechen, wenn ihm Deutsches angenehm auffiel: »Ich habe schon bei der Ankunft gleich gesehen: Die Leute waren alle sauber gewaschen.« Verbohrt war er nicht.

Seiner Zeit weit voraus hatte Heinrich L schon damals das Weltproblem Nr. 1 vor Augen: »Das unvermeindliche Heranwachsen von Milliarden hungernder Menschen, die leicht eine Beute kommunistischer Ideen werden können, ist die Schicksalsfrage unserer Zeit.«[14] Er erkannte, daß nicht die Beseitigung des Hungers das Problem sein würde, sondern die korrekte Beantwortung der Frage, in welcher Gesinnung zu hungern sei. Wer marktwirtschaftlich hungerte, hungerte richtig. Wer als Kommunist hungerte, der machte etwas falsch. Konsequent drohte Heinrich L deshalb den versammelten afrikanischen Gästen die Streichung der Entwicklungshilfe an, falls die mit DDR-Vertretern reden würden: »Man kann nicht Freund unserer Feinde sein und andererseits auf unsere Hilfe rechnen.«[15] Damit er nicht mißverstanden wurde, fügte er hinzu: »Mit den Maßnahmen unserer Entwicklungspolitik verfolgen wir nicht den Ehrgeiz, bestimmenden Einfluß auf unsere Partnerstaaten auszuüben.« Das ist die hohe Schule der diplomatischen Dialektik, die auch mal einen Scherz verträgt, um die Stimmung aufzulockern: »Wie sie wissen, gibt es in Tunesien drei Entwicklungsprojekte, eins in X, eins in Y und das dritte weiß ich nicht« (»FAZ«, 4.5.1968). Eines ärgerte ihn an anderer Länder Sitten besonders: Die Leute arbeiteten dort nicht so wie in Deutschland. Das konnte er nicht durchgehen lassen. Den afrikanischen Exzellenzen schrieb er ins Stammbuch: Die Leute in Afrika sollten gefälligst, »wenn sie ihre Prüfungen abgelegt haben, auch weiterhin der Aufgabe treu bleiben, für die man sie ausgewählt hat. Oft ist es aber der Fall, daß man das Ende der Zeit, für die man sie verpflichtet hat, nicht abwartet. Damit wird natürlich der Erfolg unserer Bemühungen sehr gefährdet.« Als er in die bedepperten Gesichter blickte, machte er deutlich, daß er ihnen doch nur helfen wollte: »Das Selbstbewußtsein des Menschen kann sich nur dann gesund entwickeln, wenn er in seiner Arbeit Befriedigung und Erfüllung findet, weil sie bleibende Werte und Güter schafft. Ebenso ist es mit den Völkern.« Das saß. Niemand wagte mehr zu fragen, weshalb die Deutschen Werte und Güter anderer Völker gleich in zwei Weltkriegen kaputt gemacht hatten, wo ihr Herz doch so am Bleibenden hing. So schuf Heinrich L, wie sein größter Verehrer, Helmut Kohl, später hervorhob, mit seiner »vornehmen Gesinnung, Gradlinigkeit« und »Würde« die Voraussetzung dafür, »das Ansehen des deutschen Volkes vor allem in der dritten Welt zu mehren.«[16]

Verbündete in der Welt zu suchen, war für Heinrich L ein weiteres existentielles Anliegen, weil er klarer als alle anderen die permanente Bedrohung durch die Russen erkannt hatte. Nach dem Bau der Berliner Mauer erwartete er den Ausbruch eines neuen Krieges. Unermüdlich waren er und seine Frau Wilhelmine im Einsatz, die Westdeutschen darauf vorzubereiten. Im Oktober 1961 stellte Heinrich L sich vor einige

Offiziere der Bundeswehr und erklärte mutig: »Jeder Verlust an Gebiet und an Prestige ... kann eine Vertrauenskrise im Westen auslösen, die den Selbsterhaltungswillen aller freien Völker empfindlich schwächt.« Er verschwieg nicht: »Dem Soldaten muß klar sein, daß es zu einer solchen Kampfhandlung Deutsche gegen Deutsche ... kommen kann, der auf unsere vollkommene Unterwerfung abzielt.« Nicht nur die Soldaten müßten sich auf den Krieg vorbereiten. Das Ziel der Vorbereitung auf den Ernstfall müsse vielmehr sein, »im ganzen Volk den Widerstandswillen und die Opferbereitschaft für unseren Staat zu wecken«. Sofort richtete Wilhelmine L über Rundfunk und Fernsehen einen dramatischen Appell an die deutschen Frauen: »Meine lieben deutschen Frauen! Unsere deutsche Heimat ist hart bedroht. Not und Sorge lasten auf uns und rauben uns den Schlaf. Der Gefahr gegenüber, die auf uns zukommt, fühlen wir uns als einzelne schwach und unvermögend. Und doch gilt es jetzt, stark zu sein« (»Tagesspiegel«, 10.9.1961). Und Heinrich L wandte sich über den Deutschlandfunk mit einem gleichermaßen dramatischen Appell »an die Hörer Mitteldeutschlands« — mit einer historischen Formulierung: »Allen Deutschen krampft sich das Herz zusammen bei dem Gedanken ...« In der Stunde der Bedrohung des Vaterlandes setzte Heinrich L sich für eine Allparteienregierung ein. Das Verharren nur eines einzigen Bundestagsabgeordneten in der Opposition schien ihm schon wehrkraftzersetzend zu sein.

Zur äußeren Bedrohung gesellte sich einige Jahre später die innere. 1967 breitete sich weltweit das Chaos aus. In Westdeutschland griff der SDS nach der Macht, in China tobte die Kulturrevolution, in den USA verweigerte Muhammad Ali den Kriegsdienst, Frankreich verabschiedete sich aus der Nato, Jimi Hendrix setzte seine Gitarre in Brand, und Grace Slick, die Sängerin von Jefferson Airplane, durfte ungestraft verkünden: »Unsere Lieder bedeuten alle dasselbe: Seid frei, frei in der Liebe und frei im Sex.« Da bemühte sich Heinrich L, von ausländischen Diktatoren zu lernen. In Südkorea hatte schon 1961 General Park Chung Hee geputscht, die Nationalversammlung aufgelöst und das Kriegsrecht verhängt. Heinrich L studierte die Werke des Diktators und besuchte ihn am 2. März 1967. In seiner Tischrede machte er aus seinem Herzen keine Mördergrube: »Verschiedene Stellen in ihrem Buch ... haben mich deshalb besonders bewegt, weil sie eine klare und tiefe Übereinstimmung unserer Gedanken zum Ausdruck bringen.«[17] Eine Passage habe es ihm besonders angetan, die er »wörtlich anführen« möchte: »Das Wohl des Ganzen muß über den Interessen einer bestimmten Gruppe stehen. Ein Staat wird fallen und sein Volk niedergehen, wenn die Interessen einer Gruppe die Staatsinteressen übersteigen.« Mit diesen Worten hatte der

General die Verbote von Parteien, Nationalversammlung und Gewerkschaften begründet. Bei den südkoreanischen Milizen hatte Heinrich L gefunden, was der deutschen Jugend so fehlte: »Mit respektvoller Bewunderung denke ich zurück an den Besuch in der Militärakademie. Durch ihre Disziplin und die vorgeführten Beispiele ... gab dort die junge Generation Koreas Zeugnis von der mannhaften Entschlossenheit, sich ... für die ... Entwicklung ihres Vaterlandes einzusetzen.« Heinrich L war jedoch nicht auf ein bestimmtes antidemokratisches Modell festgelegt. Ein Königreich hätte ihm auch gefallen. Dem König von Malaysia sagte er: »Ich bin froh, daß es mir vergönnt ist, ihrem vorbildlich regierten und musterhaft verwalteten Land einen Besuch abzustatten.«[18]

Wir sehen, daß Heinrich L brandaktuell ist. Sein Maßstäbe und Prinzipien haben sich durchgesetzt. Mittlerweile haben wir die Wiedervereinigung, deutsche Volksmusik auf allen Kanälen, eine schwunghafte Besinnung auf den Ethnozentrismus, die Einübung vaterländischer Pflichten: Gehorsam, Bescheidenheit und Opferbereitschaft. Auch sind die Hungernden auf der Welt inzwischen davor gefeit, eine Beute kommunistischer Ideen zu werden. Vielleicht bedarf es noch hie und da eines Kreuzzugs, aber ansonsten... Nur eine seiner größten Leistungen wurde noch nicht angesprochen. Heinrich L war ein Vorreiter des Versuchs, die Deutschen von dem Verdacht zu befreien, sie hätten im Nationalsozialismus Schuld auf sich geladen oder überhaupt etwas mit ihm zu tun gehabt. Selbstlos hat er selbst seine Karriere als KZ-Baumeister ins Blickfeld gerückt und damit erreicht, daß die westdeutsche Öffentlichkeit sich – mit Ausnahme weniger DDR-gesteuerter Pamphletisten – geschlossen hinter ihn und andere NSDAP-Aktivisten stellte. Sein Beispiel machte klar, daß die BRD von Anfang an nicht auf bewährte Kräfte zu verzichten brauchte. Erst heute werden Ernst Nolte und andere Geschichtsrevisionisten seinem Anliegen wieder gerecht.

»Weil oft im Ausland der Verdacht geäußert wird, als ob das deutsche Volk sich gegen die Unterdrückung durch die Nationalsozialisten nicht genügend gewehrt habe«, und weil solche Verdächtigungen natürlich vollkommen absurd sind, mußte Heinrich L viel Zeit und Kraft darauf verwenden, die Dinge richtigzustellen. Dabei enthüllte er, daß das anklagende Ausland nur von seiner eigenen Schuld ablenken wollte, denn jene Staaten, »die am Ende des 1. Weltkrieges Deutschland Lasten auferlegten, die es zu erdrücken drohten«, dürften nicht aus der Verantwortung entlassen werden, schon »um zu verdeutlichen, daß sich das Phänomen Nationalsozialismus nicht aus dem deutschen Volkscharakter erklären läßt«. Dieser Charakter, das hatte Heinrich Ls Studium der deutschen Sängerbünde ergeben, ist eigentlich gemütlich, gesellig und hilfsbereit –

und er hat sich selbst unter schwierigsten Bedingungen offenbart: »Manche versuchten«, klärte Heinrich L auf, »die Bedrängten und Verfolgten wenigstens noch durch eine kleine menschliche Geste der Hilfsbereitschaft zu trösten. Selbst bis in die Wachmannschaften der Konzentrationslager wirkte der Geist der Menschlichkeit hinein.« Vielleicht besaßen nicht alle KZ- Insassen das nötige Feingefühl, um die ihnen entgegengebrachte Zuneigung zu spüren, aber wenigstens die Soldaten der Alliierten sollten doch bemerkt haben, daß ihre deutschen Gegenüber keine Anhänger Hitlers waren: »Haben wir nicht die Pflicht, um ihres Ansehens willen der Welt mit aller Deutlichkeit zu sagen, daß sie keinen Anteil hatten an den Schandtaten und der Schuld jener, die die Mordbefehle durchführten und erließen?« Die hilfsbereiten KZ-Wächter und die ehrenhaften Soldaten forderten geradezu apodiktisch eine ihrem Tun angemessene Formel, die Heinrich L dann auch fand: »Was geschah, geschah nicht mit dem Willen des deutschen Volkes – wohl aber in seinem Namen.«

In diese elegante Formulierung läßt sich auch Heinrich Ls Wirken und Schaffen von 1933 bis 1945 fassen. Wie so viele führende Politiker des Zentrums (sie stimmten im Reichstag den Hitlerschen Ermächtigungsgesetzen zu) hatte auch der preußische Landtagsabgeordnete, von dem die Parlamentsstenographen nie ein Wort der Kritik an den Nazis notieren konnten, keine politischen Einwände gegen die aufstrebende Nazipartei. »Er befindet sich in der Reihe der am Anfang von Hitler Getäuschten«, schreibt sein Biograph, deshalb »mag vieles« von dem, »was Hitler gesagt hat«, »auf den national denkenden Lübke keineswegs abstrus gewirkt haben«.[19] Eine Art Untersuchungshaft, bei der es vordergründig um Korruptionsvorwürfe gegen den damaligen Bauernfunktionär Heinrich L ging und die nebenbei den rüden Umgang der Nazis mit »von Hitler getäuschten« Sympathisanten offenbarte, wurde ohne Prozeß beendet und führte zu dem persönlichen Resumé, sich fortan »vom Grundsatz leiten zu lassen, die folgende Zeit möglichst unauffällig zu überstehen«. Heinrich L »befindet sich mit dieser Absicht in Gesellschaft zahlreicher Gegner des Naziregimes, die wegen dieser Haltung innerer Resistenz in erster Linie Verständnis, keineswegs aber nachträglich böswillige Verleumdung verdienen«. Mit den hier bereits angedeuteten »böswilligen Verleumdungen« versuchten Jahrzehnte später einige Übelgesonnene, Kapital aus Heinrich Ls Fähigkeit zu schlagen, seine »innere Resistenz« gegenüber den Machthabern und seiner Umwelt so gründlich zu verbergen, daß er schon bald nach der Haftentlassung und einigen Wehrübungen von seinen Feinden zum Hauptmann der Reserve befördert wurde und auch beruflich ordentlich vorankam. Jedenfalls wurde er leitender Mitarbeiter der »Baugruppe Schlempp«, die von Baumaßnahmen im legendären Raketen-Versuchsstützpunkt Peenemünde bis hin zur Herrichtung stillgelegter Kalischächte für den unterirdischen Flugzeugbau durch Zwangsarbeiter und Häftlinge, allerlei bewerkstelligte, was für Endlösung und Endsieg nötig schien. Selbstverständlich war die Baugruppe »eindeutig in die Kriegsmaschinerie Hitlers eingefügt«, schreibt sein Biograph, und war Heinrich L »kein unbedeutender Mann für die Kriegswirtschaft« (»Spiegel«), aber trotz seiner verantwortungsvollen Position hebt der leitende Angestellte nicht ab, sondern »verhält sich ... wie die überwiegende Mehrheit der deutschen Männer und Frauen«, also fleißig und loyal bzw. in »innerer Resistenz«, was dasselbe ist.

Aus niederträchtigen Motiven wurde in den sechziger Jahren in Ost-Berlin — genauer: in »Pankow« — an einer Kampagne gestrickt, die Heinrich L zum »KZ-Baumeister« modeln sollte. Zu diesem Zweck legte die Sowjetzone allerlei sogenannte Beweise vor. Auch wenn Henri Nannen als Chef des »Stern« sich vor den Karren dieser Kampagne spannen ließ, bis sich seine NSDAP- Mitgliedschaft herumgesprochen hatte — insgesamt wehrte die Nation die Angriffe auf ihr Oberhaupt doch recht geschlossen ab. So wurde Heinrich L zum Kristallisationspunkt einer kollektiven Entschlossenheit, die keine Karriere durch Hinweise auf die Vergangenheit mehr behindert sehen wollte. Die Abwehr erfolgte nicht widerspruchsfrei, aber facettenreich. So wußte z.B. die »Neue Rhein-Ruhr-Zeitung« zu berichten: »Das Arbeitslager, das der Ingenieur Heinrich Lübke ... im Jahre 1944 errichtete, wurde später — ohne das Lübke das wissen konnte — mit KZ-Häftlingen belegt.« Hätte er diese Version nur öffentlich vertreten, »was eigentlich wäre geschehen? Nichts wäre geschehen.« Dagegen aber erwägt der Biograph, ob es nicht besser wäre, zu behaupten, Heinrich L habe alles gewußt und aus christlicher Nächstenliebe gehandelt. Aus einem »in der Nähe gelegenen Konzentrationslager« wurden halt Arbeitskräfte herangezogen. »Für sie« und zum Zwecke ihres Wohlergehens »errichtete man, anstelle zuerst nur vorhandener Zelte, später Baracken als Unterkunft«. Und weil Baracken wohnlicher als Zelte sind, könnte »kaum jemand ihn auf Grund der in einem Dokument stehenden Erklärung ... den guten Glauben absprechen, ein größeres, von ihm nicht zu verantwortendes Übel ein wenig mildern zu helfen.«[20] Der »Spiegel« legte dagegen mehr Wert auf die Enthüllung der Motive derer, die dem Präsidenten übel wollten: »Unwahrhaftigkeit kennzeichnet die Angriffe der DDR-Propagandisten gegen Heinrich Lübke. Sie prangern mit Entrüstung die Taten eines einzelnen Mitläufers an, die gemessen an den Taten des eigenen Zwangsstaates harmlos sind.«

Das Blatt wußte halt schon damals, was einige erst in in diesen Tagen begreifen, welch gefährliche Machenschaft nämlich der »Antifaschismus« ist, und riet Heinrich L, die Sache mit einen »offenen Wort ... aus der Welt zu schaffen«. Auch die »Süddeutsche Zeitung« fand nicht »die Vergangenheit« des Staatsoberhaupts, wohl aber seinen »unsinnig verschämten Umgang« kritikwürdig, während die »Zeit« ergänzte, da doch auch der Kanzler Kiesinger für die Nazis gearbeitet habe, würden Staat und Volk »auch dem Bundespräsidenten eine technische Belastung nachsehen«. Im offiziellen »Bulletin« erklärte die Bundesregierung (große Koalition CDU-SPD), der »Zweck dieser Kampagne« der kommunistischen Machhaber »ist, die Bundesrepublik Deutschland als einen von ehemaligen Nationalsozialisten und Kriegsverbrechern beherrschten Staat hinzustellen«. Zwar waren in der BRD Wirtschaftsführer und Juristen in ihren Funktionen geblieben und mehr NSDAP-Mitglieder verbeamtet als zuvor unter den Nazis, aber was besagte das schon unter qualitativen Gesichtspunkten? Die DDR bezweifelte doch nur aus taktischem Kalkül die »innere Resistenz« der westdeutschen Wiederaufbaumannschaft gegen den Nationalsozialismus. Sie wollte Heinrich Ls Rücktritt erzwingen, aber weil alle wußten, daß das »ein Triumph für die kommunistische Propaganda« wäre (Deutschlandfunk) bzw. ein »Triumph für die Verleumder« (»Hamburger Abendblatt«), man könnte auch sagen ein »Triumph eines erbarmungslosen Sensationsjournalismus« (»Frankfurter Neue Presse«) oder ein »Triumph« für Kräfte, »die Vergiftung der politischen Atmosphäre betreiben« (»Hannoversche Allgemeine«) − forderten alle Heinrich L zum Verbleib im Amte auf. Als dann auch noch ein »Bild«-Leser verkündete: »Meine Betriebskollegen und ich stellen sich vor Heinrich Lübke«, da war die Kampagne, die Heinrich L schwächen und unser Volk entzweien sollte, endgültig verpufft.

Wir wollen − schon aus Gründen der Objektivität − nicht verhehlen, daß die Nation in einer anderen Affäre nicht so geschlossen hinter ihrem höchsten Repräsentanten stand. Als Gerüchte kursierten, Heinrich L habe dazu beigetragen, seiner Gattin einen Ausweis zu besorgen, der sie zehn Jahre jünger machte, forderte die »Zeit« mannhaft: »Lübke darf nicht schweigen.« Aber in dieser Angelegenheit ging es schließlich auch um einen sehr ernsten, sehr schwerwiegenden Vorwurf.

Wir haben das Heimatdorf Heinrich Ls besucht, in dem sein Lebenswerk in einem Museum geehrt wird. Noch ist Enkhausen, wo Heinrich L als Kind barfuß die Kühe seines Vaters hütete und schließlich mit Wilhelmine seine letzte Ruhestätte fand, ein stiller Ort im Sauerland, eingemeindet in die Stadt Sundern. Noch ist das Heinrich-Lübke-Haus kein

Wallfahrtsort für Hunderttausende. »Verdun! Auschwitz! Das sind Gedenkstätten mit mehr als 100 000 Besuchern im Jahr!« meint Otto Keuthen, ein Neffe Wilhelmines, der die Ausstellungsstücke des Museums der Gemeinde entreißen und selbst in seiner Burg über der Mosel ausstellen will. Das muß verhindert werden. Zwar sind die nur knapp 1 000 Besucher, die jährlich die Gedenkstätte in Enkhausen aufsuchen, um Heinrich Ls Orden, die Bilder seiner Zusammenkünfte mit gekrönten und ungekrönten Staatsoberhäuptern, seine Büste und die Briefmarken mit seinem Konterfei zu bestaunen, scheinbar ein Indiz für das geschwundene Interesse an ihm. Aber der Boom, auf den der Rechtsstreit um die Ausstellungsstücke bereits deutet, steht ja auch erst bevor.

Bürgermeister Tigges — er kannte Heinrich L noch persönlich —, der uns gemeinsam mit dem Stadtarchivar durch die Kultstätte führt, obwohl sie eigentlich in den Wintermonaten geschlossen ist, weiß um den Wandel der Zeit, ahnt den Aufschwung, den das Heinrich-L-Gedenken nehmen wird: »Wissen Sie«, sagt er beiläufig, »es schwappt auf und ab, junge Leute interessieren sich wieder — deshalb sind Sie ja heute hier — für Heinrich Lübke ... Früher, hier unser Gymnasium war voll von Kritik. Die Artikel in ihrer Schülerzeitung konnten nicht scharf und kritisch genug sein.« Und dann fügt er gelassen hinzu: »Hat sich alles wieder gelegt.« Modeerscheinungen gehen vorüber, wahre Werte haben manchmal eine schlechte Konjunktur, aber eben Bestand. »Schon oft wurden wir Zeugen, wie sich mit wachsendem zeitlichen Abstand ... Kritik in Zustimmung verwandelte«, hatte schon Gustav Heinemann, Heinrichs Nachfolger im Amt des Bundespräsidenten, einst weitsichtig formuliert, und Hermann Höcherl, Nachfolger Heinrichs im Amt des Landwirtschaftsministers, hob schon vor über zwanzig Jahren — als wollte er bereits damals den heutigen Streit um die Gedenkstätte entscheiden —, »das schlichte sauerländische Dorf Enkhausen, dem er zeitlebens eine parallel mit seinen Ämtern wachsende Zuneigung bewahrte, die dankbar erwidert wurde«, hervor. Heinrich L ist »ein echter Sohn seiner sauerländischen Heimat« gewesen (Hans Berger, Chef des Bundespräsidialamtes), und wer einmal dort war, erkennt schnell: Der sauerländische Humor ist das, was die Ureinwohner dieser Region verbindet. Der Mann mit den weißen Haaren »entpuppte sich als fröhlicher Unterhalter und Erzähler von derben Witzen«, »wenn er im Kreise ... der alten Kameraden seiner Batterie von 1914 saß«, berichtete das »Handelsblatt« schon 1969. Mit unerwarteten, derben, aber nie geschmacklosen Pointen brachte man schon manchem die sauerländische Wesensart nahe. Dem wandernden Bundespräsidenten Carstens z.B., erzählt Bürgermeister Tigges, sei auf seinem Marsch zum Grabe von Heinrich L in jedem Dorf vom Gesang- oder Musikverein ein Ständchen gebracht worden. »Auch in Stockum stand ein Gesangsverein, und da wollte Carstens dem Dirigenten die Hand reichen.« Der Dirigent erlaubte sich die Bemerkung: »Sie sind das zweite Staatsoberhaupt, dem ich die Hand geben darf.« »So«, fragte der Präsident, »wer war denn der andere?« Antwort: »Adolf Hitler.« Der Bürgermeister und sein Archivar haben über diese Episode herzerfrischend gelacht.

Intellektuelle Haarspaltereien, die Heinrich L verabscheute, hatten und haben hier keinen Platz. »Er beeindruckte durch seine Schlichtheit« (Willy Brandt), »die Rede lag ihm nicht ... wenn er redete, so lag ihm jede Eitelkeit völlig fern« (Hans Berger), »er war kein Mann der Feder, der großen Worte, er wollte es auch nicht sein. Weil ihm jedes Pathos fern lag« (Kai-Uwe von Hassel). Das sind die Tugenden, die der Wähler und die Wählerin heutigentags an Politikern so vermissen. Keiner verspricht sich mehr, alle kennen alle Fremdworte (Peter Glotz ist der Schlimmste!), und Volkstümlichkeit und Bürgernähe sind dabei auf der Stecke geblieben. Wer beherrscht denn heute noch, was Heinrichs treuester Freund und Verehrer, von Hassel, so an ihm bewunderte? Wer kann die Bürger unseres Landes noch davon überzeugen, »daß auch die Inhaber hoher und höchster Ämter Menschen sind, die nicht viel anders denken und sprechen als sie selbst«? Zu Recht wird von der Kampagne »Heinrich L« erwartet, daß sie die hiesige Politikverdrossenheit drosselt, die sich aus der sprachlichen Abgehobenheit unserer politischen Elite speist. Wir haben uns bemüht, der Kunst, scheinbar komplizierte Sachverhalte auf eine dem gesunden Menschenverstand zugängige Formel zu bringen, auf die Spur zu kommen, und sind dabei bis zu Heinrich Ls frühesten geistigen Einflüssen vorgedrungen. Aus den »Heimatblätter(n) der Stadt Sundern«, die in der Heinrich-Lübke-Gedenkstätte ausliegen, erfahren wir, daß Heinrichs Geburtsort schon im 30jährigen Krieg eine Rolle spielte — »in den Dörfern um Enkhausen wurde im 30jährigen Krieg geraubt und gemordet« —, und werden auch mit der Frage nach den Ursachen dieser unerfreulichen Ereignisse nicht alleingelassen: »In der Zeit des 30jährigen Krieges lagen bei vielen Menschen die Nerven blank.« Auf die vier Lübke-Brüder hat dieses Debakel einen tiefen Eindruck gemacht, sie reagierten aber unterschiedlich darauf. Friedrich-Wilhelm, der später Ministerpräsident von Schleswig- Holstein wurde, und Heinrich L gingen in die Politik, Josef fing an zu saufen, wie wir vor Ort erfuhren, und Franz Anton, der älteste, hinterließ bemerkenswert schlichte Gedichte. Da er nach dem frühen Tod der Eltern praktisch die Erziehung seiner Brüder übernehmen mußte, spiegeln seine Gedichte die frühe geistige Nahrung wider, die Heinrich L in sich aufnahm. Sie enthielt jede Menge heiterer Hoffnung. In seinem Gedicht »Neujahr« fragt Franz Anton: »Bringt's neue Jahr uns Freuden? Bringt's neue Jahr uns Leiden? Bringt es uns gar den Tod?« Ja, was bringt es uns? Wer weiß das schon. Im Gedicht »Allerseelen« wußte er sogar die einzige unumstößliche Wahrheit, daß nämlich jeder Mensch sterben muß, optimistisch zu wenden: »Drum, o Mensch, gedenke heute, was der Apostel spricht: All' seid ihr des Todes Beute, doch kennt den Tag ihr nicht!« Heiter und optimistisch auch Franz Antons Zuspruch für bettelarme Menschen. In seinem Gedicht »Herbstgedanken« faßt er zunächst die Erkenntnis: »Das letzte Hemd hat keine Taschen« in lyrische Verse: »Alles, was das Herz erfreute, Reichtum, Ehre, Ruhm und Geld, nichts verläßt mit uns die Welt«, beließ es jedoch nicht bei diesem Trost, sondern fügte hinzu: »Möchtest du mich doch verstehen, ob du arm bist oder reich, wird der Herbstwind drüber wehen, macht er alles, alles gleich.« Eben derlei heitere Pointen finden wir später in der lockeren Diplomatie Heinrich Ls wieder. Unvergessen ist die Pressekonferenz, in der er darüber plauderte, welchen Scherz er sich soeben mit der kanadischen Regierung erlaubt hatte: »Ich habe gefragt – wegen meines Interesses – habe ich gesagt, ich wäre dort (in der Gegend von Ottawa, d. V.) in meiner Jugend schon längst mit meinem Freund Karl May spazierengegangen ... (er lacht kurz) ... dafür hatten sie volles Verständnis.«

Wir bekommen eine Ahnung davon, weshalb Heinrich L in den Herzen und Hirnen in und um Enkhausen immer lebendig geblieben ist. Aber auch als unermüdlicher Ratgeber in Fragen des praktischen, alltäglichen Lebens wurde er schon früh geschätzt. Wer hat denn, um ein exemplarisches Beispiel herauszugreifen, das Ressentiment gegen tiefgefrorenen Fisch gebrochen? Natürlich Heinrich L mit den Worten: »Auch die Fischerei und die Fischindustrie hätten allen Anlaß, durch intensive Aufklärung und Werbung den Konsumenten eine solche Kost schmackhaft zu machen. Es war schon mal besser damit, mit dieser, mit dieser Propaganda und mit den Propagandaessen. Ich habe in Frankfurt ein Essen, ein Fischessen mitgemacht, wo also die Fische aus den Truhen sofort in die Küche kamen, und die waren dann von den zuständigen Köchen und Hausfrauen entsprechend behandelt, und ich kann nur sagen: Es ist zwischen dem und den nicht durch die Truhen und die Tiefkühlketten herangebrachten frischen Fische, ist gar nicht zu vergleichen. Man behauptet nun, die Hausfrauen bzw. die Fischesser hätten sich an die etwas angegangenen oder ogu ausgegangenen Fische besser gewöhnt – sie wären das gewohnt – und liebten dieses mehr als die frischen. Ich muß nur sagen: Wer das nebeneinander hält, der kann überhaupt keine andere Wahl wählen, daß ohne die Tiefkühlketten werden wir uns späterhin nicht mehr die Ernährung verbessern können.«

Heute, wo viele Menschen eine Kühltruhe haben und ihren Fisch auftauen, kann leicht übersehen werden, daß Heinrich L ein Pionier war. Kein großer Redner vielleicht, aber die Verkörperung dessen, was Antje Vollmer (selbst die Grünen spüren den sich bahnbrechenden Boom) kürzlich ansprach, als sie den gebeutelten Politikern der Jetztzeit Vorbilder weisen wollte: »Die Politik in der Bundesrepublik hat am Anfang eine besondere Aura gehabt. Das ist übrigens ein Glücksfall, wenn man als Pionier in der Politik anfangen kann – und die Führungsschicht des Neuanfangs war aus solchen glücklichen Pionieren zusammengesetzt« (»Zeit«-Extra 1/94). Von Heinrich L, dem glücklichen Pionier, lernen – heißt siegen lernen!

VI. Die Renaissance des völkischen Prinzips

Gegen die Rationalisierung des Nationalen

»Lothringen hat einmal zum deutschen Reich gehört, darüber besteht kein Zweifel. ... Fast überall, wo die hitzigen deutschen Patrioten sich auf ein altes germanisches Recht berufen, können wir ein noch älteres keltisches belegen, und vor den Kelten lebten dort, wie man sagt, die Allophylen, die Finnen, die Lappen; und vor den Lappen waren es die Höhlenmenschen und vor den Höhlenmenschen die Orang-Utans. Für eine solche Geschichtsphilosophie gibt es als ein dingliches Recht in der Welt nur das Recht der Orang-Utans, die ungerechterweise von der bösen Zivilisation vertrieben worden sind.«[1] Worüber Renan sich 1871 lustig machte, prägt heute die Weltgeschichte. Der Zerfall von Staaten entlang völkischer Grenzziehungen, die unter Berufung auf kulturell-ethnische und genealogische Eigentümlichkeiten vorgenommen werden, erscheint längst wie ein natürlicher Prozeß. Irgendwie gehen alle davon aus, daß es ein großes Unglück sei, wenn ein »Volk« auf zwei, drei oder vier Staaten verteilt lebt. Als ebenso widernatürlich gilt, daß zwei, drei oder vier »Völker« gemeinsam in einem Staat untergebracht sind. Das friedliche Zusammenleben von Menschen verschiedener Sprachen, Religionen und Tänze wird als ein durch Zwang hergestelltes Kunstprodukt angesehen, welches sich nur vorübergehend auf der Weltbühne halten könne und stets seiner Überwindung zustrebe. Als Beweise dienen die Wiedervereinigung der Deutschen, der Zerfall der Sowjetunion, die Zerschlagung Jugoslawiens, die Teilung der Tschechoslowakei, und nichts deutet darauf hin, daß die völkische Neuaufteilung der Welt damit bereits abgeschlossen wäre. Damit kehrt sich ein historischer Entwicklungsprozeß um. Als der Kapitalismus aus den Nähten platzte und immer größere Märkte benötigte, entstand die Vorstellung von einer Nation, die sich an ihrer räumlichen Größe maß. In einer Phase, in der der Weltmarkt sich vollendet, regredieren die Nationen, mit Ausnahme der deutschen, zu völkischer Kleinstaaterei.

Fast alle neu entstandenen Staaten berufen sich auf das völkische Prinzip, als dessen Propagandist und Beschützer sich Deutschland einen Namen gemacht hat. Seit Jahren drängen hierzulande völkische Ideologen auf eine Neuordnung der Welt. Johann Reißmüller (»FAZ«) beispielsweise wurde seit Titos Tod nicht müde, den Vielvölkerstaat Jugoslawien als »Völkergefängnis« zu beschimpfen. »Das bisherige Jugoslawien ist ein Staat ohne Nation«, betonte 1991 auch Herwig Roggemann, Osteuropa-Experte der Berliner FU, und der ehemalige Verteidigungsminister der BRD, Rupert Scholz, nannte Jugoslawien ein »künstliches Produkt«, ohne »nationale oder nationalstaatliche Homogenität«. Mit Blick auf die Tschechoslowakei meinte er, »originäre Völker« dürften nicht länger in »ungewollten, widernatürlichen oder aufgezwungenen staatlichen Organisationen« festgehalten werden. Nach den Vorstellungen solcher Leute, die vor zehn Jahren noch als Exoten galten – zumal die KSZE ausdrücklich die Sicherung bestehender Grenzen zu ihren Maximen zählte –, wird heute die Welt neu aufgeteilt.

Das völkische Prinzip, das die Menschen gemäß ihrer ethnischen Herkunft in Staatsangehörige und Fremde sortiert, eröffnet ungezählte Möglichkeiten geopolitischer Neuordnungen, die allesamt genügend Zündstoff für die eine oder andere bewaffnete Auseinandersetzung liefern können. Sind die griechischen Ansprüche auf Teile Mazedoniens legitimer als die mazedonischen Ansprüche auf Teile Griechenlands und Bulgariens? Haben die 600 000 Menschen ungarischer Abstammung in der Slowakei nicht ein Recht, heim ins Reich geholt zu werden, und ist der Anspruch des ungarischen Premierministers »Die Voyvodina muß nicht ewig Serbien gehören« nicht legitim? Sind die Träume der Wiedervereinigung von Rumänien und Moldawien diesen Völkern nicht gleichsam eingeboren – wie auch der gagausische Wille zur Unabhängigkeit von jeder Form moldawisch-rumänischer Einheitsstaaterei? Hat die Türkei nicht wohlbegründete Ansprüche auf den von Pomak/inn/en bewohnten Teil Bulgariens? Wer will entscheiden, ob in der Ukraine schon die eigentlichen Ukrainer das Sagen haben? Die moskau-orientierte Orthodoxie kämpft gegen die dem Kiewer Patriarchat zugeneigte autokephale ukrainische Orthodoxie, beide wiederum befehden die griechisch-katholisch unierte Kirche wegen ihrer Anerkennung des Papstes als Oberhaupt; zwischen West- und Ostukrainern gibt es einige ethnische Differenzen, und die Frage, ob das Bündnis des Ukrainers Hejtman Schmelnitzki mit dem russischen Zaren im Jahre 1654 ein Verrat an der ukrainischen Nation war, ob sein Standbild in Kiew also den prominenten Platz behalten darf oder gestürzt werden sollte, wird ebenfalls ohne Krieg kaum beantwortet werden können. Ganz zu schweigen von dem, was Rußland droht. Allein im Gebiet um die mittlere Wolga leben ja nicht nur sechs Millionen Russ/inn/en, sondern auch 3,2 Millionen Tar-

tar/inn/en, 1,3 Millionen Tschuwasch/inn/en, 900 000 Baschkir/inn/en, 400 000 Mordwinier/innen, 550 000 Udmurt/inn/en, 450 000 Mari und 300 000 Komi. Diese »Stämme« sind räumlich ähnlich miteinander verwoben wie Serb/inn/en, Kroat/inn/en und Muslime in Bosnien.

Aus der schlichten Tatsache, daß nirgendwo auf der Welt »ethnisch reine« Territorien existieren, erwächst die generelle Gefahr, die von völkisch motivierten Staatsbildungen ausgeht. Sie lassen sich kaum durchführen, ohne daß vermeintlich angestammte kulturelle (ethnische) bzw. naturhafte Differenzen beschworen werden, die rassistische Diskriminierungen wachrufen, welche wiederum zu gegenseitiger Verfolgung und schließlich zu Massenvertreibungen führen. Auf diese Weise löst das Beharren auf völkischen Prinzipien häufig erst jene Bürgerkriege und Pogrome aus, mit denen die Staatsgründungsbestrebungen dann legitimiert werden. Kommt es nicht zur totalen Säuberung durch Vertreibung und Ermordung der jeweiligen ethnischen Minderheit, setzen diese Staatsgründungen lediglich an die Stelle alter Über- und Unterordnungen neue, völkisch determinierte Ordnungen – die Bevölkerung wird in ein neues Dominanzvolk und diverse nicht-zugehörige Gruppen von Minderheiten sortiert, die weniger Rechte haben. Zum Beispiel sind 40 Prozent der Bewohner/innen in Lettland Russ/inn/en ohne Wahlrecht. Die halbwegs friedliche Teilung eines bestehenden Staates wie im Falle der Tschechoslowakei, wo die Menschen ihre Zugehörigkeit wählen durften, ist die Ausnahme. Wer Staaten als »Völkergefängnisse« und »Kunstprodukte« beschimpft und zerschlagen will, weil in ihnen Menschen verschiedener Herkunft leben, um die »originären« Völker in ihnen gemäße »natürliche« Nationalstaaten zu pressen, wer also Staatsgrenzen und Einwohnerschaft völkisch zur Deckung bringen will, ist angesichts der historischen Erfahrungen Propagandist eines weltweiten Blutbades.

Wer sich die kaum zu entwirrende »Völkerkarte« Jugoslawiens ansah und die Geschichte dieses Staates kannte, der mußte davon ausgehen, daß völkisch motivierte Sezessionen Krieg bedeuten würden. Die unter Berufung auf das »Selbstbestimmungsrecht der Völker« vollzogene schnelle Anerkennung Sloweniens und Kroatiens durch Deutschland nahm den Bürgerkrieg mit in Kauf. Weil der deutsche Alleingang 1991 zunächst vor allem die wiedergewonnene Souveränität gegenüber den Siegern des Zweiten Weltkriegs demonstrieren sollte, war er gleichzeitig ein Signal an alle ehemaligen Bündnispartner der Nazis, daß sie sich auf das neue Deutschland wieder würden verlassen können. Die deutsche Außenpolitik spielte damit zum wiederholten Male in diesem Jahrhundert die völkische Karte, und zum wiederholten Male hatte sie dabei Ost- und Südosteuropa im Blick.

Die historischen Parallelen sind offensichtlich. Schon in den 20er und 30er Jahren hatte das Auswärtige Amt des Deutschen Reiches »die Minderheitenfrage ... zur außenpolitischen propagandistischen Ausnutzung« vorgeschlagen. Minderheitenansprüche sollten wie »ein von allen politischen Erwägungen und Bedenken vollkommen unabhängiges Naturrecht«[2] behandelt werden. 1932 formulierte der Vordenker der nationalsozialistischen Großraumpolitik, Karl Haushofer, das folgende Programm: »Denn eine weitaussehende Politik eröffnet uns gerade bei strenger Achtung vor dem Selbstbestimmungsrecht der großen und kleinen Völker ... unter dem Wahlspruch ›Ehre, Freiheit und Gleichberechtigung‹ ... ungeheure Möglichkeiten ... Voraussetzung freilich ist dabei: überlegene Kenntnis der Volksdruckverhältnisse und Herrschaftsformen rings um die Erde, die längst ein einheitliches Kraftfeld geworden ist.«[3] Heinrich Himmler dachte ganz genauso: »Bei der Behandlung der Fremdvölkischen ... müssen wir darauf sehen, soviel wie möglich einzelne Völkerschaften anzuerkennen und zu pflegen ... Ich will damit sagen, daß wir nicht nur das größte Interesse haben, die Bevölkerung des Ostens nicht zu einen, sondern im Gegenteil in möglichst viele Teile und Splitter zu zergliedern ... Die Angehörigen aller dieser Völkerschaften, insbesondere die Kleinen, wollen wir selbstverständlich in den Stellen von Polizeibeamten und Bürgermeistern verwenden.«[4] Aktuell bereitet die Abteilung Vt III 5 im Bonner Innenministerium die Gründung eines »Europäischen Zentrums« für Minderheitenpolitik (EZM) vor, um eine »gezielte Konfliktforschung der Problematik Mehrheitsvölker und nationale Minderheiten« zu betreiben. Das Zentrum soll »die Einzelbereiche nationaler Minderheiten und Volksgruppen oder, bezogen auf einzelne Regionen, Strukturen der Minderheiten und ihrer Lebenssituation« untersuchen. Das EMZ werde »umgehend benötigt« und müsse »diesen Fragen eine neue Dimension verleihen«.[5] Die Berufung der deutschen Außenpolitik auf das »Selbstbestimmungsrecht der Völker« steht demnach ganz in der Tradition des »Teile und Herrsche«, wie es Horst Teltschik 1991, damals Regierungssprecher Helmut Kohls, noch einmal konkretisiert hat: »In der Sowjetunion müsse mit permanenten Krisen gerechnet werden, was nicht einmal so schlecht wäre, wenn es nur mit deutscher Hilfe gelänge, sie unter Kontrolle zu halten« (»FAZ«, 2.11.1991).

»Demokratie«, »Menschenrechte« oder »Minderheitenschutz« sind synonyme Umschreibungen für großmachtpolitische Ambitionen – Kriege eingeschlossen –, mit denen Grenzrevisionen oder destabilisierende Loyalitäten ins Auge gefaßt werden. Dabei ist die völkische Karte eine Möglichkeit der Außenpolitik, die je nach Interessenlage gegen einzelne Staaten eingesetzt werden kann, indem Deutschland sich bestimmten ethnischen Gruppen als Schutzmacht aufdrängt. Sie spielt keine Rolle, wo sie den nationalen Interessen zuwiderläuft. Die Nordir/inn/en und Schott/inn/en können zur Zeit ebensowenig auf den deutschen Außenminister hoffen wie die Bask/inn/en und Kurd/inn/en. Auch die »deutschen Stämme«, die im Osten Belgiens rund um Oipen siedeln, werden gegenwärtig nicht als Insassen eines Völkergefängnisses ausgegeben, und wenn Deutschland mit seiner biologistischen Parole »Nun wächst zusammen, was zusammengehört« auf die Heimholung Österreichs zielen würde, würde seine Stellung im Weltmarkt wohl noch in Mitleidenschaft gezogen werden. Würde es seine Kroatienpolitik auch im Baskenland durchziehen wollen, gäbe es Ärger mit dem EU-Partner Spanien. Mit dieser variablen Einschränkung aber wird die völkische Außenpolitik Deutschlands weit mehr als ein auf Jugoslawien begrenzter Einzelfall sein. Für ihre Beurteilung ist die Erkenntnis wichtig: Das Prinzip würde derlei Politik jederzeit erlauben.

Die Nation: Schicksals- oder Bekenntnisgemeinschaft?

Jenseits aller taktischen außenpolitischen Kalküle ist man in Deutschland traditionell der Meinung, daß eine gesunde Nation – eine, die sich der unbedingten Loyalität ihrer Untertanen sicher sein kann – eine ist, die sich völkisch homogen definiert. Der Bundesverfassungsrichter Ernst-Wolfgang Böckenförde hat den deutschen Begriff der Nation auf Einladung der Siemens-Stiftung entsprechend definiert (s. »FAZ«, 9.5.1995). Er unterschied zwischen zwei Nationbegriffen. Der eine umfasse, wie 1789 Abbé Sieyes schrieb, »eine Gesamtheit von vereinigten Individuen, die unter einem gemeinsamen Gesetz stehen und durch dieselbe gesetzgebende Versammlung vertreten sind«. Eine derartige Nation wäre vor allem eine »politische Bekenntnisgemeinschaft«, der alle angehörten, die in einem Staatsgebiet lebten. »Ganz anders« würden »Deutschland und die Länder Ost- und Mitteleuropas, deren Nationbegriff sich in einer Zeit bildete, da sie noch keinen eigenen Staat hatten«, die Nation interpretieren. »Sie griffen ... auf ›eher natürliche Kriterien‹, wie Sprache, Abstammung, Geschichte, Kultur zurück.« In eine derartige Nation »wird man hineingeboren«, sie sei keine Willens- sondern eine »Schicksalsgemeinschaft«.

Der Verfassungsrichter klärte den elitären Kreis (man war unter sich) darüber auf, daß die Bildung von Nationen und politischem Bewußtsein auch ein »bewußt ins Werk gesetzter Vorgang (ist), angestoßen« von einer »führenden Schicht«. Die Identitätsmuster einer Nation könnten durch ihre Elite verändert werden, es sei damit grundsätzlich nicht einmal ausgeschlossen, daß die Deutschen von ihrem biologistisch definierten Nationbegriff abrücken. Die »Schicksalsgemeinschaft«, der man per Definition eigentlich nicht entrinnen kann, weil das Schicksal bekanntlich unabhängig vom menschlichen Willen seinen Lauf nimmt, hat also durchaus einen Hinter- oder Notausgang, zu dessen verschlossener Tür der Schlüssel bei besagter »führender Schicht« liegt. Diese müßte, nach Auffassung des Verfassungsrichters, darüber nachdenken, welcher Nationbegriff die intensivsten »emotionale(n) Bindungskräfte« zu mobilisieren imstande sei, um die Menschen »zu einer Handlungsgemeinschaft« zu integrieren, mit anderen Worten: um die Masse zu manipulieren. Dieses Nachdenken führe dazu, schließt Böckenförde, daß vernünftigerweise in Deutschland alles beim alten bleiben sollte. Die deutsche Vorstellung von der Nation hätten nun einmal Generationen in sich aufgenommen, sie sei deshalb Grundlage des »emotional bindungsfähigen Wir- Bewußtseins«, das die Nation konstituiere. Werte wie »Europa« oder gar ein menschenrechtlicher Universalismus böten da keinen Ersatz. Für Böckenförde ist der Nationbegriff des Abbé Sieyes demnach ein zu kraftloses, unzuverlässiges Instrument zur Mobilisierung der Bindungskräfte, die eine Nation im Inneren zusammenhalten. Auch in Frankreich haben reaktionäre Politiker immer wieder daran gezweifelt, ob ihre politische Bekenntnisgemeinschaft nicht ein zu schwaches, zu unwägbares Konstrukt in einem Universum der Konkurrenz und des Krieges sei.[6]

Die Differenz ist mit den Begriffen Willens- und Schicksalsgemeinschaft ausgedrückt. Auch eine Willensgemeinschaft (als Verfassungsstaat) bliebe zwar in einer Klassengesellschaft immer ein Instrument der Herrschenden, sie unterstellt aber eine bewußte Entscheidung, die auch anders hätte ausfallen können: als Nein zur Nation oder ihren Zwängen. Die Schicksalsgemeinschaft aber, die nicht auf einem rationalen Entschluß, sondern auf unabänderlichem Schicksal beruht, an das alle durch Geburt gekettet sind, schließt einen eigenen Willen aus, sowohl einen bejahenden als auch einen verneinenden. Das Schicksal eines in diese Nation hineingeborenen Menschen ist quasi naturhaft mit dem Schicksal der ganzen Nation verknüpft. Der Versuch, sich ihm zu entziehen, wäre nicht nur ein staatsfeindlicher Akt, sondern ein Vergehen an der natürlichen Bestimmung des Menschen.

Die Faszination dessen, was mit »Nation« umschrieben wird, läßt sich nicht erklären, ohne die Gefühle zu beachten, die historisch darin eingegangen sind. Schon das Wort »Nation« wird mit einem Pathos ausgesprochen, das die Umschreibung »Land und Leute« nicht an sich hat. Die Formeln »Einig Vaterland« oder »... über alles« haben einen Klang, der nur für die Nation, vielleicht noch fürs synonyme Vaterland paßt. Wer sagt: »Ich bin ein Deutscher« meint in der Regel mehr als den Hinweis, er sei, wie es der Zufall wollte, irgendwo im Sauerland geboren und trage deshalb einen deutschen Paß bei sich. Er will vielmehr eine besondere nationale »Identität« herausstellen, die sich von anderen unterscheidet. Er möchte kundtun, daß er etwas Besseres sei als ein Italiener oder Russe. Da die Vorstellung vom Nationalen mit ausgrenzenden Ressentiments hantiert, um eine »innere« Gemeinschaft zu schmieden, ist ihre Interpretation immer Propaganda. Die Nation ist ohne Nationalgefühl nicht zu haben, das die Überhöhung der zur Nation zählenden Menschen über andere in sich trägt. Der Schritt von dieser latenten Überhöhung zu offenem Nationalismus ist so klein wie der vom Pathos zur Gewalt.

Die Nation steht über der Materie. Den Nachweis dafür hat Böckenförde geführt, indem er die spezifische Bindungskraft des deutschen Nationbegriffs daraus ableitete, daß ein nationales »Wir-Gefühl« sich in Deutschland besonders intensiv entfalten konnte, weil es keine materielle Basis hatte. Da es keinen Einheitsstaat gab, mußte das Nationalgefühl sich vor allem auf die Abstammung stützen oder Sprache und Geschichte als Ausdruck eines gemeinsamen Schicksals verklären, während jene Nationalbewegungen, die einen geschlossenen feudalen Staat vorfanden und ihn in einem bewußten Willensakt mit einer bürgerlichen Verfassung ausstatteten, aufgrund des rationalen Kerns dieser Übernahme mit weitaus weniger wahnhaften Vorstellungen auskamen. In einem so begründeten Staatswesen können Menschen unterschiedlichster Interessen leben und sich je nach sozialer Lage und Motiv gegenseitig bekämpfen. Die nationale Gemeinschaft der Nation aber ist demgegenüber immer eine Imagination, die nicht einmal eines Staates bedarf, wie die deutsche Geschichte zeigt. Die deutschen Liberalen, die im 19. Jahrhundert von der gemeinsamen Nation schwärmten, stammten aus verschiedenen realexistierenden Staaten und haben sich trotzdem vehement einer Nation, die es nicht gab, zugehörig gefühlt.

Im Vergleich zu einem zur Nation gemodelten Staat, der zumindest alle Einwohner/innen, die durch einen Paß als Inländer/innen ausgewiesen sind, noch mit gleichen Rechten ausstattet – wie sehr diese sich auch immer an den realen Machtverhältnissen brechen –, ist die völkischschicksalhaft verstandene Nation der Ratio ganz entrückt. Aber ob sich die Nation nun auf eine gemeinsame Kultur und Abstammung oder auf einen Eid aufs gemeinsame Vaterland beruft – immer bleibt sie eine Imagination. Es ist ihr Sinn, Menschen verschiedener Klassen, politischer Auffassungen, Religionen, Geschlechter, Lebensweisen auf einen gemeinsamen Zweck zu verpflichten und für die nationalen Herrscher gefügig zu machen. Auch da, wo die Nation sich nicht über Blut und Abstammung definiert, sondern alle Bewohner eines Staates ihr angehören dürfen, muß sie beseelt werden, schon um den unteren Klassen Opfer abverlangen und ihre Kriegstauglichkeit herstellen zu können. Diesem Zweck dienen in aller Herren Länder Fahneneide, Nationalhymnen, der Glaube sowohl an die kulturelle oder zivilisatorische Erstrangigkeit als auch daran, weltweit für Freiheit und Menschenrechte zuständig zu sein, sowie die Vorstellung von der Überlegenheit des eigenen »way of life«.

In der politischen Praxis überschneiden sich die beiden Definitionen der Nation oft. Individuen, die die nationale Einheit in Frage stellen, werden in jeder Nation als innere Feinde identifiziert. Sie sind vaterlandslose Gesellen, Volksfremde, die fünfte Kolonne Moskaus, des Islams, Nestbeschmutzer oder Mitglieder des internationalen Terrorismus. McCarthys Hetzjagd unterschied sich nicht wesentlich von der Verfolgung der KPD-Mitglieder unter Adenauer. In beiden Fällen wehrte sich die Nation gegen Auffassungen, die die behauptete Einheit des nationalen Kollektivs untergruben. Denn eine Zersplitterung der imaginären Einheit schwächt den Kampf gegen äußere Feinde und zieht eine Verfolgung des – in den genannten Fällen – Unamerikanischen bzw. Undeutschen nach sich. Der Unterschied liegt wiederum in der spezifischen Ausprägung des Wahns, die je andere praktische Folgen hat. Im Staatsdenken der USA ist zumindest der Verdacht auf Subversion, wie unbegründet auch immer, Voraussetzung für die Repression. Wer die Nation auf der Basis konstituiert, daß alle in ihr lebenden Menschen afrikanischer, chinesischer, vietnamesischer, irischer, italienischer, polnischer oder sonstiger Herkunft die gleichen Bürgerrechte besitzen, setzt den Nationalgedanken gegen das Ressentiment ein, weil Pogrome die Nation insgesamt auflösen könnten. Die rassistisch begründete »Volksgemeinschaft« dagegen kann, wie sich historisch gezeigt hat, zu Verfolgung und Pogrom schreiten, ohne daß sie ihr Tun mit einem Verdacht auf irgendeine Unbotmäßigkeit der Verfolgten legitimieren müßte. Das völkisch definierte Anderssein genügt ihr, um die Ermordung der anderen ins Werk zu setzen.

Hannah Arendt hat auf die Differenz der beiden Nationenbegriffe und ihre unterschiedliche Stellung zur Ratio hingewiesen. »Der völkische Nationalismus hat die nationale Gesinnung aller zentral- und osteuropäischen Nationen und Nationalitäten entscheidend bestimmt und geformt. Er unterscheidet sich von dem westlichen Nationalismus auch dann, wenn dieser in seiner pervertierten chauvinistischen Form in Erscheinung tritt. Der Chauvinismus vor allem französischer Prägung ... konnte sich in allen möglichen romantischen Verherrlichungen der Vergangenheit, der Totem- und Ahnenkulte ergehen. Er konnte ein unglaubliches Vokabular der Großsprecherei ersinnen und versuchen, die ganze Nation mit ›Gloire‹ und ›Grandeur‹ besoffen zu machen; aber er hat niemals behauptet, daß Menschen französischer Abstammung, die in einem anderen Lande geboren und erzogen wurden, ohne Kenntnis der französischen Sprache und Kultur nur dank mysteriöser Qualitäten ihres ›Blutes‹ Stammesfranzosen seien ... Psychologisch gesprochen ist der Unterschied zwischen dem verrücktesten Chauvinismus und diesem völkischen Nationalismus immer noch der, daß der eine sich immerhin mit der Welt und ihren greifbaren Realitäten beschäftigt, ... während das Völkische selbst in seiner harmlosesten Form ... sich nach innen richtet und anfängt, die menschliche Seele als die ›Verkörperung‹ allgemeiner Stammeseigenschaften anzusehen, und da die Seele ja offenbar nicht etwas sein kann, was ›verkörpert‹, findet man seine Aushilfe im ›Blut‹.«[7]

Natürliche Abstammung, natürliche Grenzen, natürliche Sprache

Verfassungsrichter Böckenförde hat aufgezählt, was man hierzulande als natürliche Kriterien zur Bestimmung einer Nation ansieht: Abstammung, Sprache, Geschichte, Kultur. Die Vorstellungen, die mit diesen Begriffen üblicherweise verbunden werden, sind zwar pure Ideologie, gleichwohl aber (oder gerade deswegen) äußerst populär. Sie wirken bis in linke Debatten hinein, wo ihre Tragweite häufig nicht erkannt wird. Das in ihnen vermittelte Menschenbild macht die Annahme plausibel, daß der Mensch qua Natur und Tradition mit Menschen anderer Sprache, Abstammung, Geschichte und Kultur nicht gut auskommen könne. Seine natürliche Veranlagung scheint ihn zum solidarischen Miteinander, zum Voneinander-Lernen, zum gemeinsamen Leben über Stammesgrenzen hinweg, zu einer sozialen Befreiung überhaupt, die nicht an den genannten Kriterien zu messen wäre, unfähig zu machen. Daß die Schweiz noch als Staat existiert, wäre demnach nur ein Dokument der Unnatur.

Beginnen wir mit der Abstammung. Die Herleitung der Zugehörigkeit zu einer Nation aus dem Blut ist rundum wahnhaft. Wer in Deutschland bloß wohnt, ist danach nicht unbedingt ein Deutscher – er kann es lediglich sein –, wer im Ausland wohnt und noch nie ein deutsches Wort gesprochen hat, ist, wenn es die Abstammung will, deutsch. Schließen wir von der familiären Herkunft auf die aus ihr angeblich abzuleitende Schicksalsgemeinschaft, dürfte sich der in einem sibirischen Dorf lebende Russe, dessen Ur-ur-urgroßvater ein Deutscher war, mit den übrigen Russen im Dorf nicht gut verstehen, während er mit den Autonomen im Hamburger Schanzenviertel geradezu eng verschwistert wäre. Jeder über vier Generationen hinausreichende Bezug auf die Abstammung ist bloße Fiktion: Wer will nach den vielen Menschenwanderungen, Arbeitsemigrationen, Vertreibungen, Besiedelungen, Beziehungen und Ehen quer durch den Garten denn noch wissen, wieviele Barbar/inn/en, Wikinger/innen, Römer/innen, Juden und Jüdinnen, Pol/inn/en, Italiener/innen, Franzosen und Französinnen und andere bei den Vorfahren mitgemischt haben? Dem Namen nach ist im Kohlenpott jeder vierte Einwohner Pole. Völkische Inzucht ist also glücklicherweise in Deutschland keine Realität.

Der Rekurs auf die familiäre Herkunft erzwingt die Ausforschung dessen, was sich jeder Wissenschaft entzieht. Der Staat, der sich aufs Blut beruft, ist notwendigerweise eine rassistisch verfahrende Institution: Seine Richter/innen müssen bei Ausweisungen, Aufenthaltsgenehmigungen, Zuwanderungen und der Zuteilung von Staatsrechten stets aufs Blut der zu Traktierenden sehen und danach urteilen. Für eine völkisch definierte Nation ist der Rassismus daher konstitutiv – er steht im Range einer den staatlichen Zusammenhalt gewährleistenden Kontrollinstanz und tritt als »Gestapo« in Erscheinung, um die völkische Identität der Nation »rein« zu erhalten, also im Inneren Entartungen und »draußen« Volksangehörige aufzuspüren.

Während etwa in den USA das Wahlrecht für Einwanderinnen und Einwanderer zu den Grundprinzipien der Nation gehört, erschüttert in Deutschland schon die schlichte Forderung danach die Grundfesten der Nation. Den vielen Millionen Menschen, die hier wohnen, aber keine deutsch-polnische Großmutter aufweisen können, wenigstens das Wahlrecht auf kommunaler Ebene einzuräumen, scheint nicht durchsetzbar zu sein, obwohl es doch vor allem ihre mindere Stellung als »ausländische Mitbürger/innen« gegenüber den echten Volksdeutschen nur verfestigen würde. Zwar spielen auch in anderen Nationalstaaten Kriterien der Genealogie eine Rolle. Angloamerikaner/innen mögen sich z. B. für die eigentlichen Begründer/innen der USA halten. Sie haben Franzosen und Französinnen vertrieben und Spanier/innen enterbt, sie haben ihre Sprache durchgesetzt und die Schwarzen als Sklaven ins Land geholt. Italiener/innen, Ir/inn/en und Pol/inn/en kamen später, und noch später wanderten Chines/inn/en, Vietnames/inn/en, Mexikaner/innen oder Menschen aus der Karibik ein, die in den Augen der Rassist/inn/en bis heute minderwertig blieben. Dennoch hat sich der US-amerikanische Staat nicht genealogisch definiert. Alle US-Einwanderinnen und -Einwanderer sind auch ohne »Blutsprüfung« US-Amerikaner/innen. Allerdings gab es in der Einwanderungspolitik der USA auch manche Phase der rassistischen Selektion. In Anlehnung an eine Theorie des in Göttingen lehrenden Professors Blumenfeld, der den Georgier/inne/n eine herrliche Birne attestiert hatte (»diese Schädelform, von der sich die anderen abzuleiten scheinen, bis sie am entferntesten Punkt angelangt sind, nämlich bei den Schädeln der Malaien und Neger«), diente die »kaukasische Rasse« in der ersten Hälfte des 20. Jahrhunderts als Maßstab bei der bevorzugten Erteilung von Einwanderungserlaubnissen, was die Abweisung sowohl »farbiger Rassen« als auch der »hebrew race« ermöglichte.

Zum Irrsinn der biologistischen Staatszugehörigkeitsdefinition paßt der Wunsch nach völkisch-ethnischen Grenzziehungen zwecks räumlicher Bestimmung eines Nationalstaates. Besonders in Deutschland ist das Gerede von »natürlichen« Grenzen verbreitet, obwohl nichts so unnatürlich zustandekommt wie die Festlegung einer Grenze. Jede Staatsgrenze des christlichen Abendlandes wurde in Kriegen ermittelt. Und die Grenzen in der übrigen Welt sind ebenfalls das Produkt entweder von Kriegen oder von Kolonialkonferenzen, auf denen die Staatsführer der imperialistischen Welt die Länder unter sich aufteilten. In jedem auf diese Weise eingegrenzten Gebiet wohnen Menschen verschiedener kultureller Gewohnheiten und Traditionen, deren Stammbäume bereits jenseits der Großeltern heillos durcheinander geraten. Eine der wenigen Konstanten in der Geschichte ist die permanente Verschiebung von Grenzen und damit die — sei es durch Krieg oder durch Wanderungsbewegungen bedingte — wechselnde Zugehörigkeit der Menschen mal zu dieser, mal zu jener Nation, was jeden Atlas nach zehn Jahren veralten läßt. Auch Linke äußern nach einem Blick auf die Landkarte manchmal Bedenken, ob die Grenzen in Afrika nicht doch ein wenig zu geradlinig gezogen seien. Das sind sie. Sie sind willkürlich wie alle Grenzziehungen. Die Annahme aber, natürliche Grenzen seien bessere Grenzen, kann nur damit begründet werden, daß Menschen verschiedener Ethnien oder Stammesherkunft nun einmal nichts in einem gemeinsamen Staat zu suchen hätten, sie lehnte sich damit an die völkische Interpretation des »Völkergefängnisses Jugoslawien« an.

Auch ohne daß eine elsässische Familie ihr Dorf je verlassen hatte, konnte es ihr passieren, daß die Großeltern eines Kindes in Frankreich, seine Eltern in Deutschland, das Kind selbst in Frankreich und die

Schwester wieder in Deutschland geboren wurden. Im steten Wechsel mußte die Familie dann neue Hymnen lernen, sich auf verschiedene Staatsführer, Umzüge, Feiertage und einen gänzlich anderen Schulunterricht einstellen. Der Historiker Eric J. Hobsbawn hat in Österreich als Kind entsprechende Erfahrungen gemacht. Er habe damit klarkommen müssen, schrieb er, »Mitte der zwanziger Jahre in einer österreichischen Volksschule selbst einer solchen (fruchtlosen) politischen Erfindung ausgesetzt gewesen zu sein. Eine neue Nationalhymne, mit der man verzweifelt versuchte, Kinder davon zu überzeugen, daß einige wenige verbliebene Provinzen, nachdem die übrigen Teile des großen Habsburgerreiches sich abgetrennt hatten oder von ihnen weggerissen worden waren, ein einziges zusammenhängendes Ganzes bildeten, das ihre Liebe und patriotische Hingabe verdiente. Diese Aufgabe wurde nicht im mindesten durch die Tatsache erleichtert, daß das einzige Gemeinsame dieser Provinzen darin bestand, daß die überwältigende Mehrheit ihrer Bewohner den Wunsch hatte, sich Deutschland anzuschließen. ›Deutsch-Österreich‹, so begann diese merkwürdige und kurzlebige Hymne, ›du herrliches Land, wir lieben dich‹, und fuhr fort, wie man vielleicht erwarten konnte, mit einem Reisebericht oder einer Geographiestunde, wobei sie den Alpenflüssen von den Gletschern hinab ins Donautal und nach Wien folgte und mit der Beteuerung schloß, daß dieses neue Rumpfösterreich ›mein Heimatland war‹.«[8]

So wenig wie die Abstammung und die »natürliche« Grenze kann die Sprache eine Nation begründen. Die Erfindung der Nationalsprache gebar einen Mythos, und seit der Kolonialzeit läßt sich aus der Sprache schon gar nichts mehr ableiten, es sei denn, eine Gruppe wehrt sich dagegen, daß ihr die eigene Sprache verboten wird. Für die Eroberer und Kolonisatoren aller Zeiten war und ist Sprache ein wichtiges Mittel zur Unterjochung der Einwohner/innen fremder Länder. Spanien etwa zerschlug die unterworfenen Kulturen mit Waffen und dem Verbot einheimischer Sprachen. Spanisch sprechende Menschen sind daher – wie Lateinamerika zeigt – heute Angehörige aller möglichen Nationalstaaten, und nur eine krasse Minderheit von ihnen ist tatsächlich ein Spanier oder eine Spanierin. Wer englisch spricht, ist nur ausnahmsweise auch Engländer/in. Wer portugiesisch spricht, ist zumeist waschechte/r Brasilianer/in. Menschen auf Kuba, in Kolumbien, Nicaragua oder Argentinien kämen nicht auf die Idee, sie seien, nur weil sie spanisch sprechen, auch Spanier/innen, umgekehrt erhebt Spanien heute keineswegs Ansprüche auf Kuba. Wer französisch oder italienisch spricht, muß durchaus kein Franzose und keine Italienerin sein, wie die Schweiz und Kanada beweisen. Die Sprache taugt nicht einmal dazu, Kroat/inn/en und Serb/inn/en auseinanderzudividieren. Das hinderte den deutschen Verfassungsrichter Böckenförde aber nicht daran, an ihr als einem schicksalhaften Bindemittel eines »Volkes« festzuhalten.

Auch in der Gründerzeit der großen europäischen Nationalstaaten galt die Sprache keineswegs als Merkmal der Zugehörigkeit zu einem Staatswesen. Um ihr identitätsstiftende Kraft zu verleihen, wurde sie von den Nationalisten wie ein geheimnisvolles »archaisches Fundament einer Nationalkultur« behandelt, das schon immer der »Nährboden nationalen Fühlens und Denkens«[9] gewesen sei. Wie unbedeutend die »Nationalsprache« in der vorbürgerlichen Zeit war, wird schon daraus ersichtlich, daß nur 2,5 Prozent der Menschen, die zu Italiener/inne/n gemacht werden sollten, zum Zeitpunkt der italienischen Nationalstaatswerdung »italienisch« als Alltagssprache benutzten und daß nur 12 Prozent der Bewohner/innen Frankreichs 1789 das offizielle »Französisch« beherrschten, während 50 Prozent der in Paris gesprochene Wortschatz völlig fremd war. Vor dem 19. Jahrhundert spielte die Sprache als Argument zur Begründung territorialer Ansprüche keine Rolle, zumal die Herrschaft häufig genug auch keines der regionalen Idiome ihres Machtgebietes sprach. Die Habsburger sprachen untereinander bis ins 19. Jahrhundert Latein, und am »russischen« Hofe der Romanows unterhielt man sich französisch oder deutsch.

Das nationalistische Ideologem, demzufolge die Sprache das Erbe der Nation verkörpere, der Volksseele Ausdruck verleihe, ja das Volk geradezu konstituiere (Herder: »Denn jedes Volk ist Volk; es hat seine National-Bildung wie seine Sprache«), ist zwar keine deutsche Spezialität, war aber unter deutschen Intellektuellen deshalb besonders ausgeprägt, weil damit der Sehnsucht nach dem schmerzhaft vermißten Nationalstaat zusätzlich Stoff gegeben werden konnte und – nicht zuletzt – weil die weit über Europa verstreut lebenden, eine deutsche Mundart sprechenden Gemeinden bzw. des Hochdeutschen mächtigen Eliten allerlei macht- und geopolitischen Träumen Nahrung gaben. Ein auf die Sprache gestützter territorialer Anspruch ließ sich jedenfalls plausibel machen und spielte praktisch auch rasch eine Rolle, um Dänemarks Grenze nach Norden und Frankreichs nach Westen zu verschieben. Wie sehr die Sprache nur ein politisches Mittel war, zeigte sich um die Jahrhundertwende in Deutschland. Als die völkischen Reinheitsfetischisten nach Gründen suchten, warum Juden und Jüdinnen keine Deutschen sein konnten, stießen sie auf das Phänomen, daß die Sprache einer rassistischen Begründung der Schicksalsgemeinschaft im Wege war. Auch der »Volksfremde« konnte ausgezeichnet deutsch sprechen, ja sich sogar mit der deutschen Sprache zu literarischen Höhen hinaufschwingen. Da Blut und Sprache offensichtlich nicht voneinander abhingen, wurde der Wahn weitergetrieben: Man war stolz auf Goethe, aber die deutschen Literaten Heine und Börne wurden als nichtdeutsche, französische Juden verfemt. Demgegenüber hatte zum Beispiel die Französische Revolution keine sprachliche Definition gekannt, die festlegte, wer als Franzose oder Französin zu gelten hatte. Sowohl die Juden und Jüdinnen, die ein mittelalterliches Spanisch benutzten, als auch jene, die Jiddisch sprachen, waren mit gleicher Selbstverständlichkeit Franzosen und Französinnen wie etwa die Breton/inn/en oder die im Süden des Landes Lebenden. Das Erlernen des Französischen als Zweitsprache war zwar (schulische) Pflicht, seine Verwendung im Alltag war aber staatlich nicht vorgeschrieben. Wenn sich die Jakobiner die Verbreitung der Nationalsprache als politische Aufgabe stellten, dann als Instrument der Gleichheit, deswegen also, weil niemand von höheren Ämtern wegen mangelnder Kenntnis der Regierungssprache ausgeschlossen werden sollte.

Dort, wo im 18. und 19. Jahrhundert Sprachen etabliert, d. h. zu Schriftsprachen standardisiert wurden, verfuhren die Spracharchitekten bei der Auswahl des zugrundegelegten Idioms durchaus willkürlich nach taktischen und politischen Kriterien und hatten deshalb mal »Glück« und mal »Pech« mit dem Versuch, ihr Kunstprodukt durchzusetzen. Für den vorbürgerlichen Staat und sein Funktionieren war es ausreichend, daß eine Elite die Amts- oder Staatssprache zum Zwecke ihres Verwaltungshandelns beherrschte, an die unteren Klassen bestand vor der Einführung der Schulpflicht als Folge der neuen technisch-ökonomischen Anforderungen kein Anspruch, diese Amtssprache zu erlernen. Mit der Ausdehnung der kapitalistischen Produktion und ihrer Märkte, mit der Integration immer größerer Bevölkerungsschichten in diesen dynamischen Prozeß gewannen aber die »Landessprachen« der herrschenden Klassen die Oberhand in den neuen Nationalstaaten. Im Laufe der Zeit verdrängte das Französische das Bretonische, und das Englische setzte sich gegen das Gälische durch etc., aber dieser Prozeß nahm – vorausgesetzt er wurde durch sezessionistische Bestrebungen nicht behindert – in den kapitalistischen Staaten stets einen Lauf, der nicht nur von Staats wegen gefördert, sondern auch von der nun häufig zweisprachigen Jugend als Chance begriffen wurde, ihre Stellung in der aufbrechenden Gesellschaft zu verbessern. Deshalb stellte häufig auch dort, wo die Zugehörigkeit zur Nation nicht an eine exklusive Sprache geknüpft wurde, die Nationalsprache ein bewußtes politisches Mittel zur Produktion von Über- und Unterprivilegierung dar.

So wichtig die Sprache für die Begründung einer imaginären nationalen Schicksalsgemeinschaft ist, so bleibt sie doch ein jederzeit einsetzbares politisches Mittel. Sezessionsbereiten Minderheiten wird ihre Sprache verboten, weil die Herrschenden in ihr ein den Staatsverband auflösendes Medium sehen. Ist sich ein Staat seiner Untertanen sicher, werden Regionalsprachen hingegen zwecks Traditionspflege zur Zufriedenheit der Landsmannschaften gefördert. Besonders Deutschland benutzt die Sprache, um weltumspannend deutsche Zusammengehörigkeiten zu begründen. Deutschkurse für russischsprachige »Blutsverwandte« schaffen ein zusätzliches Moment von Identität, mit dem Politik gemacht werden kann. Die Sprache kann sogar für den ökonomischen Konkurrenzkampf instrumentalisiert werden, wie sich in Frankreich zeigt, wo ein Gesetz zur Reinhaltung der französischen Sprache erlassen wurde, um ein weiteres Vordringen der US-amerikanischen Vergnügungsindustrien zu verhindern.

Das Versprechen der Ewigkeit

Am Nationalismus gibt's nichts zu verteidigen. Wie in der Produktion zählt der einzelne auch vor den Anforderungen der Nation nichts, die an die Stelle der Achtung vor seiner Individualität die Unbedingtheit des Ganzen setzt und eine Gemeinschaft imaginiert, die keine Klassenunterschiede mehr, sondern nur noch die Bereitschaft kennt, sich widerstandslos ausbeuten zu lassen. Menschen in vergleichbarer sozialer Lage werden als Feinde behandelt, nur weil sie in anderen Ländern leben, und wer nicht einheimisch ist, wird abgewiesen und gehaßt. Immer wieder mündet schließlich die nationalistische Zurichtung der Menschen im Opfertod fürs Vaterland durch Krieg. Auf diesen Zusammenhang weisen selbst seine Fürsprecher mitunter hin, wie etwa die Demoskopin Elisabeth Noelle-Neumann, die in den 80er Jahren den Nationalstolz untersuchte und bei den Deutschen einen diesbezüglichen Mangel entdeckt zu haben glaubte. Die Deutschen trauten sich möglicherweise nicht mehr, offen stolz auf ihre Nationalität zu sein, schrieb sie, weil ihnen oft – zu oft nach dem Zweiten Weltkrieg – Trauerarbeit zu leisten aufgegeben worden sei, die den Nationalstolz habe fragwürdig werden lassen. Kohls Beraterin folgerte: »Die Schwächung der nationalen Idee schwächt ein Land nach innen wie nach außen ... Das Vertrauen in nahezu alle Institutionen des Staates ist beeinträchtigt, wenn Stolz auf die eigene Nationalität fehlt ... Der enge Zusammenhang zwischen nationalem Stolz und Verteidigungsbereitschaft, Vertrauen in die Institutionen, der generellen Bereitschaft zur Einordnung in personenübergreifende Zusammenhänge legt für einen Staat geradezu zwingend die Förderung der nationalen Idee nahe.«[10] Frau Noelle-Neumann möchte über den Nationalstolz die Selbstaufgabe des Individuums befördern. Es soll sich einordnen und kriegsbereit sein.

Aber warum lassen sich die Menschen so leicht täuschen? Was macht selbst ihren Untergang für sie noch so attraktiv? Das Angebot der nationalen Gemeinschaft wirkt wie die Religion. Der Mensch hat Angst vor dem Tod, um so mehr, als er bereits im Leben nichts zählt. Für jeden schleunigst verscharrten Toten steht schon ein Ersatzautomat parat. Unter kapitalistischen Verhältnissen, in denen der technische und verwaltende Apparat das Zentrum und der Mensch ein jederzeit auswechselbarer Teil geworden ist, spüren die Individuen ihre gesellschaftliche Irrelevanz. Wenn sie aufgrund eines Versagens oder einer Krankheit ersetzt werden, als wären sie nie dagewesen, wenn sie arbeitslos werden oder ein für die Produktion nicht mehr taugliches Alter erreicht haben, mag es ihnen mitunter scheinen, daß ihr Tod der Gesellschaft nützlicher wäre als ihr Weiterleben. Sie ahnen, daß bei ihrer Beerdigung lediglich ein Stück Irrelevanz verscharrt werden wird. Mit der Furcht aber, als Nichts beerdigt zu werden, wächst zum einen der Wunsch, es möge das Leben doch irgendwie nicht umsonst gewesen sein, und zum anderen der auf dieser Furcht aufbauende Erfolg der Religionen, die mit dem Versprechen eines ewigen Lebens Anhänger gewinnen.

Was die Religionen mit ihrem Versprechen der Reinkarnation oder Wiederauferstehung bewirken, versucht die Nation mit ihrem Getrommel für die Zugehörigkeit zu einer historisch überdauernden Gemeinschaft zu erreichen: »Deutschland muß leben und wenn wir sterben müssen«. Wie diese Vorstellung das Denken beherrschen kann, hat der Frontsoldat Alfred Dregger in seiner Rede vor dem Verband deutscher Soldaten in Heilbronn am 25. März 1995 erläutert: »Wir haben für Deutschland gekämpft, das in eine schier ausweglose Lage geraten war. Wahr ist, daß ... Roosevelt und Churchill in Casablanca mit ihrer Forderung nach bedingungsloser Unterwerfung ... das deutsche Volk untrennbar mit Hitlers Schicksal verkettet haben. Wir deutschen Frontsoldaten standen aufgrund der Casablanca-Politik der USA und Großbritanniens vor folgendem Dilemma: – entweder mit Deutschland auch Hitler zu verteidigen – oder uns zu unterwerfen und mit Hitler auch Deutschland preiszugeben. Deutschland preisgeben wollten die meisten von uns nicht.«[11] Es ist an dieser Stelle nicht weiter von Belang, daß Dregger sich wie jeder ordentliche Deutsche als Opfer fremder Machenschaften verkaufte. Unberücksichtigt bleibe hier auch die Suggestion einer Distanz zu Hitler, die glatt gelogen ist. Wichtig ist vielmehr Dreggers Insistieren darauf, daß er und seinesgleichen gewußt hätten, daß ihre Lage schier ausweglos war. Wer sich aber in solch einer Situation nicht retten, sondern lieber untergehen will für »Deutschland«, das er anderenfalls preiszugeben geglaubt hätte, hat seine Person an die ihm übergeordnete Nation abgetreten, die er als quasi-religiösen Zusammenhang begreift. Weil das aber Absicht dieser Phantasmagorie ist, darf ein Deserteur der Nazi-Wehrmacht auch in der Bundesrepublik nicht rehabilitiert und sein Henker nicht bestraft werden. Schon auf seinem Weg in den Krieg wird dem Soldaten, genauso wie nach seinem Tod der Familie, beigebracht, sein Opfer sei nicht umsonst. Die Kriegerdenkmäler, die noch im letzten Kaff die Namen der »Gefallenen« auflisten, sollen ausdrücken: Wer sich für die Nation geopfert hat, erwirbt ein Anrecht auf die Ewigkeit.

Damit sich die behauptete Zugehörigkeit zu einer Schicksalsgemeinschaft in den Köpfen der Menschen festsetzen kann, muß ihnen diese Zugehörigkeit alt erscheinen. Daß alles von altersher so sei, festigt die Gemeinschaftsbande. Die Steigerung von »alt« ist »ewig«, womit das Alltagsbewußtsein »natürlich« assoziiert, was wiederum soviel wie unumstößlich bedeutet. Deshalb wachen die Hüter des Nationalismus auch heute noch, wo er sich weltweit hat durchsetzen können, über die Fortwirkung zweier Lügen: 1. Die Nation sei nicht erst durch den Kapitalismus entstanden, sondern eine uralte Form der Ordnung menschlicher Gemeinschaften. 2. Gleichgültig, wie fürchterlich die eigenen Vorfahren in der Vergangenheit gewütet haben, ist diese eine ruhmreiche gewesen. Beides vermittelt den Landsleuten, sie stünden in einem zeitübergreifenden Kontext des Guten, von dem sich der Rest der Welt eine Scheibe abschneiden könne.

Da »keine Nation ohne Fälschung der Geschichte«[12] auskommt, sind die Nationalisten in der Regel einander gefällig und bescheinigen sich wechselseitig die Wahrheit ihren Mythen. »Ganze tausend Jahre« hätten die »Brudervölker« der Franzosen und Deutschen gebraucht, »um sich anzuerkennen, um sich so zu sehen, wie sie sind, um sich anzunehmen, um sich zu vereinen, um an die eigenen Quellen zurückgehen zu können«, formulierte François Mitterrand am 8. Mai 1995 in Berlin – und Helmut Kohl lächelte gütig, zumal der Repräsentant des ehemaligen Erbfeindes auch gekommen war, um »Schuld gegenüber Deutschland abzutragen« (»FAZ«, 10.5.1995). »Tausend Jahre«, das war ein Angebot recht nah am Wissen deutscher Schulbücher, die stets das Jahr 919 zum Anlaß nehmen, um den lieben Kleinen weiszumachen, daß Heinrich und Otto ihr Römisches Reich gründeten, nur damit es »kurze Zeit« später, also schon 1512, den Zusatz »Deutscher Nation« erhalte konnte, was zwar nichts daran änderte, daß dieses Territorium von einem bunten Völkergemisch bewohnt wurde, dem die Vorstellung, ein Volk bilden und einer Nation angehören zu sollen, vollkommen fremd war. Immerhin aber war der Begriff »deutsch« gefallen, Deutschland also konstruierbar geworden. Noch einfacher aber – und dabei geschichtlich noch raumgreifender – ist es, »Germane« mit »Deutscher« zu übersetzen, um die Volksgenossen vom Cherusker Hermann abstammen zu lassen.

Die Fälscher der deutschen Geschichte stehen mit solchen Manövern nicht allein. Wie in Deutschland die Goldene Bulle von 1356 oft genug für die Behauptung herhalten muß, damals hätten sich »die Deutschen« erstmals »ein Grundgesetz« gegeben, obwohl Karl IV. kein Deutsch sprach und lediglich mit seinen adligen Verhandlungspartnern die Kompetenzen fürs Drangsalieren der Untertanen vertraglich regeln wollte, so haben auch die Engländer ihr Datum (nämlich 1215) und ihr Konstrukt: »Die Barone, die Johann Plantagenet die Magna Charta abgetrotzt hatten, sprachen weder ›englisch‹ noch verstanden sie sich als ›Engländer‹, doch wurden sie 700 Jahre später in den Klassenzimmern des Vereinigten Königreichs überzeugt als frühe Patrioten ausgegeben.«[13] Bisweilen nahmen sich sogar Staatsführer und Regierungen der Frage an, wann ihre Nation höchstoffiziell ihre Geburtsstunde gehabt hatte. Im Jahre 1891 erklärte der Schweizer Staat, er sei soeben 600 Jahre alt geworden, denn das »Gründungsjahr« der Schweiz sei 1291. Ohne sich sonderlich den Kopf darüber zu zerbrechen, warum ein solcher Beschluß 600 Jahre auf sich hatte warten lassen, waren die Patrioten sicherlich froh darüber, einer schrecklichen Ungewißheit ledig geworden und nicht länger mehr wurzellos zu sein.

Die Beispiele ließen sich fortsetzen, manche Groteske wäre zu berichten, manch skrupellose Fälschung der historischen Wahrheit aufzudecken, aber es ist nicht eigentlich die in konkreten und damit überprüfbaren historischen Ereignissen liegende Präzision, die nationale Identität zu stiften vermag bzw. die Suche nach dieser Schimäre befördert. Die Ideologie des Nationalen benötigt vielmehr ein gewisses Maß an Unbestimmtheit, um ihren Adressaten den Eindruck zu vermitteln, sie selbst seien gereift und keineswegs durch eine äußere Macht absichtsvoll erzogen worden. Diese eigentümliche Mischung aus quasi natürlicher Entwicklung und Unergründlichkeit hat der österreichische Sozialdemokrat Karl Renner Anfang unseres Jahrhunderts meisterlich auf den Begriff gebracht: »Auf bestimmter Höhe der europäischen Entwicklung treten die Sprach- und Kulturgemeinschaften der Völker nach jahrhundertelangem stillen Heranreifen aus der Welt passiver Volksheit heraus ... verlangen nach Verfügung über den Staat und erstreben ihre politische Selbstbestimmung.«[14]

Wie das Insekt zum Licht strebt, die Raupe zum Schmetterling wird oder in den Konsument/inn/en das Bedürfnis nach einer neuen Generation von Videorecordern still heranreift, so reifen in diesem Natürlichkeit suggerierenden Bild die Sprach- und Kulturgemeinschaften der homogenen Völker, ohne daß ein entsprechendes Bedürfnis in der Phase ihrer passiven Volksheit je hätte artikuliert werden müssen, zu einem Staat, der nach einer ethnischen Basis verlangt. Die großen Anstrengungen, das Künstliche, Voluntaristische des Konstituierungsprozesses der Nation werden zu einem bloßen Erwachen umgedichtet. Dabei hat doch mancher Konstrukteur nationaler Identität selbst bekannt, wie gigantisch der Aufwand sein würde, um den Untertanen das gewünschte Gefühl beizubiegen. Der als Befreier Polens geltende Marschall Pilsudski etwa, der mit seinem Diktum »Der Staat macht die Nation, nicht die Nation den Staat« die gleiche Aufgabe formulierte, die vor ihm der erste Parlamentspräsident des gerade vereinigten Italien den Abgeordneten ins Stammbuch geschrieben hatte: »Wir haben Italien geschaffen, jetzt müssen wir Italiener schaffen.«

Der Nationalist lebt in einer Scheinwelt, die ihn zum willfährigen Objekt der Fremdbestimmung macht. So hoch der Preis ist, den die Nation fordert, so tief empfinden die Nationalbewußten die Schmach einer Niederlage. Nach der Niederlage im Ersten Weltkrieg machte man sich in Deutschland auf die Suche nach Verrätern in den eigenen Reihen (Dolchstoßlegende). Der Werber eines Freikorps schrieb 1920 an seinen Hauptmann, er nehme überall den Ruf wahr »nach Befreiung von dem jetzigen (sozialdemokratischen, d. V.) Saustall, besonders vom Judenjoche, das auf dem Volk lastet ... Der Ruf ›Nieder mit den Juden!‹, ›Nieder mit den Verrätern unseres Volkes!‹ ertönt von jeder Bierbank.«[15] Die gründliche Pflege der nationalistischen Gefühlswelt in der Weimarer Republik beruhte einerseits darauf, daß die Propaganda gegen die »Versailler Schandverträge« und das angebliche Versagen der »undeutschen Regierung« mit dem Ressentiment der Besiegten rechnen konnte. Zum anderen diente die Beschwörung der völkischen Einheit natürlich der Abwehr revolutionärer Tendenzen.

Es steht außer Frage, daß der Glaube an die Nation der Ausdruck einer völligen Selbstpreisgabe des Menschen ist: Er legt sein Schicksal in die Hände des nationalen Kollektivs, von dem allein er noch einen Wert bezieht. Je rückstandsloser das nationale Wir-Gefühl die eigene Persönlichkeit ersetzt, desto stärker muß die Liebe zum Vaterland werden, die über diesen Umweg zur Selbstliebe wird. So kommt es dahin, daß der international kalkulierende Geschäftsmann den Wert des Nationalstaates kühl berechnet, während der gescheiterte Mensch mit wehenden Emotionen seinen Wert für die Nation einklagt. Soweit es »sicher« ist, daß

Menschen »infolge ihres Bedürfnisses sich anzupassen, sich anzuschließen, an irgend etwas zu glauben, und durch Mittel wie Nachahmung und Einfügung mehr oder weniger unbesehen die für eine Gruppe charakteristischen Meinungen, Attitüden und Wertvorstellungen übernehmen, deren Mitglieder sie sind«[16], gelingt es dem Phantasma des Nationalen offenbar, sich über tatsächliche Gruppen- und Klassenzugehörigkeiten zu erheben und diese als untergeordnet einzustufen, obwohl es materiell nichts anzubieten hat. Seine höchste Ausformung erfährt es im Faschismus: »Da er durch seine bloße Natur Wenige auf Kosten der Mehrheit begünstigt, kann er nicht gut verkünden, die Situation der Mehrheit ihren wirklichen Interessen entsprechend verbessern zu wollen. Er muß deshalb in erster Linie an emotionale Bedürfnisse – oft die primitivsten und irrationalsten Wünsche und Ängste – appellieren und nicht an das rationale Selbstinteresse.«[17] Verspräche der Nationalismus seinen Anhängern irgendeinen wirtschaftlichen Nutzen, enthielte er einen rationalen Kern. Die Anlehnung ans nationale Kapital während normaler Konkurrenzphasen mag subjektiv immerhin diesem Kalkül folgen. Aber mit »Hurra!« in den Tod zu marschieren, läßt sich mit der Spekulation auf materielle Vorteile so ohne weiteres nicht mehr begründen.

Die männliche Nation

Die Kulmination der nationalistischen Emphase im Krieg verweist auf die Tatsache, daß Nation und Nationalismus männlich konnotiert sind, also besondere Verlockungen für Männer darstellen, etwas zu gelten. Das zeigt schon die kraftstrotzende Symbolik der Nation, deren patriarchalischer Gehalt im Begriff »Vaterland« zum Ausdruck kommt und deren repräsentierende Posten mit Männern besetzt wurden, die die Bereitschaft zum Krieg als Fortsetzung ihrer Politik verkörperten. Rigider noch als bei den Nachbarn, wo schon mal ein Mutter-Maria-Surrogat den Männern nachhalf, war die deutsche Nationalbewegung von Anfang an eine frauenlose Männergesellschaft. Auf dem Gründungsfest dieser Nationalbewegung, 1832 auf dem Hambacher Schloß, nahm ein gewisser Strohmeyer den Versammelten diesen Eid ab: »Wer nicht mit ganzer Seele und aus allen Kräften die Freiheit und Wiedergeburt des Vaterlandes verlanget, der möge aus diesem Kreis entschlossener Vaterlandsfreunde entweichen; wer aber bereit ist, das Vaterland und seine kräftigsten, wärmsten Freunde mit Gut und Blut zu beschirmen, der erhebe mit mir seine Arme und schwöre, daß er mit Gut und Blut schirmen wolle das Vaterland und dessen Freunde vor jeder Gewalt von innen und außen.« Ein Dr. Hepp aus Neustadt rief: »Auf, darum, ihr deutschen Männer und Brüder, vereinigt euch alle, die ihr wahre Freunde des Vaterlandes seid«, und ein Delegierter namens Hallauer verkündete: »Damit aber jene schöneren Tage der Manneskraft im Inneren und nach außen ... in unserem Vaterlande heimisch werden, müssen wir uns fest verbinden.« Daraufhin schwärmte ein gewisser Becker: »Und ein Deutschland groß und freier blüht, wenn die Männer kräftig sich verbinden.«[18]

An der Wiege der deutschen Nation stehen also Manneskraft, Männerbund, Vaterland und Blut. Die Frauen aber waren schon aus ökonomischen Gründen nicht besonders angetan vom Marsch ihrer Männer in den Tod und warteten im Normalfall darauf, daß der Ernährer einigermaßen gesund vom Feld der Ehre heimkehrte. Während der Mann seinen Sohn in den Krieg hetzte, war es eher den Frauen zuzutrauen, daß sie den Einberufungsbefehl versteckten. Ernst Jüngers Kriegsbericht »In Stahlgewittern«[19] ist ein Beispiel für die kriegerische Selbstrepräsentation des Mannes, und der Erfolg seiner Bücher, der gegenwärtig einen neuen Höhepunkt erreicht, bestätigt den unerschütterten Patriarchalismus der Nation. Als Jünger mit seinen Kameraden einige verwundete und sterbende Inder gefangengenommen hatte, notierte er: »Unser Aufzug, bei dem sich das Winseln der Gefangenen mit unserem Jubeln und Lachen vermischte, hatte etwas Urkriegerisches und Barbarisches.« Jünger fragte sich: »Ob aber auch die Kraft in uns steckte, die feindlichen Reserven zu zersplittern und vernichtend auseinanderzureißen?« und war überzeugt: »Wer solche Augenblicke erlebte, der weiß, daß die Geschichte der Völker mit dem Geschick der Schlachten steigt und fällt.« Welche Frau hätte je in einem Bestseller formuliert: »In einer Mischung von Gefühlen, hervorgerufen durch Blutdurst, Wut und Trunkenheit, gingen wir ... unaufhaltbar auf die feindlichen Linien los ... Die rechte Hand umklammerte den Pistolenschaft, die linke den Reitstock aus Bambusrohr. Ich kochte vor einem rasenden Grimm, der mich und uns alle auf eine unbegreifliche Weise befallen hatte. Der übermächtige Wunsch zu töten, beflügelte meine Schritte. Die Wut entpreßte mir bittere Tränen.«? Selbst wenn nichts dergleichen sich so ereignet hätte und die Wirklichkeit nur das trostlose Menschenmorden gewesen wäre, das sie in Wahrheit war, spräche diese Heldenspielerei der mannhaften Nation das Urteil. Jüngers Schilderungen zeigen beispielhaft, daß mit den Nationalstaaten der Krieg »als das Los der Völker und besonders der Soldaten ... als etwas Sein- Sollendes und Wünschenswertes, als Ideal der männlichen Haltung« installiert wurde, »so daß seine Gewalttat und Brutalität als etwas Großes und Sinnvolles erschien«.[20]

Alle Nationalstaaten verfolgen mehr oder weniger strikt die Gewalt der Individuen in der Gesellschaft, trainieren aber gleichzeitig die umfassendere der Nation zur kriegerischen Durchsetzung ökonomischer und politischer Interessen. »Im innerstaatlichen Verkehr wird die Gewalttätigkeit von Menschen gegen Menschen tabuiert und, wenn möglich, bestraft; im zwischenstaatlichen Verkehr gilt ein anderer Kanon. Jeder größere Staat bereitet sich kontinuierlich auf Gewalttätigkeiten mit anderen Staaten vor; und wenn es zu solchen Gewalttätigkeiten kommt, werden die, die sie begehen, außerordentlich hoch geschätzt; sie werden in vielen Fällen gelobt und belohnt.«[21] Nur wenige Männer lehnen Orden ab, die ihnen der Staat für die Tötung anderer verleiht. So ist die Nation ein reines Macht- und Gewaltverhältnis nach innen und außen, in dem Frauen entweder keinen Platz haben oder zum Objekt der Männer herabgestuft sind: Sie haben Soldaten zu gebären, Soldaten zu pflegen und werden von Soldaten vergewaltigt, denen für den Kriegsfall allerlei Abenteuer und Vergnügungen versprochen wurden.

Die Sehnsucht nach dem Verlorenen

Die Dynamik des Kapitalismus wirft heute über den Haufen, was gestern noch galt. Er expandiert durch Kriege, ersetzt in schneller Folge Techniken und Waren durch immer neue. Er betoniert die Erde zu oder gräbt in ihr herum, wo er etwas Verwertbares vermutet. Er treibt Leute in die Produktion und sortiert sie wieder aus. Fachausbildungen sind mit ihrem Abschluß bereits wieder veraltet. Die Kulturindustrie übt alle fünf Jahre mit den Kunden neue Musikrichtungen ein, »indem sie sich benimmt, als wäre sie selber ein Kunde«.[22] Wer mithalten will, muß sich an einem Wettrennen in Permanenz beteiligen und sich dem täglichen Kampf »jeder gegen jeden« stellen. Weil aber das Individuum sich in rascher Folge immer wieder veränderten Anforderungen unterwerfen muß, ist seine Suche nach Dauer und Identität so begreiflich wie absurd – und ein einträgliches Geschäft für alle professionellen Förderer dieses Unterfangens. Tatsächlich ist sein Ergebnis auch stets nur die »Identitätskrise« (G. Jacob), aber die Radikalität der Entwurzelung fördert den Wunsch nach Entdeckung und Festschreibung des »eigentlichen Ich«, was in den Verhältnissen der kapitalistischen Gesellschaften ein Traum bleiben muß. Als adäquate Substitute bieten sich Heimat- und Nationalgefühl an, die Nähe, Zusammengehörigkeit und Wärme versprechen, ohne dieses Versprechen je einlösen zu können, was ihre Attraktivität nicht beeinträchtigt, solange die Gesellschaft diesen Wunsch produziert. Kenntlich wird das Trugbild im gemeinschaftlichen Hochgefühl bei der

Vertreibung anderer Menschen und in der Kameraderie des Krieges, wo besonderer Wert auf eine Verhaltensregel gelegt wird, auf die Menschen im zivilen Alltag vergebens hoffen: Verletzte werden nicht zurückgelassen. Von dieser Solidarität sprechen die Veteranen gern bis ans Ende ihrer Tage.

Auf die Spur der verzerrten Sehnsüchte führt uns der Dichter Friedrich Hebbel, der über seine Kindheit schrieb: »Der Hauptreiz der Kindheit beruht darauf, daß alles, bis zu den Haustieren herab, freundlich und wohlwollend gegen sie ist, denn daraus entspringt ein Gefühl der Sicherheit, das bei dem ersten Schritt in die feindselige Welt hinaus entweicht und nie zurückkehrt. Besonders in unteren Ständen ist dies der Fall. Das Kind spielt nicht vor der Tür, ohne daß die benachbarte Dienstmagd, die zum Einkaufen oder Wasserschöpfen über die Straße geschickt wird, ihm eine Blume schenkt; die Obsthändlerin wirft ihm aus ihrem Korb eine Kirsche oder eine Birne zu, ein wohlhabender Bürger wohl gar eine kleine Münze, für die es sich eine Semmel kaufen kann; der Fuhrmann knallt vorüberkommend mit seiner Peitsche, der Musikant entlockt seinem Instrument im Gehen einige Töne, und wer nichts von allem tut, der fragt es wenigstens nach seinem Namen und Alter oder lächelt es an. ... Der Nachbar Ohl war ein Mann, den ich nie verdrießlich gesehen habe, so oft er auch Ursache hatte, es zu sein. Mit leerem Magen, ja, was bei ihm mehr sagen wollte, mit leerer Pfeife, tanzte, sang und pfiff er uns etwas vor. ... Eine Hauptfreude war es für uns, wenn er ein Stück Kreide in die Hand nahm, sich mit uns an seinen runden Tisch setzte und zu zeichnen anfing, Mühlen, Häuser, Tiere, und was es weiter gab. ... Wenn Onkel Hans oder Johann kamen, war es für uns ein Fest, denn sie ließen ein neues Stück Welt in unser Nest fallen, sie erzählten uns von Wäldern und ihren Abenteuern darin, von Räubern und Mördern.« Doch schon in der Schule, in der die »Klapse ... regelmäßiger als die Rosinen« fielen und die Lehrerin die Kinder ungerecht behandelte »in treuester Verfolgung der Evangeliumsworte: Wer da hat, dem wird gegeben! ... hatte ich den Zauberkreis der Kindheit überschritten. Es geschah sehr früh. ... Schon in der Kleinkinderschule finden sich alle Elemente beisammen, die der reifere Mensch in potenzierterem Maße später in der Welt antrifft. Die Brutalität, die Hinterlist, die gemeine Klugheit, die Heuchelei ... Jetzt ward ich ins tätige Leben hineingetrieben; es galt sich seiner Haut zu wehren ... Das damalige Proletariat. Kein Gedanke, daß die Gleichheit herbeigeführt werden könne, kein Neid, nur Staunen, kein Haß. Nur, wenn Unmenschlichkeit sich bei den Reichen zeigte, bleibende Erinnerung daran. So an jenen unvordenklichen Konferenzrat, der den Armen geraten hatte, ›Bork‹ von den Bäumen zu fressen; der die Milch in die Rinnsteine goß; der die Kirche zum Pferdestall kaufen wollte. Nicht bloß der schlafende, auch der essende Mensch war mir von jeher heilig.«[23]

Abgesehen von der offenen Frage, welche Bedürfnisse Kleinkindern schon lange vor Beginn der Schulzeit abdressiert werden, erzählt Hebbel eindrucksvoll, wie sich die Welt seiner frühesten Kindheit, die ihm durch und durch freundlich erschien und in der ihm alle Existenzsorgen durch die Eltern abgenommen waren, in eine feindliche verwandelt, in der die Rücksichtslosigkeit des Existenzkampfes das Dasein prägt. Soweit im Heimatgefühl eine Sehnsucht nach der behüteten Kindheit sich ausdrückt, muß diese Sehnsucht unbefriedigt bleiben. Der Wunsch aber, sich das verschwundene Glück zurückzuholen, kann sich revolutionär äußern oder als Verlangen nach einem Trugbild. Je feindlicher die Welt ist, desto aggressiver äußert sich dieses Verlangen nach einem Substitut, vor allem wenn eine revolutionäre Veränderung der Lebensbedingungen versperrt zu sein scheint. Nicht selten begegnet man dem Phänomen, daß Menschen sich »ihr« Dorf, »ihre« Stadt, »ihren« Stadtteil, »ihre« Heimat oder Nation zurechtschwärmen und ihren Träumen einpassen. Es gibt dafür verschiedenste Vehikel. Eines davon ist der Fußballclub, der die Identifikation im Kleinen ähnlich herstellt wie die Nation im Großen. Das Gefühl der Zusammengehörigkeit erstickt auch lokal die Wahrnehmung der Differenzen. Stolz wird beispielsweise darauf verwiesen, daß sich im Millerntor-Stadion auf St. Pauli alles trifft, was zum Stadtteil gehört, reicher Boß und armer Schlucker, Mädchenhändler und Bewohner/in der Hafenstraße, erfolgreiche Theatermacher/innen und abgestürzte Säufer/innen, Intellektuelle und Blödköppe. Dadurch, daß alle für ein gemeinsames Idol schwärmen und die Gegner zusätzlich für den eigenen Zusammenhalt sorgen, werden selbst die Versklavung von Frauen und die alltägliche Barbarei im Viertel romantisch verklärt. Vor der Haustür wird auf diese Weise eingeübt, daß (lokal-)patriotische Bekenntnisse mehr zählen als Menschen und daß Abweichler Verrat am Kollektiv üben.

Wie der Kollektivzwang im Kleinen praktisch funktioniert, soll anhand eines Vorfalls beim FC St. Pauli beschrieben werden. Zunächst hatte sich das gesamte Klima um den Verein herum wohltuend vom Rest des bezahlten Fußballs abgehoben. Zu den angenehmen Erscheinungen gehörten Fans, die Nazi-Embleme und rassistische Anwandlungen unterdrückten und den Verein dazu brachten, dabei mitzuziehen, ein Team, das antirassistische Aufrufe unterschrieb und dem es zuzutrauen war, einen rassistischen Sprücheklopfer nicht als Vorbild herauszustellen, Sympathieträger wie der »autonome« Torwart Volker Ippig oder der schwarze Brasilianer Leo Manzi, denen die Sympathie nicht ihrer Leistungen wegen zuflog, und eine Stimmung, in der viele Leute das gemeinsame Erlebnis wichtiger fanden als den puren Erfolg. Häufig gab es nach einer Niederlage stärkere und längere Ovationen. ›Eigene‹ Spieler wurden nicht wie Industrieroboter behandelt, denen ein Chip eingepflanzt worden ist, der sie auf Sieg programmiert. Manchmal flackerte sogar Spielkunst auf. Traumhaft, wie der tschechoslowakische Nationalspieler Jan Koczian im eigenen Strafraum zwei Gegenspieler umkurvte und dann erst den Ball verlor. Der FC St. Pauli war der Underdog der 1. Liga, stieg ab und behielt eine teure Mannschaft, die den sofortigen Wiederaufstieg schaffen sollte, aber verpaßte. Nun war man nicht mehr Underdog, sondern eine zum Siegen verpflichtete Mannschaft. Schleichend mutierte das Freudenhaus zu einer freudlosen Siegergemeinschaft. Niederlagen wurden als Schmach empfunden. Plötzlich traten »Ostfriesen« oder andere Provinzler gegen »unsere« Millionentruppe an. Gäste wurden zu »Arschlöchern«. Trainer flogen, wenn der Erfolg sich nicht einstellte. Verletzte Gegenspieler wurden mit Hohn überschüttet. Der Zwang zum Erfolg spiegelte sich im hündischen Bezug der Fans auf ihre reiche Obrigkeit wider. Der Präsident wurde »unser Papa«, der es schon richten wird. Dieter Schlindwein, genannt »Eisen-Dieter«, personalisierte den Weg in die Normalität. Auch das »autonome«, doch stramm vereinsnahe Fan-Magazin »Der Übersteiger« hielt fest: »Schlindwein steht ... in dem Ruf, ein totalitärer Kapitän zu sein.«

Über Nacht zog Normalität in den »antirassistischen« Verein. Der Mannschaftsführer Schlindwein hatte den Brasilianer Manzi als »schwarze Sau« beschimpft. Der Trainer demonstrierte spontan mit der Verhängung einer Geldstrafe von 250 Mark, daß er rassistische Beleidigungen eher lustig fand. Nachdem die »Hamburger Morgenpost« über den Fall berichtet hatte, erklärte der Trainer öffentlich: »Ich appelliere an unsere Anhänger, sich nicht um Sachen zu kümmern, die sie nicht einschätzen können«, und zeigte sich damit weniger kritikbereit als etwa von Berti Vogts zu erwarten gewesen wäre – der hätte sich zumindest sanft distanziert. Die Mannschaft schnitt fortan den »Mopo«-Journalisten und wählte demonstrativ Schlindwein zu ihrem »Mannschaftsführer«, laut »Übersteiger« mit überwältigender Mehrheit: »1 bis 3 Gegenstimmen«. Nach den Regeln des Deutschen Fußballbundes soll der Mannschaftsführer ein Vorbild sein.

An den Stammtischen der Fanlokale machte sich Verständnis für den Rassisten breit. »Du schwarze Sau« könne jedem mal rausrutschen, hieß es, oder »irgendwer will Schlindwein an den Kragen«. Andere schienen zu wissen, daß der das doch gar nicht so gemeint habe, die Sache werde unnötig hochgespielt, und manchmal fiel der Hinweis: »Ohne Eisen-

Dieter als Manndecker sehen wir alt aus.« Der Verein beschloß, zur Jagd auf den Informanten der Presse in den eigenen Reihen zu blasen. Das Fan-Magazin befragte Schlindwein dazu: »Was sagst du zu der Äußerung, daß derjenige, der die ganze Sache an die Presse weitergegeben hat, seinen Job loswird, wenn bekannt wird, wer er ist?« Schlindwein antwortete: »Naja, das ist 'ne vereinsinterne Sache, das hat das Präsidium so entschieden.« Nachdem der Täter mit seiner Wahl zum »Führer« als Vorbild geehrt worden war, sollte nun also der »Nestbeschmutzer« verfolgt und bestraft werden. Vorsorglich, weil noch immer nicht klar war, ob die da mitziehen würden, hatte sich die Mannschaft in einem offenen Brief an ihre Fans gewandt, in dem der Täter als eigentliches Opfer dargestellt wurde. Schlindwein habe »unter den Folgen seiner Äußerung genug gelitten«. Die Fans sollten ihre gegenüber »Ausländern vorbildlich vorgelebte Toleranz (jetzt) auf einen altgedienten Spieler, der jahrelang alles für den Verein gegeben hat«, übertragen, um »die angestrebten Ziele zu erreichen«. Ein solches Verhalten wäre »im Sinne ... der Allgemeinheit«. Die angestrebte Integration eines Rassisten ins Kollektiv bei gleichzeitiger Stigmatisierung des »Verräters«, der den Vorfall der Öffentlichkeit mitgeteilt hatte, war ein Signal zum Weitermachen im Schutz der Gemeinschaft, auch dann, wenn einzelne Unterzeichner des Briefes persönlich mit rassistischen Beschimpfungen nicht einverstanden gewesen sein mögen. Ihre Begründung aber war voll des deutschen Wesens: altgedient und alles gegeben (fürs Vaterland oder für den Verein). Das nächste Heimspiel des Clubs wurde dann zum Testfall für die Fans, die früher in manch effektvoller Demonstration den Verein kritisiert hatten. Proteste gegen Schlindwein waren nicht zu vernehmen. Im Gegenteil: Er schoß ein Tor, welches ausgiebig bejubelt wurde.

Stellvertretend für viele Fans zeigten abschließend die Autonomen vom »Übersteiger«, daß das Vaterland sie lieb haben konnte. Sie müßten über den Vorfall reden, »zumindest jetzt, wo die ganze Geschichte öffentlich gemacht wurde«. Leo Manzi sollte selbst als Kronzeuge gegen die als ärgerlich empfundene Veröffentlichung des Vorfalls dienen. »Wie empfindest du es, daß die ganze Geschichte von der Presse derart ausgeschlachtet wurde?« Manzi aber spielte nicht mit: »Das sollen die Leute auch erfahren.« Also schimpften die »Übersteiger« selbst gegen jenen »Hang zum Schmierenjournalismus«. Diese Beschimpfung, die eine Aufforderung an die Presse enthielt, über rassistische Vorfälle zu schweigen, wenn's um den Heimatverband geht, war die letzte Enthemmung eines patriotischen Linken.

Stellen wir uns ein deutsches Dorf vor, in dem ein Jude lebt, der von einem Einheimischen als Judensau beschimpft wird. Ein anderer Dorfbewohner, der aus Angst vor dem Haß der dörflichen Volksgemeinschaft ungenannt bleiben möchte, erzählt diesen Vorfall einem Journalisten, der darüber in seiner Zeitung berichtet. Daraufhin versammelt sich die Gemeindevertretung und wählt den Täter demonstrativ zu ihrem Ehrenbürger. Der Journalist wird geschnitten, und die Dorfältesten beschließen, den Informanten aufspüren zu lassen, weil man ihn aus dem Dorf jagen will. Im Dorfkrug grummeln sich die Bauern zu, daß jedem von ihnen die »Judensau« hätte rausrutschen können, weshalb es völlig unverständlich sei, daß darum solch ein Aufhebens gemacht werde. Die Gemeindevertretung ruft in einer Bekanntmachung alle Einwohner des Dorfes dazu auf, sich auf die Seite des neuen Ehrenbürgers zu stellen, weil der sich immer fürs Wohl des Dorfes eingesetzt habe. Gerade jetzt, heißt es, wo man sich für den Wettbewerb »Unser Dorf soll schöner werden« gemeldet habe, könne man keinen Nestbeschmutzer dulden. Das Beispiel zeigt: Rassismus und völkische Dumpfheiten kommen oft nicht als vorformulierte Feindbilder daher. Sie schleichen sich über den Gemeinschaftssinn in die Dörfer und Vereine und graben sich allmählich in den Köpfen fest. Auch in früheren Jahrzehnten mußte nicht jedes Mitglied einer Dorfgemeinschaft mit den antisemitischen Entgleisungen des Vereinskameraden einverstanden gewesen sein, nur war der eben sonst ganz in Ordnung und gehörte – seit man denken konnte – dazu, bis er dann eines Tages in brauner Uniform aufmarschierte und den anderen Befehle erteilte.

Es scheint wieder so weit zu sein, daß nur ein ausgeprägtes Selbstbewußtsein sich dem Zwang des Nationalgefühls noch zu entziehen vermag, der Unbotmäßigkeit mit Einsamkeit bedroht. Kaum ein Sportreporter oder Stadionbesucher ist auszumachen, der nicht die Überlegenheit der eigenen Nation beschwört und sich nicht mit Schmähungen über die Gegner/innen, die Mitglieder einer anderen Nation, äußert. Der Sport fungiert als vermeintlich unpolitische Form, Nationalismus zu erzeugen und zu reproduzieren. Zwischen den Kriegen liefert er eine Abfolge von Gladiatorenkämpfen, in denen Staaten aufeinandertreffen. Die Sportler/innen sind zentrale Symbolfiguren rivalisierender nationaler Gemeinschaften, die die Akteure nicht nach Symphatie oder Antipathie auswählen, sondern nach ihrem Nutzen für die Nation. Entsprechend strotzen Siegesfeiern vor nationaler Symbolik. Alles, was in Politik und Gesellschaft Rang und Namen hat, feiert da mit, es sei denn, der siegreiche Boxer stammt aus der Unterwelt.

Die rassistische Regression

Wie der Nationalismus basiert der Rassismus auf dem Ressentiment des Vorurteils. Beide dienen der Schaffung eines Überlegenheitsgefühls, das mal aus der fiktiven oder tatsächlichen »Größe« der eigenen Nation, mal aus der Zugehörigkeit zu einer stets fiktiven besonderen »Rasse« gewonnen wird. Beide tragen dazu bei, daß die von ihnen befallenen sich ihrer Obrigkeit unterwerfen und gleichzeitig Macht über diejenigen ausüben oder auszuüben glauben, die vorab als nicht zugehörig definiert worden sind. Wie der Nationalismus ist auch der Rassismus eine Ideologie, die das Bewußtsein, einer Klassengesellschaft anzugehören, und die Bereitschaft zum sozialen Konflikt außer Kraft setzt zugunsten der Anlehnung an ein imaginäres Kollektiv. Sie hängen wechselseitig voneinander ab. Die Nationalisten bedienen sich des rassistischen Ressentiments, um die Nation zu überhöhen, und die Rassisten bemühen sich, die Nation durch völkische Vorurteile zu strukturieren und im Innern zu festigen. Die deutsche Wiedervereinigung hat gezeigt, wie ein nationalistischer Schub den latenten Rassismus in direkte Gewalt gegen Fremde transformieren kann. Sie forcierte die Suche nach einer gemeinsamen deutschen Identität in Abgrenzung zu jenen, die diesem Kollektiv nicht angehören sollten. Immer drohender klagten die Deutschen ihre erbrechtliche Sonderstellung ein und praktizierten sie schließlich in der Verfolgung der als minderwertig Stigmatisierten. Der rassistische Wahn brach sich in Deutschland gewalttätig Bahn, weil der völkisch motivierte Ausgrenzungsschub der Wiedervereinigung mit einer längst schon bereiteten Gefühlslage zusammenwirkte, die die abendländische Zivilisation durch den »Ansturm« der Immigranten und Flüchtlinge bedroht sah.

Jahrelang war unterm Schlachtruf »Das Boot ist voll!« die Abwehr von Flüchtlingen und Einwander/innen/ern in den Rang einer nationalen Rettungstat gehoben worden. Menschen völlig unterschiedlicher Herkunft und Kultur wurden propagandistisch zu einer imaginären »Gegenrasse« zusammengefaßt, derer sich das Abendland insgesamt erwehren müsse. Die Verteidigung der Heimat gegen die vermeintlich anrückenden Armutsflüchtlinge wurde zur offiziellen Staatsdoktrin. Schon 1986 hatte die Bundesregierung in den »Informationen des Bundesministers des Innern« (9/1986) »ein klares Bekenntnis zum Recht auf die Heimat als Grundlage des Selbstbestimmungsrechts« abgelegt. Dieser Heimatrechtsanspruch enthält jene völkische Überhöhung der »deutschen Art«, die ohne kolonialistische Allüren und ohne Aggressionen gegen fremde Kulturen nicht zu haben ist. 1987 mahnte beispielsweise der damals noch grüne Bundestagsabgeordnete Schily die Palästinenser,

»durch das Beharren auf einem eigenen Staat den Bogen nicht zu überspannen, sondern sich lieber die arabische Tradition ..., in der die sozialen Beziehungen nicht über den Staat gelaufen sind, sondern über Stammes-, Familien- und ähnliche Verbindungen, ins Gedächtnis zu rufen« (»Kommune« 12/1987). Diese Ratschläge erteilte Schily in der Pose des Herrenmenschen, der eine sozial wie geistig zurückgebliebene Ethnie auf ihren Platz verweist: Haltet euch an Busch oder Stamm, von Staatskultur seid ihr noch weit entfernt. Und – denn zu derlei kolonialistischer Platzanweisung gehört auch eine Drohung – überspannt den Bogen nicht, sonst werden wir mit euch umspringen müssen.

Die damaligen Mandatsträger der Grünen Winfried Kretschmann und Udo Knapp (letzterer landete wie Schily später bei der SPD), hatten bereits 1989, vor der Hochzeit rechtsradikaler Ethnopluralisten und um die Zivilisation zu retten, der völkischen Selektion eine Bresche geschlagen. Die Wahlerfolge der Republikaner, behaupteten sie, seien die Folge einer allzu offenen Politik vor allem gegenüber Flüchtlingen aus islamischen Staaten, weil die Politik der offenen Grenzen »verständliche Wünsche vieler Menschen nach Abgrenzung und Abwehr gegen Unbekanntes und Neues einfach zu Fremdenfeindlichkeit erklärt und verurteilt ..., jedoch zwischen dem Menschenrechtskatalog des Grundgesetzes und schiitischem Fundamentalismus gibt es ... keine dauerhafte Koexistenz« (»Kommune« 8/89). Die Linken sollten aufhören mit ihrem »attitüdenhaften, moralisierenden Respekt vor anderen Kulturen« und lieber darauf achten, daß »die eigene Kultur und die universellen Standards der Menschenrechte« nicht »verbeliebigt« würden. Das war unmißverständlich: Wer die gegen Ausländer gerichtete »Abgrenzung und Abwehr« für einen verständlichen Wunsch hält, beschönigt nicht nur den Fremdenhaß, er stützt obendrein, indem er eine derartige Abneigung als quasi natürlich ausgibt, den biologistischen Rassismus. Die abfälligen Bemerkungen über andere Kulturen und die explizite Weigerung, sie koexistieren zu lassen, enthalten zudem einen Aufruf zu neuerlichen Kreuzzügen.

Selbstverständlich waren die grünen Verfechter eines sauberen deutschen Biotops (»Europa der Regionen«) nicht die Hauptprotagonist/inn/en der Kampagne, sie trugen aber erheblich dazu bei, daß die Propagandalüge von der gefährdeten eigenen Kultur allgemein akzeptiert wurde. Alle politischen Parteien haben sich am Ausmalen des Szenarios einer Bedrohung durch Fremde beteiligt. Schon vor den beiden Grünen hatte sich der damalige Kanzlerkandidat der SPD, Johannes Rau, mit der dringenden Aufforderung an die Regierung profilieren wollen, endlich an den deutschen Grenzen »die Schleusen zu schließen«. Ein Ratsherr wurde in den Medien mit den Worten zitiert: »Manche Leute sprechen ... von Integration, manche von Verschmelzung, ich spreche von Blutverpanschung und -vermanschung« (»SZ«, 4.11.1988). Edmund Stoiber (CSU) warnte vor einer »durchmischten und durchrassten Gesellschaft auf deutschem Boden«. Özan Ceyhun (Bündnis 90/Die Grünen) kommentierte die Entscheidung der Grünen für eine Einwanderungsbegrenzung erleichtert: »Endlich ein Beschluß, mit dem wir auf die Straße gehen können« (»Taz«, 16.9.1991). Der SPD-Vorsitzende von Brandenburg prognostizierte den Untergang der westlichen Zivilisation: »Große Flüchtlingsströme könnten der europäischen Kultur ein Ende setzen ... sie können für Europa gefährlicher werden als die Rote Armee.« Die Bundesregierung schrieb in ihren ersten Entwurf zum neuen Ausländergesetz: »Eine fortlaufende ... Zuwanderung von Ausländern würde die BRD tiefgreifend verändern. Sie bedeutete den Verzicht auf die Homogenität der Gesellschaft, die im wesentlichen durch die Zugehörigkeit zur deutschen Nation bestimmt wird. Die gemeinsame deutsche Geschichte, Tradition, Sprache und Kultur verlören ihre einigende und prägende Kraft.« Die SPD fand auf ihrem Parteitag, der zur Absegnung der faktischen Aufhebung des Asylrechts im Grundgesetz einberufen wurde, zur Parole: »Deutschland ist ein weltoffenes Land«, um diese patriotische Lüge anschließend durch die Bestätigung ihres Gegenteils zu erläutern: »Die Menschen in unserem Lande sehen sich durch die hohe Zuwanderung überfordert.« Die als Vorwurf formulierte allgemeine Feststellung, bei den Flüchtlingen handele es sich meist »nur« um »Wirtschaftsasylanten«, wendete überdies das unterschwellig noch vorhandene Schuldgefühl, der Hunger in der Welt könne womöglich doch etwas mit dem Reichtum in den Metropolen zu tun haben, aggressiv gegen die Hungernden.

Derweil trieben die Medien die Zahlen der angeblich auf Deutschland zuströmenden Fremden in astronomische Höhen. Der »Spiegel« (37/1991) ließ mit seiner Titelstory »Ansturm der Armen« zu den schon im Lande lebenden Ausländern weitere »1,5 Millionen osteuropäische Zigeuner, 2,3 Millionen Türken, 10 Millionen Russen« anrücken. »Den reichen Mitteleuropäern droht ein Ansturm ... der Glücksritter«, dem sich »die Mehrheit der Bundesbürger ... nicht mehr gewachsen« fühle, vor allem deshalb nicht, weil jene »mehr Kinder (gebären) und meist jünger als der Durchschnitt der Deutschen (sind)«. Zu allem Überfluß würden sie sich nicht so benehmen, wie man es von ihnen verlangt: »Flüchtlinge ... melden sich nacheinander in verschiedenen Städten und kassieren überall ab.« Eine Expertise von Eckart Schiffer, dem »Chefdenker für Ausländerpolitik von Bundesinnenminister Schäuble«, die der »Spiegel« (40/

1991) abdruckte, glich dann einem Kampfaufruf: »Welche Empfindungen werden ausgelöst, wenn von multikultureller Gesellschaft die Rede ist?« fragte Schiffer. »Denken wir an Stadtteile, in denen wie in Gettos eine fremde ... Bevölkerung lebt? ... An Demonstrationen fanatisierter Massen, die Europa auf das geistige Niveau des Mittelalters zurückbringen möchten?« Zwar würde die »Reggae-Musik ... das kulturelle Konsumangebot bunter machen ..., doch ändert dies nichts daran«, daß »ein übergreifendes Grundmuster von identitätsstiftenden gemeinsamen Erinnerungen, die die (meisten) Deutschen als Angehörige einer Nation verbinden und die sie von Angehörigen anderer Nationen ... unterscheiden«, nicht gefährdet werden dürfe. In den aufkommenden Pogromen sah er einen durchaus berechtigten Hinweis darauf, daß »die Bürger ... es nicht hinnehmen, wenn sie ihre ureigene, am nächsten liegende Lebens- und Erfahrungssphäre durch Überfremdung gefährdet glauben. Heimat im Sinne einer Erhaltung vertrauter Umwelt ist, nicht zuletzt im Hinblick auf die Kürze des Lebens, so etwas wie ein kollektives Menschenrecht.« Wo er sich schon mal damit einverstanden erklärt hatte, daß die Bürger die »Überfremdung« nicht akzeptierten, konnte er dann auch seinerseits zu den Waffen rufen: »Es darf insbesondere nicht dazu kommen, daß wir die Errungenschaften eines jahrhundertealten Kampfes der Europäer ... opfern, nur weil wir Scheu empfinden oder nicht den Mut haben, selbstsicherem religiösen Fanatismus fremder Provinienz entschlossen entgegenzutreten.«

Mit diesem Aufruf agierte der Regierungsbeauftragte in einem breiten gesellschaftlichen Bündnis. Schon während des zweiten Golfkrieges sahen Ex-Linke wie der ehemalige KBWler Held die Zivilisation gegen die »zappelnden Machos und kreischenden Weiber des heiligen Krieges« in den Krieg ziehen, um diese »auf den Teppich ihres eigenen Alltags« zurückzuholen (»Kommune« 11/1990). Auch Hans Magnus Enzensbergers Vorstellung vom »Untergangswahn«, dem angeblichen der »Modus der Völker zwischen Rabat und Bagdad«, pflegte das Bild fremder »Rassen« ohne Verstand. Außerhalb und innerhalb Deutschlands wüteten, so schien es, immer heftiger barbarische, todessüchtige, fanatische, zur Koexistenz mit der »Gast»kultur unfähige Völker. Die Gefährdung schien real zu sein, wenn sich die öffentliche Meinung von rechts bis grünlinks darin einig war, daß das Abendland ernsthaft bedroht sei. Schwankende Geister wurden so von ihren Restzweifeln befreit und Rassisten enthemmt. Plötzlich schienen 250 anders aussehende und von den Deutschen abgeschottet lebende Menschen die 70 000 Einwohner von Hoyerswerda zu bedrohen. Der Mob tobte eine Woche lang, und man brachte ihm das Verständnis entgegen, auf das er hoffte.

Der autoritäre Charakter ist, um sich ausagieren zu können, auf die – und sei's verdeckte – Zustimmung von Regierungen, Parteien, Eltern, Medien angewiesen. »Vorurteilsvolle Personen neigen dazu, jeden Vorwurf gegen die Fremdengruppe ... zu übernehmen, wenn sie ihn nicht von sich aus vorzubringen brauchen, sondern als allgemein anerkannte Tatsache vorfinden. Werden extrem antisemitische bzw. ausländerfeindliche Äußerungen so vorgebracht, als seien sie nichts Schimpfliches mehr, sondern etwas, das vernünftig erörtert werden könne, scheint dies das Über-Ich zu beruhigen und selbst da zur Nachahmung anzuregen, wo eine ›eigene‹ Reaktion ... weniger extrem ausfallen würde.«[24] Die Ausbreitung des rassistischen Wahns fußt also wesentlich auf der »Sanktionierung« der »Wut durchs Kollektiv«.[25] Zunächst in Westdeutschland, dann im wiedervereinigten Reich leistete man so der Enthemmung des Mobs umfassend Vorschub. Die Erfindung einer Bedrohung durch »barbarische Völker« und »Asylantenschwemme« hob die rassistischen Vorurteile in den Rang sachlich zu erörternder Problematisierungen, die allein noch zu klären übrig ließen, wessen Vorschläge geeigneter waren, der Bedrohung zu begegnen. War die gesetzliche Erniedrigung der Fremden ausreichend, bedurfte es einer Grundgesetzänderung, einer speziellen Einwanderungsgesetzgebung oder doch der Pogrome, die der Gesetzgebung erst den Weg wiesen?

Die diversen, über die Medien verbreiteten Begründungen der Teilnehmer an den Hoyerswerdaer Pogromnächten gaben erste Hinweise. Ihre Antworten kreisten um die eigene beschissene Lage, um Neidgefühle und um die Vorstellung, des bloßen Deutschseins wegen Anspruch auf Privilegien zu haben: »Ich bin stolz auf Deutschland, na wegen der Dichter und Denker«, antwortete der Dümmste in einer Runde. »Wir sind doch die größte Melkkuh auf der Welt«, sah sich ein anderer als Opfer imaginärer Gewalten. Drohend fügte er hinzu: »Unsere Jugend wird auch noch wach.« Andere steckten voller Neidkomplexe oder täuschten solche vor: »Ich habe selbst keine Wohnung, und Neger behandeln sie wie Ehrengäste«; »die wohnen besser als wir«; »ich glaube ja, daß es denen dreckig geht, aber jetzt sind wir erst mal dran«; »uns gehts beschissen ... und jetzt holen die noch Ausländer rein«; »das sind Schmarotzer, die an die harte Mark rankommen wollen«. Keinem der Befragten würde es besser gehen, sollte ihnen die Vertreibung der Flüchtlinge gelingen, im Gegenteil, ihnen würden – und sie schienen das auch zu ahnen – weitere Opfer aufgebürdet werden. Sie selber exekutierten gleichwohl, was ihnen »die da oben« suggeriert hatten, sie hielten die »Schwemme« auf, aber wer würde es ihnen lohnen? Niemand. Die Ahnung, weiterhin zu den »Blöden« zu gehören, verschärft vorab den Haß auf die Fremden.

»Das Individuum, das zum Verzicht auf fundamentale Wünsche und in einem System strenger Selbstbeschränkung zu leben gezwungen wurde, und das sich betrogen fühlt, neigt nicht nur dazu, nach einem Objekt zu suchen, an dem es ›sich schadlos halten‹ kann, es wird sich auch besonders über die Vorstellung ärgern, andere könnten ›besser wegkommen‹.«[26] In diesem Zusammenhang ist die besondere motivationale Gemengelage der Ostdeutschen zu beachten. Ihr Wunsch nach Wiedervereinigung war von dem Verlangen geprägt, den Glitzerauslagen der westdeutschen Kaufhäuser näherzukommen und überall auf der Welt endlich jene Herrenrolle zu spielen, die ihnen der West-Urlauber an den rumänischen Stränden vorgespielt hatte. Dessen Geld hatte Wert, und da sich die Art seiner Bedienung nach dem Geldwert eines Menschen mißt, wurde der Wessi bevorzugt behandelt. Doch die Marktwirtschaft brachte kein goldenes Zeitalter nach Ostdeutschland, sondern spie viele der neuen Bundesbürger als unbrauchbar aus. Umso nachdrücklicher erledigten daraufhin die Ressentimentgeladenen das Geschäft ihrer Autoritäten.

Ein weiteres Vorurteil, das die Meute austobte, kündet von unterdrückten Trieben. Die Befragten sonderten serienweise Sexphantasien ab: »Neger zwingen ihre Frauen zu Sextänzen in Kellerkneipen«, glaubte einer zu wissen, andere meinten: »Die infizieren unsere Mädchen mit Aids« oder »Wenn ein deutsches Weib mit einem Neger fickt, soll es gleich mit abhauen« oder »Hat wahrscheinlich im Heim drei Frauen«. Ein anderer war fest überzeugt: »Zigeunerinnen tragen keine Unterhosen.« Nicht immer waren es Sexphantasien, mitunter wehrten die nicht unbedingt ökonomisch Zukurzgekommenen auch ab, was sie insgeheim sonst noch mit Lebensfreude und Freiheit identifizierten: Die »Neger standen nur immer da mit ihrer unverschämten Lässigkeit, selbst nach der Arbeit, wenn sie kaputt waren«, sagte ein Arbeiter und bestätigte damit, daß »unter der bekannten Geschichte Europas ... eine unterirdische (läuft). Sie besteht in dem Schicksal der durch Zivilisation verdrängten und enstellten menschlichen Instinkte und Leidenschaften ... Von der Verstümmelung betroffen ist vor allem das Verhältnis zum Körper.«[27] Einer Hausfrau fiel auf: »Die fassen Obst an, ekelhaft.« Eine Gruppe, die erregt die Brandschatzung anfeuerte, konnte sich kaum darüber beruhigen, daß die »Zigeuner« einfach auf dem Rasen gesessen hätten, was doch verboten sei. Auch der SPD-Vorsitzende von Hoyerswerda konnte sich kaum mehr zurückhalten: »Es gab«, sagt er, »jede Nacht in irgendeiner Wohnung eine laute Fete«, da dürfe sich niemand wundern: »Vielleicht hätte ich auch nach einem halben schlaflosen Jahr im Geiste den ersten Stein geworfen.« Auf alle Fälle, verlangten andere, sollten die anderen so sein wie man selber: »Wären es echte Asylbewerber, hätten sie sich in einer den deutschen Verhältnissen angepaßten Weise verhalten.« So aber drohte das Schlimmste: die Beschädigung des eigenen Charakterpanzers: »Seit der Wende ... verfallen die deutschen Tugenden.« »Spring doch, spring doch«, rief die Masse erwartungsfroh einem Schwarzafrikaner zu, der sich in Panik aus einem Fenster stürzen wollte.

In diesen Antworten tritt eine Ahnung der Verkümmerten zutage, wie trostlos ihr eigenes Leben ist. Sie spüren, daß in ihnen Sinnlichkeit, Lebensfreude, Erotik, Lust erstickt sind. Die ihnen verbliebenen dürftigen Reste einer Sehnsucht nach Glück, das wissen sie, werden in diesen Verhältnissen – in der Braunkohle, an der Maschine, auf dem Beton, in den Autoschlangen, vor den Video-Clips – keine Erfüllung finden, nicht einmal durch einen Lottogewinn; andere Verhältnisse aber entziehen sich ihrer Vorstellungskraft. Umso radikaler hassen sie jene, auf die sie, sei es zu Recht oder fälschlich, die ihnen abhanden gekommenen menschlichen Möglichkeiten projizieren. Wenn sie selber das Glück nicht greifen können, muß es mit denen, die an ihm teilzuhaben scheinen, ausradiert werden. Alle sollen so sein wie man selber. So wird die eigene Verkümmerung zur Norm, deren auch nur scheinbare Negation nicht ertragen wird. Erst wenn alle unglücklich sind, besser: wenn andere sichtlich noch unglücklicher sind als man selber, läßt es sich einigermaßen leben. »Was als Fremdes abstößt, ist nur allzu vertraut. Es ist die ansteckende Gestik der von Zivilisation unterdrückten Unmittelbarkeit: Berühren, Anschmiegen, Beschwichtigen, Zureden. Anstößig heute ist das Unzeitgemäße jener Regungen ... Peinlich wirkt schließlich jede Regung überhaupt, Aufregung nicht minder. Aller nicht-manipulierte Ausdruck erscheint als die Grimasse, die der manipulierte – im Kino, bei der Lynch-Justiz, in der Führer-Rede – immer war.«[28]

»Es war der Sinn der Menschenrechte, Glück auch dort zu versprechen, wo keine Macht ist. Weil die betrogenen Massen ahnen, daß dies Versprechen, als allgemeines, Lüge bleibt, solange es Klassen gibt, erregt es ihre Wut; sie fühlen sich verhöhnt. Noch als Möglichkeit, als Idee müssen sie den Gedanken an jenes Glück immer aufs neue verdrängen, sie verleugnen ihn um so wilder, je mehr er an der Zeit ist. Wo immer er inmitten der prinzipiellen Versagung als verwirklicht erscheint, müssen sie die Unterdrückung wiederholen, die der eigenen Sehnsucht galt. Was zum Anlaß solcher Wiederholung wird, wie unglücklich selbst es auch sein mag, Ahasver und Mignon, Fremdes, das ans verheißene Land, Schönheit, die ans Geschlecht erinnert, das als widerwärtig verfemte Tier, das an Promiskuität gemahnt, zieht die Zerstörungslust der Zivilisierten auf sich, die den schmerzlichen Prozeß der Zivilisation nie ganz vollziehen konnten. Denen, die Natur krampfhaft beherrschen, spiegelt die Gequälte aufreizend den Schein von ohnmächtigem Glück wider. Der Gedanke an Glück ohne Macht ist unerträglich, weil es überhaupt erst Glück wäre.«[29]

Der Kapitalismus reproduziert fortwährend die allgemeine Versagung und die feige Weigerung der ihm Unterworfenen, auch nur einen Schritt vom Vorgegebenen abzuweichen, was diese mit Haß auf die menschliche Sinnlichkeit insgesamt quittieren. Die daraus resultierende Tugendtristesse, die das eigene Unglück durch seine Überhöhung erträglich zu machen versucht, ist bereits ein Motiv der Aufklärung gewesen: »Die Tugend ... enthält für die Menschen ... ein bejahendes Gebot, nämlich alle seine Vermögen und Neigungen unter seine (der Vernunft) Gewalt zu bringen, ... über das Verbot, nämlich von seinen Gefühlen und Neigungen sich nicht beherrschen zu lassen.«[30] Die in gesellschaftliche Ordnungen geronnenen Verhältnisse selbst sind die ungleich kältere, praktische Seite des Gebots, seine Gefühle und Neigungen einem repressiven Diktat zu unterwerfen. Eine Lebenswelt, in der Arbeiter oft verantwortlich sind für das Funktionieren eines hochkomplizierten Apparats, der sowohl ein enormes Gefährdungspotential als auch Milliardenwerte darstellt, weshalb jedes Versagen hart bestraft wird, in der auch außerhalb der Produktion noch das eigene Funktionieren organisiert ist, muß Gefühle und Neigungen abdressieren. In diesem Sinne ist »die Geschichte der Zivilisation ... die Geschichte der Introversion des Opfers. Mit anderen Worten: die Geschichte der Entsagung.«[31] Schon seit dem 18. Jahrhundert, mit dem Aufkommen des männlich-hellenischen Idols, schien vielen Leuten der Andersaussehende ein Bösewicht zu sein. Der disziplinierte Mensch schuf sich im Kontrastbild des Ruchlos-Triebhaften einen Menschen, der einer Teilhabe an der aufgeklärten Kultur nicht würdig war und dessen Betrachtung zur Stabilisierung der eigenen eingepferchten Seele beitrug.

Rassisten greifen nach allem, was ihre Ressentiments zu bestätigen verspricht. Der Mischmach ihrer Vorurteile äußert sich etwa so: »Die melden sich arbeitslos und machen Kinder ohne Ende.« Da scheint es also jemand zu schaffen, Geld zu beziehen, ohne dafür zu arbeiten, und gleichzeitig seiner Lust nachzugehen, für die »Kindermachen« offenbar ein Synonym ist. Der Rassist wird sich nicht mit einer Projektion begnügen, wenn er mehrere aktivieren kann, sondern begierig alles aufsaugen, was seinen Haß bestätigt. Wer etwa unter Sexualneid leidet und sich deshalb ausmalt, wie andere es Tag und Nacht treiben, nimmt gern das Vorurteil eines zweiten hinzu, der gehört haben will, daß jene auf seine Kosten ernährt werden und ihm die Wohnung wegnehmen wollen. Sagt ein dritter, die in Rede stehende Menschengruppe sei besonders faul, werden sie sich auch darauf einigen.«»Paranoia, der Verfolgungswahn, der die anderen verfolgt, auf die er projiziert, was er selber möchte, steckt an.«[32] »Der Autoritäre tendiert dazu, seine unterdrückten Impulse auf andere Menschen zu projizieren, um diese dann prompt anzuklagen.«[33] »Wenn das antidemokratische Individuum die Disposition zeigt, in der Außenwelt Triebkräfte zu sehen, die in ihm selbst unterdrückt werden, so braucht man, will man mehr über diese Impulse wissen, nur die Attribute zu betrachten, die es ohne Bedenken, aber unrealistisch, seiner Umwelt zuschreibt. Behauptet jemand beharrlich, andere führten Böses gegen ihn im Schilde, obwohl sich kein Beweis dafür findet, besteht aller Grund anzunehmen, daß der Betreffende selbst aggressive Intentionen hegt, die er mit Hilfe von Projektion zu rechtfertigen sucht.«[34] Jeder Versuch, die besonderen Eigenschaften der stigmatisierten Gruppen sachlich zu erörtern, gösse Wasser auf die Mühlen der Rassisten. Ob einem Juden zugeschrieben wird, er sei ohne Arbeit reich geworden, ob einem Roma der Hauch des Abenteuers oder einem Schwarzen allerlei Triebhaftes angehängt wird, stets chrakterisieren diese Phantasien nur die Phantasierenden selber, und jedes Bemühen um ihre Widerlegung würde dem Irrsinn einen Anschein von Vernunft geben. Wenn die Besoffenen im Bierzelt johlen: ›Lustig ist das Zigeunerleben, fariafariaho, brauchst dem Kaiser kein' Zins zu geben, fariafariaho«, dann ist mit Sicherheit davon auszugehen, daß die Meute keine Steuern zahlen will, sich das aber nicht traut und sich deshalb am nächsten Roma oder Sinti, den sie im Dunkeln trifft, schadlos halten wird. Wer Schwarzen einen überdimensionalen Schwanz andichtet, möchte mit Sicherheit selber nichts lieber als eben so einen, und weil daraus nun mal nichts wird, wird er den Schwarzen für das hassen, was er ihm andichtet.

Der Rassismus bündelt die Vorurteile gegenüber anderen Menschen zu einem Konglomerat von Glaubenssätzen, das sich selbst genügt. Es kommt dem Rassisten nicht darauf an, ob das Verhalten der Stigmatisierten irgend etwas zur Bestätigung seines Wahns beiträgt, auch nicht darauf, ob es ›Rassen‹ denn überhaupt gibt (es gibt keine, wie längst wissenschaftlich bewiesen ist). Daß der in kritischer Absicht verwendete Begriff »Rassismus« selber die Existenz von »Rassen« unterstelle, wie verschiedentlich behauptet worden ist, halten wir für einen Fehlschluß: Der Begriff »Rassismus« zielt nicht auf »Rassen«, sondern charakterisiert den Wahn des Rassisten, der sich durch seine Einbildungen legitimiert sieht, andere zu verfolgen. Indem »Rassismus« also von der Haltlosigkeit rassistischer Vorstellungen ausgeht, bestreitet der Begriff gerade die Existenz von »Rassen«. Das wird im allgemeinen von den Menschen richtigerweise auch so aufgefaßt. Noch der dümmste Rassist betont, er sei gar keiner, sondern habe nur beobachtet oder von einem glaubwürdigen Bekannten erfahren, daß eine Zigeunerin im Supermarkt geklaut habe.

Da der Rassismus nicht die Folge eines in der Menschennatur liegenden Fremdenhasses ist, sondern in den kapitalistischen Verhältnissen immer wieder neu entsteht, kann er nur durch eine revolutionäre Veränderung der Verhältnisse selber aufgehoben oder − in ihnen − durch eine Erklärung der Funktionsweisen des Systems und durch Selbstreflektion zurückgedrängt werden. Das aber wird durch die Integration ins System erschwert. »Das Denken wird kurzatmig, beschränkt sich auf die Erfassung des isoliert Faktischen. Gedankliche Zusammenhänge werden als unbequeme und unnütze Anstrengung fortgewiesen ... Der aufs Wissen abgezogene Gedanke wird neutralisiert, zur bloßen Qualifikation auf spezifischen Arbeitsmärkten und zur Steigerung des Warenwerts der Persönlichkeit eingespannt. So geht jene Selbstbesinnung des Geistes zugrunde, die der Paranoia entgegenarbeitet.«[35] Für Menschen, die über ihr verkümmertes Dasein nicht mehr hinausdenken können, hält der Rassismus ein attraktives Angebot parat. Soweit er auf visuelle Unterscheidbarkeit ausgerichtet ist, fällt es »den Leuten leicht, die Stoßrichtung der Idéologie zu verstehen«.[36] Zudem kündet er von einer »Utopie«, die sich hier und heute schon realisieren ließe. Wer daran glaubt, daß die Vertreibung der Fremden seine Lage verbessern würde, der hat ein Programm im Kopf, das morgen erledigt werden könnte. Ein solcher Rassismus läßt sich durch Argumente nicht aus der Welt schaffen. Er kann nur diszipliniert, verboten, riskant gemacht oder aber losgelassen werden.

Der Ethniendiskurs oder
Der Stammtisch als Wissenschaftszentrum

Intellektuelle Rassisten werden immer bemüht sein, sich ein seriöses Ansehen zu geben. Wer sagt schon gern von sich, er sei wahnsinnig? Lieber wird er gierig noch nach dem kleinsten Hinweis schnappen, der seine Paranoia ein wenig plausibel machen zu können verspricht, und seinen Wahn versachlichen. Zeigen Menschen − ob arm oder reich, ob dieser oder jener Religion angehörend, ob jung oder alt −, wenn sie einer Ethnie angehören, nicht doch gemeinsame Charaktermerkmale? Sind die einzelnen Ethnien nicht doch so grundverschieden voneinander, daß sie nicht zusammenpassen? Hat nicht jedes »Volk« in seinem »Stammland« ein Recht auf seine Dominanzkultur, und ist die eigene Heimat nicht vielleicht doch bereits von Differentem überfrachtet? Sind nicht manche Regungen der Fremden wirklich bedrohlich? Und liegt das in der Kultur oder im Blut? Natürlich würde kein Rassist und kein rechtsradikaler Ideologe beides trennen wollen, auch dann nicht, wenn letzterer es aus taktischen Gründen vorzöge, vorübergehend den Ethnopluralismus zu favorisieren. Rassismus war immer »eine Sammelbecken-Ideologie, die die Tugenden, die Moralvorstellungen und die Wohlanständigkeit der Epoche als ihre Stereotypen übernahm und sie den ererbten Eigenschaften einer überlegenen Rasse zurechnete«,[37] während sie Abweichungen davon als Zeichen der Degeneration bekämpfte. Rassismus geht also mit der Zeit. Wie früher auf den Darwinismus, der ihn zu Schäleluntersuchungen inspirierte, stützt er sich heute auf ethnizistische Ideologeme, die den Vorteil bieten, auf den offenbaren Unfug der Schädelmesserei verzichten zu können, ohne den rassistischen Gehalt der Rede vom »Dominanzvolk« aufgeben zu müssen. Der Ethnopluralismus bezieht seine Impulse aus dem Zerfall der Welt in ethnisch begründete Nationalstaaten, aus der Anti-Asyl-Kampagne und aus einer rassistisch gewendeten Multikultur, deren Vorsatz, Ausländer vor dem deutschen Mob zu schützen, als Aufruf zum allgemeinen »Völkerschutz« interpretiert wurde, der nur durch eine strikte Trennung der Kulturen zu gewährleisten sei.

Der Rassismus wuchert in unterschiedlichsten Formen: Der Staat ruft zur Verteidigung der Heimat gegen die Überfremdung auf, Teile der neuen Rechten verstärken mit ihrem Kulturrassismus den allgemeinen Trend, und bürgerliche Wissenschaftler greifen immer häufiger auf biologistische Annahmen zurück. Die Genforschung entdeckt unentwegt neue biologische Bedingungszusammenhänge. IQ-Messungen haben angeblich gezeigt, daß Schwarze eine verglichen mit Weißen mindere Intelligenz haben. Charlotte Höhn, die Direktorin des Bundesinstituts für Bevölkerungsforschung, fragte 1994 in einem »Taz«-Interview: »Ist das erstrebenswert, daß sich Menschen, die krank sind, vermehren? Ist das vielleicht gut?« Sie beklagte, daß solche Erwägungen heute tabuisiert seien, wie auch »zum Beispiel, daß man sagt, daß die durchschnittliche Intelligenz der Afrikaner niedriger ist als die anderer. Selbst das Wort ›Rasse‹ darf man ja nicht mehr in den Mund nehmen.« Aber auch Linke sind manchmal nicht frei von Impulsen zur »Schädelmessung«. Der Philosoph Christoph Türcke trug 1993 auf dem »Konkret«-Kongreß folgende Überlegung vor: »Es gibt nun einmal Menschengruppen schwarzer, weißer, gelber oder rötlicher Hautfarbe.« Zwar sei nicht »genau anzugeben, wie weit dieser Merkmalsunterschied sich über die Hautfarbe hinaus auf Temperament, Neigung, Begabung, Charakter erstreckt«, doch »ihn zu leugnen« wäre absurd. Schließlich würde der von verschiedenen klimatischen Bedingungen beeinflußte »Stoffwechselprozeß« der Menschen diesen »zahllose Verschiedenheiten ... ein- und aufprägen« (»Konkret« 8/1993). Selbstverständlich ist es unsinnig anzunehmen, daß eine Frau aus Havanna und ein x-beliebiger Sudanese aufgrund ihrer Hautfarbe oder wegen des ähnlichen Klimas auch nur irgendein gemeinsames Begabungs- oder Charaktermerkmal haben. Daß irgendein Neapolitaner, nur weil er farblich zum Cottbuser paßt, ähnliche Neigungen haben soll wie der, ist ein rassistischer Unsinn.

So helfen Linke dem kulturrassistischen Irrsinn auf die Sprünge, indem sie ihn versachlichen und dem faschistischen Auftreten eine Widersprüchlichkeit attestieren, die es diskursfähig mache. Sie unterteilen dabei den Rassismus in einen bösen biologischen und einen diskursfähigen kulturellen. Stellvertretend sei hier Alex Demirovic zitiert,[38] der annimmt, daß die »Neuen Rechten« und die Strategen der »Konservativen Revolution« sich von traditionellen rechten Identifikationen entfernen würden. Die neue Rechte wende »sich ausdrücklich gegen den Rassismus und gegen die Annahme einer biologischen Substanz«. Sie »sehe Völker nunmehr als historisch und kulturell bedingt an und fürchte gerade deswegen, daß Identitätsverlust in den Metropolen zur Überlagerung durch fremde Identitäten führe, sie fordere Apartheid und Segregation (Absonderung, d.V.) ethnisch differierender Völker ... gerade wegen ... fließender Identitäten«. Im »Nonkonformismus« des Neorassismus lägen »auch die Widersprüche, auf die sich eine Gegenstrategie beziehen kann. Denn viele Elemente des neorassistischen Diskurses lassen es zu, sie erneut in demokratischen und linken Diskursen zu artikulieren. Dazu gehören Elemente der Kritik am sozialen Unrecht und an Ungerechtigkeiten des Wohlfahrtsstaats, dazu gehört die Kritik an Politik und Herrschaftswirkungen parlamentarischer Demokratien.« Deshalb sei es notwendig, fordert Demirovic, daß die Linke »ihre etwas trotzige negative Deutschtümelei und ihren Antipopulismus aufgibt und sich einmal wieder der konkreten Gesellschaft, ihren Widersprüchen und vielfältigen Formen der Herrschaft zuwendet«.

Ein solcher Diskurs verbietet sich, weil es den Opfern gleichgültig sein kann, ob sie wegen des Vorurteils, die Heimat sei gefährdet, oder wegen ihres biologischen Andersseins vertrieben, verfolgt und erschlagen werden. Auch ohne Annäherung an rassistische Wahnvorstellungen würde ein solcher Diskurs scheitern – er wäre schlicht blödsinnig. Nehmen wir die Kritik beim Wort, verlangen wir, daß Asylbewerber/innen kein »soziales Unrecht« erleiden dürfen: Sie müssen gleiche Beschäftigungschancen bekommen, mit Wohnungen versorgt werden und die gleichen sozialen Absicherungen beziehen dürfen wie Deutsche. Die rassistische Aufladung der neuen Rechten würde sich an ihrem Protestgeheul messen lassen. Wer die Linke aufruft, sich von ihrem Antipopulismus loszusagen und sich endlich wieder der konkreten Gesellschaft zuzuwenden, gibt selber die Opfer des Rassismus in Deutschland für die Verfolgung frei. Bei Demirovic haben rassistische Demütigung und Totschlägerei nichts mehr mit der »konkreten Gesellschaft« zu tun – sie wird explizit von antinationalistischer Politik ausgenommen –, und der von ihm verlangte Populismus ist überhaupt nur denkbar als Aktivität gegen die gesellschaftlich Geächteten. Insoweit nähert er sich den neurechten Ideologen. Sein Aufruf enthält den Versuch, sich auf den Gräbern der Opfer wieder ungestört dem linken Alltag zuzuwenden.

Die Beschönigung »neurechter« Strategien, der schon ihre sachliche Diskussion dient, hat ihre Wurzeln in den Beschönigern selber. Sie sind auf der Suche nach Rechtfertigungen, die ihnen beim Schwimmen im Mainstream behilflich sind. Wer »Völker« als »historisch und kulturell bedingt« definiert und für die Vertreibung oder Internierung einzelner von ihnen ist, hat sich von keiner Tradition entfernt. Auch den Nationalsozialisten war – neben dem Biologismus – die vermeintliche historische und kulturelle Höher- bzw. Minderwertigkeit immer ein wichtiges Kriterium. Während ihre Wissenschaftler auf körperlichen Eigentümlichkeiten der Juden beharrten, griffen andere auf Richard Wagners Schrift »Das Judentum in der Musik«[39] zurück, die den Juden nachsagte, sie seien unfähig zu einer höheren Kultur und würden die deutsche unterminieren. Wer will denn bei der Suche nach einem Motiv für die Ermordung der Roma und Sinti ernsthaft zwischen biologischen und kulturellen Ressentiments unterscheiden? Alle Hetzschriften künden davon, daß schon ihr kulturelles Anderssein genügte, und daß die rassistischen Theoretiker für definitorische Spitzfindigkeiten selber keinen Anlaß sehen. Nehmen wir etwa den einflußreichen »neurechten« Ideologen Alain de Benoist. Er bleibt dabei, daß »Rassen« existieren, und dehnt den Rassenbegriff auf die Kultur aus. Eine Rasse, schreibt er, sei nicht nur eine biologische Realität, sondern auch der Träger einer Geschichte, einer Kultur, eines Schicksals.[40] Der Mensch stünde in einer permanenten Spannung von Natur und Kultur: »Die Natur legt den Rahmen fest, in dem sich die Kultur ausdrücken kann, aber sie legt nicht deren Form fest.«[41]

Der Anschein von Rationalität, den sie durch sachliche Einwände gewinnt, nutzt nur der »neurechten« Propaganda. Natürlich entzieht sich die Frage, wieviele Menschen verschiedener Herkunft, Sprache, Religion und Gebräuche die Deutschen ertragen können, jeder objektiven Erörterung. Dem Rassisten wird schon ein Fremder zuviel sein. Wer Menschen völlig unterschiedlicher Charaktere, sozialer Stellung und persönlicher Geschichte auf ein gemeinsames Merkmal, ihre Ethnie Herkunft, reduziert, hat von vornherein Böses vor. Menschen werden auf diese Weise nicht danach beurteilt, wie sympathisch, anregend, großzügig sie sind, ob sie andere terrorisieren oder selber Opfer des Terrors sind. Aus ihrer Zurichtung zum handhabbaren Objekt wächst die Normierung der Deutschen – wie sonst wäre die ethnische Differenz, auf die es doch ankommen soll, zu definieren? Die Vorstellung, Folterer und Gefolterte aus einem Land würden mit Hilfe ethnischer Zuschreibungen gleichgemacht, ist ebenso schrecklich wie die Festlegung der Deutschen auf eine gemeinsame völkisch-kulturelle Norm. Mit Hilfe des Transformators »Ethnie« aber gewinnt der Rassist das, wonach sein Wahn verlangt. Für ihn stellt »die Fremdgruppe ... eine ewige Herausforderung dar. Solange irgend etwas von ihm selbst Verschiedenes übrigbleibt, fühlt sich der faschistische Charakter bedroht, ganz gleich wie schwach der andere auch sein mag ...«.[42] Im Streben nach ethnischer Sauberkeit äußert sich das biologistisch-rassistische Substrat, das auch der »neurechte« Rassist für die Legitimation seiner Wahnvorstellungen benötigt.

Auch wo er nicht geäußert wird, schwingt häufig der Biologismus mit. Kein Ethnorassist würde die Trennung von Engländern, Franzosen, Italienern und Deutschen planen, selbst wenn die vier sich durch Erziehung, Sprache und Gewohnheiten voneinander stark unterscheiden würden. Der Rekurs auf den vermeintlich gemeinsamen indogermanischen Ursprung würde derlei verbieten. Auch der ethnizistische Selektionsvorsatz hält sich vor allem an visuelle Unterschiede, die auf Vererbung zurückgeführt werden. In Berlin geborenen und aufgewachsenen Deutschen, denen anzusehen ist, daß ein Elternteil aus Kuba oder Vietnam kommt, würde der ethnopluralistische Faschist kaum zugestehen, daß sie Deutsche seien. Auch wenn der nach Deutschland eingewanderte Kurde, Türke oder Albaner fließend Deutsch spräche und sich selbstverständlich im Rahmen der kulturellen Vielfalt im Lande bewegte – in Diskotheken, Bildungseinrichtungen, Läden – gehörte er der neuen Rechten zufolge einer fremden Ethnie an. Anderseits würden Menschen, in deren Stammbaum vor 300 Jahren Schwaben mitgemischt haben, der deutschen Ethnie angehören, auch wenn diese Ahnen mit Deutschland (von dessen Existenz sie nichts ahnten) nichts zu tun hatten, ihnen die deutsche Sprache und auch die sonstigen kulturellen Gepflogenheiten des Landes völlig fremd waren, kurz: ihnen also alle ethnischen Voraussetzungen fehlten. Der Glaube ans Blut will es so.

Das rassistisch motivierte Einsortieren der Menschen in ihre angestammten Ethnien schafft den Faschisten eine politische Zukunft. Sollten die Ethnoideologen es schaffen, Begegnungen unterschiedlicher Ethnien, die die Möglichkeit zur kritischen Reflexion der eigenen Traditionen und Gewohnheiten böten, zu unterbinden, hätten sie mit dieser neuen Form der Apartheid die Voraussetzung für eine abermalige Verbreitung der Lüge von den vererbbaren Eigenheiten geschaffen. Wo aber die rassistische Repression wirkt, ist es möglich, daß die Verfolgten in ihrer Not auf jene überkommenen Identitäten zurückgreifen, auf die die Rassisten sie festlegen wollen, so daß der Rassismus sein Trugbild schließlich wahrgemacht hätte, das er für die Propaganda benötigt. Es ist dies kein neues Phänomen. Die christliche Kultur hat in den von ihr unterjochten Ländern Gegenbewegungen ausgelöst, auf die sie heute voller Schrecken blickt.

Am weitesten in der aktuellen Ethnienforschung hat es jedoch nicht die neue Rechte, sondern die linke Zeitung »AK« gebracht, in der uns Kai Ehlers über die russische Ethnie informiert: »Geradezu sprichwörtlich ist die russische Freundschaft, gefürchtet aber auch, überall auf der Welt, am meisten im Lande selbst, ist russische Cholerik. Wer schließlich hätte ein zupackenderes Image als der russische Muschik, wer gälte für sinnlicher als die russischen Frauen? ... Russe, das ist keine ethnische Bezeichnung, es benennt eine kulturelle Zuordnung (also doch die Ethnie, d.V.): Weite, Vielfalt, Grenzenlosigkeit, ja Haltlosigkeit und die Neigung zu zerfließen, auf der anderen Seite Spontaneität, Improvisationsgabe, Vielseitigkeit ... Russe sein heißt herrschen. Von den Frauen ist gesondert zu reden ...« (»AK« 364, 9.3.1994). Wie sollen die jeweils ganz anderen Litauer oder Moldawier oder Tschetschenen oder Georgier mit alldem auskommen können? Wer wüßte heute nicht, daß Serben das Morden in sich haben, Araber so heißblütig sind wie ihre nach ihnen benannten Pferde und blonde Frauen haben wollen? Wem ist noch nicht klar, daß die Juden überall auf der Welt zusammenhalten, in den USA die Filmindustrie, Wall Street und die Regierung kontrollieren und eigentlich überall ihre Finger drin haben? Der Franzose zum Beispiel arbeitet, um zu essen, klaut aber weniger als der Italiener. Es wäre nicht sonderlich kühn, die Charakterisierung von Ethnien – neben den frauenfeindlichen Witzen – für das beliebteste Thema an den Stammtischen zu halten. Was sich die Stammtische während des Kolonialismus so über Menschenfresser in Afrika zu erzählen hatten, ist heute erforscht: Russe sein heißt herrschen und Cholerik, von den Frauen wäre gesondert zu reden.

Der Ethnopluralismus »versachlicht« nicht nur die rassistischen Motive und Taten, sondern verortet den Menschen in einer entsolidarisierten Welt. Wenn Folterer und Gefolterte, Ausbeuter und Ausgebeutete, Diktatoren und Demokraten vor allem unter dem Aspekt ihrer jeweils ethnischen Zusammengehörigkeit betrachtet werden, gibt es keine Vision von einer befreiten Gesellschaft mehr. Eine solche ist nur vorstellbar, wenn als möglich gilt, daß einzelne oder Gruppen verschiedener Herkunft ihren verschiedenen Fähigkeiten und Bedürfnissen gemäß in einer gemeinsamen Gesellschaft leben können. Wer das für unmöglich hält, will von gesellschaftlicher Befreiung nichts wissen. Jeder Befreiungskampf, der nicht die Befreiung einer Nation von der Herrschaft einer anderen zum Ziel hat, sondern innerhalb eines Staates die Aufhebung der Klassengesellschaft anstrebt, zerstört auch das Wir-Gefühl, das die Menschen bei der Fahnenstange hält. Mit den ethnopluralistischen Ideologien aber wird sich zwangsläufig der Nationalismus entfalten, dessen Basis die »natürlichen« Verschiedenheiten und Konkurrenzen der »Völker« sind.

Anmerkungen

I. Die Sanierung der Profitrate ...
1 George Bush: »Rede an die Nation«, zit. n. »Süddeutsche Zeitung«, 18.1.1991.
2 Alle folgenden Zitate der Rede zit. n. der Veröffentlichung des Presse- und Informationsdienstes der Bundesregierung, 9.7.1993.
3 Zit. n. Wolfgang Schneider: Aufruf zum Aufmarsch, in: »Konkret« 1/1993.
4 In »Konkret« 4/1994 versuchten Winfried Wolf, Robert Kurz u. a. sich unter dem Titel »Neues vom Juglar« an linken Gegengutachten zum Jahresgutachten der sogenannten Fünf Weisen.
5 Paul Mattick: Marx und Keynes. Die Grenzen des gemischten Wirtschaftssystems, Frankfurt/Main 1974.
6 Paul Mattick: Marx und Keynes, a. a. O.
7 Vgl. Karl Heinz Roth: Die Wiederkehr der Proletarität. Dokumentation der Debatte, Köln 1994.
8 Werner Raith in der »Taz«, 9.2.1994.
9 Paul Mattick: Marx und Keynes, a. a. O.
10 Paul Mattick: Marx und Keynes, a. a. O.
11 Zit. n. Wolf Wagner: Die nützliche Armut, Berlin 1982.
12 George L. Mosse: Die Geschichte des Rassismus in Europa, Frankfurt/Main 1990.
13 John Maynard Keynes Allgemeine Theorie der Beschäftigung, des Zinses und des Geldes, Berlin 1952.
14 John Maynard Keynes: Allgemeine Theorie ... › a. a. O.
15 – 17 Paul Mattick: Marx und Keynes, a. a. O.
18 Rudolf Hickel/Jan Priewe: Nach dem Fehlstart. Ökonomische Perspektiven der deutschen Einigung, Frankfurt/Main 1994.
19 Rudolf Hickel/Jan Priewe: Nach dem Fehlstart, a. a. O.
20 Arbeitsgruppe Alternativer Wirtschaftspolitik: Memorandum '93: »Beschäftigungspolitik statt Sozialabbau – Industrielle Kerne sichern«, Köln 1993.
21 Alle folgenden Zitate sind entnommen aus: Rudolf Hickel/Jan Priewe: Nach dem Fehlstart, a. a. O.

II. Die Verwandlung linker Theorie in Esoterik
1 Vgl. John Holloway: Reform des Staates. Globales Kapital und nationaler Staat, in: »Prokla« 90/1993.
2 Vgl. Joachim Hirsch: Nationalstaat, Nationalismus und der Verlust der Räume, in: »links« 12/1993 und 1/1994.
3 Vgl. Karl Heinz Roth: Die Wiederkehr der Proletarität. Dokumentation der Debatte, Köln 1994.
4 Die folgenden Zitate von Robert Kurz sind entnommen aus: Der Zusammenbruch des Sozialismus. Anmerkungen zum Verfall der ehemaligen linken Opposition, in: »Krisis« 14/1994.
5 Robert Kurz: Feierabend, in: »Konkret« 1/1994.
6 Karl Marx: Das Kapital. Band I (= Marx/Engels: Werke, Band 23), Berlin 1963.
7 Robert Kurz: Feierabend, a. a. O.
8 Die folgenden Zitate von Robert Kurz sind entnommen aus: Der Zusammenbruch des Sozialismus, a. a. O.
9 Paul Mattick: Vorwort zu: Zusammenbruchstheorie des Kapitalismus oder revolutionäres Subjekt, Berlin 1973.
10 Paul Mattick: Vorwort zu: Zusammenbruchstheorie ..., a. a. O.
11 John Holloway: Reform des Staates ..., a. a. O.
12 Vgl. Karl Heinz Roth: Die Wiederkehr der Proletarität, a. a. O.
13 Die Beschäftigungszahlen wurden entnommen aus: Yearbook of Labourstatistics, hrsg. v. International Labour Office, Genf 1994. Die Daten enthalten nach Angaben des Herausgebers: »Whole national economy, excluding armed forces and reemployed retired persons«.
14 Sebastian Heilmann: In China hat ein tiefgreifender Wandel eingesetzt – Die Nachfolgefrage

vor dem Hintergrund einer Erosion der Parteiherrschaft durch rasche wirtschaftliche Entwicklung, »FAZ«, 8.4.1994.
15 Ernest Mandel/Winfried Wolf: Cash, Crash & Crisis – Profitboom, Börsenkrach und Wirtschaftskrise, Hamburg 1989.
16 Paul Mattick: Vorwort zu: Zusammenbruchstheorie ..., a.a.O.
17 Karl Karx: Das Kapital. Band I, a.a.O.
18 Karl Heinz Roth: Die Wiederkehr der Proletarität, a.a.O.
19 Robert Kurz: Der Zusammenbruch des Sozialismus, a.a.O.
20 Joachim Hirsch: Nationalstaat, Nationalismus und der Verlust der Räume, a.a.O.
21 John Holloway: Reform des Staates, a.a.O.
22 Karl Heinz Roth: Die Wiederkehr der Proletarität, a.a.O.
23 Ernest Mandel/Winfried Wolf: Cash, Crash & Crisis, a.a.O.
24 Paul Mattick: Marx und Keynes, a.a.O.
25 u. 26 Karl Marx: Das Kapital. Band III (= Marx/Engels: Werke, Band 25) Berlin 1963.
27 Paul Mattick: Marx und Keynes, a.a.O.
28 Karl Marx: Das Kapital. Band III, a.a.O
29 Paul Mattick: Marx und Keynes, a.a.O.
30 Karl Marx: Das Kapital. Band I, a.a.O.
31 Karl Heinz Roth: Die Wiederkehr der Proletarität, a.a.O.
32 Paul Mattick: Marx und Keynes, a.a.O.
33 Karl Marx: Das Kapital. Band III, a.a.O.
34 Paul Mattick: Marx und Keynes, a.a.O.
35 Karl Marx: Das Kapital, Bd. III, a.a.O.
36 – 38 Paul Mattick: Marx und Keynes, a.a.O.
39 Ernest Mandel/Winfried Wolf: Cash, Crash & Crisis, a.a.O.
40 Paul Mattick: Marx und Keynes, a.a.O.
41 Karl Marx: Status Quo in Deutschland.
42 Karl Heinz Roth: Die Wiederkehr der Proletarität, a.a.O
43 V.L. Allen: Militant Trade Unionism, zit. n. Ralph Miliband: Der Staat in der kapitalistischen Gesellschaft, Frankfurt/Main, 1972.
44 John Holloway: Reform des Staates, a.a.O.
45 Karl Heinz Roth: Die Wiederkehr der Proletarität, a.a.O
46 Ernest Mandel/Winfried Wolf: Cash, Crash & Crisis, a.a.O.
47 Theodor W. Adorno: Minima Moralia. Reflexionen aus dem beschädigten Leben. Gesammelte Schriften, Band 4, Frankfurt/Main 1980.
48 Die folgenden Zitate von Robert Kurz sind entnommen aus: Der Zusammenbruch des Sozialismus, a.a.O.
49 Aus einer Erklärung des PDS-Bundesvorstands.
50 Eröffnungsrede des Alterspräsidenten des Bundestages, vollständig abgedruckt in: »Neues Deutschland«, 11.11.1994.
51 PDS-Bundesvorstand, a.a.O.
52 Die folgenden Zitate von Robert Kurz sind entnommen aus: Honeckers Rache. Zur Politischen Ökonomie des wiedervereinigten Deutschland, Berlin 1991.
53 Zit. n.: »Bahamas«. Zirkular der Gruppe K, Nr.15/Herbst 1994.
54 Robert Kurz: Der Zusammenbruch des Sozialismus, a.a.O.
55 Zit. n.: Keinen Frieden mit Deutschland – Gegen die Kollaboration mit der Nation. Aufruf zur Demonstration am 8. Mai 1995.
56 Robert Kurz: Der Zusammenbruch des Sozialismus, a.a.O.
57 Robert Kurz: Honeckers Rache, a.a.O.
58 Klaus Theweleit: Helm ab zum Gedicht, in: »Konkret« 4/1995.
59 Bund Westdeutscher Kommunisten (BWK): Hamburger Lokalberichte. Zeitschrift des BWK, 18/1993.
60 Karl Heinz Roth: Gespräch, in: Frombeloff (Hg.): Und es begann die Zeit der Autonomie, Verlag Libertäre Assoziation 1994.
61 Karl Heinz Roth: Die Wiederkehr der Proletarität, a.a.O.

62 »Wildcat«, Dezember 1993.
63 Karl Heinz Roth: Die Wiederkehr der Proletarität, a. a. O.
64 Karl Heinz Roth: Die alte Straßenverkehrsordnung, Berlin 1986.
65 Karl Heinz Roth: Die Wiederkehr der Proletarität, a. a. O.
66 Redaktionsgruppe »Wildcat«: Die Proletarität kehrt zurück, in: Karl Heinz Roth: Die Wiederkehr der Proletarität, a. a. O.
67 »Sozialistische Zeitung« (»SoZ«), 22.9.1994.
68 u. 69 Mea Culpa, in: »Interim« Nr. 312, 15.12.1994.
70 Karl Heinz Roth: Die Wiederkehr der Proletarität, a. a. O.
71 Karl Heinz Roth, in: Kongreß der Radikalen Linken. Reden und Diskussionsbeiträge, Frankfurt/Main 1990.
72 Karl Heinz Roth: Gespräch, in: Frombeloff, a. a. O.
73 u. 74 Theodor W. Adorno: Minima Moralia, a. a. O.

III. Die klassenlose Klassengesellschaft

1 Herbert Marcuse: Interview in: »Der Spiegel«, Nr. 35/1967.
2 Karl Marx: Das Kapital Band I (= Marx/Engels: Werke, Band 23), Berlin 1963.
3 u. 4 Max Horkheimer/Theodor W. Adorno: Dialektik der Aufklärung. Philosophische Fragmente; Frankfurt/Main 1984.
5 Karl Marx: Das Kapital, Band I, a. a. O.
6 Theodor W. Adorno: Minima Moralia. Reflexionen aus dem beschädigten Leben. Gesammelte Schriften, Band 4, Frankfurt/Main 1980.
7 Karl Marx: Das Kapital Band I, a. a. O.
8 Max Horkheimer/Theodor W. Adorno: Dialektik der Aufklärung, a. a. O.
9 Theodor W. Adorno: Minima Moralia, a.a.O
10 – 12 Max Horkheimer/Theodor W. Adorno: Dialektik der Aufklärung, a. a. O.
13 Prof. Opaschowski, zit. n. »Focus«, 13.9.1993.
14 Marx/Engels: Werke, Ergänzungsband I (= Karl Marx, Schriften bis 1844), Berlin 1963.
15 Karl Marx: Das Kapital, Band I, a. a. O.
16 – 21 Karl Marx: Ergänzungsband I, a. a. O.
22 Max Horkheimer/Theodor W. Adorno: Dialektik der Aufklärung, a. a. O.
23 Michail S. Gorbatschow: Zurück dürfen wir nicht. Programmatische Äußerungen zur Umgestaltung der sowjetischen Gesellschaft. Eine kommentierte Auswahl der wichtigsten Reden von 1984 – 1987, hrsg. v. Horst Temmen, Bremen 1987.
24 Michael Stamm: Tanz den Gorbatschow, in: »Konkret« 9/1988.
25 Max Horkheimer/Theodor W. Adorno: Dialektik der Aufklärung, a. a. O.
26 Robert Kurz: Honeckers Rache. Zur Politischen Ökonomie des wiedervereinigten Deutschlands, Berlin 1991.
27 Friedrich Nietzsche: Morgenröte. Gedanken über die moralischen Vorurteile, in: Werke, hrsg. v. Karl Schlechta, Band I, München 1977.
28 George L. Mosse: Die Geschichte des Rassismus, Frankfurt/Main 1990.
29 Martin Gregor-Dellin: Richard Wagner – Mein Denken, München 1982.
30 Georg Weerth: Sämtliche Briefe, hrsg. v. Jürgen-Wolfgang Goette, Frankfurt/Main 1989.
31 George L. Mosse: Die Geschichte des Rassisimus, a. a. O.
32 u. 33 Max Horkheimer/Theodor W. Adorno: Dialektik der Aufklärung, a. a. O.
34 Matthias Horx: Aufstand im Schlaraffenland. Selbsterkenntnisse einer rebellischen Generation, München/Wien 1989.
35 Friedrich Nietzsche: Morgenröte, a. a. O.

IV. Die Regression des Bewußtseins

1. Deutsche Sinnstiftung ...

1 Theodor W. Adorno: Was ist deutsch? In: ders.: Stichworte, Kritische Modelle 2, Frankfurt/M. 1970
2 Richard Herzinger/Hannes Stein: Endzeit-Propheten oder Die Offensive der Antiwestler. Fundamentalismus, Antiamerikanismus und Neue Rechte, Hamburg 1995.

3 Heinrich Heine: Sämmtliche Werke, Teil 5 u. 6 (Über Deutschland), Hamburg 1873.
4 Die Zitate wurden entnommen aus: Die schönsten Märchen der Gebrüder Grimm, Gütersloh 1990.
5 Heinrich Heine: Sämmtliche Werke, a. a. O.
6 Martin Luther, zit. n.: Heinrich Heine: Sämmtliche Werke, a. a. O.; und nach: Wilhelm Zimmermann: Der große deutsche Bauernkrieg, Berlin 1952.
7 Immanuel Kant: Grundlegung zur Metaphysik der Sitten, in: Werke, Band VII, hrsg. v. Wilhelm Weischedel, Frankfurt/Main 1968.
8 Max Horkheimer/Theodor W. Adorno: Dialektik der Aufklärung. Philosophische Fragmente. (= Theodor W. Adorno: Gesammelte Schriften, Band 3), Frankfurt/Main 1984.
9 Immanuel Kant: Die Metaphysik der Sitten, in: Werke, Band VIII, hrsg. v. Wilhelm Weischedel, Frankfurt/Main 1968.
10 Zit. n. nach Léon Poliakov: »Der arische Mythos«, Hamburg 1993.
11 Marx/Engels: Die deutsche Ideologie. (= Werke, Band 3), Berlin 1963.
12 Zitate aus: Wilhelm Herzberg: Das Hambacher Fest. Geschichte der revolutionären Bestrebungen in Rheinbayern um das Jahr 1832, Köln 1982.
13 D. Oberndörfer: Nationalismus und Republikanismus im Grundgesetz der Bundesrepublik Deutschland, in: Materialien zur Woche des ausländischen Mitbürgers, Frankfurt/Main 1989.
14 Reinhard Opitz: Faschismus und Neofaschismus, Frankfurt/Main 1984.
15 Heinrich von Kleist: Katechismus der Deutschen. Abgefaßt nach dem Spanischen, zum Gebrauch für Kinder und Alte. Sämtliche Werke und Briefe, hrsg. v. Helmut Sembdner, München 1977.
16 Heinrich Hoffmann von Fallersleben: Auswahl in drei Teilen, 2 Bd., Berlin 1973.
17 Theobald Ziegler: Die geistigen und sozialen Strömungen im 19. Jahrhundert, Berlin 1911.
18 u. 19 Léon Poliakov: Der arische Mythos, a. a. O.
20 Norbert Elias: Über den Prozeß der Zivilisation. Soziogenetische und psychogenetische Untersuchungen. Band 2, Frankfurt/Main 1994.
21 Norbert Elias: Studien über die Deutschen. Machtkämpfe und Habitusentwicklung im 19. und 20. Jahrhundert, Frankfurt/Main 1994.
22 Eric J. Hobsbawn: Nationen und Nationalismus. Mythos und Realität seit 1780, Frankfurt/New York 1991.
23 Manfred Budzinski/Karin Clemens: Raus Land oder Menschenrechte für alle, Göttingen 1991.
24 Bis auf den Parzival-Auszug stammen alle Wagner-Zitate aus: Martin Gregor-Dellin: Richard Wagner – Mein Denken, München 1982.
25 Friedrich Nietzsche: Der Fall Wagner. Schriften und Aufzeichnungen über Richard Wagner, hrsg. v. Dieter Borchmeyer, Frankfurt/Main 1983.
26 Friedrich Nietzsche: Zur Genealogie der Moral. Werke, Band 2, hrsg. v. Karl Schlechta, München 1977.
27 Friedrich Nietzsche: Also sprach Zarathustra. Werke, Band 2, hrsg. v. Karl Schlechta, München 1977.
28 Theobald Ziegler: Die geistigen und sozialen Strömungen im 19. Jahrhundert, a. a. O.
29 Thomas Mann: Nietzsche's Philosophie im Lichte unserer Erfahrung, in: Leiden und Größe der Meister, hrsg. v. Peter de Mendelssohn, Frankfurt/Main 1982.
30 Max Horkheimer/Theodor W. Adorno: Dialektik der Aufklärung, a. a. O.
31 Theobald Ziegler: Die geistigen und sozialen Strömungen im 19. Jahrhundert, a. a. O.
32 – 37 Ernst Klee: Die SA Jesu Christi. Die Kirche im Banne Hitlers, Frankfurt/Main 1989.
38 – 43 Illustrierte Geschichte der deutschen Revolution, Frankfurt/Main 1968.
44 u. 45 Links ist da, wo keine Heimat ist. Arbeitsheft zur Theoretischen Konferenz über Nation, Nationalismus und Antinationalismus (November 1994).

2. Mit Bocksgesängen gegen die Zivilisation und warum die Verteidigung des Westens die falsche Antwort darauf ist

1 Ernst Jünger: Der Arbeiter. Herrschaft und Gestalt, Stuttgart 1981.
2 Ernst Jünger: Siebzig verweht (Band 4). Tagebücher, zit. n. »Konkret« 4/1995.

3 Friedrich Nietzsche: Also sprach Zarathustra. Werke, Band 2, hrsg. v. Karl Schlechta, München 1977.
4 Friedrich Nietzsche: Morgenröte. Werke, Band 1, hrsg. v. Karl Schlechta, München 1977.
5 Friedrich Nietzsche: Also sprach Zarathustra, a. a. O.
6 Friedrich Nietzsche: Morgenröte, a. a. O.
7 – 11 Zit. n.: Richard Herzinger/Hannes Stein: Endzeit-Propheten oder Die Offensive der Antiwestler, Hamburg 1995.
12 Antje Vollmer: Heißer Frieden. Über Gewalt, Macht und das Geheimnis der Zivilisation, Köln 1995.
13 u. 14 Zit. n.: Richard Herzinger/Hannes Stein: Endzeit-Propheten ..., a. a. O.
15 Die folgenden Zitate von Antje Vollmer sind entnommen aus: Heißer Frieden, a. a. O.
16 Die folgenden Zitate von Eugen Drewermann sind entnommen aus: Der Krieg und das Christentum. Von der Ohnmacht und Notwendigkeit des Religiösen, Regensburg 1991.
17 u. 18 Zitate aus Richard Herzinger/Hannes Stein: Endzeit-Propheten ..., a. a. O.
19 Zit. n.: Wolfgang Schneider: Aufruf zum Aufmarsch, in: »Konkret« 1/1993.
20 – 22 Ernst Jünger: Strahlungen.
23 Botho Strauß: Anschwellender Bocksgesang, in: »Spiegel«, Nr. 6/1993.
24 Theodor W. Adorno: Minima Moralia. Reflexionen aus dem beschädigten Leben. Gesammelte Schriften, Band 4, Frankfurt/Main 1980.
25 Norbert Elias: Über den Prozeß der Zivilisation. Soziogenetische und psychogenetische Untersuchungen, Frankfurt/Main 1994.
26 Herbert Marcuse: Das Ende der Utopie, in ders.: Psychoanalyse und Politik, Frankfurt/Main 1980.
27 Die folgenden Zitate aus: Richard Herzinger/Hannes Stein: Endzeit-Propheten oder die Offensive der Antiwestler. Hamburg 1995.
28 Karl Marx: Das Kapital. Band I (= Marx/Engels: Werke, Band 23), Berlin 1963.
29 Friedrich Nietzsche: Zur Genealogie der Moral. Werke, Band 2, hrsg. v. Karl Schlechta, München 1977.
30 Richard Herzinger/Hannes Stein: Endzeit-Propheten ..., a. a. O.
31 Die Reportage von Maggie O'Kane erschien am 26.8.1993 im »Guardian«; deutsche Übersetzung in der »Woche«, 2.9.1993.
32 u. 33 Zit. n.: Die Radikale Linke zum Golfkrieg. Flugschrift, März 1991.
34 Zymunt Bauman: Moderne und Ambivalenz – Das Ende der Eindeutigkeit, Hamburg 1992. Sofern nicht anders angegeben, stammen alle Zitate des folgenden Abschnitts aus diesem Buch.

V. Elemente der Regression

1 u. 2 Hans Dollinger: Willy, Willy, München 1970.
3 Rudolf Augstein/Günter Grass: Deutschland, einig Vaterland? Ein Streitgespräch, Göttingen 1990.
4 u. 5 Joschka Fischer: Die Linke nach dem Sozialismus, Hamburg 1992.
6 Hundert Jahre Deutscher Sängerbund, Presse- und Informationsdienst der Bundesregierung, 22.7.1962.
7 Musik – Ausdruck der Volksart, Presse- und Informationsdienst der Bundesregierung, 28.3.1965.
8 Hundert Jahre Deutscher Sängerbund, a. a. O.
9 – 11 Musik – Ausdruck der Volksart, a. a. O.
12 Vom persönlichkeitsbildenden Wert des Sports, Presse- und Informationsdienst der Bundesregierung, 30.7.1967.
13 u. 14 Hubertus Quarta: Heinrich Lübke. Zeugnisse eines Lebens. Versuch einer biographischen Darstellung, Buxheim/Allgäu 1978.
15 Eröffnungsrede der Dritten Deutschen Afrika-Woche, Presse- und Informationsdienst der Bundesregierung, 5.5.1966.
16 Hubertus Quarta: Heinrich Lübke, a. a. O.

17 u. 18 Zusammenarbeit im Geiste echter Partnerschaft, Presse und Informationsdienst der Bundesregierung, 2.3.1967.
19 u. 20 Hubertus Quarta: Heinrich Lübke, a. a. O.

VI. Die Renaissance des völkischen Prinzips
1 Ernest Renan: 1871, in: D. de Rougement: Europa. Vom Mythos zur Wirklichkeit, 1962.
2 Walter von Goldenbach/Hans-Rüdiger Minow: Grosny läßt grüßen, in: »Konkret« 2/1995.
3 Andrea Komlosy/Hannes Hofbauer/Jürgen Elsässer u. a.: Krisenherd Europa. Nationalismus/Regionalismus/Krieg, Göttingen 1994.
4 Links ist da, wo keine Heimat ist. Reader zur Theoretischen Konferenz über Nation, Nationalismus und Antinationalismus (November 1994).
5 Vgl. hierzu Walter von Goldenbach und Hans-Rüdiger Minow: Am Kälberstrick, in: »Konkret« 6/95.
6 Vgl. Etienne Balibar/Immanuel Wallerstein: Rasse, Klasse, Nation, Berlin 1992.
7 Hannah Arendt: Elemente und Ursprünge totaler Herrschaft, München 1986.
8 u. 9 Eric J. Hobsbawn: Nationen und Nationalismus. Mythos und Realität seit 1780, Frankfurt/Main 1992.
10 Zit. n. Jürgen Elsässer: Antisemitismus – das alte Gesicht des neuen Deutschland, Berlin 1993.
11 Alfred Dregger: Rede vor dem Verband deutscher Soldaten e.V., Heilbronn, 25.3.1995.
12 Ernest Renan: 1871, a. a. O.
13 Benedikt Anderson: Die Erfindung der Nation, Frankfurt/Main 1993.
14 Eric J. Hobsbawn: Nationen und Nationalismus, a. a. O.
15 Illustrierte Geschichte der deutschen Revolution, Frankfurt/Main 1968.
16 u. 17 Theodor W. Adorno: Studien zum autoritären Charakter, Frankfurt 1973.
18 Wilhelm Herzberg: Das Hambacher Fest. Geschichte der revolutionären Bestrebungen in Rheinbayern um das Jahr 1832, Köln 1982.
19 Ernst Jünger: In Stahlgewittern. Ein Kriegstagebuch, 1922.
20 u. 21 Norbert Elias: Studien über die Deutschen. Machtkämpfe und Habitusentwicklung im 19. und 20. Jahrhundert, Frankfurt 1994.
22 Theodor W. Adorno: Minima Moralia. Reflexionen aus dem beschädigten Leben (Gesammelte Schriften, Band 4), Frankfurt/Main 1980.
23 Friedrich Hebbel: Aufzeichnungen aus meinem Leben. Vollständige Ausgabe, hrsg. v. Hermann Krumm, Leipzig o.J.
24 Theodor W. Adorno: Studien zum autoritären Charakter, a. a. O.
25 Max Horkheimer/Theodor W. Adorno: Dialektik der Aufklärung. Philosophische Fragmente (= Theodor W. Adorno: Gesammelte Schriften, Band 3, Frankfurt/M. 1984.
26 Theodor W. Adorno: Studien zum autoritären Charakter, a. a. O.
27 – 29 Max Horkheimer/Theodor W. Adorno: Dialektik der Aufklärung, a. a. O.
30 Immanuel Kant: Die Metaphysik der Sitten, in: ders.: Werke, hrsg. v. Wilhelm Weischedel, Band 8, Frankfurt/M. 1968.
31 Max Horkheimer/Theodor W. Adorno, Dialektik der Aufklärung, a. a. O.
32 Theodor W. Adorno: Erziehung zur Mündigkeit. Gespräch im Hessischen Rundfunk, gesendet am 13.8.1969, in: ders.: Erziehung zur Mündigkeit. Frankfurt/M. 1982.
33 u. 34 Theodor W. Adorno: Studien zum autoritären Charakter, a. a. O.
35 Max Horkheimer/Theodor W. Adorno: Dialektik der Aufklärung, a. a. O.
36 u. 37 Theodor W. Adorno: Studien zum autoritären Charakter, a. a. O.
38 Alex Demirovic: Aufsatz in dem Buch »Fordistischer Nachkriegskonsens, Krise und Neorassismus«, zit. n. »Bahamas« 16/1994/95.
39 Richard Wagner: Das Judentum in der Musik, in: ders.: Gesammelte Schriften, hrsg. v. Julius Kapp, Band 13, Leipzig o.J.
40 Zit. n. »Bahamas« 17/1995.
41 Alain de Benoist: Interview mit der »neurechten« französischen Zeitschrift »elements«, abgedruckt in: Kulturrevolution von rechts. Krefeld 1985.
42 Theodor W. Adorno: Studien zum autoritären Charakter, a. a. O.